Johannes Bender

Sonderstraftatbestände gegen Submissionsabsprachen

Studien zum Wirtschaftsstrafrecht

herausgegeben von
Klaus Tiedemann / Bernd Schünemann

Band 24

Johannes Bender

Sonderstraftatbestände gegen Submissionsabsprachen

Eine Untersuchung deutscher, französischer, italienischer Vorschriften und europäischer Initiativen

Centaurus Verlag & Media UG 2005

Johannes Bender, geb. 1974, studierte Rechtswissenschaft in Trier und Freiburg im Breisgau, 2004 Promotion an der Universität Freiburg. Er ist als Rechtsanwalt in Düsseldorf tätig.

Die Deutsche Bibliothek – CIP-Einheitsaufnahme

Bender, Johannes:
Sonderstraftatbestände gegen Submissionsabsprachen : Eine Untersuchung deutscher, französischer, italienischer Vorschriften und europäischer Initiativen / Johannes Bender –
Herbolzheim : Centaurus-Verl., 2005
(Studien zum Wirtschaftsstrafrecht ; Bd. 24)
Zugl.: Freiburg (Brsg.), Univ., Diss., 2004
ISBN 978-3-8255-0533-2 ISBN 978-3-86226-467-4 (eBook)
DOI 10.1007/978-3-86226-467-4

ISSN 0938-9512

Satz: Vorlage des Autors
Umschlaggestaltung: Antje Walter, Hinterzarten

Meinen Eltern

Vorwort

Die Arbeit hat im Sommersemester 2004 der Rechtswissenschaftlichen Fakultät der Albert-Ludwigs-Universität Freiburg als Dissertation vorgelegen. Literatur und Rechtsprechung wurden bis Mai 2004 berücksichtigt. Auf zwei Entscheidungen des Bundesgerichtshofs, die nach Abgabe des Manuskriptes ergangen sind, wird an entsprechender Stelle verwiesen.

Mein Dank gilt in erster Linie meinem verehrten Doktorvater Herrn Prof. Dr. Dr. h.c. mult. Klaus Tiedemann, der nicht nur das Entstehen dieser Arbeit stets engagiert betreut und durch zahlreiche Anregungen unterstützt hat, sondern auch für die Aufnahme in die von ihm und Prof. Dr. Bernd Schünemann herausgegebene Reihe gesorgt hat. Herrn Prof. Dr. Joachim Bornkamm, Richter am Bundesgerichtshof, danke ich für die Erstellung des Zweitgutachtens. Besonderen Dank schulde ich zudem Frau Prof. Dr. Christel Offermann-Clas, die mich an ihrem Jean-Monnet-Lehrstuhl aufnahm und mich immer darin unterstützt hat, diese Arbeit voranzutreiben. Weiterhin gilt mein Dank Herrn Privatdozenten Dr. Tonio Walter, der mir über die gesamte Zeit als fachlicher Gesprächspartner zur Seite stand. In liebevoller Verbundenheit danke ich schließlich meiner Verlobten Dr. Cordelia Faulenbach, deren Vorbild mir das nun Erlangte einfach und erreichbar erscheinen ließ.

Gewidmet ist die Arbeit meinen Eltern Daniela und Ignaz Bender, die ebenfalls in Freiburg studiert haben und ohne deren mannigfache Unterstützung diese Arbeit nicht verwirklicht worden wäre.

Köln, im Januar 2005 Johannes Bender

Inhaltsübersicht

Inhaltsverzeichnis

Abkürzungsverzeichnis

a.A. .... anderer Ansicht

a.a.O. .... am angegeben Ort

ABl. .... Amtsblatt der Europäischen Gemeinschaften

Abs. .... Absatz

Abt. .... Abteilung

AE .... Alternativ-Entwurf eines Strafgesetzbuches

a.E. .... am Ende

a.F. .... alte Fassung

AG .... Amtsgericht

AGON .... Zeitschrift der Association des juristes européens pour la protection des intérêts financiers des Communautés européennes

Alt. .... Alternative

a.M. .... anderer Meinung

Anh. .... Anhang

Anm. .... Anmerkung

AO .... Abgabenordnung

AP .... Archivio penale

Art. .... Artikel

AT .... Allgemeiner Teil

Aufl. .... Auflage

BAnz. .... Bundesanzeiger

BayObLG .... Bayerisches Oberstes Landesgericht

BB .... Betriebs-Berater

BBPS .... Beutler/Bieber/Pipkorn/Streil (s. Literaturverzeichnis)

Bd.	Band
Begr.	Begründung
BGB	Bürgerliches Gesetzbuch
BGBl.	Bundesgesetzblatt
BGH	Bundesgerichtshof
BGHSt	Entscheidungen des Bundesgerichtshofs in Strafsachen
BGHZ	Entscheidungen des Bundesgerichtshofs in Zivilsachen
BIP	Bruttoinlandsprodukt
BSP	Bruttosozialprodukt
BKartA	Bundeskartellamt
BKR	Richtlinie 93/37/EWG über die Koordinierung der Verfahren öffentlicher Bauaufträge v. 14.6.1993
BR-Drs.	Drucksache des Bundesrates
bspw.	beispielsweise
BT	Besonderer Teil
BT-Drs.	Drucksache des Bundestages
Bull. crim.	Bulletin des arrêts de la Cour de Cassation, Chambre criminelle
BullEG	Bulletin der Europäischen Gemeinschaften
BVerfG	Bundesverfassungsgericht
BVerfGE	Entscheidungen des Bundesverfassungsgerichts
bzgl.	bezüglich
bzw.	beziehungsweise
ca.	circa
C. com.	Code de commerce v. 10.9.1807
CMP	Code des marchés public v. 27.2.1998

CP .... Code pénal v. 19.2. – 1.3.1810

C. pen. Mass. .... Cassazione penale Massimario annotato

D .... Recueil Dalloz

DB .... Der Betrieb

ders. .... derselbe

DH .... Recueil hebdomadaire de jurisprudence Dalloz

d.h. .... das heißt

DKR .... Richtlinie 92/50/EWG über die Koordinierung der Verfahren zur Vergabe öffentlicher Dienstleistungsaufträge v. 16.6.1992

Dok. .... Dokument

DÖV .... Die Öffentliche Verwaltung

DP .... Recueil périodique et critique mensuel Dalloz

DRiZ .... Deutsche Richterzeitung

DVBl. .... Deutsches Verwaltungsblatt

EG .... Europäische Gemeinschaft

EGV .... Vertrag zur Gründung der Europäischen Gemeinschaften

Einl. .... Einleitung

Enc. D. .... Enciclopedia del diritto

endg. .... endgültig

EP .... Europäisches Parlament

EU .... Europäische Union

EuGH .... Gerichtshof der Europäischen Gemeinschaften

EuG .... Europäisches Gericht erster Instanz

EuR .... Europarecht (Zeitschrift)

EUV .... Vertrag über die Europäische Union, unterzeichnet in Maastricht am 7.2.1992

EuZW .... Europäische Zeitschrift für Wirtschaftsrecht

EWG .... Vertrag zur Gründung der europäischen Wirtschaftsgemeinschaft v. 25.3.1957

f., ff. .... folgende

FK .... Frankfurter Kommentar (s. Literaturverzeichnis)

Fn. .... Fußnote

FS .... Festschrift

GA .... Goltdammers Archiv für Strafrecht

Gaz. Pal. .... Gazette du Palais

GG .... Grundgesetz

GS .... Gedächtnisschrift

GTE .... v. d. Groeben/Thiesing/Ehlermann (s. Literaturverzeichnis)

G.U. .... Gazzetta Ufficiale

GWB .... Gesetz gegen Wettbewerbsbeschränkungen (Kartellgesetz) i.d.F. v. 26.8.1998

Hrsg. .... Herausgeber

hrsg. .... herausgegeben

HS .... Halbsatz

i.d.F. .... in der Fassung

i.d.R. .... in der Regel

i.e.S. .... im engeren Sinne

i.S.d. .... im Sinne des

i.V.m. .... in Verbindung mit

i.w.S. .... im weiteren Sinne

JA .... Juristische Arbeitsblätter
JBl .... Juristische Blätter
J.O. .... Journal Officiel
JR .... Juristische Rundschau
Jura .... Juristische Ausbildung
JuS .... Juristische Schulung
JZ .... Juristenzeitung

KG .... Kammergericht
KOM .... Dokument der Kommission

LG .... Landgericht
lit. .... litera
LK .... Leipziger Kommentar (s. Literaturverzeichnis)
LKR .... Richtlinie 93/36/EWG über die Koordinierung der Verfahren zur Vergabe öffentlicher Lieferaufträge v. 14.6.1993

MDR .... Monatsschrift des deutschen Rechts
m.w.N. .... mit weiteren Nachweisen

n.F. .... neue Fassung
NJ .... Neue Justiz
NJW .... Neue Juristische Wochenschrift
NCMP .... Nouveau code des marchés public v. 7.3.2001
NCP .... Nouveau code pénal v. 1.3.1994
NK .... Nomos Kommentar (s. Literaturverzeichnis)
Nr. .... Nummer(n)
NStZ .... Neue Zeitschrift für Strafrecht

NVwZ .... Neue Zeitschrift für Verwaltungsrecht

o.ä. .... oder ähnliches

OECD .... Organization for Economic Cooperation and Developement

OLAF .... Office européen de lutte anti-fraude

OLG .... Oberlandesgericht

OWiG .... Gesetz über Ordnungswidrigkeiten i.d.F. v. 19.2.1987

ÖJZ .... Österreichische Juristenzeitung

PIF .... Convention de la protection des intérêts financiers de la Communauté Européene

PJZS .... Polizeiliche und justitielle Zusammenarbeit in Strafsachen

PR .... Preisrecht

RegE .... Regierungsentwurf

RG .... Reichsgericht

RGBl. .... Reichsgesetzblatt

RGSt .... Entscheidungen des Reichsgerichts in Strafsachen

RiA .... Recht im Amt

RIDPP .... Rivista italiana di diritto e procedura penale

R. pen. e. .... Rivista penale dell'economia

RL .... Richtlinie

Rn. .... Randnummer(n)

Rs. .... Rechtssache

S./s. .... Seite/Satz/siehe

SEK .... Dokumente des Sekretariats der Kommission

SK .... Systematischer Kommentar zum Strafgesetzbuch (s. Literaturverzeichnis)

SKR .... Richtlinie 93/38/EWG zur Koordinierung der Auftragsvergabe durch Auftraggeber im Bereich Wasser-, Energie-, und Verkehrsversorgung sowie im Telekommunikationssektor v. 14.6.1993

Slg. .... Sammlung der Rechtsprechung des Gerichtshofs und des Gerichts erster Instanz der Europäischen Gemeinschaften

StGB .... Strafgesetzbuch i.d.F. v. 13.11.1998

StPO .... Strafprozessordnung i.d.F. v. 7.4.1987

StV .... Strafverteidiger

TB .... Tätigkeitsbericht des Bundeskartellamtes

Ua. .... Unterabsatz

u.a. .... und andere

UCLAF .... Unité de coordination de la lutte antifraude

UWG .... Gesetz gegen den unlauteren Wettbewerb, v. 7.6.1909

v. .... vom

VerstV .... Versteigerungsverordnung (i.d.F. v. 1.6.1976, neugefasst am 24.4.2003)

vgl. .... vergleiche

VgV .... Vergabeverordnung v. 18.1.2003

VgRÄG .... Vergaberechtsänderungsgesetz v. 3.12.1997

VO .... Verordnung

VOB/A .... Verdingungsordnung für Bauleistungen Teil A v. 30.5.2000

VOF/A	Verdingungsordnung für freiberufliche Leistungen Teil A v. 25.6.2000
VOL/A	Verdingungsordnung für Leistungen Teil A v. 17.8.2000
WiKG	Gesetz zur Bekämpfung der Wirtschaftskriminalität
wistra	Zeitschrift für Wirtschaft, Steuer, Strafrecht
WuW	Wirtschaft und Wettbewerb
WuW/E	Wirtschaft und Wettbewerb, fortlaufende Entscheidungen nach Gerichten (AG/LG, KG, BGH)
z.B.	zum Beispiel
ZBJI	Zusammenarbeit in den Bereichen Justiz und Inneres
ZfBR	Zeitschrift für deutsches und internationales Baurecht
ZGR	Zeitschrift für Unternehmens- und Gesellschaftsrecht
ZHR	Zeitschrift für das gesamte Handels- und Wirtschaftsrecht
ZIP	Zeitschrift für Wirtschaftsrecht
ZRP	Zeitschrift für Rechtspolitik
ZStW	Zeitschrift für die gesamte Strafrechtswissenschaft
ZVgR	Zeitschrift für deutsches und internationales Vergaberecht

Einleitung

„Geschäftsleute des gleichen Gewerbes kommen selten, selbst zu Festen und zur Zerstreuung, zusammen, ohne dass das Gespräch in einer Verschwörung gegen die Öffentlichkeit endet oder irgendein Plan ausgeheckt wird, wie man die Preise erhöhen kann". So beschreibt *Adam Smith*[1] das fortwährende Streben von Unternehmern, durch gemeinsame Abstimmung die Funktionen des Wettbewerbs in ihrem Sinne zu beeinflussen, um den eigenen Gewinn zu steigern[2]. Besonders deutlich wird dies im Zusammenhang mit öffentlichen Ausschreibungen oder Vergaben, die angesichts der Individualität des jeweiligen Ausschreibungsobjektes und der damit zu erbringenden Leistung keinen Markt und folglich auch keinen Marktpreis kennen. Der dort veranstaltete Wettbewerb soll eine ausreichende Marktübersicht begründen und den Zuschlag auf das wirtschaftlichste Angebot ermöglichen. Dieser Zweck wird gefährdet, wenn die für die Abgabe eines Angebots in Frage kommenden Unternehmen miteinander in Verbindung treten, Vereinbarungen über Preise oder den sonstigen Inhalt der Angebote oder sogar über Ausfallentschädigungen und über Bestechungen der Veranstalterseite treffen und so eine den wirklichen Wettbewerbsverhältnissen entsprechende Vergabe vereiteln. Damit entstehen Kooperationen, die das vorgeschriebene Vergabeverfahren unterlaufen, den Leistungswettbewerb beschränken und das Vermögen der Veranstalter beschädigen können. 1955, bei Schaffung des Gesetzes gegen Wettbewerbsbeschränkungen (GWB), entschied sich der deutsche Gesetzgeber dagegen, so genannte „Submissionskartelle" unter Strafe zu stellen[3]. Es erschien nicht angemessen, die erst mit dem damaligen Gesetz geänderte wirtschaftspolitische Auffassung gegenüber Kartellen durch Strafbestimmungen zu sanktionieren. Der Gesetzgeber verwies „auf spätere Zeiten, denen der Gedanke des freien Wettbewerbs lebendiger und werterfüllter scheinen wird". 1997 beschloss der Bundestag den Straftatbestand § 298 StGB „Wettbewerbsbeschränkende Absprachen bei Ausschreibungen", der bei einer Ausschreibung die Abgabe eines Angebots, das auf einer rechtswidrigen Absprache beruht, kriminalisiert und damit die Konsequenz aus dem gehobenen Stellenwert

---

1 *Adam Smith*, An Inquiry into the the Nature and Causes of the Wealth of Nations, 1776 Buch I, Kapitel 10 Rn. 82 (i.d.F. *Methuen* und Co., Hrsg., 1904). Übersetzung nach *Recktenwald*, Der Wohlstand der Nationen, S. 112.

2 Der Vollständigkeit halber sei angemerkt, dass *Smith* dies im Sinne eines natürlichen Verhaltens beschrieb, das durch Gesetze nur schwer zu begrenzen sei, aber auch nicht durch die Auswirkungen bestehender Gesetze gefördert werden sollte.

3 Begr. 1955, BT-Drs. 2/1158, S. 28.

des Wettbewerbs in der heutigen Zeit zog. Das Strafgesetzbuch schloss dadurch mit Strafrechtssystemen wie z.B. in Belgien, Frankreich, Italien, Niederlanden und Spanien gleich auf, die schon zuvor über entsprechende Sondertatbestände verfügten[4]. Die Existenz des deutschen § 298 StGB führte sogar dazu, dass in Österreich am 16.4.2002 ein Bundesgesetz verabschiedet wurde, das bei genereller Entkriminalisierung des Kartellrechts einen Tatbestand in das Kernstrafrecht einfügte, der nahezu wortgleich dem deutschen Tatbestand entspricht[5]. Am 1.4. und 20.6.2003 trat im Vereinigten Königreich zudem der Enterprise Act 2002 in Kraft, der Vereinbarungen zur Angebotsbeeinflussung bei Ausschreibungen unter (Freiheits-) Strafe stellt[6]. Die Zunahme an Sondertatbeständen gegen Submissionsabsprachen in den Mitgliedstaaten ist Grund für eine grenzüberschreitende Untersuchung. Um den rechtsvergleichenden Aspekt der Arbeit nicht überzugewichten und gleichwohl eine gewisse Tiefe der Untersuchungsobjekte zu gewährleisten, beschränkt sich die vorliegende Arbeit neben dem deutschen Recht auf die französische (Art. 313-6 Nouveau Code Pénal) und die italienische (Art. 353 codice penale) Regelung. Die beiden Vorschriften weisen, obwohl sie Vertreter des romanischen Rechtskreises sind, systematische und strukturelle Unterschiede auf, die es rechtfertigen, sie stellvertretend für die Fülle der nationalen Bestimmungen auszuwählen. Zusätzlich sollen erste Ansätze zur strafrechtlichen Behandlung dieses Verhaltens auf europäischer Ebene vorgestellt werden, die zum Schutz der finanziellen Interessen der Gemeinschaft oder der Grundfreiheiten vorgeschlagen sind.

Den Anlass zu dieser Untersuchung gaben erste Kommentierungen zu § 298 StGB, wonach neben den Absprachen zwischen den Bietern auch Absprachen zwischen Bietern und Veranstaltern (Vertikalabsprachen) erfasst sein sollten[7]. Die Einbeziehung des Veranstalters in den Täterkreis von Submissionsabsprachen ist in der Geschichte der Behandlung dieser Delinquenz neu, und auch der Absspracheinhalt dieser vertikalen Kooperation weicht von dem ab, was situationsgemäß zwischen Bietern vereinbart wird. Zudem soll sich diese Ausweitung des im strafrechtlichen Schrifttum bisher als „Submissionsbetrug" bezeichneten Phänomens rechtstech-

---

[4] Vgl. *Delmas-Marty/Vervaele*, The implementation of the Corpus Juris in the Member States I, S. 110 f.

[5] In Kraft getreten am 1.7.2002 (BGBl. 2002 I/62). Mit diesem Gesetz wurden die bestehenden kartellgesetzlichen Strafbestimmungen der §§ 129 ff. öKartG aufgehoben und ein § 168 b öStGB „Wettbewerbsbeschränkende Absprachen bei Vergabeverfahren" in den sechsten Abschnitt (Strafbare Handlungen gegen fremdes Vermögen) des österreichischen Strafgesetzbuches eingefügt. Ausführlich dazu unten § 22 (S. 265).

[6] S. dazu unten § 22 (S. 265).

[7] Allen voran Tröndle/*Fischer*, § 298 Rn. 9 (unverändert seit der 49. Aufl., ebenda § 298 Rn. 12). Auch die Ermittlungspraxis ist dem wohl gefolgt, vgl. *Greeve*, NStZ 2002, 505 (508).

nisch aus einer Bezugnahme auf das Gesetz gegen Wettbewerbsbeschränkungen (GWB) ergeben, einem Gesetz, dessen dogmatische Kernaussage in der unterschiedlichen Behandlung von horizontalen und vertikalen Wettbewerbsbeschränkungen liegt und das diese erst 1999, in der 6. GWB-Novelle, nochmals bekräftigte[8].

In einem *Ersten Teil* werden die einschlägigen Straftatbestände in Deutschland, Frankreich und Italien untersucht. Dabei werden die jeweiligen Vorschriften nicht umfassend kommentiert, vielmehr sollen Schwerpunkte gesetzt werden. Für das deutsche Recht steht zunächst die Bestimmung der betroffenen Rechtsgüter an. Davon ausgehend wird die Legitimität des Delikts überprüft und die Auslegung des Tatbestandes erfolgen. Daraufhin werden die vom Tatbestand geschützten Verfahren eingegrenzt, da schon wegen der sprachlichen Divergenzen in den relevanten Rechtsordnungen (Verdingungsordnung, GWB und europäische Richtlinien) Unklarheiten bestehen. Klärungsbedürftig ist auch die Beurteilung von Vergaben durch private Veranstalter, die laut amtlicher Begründung[9] ebenfalls erfasst sein sollen, wenn sie ihre Verfahren „zumindest ähnlich" den ausdrücklich geschützten Vergabearten ausgestalten. Die Einordnung des Merkmals „rechtswidrig" in den Deliktsaufbau und die Bestimmung seines Bezugsobjekts sollen besondere Beachtung finden, da damit die Weichen für die Bezugnahme auf kartellrechtliche Wertungen gestellt werden. Während die Anlehnung an das Kartellrecht den Zugang zu einer gefestigten Rechtsprechung eröffnet, wird die Untersuchung der Merkmale des Straftatbestandes selbst vorwiegend durch das strafrechtliche Schrifttum bestimmt, da bei Fertigstellung des Manuskriptes erst eine Entscheidung des Bundesgerichtshofs[10] zu § 298 StGB ergangen ist. Am 22.6.2004 hat sich allerdings der vierte Senat des Bundesgerichtshofs[11] der Frage angenommen, ob § 298 StGB auch rein vertikale Absprachen erfasst und schließlich im Sinne der hier entwickelten Lösung entschieden. Der Leitsatz lautet: „Eine ‚rechtswidrige Absprache' im Sinne des § 298 Abs. 1 StGB liegt nur bei einer kartellrechtswidrigen Absprache zwischen miteinander im Wettbewerb stehenden Unternehmen vor".

Bei der Untersuchung der französischen und der italienischen Vorschrift erfolgt eine ähnliche Schwerpunktsetzung, die mit der Einordnung des Tatbestandes, den

---

8 Es ist indes zu erwarten, dass diese Unterscheidung durch Angleichung an das EG-Recht fallen wird.

9 BT-Drs. 13/5584, S. 14, linke Spalte, Abs. 3.

10 BGH 1 StR 366/02 – Beschluss v. 19.12.2002 (LG Nürnberg-Fürth), NStZ 2003, 548.

11 BGH 4 StR 428/03 – Beschluss v. 22.6.2004 (LG Bielefeld), NJW 2004, 2761; BGH 4 StR 234/04 – Beschluss v. 7.11.2004 (LG Bielefeld).

erfassten Verfahren und Tathandlungen grob zusammengefasst werden kann. Ziel dieser Schwerpunktsetzung ist es, die objektiven Grenzen des Anwendungsbereichs und der tatbestandlichen Handlungsbeschreibung der jeweiligen Straftatbestände zu bestimmen. Besondere Beachtung findet dabei die Beantwortung der Frage, ob auch Absprachen zwischen Bietern und Veranstaltern erfasst sind. Nicht ausgeführt werden dagegen die subjektiven Voraussetzungen der Delikte und die darin enthaltenen Friktionen im Irrtumsbereich, da sie zur Vertiefung des Untersuchungsgegenstandes nur indirekt relevant werden. Auch Fragen der Beteiligung und des Rücktritts werden allenfalls – wo für die objektive Abgrenzung erheblich – gestreift. Zum Ende des ersten Teils werden die nationalen Regelungen gegenübergestellt, um strukturelle Unterschiede und Gemeinsamkeiten hervorzuheben und vergleichend zu würdigen.

Der *Zweite Teil* behandelt die Initiativen, die auf europäischer Ebene zur strafrechtlichen Bekämpfung von Submissionsabsprachen vorgeschlagen werden. Auch (oder gerade) auf europäischer Ebene kommt es zu Absprachen bei Ausschreibungen, die geeignet sind, den zwischenstaatlichen Wettbewerb zu beschränken[12]. Da sich im Rahmen der ersten Säule[13] die Bemühungen zur Schaffung europäischen Strafrechts in dem Schutz der finanziellen Interessen der Gemeinschaft verdichten, soll dem Abschnitt ein Überblick über die Argumente zu der kontrovers diskutierten Rechtsgrundlage (Art. 280 Abs. 4 EGV) vorangestellt werden. Darauf wird die von der Kommission in Auftrag gegebene „*Corpus Juris*“-Studie zum Schutz der finanziellen Interessen der Europäischen Union behandelt, die in Art. 2 einen Straftatbestand gegen „Market-rigging“ (= Marktbeeinflussung) bei Ausschreibungen nach europäischem Recht enthält. Der Tatbestandsvorschlag ähnelt dem deutschen § 298 StGB, so dass an die Erkenntnisse des ersten Teils angeknüpft werden kann und sich die Analyse auf den kartellrechtlichen Bezug im europäischen Zusammenhang konzentriert. Die Kommission hat weiterhin in ihrem Grünbuch[14] vom 11.12.2001 zum strafrechtlichen Schutz der finanziellen Interessen der Europäischen Gemeinschaften und zur Schaffung einer Europäischen Staatsanwaltschaft einen vergleich-

---

12 Exemplarisch dafür ist die Entscheidung der Kommission v. 21.10.1998 (ABl. 1999 L 24, S.1) „Fernwärmetechnik-Kartell“, die gegen die Beteiligten des Kartells Geldbußen in Höhe von insgesamt 92 Mio. ECU verhängte. Eine dagegen erhobene Klage wurde abgewiesen: EuG T-9/99 u.a. – Urteil v. 20.2.2002 „HFB Holding/Kommission“. S. dazu unten § 22 (S. 274).

13 Das Europäische Haus besteht aus drei Säulen. Die Erste Säule bilden die drei supranationalen Gemeinschaften EG, EGKS, EAG; lediglich auf intergouvernementale Zusammenarbeit ausgerichtet sind die Zweite Säule mit der Gemeinsamen Außen- und Sicherheitspolitik „GASP“ (Art. 11-28 EUV) und die Dritte Säule mit der polizeilichen und justitiellen Zusammenarbeit in Strafsachen „PJZS“ (Art. 29-45 EUV). Die durch den Vertrag von Maastricht gegründete Europäische Union bildet das „Dach“ des Europäischen Hauses (vgl. Art. 1 EUV).

14 KOM(2001) 715.

baren Straftatbestand vorgeschlagen und steht – eine positive Entscheidung über die Rechtsgrundlage vorausgesetzt – der Einbringung eines solchen Tatbestandes in einen zukünftigen Richtlinienvorschlag positiv gegenüber[15]. Unter Punkt 5.2.2.1. des Grünbuchs wird der Entwurf eines Straftatbestandes „Ausschreibungsbetrug" skizziert, der die Vergabestellen vor Angeboten schützen will, die gegen die gemeinschaftsrechtlichen Vergabevorschriften verstoßen. Beide Entwürfe sind Teil einer gesamteuropäischen Entwicklung zur Harmonisierung des Strafrechts, die mit der Ratifikation der PIF-Konvention[16] am 17.10.2002 allenfalls einen vorläufigen Abschluss gefunden hat. Hervorzuheben ist, dass die durch die Konvention nun als Mindestschutz angeordnete Formulierung eines (Ausgaben-)Betrugstatbestandes zum Nachteil der finanziellen Interessen der Gemeinschaften das Phänomen der Submissionsabsprache nicht einmal ansatzweise erfassen kann[17], so dass die Forderung nach einem Sondertatbestand auf europäischer Ebene ungebrochen ist. Als dritte Initiative werden schließlich die „Europa-Delikte"[18] untersucht, die als privates Forschungsvorhaben nicht auf den Schutz der EG-Finanzen abzielen, sondern auf den Schutz der Grundfreiheiten des EG-Vertrages sowie jener Materien, die schon jetzt der außerstrafrechtlichen Harmonisierungskompetenz der EG unterliegen. Die besondere Aktualität der „Europa-Delikte" ergibt sich aus der Tatsache, dass sie mit dieser Zielsetzung thematisch an den europäischen Verfassungsentwurf[19] (Art. III-172) anknüpfen, der neben der Festlegung von Strafen in Bereichen der schweren Kriminalität, den strafrechtlichen Schutz der Gemeinschaftspolitiken bezweckt. Der vorgeschlagene Art. 37 „Euro-Delikte" ist ein Sondertatbestand gegen Manipulationen bei Ausschreibungen. Mit der Aufnahme von Entwurfswettbewerben und Versteigerungen in den Anwendungsbereich und der Beschreibung des tatbestandsmäßigen Verhaltens durch verschiedene Handlungsalternativen gewährt der Tatbestandsentwurf einen breiten Schutz vor Einflussnahmen bei Auftragsvergaben. Hingegen unterbleiben wird die Untersuchung der Initiative der Bundesrepublik Deutschland im Hinblick auf die Annahme eines *Rahmenbeschlusses*[20] des Rates über den strafrechtlichen Schutz gegen betrügerisches oder sonstiges unlauteres wettbewerbswidriges Verhalten im Zusammenhang mit der Vergabe von öffentlichen Aufträgen im Gemeinsamen Markt vom 29.3.1999. Zwar sollte

---

15 Auskunft der Betrugsbekämpfungseinheit der Kommission (OLAF) vom 14.06.2003.

16 Convention de la protection des intérêts financiers de la Communauté Européenne = PIF - Übereinkommen über den Schutz der finanziellen Interessen der Europäischen Gemeinschaften v. 26.7.1995 (ABl. C 316 v. 27.11.1995).

17 S. dazu unten § 18 (S. 245).

18 Abgedruckt in: Freiburg-Symposion, S. 449 ff.

19 CONV 850/03, s. dazu unten § 20.

20 CNS/2000/0812 (ABl. v. 4.9.2000 C 253, S. 3).

Art. 2 des Rahmenbeschlusses der strafrechtlichen Absicherung des gemeinschaftlichen Vergaberechts und (mittelbar) auch dem Schutz der finanziellen Interessen der Gemeinschaften dienen (und wäre somit zweifellos für diese Untersuchung von Belang gewesen), jedoch wird die Initiative weder von Deutschland vorangetrieben noch von Kommission oder Parlament unterstützt, so dass sie faktisch keine Relevanz mehr hat[21]. Damit bleibt es bei den Entwürfen des Corpus Juris, des Grünbuchs und der „Europa-Delikte", die an denselben Parametern gemessen werden sollen, die im *Ersten Teil* angelegt wurden.

In dem *Dritten Teil* soll aus den im nationalen Vergleich gewonnenen Lehren ein neuer Vorschlag für die strafrechtliche Behandlung von Submissionsabsprachen auf gesamteuropäischer Ebene erarbeitet werden. Dazu soll ein Tatbestand gebildet werden, der neben dem Rechtsgut „Wettbewerb" auch das Rechtsgut „Vergabewesen" schützt. Horizontalabsprachen werden dazu mit Bezugnahme auf das Kartellrecht beurteilt, Vertikalabsprachen sollen hingegen an den Vorschriften des europäischen Vergaberechts gemessen werden. Das Vergabewesen hat durch die gemeinschaftsweite einheitliche Regelung einen Bedeutungsanstieg erfahren, der einen strafrechtlichen Schutz rechtfertigt[22]. Die Vorschriften des Vergaberechts regeln die betroffene Materie ausführlich und sind bei (vertikalen) Manipulationen unmittelbar betroffen. Da eine Vielzahl von Verfahrensverstößen möglich ist und nicht schon jeder Bagatellverstoß mit strafrechtlichen Mitteln verfolgt werden muss, soll ein Tatbestandsmodell entwickelt werden, in dem die Verletzung von wesentlichen Verfahrensvorschriften den Erfolgsunwert ausmacht.

---

21 Ausführlicher zu dem Verfahrensstand unten § 17 (S. 239).

22 S. dazu unten § 32.

Erster Teil. Sondertatbestände gegen Submissionsabsprachen auf nationaler Ebene

1. Kapitel: Die Strafbarkeit nach deutschem Recht

§ 1 Die Entstehung und Zielsetzung des § 298 StGB

In der deutschen Strafrechtsgeschichte wird kaum eine Strafnorm zu finden sein, die eine so weit zurückreichende und durch zahlreiche Tatbestandsentwürfe begleitete Entwicklung aufweist wie die des § 298[1]. Die ersten Ansätze für eine strafrechtliche Behandlung von Einflussnahmen auf öffentliche Versteigerungen und Ausschreibungen finden sich in der königlichen Verordnung für Preußen vom 14.7.1797. § 1 der Verordnung erklärte Verträge und Vereinbarungen, denen die Absicht zu Grunde lag, Mitbieter von der Abgabe der Gebote zurückzuhalten, für unerlaubt und strafbar[2]. Der Anwendungsbereich der Verordnung beschränkte sich allerdings nur auf die *Versteigerung* und betraf nicht die Ausschreibung[3]. Das Ausschreibungswesen findet seinen geschichtlichen Ursprung erst in der *Lizitation*[4], einem mündlichen Anbietverfahren, das in seinem äußeren Ablauf und der zwischen den Beteiligten vorhandenen Interessenlage der Durchführung einer Versteigerung ähnlich ist. Das Verfahren der Lizitation vollzog sich in der Weise, dass die Bewerber für einen Auftrag, der sich nach den Vorgaben des Vergebenden richtete, mündliche Angebote abgaben, auf die der Veranstalter – allerdings im Gegensatz

---

1 Vgl. *Oldigs*, Möglichkeiten, S. 30; *Otto*, ZRP 1996, 301; *Tiedemann*, Kartellrechtsverstöße, S. 117. Alle Paragraphen ohne Gesetzesangabe sind solche des Strafgesetzbuchs (StGB).

2 § 1 dieser Verordnung lautete: Alle Verträge und Verabredungen, bei welchen die Absicht zu Grunde liegt, bei gerichtlichen und anderen öffentlichen Subhastationen und Auktionen, sie mögen zu den notwendigen oder freiwilligen gehören, Kauflustige zum Vorteile eines Licitanten von der Abgabe ihres Gebotes oder vom weiteren Mitbieten zurückzuhalten, es geschehe nun solches durch Bewilligung eines gewissen Abstandsgeldes oder durch Versprechung oder wirkliche Einräumung anderer Vorteile, werden hiermit für unerlaubt und strafbar erklärt.

3 S. *Franzen*, Strafbarkeit, S. 36; *Oldigs*, Möglichkeiten, S. 30.

4 Erste Vergaberegelungen, die das Verfahren der Lizitation vorsahen, waren in den Bauinstruktionen deutscher Städte aus dem 17. und 18. Jahrhundert enthalten (z.B. die Hamburgische Baulieferverordnung von 1617 und das Preußische Baureglement von 1724), vgl. I/M-*Dreher*, § 97 Rn. 139.

zur Versteigerung – dem Mindestfordernden den Zuschlag erteilte[5]. Der erste deutsche Straftatbestand, der die Lizitation in seinen Anwendungsbereich aufnahm, ist am 14.4.1851 mit dem Straf-Gesetzbuche der Preußischen Staaten in § 270 PrStGB[6] geschaffen worden. Dieser sprach zwar weiterhin von Versteigerungen, bezog aber als zu versteigernde Objekte Verpachtungen, Lieferungen, Unternehmungen oder Geschäfte irgendeiner Art in den Anwendungsbereich mit ein, die typischerweise nur im Wege der Lizitation vergeben werden konnten[7]. Aus den Gesetzgebungsmaterialien[8] ergibt sich, dass § 270 PrStGB aus Teilen der Verordnung von 1797 und aus Art. 412 des französischen Code Pénal von 1810 zusammengesetzt wurde. Die Bezugnahme auf die französischen Regelungen bewirkte die beschriebene Ausdehnung des Anwendungsbereichs auf die Lizitation und eine Erweiterung des tatbestandsmäßigen Verhaltens auf die Mittel der Gewalt und Drohung[9]. Eine weitere Besonderheit der Anlehnung an Art. 412 Code Pénal lag darin, dass ein einseitiges Abhalten vom Bieten oder Weiterbieten bei den geschützten Verfahren unter Strafe gestellt wurde. Die in der preußischen Verordnung vorausgesetzte Übereinkunft fiel dem zum Opfer, so dass Absprachen nicht vom Tatbestand erfasst waren, wenn durch sie niemand von der Beteiligung an einer Ausschreibung abgehalten wurde. Demzufolge konnten Bietergemeinschaften oder Schutzangebote, die auf einer Absprache beruhten, nicht von § 270 PrStGB erfasst werden[10]. Da Versteigerung und Lizitation mündliche Verfahren sind, liegt deren wirtschaftlicher Sinn darin, eine möglichst große Anzahl von Wettbewerbern zum Bieten und vor allem zum Überbieten zu veranlassen[11]. Die Verringerung der Bieterzahl stand als schädliche Beeinflussung der Verfahren daher im Vorder-

---

5 *Franzen*, Strafbarkeit, S. 3; *Leitzinger*, Submission, S. 66, sog. „Minderungsverfahren". Eine zeitgenössische Beschreibung dieses Verfahrens findet sich bei *Émile Zola*, Germinal, Dritter Teil, Kap. 1 a.E. (s. unten § 11 II. [Fn. 20]).

6 Der Text von § 270 PrStGB lautete: Wer Andere vom Mitbieten oder Weiterbieten bei den von öffentlichen Behörden oder Beamten vorgenommenen Versteigerungen, dieselbe mögen Verkäufe, Verpachtungen, Lieferungen, Unternehmungen oder Geschäfte irgend einer Art betreffen, durch Gewalt oder Drohung, oder durch Zusicherung oder Gewährung eines Vortheils abhält, wird mit Geldbuße bis zu dreihundert Thalern oder mit Gefängnis bis zu sechs Monaten betraft.

7 Nach *Oppenhoff*, Strafgesetzbuch, § 270 Anm. 4, ist auch eine Verdingung, wie aus den Worten „Lieferungen, Unternehmungen oder Geschäfte" folgt, als „Versteigerung" anzusehen. S. auch *Gorski*, Verdingung, S. 35, 40.

8 S. *Goltdammer*, Materialien, S. 615.

9 S. *Goltdammer*, Materialien, S. 615: „Denn die Verordnung von 1797 bezieht sich nur auf öffentliche Verkäufe, und des Mittels der Gewalt oder Drohung gedenkt sie nicht".

10 Vgl. *Oppenhoff*, Strafgesetzbuch, § 270 Anm. 13.

11 Vgl. *Oldigs*, Möglichkeiten, S. 31.

grund[12], so dass die Aufnahme der einseitig willensbeugenden Mittel der Drohung und Gewalt in den Tatbestand Priorität hatte. Für die ebenfalls von § 270 PrStGB erfasste Tatbegehung durch Zusicherung oder Gewährung eines Vorteils hatte dies zur Folge, dass derjenige, der für das Nichtbieten einen Vorteil erhielt, straflos blieb[13]. Auch eine Bekämpfung von Täuschungshandlungen schien dem damaligen Gesetzgeber weder zwingend noch hinreichend bestimmbar[14].

Mit zunehmender Industrialisierung wurde die mündliche Lizitation schließlich durch die schriftliche *Submission*[15] ersetzt, die sich von der Lizitation durch die Veranstaltung eines geheimen und schriftlichen Verfahrens unterschied[16]. Unter einer Submission versteht man ein Verfahren, bei dem durch individuelle Aufforderung bzw. öffentliche Bekanntmachung Interessenten aufgefordert werden, Angebote auf eine gewünschte Lieferung oder Leistung schriftlich einzureichen, wobei diese Angebote zu einem bestimmten Termin gemeinsam geöffnet werden und derjenige Anbieter den Zuschlag erhält, dessen Angebot nach Preis und sonstigen Umständen am annehmbarsten erscheint[17]. § 270 PrStGB konnte die sich bei diesen Verfahren bildenden wettbewerbsbeschränkenden Verträge und Vereinbarungen (sog. *Submissionskartelle*) nur noch dann erfassen, wenn sie zugleich als einseitige Zusicherung oder Gewährung eines Vorteils verstanden werden konnten. Der Tatbestand wurde in der gerichtlichen Praxis (innerhalb seines Anwendungsbereichs) noch bis in die 30er Jahre angewandt[18] Erst mit dem Erlass zweier Verord-

---

12 Vgl. auch *Jaath* in: FS-Schäfer, S. 107, zu der Entwicklung von späteren Tatbestandsvorschlägen.

13 Vgl. *Franzen*, Strafbarkeit, S. 37; *Oppenhoff*, Strafgesetzbuch, § 270 Anm. 16.

14 *Goltdammer*, Materialien, S. 615: „Frühere Entwürfe nannten darüber hinaus auch noch die Erregung eines Irrtums. In Übereinstimmung mit der Regierung beschloss der Vereinigte Ständische Ausschuss das Fortfallen dieses Satzes, weil darunter jede ungünstige, von Anderen geglaubte, Bemerkung über die Sache begriffen werden könne".

15 Der Begriff der *Ausschreibung* wird synonym mit dem Begriff der *Submission*, der *Verdingung* oder der *Vergabe* verwendet, vgl. *Gandenberger*, Ausschreibung, S. 30.

16 Für die Vergabe von Aufträgen wurde das Prinzip der öffentlichen und schriftlichen Ausschreibung eingeführt, so z.B. die Verdingungsordnungen von Bayern (1833) und Preußen (1834), vgl. *Rittner*, Rechtsgrundlagen, S. 30. Allgemein zum Übergang von der Lizitation zur Submission, *Huber*, Submissionswesen, S. 5; *Huhn*, Problematik, S. 47 ff.; *Leitzinger*, Submission, S. 70 f. Als Überbleibsel der Lizitation, vgl. § 6 Nr. 2 VOB/A: „Das Auf- und Abgebotsverfahren, bei dem vom Auftraggeber angegebene Preise dem Auf- und Abgebot der Bieter unterstellt werden, soll nur ausnahmsweise bei regelmäßig wiederkehrenden Unterhaltungsarbeiten, deren Umfang möglichst zu begrenzen ist, angewandt werden".

17 *Herbst*, Wettbewerb, S. 49.

18 Vgl. *Tiedemann*, ZStW 94 (1982), 338 (339); *ders.*, Wettbewerb, S. 19 (Fn. 23). Ausgangspunkt für die Weitergeltung des § 270 PrStGB seit Einführung des Reichsstrafgesetzbuches v. 15. Mai 1871 war § 2 des Einführungsgesetzes zum Strafgesetzbuch des Norddeutschen Bun-

nungen, die den sachlichen Geltungsbereich von § 270 PrStGB einschlossen, wurde der Tatbestand abgelöst[19]. Durch die Verordnung für Verdingungskartelle vom 9.5.1934[20] wurden alle Verträge und Beschlüsse im Sinne der Kartellverordnung von 1923[21] für nichtig erklärt und in Verbindung mit der Verordnung vom 26.7.1930[22] Verhaltensweisen, mit denen sich der Täter über diese Unwirksamkeit hinwegsetzte, mit einer Geldstrafe in unbeschränkter Höhe belegt[23]. Die Verordnung vom 29.3.1935[24] zur Ergänzung der Verordnung über Preisbindungen und gegen Verteuerungen der Bedarfsdeckung unterstellte darüber hinaus alle Vereinbarungen, die sich auf Submissionen beziehen, einer staatlichen Kontrolle[25].

Über die spezialgesetzliche Behandlung dieser Delinquenz hinaus hatte auch der Betrugstatbestand schon praktische Bedeutung. So weist *Gorski*[26] auf ein unveröffentlichtes Urteil[27] des Reichsgerichts von 1911 hin, das in einem Verfahren wegen Betrugs zu einem Freispruch gelangte, weil ein Vermögensschaden nicht festgestellt werden konnte. Die übrigen Tatbestandsmerkmale wurden jedoch darin als vorliegend erachtet, dass die Bewerber dem Ausschreibenden bewusst die falsche Vorspiegelung gemacht hätten, dass durch sie unabhängige Angebote eingereicht worden seien und dadurch bei dem Ausschreibenden ein Irrtum erregt wurde, der ihn zu einer Vermögensdisposition veranlasste. In einem ähnlich gelagerten Fall aus dem Jahre 1929, in dem ein Beamter durch Bestechung von der Einholung an-

---

des v. 31. Mai 1870, der das Verhältnis des Reichsstrafgesetzbuches zum Landesstrafrecht regelte. Danach sollten die besonderen Vorschriften des Bundes- und Landesstrafrechts insoweit außer Kraft treten, als sie Materien betreffen, welche Gegenstand des Strafgesetzbuches für das Deutsche Reich sind. Über die Erfassung der in § 270 PrStGB geregelten Materie im Abschnitt 25 des Reichsstrafgesetzbuch bestand Streit. Das Reichsgericht ging in ständiger Rechtsprechung von einer Weitergeltung aus, vgl. RGSt 10, 220; 17, 203; 27, 106; 35, 393; 37, 139; 39, 134; s. auch RGZ 51, 401. A.A. *Gorski*, Verdingung, S. 38 f. mit weiteren Nachweisen zum Meinungsstand in der damaligen Literatur.

19 Nach Art. 13 der Weimarer Verfassung „Reichsrecht bricht Landesrecht" wurde entgegenstehendes Landesrecht aufgehoben, ohne dass es einer ausdrücklichen Aufhebung bedurft hätte. Ausführlich zur Aufhebung von § 270 PrStGB durch national-sozialistische Wirtschaftsgesetzgebung und alliierte Dekartellierungsgesetze *Franzen*, Strafbarkeit, S. 69 ff.

20 RGBl. I-1934, S. 376.

21 RGBl. I-1923, S. 1067, 1090.

22 RGBl. I-1930, S. 328.

23 Ausführlich dazu *Franzen*, Strafbarkeit, S. 40 ff.

24 RGBl. I-1935, S. 488.

25 S. *Franzen*, Strafbarkeit, S. 41 f; *Oldigs*, Möglichkeiten, S. 36.

26 S. *Gorski*, Verdingung, S. 56.

27 Aktenzeichen: 3 D 393/11 X 1670 v. 16.6.1911

derer Angebote außer dem des Bestechenden abgehalten wurde, hatte das Reichsgericht einen Vermögensschaden im Sinne des § 263 StGB für möglich gehalten. Die Gefahr eines Vermögensschadens sei dort derart stark und nahe liegend gewesen, um selbst schon einen Vermögensschaden darzustellen, da unter der Voraussetzung, dass weitere Angebote eingeholt worden wären, die Wahrscheinlichkeit bestand, dass sich unter diesen ein günstigeres als das des Bestechenden befunden hätte[28].

Eine sondertatbestandliche Sanktionierung von Kartellen trat erst wieder mit den alliierten Dekartellierungsgesetzen[29] von 1947 ein, die vornehmlich dazu gedacht waren, die kriegsbedingten Zwangskartelle aufzulösen[30]. Mit Einführung des GWB von 1957, wodurch das Besatzungsrecht außer Kraft gesetzt wurde[31], sind Kartellverstöße dagegen als Ordnungswidrigkeiten eingestuft worden[32]. Submissionsabsprachen konnten gemäß §§ 1, 25 GWB a.F. i.V.m. 38 Abs. 1 Nr. 1, 8 GWB a.F. als „Sich-Hinwegsetzen“ über einen unwirksamen Vertrag oder ein Verbot mit Geldbuße geahndet werden[33]. Diese insbesondere von den Mitgliedern der Großen Strafrechtskommission[34] heftig kritisierte Grundsatzentscheidung hemmte jeden

---

[28] RG v. 7.6.1929 – RGSt 63, 187 f.

[29] Das alliierte Dekartellierungs- und Dekonzentrierungsrecht hob alle früheren entgegenstehenden deutschen Vorschriften auf, insbesondere die KartellVO 1923 mit ihren Nachfolgebestimmungen; ausführlich dazu Langen/*Bunte*, Einführung zum GWB (Rn. 6).

[30] Vgl. Art. I Ziff. 2 i.V.m. Art. VII Ziff. 12 Gesetz Nr. 56 der Amerikanischen Militärregierung, wonach Kartelle und alle sonstigen Formen von Absprachen mit Geldstrafe bis zu 200.000 RM (DM) oder mit Gefängnis bis zu 10 Jahren oder mit beiden Strafen bestraft wurden; ähnlich die Verordnung 78 der Britischen Militärregierung und die Verordnung 96 der Französischen Militärregierung.

[31] Das Dekartellierungsrecht blieb aufgrund einer Klausel im Überleitungsvertrag (BGBl. II-1954, S. 157) in Kraft bis es durch ein deutsches entsprechendes Gesetz ersetzt wurde. Das war am 1.1.1958 mit In-Kraft-Treten des GWB der Fall (§ 109 Abs. 2 Nr. 14 und Nr. 15 GWB). Vgl. *Kracht*, NJW 1958, 490; *Franzen*, Strafbarkeit, S. 76; *Jaath* in: FS-Schäfer, S. 103 mit Hinweis auf OLG Hamm, NJW 1958, 1151 f. „Heizungsfirmen“.

[32] In der Begründung des Regierungsentwurfes von 1955 (BT-Drs. 2/1158, S. 28) heißt es zu § 38 GWB, dass weite Kreise der Betroffenen eine Zuwiderhandlung gegen das Gesetz nur als kaufmännisch unlauteres Verhalten auffassen würden und es daher nicht angemessen sei, Verstöße mit Strafbestimmungen zu sanktionieren.

[33] Vgl. zu Bußgeldfällen wegen Submissionsabsprachen BKartA v. 20.3.1996, WuW/E BKartA 2871 „Straßenstrich“, BGH v. 19.12.1995, WuW/E BGH 3043 „Fortgesetzte Ordnungswidrigkeit“, BGH v. 8.2.1994, WuW/E BGH 2904 „Unternehmenssubmission“, BGH v. 13.3.1990, WuW/E BGH 2659 „Leerangebot“.

[34] *Jescheck*, Protokoll der Sitzungen der Großen Strafrechtskommission (1959), 77. Sitzung, Bd. VII, S. 80; *Eb. Schmidt*, Protokoll Bd. VIII S. 80; *Baumann/Arzt*, ZHR 134 (1970), 30 ff., bezeichneten die Beschränkung auf Bußgeldtatbestände sogar als entscheidenden Geburtsfehler des GWB. S. auch *Tiedemann*, Kartellrechtsverstöße, S. 4.

Vorstoß, der auf eine Kriminalisierung von schweren Kartellverstößen im Allgemeinen und Submissionsabsprachen im Besonderen abzielte. Fortwährende Skandale[35] durch Submissionsabsprachen bei der Vergabe von Aufträgen machten aber deutlich, dass die Einstufung als Ordnungswidrigkeit nicht den erforderlichen generalpräventiven Erfolg zeigte. Unabhängig von den Regelungen des GWB wurde gegen die Täter regelmäßig auch Anklage wegen Betrugs erhoben. Dabei wurde von den Gerichten in der Tradition des Reichsgerichts bei der ausschreibenden Stelle ein Schaden bejaht, wenn jener durch die Absprache die Möglichkeit genommen wurde, ein günstigeres Angebot zu erlangen[36]. Konnte nicht nachgewiesen werden, dass die ausschreibende Stelle ein solches hätte einholen können, war eine Bestrafung wegen versuchten Betruges möglich[37].

Die Anwendung des Betrugstatbestandes auf Submissionsabsprachen fand durch das Urteil des 1. Strafsenates des Bundesgerichtshofs vom 21.11.1961 zum „Freiburger-Mensa"-Fall ein jähes Ende[38]. Der BGH hatte zur Feststellung eines Schadens darauf abgestellt, ob trotz der Absprache ein „angemessenes Angebot" vorgelegen habe[39]. Da das Angebot nach Feststellung der Tatsacheninstanz scharf kalkuliert gewesen war, wurde der Eintritt eines Schadens verneint. Die Entscheidung eröffnete den Teilnehmern eines Submissionskartells für dahin gehende Schutzbehauptungen Tür und Tor[40]. Trotz zahlreicher Stimmen in der Literatur[41], die darlegten, dass es sich in casu um einen ausgesprochenen Sonderfall gehandelt habe – denn die Täter hatten im Rahmen der beschränkten Ausschreibung Mitbewerber, die nicht an dem Auftrag interessiert waren, veranlasst, höhere, nicht ernst gemeinte Angebote einzureichen –, führte die Entscheidung dazu, dass über 30 Jahre hin-

---

35 Vgl. etwa BKartA, TB 1997/98, S. 34 ff.

36 BGH, NJW 1956, 68 f.

37 OLG Hamm, NJW 1958, 1151 f. „Heizungsfirmen".

38 BGH v. 21.11.1961 – I StR 424/61 – BGHSt 16, 367. Der Leitsatz lautet: „ Ein Teilnehmer an einer Ausschreibung, der ein angemessenes Angebot abgibt, begeht nicht schon dadurch einen Betrug oder Betrugsversuch, dass er Mitbewerber veranlaßt, nicht ernstlich gemeinte höhere Angebote einzureichen (Abweichung von RGSt 63, 187)". Vgl. auch BGH v. 15.2.1962, WUW/E BGH 495 „Ausschreibung für Putzarbeiten".

39 Im Gegensatz zu OLG Hamm, NJW 1958, 1151, stellt der BGH zur Schadensbegründung nicht (mehr) darauf ab, ob durch die Absprache die Möglichkeit eines günstigeren Angebotes entfällt.

40 Vgl. *Jaath* in: FS-Schäfer, S. 101.

41 *Baumann*, NJW 1992, 1661; *Möschel*, Problematik, S. 29: „Über klassische Submissionsabsprachen unter wechselseitiger Vorteilsgewährung scheint mir dort nichts negativ vorentschieden"; *Otto*, ZRP 1996, 300 (303); *Tiedemann*, Wettbewerb, S. 14.

weg Anklagen wegen Submissionsbetrugs ausblieben[42]. Absprachen bei Ausschreibungen wurden in der Folgezeit sogar von offizieller Stelle für nicht strafbar erklärt[43]. Die Entscheidung des BGH war also nicht nur hinsichtlich der prozessualen Beweisführung unglücklich, sondern blieb auch die Antwort auf die Frage schuldig, welches Kriterium für die „Ordnungsmäßigkeit" oder „Angemessenheit" der Angebotshöhe maßgebend sein sollte[44]. Ein hypothetischer Marktpreis konnte nämlich kaum gemeint sein, da es bei Ausschreibungen angesichts der Individualität des jeweiligen Ausschreibungsobjektes und der damit zu erbringenden Leistung keinen Markt und folglich keinen Marktpreis gibt[45]. Maßgebend muss vielmehr trotz aller Besonderheiten des Submissionswesens auch in diesem Bereich der Wettbewerbspreis sein[46]. Nachdem 20 Jahre vergangen waren und die allseitige Erwartung auf die Schaffung eines Sondertatbestandes zur Bekämpfung von Absprachen bei Ausschreibungen durch das 2. Gesetz zur Bekämpfung der Wirtschaftskriminalität enttäuscht worden war[47], sahen sich die Schwerpunkt-Staatsanwaltschaften für Wirtschaftskriminalität herausgefordert, Submissionsabsprachen wieder als Betrug anzuklagen[48]. Mit der darauf ergangenen „Rheinaus-

---

42 Exemplarisch für das Verhalten der Justiz ist die Entscheidung des AG Tiergarten von 1974, WuW/E LG/AG, 397 f.: „Der Nachweis eines Vermögensschadens ist jedoch derart schwierig, dass Staatsanwaltschaften und Gerichte darauf verzichten, derartige „Machenschaften", wie der Bundesgerichtshof sie nennt, als Betrug zu verfolgen.[...] Wegen der Unmöglichkeit, die Kalkulation eines und – zum Vergleich – mehrerer Großbetriebe zu überprüfen, verzichtet der Staat bewusst darauf, die Gleichwertigkeit der Leistung zu untersuchen, und beschränkt sich auf die Ermittlung und Verfolgung der Preisabsprache als solcher, nämlich nach GWB als Ordnungswidrigkeit".

43 „Preisabsprachen der[...]dargestellten Art erfüllen nach dem derzeitigen Rechtszustand keinen Straftatbestand. Sie sind vielmehr nur mit Geldbuße bedrohte Ordnungswidrigkeiten". So eine Erklärung der Justizministerin Nordrhein-Westfalens, Spiegel Heft 8/1983, S. 10. Vgl. auch *Eichler*, BB 1972, 1347 (1349), der auf einen Beschluss des AG Köln hinweist, wonach die Eröffnung des Hauptverfahrens wegen Betrugs abgelehnt wurde, da in der Bauwirtschaft Preisabsprachen üblich seien und es damit schon am Tatbestand der Täuschung und Irreführung fehle.

44 Vgl. *Tiedemann*, Wettbewerb, S. 16; LK-*Tiedemann*, § 263 Rn. 165.

45 Vgl. *Baumann/Arzt*, ZHR 134 (1970), 24, 51; *Eichler*, BB 1972, 1349; *Tiedemann*, Gutachten Bd. X, S. 88; s. auch LG Hildesheim, WuW 1958, 249.

46 Vgl. *Tiedemann*, Wettbewerb, S. 17.

47 Vgl. *Savelsberg/Brühl*, Wirtschaftsstrafrecht, S. 243; *Tiedemann*, ZRP 1992, 150: „Dieser Entwurf ist am Widerstand des seinerzeit von Graf Lambsdorf geleiteten Wirtschaftsministeriums gescheitert".

48 Vgl. *Blankenbach/Richter*, wistra 1982, 222 (223), mit dem Hinweis darauf, dass die Ahndbarkeit der Absprachen im Rahmen des Gesetzes gegen Wettbewerbsbeschränkungen mit Geldbuße bis zu einer Million DM sowie der Möglichkeit der Abschöpfung bis zum dreifachen des Mehrerlöses offensichtlich nicht den erwarteten generalpräventiven Erfolg zeigt.

bau"-Entscheidung hat der 2. Strafsenat des BGH 1992 eine Kurskorrektur für die strafrechtliche Behandlung von Submissionsabsprachen eingeleitet[49].

(1) In der Urteilsbegründung würdigt der BGH das angeklagte Verhalten zunächst wieder als *Eingehungsbetrug*. In den Ausführungen zum Vorliegen eines Schadens ersetzt er aber das Kriterium des angemessenen Preises durch den Preis, der bei hypothetischem Wettbewerb hätte erzielt werden können[50]. Ein Eingehungsbetrug liegt danach vor, wenn der mit einem Bieter vereinbarte Preis höher als der erzielbare Wettbewerbspreis ist[51]. Als Indizien für die preistreibende Wirkung von Kartellabsprachen führt der BGH den zu finanzierenden Organisationsaufwand eines Kartells (Existenzkosten[52]), die Minderung des Kalkulationsdrucks durch Unterlaufen des Geheimwettbewerbs und als wichtigstes Kriterium die Schmiergeld- und Ausgleichszahlungen an Mitbieter, die aus dem übersetzten Angebot realisiert werden, an[53]. Trotz dieses Rüstzeugs konnte die Vorinstanz nach Rückverweisung einen Schaden nicht feststellen[54]. Auf nochmalige Revision wurde das Verfahren nach § 153 Abs. 2 StPO wegen überlanger Verfahrensdauer eingestellt[55].

(2) Weniger Beachtung fand in dieser Entscheidung die hilfsweise[56] dargestellte Konstruktion eines *Erfüllungsbetrugs*[57], wonach bei Verstoß gegen die Baupreisverordnung (BaupreisVO) PR Nr. 1/72[58] seitens der unlauteren Anbieter nur noch der Selbstkostenfestpreis im Zeitpunkt der Vertragserfüllung gefordert werden

---

49 BGH v. 8. 1. 1992 – 2 StR 102/91 (LG Frankfurt) – BGHSt 38, 186; zum Teil wird die Entscheidung auch als „Wasserbau-Entscheidung" zitiert.

50 So schon *Tiedemann*, Wettbewerb, S. 16 f.

51 BGH a.a.O. Leitsatz Nr. 2; kritisch zur Feststellung eines hypothetischen Wettbewerbspreises: *Lüderssen*, wistra 1995, 246 f.; *ders.*, BB 1996, Beilage 11, 13.

52 Vgl. *Rönnau*, JuS 2002, 545 (549).

53 BGHSt 38, 186 (194 f.).

54 Vgl. die Darstellung des Urteils des LG Frankfurt/Main durch den BGH in wistra 1994, 346 ff.

55 BGH v. 31.8.1994 – 2 StR 256/94 – BGH wistra 1994, 346 „Arbeitsgemeinschaft Rheinausbau II".

56 Das Vorliegen eines Erfüllungsbetruges kam nach der Entscheidung des BGH in Betracht, wenn ein Eingehungsbetrug nicht gegeben oder jedenfalls nicht nachweisbar war. Kritisch dazu *Klein*, Das Verhältnis von Eingehungs- und Erfüllungsbetrug, S. 166, 214 f.

57 NJW 1992, 921 (923 f.) (insoweit nicht in BGHSt 38, 186 abgedruckt); zu dieser Begründung eines Erfüllungsschadens zuvor schon I/M[2]-*Tiedemann*, Vor § 38 Rn. 60.

58 Verordnung PR Nr. 1/72 über die Preise für Bauleistungen bei öffentlichen oder mit öffentlichen Mitteln finanzierten Aufträgen, vom 6.3.1972 (BGBl. I-1972, S. 293), zuletzt geändert durch Gesetz v. 27.12.1993 (BGBl. I-1993, 2378); auch abgedruckt bei *Cramer*, Submissionsbetrug, Anhang Nr. 4, S. 56.

darf[59]. Nach h.M.[60] folgte nämlich aus § 7 BaupreisVO, dass statt des Wettbewerbspreises automatisch nur noch der Selbstkostenfestpreis (§ 9 BaupreisVO) zulässig ist, wenn sich die Bieter unlauter abgesprochen hatten und die Preisbildung dadurch beeinflusst wurde. Die Differenz aus gefordertem Preis und Selbstkostenfestpreis bezifferte den bei dem Veranstalter eingetretenen Schaden. Dieser Schadensberechnung ist aber durch Aufhebung der BaupreisVO zum 1.7.1999 der Boden entzogen worden[61].

Der Anlass für die plötzliche Aufhebung der BaupreisVO ist nicht transparent. Zum Teil wird vermutet, dass es dem Wirtschaftsministerium bei der Aufhebung allgemein um Deregulierung gegangen sei[62]. Vermehrt wird angenommen, der Grund liege darin, dass Selbstkostenfestpreise bei öffentlichen Bauaufträgen kaum noch Bedeutung haben[63]. Hinzuzufügen ist, dass die Wirtschaftsminister der Länder für die Wirtschaftsministerkonferenz im Herbst 1996 einen Ad-hoc-Arbeitskreis „Baupreisverordnung" beauftragt hatten, zu prüfen, ob im Interesse von Deregulierung und Aufgabenabbau die Aufhebung der Baupreisverordnung erwägenswert sei. Anlass dazu gab (wohl unter anderem) die Entscheidung des BVerwG[64] v. 21.2.1995, nach der öffentliche Auftraggeber und Auftragnehmer, sofern sie keinen niedrigeren Preis vereinbaren oder vereinbart haben, „kraft hoheitlichen Rechts unmittelbar an den Höchstpreis nach der VO PR Nr. 1/72 gebunden" sind. Im Lichte dieses Urteils hätte die unveränderte Beibehaltung der BaupreisVO konsequenterweise dazu geführt, dass die Preisüberwachungsstellen Personal hätten aufstocken müssen, um die Einhaltung der Höchstpreise zu gewährleisten[65]. Der 16-köpfige Arbeitskreis, der mehrheitlich aus Mitgliedern der Preisbildungsstellen der Länder besetzt war, sprach sich mit seinem am 22.11.1996 gefassten *Mehrheitsvotum*[66] für ein Festhalten an der BaupreisVO aus. Das *Minderheitsvotum*[67] und beide Stellungnahmen der bauwirtschaftlichen Verbände (Hauptverband der Deutschen Bauindustrie und

---

59 So bereits *Cramer*, Submissionsbetrug, S. 23 ff.; ablehnend *Hefendehl*, JuS 1993, 805 ff.

60 BGHSt 8, 221 (224 f.); BGHZ 51, 174 (181); *Baumann*, NJW 1992, 1661 (1665); *Hefendehl*, JuS 1993, 805 (809); LK-*Tiedemann*, § 263 Rn. 39; *Walter*, Betrugsstrafrecht, S. 318 f.

61 Das Bundesministerium für Wirtschaft hat die BauprVO durch Verordnung v. 16.6.1999 (BGBl. I-1999, S. 1419) mit Wirkung zum 1.7.1999 aufgehoben.

62 *Petersen*, NZBau 2000, 549 (550).

63 S. *Hertwig*, Auftragsvergabe, Rn. 271.

64 Vgl. BVerwG 1 C 36.92 VGH 8 UE 1667/88, S. 14; abgedr. in NVwZ-RR 1995, 425 ff.

65 Vgl. Abschlußbericht des ad-hoc-Arbeitskreises „Baupreisverordnung" für die Wirtschaftsminister-konferenz, S. 15.

66 Die Mehrheit der Mitglieder wies auf Regelungslücken hin, die bei der Abschaffung der VO entstehen würden. Die VO wurde nämlich von dem Grundsatz beherrscht, preisrechtliche Regelungen nur in den Bereichen zu treffen, in denen der Wettbewerb nicht oder nicht ausreichend zum Zuge kommt (Begründung, BaupreisVO, BGBl. I-1972, S. 293), s. Abschlußbericht, S. 14 f., 21.

67 Die Minderheit wies darauf hin, dass die dem geltenden Baupreisrecht im Falle von Marktstörungen zuerkannten Möglichkeiten (z.B. in Kartell- oder Korruptionsangelegenheiten) eher theoretischer Art wären, da Staatsanwaltschaften und Kartellbehörden davon keinen Gebrauch machen würden, s. Abschlußbericht, S. 14 f., 21.

Zentralverband des deutschen Baugewerbes) haben sich dagegen für eine Aufhebung der BaupreisVO ausgesprochen. Die *Amtschefskonferenz* der Wirtschaftsminister hat darauf den Beschluss gefasst, das Bundeswirtschaftsministerium anzuregen, die BaupreisVO aufzuheben, da sie kein zeitgemäßes Regelwerk mehr sei und den üblichen Prüfungskriterien bei der Deregulierung und dem Aufgabenabbau nicht standhalte[68]. Dies verwundert, da von den Preisprüfungsstellen und Rechnungshöfen auf das fortwährende Bedürfnis einer Preisbestimmung bei fehlendem oder gestörtem Wettbewerb hingewiesen wurde. Die Anwendung der Verordnung im Bereich der zivilgerichtlichen Praxis[69] wurde sogar als Mittel „aktiver Korruptionsbekämpfung" bezeichnet[70] und eine gewohnheitsrechtliche Weitergeltung der Grundgedanken der aufgehobenen BaupreisVO vorgeschlagen[71].

Mit Blick auf den Ablauf des Beratungsverfahrens zur Schaffung von § 298 einerseits und den Überlegungen des Wirtschaftsministeriums[72] zur Abschaffung der BaupreisVO andererseits ist lediglich eine vage zeitliche Kohärenz zu verzeichnen, welche die Annahme eines kausalen Zusammenhangs nicht rechtfertigt. Als Ersatz für die BaupreisVO kann auch nicht die Verordnung PR Nr. 30/53 (PreisVO[73]) – über die Preise bei öffentlichen Aufträgen – herangezogen werden. Mit der Aufhebung könnte die PreisVO zwar als allgemeinere Regelung gegenüber der als lex specialis[74] vorrangigen BaupreisVO wieder anwendbar sein[75]. Nach § 5 Abs. 1 PreisVO kommen Selbstkostenpreise in Betracht, wenn gem. Ziff. 2 „eine Mangellage vorliegt oder der Wettbewerb auf der Anbieterseite beschränkt ist und hier-

---

68 Auszug aus den Ergebnissen der Wirtschaftsministerkonferenz, S. 25, Punkt 13 der Tagesordnung.

69 Zuletzt OLG München, NZBau 2002, 509 ff.

70 So *Heindl*, NZBau 2002, 487 f.

71 *Petersen*, NZBau 2000, 549 (550); kritisch dazu *Grützner*, Sanktionierung, S. 354 (Fn. 1090).

72 Verantwortlich innerhalb des Wirtschaftsministeriums war die Unterabteilung IB (Wettbewerbs- und Preispolitik) der Abteilung I (Wirtschaftspolitik) im Geschäftsbereich des Staatssekretärs Tacke.

73 Verordnung PR Nr. 30/53 über die Preise bei öffentlichen Aufträgen v. 21.11.1953 (BAnz. Nr. 244 v. 28.11.1953), zuletzt geändert durch Verordnung PR Nr. 1/89 vom 13.6.1989 (BGBl. I-1989, S. 1094). Zur Verfassungsmäßigkeit zuletzt BVerwG v. 4.5.1999, NVwZ 1999, 1112.

74 Nach § 2 Abs. 5 der VO PR Nr. 30/53 gelten die Bestimmungen dieser Verordnung nicht für Bauleistungen im Sinne der[..]Verordnung PR Nr. 36/52 v. 6.5.1952 (BAnz. Nr. 91 v. 13.5.1952) zuletzt Verordnung PR Nr. 1/72. Für eine solche Spezialität *Schafft*, ZVgR 2000, 245 (246); ebenso *Petersen*, NZBau 2000, 549 (550).

75 S. dazu *Ebisch/Gottschalk*, Preise, § 3 VO PR Nr. 1/72 Rn. 1: „Zunächst einmal gilt die VO PR Nr. 30/53 für alle Leistungen, bevor sie in ihrem § 2 Abs. 5 die unter die Baupreisverordnung fallenden Leistungen von ihrem Geltungsbereich ausnimmt. Diese Konstruktion hat zur Folge, dass es Leistungen, die weder unter die VO PR Nr. 30/53 noch unter die VO PR Nr. 1/72 fallen, nicht geben kann". A.A. I/M-*Dreher*, Vor §§ 97 ff. Rn. 111: „Nach § 2 Abs. 5 VO 30/53 sind Bauleistungen ausdrücklich vom Preisrecht ausgeschlossen".

durch die Preisbildung nach § 4 der PreisVO nicht unerheblich beeinflusst wird“[76]. Allerdings bezieht sich § 4 PreisVO[77] nur auf Preise für marktgängige Leistungen (was insbesondere bei Bauleistungen nicht der Fall ist) und enthält im Gegensatz zu § 5 BaupreisVO keine Ausnahmeregelung für Wettbewerbspreise. Unabhängig von der Frage, ob der PreisVO im Bereich der aufgehobenen BaupreisVO wieder ein Anwendungsbereich eröffnet ist, hat deren Regelung aber auch nicht die Wirkung, den vereinbarten Preis ipso iure auf den Selbstkostenpreis zu vermindern, denn Selbstkostenpreise können nach § 5 PreisVO nur *ausnahmsweise vereinbart* werden. Unternehmer, die ihre Angebote auf der Basis einer gegenseitigen Absprache abgegeben haben, werden dadurch nicht auf den Selbstkostenpreis verpflichtet. Eine automatische Preisreduzierung, die wie bei dem Verstoß gegen die BaupreisVO nur den Selbstkostenfestpreis zulässt, bewirkt die PreisVO also nicht. Im Ergebnis kann die Begründung eines Erfüllungsschadens auf diese Konstruktion nicht gestützt werden[78].

Für den Eingehungsbetrug wiederum hält der BGH trotz anfangs heftiger Kritik in der Literatur[79] in nun ständiger Rechtsprechung[80] an der Schadensfeststellung durch Indizien fest. In seiner jüngsten Entscheidung[81] zum Submissionsbetrug konkretisierte er die Schadensfeststellung nochmals. Danach umfasst bei wettbewerbswidrigen Preisabsprachen der Betrugsschaden zumindest die absprachebedingten Preisaufschläge, die in Form von Ausgleichszahlungen[82] oder Schmiergel-

---

76 Nichts anderes ist § 7 Abs. 1 S. 1 PreisVO zu entnehmen: „Selbstkostenerstattungspreise dürfen nur vereinbart werden, wenn eine andere Preisermittlung nicht möglich ist“.

77 § 4 Abs. 1 PreisVO lautet: „Für marktgängige Leistungen dürfen die im Verkehr üblichen preisrechtlich zulässigen Preise nicht überschritten werden“.

78 I/M-*Dannecker/Biermann*, Vor § 81 Rn. 101; *Grützner*, Sanktionierung, S. 356; *Satzger*, JR 2002, 392 (Fn. 20).

79 Vgl. *Cramer*, NStZ 1993, 42; *Geerds*, DWiR 1992, 120; *Hefendehl*, ZfBR 1993, 164; *ders.*, 1993, 808; *Joecks*, wistra 1992, 247, *Lüderssen*, wistra 1995, 243, *Mitsch*, JZ 1994, 877 (888); *Moosecker* in: FS-Lieberknecht, 418 (419); *Otto*, ZRP 1996, 300 (304); *Ranft*, wistra 1994, 41; *Rutkowsky*, NJW 1995, 705 (706); Zustimmend aber: *Baumann*, NJW 1992, 1661; *Broß/Thode*, NStZ 1993, 370; *Kramm*, JZ 1993, 422; *Schaupensteiner*, ZRP 1993, 250.

80 BGH NJW 1995, 737 (738); BGH NJW 1997, 3034 (3038) (insoweit in BGHSt 43, 96 nicht abgedruckt); BGH wistra 2001, 103.

81 BGH v. 11.7.2001 – StR 576/00 (LG München I) – BGHSt 47, 83. Urteilsanmerkungen dazu von *Best*, GA 2003, 157 ff.; *Otto*, Jura 2002, 606 (613); *Rönnau*, JuS 2002, 545 ff.; *Rose*, NStZ 2002, 41 f.; *Satzger*, JR 2002, 391 ff.; *Walter*, JZ 2002, 252 (255).

82 Die Vereinbarung von Ausgleichszahlungen spielte schon zu Beginn des 19. Jahrhunderts eine gewichtige Rolle, vgl. *Gorski*, Verdingung, S. 28. Gegen den Einwand, Ausgleichszahlungen seien ohne Aussagewert für den hypothetischen Wettbewerbspreis, weil diese Ausgleichszahlungen lediglich den Gewinn des zahlenden schmälerten, schon *Huhn*, Problematik, S. 234, *Otto*, wistra 1999, 41 (43).

dern an Dritte gezahlt werden. Gleichzeitig hat der BGH in dieser Entscheidung die Grundsätze des Submissionsbetrugs, wie sie für die bisher offene und beschränkte Ausschreibung entwickelt wurden, auch auf eine *freihändige Vergabe* mit Angebotsanfragen durch öffentliche oder private Auftraggeber an zumindest zwei Unternehmen mit Hinweis auf die entsprechende Grenzziehung in § 298 Abs. 2 übertragen. Dies stieß im strafrechtlichen Schrifttum[83] zum Teil auf Ablehnung, da die freihändige Vergabe dem Ausschreibungsverfahren in seiner wertermittelnden Funktion nicht gleichzusetzen sei und damit eine Schadensberechnung unter Rückgriff auf einen hypothetischen Wettbewerbspreis ausschließe.

Rückblickend ist aus kriminologischer Sicht darauf hinzuweisen, dass die Häufigkeit von Submissionskartellen eng mit dem Konjunkturverlauf verbunden war[84]. So stellte das Bundeskartellamt fest, dass gerade in Zeiten sich abschwächender Baukonjunktur die Bereitschaft, an Submissionskartellen teilzunehmen, und insbesondere auch die Disziplin der Teilnehmer, sich an die Kartellabsprachen zu halten, abnahm[85]. Das in der Auseinandersetzung um die Behandlung von Submissionskartellen immer wieder vorgetragene Argument, die Vereinbarung sei ein „Akt der Notwehr“[86] gegenüber einem Verfahren, das zu einem „ruinösen Preiskampf“ führt, überzeugt folglich nicht. Richtig ist vielmehr, dass eine prosperierende Wirtschaftslage zu Submissionsabsprachen anregt, die höhere Gewinnmargen oder eine vorteilhaftere Auslastung des Betriebs zum Ziel haben. Bereits 1927 wies der deutsche Ökonom *Sombart*[87] darauf hin, dass es sich bei Kartellen eher um „Kinder des Glücks“ denn um „Kinder der Not“ handelt.

I. Das Bedürfnis für einen Sondertatbestand

Die Historie des „Ausschreibungsbetruges“ zeigt, dass sich die Form der Manipulation bei Vergaben an zwei Konstanten orientierte. Erstens an der Art und Ausgestaltung des Verfahrens[88] und zweitens an der Art und Weise der Sanktionierung des

---

83 Vgl. *Satzger*, JR 2002, 392.

84 *Mainka*, Nachfragemacht, S. 113.

85 BKartA, TB 1981/1982, BT-Drs. 10/243, S. 12.

86 So z.B. *Bülow/Zubeil*, Wettbewerbsordnung, S. 45; *Kanski*, Strafbarkeit, S. 68 m.w.N.

87 *Sombart*, Das Wirtschaftsleben im Zeitalter des Hochkapitalismus, S. 12.

88 S. oben § 1 (S. 9), der Übergang von der Lizitation zur Subscription und der damit erfolgten Ablösung von Nötigungselementen (Drohung, Zwang) durch Absprache und Täuschung.

Verfahrensmissbrauchs[89]. Die Manipulation von Submissionen wurde in den letzten Jahrzehnten durch Absprachen beherrscht, die den Geheimwettbewerb ausschalteten, indem aufeinander abgestimmte Angebote abgegeben wurden. Die Ausgestaltung der Verdingungsordnungen war dagegen nahezu wehrlos, da subjektive Bieterrechte, Aussetzungsmöglichkeiten oder Nachprüfungsverfahren fehlten. Durch die Effektivität von Horizontalvereinbarungen wurden die Mittel des Zwangs, der Nötigung und der Vorteilsgewährung in der Praxis weitgehend verdrängt. Dagegen ist die Bestechung von Amtsträgern bei Ausschreibungen neuerdings als häufig festgestellt worden[90]; sie erfolgt in der Regel zur Absicherung der Horizontalabsprachen[91]. Nach mittlerweile ständiger Rechtsprechung sind Submissionsabsprachen aber (wieder) wegen Betruges strafbar, und mit der „Indizienlösung" ist der Schadensnachweis wesentlich erleichtert worden. Somit stellt sich die Frage, ob die Schaffung eines Spezialtatbestandes gegen wettbewerbsbeschränkende Absprachen überhaupt erforderlich war. Ausgangspunkt für Reformarbeiten im Bereich des materiellen Wirtschaftsstrafrechts kann nur die Verstärkung der Effektivität und Praktikabilität der Strafverfolgung sein[92]. Ohne hier auf die rechtsgutskritischen Äußerungen des Schrifttums[93] gegen die Schaffung eines Sondertatbestandes eingehen zu wollen, sollen drei Punkte erörtert werden, welche die Notwendigkeit eines Sondertatbestandes für Ausschreibungsabsprachen belegen.

(1) Den vom Bundesgerichtshof entschiedenen Fällen lagen Sachverhalte zu Grunde, die aus einem Zeitraum herrührten, in dem die allgemeine Ansicht vorherrschte,

---

89 Die Ahndung von Submissionsabsprachen durch das Gesetz gegen Wettbewerbsbeschränkungen zeigte nicht den erhofften generalpräventiven Erfolg, vgl. *Blankenbach/Richter*, wistra 1982, 222.

90 Vgl. *Möhrenschlager*, JZ 1996, 822 (828); *Schaupensteiner*, ZRP 1993, 250: „Neu ist die kriminologische Erkenntnis, dass Korruptionsdelikte[...]regelmäßig dort anzutreffen sind, wo Absprachen zwecks Ausschluss des Bauwettbewerbs zur Durchsetzung überhöhter Preise nachweisbar sind".

91 BGHSt 41, 385 (386) „Bei offenen Ausschreibungen, zu denen die Stadt in den achtziger Jahren überging, bestand allerdings die Gefahr, dass ein Nichtkartellmitglied günstiger anbot und den Zuschlag erhielt". Weiter gehend *Schaupensteiner*, ZRP 1993, 250: „Die Ermittlungen belegen jedoch, dass Submissionsabsprachen regelmäßig erst durch Bestechung der Entscheidungsträger auf Seiten der (staatlichen) Bauherren ermöglicht werden". Dies begründet *Schönfelder*, Schwarzarbeit, S. 82: „Gerade bei Submissionsabsprachen im Rahmen von offenen Ausschreibungen steht nämlich immer zu befürchten, dass irgendein Außenseiter ein überhöhtes Mindestgebot des Preiskartells unterbieten wird bzw. im Regelfall sogar (bei ordnungsgemäßer Kalkulation) unterbieten muss".

92 Vgl. *Tiedemann*, Kartellrechtsverstöße, S. 1.

93 So *Lüderssen*, BB 1996, 1; *ders.*, BB 1996, 2525; *Möllering*, WRP 1997, 933 (934); *Oldigs*, Möglichkeiten, S. 178; zur Auseinandersetzung mit dem Rechtsgut s. unten § 2 II.

dass Absprachen bei Ausschreibungen nicht strafbar seien[94]. Dementsprechend kann von geringen Bemühungen, die Tat zu verdecken, z.B. Ausgleichszahlungen zu verschleiern, ausgegangen werden[95]. Der verantwortliche Staatsanwalt sprach im Zusammenhang mit dem „Rheinausbau"-Verfahren sogar von einem „kriminalistischen Glücksfall", da eine Vielzahl von Beweisen erhoben werden konnte[96]. In Zukunft ist bei den sich absprechenden Bietern vermehrt mit nicht-geldwerten Ausgleichsmaßnahmen wie Rangfolgen und der damit einhergehenden Tendenz zur Ringbildung oder Punktesystemen zu rechnen[97]. Die Praxis wird dem Indizienkatalog ausweichen und damit die indirekte Betrugsschadensberechnung unterlaufen. Bei verschlechterter Beweissituation, insbesondere was den Transfer absprachebedingter Ausgleichszahlungen angeht, wird die Feststellung eines Eingehungsbetrugs in der Regel nicht mehr zu begründen sein, denn die übrigen Indizien dürften allein nicht ausreichen, um einen Schaden anzunehmen. So ist es nicht überraschend, wenn der Staatsanwaltschaft in den 1995 vom BKartA abgegebenen Verfahren aus dem Bereich „Gussasphalt/Abdichtungsarbeiten" lediglich in 20 der 2500 Einzelfälle (also nicht einmal einem Prozent der Fälle) der Schadensnachweis gelungen ist[98]. An die Möglichkeiten zur Feststellung der Indizien können somit bei realistischer Betrachtung zukünftig keine übersteigerten Erwartungen gestellt werden.

---

94 Der Entscheidung BGH NJW 1992, 921 liegen Auftragserteilungen vom 7. und 27.2.1980 zu Grunde, der Entscheidung BGHSt 47, 83 Zuschläge vom 7. und 18.7.1989 und 25.1.1990. Dazu auch *Blankenbach/Richter*, wistra 1982, 222 (223).

95 Informativ zu dem Sachverhalt von BGHSt 38, 186, *Seifert* in: Dahs, Kriminelle Kartelle, S. 17 (19): „Der Absprachering sollte auf einer die Vorgehensweise des Kartells bis in alle Einzelheiten regelnden vertraglichen Grundlage arbeiten, sich in regelmäßigen Treffen abstimmen und eine regelrechte Buchhaltung haben, mit anderen Worten: perfekt durchorganisiert sein". Zu dieser, für die Ermittlungsbehörden glücklichen Situation auch *Michalke*, NJW 1997, 380 f. Weitere Beispiele für die günstige Beweissituation bei Submissionsabsprachen, s. KG v. 29.4.1975, WuW/E OLG 1627 ff. „Mülltonnen"; BGH v. 11.3.1986, WuW/E BGH 2267 f. „Angebotsliste".

96 *Seifert* in: Dahs, Kriminelle Kartelle, S. 24; *Tiedemann*, ZRP 1992, 149 (rechte Spalte unten).

97 Vgl. Czarnowski/Gutzler/Hoffmann-*Strauch*, Kartelle, S. 70: „Bei auf Dauer angelegten Preiskartellen entfallen häufig die Ausgleichszahlungen, da statt dessen Anwartschaften von Kartellmitgliedern ausgewiesen werden, wann sie herausgestellt werden". Dazu auch *Diehl*, BauR 1993, 1 (2); ebenso *Schönfelder*, Schwarzarbeit, S. 81. Zu der Verwendung besonderer Verteilungsschlüssel und Punktesysteme, s. *Baumann*, NJW 1992, 1664; *Eichler*, BB 1972, 1348, *Jaath* in: FS-Schäfer, S. 94; *Mainka*, Nachfragemacht, S. 111; *Möschel*, Problematik, S. 36.

98 S. BKartA, TB 1997/98, BT-Drs. 14/1139, S. 34 f.: „Die für Sommer 1996 zugesagte Rückgabe der übrigen Fälle verzögerte sich derart, dass fast die Hälfte der Taten daraufhin verjährt waren".

(2) Die Möglichkeit, im Anwendungsbereich des Preisrechtes einen Erfüllungsbetrug anzunehmen, ist durch die Aufhebung der BaupreisVO entfallen[99]. Der Möglichkeit, einen Betrugsschaden dadurch zu begründen, dass der Ausschreibende täuschungsbedingt mögliche Schadensersatzansprüche nicht geltend macht, ist der BGH mit dem Hinweis auf die mangelnde Stoffgleichheit zwischen erstrebtem Vermögensvorteil und Schaden entgegengetreten[100]. Andere Konstellationen zur Annahme eines Betrugsschadens[101] unterliegen in besonderem Maße dem Makel der Kompliziertheit und Pauschalität[102]. Gerade im Bereich der Submissionsabsprachen, wo eine Bewehrung als Ordnungswidrigkeit nicht den generalpräventiven Erfolg zeigt, ist eine klare und prägnante Regelung erforderlich, die den Abschreckungseffekt gegenüber den persönlich Handelnden gewährleistet. Die Schaffung eines Sondertatbestandes im Kernstrafrecht entfaltet kriminalpolitisch eine ungleich höhere generalpräventive Appellfunktion gegenüber den betroffenen Kreisen als die Annahme einer konstruierten Betrugsvariante[103].

(3) Mit Erreichen bestimmter finanzieller Grenzwerte („Schwellenwerte“) nach der Vergabeverordnung[104] gilt das neue Kartellvergaberecht[105] der §§ 97 ff. GWB. Die darin liegende Verschärfung von Kontrollmechanismen wird sich auf das unlautere Verhalten der Bieter auswirken. Absprachen, die auch den Nichtkartellmitgliedern bekannt sind, sind angesichts der eingeführten Rechtschutzmöglichkeiten nicht mehr durchführbar. Die Gefahr der Aufdeckung der Absprachen ist so groß, dass zukünftig mit einer repressiven Durchsetzung der Geheimhaltung der Abspracheteilnehmer zu rechnen ist. Außerdem ist eine vermehrte Einbindung der Vergabestellen in die Absprachen selbst zu erwarten, um eine mögliche Aussetzung des

---

99 Zu den Gründen für den Wegfall der BaupreisVO bereits oben § 1 I. (S. 15).

100 BGH NStZ 2000, 260 f.; s. auch Tröndle/*Fischer*, § 263 Rn. 100.

101 S. *Otto*, wistra 1999, 41 (44) mit einem Überblick über die vertretenen Meinungen.

102 Die Schaffung von Sondertatbeständen im Vorfeld oder im Umkreis der vermögensschützenden Kerntatbestände beruht auf der Erkenntnis, dass alle diese zentralen Kerntatbestände teils zu kompliziert konstruiert, teils zu pauschal gefasst sind, vgl. *Baumann*, NJW 1992, 1661; *Jaath* in: FS-Schäfer, S. 106; *Tiedemann*, Kartellrechtsverstöße, S. 1.

103 Zu § 264 b schon *Schaupensteiner*, ZRP 1993, 250 (252): „Es bleibt zu hoffen, dass dem Tatbestand des Ausschreibungsbetruges in der Praxis endlich ein ins Gewicht fallender Abschreckungseffekt zukommen wird, was bisher weder dem Ordnungswidrigkeitentatbestand des § 38 I Nr. 1 GWB noch dem Straftatbestand des Betruges gelungen ist“. Zustimmend *Tiedemann* in: FS-Müller-Dietz, S. 905 (914), mit Hinweis auf § 48 KWG und dessen späteres Pendant im Kernstrafrecht § 265 b.

104 Verordnung über die Vergabe öffentlicher Aufträge v. 11.02.2003, BGBl. I-2003, S. 169.

105 Das deutsche Vergaberecht ist seit der Einführung in das GWB durch die 6. Novelle zum 1.1.1999 als „Kartellvergaberecht“ zu bezeichnen, vgl. *Dreher*, NVwZ 1999, 246.

Verfahrens (§ 115 GWB) und Nachprüfung vor der Vergabekammer mit Sicherheit ausschließen zu können. Die Kooperation zwischen Vergabestelle und Bieter gewinnt im Vergleich zur Absprache unter den Bietern an Bedeutung.

Zusammengefasst kann damit die Einschätzung des Oberstaatsanwaltes *Seifert*, der die Anklage in dem „Rheinausbau"-Verfahren führte, aufrechterhalten werden: „Eine Anklageerhebung wegen Ausschreibungsbetruges bleibt damit auch weiterhin mit Unwägbarkeiten behaftet"[106]. Um eine effektive und praktikable Bekämpfung von Betrügereien bei Ausschreibungen zu erreichen, war und ist ein Sondertatbestand gegen Submissionsabsprachen erforderlich.

II. Die Entwürfe für einen Sondertatbestand

Die Vorschläge für einen Sondertatbestand gegen Submissionsabsprachen sind so zahlreich, dass hier nur eine Auswahl der Entwürfe berücksichtigt werden soll, die wesentliche Entwicklungsstufen zum nun geltenden § 298 verkörpern. Nach der Großen Strafrechtskommission, die zu dem Ergebnis kam, einige der erheblich sozialschädlichen Wettbewerbshandlungen nicht dem Ordnungswidrigkeitenrecht nach dem GWB zu überlassen, und deshalb einstimmig die Kriminalisierung der Submissionsabsprachen empfahl[107], wurde 1962 ein Regierungsentwurf[108] (E 62) erarbeitet, der in § 270 die unlautere Einflussnahme auf Versteigerungen und Vergaben unter Strafe stellen sollte[109]. Die straftatbestandliche Zusammenfassung mit dem Schutz öffentlicher Versteigerungen unterstrich den Aspekt des auf Wettbewerb angelegten Verfahrens und kann damit als erstes Signal für eine Umqualifi-

---

106 Vgl. *Seifert* in: Dahs, Kriminelle Kartelle, S. 17 (24). S. auch BT-Drs. 13/3353, S. 8, Begründung des Bundesratsentwurfes zum Korruptionsbekämpfungsgesetz: „Die staatsanwaltliche und gerichtliche Praxis teilt mit, dass der Vermögensschaden (§ 263 StGB) auch im Lichte der neueren Rechtsprechung des Bundesgerichtshofes (BGHSt 38, 186; BGH, wistra 1994, 346) regelmäßig nicht festgestellt werden kann. Verurteilungen wegen betrügerischer Submissionsabsprachen sind weiterhin kaum je zu erwirken".

107 Vgl. Bd. 8 der Niederschriften der Sitzungen 1959, S. 75 ff.

108 § 270 E 62 „Unlautere Einflußnahme auf Versteigerungen und Vergaben", Entwurf eines Strafgesetzbuches mit Begründung, BR-Drs. 200/62, S. 55, 443 ff.

109 § 270 E 62: (1) Wer in der Absicht, 1. eine Zwangsversteigerung oder eine andere auf gesetzlicher Vorschrift beruhende Versteigerung oder 2. eine von einer Behörde oder einer Körperschaft, Anstalt oder Stiftung des öffentlichen Rechts ausgehende Vergabe von Lieferungen oder Leistungen zu verhindern oder ihren Erfolg zu beeinträchtigen, einem anderen ein Entgelt anbietet, verspricht oder gewährt oder ein empfindliches Übel androht und ihn dadurch dazu bestimmt, dass er sich an der Versteigerung oder der Vergabe als Bewerber nicht beteiligt oder bei einer Beteiligung unzulässige Bindungen einhält, wird mit Gefängnis bis zu zwei Jahren, mit Strafhaft oder mit Geldstrafe bestraft.

zierung der Delinquenz hin zu einem Delikt gegen den freien Wettbewerb gesehen werden. Der Unrechtskern des Entwurfs ergab sich aus der Absicht, eine Versteigerung oder Vergabe durch öffentliche Auftraggeber zu verhindern oder deren Erfolg zu beeinträchtigen. Als Mittel der Beeinflussung sah der Entwurf die Vorteilsgewährung und Drohung gegenüber den Konkurrenten vor. Der Entwurf wurde in den Bundestag eingebracht, konnte sich aber gegen die Befürworter der Sanktionierung als Ordnungswidrigkeit durch das GWB nicht durchsetzen[110].

Auf den Entwurf der Bundesregierung zum Gesetz zur Bekämpfung der Wirtschaftskriminalität (1. WiKG[111]), der keinen Tatbestand des Ausschreibungsbetrugs vorsah, folgte 1977 der Alternativentwurf (AE[112]) der Strafrechtslehrer, der in § 175 den Tatbestand „Unlautere Beeinflussung von Bewerbern bei Aufträgen" enthielt[113]. Dieser Entwurf unterschied sich von dem E 62 schon dadurch, dass er auch private Ausschreibungen im Tatbestand erfasst wissen wollte. Die Unrechtshandlung lag in dem Anbieten, Versprechen oder Gewähren eines wirtschaftlichen Vorteils, Drohung mit einem empfindlichen Übel und Täuschung. Der Entwurf sah in Abs. 2 zudem die Bestrafung desjenigen vor, der unzulässige Abreden einhält[114]; dies wohl auch deshalb, weil § 175 AE lex specialis zu einem kartellrechtlichen Generalstraftatbestand[115] werden sollte. Im Gegensatz zu E 62 vermied es der Alternativentwurf jedoch, auf die Beeinträchtigung des Erfolges der Versteigerung oder Vergabe abzustellen. Als Erfolg könnte nämlich die Erhöhung des Preisniveaus verstanden werden[116], bei dessen Nachweis wieder die bekannten Schwierig-

---

[110] Vgl. *Baumann*, NJW 1992; 1662, *Oldigs*, Möglichkeiten, S. 41; *Schmid*, Ausschreibungsbetrug, S. 75.

[111] BGBl. I-1976, S. 2034 ff. Mit dem 1. WiKG ist der 22. Abschnitt erheblich erweitert worden, indem die abstrakten Gefährdungsdelikte § 264 (Subventionsbetrug) und 265 b (Kreditbetrug) eingeführt wurden.

[112] Alternativentwurf eines Strafgesetzbuches, Besonderer Teil, Straftaten gegen die Wirtschaft, vorgelegt von Lampe, Lenckner, Stree, Tiedemann, Weber, 1977.

[113] AE § 175 „Unlautere Beeinflussung von Bewerbern bei Aufträgen": (1) Wer zu Zwecken des Wettbewerbs einen anderen durch Anbieten, Versprechen oder Gewähren eines wirtschaftlichen Vorteils, durch Drohung mit einem empfindlichen Übel oder durch Täuschung dazu bestimmt, dass er sich an einem öffentlichen Verfahren als Bewerber nicht beteiligt oder bei einer Beteiligung unzulässige Bedingungen einhält wird mit Freiheitsstrafe bis zu drei Jahren oder mit Geldstrafe bestraft. (2) Ebenso wird bestraft, wer unzulässige Abreden über die Beteiligung an einem öffentlichen Verfahren im Sinne des Absatzes 1 einhält[...].

[114] Zur Frage der Strafwürdigkeit des Sich-Bestimmen-Lassens im Bereich des Submissionswesens, *Tiedemann*, Kartellrechtsverstöße, S. 119.

[115] § 170 AE: „Wettbewerbsbeschränkung durch Vereinbarung und gegenseitige Abstimmung", Text abgedruckt auch bei Baumann, NJW 1992, 1662 (Fn. 16).

[116] Vgl. *Baumann*, NJW 1992, 1662 (Fn. 14).

keiten auftreten würden[117]. Damit stellt § 175 AE einen weiteren Schritt zu einer wettbewerbsorientierten Erfassung von Submissionskartellen dar. Ebenso wie bei § 270 des Entwurfes von 1962 sollte auch die im Vorfeld der Angebotsabgabe liegende unlautere Einflussnahme auf potentielle Mitbewerber unter Strafe stehen[118]. Damit wäre selbst der (damals geltende) Kartelltatbestand übertroffen worden, der erst eingriff, wenn sich ein Anbieter über die Unwirksamkeit einer Vereinbarung oder eines Verbots hinwegsetzte[119]. Die Feststellung eines Vermögensschadens setzte der Tatbestand freilich nicht mehr voraus.

Bei den Vorarbeiten zu dem 2. WiKG sollte wiederum ein Tatbestand gegen den Ausschreibungsbetrug verwirklicht werden. Der dazu 1979 vorgelegte Referentenentwurf (RE) § 264 a[120] sah mit dem Merkmal der verheimlichten Absprache, die darauf abzielt, den Veranstalter zur Annahme eines bestimmten Angebotes zu veranlassen, und der Absicht, sich oder einem anderen einen Vermögensvorteil zu verschaffen, eine betrugsnähere Anknüpfung vor, zumal die Tatmittel Vorteilsangebot und Drohung gestrichen wurden[121]. Der Referentenentwurf kann damit als direkter Vorläufer von § 298 angesehen werden. Die Verwirklichung dieses Tatbestandes, der als Gesetzentwurf[122] vom 8. Juni 1983 zu einem 2. WiKG[123] von der

---

117 Vgl. *Tiedemann*, Kartellrechtsverstöße, S. 119: „Denkbar wäre es allerdings, auch als „Erfolg" i.S.d. § 270 E 62 nur die geordnete, unbeeinflusste Vergabe zu verstehen und damit jegliche Beeinträchtigung des marktgerechten Preisbildungsprozesses zu inkriminieren. Für diesen Fall wäre das Merkmal des Erfolges jedoch überflüssig".

118 Vgl. Arzt/*Weber*, BT, § 21 Rn. 106.

119 § 38 Abs. 1 Nr. 1, 8 GWB a.F.

120 § 264 a „Ausschreibungsbetrug": (1) Wer bei einer Ausschreibung über Waren oder Leistungen ein betrügerisches Angebot abgibt, wird mit Freiheitsstrafe bis zu drei Jahren oder mit Geldstrafe bestraft. (2) Betrügerisch im Sinne des Absatzes 1 ist ein solches Angebot, das 1. auf einer vor dem Veranstalter verheimlichten oder ihm gegenüber unterdrückten Absprache beruht, die darauf abzielt, diesen zur Annahme eines bestimmten Angebotes zu veranlassen, und 2. in der Absicht abgegeben wird, sich oder einen anderen dadurch einen Vermögensvorteil zu verschaffen. (3) Der Ausschreibung im Sinne des Absatzes 1 steht ein Teilnahmewettbewerb zur freihändigen Vergabe eines Auftrages gleich. (4) Nach Absatz 1 wird auch bestraft, wer die Abgabe eines betrügerischen Angebotes dadurch fördert, dass er sich an einer Absprache im Sinne des Absatzes 2 Nr. 1 beteiligt.

121 Die Lock- und Druckmittel fallen denknotwendig dem Kriterium der (einverständlichen) Absprache zum Opfer.

122 BT-Drs. 10/119.

123 BGBl. I-1986, S. 721, in Kraft getreten am 1.8.1986. Das 2. WiKG hat als weitere Straftatbestände § 263 a (Computerbetrug), § 264 a (Kapitalanlagebetrug), § 266 a (Vorenthalten und Veruntreuen von Arbeitsentgelt) und § 266 b (Missbrauch von Scheck- und Kreditkarten) eingefügt.

SPD in den Bundestag eingebracht wurde, scheiterte jedoch an dem vehementen Widerstand des Bundeswirtschaftsministeriums[124].

Am 3.11.1995 beschloss der Bundesrat den Entwurf eines „Korruptionsbekämpfungsgesetzes“[125]. Dieser Entwurf enthielt den Vorschlag, als § 264 b den Straftatbestand „Ausschreibungsbetrug“ in den Abschnitt des Strafgesetzbuches über Betrug und Untreue aufzunehmen[126]. Ebenso wie seine Vorgänger setzte der Tatbestand im Vorfeld des Betruges an. Damit war der Deliktstypus des abstrakten Gefährdungsdeliktes gewählt. Neben dem Vermögen des Veranstalters sollte auch das Allgemeininteresse an einem freien und fairen Wettbewerb bei Ausschreibungen und Vergaben geschützt sein[127]. Tathandlung sollte sein, ein Angebot abzugeben, das auf einer gegenüber dem Veranstalter *verheimlichten oder unterdrückten* Absprache beruht[128]. Finales Element und zugleich wesentliches Eingrenzungsmerkmal strafbaren Verhaltens sollte der mit der Absprache verbundene Zweck sein, den Veranstalter zur Annahme eines bestimmten, zuvor festgelegten, Angebotes zu veranlassen[129]. Zudem sah der Entwurf einen vertypten Beteiligungstatbestand für denjenigen vor, der die Abgabe eines Angebotes dadurch fördert, dass er sich an einer solchen Absprache beteiligt[130]. Neu an dem Entwurf war, dass er nur zur Anwendung kommen sollte, wenn nicht der Tatbestand des Betruges (§ 263) erfüllt ist[131]. Der Bundesratsentwurf konnte sich jedoch in den parlamentarischen Beratungen nicht durchsetzen.

---

124 S. dazu Ausschussbericht BT-Drs. 10/5058. Zur Rolle des Bundeswirtschaftministeriums, s. *Savelsberg/Brühl*, Wirtschaftsstrafrecht, S. 243; *Tiedemann*, JZ 1986, 865 (867).

125 BT-Drs. 13/3353; BR-Plenarprotokoll 690, S. 503 ff.; der Bundesratsentwurf ist aus Anträgen von Berlin (BR-Drs. 298/95) und von Bayern (BR-Drs. 571/95) hervorgegangen.

126 § 264 b „Ausschreibungsbetrug“: (1) Wer bei einer Ausschreibung über Waren oder Leistungen ein Angebot abgibt, das auf einer vor dem Veranstalter verheimlichten oder ihm gegenüber unterdrückten Absprache beruht, die darauf abzielt, diesen zur Annahme eines bestimmten Angebotes zur veranlassen, oder wer die Abgabe eines derartigen Angebots dadurch fördert, dass er sich an einer solchen Absprache beteiligt, wird mit Freiheitsstrafe bis zu drei Jahren oder mit Geldstrafe bestraft, wenn die Tat nicht in § 263 StGB mit Strafe bedroht ist. (2) Der Ausschreibung im Sinne des Absatzes 1 steht ein Teilnahmewettbewerb zur freihändigen Vergabe eines Auftrages gleich.

127 BT-Drs. 13/3353, S. 10.

128 Kritisch zu dem Merkmal der verheimlichten Absprache in § 264 (Referentenentwurf 1979), *Möschel*, Problematik, S. 18.

129 BT-Drs. 13/3553, S. 10, rechte Spalte.

130 BR-Drs. 298/95, S. 16.

131 BT-Drs. 13/3353, S. 10.

Aus der Abfolge der Entwürfe wird ersichtlich, dass in den Tatbestandsentwürfen eine Entwicklung weg von der Verwirklichung besonderer Handlungsunwerte[132] wie Täuschung, Anbieten, Gewähren oder Versprechen eines Vorteils, Gewalt oder Drohung mit einem empfindlichen Übel hin zu einer Pönalisierung *betrügerischer Angebote* stattfand, wobei als betrügerisches Angebot schon das Angebot definiert werden kann, das auf einer verheimlichten Absprache beruht[133]. Diese Entwicklung erfuhr durch den Tatbestand § 298, der durch das „Gesetz zur Bekämpfung der Korruption“[134] eingefügt wurde, eine neue Wendung und setzte den Schlusspunkt unter „eine der längsten Reformdiskussionen auf dem Gebiet des Strafrechts“[135].

III. Das Gesetz zur Bekämpfung der Korruption

Korruption ist ein Phänomen, das zu Beginn der 90er Jahre erst zu einer kriminalpolitischen und darauf zu einer gesetzespolitischen Diskussion führte. Maßgebend zurückzuführen ist dies auf eine Reihe groß angelegter Korruptionskomplexe, deren justitielle Aufarbeitung eine Konzentration der Strafverfolgung erforderte; exemplarisch dafür sind Frankfurter[136] und Münchner[137] Großverfahren zu nennen[138]. Dieser „Korruptionsschock“[139] führte in der Literatur, welche die Strafrechtslage im Kernbereich der Korruption bisher nicht in Frage gestellt hatte[140], zu zahlreichen Untersuchungen, ob das Phänomen der Korruption effektiver bekämpft werden müsse[141]. Die Praxis wies auf „lasche gesetzliche Regelungen“[142] hin und for-

---

132 Allgemein zum Handlungsunwert (= die Art und Weise des Handlungsvollzugs) s. Wessels/*Beulke*, AT, § 1 I 6. Rn. 15.

133 Vgl. *Otto*, ZRP 1996, 301.

134 BGBl. I-1997, S. 2038.

135 So *König*, JR 1997, 401.

136 In dem Frankfurter Komplex waren gegen mehr als 200 Mitarbeiter der Stadtverwaltung und gegen rund 140 Unternehmer und Unternehmensmitarbeiter Ermittlungsverfahren anhängig, vgl. *Herbig*, VerwArch 1989, 381.

137 „Bis 1991 spielte die Bekämpfung der Korruption in der Strafverfolgung in München praktisch keine Rolle. Ausgangspunkt war, dass ein Unternehmer versuchte, eine Schmiergeldzahlung in Höhe von 400.000,- DM von der Steuer abzusetzen. Das führte dank engagierter Ermittlungen zu einem Dominoeffekt“. *Helgerth*, 61. DJT, Bd. II/2 L 84.

138 Zu den „Frankfurter und Münchener Fällen“ *Claussen*, Korruption, S. 7 (8); *Herbig*, VerwArch 1989, 381 ff.; weitere Fallbeispiele bei *Kerner/Rixen*, GA 1996, 355 (367).

139 So bezeichnet von *Raith*, Korruptionsschock, S. 106.

140 Vgl. *König*, DRiZ 1996, 357.

141 Vgl. *Kerner/Rixen*, GA 1996, 355 ff.; *Vahlenkamp/Knauß*, Korruption, S. 21 (52); kritisch dagegen *Hettinger*, NJW 1996, 2263.

derte Gesetzesänderungen, damit das Strafrecht alsbald eine „scharfe Waffe“[143] gegen die vorherrschende Korruption werde. Das Vertrauen der Rechtsgemeinschaft in die Integrität der öffentlichen Verwaltung schien nachhaltig gestört[144]. Die Einschätzung einer Zunahme der Korruption durch sich dramatisch häufende Bestechungsfälle, vor allem im öffentlichen Beschaffungswesen, wurde im Bundestag einigen Gesetzesanträgen zu Grunde gelegt[145]. Vorläufiges Resultat dieser Initiativen war nach raschen und außerordentlich einvernehmlich verlaufenden Beratungen[146] der Bundesratsentwurf zu einem Korruptionsbekämpfungsgesetz. Die Bundesregierung leitete den Bundesratsentwurf am 18.12.1995 mit einer knappen, aber zustimmenden Stellungnahme an den Bundestag weiter, mit dem Hinweis, alsbald selbst einen Regierungsentwurf zur Korruptionsbekämpfung vorzulegen[147]. Hinsichtlich der Bekämpfung der Korruption war somit ein allgemeiner Konsens zu verzeichnen. Allein eine sichere Aussage über Vorkommen und Begriff der Korruption ließ sich nicht machen[148]. Eine Ausweitung der Korruption war nicht durch Zahlen zu belegen[149]. Gleichwohl lässt sich heute eine Tendenz erkennen, wonach die Anzahl von Korruptionsdelikten trotz jährlicher Zu- und Abnahmen ein höheres Niveau erlangt hat[150]. Zudem muss von einem erheblichen Dunkelfeld ausgegangen

---

142 *Schaupensteiner*, Kriminalistik 1994, 514 (522).

143 *Schaupensteiner*, Kriminalistik 1996, 237.

144 Vgl. *Zachert*, Kriminalistik 1995, 690 (694). Nach einer Umfrage des Bundesinnenministeriums meinten 64 Prozent der Westdeutschen und 78 Prozent der Ostdeutschen, dass es in Deutschland Bestechung in ganz erheblichem Umfange (in sehr großem Umfange und in großem Umfange) gebe, vgl. der Bundesminister des Inneren informiert, 13.10.1995, IPOS 95, S. 77; kritisch zum Informationswert der Umfrage *Hettinger*, NJW 1996, 2263 (2265). Zur Verbindung von Korruption und Organisierter Kriminalität *Lang*, Kriminalistik 1993, 363 (364 f.); *Ransiek*, StV 1996, 446 (447); *Schaupensteiner*, Kriminalistik 1994, 514 (517 f.).

145 Antrag d. Abg. Scheel, Such u.a. und der Fraktion Bündnis 90/Die Grünen v. 17.12.1995, BT-Drs. 13/617; Antrag d. Fraktion der SPD v. 9.3.1995, BT-Drs. 13/742; Antrag d. Abg. Hauchler, Hoffmann u.a. SPD v. 19.06.1995, BT-Drs. 13/1717; Antrag d. Abg. Hoffmann, Hartenbach u.a. SPD v. 14.03.1996, DT-Drs. 13/4118.

146 Protokoll über die 690. Sitzung des Bundesrats v. 3.11.1995, S. 504 (505).

147 BT-Drs. 13/3353, S. 15.

148 Erklärungsversuche bei *Ahlf*, Kriminalistik 1996, 154; *Dölling*, 61. DJT, Gutachten C 9 ff.; *Hettinger*, NJW 1996, 2263 (2265); *Kerner/Rixen*, GA 1996, 355 (359); *Kube/Vahlenkamp*, VerwArch 85 (1994), 432 (434); *Volk* in: GS-Zipf 1999, S. 419 (421).

149 Vgl. *Dölling*, 61. DJT, Gutachten C, Abschnitte B I und D; *Geerds*, JR 1996, 309; *Hettinger*, NJW 1996, 2263 (2265); *Möllering*, WRP 1997, 933.

150 S. Claussen/*Ostendorf*, Korruption, S. 10 f. Nach der *Polizeilichen Kriminalstatistik* (PKS) 2001 ergeben sich für die Anzahl der polizeilich bekannt gewordenen Tatbestände unter dem Punkt „Wettbewerbs-, Korruptions-, und Amtsdelikte“ (§§ 108e, 299, 300, 331-335 StGB) folgende Zahlen: 1997 = 4404 Fälle; 1998 = 3566 Fälle; 1999 = 3015 Fälle; 2000 = 5223 Fälle; 2001 = 3900 Fälle, abgedruckt in Bundeslagebild Korruption 2001, S. 16. Für den Zeitraum

werden[151], da sich bei Korruptionsdelikten alle Beteiligten um eine Verdeckung des deliktischen Geschehens bemühen und ein natürliches Opfer fehlt[152].

Über eine allgemein gültige Definition dieses Phänomens besteht indes keine Einigkeit. Die weiteste Definition des Begriffs Korruption ergibt sich aus dem Bericht einer Konferenz der europäischen Justizminister in La Valetta von 1994[153]. Danach ist Korruption „das Verhalten von Personen mit öffentlichen oder privaten Aufgaben, die ihre Pflichten verletzten, um ungerechtfertigte Vorteile gleich welcher Art zu erhalten". Für den Bereich der Absprachen bei Ausschreibungen bedeutet dies zum einen: § 298 ist kein Delikt, das mittels unerlaubter Zuwendungen an Dritte begangen wird[154], und erfüllt die Definition somit nicht. Zum anderen begleiten solche Zuwendungen häufig die Durchführung einer Submissionsabsprache, so dass dieser Delinquenz möglicherweise ein *korruptionsähnlicher Charakter* anhaftet. Der Normalfall des Ausschreibungsbetruges, der in der Absprache zwischen den Bietern besteht, hat einen Austausch zum Gegenstand, dessen Inhalt die Abgabe eines Schutzangebotes gegen die Gewährung einer Ausgleichszahlung oder einen Rangvorteil bei der nächsten Submission ist. In dieser Konstellation von Korruption oder korruptionsähnlichem Charakter zu sprechen liegt fern. Zwar wird gegen Regeln der Vergabeordnungen und des GWB verstoßen, jedoch sind dies keine Normen, die das Verhalten der Absprachteilnehmer im Innenverhältnis (zu dem vertretenen Unternehmen) beschränken. Der unlauter handelnde Unternehmensvertreter schädigt durch die Absprache nicht sein Unternehmen, das Gegenteil ist vielmehr beabsichtigt. Von Korruption kann allenfalls dann gesprochen werden, wenn gegen Regeln verstoßen wird, die die korrekte Führung von Amt oder Aufgabe im Verhältnis zum Dienstherrn oder Arbeitgeber bestimmen, um dadurch einen Austausch von Vorteilen mit einem Dritten zu ermöglichen. In der Praxis konnten Staatsanwaltschaften in mehreren hundert Verfahren im Zusammenhang

---

1997 – 2000 weist die *Strafverfolgungsstatistik* folgende Fallzahlen Verurteilter aus: 1997 = 637 Verurteilungen, 1998 = 525 Verurteilungen; 1999 = 395 Verurteilungen; 2000 = 322 Verurteilungen, vgl. Statistisches Bundesamt, Strafverfolgungsstatistik 2001. Die Anzahl der *Aburteilungen* liegt freilich darüber: 1997 = 695; 1998 = 564; 1999 = 507; 2000 = 408.

151 Claussen/*Ostendorf*, Korruption, S. 12; *Dölling*, 61. DJT, Gutachten C 16; a.A. *Killias* in: FS-Schneider, S. 238 (245), nach dem die Häufigkeit von Korruption vielfach überschätzt wird.

152 *Dölling*, 61. DJT, Gutachten C 8; dazu mit weiteren Nachweisen *Huhn*, Problematik, S. 17 ff.

153 Zitiert nach *Dölling*, 61. DJT, Gutachten C 10; *Flormann*, Heimliche Unterwanderung, S. 145; *Hettinger*, NJW 1996, 2265; Eine ähnliche Definition enthält die „Entschließung zur Bekämpfung der Korruption in Europa" des Europäischen Parlamentes, BR-Drs. 23/96, S. 3.

154 Diese Feststellung hat praktische Relevanz für die steuerliche Abzugsfähigkeit von Ausgleichszahlungen, die folglich *nicht* nach § 4 Abs. 5 S. 1 Nr. 10 EStG ausgeschlossen ist, vgl. NK-*Dannecker*, Vor § 298 Rn. 26.

mit Korruptionsdelinquenz Submissionsabsprachen nachweisen. Zum Teil wird in diesem Zusammenhang sogar von „*Korruptionskartellen*“[155] gesprochen, und der Tatbestand des Ausschreibungsbetruges stelle dabei einen unverzichtbaren Eckpfeiler effektiver Korruptionsbekämpfung dar[156]. Korrupte Verhaltensweisen, die der oben genannten Definition nahe kommen, lassen sich im Rahmen einer Ausschreibung aber dann erkennen, wenn ein Sachbearbeiter des Veranstalters der Ausschreibung oder ein beliehener Architekt oder Ingenieur in Kontakt zu einem oder mehreren Bietern getreten ist (oder umgekehrt), um den Ablauf der Ausschreibung zu beeinflussen und einen Vorteil zu verlangen oder zu erhalten. Der Unrechtskern von Submissionsabsprachen wurde bisher nur in der Täuschung des Veranstalters oder in der Verheimlichung der Absprache diesem gegenüber festgestellt[157]. Wenn eine Absprache vor dem Veranstalter verheimlicht bleiben soll, erscheint ein korruptionsverwandtes Verhalten nur in einem Teilbereich möglich. Nämlich dann, wenn ein Amtsträger zwar in die Manipulation der Angebote eingebunden wird, der Bestochene aber nicht selbst die über die Auftragsvergabe entscheidende Person ist[158]. Erst wenn ein Tatbestand allgemein die Möglichkeit gibt, neben den „horizontalen Absprachen“ zwischen den Bietern auch Vertikalbeeinflussungen zu umfassen, kann von einem korruptionsähnlichen Delikt gesprochen werden[159]. Ob dies bei dem neu geschaffenen § 298 der Fall ist, soll im weiteren Verlauf der Arbeit untersucht werden.

1. Das Gesetzgebungsverfahren

Am 20.3.1996 legte die Bundesregierung, vertreten durch die Bundesminister der Justiz und des Inneren, einen *Maßnahmenkatalog* zur Korruptionsbekämpfung vor[160]. Darin wurde abweichend vom Bundesratsentwurf (BT-Drs. 13/3353[161]) die

---

155 So bezeichnet von *Duttge*, 61. DJT, L 102; *Huff*, ebenda L 26; s. aber auch *Schönfelder*, Schwarzarbeit, S. 83.

156 Arzt/*Weber*, BT, § 49 Rn. 51: „Der Gesetzgeber hat auch § 298 als Fall der Wirtschaftskorruption gesehen“. Ebenso *Schaupensteiner*, Kriminalistik 1996, 237 (239). Deutlich auch Wabnitz/Janovsky-*Schubert*, Kap. 12 Rn. 3.

157 61. DJT, Beschluss Nr. 15, L 192.

158 S. zu diesem Entweder-Oder-Verhältnis bei den Bestechungsdelikten *Ransiek*, StV 1996, 446 (452).

159 Kritisch zur Annahme eines Korruptionsdeliktes *Wolters*, JuS 1998, 1100 (1101).

160 Gemeinsame Presseerklärung des Bundesministerium des Inneren und des Bundesministeriums der Justiz: „Maßnahmenkatalog des Bundesministerium des Inneren und des Bundesministeriums der Justiz zur Korruptionsbekämpfung“, abgedruckt bei *Dahs*, Kriminelle Kartelle, S. 204 ff.

Schaffung eines neuen Abschnitts „Straftaten gegen den Wettbewerb" im Strafgesetzbuch angekündigt. Auffällig ist, dass sich hinsichtlich des zukünftigen § 298 der Unrechtskern, wie im Bundesratsentwurf vorgeschlagen, aus einer vor dem Veranstalter verheimlichten Absprache ergeben sollte. Auf der Grundlage dieses Kataloges hat die Bundesregierung durch Beschluss vom 19.6.1996 einen eigenen Entwurf vorgestellt[162]. Dieser blieb, insbesondere was die Ausweitung der Korruptionstatbestände[163] und Anhebung der Grundstrafrahmen[164] angeht, hinter dem Bundesratsentwurf zurück[165]. Dafür beinhaltete der Regierungsentwurf größere dienstrechtliche Veränderungen[166] und sah in seinem zweiten Teil zum Bereich „Änderungen des Straf- und Strafverfahrensrechtes" den zusätzlichen Abschnitt „Straftaten gegen den Wettbewerb" vor. Dort wurde insofern von dem Maßnahmenkatalog abgewichen, als dass statt der vor dem Veranstalter verheimlichten Absprache nun (kartell-)rechtswidrige Absprachen das Unrecht begründen sollten. Weiterhin wurde – im Gegensatz zum Bundesratsentwurf – auf eine eigene Täterschaftsregelung verzichtet, die das Fördern der Abgabe eines wettbewerbsbeschränkenden Angebotes erfasst[167]. Am 18.8.1996 wurde dieser Entwurf dem Bundesrat zugeleitet. Dieser gab am 18.10.1996 eine Stellungnahme mit Änderungsvorschlägen ab[168]. Währenddessen ging der Gesetzentwurf am 24.9.1996 als identische Initiative von Abgeordneten der CDU/CSU und FDP in den Bundestag ein (BT-Drs. 13/5584). Am 5.12.1996 wurde der Regierungsentwurf mit Stellungnahme des Bundesrats dem Bundestag zugeleitet (BT-Drs. 13/6424). Im Laufe der ersten Beratung über die Entwürfe (BT-Drs. 13/3353, 13/5584, 13/6424) in den Sitzungen am 26.9.1996 und 12.12.1996 wurde dem Rechtsausschuss die weiter gehende Beratung federführend überwiesen.

---

161 Entwurf zu einem Korruptionsbekämpfungsgesetz.

162 BR-Drs. 553/96; dazu *Möhrenschlager*, JZ 1996, 822.

163 Der Bundesratsentwurf sah vor, §§ 331, 333 bereits dann eingreifen zu lassen, wenn die Zuwendung im Zusammenhang mit dem Amt steht.

164 Bei den §§ 332 und 334 sollte bereits im Grundtatbestand eine Höchstfreiheitsstrafe von 10 Jahren gelten.

165 Zudem wurde auf die Einführung der Telefonüberwachung für Korruptionsdelikte verzichtet, obwohl diese im Bundesratsentwurf (BT-Drs. 13/3353, S. 14) noch gefordert wurde; vgl. auch *Schaupensteiner*, Kriminalistik 1997, 699.

166 Ausführlich *Korte*, NStZ 1997, 513.

167 BR-Drs. 553/96, S. 31.

168 BR-Drs. 553/96 a.E.

Im April 1997 erfolgte eine Sachverständigenanhörung im Rechtsausschuss des Bundestages[169]. Auf die Empfehlung des Rechtsausschusses vom 25.6.1997 beschloss der Bundestag am 26.6.1997, die Bundestagsinitiative mit dem Regierungsentwurf zusammenzuführen und in einen Gesetzentwurf zur Bekämpfung der Korruption und einen Entwurf eines Dreizehnten Gesetzes zur Änderung dienstrechtlicher Vorschriften (Zweites Nebentätigkeitsbegrenzungsgesetz) aufzuteilen[170]. Dadurch sollte verhindert werden, dass die Verschärfung des Nebentätigkeitsrechtes mit der Bekämpfung der Korruption im selben Gesetzgebungsverfahren verabschiedet würde und damit das Beamtentum in latenten Zusammenhang mit Bestechung und Bestechlichkeit gebracht werden könnte. Weiterhin wurde ein § 81 a GWB empfohlen, der sicherstellen sollte, dass bei staatsanwaltschaftlicher Ermittlung hinsichtlich § 298 weiterhin die Möglichkeit besteht, den Kartellbehörden ihre bisherige Zuständigkeit für die Verhängung von so genannten „Unternehmens- bzw. Verbandsgeldbußen“ grundsätzlich zu erhalten[171]. Der von der Bundesregierung entworfene Tatbestand des § 298 erfuhr im Rechtsausschuss keinerlei Veränderung mehr. Der Gesetzentwurf wurde durch den Bundesrat am 4.7.1997 gebilligt[172] und daraufhin am 13.8.1997 verkündet[173].

Die Entwicklung wurde durch zahlreiche Empfehlungen[174], Expertenanhörungen[175] und Fachtagungen[176] begleitet. Besonderen Einfluss auf den Inhalt des Gesetzgebungsverfahrens hatten die Gutachten und Beschlüsse[177] der Abteilung Strafrecht des 61. Deutschen Juristentages am 18. und 19. September 1996[178]. Die Fragestellung, die es zu beantworten galt, wurde folgendermaßen formuliert: „Empfehlen sich Änderungen des Straf- und Strafprozeßrechts, um der Gefahr von Korruption in Staat, Wirtschaft und Gesellschaft wirksam zu begegnen?“ Grundlage der Beratung waren das

---

169 RA-Prot. 13. WP/Nr. 82 mit Anlage.

170 BT-Beschluss, BR-Drs. 482/97, Anhang C 3.

171 BT-Drs. 13/8079, S. 16 f.

172 BR-Drs. 482/97 und BR-Drs. 505/97.

173 BGBl. I-1997, S. 2038.

174 Empfehlungen für die gewerbliche Wirtschaft zur Bekämpfung der Korruption in Deutschland (hrsg. v. Bundesverband der Deutschen Industrie); Hinweise des Deutschen Städtetages zur Verhütung von Korruption v. 8.7.1996.

175 Anhörung der SPD-Fraktion im Bayerischen Landtag vom 26.6.1995; Anhörung der Rechtspolitiker der Koalitionsfraktionen v. 15.9.1995.

176 Tagung des Justizministeriums Baden-Württemberg vom 5.4.1995; Tagung der Friedrich-Ebert-Stiftung v. 16./17.2.1995.

177 Verhandlungen des 61. DJT, Bd. II/2, L 186 ff. Im Mittelpunkt stand das Gutachten C, Bd. I, erstattet von *Dölling*.

178 Dem 61. Juristentag ging eine Fachveranstaltung der Deutschen Strafverteidiger e.V. am 14.6.1996 voraus. Wiedergabe der Beiträge bei *Dahs*, Kriminelle Kartelle?.

Gutachten C von *Dölling* und die Referate von *Schaefer* und *Volk*[179]. Am Ende der Beratung wurde über die Ausformungen der parlamentarischen Tatbestandsentwürfe zur Korruption abgestimmt. Die Mehrheit der Teilnehmer sprach sich für den betrugsnäheren Bundesratsentwurf aus (angenommen: 65 : 45 : 13), der das „Verheimlichen“ einer Absprache sanktionierte. Dieser Empfehlung folgte der Bundestag allerdings nicht.

Zeitgleich mit dem Gesetzgebungsverfahren ergingen auch auf europäischer und internationaler Ebene Vorschläge für korruptionsbekämpfende Maßnahmen[180]. Auf europäischer Ebene ist dies das Erste Protokoll[181] zum Übereinkommen über den Schutz der finanziellen Interessen der Europäischen Gemeinschaften[182]. Zudem erging am 15.12.1996 eine Entschließung des Europäischen Parlamentes gegen korruptive Machenschaften[183]. Auf internationaler Ebene hat der OECD-Ministerrat durch Entscheidung vom 26.5.1997 ein Übereinkommen über die Bekämpfung der Bestechung ausländischer Amtsträger im internationalen Geschäftsverkehr in Angriff genommen[184], das am 17.12.1997 unterzeichnet wurde[185]. Diese Abkommen wirkten direkt auf das Gesetzgebungsverfahren ein, da der Bundestag zwei Entschließungen[186] verabschiedete, wonach die Bundesregierung aufgefordert wurde, die Voraussetzung für die Unterzeichnung bis Ende 1997 zu schaffen, damit entsprechende Implementierungsgesetze bis zum 1.4.1998 vorgelegt werden können[187].

---

179 S. Verhandlungen des 61. DJT, Bd. II/1, L.

180 Ausführlich dazu *Dölling*, ZStW 112 (2000), 334 (Fn. 1); *König*, DRiZ 1996, 357 (358); *ders.*, JR 1997, 397; *Möhrenschlager*, JZ 1996, 822. Einen Überblick über den Stand internationaler Initiativen zum Thema Korruption im Jahre 2001 gibt zudem: Lagebild Korruption, 2001, Anhang, Anlage 1.

181 BR-Drs. 868/95: Protokoll aufgrund von Artikel K.3 des Vertrages über die Europäische Union v. 27.9.1996 (ABl. C 313 v. 23.10.1996), zum Übereinkommen über den Schutz der finanziellen Interessen der Europäischen Gemeinschaften.

182 Übereinkommen aufgrund von Artikel K.3 des Vertrages über die Europäische Union über den Schutz der finanziellen Interessen der Europäischen Gemeinschaften vom 26.7.1995 (ABl. C 316 v. 27.11.1995), S. 48 ff.

183 BR-Drs. 23/96.

184 BR-Drs. 482/97.

185 Abgedruckt in BT-Drs. 13/10428, S. 9 ff.

186 BT-Drs. 13/8082 und BT-Drs. 13/8085.

187 BR-Drs. 482/97; s. dazu auch *König*, NStZ 1997, 397; *Möhrenschlager*, JZ 1996, 822 (831).

2. Das Gesetz

Am 20.8.1997 trat das „Gesetz zur Bekämpfung der Korruption" in Kraft[188]. Aus dem ursprünglichen Regierungsentwurf wurden die Änderungen des Nebentätigkeitsgesetzes herausgenommen und in ein gesondertes „Zweites Nebentätigkeitsbegrenzungsgesetz" gefasst. In dem Gesetz zur Bekämpfung der Korruption sind allein die Regelungen zur Behandlung von Geschenken an Beamte und Soldaten (§ 70 BBG, § 43 BRRG, § 19 SoldG) und Vorschriften zum Disziplinarrecht verblieben[189]. Durch das Gesetz werden zudem die Verjährungsfristen für die wichtigsten Bußgeldtatbestände des GWB von bisher drei auf fünf Jahre verlängert. Darüber hinaus wird angesichts der inzwischen erheblich höheren Wahrscheinlichkeit, dass eine Kartellordnungswidrigkeit zugleich auch eine Straftat verwirklicht, § 81 a GWB a.F. (§ 82 GWB n.F.) eingeführt, der vorsieht, dass die Kartellbehörde zwar nicht für die Verfolgung der Straftat, wohl aber für die Festsetzung der Geldbuße gegen eine juristische Person oder Personenvereinigung ausschließlich zuständig ist, auch wenn gegen die natürliche Person ein Strafverfahren durchgeführt wird. Damit wollte der Gesetzgeber verhindern, dass sich das Strafverfahren gegen die beteiligten natürlichen Personen mildernd auf die Unternehmensgeldbußen auswirkt, weil die Strafverfolgungsorgane in der Regel davon absehen, Geldbußen gegen juristische Personen zu verhängen. In den neuen 26. Abschnitt des Strafgesetzbuches „Straftaten gegen den Wettbewerb" wurden mit Artikel 1 Nr. 3 des Gesetzes zur Bekämpfung der Korruption zwei Tatbestände implementiert, deren (primäres) Schutzgut der Wettbewerb ist. Neben den bisher im Gesetz gegen den unlauteren Wettbewerb enthaltenen (Straf-)Vorschriften über die passive und aktive Bestechung im geschäftlichen Verkehr ist dies ein Tatbestand gegen wettbewerbsbeschränkende Absprachen bei Ausschreibungen[190]. § 12 UWG, der bisher die Angestelltenbestechung schon mit Strafe bedrohte, wurde gestrichen und als § 299 in das Kernstrafrecht überführt[191]. Nach der Entwurfsbegründung soll damit das Bewusstsein der Bevölkerung geschärft werden, dass es sich auch bei der Korruption im geschäftlichen Bereich um eine Kriminalitätsform handelt, die nicht nur die Wirtschaft selbst betrifft, sondern Ausdruck eines allgemein sozialethisch missbilligten Verhaltens ist[192]. Der materielle Gehalt der neuen Regelung ist mit

188 Gesetz v. 13.08.1997, BGBl. I-1997, S. 2038.

189 Vgl. *Korte*, NJW 1997, 2556 (2557).

190 BT-Drs. 13/5584.

191 § 12 UWG wurde mit In-Kraft-Treten des Gesetzes zur Bekämpfung der Korruption am 20.8.1997 aufgehoben, s. BT-Drs. 13/8079, S. 7, Art. 4.

192 BT-Drs. 13/5584, S. 15.

§ 12 UWG nahezu identisch, doch § 299 sieht die Anhebung des Strafrahmens von bis zu einem Jahr Freiheitsstrafe auf bis zu drei Jahre vor[193]. Vom Tatbestand (wie bisher) nicht umfasst sind allerdings der selbständige Unternehmer und der Betriebsinhaber, womit ein Sonderdelikt vorliegt[194]. Während der Tatbestand der Angestelltenbestechung sicherlich zum Kernbestand der Korruptionsdelikte zu zählen ist, wird ein korruptionsähnlicher Charakter für den Tatbestand „Wettbewerbsbeschränkende Absprachen bei Ausschreibungen" noch zu untersuchen sein. Dieser Bereich ist bisher (nur) in den Zusammenhang mit einer Erweiterung des Betrugsstrafrechts gebracht worden[195].

193 Zudem lässt der Tatbestand die Annahme oder Gewährung von Drittzuwendungen ausreichen, und die Reihenfolge der Absätze wegen aktiver und passiver Bestechung wurden vertauscht, um mit den Regelungen der §§ 331-334 konform zu gehen.

194 LK-*Tiedemann*, § 299 Rn. 13 m.w.N. Im Hinblick auf die gemeinsame Maßnahme der EU betreffend die Bestechung im privaten Sektor (Gemeinsame Maßnahme des Europäischen Rates v. 22.12.1998 [ABl. v. 31.12.1998 L 358, S. 2]), die seit dem 31.12.1998 in Kraft ist, wurde durch Ausführungsgesetz (BT-Drs. 14/8998) die Einfügung eines § 299 Abs. 3 beschlossen, der eine Erweiterung des Anwendungsbereichs auf ausländischen Wettbewerb vorsieht. Gleichwohl bleibt fraglich, ob mit dieser Fassung des § 299 das letzte Wort gesprochen ist (vgl. *Bürger*, wistra 2003, 130 [132]; *Wittig*, wistra 1998, 7 f.). Die EU-Maßnahme sieht in Artikel 2 und 3 Tatbestände zur Bestechung und Bestechlichkeit im privaten Sektor vor, nach denen Täter *jede* Person sein kann, die ihre geschäftlichen Pflichten verletzt oder durch Versprechungen dazu anregt.

195 *Möhrenschlager*, JZ 1996, 822 (823).

§ 2 Das geschützte Rechtsgut und die Deliktsstruktur

Das Einbringen neuer Tatbestände in das Strafgesetzbuch unterliegt einem relativ weiten gesetzgeberischen Beurteilungsspielraum[1]. In der Diskussion um die Schaffung eines Sondertatbestandes gegen Submissionsabsprachen wurde dieser Beurteilungsspielraum anhand der Kriterien der Strafwürdigkeit und Strafbedürftigkeit des zu inkriminierenden Verhaltens überprüft und die Bejahung dieser Kriterien immer wieder in Frage gestellt[2]. Während die enormen volkswirtschaftlichen Schäden und die Tendenz zur Ringbildung die Strafbedürftigkeit der Submissionskartelle bestätigten, unterlag die Strafwürdigkeit dieses Verhaltens weitaus größeren Bedenken[3]. Für die Feststellung der Strafwürdigkeit[4] ist zwischen Handlungs- und Erfolgsunwert zu unterscheiden[5]. Dabei ergibt sich der Erfolgsunwert aus einer Verletzung oder Gefährdung des geschützten Handlungsobjektes[6]. Das geschützte Handlungsobjekt steht in der Regel direkt oder mittelbar für das vom Tatbestand geschützte Rechtsgut[7].

Der Begriff „Rechtsgut" stellt eine zentrale Figur in der modernen Strafrechtslehre dar. Im Wesentlichen werden ihm zwei Funktionen zugeschrieben[8]. Zum einen wird das Rechtsgut für die Auslegung von Strafrechtsnormen herangezogen. Dem zu Grunde liegt ein *positivrechtlicher Rechtsgutsbegriff*, wonach Rechtsgüter ihre

---

1 Das Recht des Gesetzgebers, Strafen anzudrohen, findet sich in der Verfassung und ergibt sich dort aus Art. 74 Nr. 1 GG.

2 Die Kriterien der Strafwürdigkeit und Strafbedürftigkeit werden aus verfassungsrechtlichen Gründen als Voraussetzung dafür angesehen, dass der Gesetzgeber ein Verhalten unter Strafe stellen darf, vgl. *Günther*, JuS 1978, 11 f.; *Jaath* in: FS-Schäfer, S. 106; *Jescheck/Weigend*, AT, § 7 I 1 a; *Otto*, NJW 1979, 683 ff.; *Möschel*, Problematik, S. 31.

3 Gegen eine ausreichende Bestimmtheit des Wettbewerbs als strafrechtliches Schutzgut: *Lüderssen*, BB 1996, 2525 (2528); *ders.*, StV 1997, 318 (320); *ders.*, Beilage 11 zu BB 1996 S. 7 (18); *Oldigs*, Möglichkeiten, S. 122 ff.

4 Eine allgemeine Definition zur Strafwürdigkeit gibt *Otto*, NJW 1979, 683: „Strafwürdig ist ein Verhalten, das sozialethisch zu missbilligen ist, weil es geeignet ist, die sozialen Beziehungen innerhalb der Rechtsgemeinschaft erheblich zu gefährden oder zu schädigen".

5 Zu dieser Unterscheidung im Zusammenhang mit Sonderstraftatbeständen gegen Submissionsabsprachen, s. *Bartmann*, Submissionsbetrug, S. 160 ff.; *Jaath* in: FS-Schäfer, S. 108; *Möschel*, Problematik, S. 31 ff.; *Oldigs*, Möglichkeiten, S. 119 ff.; *Satzger*, Submissionsbetrug, S. 52.

6 S. nur *Jescheck/Weigend*, AT, § 24 III 3.

7 Zu den Abstraktionsstufen *Suhr*, JA 1990, 303 (306).

8 Zusammenfassend *Amelung*, ZStW 87 (1975), 132 f.

Existenz allein dadurch gewinnen, dass der Gesetzgeber „Gegebenheiten zu Objekten der Strafgesetzgebung“ macht[9]. Dazu darf der Begriff Rechtsgut jedoch nicht einfach mit der ratio legis gleichgesetzt werden, sondern muss einen selbständigen, in sich schlüssigen realen Sinngehalt besitzen, da er sonst seine systematische Aufgabe als Maßstab für Inhalt, Bedeutung und Abgrenzung der Strafvorschrift nicht erfüllen könnte[10]. In dieser Funktion hat das Rechtsgut für die Konkurrenzlehre, die Verfolgungsverjährung und die Einteilung in Erfolgs- und Gefährdungstatbestände wesentliche Bedeutung[11].

Die zweite und darüber hinaus noch wichtigere Aufgabe des Rechtsgutes besteht in der kritischen Analyse bestehender oder geplanter Gesetze. Danach ist in erster Linie das Rechtsgut das legitimierende Moment, um ein Verhalten unter Strafe zu stellen[12]. Nach diesem *liberalen Rechtsgutsbegriff* findet sich die Rechtsgutqualität und damit die gesellschaftliche Relevanz in außerrechtlichen Kriterien, die sich aus geschriebenen oder ungeschriebenen Staatszielen oder empirisch ermittelten Wertanschauungen der Bevölkerung ergeben[13]. Der Rechtsgüterschutz ist danach Ausdruck des materiellen Verbrechensbegriffs, welcher der kodifizierten Verhaltensbeschreibung vorgelagert ist und dem Gesetzgeber einen kriminalpolitischen Maßstab dafür liefert, was er bestrafen darf und was er straflos lassen soll[14]. Die Unterteilung in wertvolle und weniger wertvolle Güter ist Kerngedanke innerhalb des liberalen Rechtsgutsbegriffs. Die Legitimität der Strafandrohung muss aus der Legitimität des geschützten Rechtsgutes folgen. Dementsprechend ist der erste Schritt zum Verständnis eines neu geschaffenen Tatbestandes die Feststellung des zu schützenden Rechtsgutes, bevor in einem zweiten Schritt weitere Schlüsse hinsichtlich der Einordnung, Auslegung und Reichweite desselben getroffen werden können.

Bei der Zugrundelegung eines legitimen Rechtsgutes war in den zahlreichen Entwürfen zu einem Sondertatbestand gegen Submissionsabsprachen sowohl der Ver-

---

9 *Hefendehl*, Kollektive Rechtsgüter, S. 279 f. Umfassend mit eigenem Lösungsansatz dazu *Schmidt*, Abstrakte Gefährdungsdelikte, S. 122 (166).

10 Vgl. *Jescheck/Weigend*, AT, § 26 I 3 m.w.N.

11 *Suhr*, JA 1990, 303.

12 Vgl. *Baumann/Weber/Mitsch*, AT, § 3 II 2; *Jescheck/Weigend*, AT, § 26 I; zum Rechtsgüterschutz als Aufgabe des Strafrechts *Roxin*, AT/1, § 2 Rn. 1; SK-*Rudolphi*, Vor § 1 Rn. 2; insbesondere zu Rechtsgutstheorie und Deliktsstruktur *Wohlers*, GA 2002, 15 ff.

13 Zu diesem systemkritischen Ansatz der Rechtsgutsermittlung, *Hassemer*, Theorie, S. 19 ff.

14 Zur Abgrenzung des formellen und materiellen Verbrechensbegriffs *Roxin*, AT/1, § 2 Rn. 1.

mögens- als auch der Wettbewerbsschutz favorisiert worden[15]. Während noch in dem Bundesratsentwurf[16] das Vermögen des Ausschreibenden als in erster Linie zu schützendes Rechtsgut angesehen wurde und das Allgemeininteresse an einem freien und fairen Wettbewerb bei Ausschreibungen lediglich mitgeschützt werden sollte, hat der letztlich beschlossene Regierungsentwurf den Wettbewerb zum primär geschützten Rechtsgut erhoben und den Vermögensschutz nur zum sekundären Schutzobjekt erklärt[17]. In den Tatbestandsentwürfen nicht angesprochen und auch sonst als relevantes Schutzgut kaum beachtet ist das Institut der verfahrensrechtlichen Vergabedurchführung und damit das Vergabewesen selbst. Im Gegensatz zu den in diesem Zusammenhang etablierten Rechtsgütern soll das Vergabewesen erst an einem späteren Punkt dieser Untersuchung hinsichtlich Betroffenheit und Legitimität untersucht werden[18].

I. Der Schutz des Vermögens

Das Vermögen ist im Bereich des Strafrechts ein anerkanntes und auf verschiedene Art und Weise bereits geschütztes Rechtsgut. Die grundsätzliche Legitimität einer strafrechtlichen Bewehrung ist hier nicht weiter zu erörtern. Vielmehr geht es um die Frage der Betroffenheit des Vermögens durch wettbewerbsbeschränkende Absprachen bei Ausschreibungen. Nach der Begründung des Gesetzgebers wird das Vermögen des Veranstalters einer Ausschreibung und der (möglichen) Mitbewerber durch den Straftatbestand mitgeschützt[19]. Diese mittelbare Schutzbestimmung wird durch die h. M.[20] im strafrechtlichen und wettbewerbsrechtlichen Schrifttum

---

15 S. oben § 1 II.

16 BT-Drs. 13/3353.

17 BT-Drs. 13/5584, S. 13, rechte Spalte, Abs. 3.

18 S. unten § 32.

19 BT-Drs. 13/5584, S. 13, linke Spalte, Abs. 1: „Erst durch dieses Verhalten konkretisiert sich die Gefahr für die Ausschaltung oder Beeinträchtigung des Wettbewerbs einschließlich der von Vermögensschäden für Veranstalter und (mögliche) Mitbewerber".

20 *Achenbach*, WuW 1997, 958 (959); *Bartmann*, Submissionsbetrug, S. 194; I/M-*Dannecker/Biermann*, Vor § 81 Rn. 103; *Dölling*, ZStW 112 (2000), 348; Tröndle/*Fischer*, § 298 Rn. 2; Wessels/*Hillenkamp*, BT/2, Rn. 699; *Jaescke*, S. 50; *Kleinmann/Berg*, BB 1998, 277 (279); *Otto*, wistra 1999, 41 (42); *Waßmer*, Revista Penal 3 (1999), S. 126; kritisch aber Krey/*Hellmann*, BT/2, Rn. 534 c, wonach es sich bei dem Vermögensschutz lediglich um einen Schutzreflex handelt; einschränkend auch NK-*Dannecker*, § 298 Rn. 13 und LK-*Tiedemann*, § 298 Rn. 10, wonach das Vermögen der Mitbewerber allenfalls mittelbar (mit)geschützt ist.

bestätigt. Zum Teil wird sogar angenommen, dass es bei § 298 allein um den Schutz des Vermögens gehe[21].

Das deutsche Strafrecht kennt allerdings kein allgemeines Vermögensschutzdelikt, das vor jeder Vermögensbeeinträchtigung bewahrt[22]. Das Vermögen wird im Strafrecht nur gegen bestimmte Angriffsarten, die besonders gefährlich erscheinen, geschützt[23]. In erster Linie ist dabei der Angriff auf das Vermögen durch das Mittel der Täuschung zu nennen. Der Tatbestand des § 298 hat sich indes von dieser klassischen Angriffsart auf Vermögenswerte getrennt[24]; vielmehr sollen wettbewerbsbeschränkende Absprachen den Handlungsunwert ausmachen. Nach *Jaath* ist die wettbewerbsbeschränkende Absprache, die zur Bildung eines Submissionskartells führt, für das Vermögensstrafrecht aber kein besonderer Anknüpfungspunkt[25]. Das relevante Anknüpfungsmoment sei vielmehr die Täuschung des Veranstalters durch eine vor diesem verheimlichte Absprache[26]. Eine solche Situation setzt § 298 nun gerade nicht mehr voraus. Nach der ganz überwiegenden Meinung in der Literatur ist weder eine verheimlichte Absprache, noch eine Täuschung des Veranstalters zur Tatbestandserfüllung erforderlich[27]. Nach der Gesetzesbegründung sollen sogar ausdrücklich die Fälle erfasst werden, bei denen der Bieter kollusiv mit einem Mitarbeiter des Veranstalters zusammenarbeitet[28]. Da der Tatbestand insoweit konsequent auch auf den Vermögensschaden verzichtet und dieser auch nicht als unge-

---

21 Vgl. Maurach/*Schroeder*/Maiwald, BT/2, § 68 Rn. 2, der dies aus der Erwägung schöpft, „dass der freie Wettbewerb kein Selbstzweck ist, sondern eine Struktur, die die Volkswirtschaft und die einzelne Person vor Vermögensschäden bewahren will". S. auch *Lüderssen*, BB 1996, 2525 (2527), der aus einer ablehnenden Haltung gegenüber überindividuellen Rechtsgütern folgert, dass es „letztlich auf das Vermögen des Einzelnen ankommt"; *Möllering*, WRP 1997, 933 (934); *Otto*, wistra 1999, 41 (45 f.); *Pieth*, ZStW 1997, 756 (773); *Stächelin*, Strafgesetzgebung, S. 309 f.

22 S. nur LK-*Samson/Günther*, § 263 Rn. 2 f. Zur Vertiefung der Abgrenzung von sozial missbilligten und sozial adäquaten Vermögensschädigungen vgl. *Bockelmann*, ZStW 69 (1957), 272; *Herzberg*, MDR 1972, 95; *Volk*, JuS 1981, 880.

23 So schon *Jaath* in: FS-Schäfer, S. 89 (109); dies gilt unverändert, vgl. *Oldigs*, Möglichkeiten, S. 128.

24 Dazu bereits oben § 1 II. (S. 25).

25 *Jaath* in: FS-Schäfer, S. 89 (105).

26 *Jaath* in: FS-Schäfer, S. 89 (109).

27 Vgl. dazu *Achenbach*, WuW 1997, 960; *Girkens/Moosmayer*, ZfBR 1998, 224; Schönke/Schröder-*Heine*, § 298 Rn. 12; Wessels/*Hillenkamp*, BT/2, Rn. 700; *Joecks*, § 298 Rn. 5; Maurach/*Schroeder*/Maiwald, BT/2, § 68 Rn. 3; *Otto*, GK BT, § 61 Rn. 146; *ders.*, wistra 1999, 41; *Schroth*, BT, S. 155; LK-*Tiedemann*, § 298 Rn. 39; kritisch allerdings *Bartmann*, Submissionsbetrug, S. 196; *Dölling*, 61. DJT, Gutachten, C 95; *König*, JR 1997, 402.

28 BT-Drs. 13/5584, S. 14.

schriebenes Tatbestandsmerkmal gefordert wird, leugnet *Rudolphi*, dass das Vermögen das von § 298 geschützte Rechtsgut sei[29]. Nach *Hefendehl* hat der Vermögensschutz in § 298 auch aus kriminalpolitischen Erwägungen keinen Sinn[30]. § 298 könne keinen Vorfeldtatbestand zum Betrug bilden, weil er die Strafbarkeit im Vergleich zum Betrug überhaupt nicht nach vorne verlagere, sondern an dieselbe Tathandlung anknüpfe, wie dies auch bei § 263 geschehen müsse. Für den Fall eines nachweisbaren Vermögensschadens liege in der Angebotsabgabe auch das unmittelbare Ansetzen zur Tatbestandsverwirklichung eines Eingehungsbetruges.

Der einzige Ansatzpunkt für die Relevanz des Vermögens ist in § 298 in der Rücktrittsregelung des Abs. 3 zu finden. Danach soll es für eine Tätige Reue ausreichen, wenn verhindert wird, dass der Veranstalter seine Leistung erbringt. Durch das Verhindern der Leistungserbringung soll der Veranstalter davor bewahrt werden, einen zu hohen Preis für die ausgeschriebene Leistung zu bezahlen. Dem liegt die schon für die Schadensfeststellung bei § 263 herangezogene Überlegung zu Grunde, dass die Veranstaltung der Ausschreibung vor allem der Ermittlung eines möglichst günstigen Preises für das ausgeschriebene Projekt dient. Dieser Zweck wird durch die nach wettbewerbsbeschränkenden Absprachen eingereichten Schutzangebote gezielt beeinträchtigt und bewirkt somit eine Gefährdung der Vermögensinteressen des Veranstalters der Ausschreibung, da vor allem den auf Wiederholung angelegten Submissionskartellen die Neigung zu großzügiger Kalkulation innewohnt[31]. Der Tatbestand des § 298 setzt indes eine Vermögensgefährdung nicht voraus. Die Gefährlichkeit der Tathandlung bei abstrakten Gefährdungsdelikten muss zwar nicht Tatbestandsmerkmal sein, sondern ist nur Grund für die Existenz der Vorschrift[32]. Abstrakte Gefährdungsdelikte beruhen allerdings auf der gesetzlichen Vermutung, dass bestimmte Verhaltensweisen für das Schutzobjekt generell

---

[29] So ausdrücklich SK-*Rudolphi*, § 298 Rn. 3 und 5. In diese Richtung auch *Krey/Hellmann*, BT/2, Rn. 534 c.

[30] Vgl. *Hefendehl*, Kollektive Rechtsgüter im Strafrecht, S. 278.

[31] So die Argumentation bei LK-*Tiedemann*, § 298 Rn. 10; *ders.*, Tagungsberichte Bd. X Anl. 1, S. 128, dem folgend *Oldigs*, Möglichkeiten, S. 130. A.A. *Kollmorgen*, WuW 1986, 91: „Der Senatsvorsitzende Kollmorgen wandte sich gegen Behauptungen, wonach der Wirtschaft durch überhöhte Preise bei den Submissionsabsprachen Schäden in Milliardenhöhe entstanden seien. Der Senat habe in keinem seiner entschiedenen Fälle einen Mehrerlös feststellen können. Die Firmen hätten generell im Wettbewerb miteinander gestanden und sich nur von Fall zu Fall zu Absprachen zusammengefunden. Dabei sei aber darauf geachtet geworden, dass der jeweils geschützten Firma kein besonderer Preisvorteil entstand". S. auch *Leitzinger*, Submission, S. 198, der von sog. „Verlustvermeidungskartellen" spricht.

[32] Vgl. *Dannecker*, NStZ 1985, 49 (55); I/M^2-*Tiedemann*, § 38 Rn. 2; Wessels/*Beulke*, AT, § 1 II 3. Rn. 29; Anders aber SK-*Rudolphi*, § 298 Rn. 3 und 5.

gefährlich sind[33]. Gegen die Annahme einer generellen Vermögensgefahr durch wettbewerbswidrige Absprachen ist einzuwenden, dass § 298 auch Konstellationen erfasst, denen eine preistreibende Wirkung nicht allgemein zuzusprechen ist. So ist in der Praxis das reine *Auftragsverteilungskartell*, bei dem es um eine unter den Bietern abwechselnde Zuschlagsverteilung geht, nicht darauf gerichtet, im konkreten Verfahren einen erhöhten Zuschlag zu erhalten. Ähnlich verhält es sich mit der *Gebietsabsprache*, die den Wettbewerb dadurch beschränkt, dass die Absprache-teilnehmer in der jeweils anderen Region nicht als Mitbewerber auftreten. Wettbewerbsbeschränkungen in dieser Form haben nur bei einer verfehlten, die ökonomische Kausalkette überbewertenden Betrachtung eine Vermögensgefährdung zur Folge. Auch kann der Wiederholungstendenz von Kartellabsprachen (sog. Ringkartelle) keine weiter gehende Wirkung entnommen werden, als aus der konkreten vermögensneutralen Absprache. Es überzeugt nicht, ein Rechtsgut erst aufgrund der Einwirkung kumulativer Begehungsweisen für betroffen zu erklären[34]. Vielmehr sollte erst bei dem Hinzutreten weiterer Faktoren im Einzelfall von einer möglichen Vermögensgefährdung gesprochen werden. Ein *gesetzmäßiger Zusammenhang* zwischen den Absprachen, bei denen eine Schädigung des Ausschreibenden ausgeschlossen ist, und dem Schutzobjekt Vermögen ist nicht anzunehmen[35]. Damit fehlt es nicht nur an einem möglichen Schaden im Einzelfall, sondern es sind von § 298 auch generell Handlungsformen erfasst, die nicht den Zweck oder das Ziel einer Vermögensgefährdung verfolgen. Trotzdem von einem allgemeinen, die Strafwürdigkeit begründenden Vermögensschutz zu sprechen hieße, einen der möglichen Anwendungsfälle des Tatbestandes zur Regel zu machen[36]. Folgt man dieser – von der h.M. abweichenden – Einschätzung, so gibt es zwei Möglichkeiten, wie sich Vermögens- und Wettbewerbsschutz zueinander verhalten:

(1) Nur bei gleichzeitiger Betroffenheit von Wettbewerb und Vermögen ist ein Verhalten strafwürdig und kann nach § 298 verfolgt werden. Damit wären vermögensneutrale Verhaltensweisen nicht strafwürdig und müssten im Sinne einer teleologischen Reduktion als straflos zu betrachten sein. Im Schrifttum wird dieser Aspekt unter dem Einwand mangelnder Gefährdung bei abstrakten Gefährdungsdelik-

---

33 Vgl. Wessels/*Beulke*, AT, § 1 II 3. Rn. 29.

34 So aber der Ansatz von *Kuhlen*, GA 1986, 389 (399 ff.); *ders.*, ZStW 105 (1993), 697 (716 ff.)

35 So *Otto*, wistra 1999, 41 (46) mit der Kritik, vermögensgefährdende Tendenzen auch bei vermögensneutralen Absprachen anzunehmen.

36 Dem vergleichbar wäre es, als Schutzgut der Aussagedelikte (§ 153 f.) neben der staatlichen Rechtspflege noch das Vermögen der Prozessbeteiligten als mitgeschützt anzusehen, da in der Regel die Falschaussage zumindest zu einer belastenden Kostenentscheidung, wenn nicht auch zu einer Vermögensminderung durch die Sachentscheidung führt.

ten diskutiert[37]. Während sich *Diel*[38] und *Otto*[39] insofern konsequent für eine Straflosigkeit bei ausgeschlossener Vermögensgefährdung aussprechen, geht *Tiedemann*[40] gleichwohl von einer Strafbarkeit aus und will den Einwand der mangelnden Vermögensgefährdung im Rahmen der Strafzumessung berücksichtigt wissen. Diese Argumentation zeigt aber schon, dass der Aspekt der Vermögensgefährdung zur Begründung der Strafwürdigkeit allenfalls einen untergeordneten Rang einnehmen kann[41]. So spricht sich *Heine*[42] auch nur aus kriminalpolitischen Gründen gegen eine teleologische Reduktion aus, da ansonsten die Feststellung eines Vermögensschadens, der durch die Schaffung von § 298 gerade entfallen sollte, wieder durch die Hintertür eingeführt werden würde.

(2) Das Rechtsgut Wettbewerb ist entgegen der Begründung des Gesetzgebers das allein legitimierende Rechtsgut für die strafrechtliche Sanktionierung von wettbewerbsbeschränkenden Absprachen bei Ausschreibungen. Für dieses überindividuelle Rechtsgut, das der Erhaltung von unbeeinflussten Marktverhältnissen dient, hat der Vermögensschaden, den der Auftraggeber durch den Vertragsschluss und dessen Durchführung erleidet, keine wesentliche Relevanz. Die Beeinträchtigung des Vermögens kann zur Begründung der Strafwürdigkeit nicht generell herangezogen, sondern allenfalls im Einzelfall festgestellt werden. Eine Störung des Wettbewerbs liegt nämlich selbst dann vor, wenn auch ohne Submissionsabsprache ein günstigeres Angebot nicht eingegangen wäre[43]. Zu diesem Ergebnis kommt auch *Rudolphi*, allerdings mit der Begründung, dass vermögensspezifische Tatbestandsmerkmale im Wortlaut des Tatbestandes fehlen[44]. Ob der Wert des Wettbewerbs so hoch eingeordnet werden kann, dass eine Bewehrung wettbewerbsbeschränkender Absprachen mit Strafe legitim ist, muss im Folgenden untersucht werden.

---

37 *Jescheck/Weigend*, AT, § 26 II 2.

38 Vgl. *Diehl*, BauR 1993, 2.

39 *Otto*, wistra 99, 41 (26), dem folgend auch *Grützner*, Sanktionierung, S. 473.

40 So LK-*Tiedemann*, § 298 Rn. 14, der grundsätzlich davon ausgeht, dass es sekundär auch um den Vermögensschutz des Veranstalters geht. Dem folgend NK-*Dannecker*, § 298 Rn. 17.

41 Lehre und Rechtsprechung erkennen in dem Fall des miterfassten, konkret ungefährlichen tatbestandlichen Verhaltens bisher nur ein Problem der Gesetzesanwendung. Vermehrt wird aber auf das abweichende Votum von *Graßhof* (BVerfGE 90, 207) zu BVerfGE 90, 145 Bezug genommen, wonach es sich hier bereits um eine Problematik der Gesetzgebung handelt. S. *Otto* in: Huber (Hrsg.), Corpus Juris, S. 141 (153).

42 Schönke/Schröder-*Heine*, Vor § 298 Rn. 3.

43 *Dannecker*, NStZ 1985, 49 (54).

44 SK-*Rudolphi*, § 298 Rn. 3, 5; im Ergebnis auch *Bartmann*, Submissionsbetrug, S. 194; *Krey/Hellmann*, BT/2, Rn. 534 c; Wiedemann-*Klusmann*, § 56 Rn. 1.

II. Der Schutz des freien Wettbewerbs

Der Regierungsentwurf sieht vor, dass der „freie Wettbewerb" das in erster Linie durch den neuen Straftatbestand geschützte Rechtsgut ist. Dem folgt auch ohne größere Ausnahmen[45] die herrschende Meinung in der Literatur, wonach als Rechtsgut der „freie Wettbewerb als solcher" bestimmt wird[46]. Vereinzelt trifft man zudem auf nähere Konkretisierungen dieses Gutes, die weitere Charakteristika preisgeben. Danach handelt es sich um ein „offenes Rechtsgut"[47], das als „überindividuelles Rechtsgut"[48] und in der Form eines „Rechtsinstitutes"[49] geschützt wird. Trotz der zentralen Bedeutung und der Unbestimmtheit des Wettbewerbsbegriffs hat der Gesetzgeber ausdrücklich auf eine Definition verzichtet. In dem Verfahren zur Schaffung des GWB von 1957 hat er seine Vorstellungen von Wettbewerb jedoch ansatzweise zum Ausdruck gebracht. Wettbewerb ist danach „jede Art wirtschaftlicher Handlung[...], die darauf gerichtet ist, sich im Wirtschaftskampf auf Kosten eines Mitbewerbers einen Vorteil zu beschaffen"[50]. Diese Definition lehnt sich jedoch zu eng an den Wettbewerbsbegriff des Gesetzes gegen den unlauteren Wettbewerb (UWG[51]) von 1909 an, der (nur) die *Lauterkeit* konkreter Wettbewerbsmethoden eines Wettbewerbers gegenüber einem oder mehreren Mitbewerbern sichert[52], und damit wichtige Aspekte außer Acht lässt[53]. Das GWB und auch § 298 schützten hingegen die *Freiheit* des Wettbewerbs[54]. Eine eingehende materielle Bestimmung dessen, was der freie Wettbewerb ist, fehlt aber (nicht ohne Grund).

---

45 S. oben § 2 I.

46 Vgl. *Achenbach*, WuW 1997, 957 (959); *Bartmann*, Submissionsbetrug, S. 202; *Dölling*, ZStW 112 (2000), 335 (348); *Kindhäuser*, § 298 Rn. 1; *ders.*, BT II, § 44 Rn. 1; Wiedemann-*Klusmann*, § 56 Rn. 1; *Korte*, NStZ 1997, 513 (516); *König*, JR 1997, 397 (403); *Otto*, GK BT, Rn. 141; Arzt/*Weber*, BT, § 21 Rn. 108.

47 Tröndle/*Fischer*, Vor § 298 Rn. 6.

48 FK-*Achenbach*, § 81 Rn. 89; Schönke/Schröder-*Heine*, § 298 Rn. 1.

49 LK-*Tiedemann*, § 298 Rn. 5, 9.

50 Bericht 1957, BT-Drs. 2/3644, S. 15; s. auch Begr. 1955 BT-Drs. 2/1158, S. 31.

51 RGBl. 1909, S. 499.

52 RGSt 58, 429 (430).

53 Vgl. Langen/*Bunte*, Einf. z. GWB, Rn. 63 ff.; *Bunte*, Kartellrecht, § 1 1.

54 Wenn in früheren Faustformeln festgehalten wurde, dass der freie Wettbewerb nur innerhalb des lauteren Wettbewerbes geschützt wurde, nicht aber umgekehrt, sind zunehmend Stimmen zu hören, die eine derart trennscharfe Abgrenzung von Kartell- und Lauterkeitsrecht ablehnen. Vgl. auch BT-Drs. 13/5584, S. 13.

1. Definitionsansätze zum Wettbewerbsbegriff

Schon in der wettbewerbsrechtlichen Literatur bereitet die Möglichkeit einer Definition des Begriffs Schwierigkeiten[55]. Das Phänomen Wettbewerb durch die wettbewerbspolitischen Zielvorstellungen einer bestimmten Marktform zu definieren, gilt in der neueren Rechts- und Sozialwissenschaft nicht mehr als erstrebenswertes Ziel[56]. Denn aufgrund der unübersehbaren Vielgestaltigkeit von Wettbewerbsprozessen in einer modernen Wirtschaft ist fraglich, ob sich daraus eine allgemein gültige Definition ableiten lässt. Als Ausweg aus diesem Dilemma wird neuerdings vorgeschlagen, aus dem Gegenbegriff, nämlich den Beschränkungen des Wettbewerbs, eine Abgrenzung vorzunehmen, die dem, was Wettbewerb in seiner unübersehbaren Vielgestaltigkeit ausmacht, näher kommt[57]. Wettbewerbsfreiheit erhält danach Konturen immer erst mit den sie zugleich begrenzenden und gewährleistenden Rahmenbedingungen. Doch auch diese Herangehensweise birgt Probleme in sich. In einer freiheitlichen Ordnung sind die Wettbewerbsbeschränkungen ebenso wenig a priori zu definieren, wie der Wettbewerb selbst[58]. Befreit man sich jedoch von dem Anspruch einer Globaldefinition, lassen sich unterschiedliche Betrachtungsweisen von Wettbewerb beschreiben. Der wirtschaftliche Wettbewerb, den das Kartellrecht gegen privatautonome Beschränkungen schützen soll, kann prinzipiell in zwei Formen verstanden werden. Zum einen als vom Staat geregelte *Veranstaltung*, die dazu dient, die Produktionsfaktoren zu koordinieren, um die vom Staat angestrebten Ziele zu erreichen[59]. Damit rückt vor allem der Gedanke des „Leistungswettbewerbs" in den Vordergrund, wonach „jede Tätigkeit, die nicht zur Vergleichung steht, unlauter ist"[60]. Die Vorstellung eines gesamtwirtschaftlichen Wettbewerbs, der wettbewerbsfremden Zielen untergeordnet ist, wird sich allerdings schwerlich mit einer freiheitlichen Ordnung, wie sie das Grundgesetz vorsieht, verbinden lassen. Zum anderen wird Wettbewerb als Mittel der *Freiheitssicherung* der einzelnen Menschen verstanden. Danach soll der Wettbewerb als Teil der durch die Prinzipien der Freiheit und Gleichheit aller Rechtspersonen verfassungsrechtlich statuierten Ordnung gewährleistet werden, innerhalb deren er und

---

55 *Emmerich*, Kartellrecht, § 1 5.

56 Vgl. *Rittner*, Wettbewerbs- und Kartellrecht, § 6 Rn. 33.

57 Vgl. *Fikentscher*, Wettbewerb, S. 33 ff.; *Möschel*, Wettbewerbsbeschränkungen, S. 48 ff.; zu § 298 auch *Otto*, wistra 1999, 41 (42): „Schutzgut ist der durch die einschlägigen Wettbewerbsnormen konstituierte Freiraum für den Wettbewerb im Wirtschaftsleben".

58 Vgl. *Emmerich*, Kartellrecht, § 1 e; *Rittner*, Wettbewerbs- und Kartellrecht, § 6 Rn. 40.

59 Vgl. *Miksch*, Wettbewerb als Aufgabe, S. 12: „Aus der Naturordnung wird eine staatliche Veranstaltung".

60 So *Rittner* in: FS-Kraft, S. 519 (526, 530).

die Privatautonomie sich gegenseitig bedingen und ergänzen, somit komplementäre Größen sind[61]. Diese Auffassung führt wiederum zu einem indeterminierten Wettbewerbsbegriff, da in einer freiheitlichen Ordnung wie der des Grundgesetzes keine unverrückbaren Regeln zur unmittelbaren Lenkung gelten können[62]. Im Vordringen befindet sich nunmehr die Vorstellung von Wettbewerb als einem rechtlichen Ordnungsprinzip, das als Teil der durch die Prinzipien der Freiheit und Gleichheit aller Rechtspersonen verfassungsrechtlich statuierten Ordnung, gewährleistet ist[63]. Dieser Gedanke vermeidet die ökonomische Einseitigkeit und die zu weit getriebene Modellhaftigkeit der ordo-liberalen Lehre, erkennt aber den Rang des Wettbewerbs als über anderen wirtschaftspolitischen Zielvorstellungen stehend an. Im Ergebnis kann auch damit keine allgemein eingültige Definition von Wettbewerb formuliert werden[64]. Es lassen sich jedoch, abhängig von dem betrachteten Markt vermehrt Aspekte der einen oder der anderen Ausformung erkennen, die dem Wettbewerb als wertfreiem Ordnungsprinzip normative Konturen verleihen können. Insbesondere ist hier auf den gesamtgesellschaftlichen Schutzwert des Wettbewerbs hinzuweisen.

2. Gesamtgesellschaftlicher Schutzwert

Die verfassungsrechtliche Grundentscheidung gegen eine zentrale Planwirtschaft erfordert es, dem Wettbewerb eine hervorstechende Position in einer sozialen Marktwirtschaft zuzusprechen. Der Wettbewerb gilt als Motor höchster ökonomischer Leistungsfähigkeit bei größtmöglicher Freiheitssicherung[65]. In der wettbewerbstheoretischen Literatur werden dem Wettbewerb zu diesem Zweck zwei grundlegende Funktionen zugeschrieben[66]. Im Vordergrund stehen die stimulierenden *wirtschaftpolitischen* Funktionen, die sich in Anreiz-, Leistungs- und Vertei-

---

61 *Rittner*, Wettbewerbs- und Kartellrecht, § 5 Rn. 41. S. auch *Emmerich*, Kartellrecht, § 1 1. b, der die Trias Privatautonomie, Privateigentum und Wettbewerb in ein sich gegenseitig bedingendes Verhältnis setzt, um eine funktionsfähige Wirtschafts- und Gesellschaftsordnung sicherzustellen.

62 Zur Möglichkeit einer Definition vgl. *Rittner*, Wettbewerbs- und Kartellrecht, Einl. Rn. 4; *ders.* in: FS-Kraft S. 519 ff.; im strafrechtlichen Schrifttum kritisch insbesondere *Lüderssen*, StV 1997, 318 (320).

63 S. dazu *Rittner*, Wettbewerbs- und Kartellrecht, § 5 Rn. 41; I/M^2-*Tiedemann*, § 38 Rn. 2.

64 *Rittner*, Wettbewerbs- und Kartellrecht, § 6 Rn. 36 und § 14 Rn. 2; I/M^2-*Immenga*, § 1 Rn. 180 ff.

65 Vgl. BVerfGE 4, S. 7 (17); 29, S. 260 (266); 50, S. 290 (336 ff.).

66 S. dazu *Emmerich*, Kartellrecht, § 1 1.; *Möschel*, Recht der Wettbewerbsbeschränkungen, S. 2.

lungsfunktionen unterteilen lassen[67]. Damit soll gewährleistet werden, dass in jedem Markt mehrere von einander unabhängige Anbieter den Abnehmern gegenüberstehen und dass sich das Zustandekommen von Verträgen an den durch die Marktgegenseite verglichenen Parametern (Preis, Leistung, Innovation, Service) orientiert. Dieser ökonomische Prozess bewirkt mittelbar eine Auslese unter den Anbietern, die ihre Produkte und Dienstleistungen mit weniger attraktiven Parametern auf den Markt bringen als ihre Mitkontrahenten. Solche Funktionen sind vor allem für betriebswirtschaftliche Entscheidungen von Relevanz. Von elementarer Wichtigkeit für eine rechtliche Beurteilung sind hingegen die regulierenden, *gesellschaftspolitischen* Funktionen. Es geht dabei um die Herstellung einer einigermaßen gleichmäßigen Machtverteilung in Wirtschaft und Gesellschaft durch „offene" Märkte[68]. Die Schaffung endgültiger Machtpositionen, durch die die gleiche Freiheit aller anderen bedroht oder beseitigt wird, soll dadurch verhindert werden[69]. Funktionell kann Wettbewerb somit als antiautoritäres Mittel sozialer Kontrolle zur Koordinierung des Wirtschaftsablaufes in seiner Gesamtheit und zur Sicherung der Freiheit durch Bekämpfung der Marktmacht beschrieben werden[70].

3. Kritik am gesamtgesellschaftlichen Schutzwert

Aus kartellrechtlicher Sicht ist immer wieder eingewandt worden, dass der freie Wettbewerb nicht zum Schutzgut einer Strafnorm erhoben werden dürfe[71]. Zu sehr sei der Wettbewerb durch die Vorgaben des Gesetzgebers in seiner Allgemeingültigkeit unterlaufen worden und unterliege dadurch weitgehenden Einschränkungen, welche die zentralen Funktionen des Wettbewerbs in Frage stellten. So sieht das Gesetz gegen Wettbewerbsbeschränkungen unter bestimmten Voraussetzungen Einzelfreistellungsmöglichkeiten (§§ 2 ff. GWB) vor oder nimmt ganze Branchen aus seinem Anwendungsbereich (§§ 28 ff. GWB) heraus, so dass von einem gesamtgesellschaftlichen Schutzwert nicht die Rede sein kann[72]. Dem wird im straf-

---

67 *Emmerich*, Kartellrecht, § 1 1. a und b; so auch schon *Karrte/von Portatius*, BB 1975, 1169: „Der Wettbewerb mit seinen ständigen Anreiz-, Auslese- und Entmachtungsfunktionen ist das dominante Lenkungsprinzip unserer Wirtschaftsordnung".

68 Dazu *Böhm*, Kartelle, S. 3 ff.; *Koppensteiner*, Wettbewerbsrecht, § 1 Rn. 1 ff.; *Mestmäcker*, JZ 1964, 441.

69 Vgl. *Wiedemann*, § 1 Rn. 2.

70 So *Hoppmann*, Wettbewerb als Aufgabe, S. 61 (80 ff., 104).

71 Vgl. *Karrte/von Portatius*, BB 1975, 1169; *Möschel*, Problematik, S. 49 ff.

72 Von einer Einzelfreistellung spricht man, wenn ein Kartell unter bestimmten Voraussetzungen, sei es kraft Gesetzes, sei es durch die Entscheidung einer Behörde oder eines Gerichtes erlaubt

rechtlichen Schrifttum entgegengehalten, dass der Gesetzgeber damit wie in vielen anderen Rechtsbereichen davon Gebrauch mache, bestimmte (Wettbewerbs-) Verhältnisse ausdrücklich zu regeln, während andere Bereiche eines Institutes vom Regelungsbereich ausgenommen werden[73]. Solche Einschränkungen seien sowohl aus dem Umweltstrafrecht wie auch aus dem Nebenstrafrecht bekannt und akzeptiert[74]. Schwerer wiegt hingegen die Kritik, die sich auf die relative Disponibilität der Wettbewerbpolitik in ihrer gesellschaftlichen und marktwirtschaftlichen Verbundenheit stützt. Die als „Dilemma-These" bezeichnete Problematik sieht den Wert des Wettbewerbs dadurch drastisch relativiert, dass die Wettbewerbsförderung in zahlreichen Konfliktfällen mit anderen vorrangigen Zielsetzungen ökonomischer und metaökonomischer Art zurückzutreten habe, zum Teil sogar gänzlich auf Kosten des Wettbewerbsschutzes. Vermehrt wird in diesem Zusammenhang die Vorrangigkeit der Förderung von Forschung und Entwicklung[75], die internationale Konkurrenzfähigkeit sowie die Sicherung von Arbeitsplätzen angeführt, so dass der Wettbewerb nur noch als eine wirtschaftspolitische Zielsetzung unter anderen zurückbleibt[76]. Wettbewerbsverstöße seien danach lediglich Zuwiderhandlungen gegen staatliche Lenkungsmaßnahmen[77].

4. Stellungnahme

Wirtschaftsdirigistische Maßnahmen sind in der Regel nicht von Erfolg, da sie nicht über längere Zeit aufrechterhalten werden können und sich der Wettbewerb in einer freiheitlichen Wirtschaftsordnung auf lange Sicht mit seinen stimulierenden und regulierenden Funktionen durchsetzen wird. Im europäischen Rechtsraum ist die Vereinheitlichung der Wettbewerbsbedingungen das vorrangige Ziel zur Verwirklichung des Binnenmarktes, so dass nationale Vorbehalte zudem an europäischem Recht gemessen werden müssen. Die fehlende begriffliche Festlegung des

---

wird, während von Bereichsausnahmen die Rede ist, wenn Kartelle in einem Wirtschaftszweig kraft Gesetzes (generell) zugelassen sind, s. etwa *Emmerich*, Kartellrecht, § 5.

73 So bereits *Möhrenschlager*, JZ 1996, 822 (829); *Otto*, wistra 1999, 41 (42); *Tiedemann*, Kartellrechtsverstöße, S. 160 f., 191; anders *Oldigs*, Möglichkeiten, S. 124 f.

74 Vgl. *Kosche*, Bekämpfung, S. 124.

75 Besonders verbreitet ist die These, im Interesse einer umfassenden Förderung von Forschung und Entwicklung müssten notfalls Großunternehmen auch auf Kosten des Wettbewerbsschutzes hingenommen werden, vgl. *Emmerich*, Kartellrecht, § 1 2 c.

76 So vor allem *Oldigs*, Möglichkeiten, S. 127; *ders.*, wistra 1998, 291 (294): „Der Wettbewerb ist aus diesen Gründen zumindest zurzeit kein Rechtsgut, welches strafrechtlich zu schützen wäre".

77 Vgl. *Kosche*, Bekämpfung, S. 128; *Oldigs*, Möglichkeiten, S. 127; *Otto*, wistra 1999, 41 (42).

Wettbewerbs ist Folge des hohen Anspruchs, der ihm aufgrund seiner vielfältigen Funktionen und Wirkungen in einer freiheitlich-dynamischen Marktordnung zugeschrieben wird. Der dagegen vorgebrachten Kritik, die den Wettbewerb als ein dem ständigem Wandel ausgesetztes Prinzip beschreibt, kann entgegengehalten werden, dass gerade dessen Offenheit und Anpassungsfähigkeit den überragenden Wert ausmacht. Zudem kann der Blick auf die Tatbestandsformulierung des § 298 helfen, das Schutzgut in seiner Bemühung um die Erfassung aller Erscheinungsformen und Wirkungen zu entlasten[78]. Die starke verfahrensrechtliche Anbindung des Tatbestandes führt dazu, den Wettbewerb in der Form des *Leistungswettbewerbs* innerhalb eines Anbieteroligopols zu erkennen[79]. Damit tritt die Gewährleistung der wirtschaftspolitischen Funktionen in den Vordergrund, so dass der Wettbewerb in der Konkretisierung durch das Vergabeverfahren ausreichende Konturen aufweist, um das Schutzgut für einen Straftatbestand zu sein[80].

5. Überindividualität von Wettbewerb

Aus Sicht der strafrechtlichen Rechtsguttheorie stellt sich neben der antizipierten Kritik aus dem kartellrechtlichen Schrifttum noch das Problem der Überindividualität von Wettbewerb. So sprechen Teile des strafrechtlichen Schrifttums überindividuellen Werten allgemein die Rechtsgutseigenschaft ab, da sie unmittelbar auf Individualinteressen rückführbar seien[81]. Auf § 298 bezogen wird daraus gefolgert, dass es letztlich allein auf das Vermögen des Einzelnen ankomme, so dass der Wettbewerb als Rechtsgut irrelevant sei[82].

---

78 S. nur *Hefendehl*, Kollektive Rechtsgüter, S. 279 f.

79 Vgl. NK-*Dannecker*, Vor § 298 Rn. 20; *Hefendehl*, Kollektive Rechtsgüter, S. 279: „Wie beim Kapitalanlagebetrug (§ 264 a) wird also ein grundsätzlich weiter Begriff durch den Tatbestand selbst hinreichend präzisiert".

80 Vgl. dazu *Greeve*, NStZ 2002, 505 (507): „Zu bedenken ist, dass § 298 StGB nicht den (reinen) freien Wettbewerb schützt, sondern nur unter Berücksichtigung bestimmter rechtlicher Rahmenbedingungen". Ebenso Schönke/Schröder-*Heine*, Vorb. § 298 Rn. 2, § 298 Rn. 21; *Kosche*, Bekämpfung, S. 133.

81 In diesem Sinne *Hassemer*, NStZ 1989, 553 (557); *ders.*, ZRP 1992, 378 (381): „Der Rechtsgüterschutz wird im modernen Strafrecht zum Institutionenschutz". Ähnlich *Hohmann*, Rechtsgut, S. 189; *Kindhäuser* in: Schünemann/Suarez (Hrsg.), Madrid-Symposion, S. 125 (129); *Marx*, Definition, S. 79 ff.; *Otto*, NJW 1979, 681 (683).

82 So ausdrücklich *Lüderssen*, BB 1996, Beilage 11 zu Heft 25, 7; *ders.*, BB 1996, 2525 (2527); ebenso *Möllering*, 1997, 933 (934); *Stächelin*, Strafgesetzgebung, S. 310; im Ergebnis auch *Krüger*, Entmaterialisierungstendenzen, S. 172, der in seiner umfassenden Untersuchung überindividueller Rechtsgüter (Wettbewerb bei § 298) eine Abkehr von dem systemtranszendenten Rechtsgutbegriff feststellt und versucht, solche Tatbestände wieder auf den Individualgüterschutz (z.B. Vermögen bei § 298) zurückzuführen.

Gegen diesen Einwand ließe sich vermittelnd anführen, dass auch der Wettbewerbsschutz einen personalen Bezug in sich trägt, da die individuelle Handlungsfreiheit des Ausschreibenden eingeschränkt wird, wenn Angebote abgegeben werden, die nicht unter Wettbewerbsbedingungen zustande gekommen sind[83]. Aus diesen Angeboten ist es dem Veranstalter unmöglich das wirtschaftlichste auszuwählen, da alle Angebote durch die Absprache verfälscht und damit nutzlos geworden sind. Dieser Gedanke spiegelt sich auch auf der Ebene der Schutzfunktionen wider, die dem Kartellrecht zugesprochen werden. Danach schließen sich Institutionen- und Individualschutz nicht aus, sondern sind lediglich unterschiedliche Erscheinungsformen des durch die Rechtsordnung gewährleisteten Schutzes. Wettbewerb als Institution kann demnach immer nur durch den Schutz der wirtschaftlichen Betätigungsfreiheit des Einzelnen gesichert werden[84]. Diese Sichtweise kommt dem Anspruch einer *personalen Rechtsgutslehre* weit entgegen. Sie hilft aber dort nicht weiter, wo es um die konkrete Zuordnung von Angriff und Werteinbuße geht.

Die im Wirtschaftsstrafrecht vorherrschende Ansicht vertritt dagegen, dass bei solchen Tatbeständen so genannte *„mediatisierte Zwischenrechtsgüter“* geschützt werden[85]. Danach ist z.B. der von § 298 geschützte Wettbewerb eigenständig gegenüber der Gesellschaftsordnung in ihrer Ganzheit, aber auch den Gütern des Einzelnen[86]. Dieser Abkehr von der personalen Rechtsgutslehre ist aufgrund der immer stärker werdenden Einbindung von Personen in güterproduzierende, güterverteilende oder sonstige Dienste leistende Wirtschaftseinheiten und der dieser Entwicklung angepassten Delinquenz zuzustimmen.

III. Zusätzlicher Handlungsunwert

Als Besonderheit bei Submissionskartellen wird trotz der Trennung des § 298 von Betrugskriterien und -systematik auf das erhebliche *Täuschungspotential* hingewiesen, das durch die Absprachen gegenüber dem Veranstalter geschaffen wird und

---

83 Vgl. *Dannecker*, NStZ 1985, 49 (54).

84 Statt aller I/M^2-*Immenga*, § 1 Rn. 11 m.w.N.

85 *Bottke* in: Schünemann/Suarez (Hrsg.), Madrid-Symposion, S. 109 (112); grundlegend *Tiedemann*, Tatbestandsfunktionen, S. 119 f.; *ders.*, JZ 1986, 865 (868); vgl. auch *Walter*, GA 2001, 131 (134 ff.).

86 Vgl. *Otto* in: Schünemann/Suarez (Hrsg.), Madrid-Symposion, S. 477 (457): „[..]nicht diffuse Ängste und diffuse Schäden stehen hinter dem Strafrechtsschutz, sondern der Schutz von Ordnungen, die überhaupt erst individuelle Entfaltung ermöglichen“.

ähnlich wie bei § 263 einen signifikanten Handlungsunwert begründen soll[87]. Dieser Handlungsunwert wird aber durch die Öffnung des Tatbestandes für offene und kollusive Absprachen partiell entwertet. Während der Bundesratsentwurf[88] eine vor dem Veranstalter verheimlichte oder unterdrückte Absprache erforderte, setzt § 298 nach Wortlaut und Gesetzesbegründung gerade nicht voraus, dass die Absprache vor dem Veranstalter verheimlicht wird. Das deutet daraufhin, dass eine Täuschung als solche nicht mehr erforderlich ist, oder zumindest, dass es Fälle der Täuschung und Fälle des Zusammenwirkens mit Personen, die für die Auftragsvergabe zuständig sind, gibt. Insbesondere von *Weber*[89] wird angeführt, dass in beiden Fällen eine Täuschung gegeben sei: „Denn namentlich bei der Vergabe durch die öffentliche Hand wird es in der Regel so sein, dass trotz voller Kenntnis des zuständigen Sachbearbeiters vorgesetzte Amtsträger oder Kontrollbeamte in einen Irrtum versetzt werden". Die Annahme eines Regelfalls trifft jedoch nicht zu, denn dieser von *Weber* vorausgesetzte Zustand ist doch nur ein möglicher Vorkommensfall, der allenfalls dann gegeben ist, wenn der unlautere Sachbearbeiter nur die Ausschreibung vorbereitet, nicht aber auch über die Auftragsvergabe entscheidet[90]. Trifft der Sachbearbeiter (soweit man ihn dann noch so nennen darf) auch eine wirksame Vergabeentscheidung und gibt es keinen dahinterstehenden Verfügungsberechtigten mehr, so ist eine Täuschung ausgeschlossen[91]. „Selbstbetrug" ist strafrechtlich nicht möglich[92]. Die Kollusion ist, wie *Weber* suggeriert, gar nicht auf die Sachbearbeiterebene beschränkt, sondern kann – positiv formuliert – auch dem Veranstalter bekannt sein. So ist nicht ersichtlich, warum mit „Veranstalter" nur der vorbereitende Sachbearbeiter gemeint sein sollte und nicht etwa der Behördenleiter oder der Geschäftsführer, dessen Kenntnis von der Absprache eine Täuschung (gegenüber sich selbst) ausschließt. Die Formulierung in der Gesetzesbegründung, dass in Fällen, in denen der Bieter kollusiv mit einem Mitarbeiter des Veranstalters zu-

---

87 Vgl. LK-*Tiedemann*, Vor § 298 Rn. 4; ebenso Arzt/*Weber*, BT, § 21 Rn. 109.

88 S. oben § 1 II. (S. 25).

89 Arzt/*Weber*, BT, § 21 Rn. 109 (Fn. 129), weiterhin § 49 Rn. 51. Ebenso *Bartmann*, Submissionsbetrug, S. 139: „Zwar irrt sich der eingeweihte Beauftragte der Vergabestelle nicht, jedoch ist sein Wissen der Behörde im Übrigen nicht bekannt. Der Irrtum der Ausschreibungsbehörde bleibt deshalb vom Wissen des bestochenen Mitarbeiters/Amtsträgers unberührt". Eine ähnliche Konstellation lag BGH wistra 1997, 144 ff. zu Grunde.

90 *Ransiek*, StV 1996, 446 (452) zu E § 264 b; Zur Möglichkeit der Täuschung eines Amtsträgers bei gleichzeitiger Kollusion mit der Unternehmensseite aber LK-*Tiedemann*, § 264 Rn. 18 f.

91 Dies gibt Arzt/*Weber*, BT, § 21 Rn. 109 mit dem Hinweis auf § 264 (§ 21 Rn. 71) auch zu, denn dort steht eindeutig, dass der zur Subventionsvergabe entscheidungsbefugte Amtsträger als Täter nicht in Betracht kommt, weil dieser nicht täuschen, sondern nur getäuscht werden kann.

92 *Mitsch*, BT/2, § 3 Rn. 52.

sammenarbeitet, „dessen Kenntnis dem Veranstalter zugerechnet werden kann" spricht zudem gegen die Annahme einer tateinheitlich begehbaren Täuschung und Kollusion innerhalb von § 298[93]. Auch die zu Anfang[94] erwähnten Tatbestandsentwürfe § 264 a und § 264 b, die als Handlungsunwert eine vor dem Veranstalter verheimlichte Absprache voraussetzten, würden durch eine solche Sichtweise völlig entwertet. Untersucht man darüber hinaus die Qualität einer Absprache, wenn sie von der üblichen Submissionsabsprache abweicht und zum Beispiel ein Stillhalteabkommen oder die Vereinbarung einer Bietergemeinschaft zum Inhalt hat, wird schon die Frage, wie oder über was getäuscht wird, problematisch[95]. Folglich ist der Täuschung nur eingeschränkte Bedeutung als strafbegründender Handlungsunwert zuzusprechen.

Ein weiterer Handlungsunwert innerhalb von § 298 könnte die *Kollusion* sein, die durch den inzidenten Verstoß gegen die Grundsätze der Vergabe die Sozialschädlichkeit der Absprache steigert. Somit scheint ein alternativer Handlungsunwert denkbar, der sich entweder durch Täuschung oder durch Kollusion verwirklicht. Bei näherer Betrachtung sind zwei Formen der Kollusion möglich. Zum einen wäre das Gegenteil der Heimlichkeit zu nennen, also das Offenbarte, die Absprache unter den Bietern, die dem Veranstalter lediglich bekannt oder evident ist (*einfache Kollusion*). Dieser Fall korreliert mit der Aussage, dass auch bei nicht verheimlichten Absprachen der Wettbewerb zum Nachteil der nichtkartellangehörigen Unternehmen beeinträchtigt wird[96]. In der Tatsache, dass eine Absprache nicht vor dem Veranstalter verheimlicht wird, ist kein besonderer Handlungsunwert zu erkennen; ist doch die Fortführung der Vergabe trotz Kenntnis der Absprache ein Fehlverhalten des Veranstalters und nicht der Bieter. Auch für den Mitarbeiter auf der Veranstalterseite begründet die schlichte Kenntnis von einer Absprache unter den Bietern keine Tätereigenschaft i.S.d. § 298[97]. Zum anderen könnte sich der zusätzliche Handlungsunwert aber aus der einvernehmlichen aktiven Korruption ergeben, der eine Unrechtsvereinbarung bzw. eine Absprache zwischen einem Bieter und der Vergabeseite zu Grunde liegt (*qualifizierte Kollusion*[98]). In dem Angriff auf die

---

93 BT-Drs. 13/5584, S. 14, rechte Spalte, Abs. 2 S. 3.

94 S. oben § 1 II.

95 Zu den einzelnen Formen horizontaler Kooperation unten § 5 I.

96 BT-Drs. 13/5584, S. 14, rechte Spalte, Abs. 2 S. 2.

97 Zur Ablehnung der Tätereigenschaft bei § 264 wegen bloßer Kenntnis vgl. LK-*Tiedemann*, § 264 Rn. 19.

98 Die begriffliche Differenzierung in einfache und qualifizierte Kollusionsformen ist erforderlich, da die Gesetzesbegründung die Begriffe „Kollusion" bzw. „kollusiv" allgemein verwendet. Vgl. etwa *Creifelds*, Rechtswörterbuch, unter dem Stichwort Sittenwidrigkeit: „[...]das Zusammenwirken zweier Beteiligter, um einen Dritten zu schädigen (*Kollusion*)[...]". Im straf-

Lauterkeit des Veranstalters und der Überleitung (Absprache) dieses Regelverstoßes auf die Bieterseite ließe sich eine erhöhte Sozialschädlichkeit erkennen[99]. Während die schlichte Kenntnis von der Bieterabsprache die Erfüllung des Tatbestandes nicht hindert und somit ein möglicher, wenn auch für den Handlungsunwert unschädlicher Fall ist, stellt sich bei der qualifizierten Kollusion die Frage, ob diese Konstellation überhaupt vom Tatbestand erfasst ist und somit die Strafwürdigkeit (mit)begründen kann? Da das erst im Laufe der Untersuchung beurteilt werden kann, ist eine Antwort auf diese Frage noch nicht möglich[100].

IV. Der Deliktstypus

Dem modernen Strafrecht wird attestiert, dass es sich von dem klassischen Strafrecht in mehrfacher Weise unterscheidet[101]. Erstens behandelt es mit Umwelt, Wirtschaft, Datenverarbeitung, Drogen, Steuern und organisierter Kriminalität andere Gebiete, die durch einen geringeren oder sogar ganz fehlenden Individualbezug bestimmt werden. Zweitens wird zur Erfassung dieser Universalrechtsgüter zunehmend auf das Instrument des abstrakten Gefährdungsdeliktes zurückgegriffen[102]. Dementsprechend sieht die h.M. in § 298 ein *abstraktes Gefährdungsdelikt*[103]. Diese Einschätzung ist aber allenfalls im Hinblick auf einen etwaigen Ver-

---

rechtlichen Schrifttum wird als Kollusion jedoch nur der Fall bezeichnet, bei dem zusätzlich zu einer Absprache unter Wettbewerbern eine Person der Veranstalterseite beteiligt ist, vgl. NK-*Dannecker*, § 298 Rn. 21; LK-*Tiedemann*, § 298 Rn. 39.

99 Vgl. LK-*Tiedemann*, Vor § 298 Rn. 4: „Die Kollusion (Korruption) verstärkt so den Angriff auf den Wettbewerb".

100 S. unten § 6 III.

101 Vgl. *Hassemer*, ZRP 1992, 378 (381), zu den daraus entstehenden Problemen (S. 382).

102 Vgl. dazu grundsätzlich *Otto*, ZStW 96 (1984), 362 ff.; *ders.* in: Schünemann/Suarez (Hrsg.), Madrid-Symposion, S. 447 (453 ff.), wonach das dem überindividuellen Rechtsgut und dem regelverletzenden Angriffsverhalten entsprechende Mittel des strafrechtlichen Schutzes das abstrakte Gefährdungsdelikt ist.

103 BGH 1 StR 366/02 – Beschluss v. 19.12.2002 – BGH NStZ 2003, 548; I/M-*Dannecker/Biermann*, Vor § 81 Rn. 104; Schönke/Schröder-*Heine*, § 298 Rn. 2; Wessels/*Hillenkamp*, BT/2, Rn. 699; *Hohmann*, NStZ 2001, 566 (571); *Jaeschke*, Submissionsbetrug, S. 50; *Joecks*, § 298 Rn. 1; LPK-StGB-*Kindhäuser*, § 298 Rn. 1; *Kosche*, Bekämpfung, S. 138; Lackner/*Kühl*, § 298 Rn. 1; Maurach/*Schroeder*/Maiwald, BT/2, § 68 Rn. 2; *Mitsch*, BT/2, § 3 Rn. 197; *Otto*, GK BT, § 61 Rn. 142; *Rengier*, BT/1, Rn. 101a; SK-*Rudolphi*, § 298 Rn. 11; *Satzger*, JR 2002, 391 (Fn. 4); a.A. und damit für die Einordnung als Verletzungsdelikt: NK-*Dannecker*, § 298 Rn. 16; *Grützner*, Sanktionierung, S. 507 ff.; *Krey/Hellmann*, BT/2, Rn. 534 c (anders noch Vorauflage, Rn. 534 b); LK-*Tiedemann*, § 298 Rn. 12; *Walter*, GA 2001, 131 (140).

mögensschutz richtig[104]. Durch die Abgabe eines abgesprochenen Angebotes kann – wegen der lediglich mittelbaren Einflussnahme – nur eine Gefährdung des Vermögens des Veranstalters oder einer vermögenswerten Exspektanz der Außenseiter erfolgen[105]. In Bezug auf das primäre[106] Schutzgut Wettbewerb ist diese Einordnung jedoch nicht zwingend. Der Tatbestand setzt nicht nur eine wettbewerbsbeschränkende Absprache voraus, sondern zusätzlich noch das Einreichen eines darauf beruhenden Angebotes. Erst durch dieses Verhalten, so der Gesetzgeber, konkretisiert sich die Gefahr für die Ausschaltung oder Beeinträchtigung des Wettbewerbs[107]. Warum damit nicht schon eine Verletzung des Wettbewerbs angenommen wird, ist wohl mit der bisher überwiegenden Behandlung überindividueller Rechtsgüter zu begründen. Im Schrifttum wird nämlich angesichts der Konturenlosigkeit und Vagheit bereits deren Gefährdung in Zweifel gezogen[108]. Um ein überindividuelles Wirtschaftgut feststellbar in seiner institutionellen Funktion zu erschüttern, bedürfte es so genannter „Megaverstöße", die den Zusammenbruch des ganzen Institutes bewirken müssten[109]. Als Beispiel dafür wird der Fall eines Bankenzusammenbruchs genannt, der aber selbst nach den größten Betrügereien in der deutschen Wirtschaftsgeschichte nicht in Sicht war[110].

Während danach die fehlende Konkretisierbarkeit dieser Institute dazu führt, dass nur solches Verhalten Verletzungen verursacht, die das Institut in seinen Grundfesten erschüttert, deutet *Kuhlen* für überindividuelle Rechtsgüter einen anderen Weg. Er geht nicht davon aus, „dass eine einzelne Handlung zu einer Verletzung oder Gefährdung führt, sondern nur, dass die Einzelhandlung zu einer *Art* von Handlung gehört, die, wenn sie in *großer Zahl* vorgenommen würden, eine Verletzung oder Gefährdung herbeiführen würden (Hervorh. d. d. Verfasser)"[111]. Dieser Kumulati-

---

104 S. nur Maurach/*Schroeder*/Maiwald, BT/2, § 68 Rn. 2: „In Wahrheit handelt es sich jedoch um eine abstraktes Vermögensgefährdungsdelikt". Kritisch dagegen *Grützner*, Sanktionierung, S. 510.

105 Zur Schadensfeststellung bei § 263, vgl. etwa *Satzger*, Submissionsbetrug, S. 71 ff. Eine positive Feststellung des Vermögensschadens erfordert § 298 hingegen nicht, BT-Drs. 13/5584, S. 13, linke Spalte, Abs. 2.

106 In Anlehnung an Maurach/Zipf AT Tb 1, § 19 Rn. 20 f. spricht *Grützner*, Sanktionierung, S. 417 zur Klassifizierung von § 298 treffend von „dogmatische(r) Führung" des Rechtsgutes Wettbewerb.

107 BT-Drs. 13/5584, S. 14, linke Spalte, Abs. 1 S. 3.

108 Ausführlich dazu *Krüger*, Entmaterialisierungstendenzen, S. 126.

109 *Kindhäuser* in: Schünemann/Suarez (Hrsg.), Madrid-Symposion, S. 125 (129).

110 *Lampe*, Kreditbetrug, S. 40; *Kindhäuser*, a.a.O., S. 129.

111 *Kuhlen*, GA 1986, 389 (399 ff.); *ders.*, ZStW 105 (1993), 697 (716).

onsgedanke ist insbesondere an den Umweltdelikten[112], bereits früher aber auch bei den Bestechungsdelikten[113] verdeutlicht worden[114]. In Bezug auf den Wettbewerb liegt sogar eine Parallele darin, dass nicht schon jeder Wettbewerbsverstoß zu einer Wettbewerbsbeschränkung führt, da eine Spürbarkeitsgrenze überschritten werden muss, um eine Beschränkung annehmen zu können. Bei deren Feststellung wird die Beschränkung des Wettbewerbs zum relevanten Markt in ein Verhältnis gesetzt, so dass durch das kartellwidrige Handeln einer Gruppe von Unternehmen die spürbare Verletzung des Wettbewerbs möglich ist. Zudem setzt der Tatbestand des § 298 zwingend das gemeinschaftliche Vorgehen mehrerer voraus. Dem Einwand gegen den Kumulationsgedanken, nämlich die Unrechtsbegründung durch Dritte (ex iniuria tertii), könnte damit schon das Tatbestanderfordernis der Absprache entgegenzuhalten sein.

Die Konstruktion des Kumulationsdeliktes überzeugt jedoch nicht. Ausgehend von der Prämisse, dass ein Schutzgut in seiner Gesamtheit verletzt werden muss, wird der schwierige Nachweis einer Verletzung oder Gefährdung zu einem Kausalitätsproblem, das *Kuhlen* umgeht, indem er an die Stelle der erforderlichen Massenverletzung eine hypothetische Kumulation von Einzelverletzungen setzt. Für das Verhältnis von Rechtsgut und Deliktsstruktur bei ideellen Rechtsgütern ist damit aber nichts gewonnen. Im Gegenteil, der Nachweis der Verletzung eines aus Regeln geformten geistigen Gebildes wird durch die Annahme einer Vielzahl von Verstößen eher schwieriger, da die Auswirkung des einzelnen Verstoßes nicht in der gleichen Weise abgrenzbar ist, wie dies bei den Umweltmedien Boden, Wasser, Luft möglich wäre.

In der jüngeren, insbesondere wirtschaftsstrafrechtlichen, Literatur wird deshalb ausgeführt, dass das Kriterium der Substanzhaltigkeit nicht geeignet für die Bestimmung verletzbarer Rechtsgüter ist[115]. Denn bei näherer Beleuchtung sind die klassischen Individualrechtsgüter ebenso wenig „handfest" oder „materiell", wie dies die Gegenmeinung zu vermitteln sucht. Wird zum Beispiel eine konkrete Sache zerstört, wird diese in ihrer Existenz vernichtet; damit ist aber die Idee des Eigentums nicht ausgelöscht[116]. Vielmehr ist zwischen dem abstrakten Rechtsgut und dem realen Gegenstand, an dem sich die Handlung vollzieht, dem konkreten *An-*

[112] *Kuhlen*, GA 1986, 389 (399 ff.); *ders.*, ZStW 105 (1993), 697 (716).

[113] *Loos* in: FS-Welzel, S. 879 (891 f.).

[114] Vgl. *Hefendehl*, GA 2002, 21 (27).

[115] *Wohlers*, GA 2002, 15 (16).

[116] Vgl. *Walter*, GA 2001, 131 (134), *Wohlers*, GA 2002, 15 (16).

griffsobjekt[117] zu unterscheiden. Ist im Tatbestand des § 298 ein Angriffsobjekt auszumachen, so liegt auch die Möglichkeit dessen Verletzung nahe[118] und es bestände die Aussicht, § 298 als Verletzungsdelikt zu verstehen. Aus der nicht möglichen Materialisierbarkeit der Institute im Wirtschaftsbereich folgert jedoch *Otto*[119], dass ein darin liegendes Angriffsobjekt ebenfalls nur ein nicht spezifizierbares geistiges Gebilde sein könne. Daraus folge, dass für Kollektivrechtsgüter nur abstrakte Gefährdungsdelikte denkbar seien, da die Verletzung eines ideellen Angriffsobjektes nicht vorstellbar sei.

Diese Kritik lässt jedoch außer Acht, dass auch bei einem ideellen Rechtsgut sich die institutionalisierte Freiheitsgewährung in einem überschaubaren Angriffsobjekt äußern kann[120]. Denn bei näherem Hinsehen ist festzustellen, dass bei den Verletzungsdelikten nur selten das Angriffsobjekt substanziell verletzt wird. Oft liegt dagegen nur ein immaterielles Angriffsobjekt vor, wie zum Beispiel die Funktionsfähigkeit einer Sache (§ 303), die Verfügungsmöglichkeit über eine Sache (§ 242) oder die Wertsumme des Vermögens einer Person[121]. Für § 298 steht dem der Wortlaut des Tatbestandes nicht entgegen, da das Einreichen eines rechtswidrigen Angebotes erforderlich ist und somit eine gezielte Angriffshandlung vorsieht.

Die genauere Bestimmung des Angriffsobjektes hat von dem abstrakten Schutzgut auszugehen, denn das Angriffsobjekt stellt sich als konkrete Äußerung der Idee des Rechtsgutes dar. Es ist die Objektivation des geschützten Rechtsguts[122]. Im Hinblick auf die Ausgestaltung des Vergabewettbewerbs durch weitere Vergaberegelungen lässt sich der von § 298 geschützte Wettbewerb mit dem Begriff des „Leistungswettbewerbs" beschreiben, wie er gerade zur Simplifizierung des Wettbewerbsgedankens in dem frühen kartellrechtlichen Verständnis gebraucht wurde. Unabhängig davon, welche wettbewerbstheoretische Zielvorstellung man dem frei-

---

117 Im Folgenden nur: Angriffsobjekt. Zu den Begrifflichkeiten Handlungs-, Angriffs-, Tat-, und Rechtsgutobjekt, s. nur *Jescheck/Weigend*, AT, § 26 I 4 m.w.N.

118 Für eine neue Beurteilung des Verhältnisses von überindividuellem Rechtsgut und Deliktstyp sorgt die gedankliche Trennung von Rechtsgut und Angriffs- oder Handlungsobjekt. Diese Unterscheidung wird bisher schon zur Abgrenzung von Erfolgs- und schlichtem Tätigkeitsdelikt herangezogen. Danach setzen Erfolgsdelikte in ihrem Tatbestand eine von der Handlung unterschiedene raum-zeitlich abgrenzbare Wirkung am Handlungsobjekt voraus. S. nur *Jescheck/Weigend*, AT, § 26 II 1.

119 Vgl. *Otto*, wistra 1999, 41 (42); *ders.* in: Schünemann/Suarez (Hrsg.), Madrid-Symposion, S. 477 (455).

120 Vgl. LK-*Tiedemann*, § 298 Rn. 12.

121 Weitere Beispiele bei *Walter*, GA 2001, 131 (136).

122 Vgl. *Walter*, GA 2001, 131 (136).

en Wettbewerb zuschreibt, wird bei einer Ausschreibungssituation auf der Bieterseite die typische Form eines Oligopols vorliegen und stets nur ein Nachfrager auf der anderen Seite sein[123]. Es tritt also nur eine der wettbewerbstheoretisch möglichen neun Marktformen auf[124]. Die Entstehung der Oligopole lässt sich auf natürliche und künstliche Ursachen zurückführen[125]. Wettbewerb im Oligopol ist ein „strategisches Spiel" von Aktion und Reaktion. In einer Situation, in der die Unternehmen ihre gegenseitige Abhängigkeit (weitgehend) durchschaut haben, ist entweder wettbewerbsloses Parallelverhalten oder oligopolistischer Wettbewerb die Folge. Dabei kommt es auf dem Vergabemarkt im Extremfall entweder zu einem (ruinösen) Preiskampf unter den Anbietern oder es werden gegenseitige Absprachen getroffen, die den Wettbewerb beschränken sollen[126]. Das kann entweder dadurch geschehen, dass sich die Bieter gegenseitig vom Bieten abhalten, oder dass Absprachen über Preis- und Leistungsgestaltung der Angebote getroffen werden. Um diese Effekte zu unterbinden, wird die Vergabe im Wege eines schriftlichen Verfahrens durchgeführt, dessen wesentlicher Zweck die Schaffung eines Geheimwettbewerbs ist. Das Verbot des Nachverhandelns schafft den erforderlichen Anreiz zur scharfen Kalkulation. Mit der Verpflichtung, den Zuschlag an das auskömmlichste Angebot zu erteilen, erhält das Verfahren den Zweck, einen Preiswettbewerb unter den Bietern zu entfachen[127].

Damit steht im Rahmen von Vergaben der Aspekt des Wettbewerbs als *Leistungswettbewerb* im Vordergrund. Wettbewerber versuchen bei einer Ausschreibung einen geringeren Preis unter sonst gleichen Bedingungen anzubieten, um den Zu-

---

123 Vgl. Müller-Gugenberger/Bieneck-*Gruhl*, § 58 Rn. 1; LK-*Tiedemann*, Vor § 298 Rn. 4; *ders.*, Kartellrechtsverstöße, S. 80 f.; *ders.* in: FS-Müller-Dietz, S. 905 (910).

124 S. das Marktformenschema bei *Ott*, Grundzüge, S. 39, *Huhn*, Problematik, S. 53; *Leitzinger*, Submission, S. 7. Die Ausschreibungssituation kann danach als beschränktes Monopson (mit fester unteilbarer Gütermenge) eingeordnet werden.

125 *Franzen*, Strafbarkeit, S. 13. Bei der öffentlichen Ausschreibung entsteht ein Anbieteroligopol durch natürliche Zusammenhänge, zum Beispiel dadurch, dass die ausgeschriebenen Arbeiten nur von Unternehmen ab einer gewissen Größe durchführbar sind, oder wegen des speziellen Leistungskataloges nur wenige Unternehmen über die technischen Möglichkeiten verfügen oder es sich um ein lokales Vorhaben handelt, an dem nur örtliche Anbieter lukrativ arbeiten können. Ein künstliches Oligopol ergibt sich dagegen aus der gewählten Vergabeart selbst, nämlich wenn im Wege der beschränkten Ausschreibung bzw. der freihändigen Vergabe bekannt gemacht und vergeben wird. Diese Verfahren legen von vornherein eine bestimmte Mindestanbieterzahl (in der Regel 3 – 8 Bieter) fest, unter denen sich der Preiswettbewerb bilden muss. Diese natürliche oder künstlich geschaffene Angebotssteuerung bewirkt grundsätzlich die oligopoltypischen Effekte.

126 Vgl. Müller-Gugenberger/Bieneck-*Gruhl*, § 58 Rn. 1; *Leitzinger*, Submission, S. 20, 102; *Möschel*, Wettbewerbsbeschränkungen, Rn. 10 ff.; *Tiedemann*, ZStW 94 (1982), 338 ff.

127 *Jaath* in: FS-Schäfer, S. 89 (92).

schlag zu erhalten. Der Anbieter hat nur geringen, bei Vorgabe eines Leistungsverzeichnisses keinen Einfluss auf Menge, Qualität, Service und andere Parameter, mit denen er das Angebot in für ihn günstige Weise verändern könnte. Es handelt sich um eine hauptsächlich vom Staat im Rahmen des Beschaffungswesens, zunehmend aber auch von Privaten, durchgeführte Veranstaltung. Die Auflösung von Machtpositionen, die im Bereich des Vergabewesens die Nachfragemacht der öffentlichen Hand beträfe, ist nicht das Ziel des besonderen Schutzes von Ausschreibungen. Konkret geht es also um den Schutz eines geheimen Preiswettbewerbes gegenüber einem Anbieteroligopol. Die in § 298 beschriebenen Akteure sind Anbieter und Nachfrager, die einen Güteraustausch vorbereiten. Entscheidend für die Erteilung des Auftrages soll die Einreichung des wirtschaftlichsten Angebotes sein. Vorrangiges Kriterium dafür ist die Kalkulation des günstigsten Preises. Das Ergebnis dieser Deduktion ist die Feststellung des konkreten *Preisbildungsprozesses* als Angriffsobjekt[128]. Dieser Vorgang kann tatsächlich verletzt werden, zum Beispiel indem die Angebote nicht frei kalkuliert sind, oder die Zahl der Angebote künstlich verringert wurde. Damit kann sich der Preisbildungsprozess nicht so entfalten, wie es für einen durch das Vergabeverfahren konkretisierten Leistungswettbewerb erforderlich wäre, um keinerlei Beschränkung zu unterliegen.

Setzt man indes einen anderen Schwerpunkt, erscheint das Angriffsobjekt in der Form des unterlaufenen *Ausschreibungsverfahrens*. Die Besonderheit von § 298 ist nach *Walter*[129] die thematische Anbindung an eine Ausschreibung. Diese Einbettung vermindere die möglichen Wettbewerbsverstöße auf diejenigen, die im Rahmen eines Ausschreibungsverfahrens erfolgen. Angriffsobjekt soll demnach das konkrete Verfahren sein, das durch rechtswidrige Verfahrenshandlungen verletzt wird[130]. Diese Ableitung impliziert, dass das Ausschreibungsverfahren eine Objektivation des Wettbewerbs ist. Dafür spricht, dass die Vergabe nun im 6. Abschnitt des GWB (§§ 97 ff. GWB) geregelt ist und Aufträge im Wettbewerb vergeben werden sollen[131]. Dagegen ist aber anzuführen, dass das Ausschreibungsverfahren eigenständige Regelungen zum Schutz vor Absprachen bereithält, insbesondere solche Regelungen, die vor dem GWB zuwiderlaufenden Absprachen schützen sollen. Auf diese Regeln stellt *Walter* aber nicht ab, vielmehr soll das Angebot auf einer dem GWB zuwiderlaufenden Absprache beruhen[132]. Damit läge es näher, das Ausschreibungsverfahren als Objektivation des Vergabewesens zu verstehen und nicht des Rechtsguts Wettbewerb.

Die Einordnung des § 298 als Verletzungsdelikt setzt sowohl auf Rechtsgutsebene wie auch in der Deliktstypenlehre eine von der herkömmlichen Sichtweise abwei-

---

[128] So im Ergebnis *Dannecker*, NStZ 1985, 55; LK-*Tiedemann*, § 298 Rn. 12; *ders.*, I/M²-*Tiedemann*, § 38 Rn. 10.

[129] *Walter*, GA 2001, 131 ff.

[130] Dem folgend *Grützner*, Sanktionierung, S. 501 ff.

[131] *Walter*, a.a.O., 140.

[132] *Walter*, a.a.O., 140.

chende Auffassung in drei Punkten voraus. Die Anerkennung eines überindividuellen Rechtsgutes zur alleinigen Legitimierung einer Strafnorm ist der erste Schritt. Die Erkenntnis, dass auch ein Kollektivrechtsgut in einem verletzbaren Angriffsobjekt erscheinen kann, ist der zweite Schritt. Zur Annahme eines Verletzungsdeliktes bedarf es in einem dritten Schritt nur noch der Feststellung, dass der Tatbestand selbst diese Einordnung rechtfertigt. Wie bereits oben erwähnt setzt der Tatbestand § 298 die Abgabe eines (auf einer rechtswidrigen Absprache beruhenden) Angebotes voraus. Im Blick auf den Wettbewerb verkörpert der Eingriffstatbestand damit keinen Vorfeldschutz[133], da mit Abgabe und Zugang des abgesprochenen Angebotes bzw. der gezielten Nichtabgabe der Wettbewerb schon beschränkt ist. Nach Abgabe des Angebotes sind keine weiteren Schritte zur Verletzung des Angriffsobjektes „Preisbildungsvorgang" ersichtlich. Die Angebote sind nämlich von der Abgabe an bis zum Eröffnungstermin verschlossen zu halten. Darauf folgt der Prüfungs- und Auswertungsprozess durch den Veranstalter, auf den der Anbieter keinen Einfluss mehr hat. § 298 kann folglich als *Verletzungsdelikt* verstanden werden[134].

V. Ergebnis

Ausgehend einem liberalen Rechtsgüterbegriff, dessen Aufgabe in der kritischen Analyse bestehender oder geplanter Gesetze besteht, sind die Güter Vermögen und Wettbewerb auf ihre Strafe legitimierende Funktionen überprüft worden. Dabei hat sich herausgestellt, dass ein *gesetzmäßiger Zusammenhang* zwischen der Einreichung von Angeboten bei öffentlichen Ausschreibungen, die auf wettbewerbsbeschränkenden Absprachen beruhen und einer Vermögensgefährdung gegenüber dem Veranstalter oder den Mitbewerbern nicht besteht. Folglich kann allein der Wettbewerb, der als antiautoritäres Ordnungsprinzip überragende Bedeutung für Markt und Gesellschaft hat und im Rahmen von Ausschreibungen in der Form des *Leistungswettbewerbs* ausreichende Konturen findet, eine legitimationsstiftende Funktion für § 298 haben. Neben diesem Schutzgut kann zur Legitimation des Straftatbestandes ein Handlungsunwert in der häufig – aber nicht immer – verwirklichten Täuschungshandlung gesehen werden. Ob daneben alternativ ein Unwert durch kollusive Handlungen zwischen Bietern und Mitarbeitern der Vergabestellen

---

133 Im Gegensatz zum Bereich der Brandstiftungs-, Explosions- und Straßenverkehrsdelikte, die unstreitig als abstrakte Gefährdungsdelikte einem Vorfeldschutz dienen, vgl. *Otto* in: Schünemann/ Suarez (Hrsg.), Madrid-Symposion, S. 447 (455).

134 S. LK-*Tiedemann*, § 298 Rn. 12; *Walter*, GA 2001, 131 (139 ff.); zustimmend *Bartmann*, Submissionsbetrug, S. 162; NK-*Dannecker*, § 298 Rn. 16; *Grützner*, Sanktionierung, S. 507 ff.; *Krey/Hellmann*, BT/2, Rn. 534 c.

verwirklicht wird, kann erst nach einer Überprüfung der tatbestandlichen Erfassung vertikaler Absprachen beantwortet werden.

Dem Wettbewerb scheint auf den ersten Blick die Möglichkeit der Konkretisierung in einem Angriffsobjekt wegen seiner abstrakten Struktur genommen. Die oben angestellten Überlegungen haben jedoch gezeigt, dass der Schutz eines überindividuellen Rechtsguts nicht zwangsläufig das Instrument des abstrakten Gefährdungsdelikts erfordert, denn auch kollektive Rechtsgüter können sich in konkreten Angriffsobjekten äußern. Bei wettbewerbsbeschränkenden Ausschreibungen ist dies in dem dadurch gestörten *Preisbildungsprozess* zu sehen. Einen Vorfeldschutz sieht die Ausgestaltung des Tatbestandes damit nicht vor, so dass § 298 als Verletzungsdelikt verstanden werden kann.

§ 3 Die Reichweite des Tatbestandes

I. Sachlicher Anwendungsbereich

Die Überschrift des Straftatbestandes macht deutlich, dass mit § 298 kein allgemeines Erfolgsunrecht, wie es generalisierende Vermögens- oder Nichtvermögensdelikte darzustellen im Stande sind, beschrieben werden sollte. Der Anwendungsbereich der Vorschrift ist durch den Zusatz „bei Ausschreibungen" begrenzt worden. Vergleichbare Straftatbestände[1], wie § 264 a (Kapitalanlagebetrug) und § 265 b (Kreditbetrug) sehen ähnliche Bezugnahmen vor[2]. Der Tatbestand des § 298 unterwirft sich damit einer spezifischen Situationsgebundenheit, deren Ziel es ist zu verhindern, dass Angebote bei Ausschreibungen über Waren und Dienstleistungen[3] auf rechtswidrigen Absprachen beruhen. Damit weist die Norm eine Parallele zu dem Tatbestand des Subventionsbetruges auf, der ebenfalls – thematisch begrenzt – nur bestimmte Verfahren schützt[4]. Hier wie dort geht es um die Beeinflussung einer „Vergabestelle", deren Bewilligungs- bzw. Vergabeverfahren nach bestimmten Grundsätzen zu erfolgen hat. Während in § 264 Abs. 7 der Subventionsbegriff (materiell-)gesetzlich definiert wurde[5], fehlt in § 298 indes eine positive Klarstellung, hinsichtlich des Begriffs der Ausschreibung. Aus dem strafrechtlichen Schrifttum ergibt sich folgende Umschreibung:

> *Die Ausschreibung ist ein Verfahren, mit dem von einem Veranstalter Angebote einer Mehrzahl von Anbietern für die Lieferung bestimmter Waren oder für die Erbringung bestimmter Leistungen eingeholt werden*[6].

Die Definition orientiert sich weniger an Ziel und Zweck einer Ausschreibung als an dem objektiven Ablauf des Verfahrens. Entsprechend der Gesetzesbegründung

---

1 Vgl. BT-Drs. 13/5584, S. 15.

2 In §§ 264 a, 265 b ließ der Gesetzgeber den „Zusammenhang" mit einer Kapitalanlage oder einem Kredit ausreichen.

3 Für die Auslegung der Begriffe Waren und Dienstleistungen sind die kartellrechtlichen Bestimmungen (§§ 1 Abs. 1, 5 Abs. 4 S. 2 GWB a.F.) heranzuziehen.

4 Vgl. *Achenbach*, WuW 1997, 958 (960); *Walter*, GA 2001, 131 (137).

5 § 264 Abs. 7 enthält einen materiellen Subventionsbegriff, vgl. Tröndle/*Fischer*, § 264 Rn. 6; LK-*Tiedemann*, § 264 Rn. 26.

6 Tröndle/*Fischer*, § 298 Rn. 4; Schönke/Schröder-*Heine*, § 298 Rn. 4; LK-*Tiedemann*, § 298 Rn. 21, letzterer mit dem Hinweis, dass sowohl eine unbestimmte, als auch eine bestimmte Mehrzahl von Bietern zur Angebotsabgabe aufgefordert werden kann.

sollen zur Auslegung des Ausschreibungsbegriffs die in den VOB/A und VOL/A verwendeten Begriffe herangezogen werden. Gleiches gilt für die in § 298 Abs. 2 festgehaltene Ausweitung des sachlichen Anwendungsbereiches auf „freihändige Vergaben mit vorausgegangenem Teilnahmewettbewerb". So formulierten bereits die Verfasser des Bundesratsentwurfes: „Es handelt sich um eingeführte Begriffe, die hinreichend feste Konturen aufweisen, um daran die Strafbarkeit knüpfen zu können (vgl. etwa § 3 VOB/A, § 3 VOL/A)"[7]. Zudem wird auf § 5 Abs. 4 S. 2 GWB a.F. hingewiesen, der bestimmte Verträge in Wirtschaftsbereichen, die auf den Beschaffungsmodus der „Ausschreibung" angewiesen sind, vom Kartellverbot ausnimmt[8]. Der Verweis auf eine Kartellnorm, die an den Ausschreibungsbegriff anknüpft, zeigt, dass auf bestehende Begrifflichkeiten Bezug genommen wurde[9]. Gegen eine bindende Begriffsdefinition der Ausschreibung aus den Verdingungsordnungen (VOB/A, VOL/A, VOF/A), könnte aber deren fehlender Rechtssatzcharakter sprechen[10], da die Verdingungsvorschriften nur als Dienstvorschrift für die Beschaffungsstellen eingeführt wurden[11]. Der Erlasscharakter war der Grund dafür, dass die Rechtsprechung ihnen nicht den Charakter von Rechtsnormen beigemessen hat[12]. Allerdings kommt in Vergabeverfahren nach den §§ 97 ff. GWB in Verbindung mit der Vergabeverordnung (VgV) den Verdingungsordnungen bindende Wirkung zu, weil die §§ 4 Abs. 1 und 6 VgV deren Anwendung vorschreibt. Aber auch ohne diesen Anwendungsbefehl kann bei privaten Ausschreibungen oder Ausschreibungen außerhalb des Kartellvergaberechtes auf die Verdingungsordnungen Bezug genommen werden. Der Gesetzgeber weist darauf hin, dass es dabei um die Umschreibung von Fachbegriffen geht. Die Verwendung der Begriffe zielt damit auf die Erfassung von gebräuchlichen Verfahren ab.

---

7 BT-Drs. 13/3353, S. 10.

8 BT-Drs. 13/3353, S. 10; BT-Drs. 13/5584, S. 14, linke Spalte, Abs. 3 S. 2.

9 Auch wenn der Hinweis auf § 5 Abs. 4 GWB der 6. GWB-Novelle zum Opfer gefallen ist, bleibt die Absicht, im Rahmen des § 298 keinen eigenen Ausschreibungsbegriff zu begründen, deutlich.

10 So wird zum Beispiel die VOB durch den Deutschen Vergabe- und Vertragsausschuss für Bauleistungen (DVA) erlassen, vormals Deutscher Verdingungsausschuss für Bauleistungen. S. auch *Rittner*, Rechtsgrundlagen, Rn. 48.

11 Die Gemeinden sind bei ihrer Auftragsvergabe über die Gemeindehaushaltsverordnungen der Länder an Vergabegrundsätze gebunden, soweit die zuständigen Ministerien diese für verbindlich erklärt haben, vgl. *Rittner*, Rechtsgrundlagen, Rn. 49.

12 BGH MDR 1985, 633; BGH MDR 1992, 262; BGH MDR 1998, 1220.

1. Formale Verfahrensabgrenzung

Der Gesetzgeber verwendet in § 298 ohne eigene materielle Definition die Begriffe „Ausschreibung“, „freihändige Vergabe“ und „Teilnahmewettbewerb“. Dabei handelt es sich um (eingeführte) Fachbegriffe aus den Verdingungsordnungen (VOB/A, VOF/A, VOL/A[13]). Mangels einer materiellen Begriffsdefinition soll von einem *formalen* Ausschreibungsbegriff ausgegangen werden. Nach einem formalen Ausschreibungsbegriff ist der Tatbestand eröffnet, wenn eine Ausschreibung bzw. freihändige Vergabe in den Spezialgesetzen und Verordnungen als solche bezeichnet und durchgeführt wird[14]. Für die Beurteilung, wann eine Ausschreibung oder eine andere Vergabeform anzuwenden ist, soll ein kurzer Überblick über das deutsche und das europäische Vergaberecht helfen.

Die Durchführung von Ausschreibungen ist öffentlichen Auftraggebern durch EG- und Bundesrecht vorgeschrieben. National wird es den öffentlichen Auftraggebern durch das Haushaltsgrundsätzegesetz (§ 30 HGrG), die Bundeshaushaltsordnung (§ 55 BHO), die Landeshaushaltsordnungen[15], sowie durch die Gemeindehaushaltsordnungen vorgeschrieben. Mit dem Erreichen bestimmter Schwellenwerte greift europäisches Recht ein und verordnet eine europaweite Publizität[16]. Zum 1. Januar 1999 hat das deutsche Vergabewesen eine grundlegende Rechtsänderung erfahren, da mit diesem Tage das Vergaberechtsänderungsgesetz (VgRäG) in Kraft

---

[13] Verdingungsordnungen für Bauleistungen VOB/A v. 30.5.2000 (BAnz. Nr. 120a v. 30.6.2000); Verdingungsordnung für Leistungen VOL/A v. 17.8.2000 (BAnz. Nr. 200a v. 24.10.2000); Verdingungsordnung für freiberufliche Leistungen VOF/A v. 25.6.2000 (BAnz. Nr. 173a v. 13.11.2000).

[14] Ein formaler Definitionsbegriff findet sich z.B. in § 264 Abs. 8 Nr. 1, wonach Tatsachen nur dann subventionserheblich sind, wenn sie von dem Subventionsgeber durch Gesetz (§ 2 SubvG) oder auf Grund eines Gesetzes als solche bezeichnet wurden, vgl. Tröndle/*Fischer*, § 264 Rn. 13.

[15] S. z.B. § 55 LHO BW; § 55 BayHO; § 55 LHO NW; § 55 LHO RP wonach eine grundsätzliche Pflicht zur Durchführung öffentlicher Ausschreibung konstituiert ist.

[16] Richtlinie 92/50/EWG des Rates v. 18.6.1992 über die Koordinierung der Verfahren zur Vergabe öffentlicher Dienstleistungsaufträge (ABl. L 209 v. 24.07.1992, S. 1-24); Richtlinie 93/36/EWG des Rates v. 14.6.1993 über die Koordinierung der Verfahren zur Vergabe öffentlicher Lieferaufträge (ABl. Nr. L 199 v. 9.8.1993, S. 1-53); Richtlinie 93/37/EWG des Rates v. 14.6.1993 über die Koordinierung der Verfahren zur Vergabe öffentlicher Bauaufträge (ABl. Nr. L 199 v. 9.8.1993, S. 54-83), jeweils zuletzt geändert durch die Richtlinie 2001/78/EG der Kommission (ABl. Nr. L 185 v. 19.10.2001, S. 1) und Richtlinie 93/28/EWG v. 14.6.1993 zur Koordinierung der Auftragsvergabe durch Auftraggeber im Bereich der Wasser-, Energie- und Verkehrsversorgung sowie im Telekommunikationssektor (ABl. L 199 v. 9.8.1993, S. 84-138).

getreten ist[17]. Grund dafür war die bis dahin unzureichende Umsetzung europäischer Vergaberichtlinien[18] in der so genannte „haushaltsrechtlichen Lösung" der §§ 57 a-c HGrG[19]. Anders als im HGrG handelt es sich bei den Regelungen im GWB um außenwirksames Recht. Mit diesem sog„Kartellvergaberecht" wird das Verfahren bei Bau-, Liefer- und Dienstleistungsaufträgen der öffentlichen Hand geregelt, wenn die Schwellenwerte (5 Mio. € für Bauaufträge, 400.000 € für Liefer- und Dienstleistungen im Sektorenbereich, alle anderen 200.000 €) der einschlägigen EG-Richtlinien[20] überschritten werden[21]. Gesetzestechnisch erfolgte die Umsetzung dieser „kartellrechtlichen Lösung" mittels des VgRäG, dessen Verweisung (§§ 97 Abs. VI, 127 GWB) auf eine Neufassung der Vergabeverordnung (VgV[22]) und deren starre Verweisung (§§ 4, 5, 6 VgV) auf einzelne Verdingungsordnungen[23].

---

17 BGBl. I-1998, S. 2512 ff. Das VgRäG wurde am 29.5.1998, nach Einigung im Vermittlungsausschuss (BR-Drs. 372/98), von Bundestag und Bundesrat verabschiedet und am 2.11.1998 mit der 6. GWB-Novelle verkündet. Obwohl das neue Vergaberecht von vornherein in das GWB (Vierter Teil, §§ 97 GWB ff.) integriert werden sollte, ist das VgRäG parallel zu der 6. GWB-Novelle beraten worden.

18 S. dazu das Beanstandungsschreiben der Europäischen Kommission, vom 31.10.1995, SG(95) D/13624, 95/2044, S. 2, abgedruckt in ZIP 1995, 1904 (1949). Wegen verspäteter Umsetzung von Richtlinien im Zusammenhang mit dem öffentlichen Auftragswesen wurden gegen Deutschland mehrere Vertragsverletzungsverfahren eingeleitet, vgl. EuGH (Rs. C-433/93) „Kommission ./. Bundesrepublik Deutschland", EuZW 1995, 635; EuGH (Rs. C-253/95) „Kommission ./. Bundesrepublik Deutschland", EWS 1996, 209.

19 Zweites Gesetz zur Änderung des HGrG (BGBl. I-1993, S. 1928). Zum Scheitern der haushalts-rechtlichen Lösung, s. *Roebling*, Jura 2000, 453 (459).

20 Richtlinie 97/52/EG des Europäisches Parlamentes und des Rates v. 13.10.1997 zur Änderung der Richtlinien 92/50EWG, 93/36/EWG und 93/37/EWG über die Koordinierung der Verfahren zur Vergabe öffentlicher Dienstleistungs-, Liefer- und Bauaufträge (ABl. L 328 v. 28.11.1997, S. 1-59); Richtlinie 98/4/EG des Europäischen Parlamentes v. 16.2.1998 zur Änderung der Richtlinie 93/38/EWG zur Koordinierung der Auftragsvergabe durch Auftragsgeber im Bereich der Wasser-, Energie- und Verkehrsversorgung sowie im Telekommunikationssektor (ABl. L 101 v. 1.4.1998, S. 1-16).

21 Vgl. *Gröning*, ZIP 1999, 52.

22 Die Vergabeverordnung v. 9.1.2001 (BGBl. I-2001, S. 110 ff.) wurde mit Wirkung zum 15.2.2003 (BGBl. I-2003, S. 169 ff.) neugefasst. Sie dient insbesondere der Umsetzung der EG-Vergaberichtlinien 1997/52/EG und 1998/4/EG in deutsches Recht. Wichtigste Neuregelung ist die Möglichkeit der Abgabe elektronischer Angebote im Bereich des öffentlichen Auftragwesens (§ 15 VgV).

23 Dieses „Kaskadenprinzip" wird aufgrund der *statischen* Verweisung auf die Verdingungsordnungen als rechtsstaatlich unbedenklich angesehen, vgl. *Hertwick*, Auftragsvergabe, S. 12; kritisch aber *Dreher*, NVwZ 1999, 1265 ff.

Die Umsetzung und Anwendung des europäischen Rechts bewirkt jedoch ein „Zweiklassensystem"[24]. Für Aufträge, welche die Schwellenwerte übersteigen[25], gelten nun die §§ 97 ff. GWB, die Vergabeverordnung und zusätzlich die „a"-Paragraphen in dem zweiten Abschnitt der Verdingungsordnungen (VOB, VOL, VOF). Diese Verfahren erfordern europaweite Publizität, gewähren dem Bieter aber auch ein subjektives Recht auf Einhaltung des Verfahrens[26]. Für Aufträge, deren Volumen die Schwellenwerte nicht erreichen, bleibt es bei nationaler Publizität und den allgemeinen Regelungen (Basisparagraphen) in den Verdingungsordnungen. Für den sachlichen Anwendungsbereich von § 298 ist das nicht unerheblich, benutzt doch das Kartellvergaberecht andere Fachbegriffe für Ausschreibung und freihändige Vergabe als die Verdingungsordnungen. Die Einführung des Kartellvergaberechts bewirkt somit keine Derogation, sondern eine Ergänzung der Verdingungsvorschriften. Für die Definition des Begriffs der Ausschreibung ergibt sich nun folgendes Bild:

Soweit es sich um einen Auftragswert handelt, der die Schwellenwerte nicht erreicht, gelten die Basisparagraphen der Verdingungsordnungen. Eine Ausschreibung erfolgt danach als öffentliche oder beschränkte Ausschreibung (§ 3 Nr. 1 I, II VOB/VOL). Diese Vergabearten sind nach dem Willen des Gesetzgebers auch ausdrücklich angesprochen worden. In der Gesetzesbegründung heißt es: „Dazu gehören auch die beschränkten Ausschreibungen, die unter Umständen sogar einen besonders starken Anreiz zur Bildung von Submissionskartellen darstellen können"[27]. Das Merkmal Ausschreibung in § 298 ist hier wortgleich mit der in den Verdingungsordnungen gewählten Formulierung. Mit Erreichen der Schwellenwerte ist das Kartellvergaberecht der §§ 97 ff. GWB anwendbar. Nach § 101 Abs. 1 GWB erfolgt die Vergabe von öffentlichen Liefer-, Bau- und Dienstleistungsaufträgen durch das offene Verfahren, das nichtoffene Verfahren oder das Verhandlungsverfahren. Im Wege einer gesetzestechnischen Überleitung gilt insbesondere auch der zweite Abschnitt[28] der VOB/A. Nach § 3 a Nr. 1 VOB/A sind europaweit auszuschreibende Aufträge im offenen oder nichtoffenen Verfahren zu vergeben. Ausdrücklich heißt es unter Nr. 1 a: „im offenen Verfahren, das der öffentlichen

24 S. *Byok*, NJW 1998, 2276. Zum Teil wird dies auch als „Schubladensystem" bezeichnet.

25 Das Erreichen der Schwellenwerte beurteilt sich nach einer vernünftigen Schätzung durch den Auftraggeber bei Beginn des Verfahrens.

26 Nach § 97 Abs. 7 GWB haben die Unternehmen einen Anspruch darauf, dass der Auftraggeber die Bestimmungen über das Vergabeverfahren einhält.

27 BT-Drs. 13/5584, S. 14.

28 Der zweite Abschnitt der VOB/A stellt eine konsolidierte Fassung der Grundnormen, zusammen mit den „a"-Paragraphen dar.

Ausschreibung (§ 3 Nr. 1 Abs. 1) entspricht"; unter Nr. 1 b: „im nichtoffenen Verfahren, das der beschränkten Ausschreibung nach öffentlichem Teilnahmewettbewerb (§ 3 Nr. 1 Abs. 2) entspricht". Die Formulierung des offenen bzw. nichtoffenen Verfahrens wurde schon in der ersten Baukoordinierungsrichtlinie v. 26 Juli 1971[29] verwendet, in der Richtliniennovellierung von 1989[30] beibehalten und durch das Verfahren der freihändigen Vergabe ergänzt. Die Einfügung der „a"-Paragraphen in die VOB erfolgte bereits in der Ausgabe Juli 1990[31] und wird dem Strafgesetzgeber in den Jahren der Gesetzesberatung zwischen 1995 bis 1997 bekannt gewesen sein. Warum der Gesetzgeber in Kenntnis der divergierenden Terminologie von einer Klarstellung absah, kann nur dadurch erklärt werden, dass eine Gleichsetzung von öffentlicher Ausschreibung mit offenem Verfahren und beschränkter Ausschreibung mit nichtoffenem Verfahren für ihn selbstverständlich war[32]. Um dies zu überprüfen, sollen nun die Verfahren der verschiedenen Vergabearten gegenübergestellt werden: die öffentliche Ausschreibung und das offene Verfahren (1), die beschränkte Ausschreibung und das nichtoffene Verfahren (2), die freihändige Vergabe und das Verhandlungsverfahren (3).

(1) Die *öffentliche Ausschreibung* und das offene Verfahren unterscheiden sich allenfalls in den Modi ihrer Veröffentlichung. So schreibt § 17 a Nr. 1 VOB/A bzw. § 17 a Nr. 2 VOL/A zunächst eine „Vorinformation" über zu vergebende Aufträge vor, erfordert weitere Hinweise über Kriterien der Auftragserteilung (§ 10 a VOB/A, § 9 a VOL/A) und legt wegen des Erfordernisses europaweiter Publizität längere Fristen als bei der öffentlichen Ausschreibung fest (§ 18 a VOB/A, § 18 a VOL/A). Aufgrund dieser nur unwesentlichen Verfahrensergänzungen kann das offene Verfahren der öffentlichen Ausschreibung als entsprechend angesehen werden (vgl. § 3 a Nr. 1 a VOB/A und § 3 a Nr. 1 Abs. 1 VOL/A) und steht damit einer Anwendung des § 298 Abs. 1 nicht entgegen.

(2) Im Wege der *beschränkten Ausschreibung* und dem nichtoffenem Verfahren wird hingegen nur eine limitierte Zahl von Unternehmen zur Einreichung von Angeboten aufgefordert. Wie dieser Kreis bestimmt werden sollte, war in den Verdingungsordnungen bis zu der letzten Novellierung nicht geregelt und lag in dem Er-

---

29 Richtlinie des Rates v. 26.7.1972 über die Koordinierung der Verfahren zur Vergabe öffentlicher Bauaufträge (71/305/EWG).

30 Richtlinie des Rates v. 18.7.1989 zur Änderung der Richtlinie 71/305/EWG über die Koordinierung der Verfahren zu Vergabe öffentlicher Bauaufträge (89/449/EWG).

31 Abgedruckt bei Heinemann/Riedl/*Rusam*, VOB[6], S. 81 ff.

32 Gleichwohl hätte in BT-Drs. 13/3353 ein zusätzlicher Hinweis auf § 3 a VOB/A, VOL/A neben § 3 VOB/A, VOL/A Klärung verschafft.

messen des Veranstalters[33]. Die Umsetzung des EG-Rechts ist aber in diesem Fall auch auf den ersten Abschnitt der VOB/VOL durchgeschlagen. Mit den Ausgaben 2000 wurde die beschränkte Ausschreibung um die Möglichkeit eines vorgeschalteten Teilnahmewettbewerb bereichert (§ 3 Nr. 1 Abs. 2 VOB/A; § 3 Nr. 1 Abs. 4 VOL/A). Dieses förmliche Verfahren sieht zunächst eine öffentliche Bekanntmachung vor, in welcher Unternehmen aufgefordert werden, ihre Teilnahme am Wettbewerb zu beantragen. Aus den eingegangenen Anträgen werden die geeigneten Bewerber zu einer konkreten Angebotsabgabe aufgefordert. Der Teilnahmewettbewerb ist nach § 3 Nr. 1 Abs. 2 VOB/A aber nur „gegebenenfalls", und zwar nur dann durchzuführen, wenn er *zweckmäßig* erscheint (§ 3 Nr. 3 Abs. 3 VOB/A). Dies trifft vor allem dann zu, wenn der in Betracht kommende Bewerberkreis dem Auftragserteilenden nur unzulänglich bekannt ist. Dagegen kennen die EG-Richtlinien, respektive § 3 a Nr. 1 a VOB/A nur das nichtoffene Verfahren das zwingend nach öffentlichem Teilnahmewettbewerb erfolgt[34]. Die Möglichkeit der Vorschaltung eines Teilnahmewettbewerbes vor einer beschränkten Ausschreibung konnte bei Entstehung von § 298 nicht mehr berücksichtigt werden. Dies schadet jedoch nicht[35]. Der Teilnahmewettbewerb bewirkt allein das Vorziehen der obligatorischen Eignungsprüfung und beinhaltet somit keine der Ausschreibung fremden Aspekte[36]. Vielmehr eröffnet er den interessierten Kreisen einen dem Leistungsgedanken näher stehenden Auswahlduktus. Da die Anwendung des Teilnahmewettbewerbes bei nationaler Publizität keinen anderen Auftragszuschnitt vorsieht, sondern allein Zweckmäßigkeitsüberlegungen unterliegt, wird das Ansinnen des Gesetzgebers, Fälle gewisser Größenordnung zu erreichen, nicht beeinträchtigt[37]. Es soll jedoch nicht übersehen werden, dass schon dieser Begründungsansatz sich von einem rein formalen Definitionsbegriff entfernt, zumal eine gemeinsame Wortwahl in Kartellvergaberecht und Verdingungsordnungen nicht immer zu finden ist[38]. Die

---

33 *Hertwig*, Auftragsvergabe, Rn. 47.

34 Nach *Kleinmann/Berg*, BB 1998, 277 (280), handelt es sich bei der Formulierung „Teilnahmewettbewerb" um eine Klarstellung, denn ein Teilnahmewettbewerb erfolgt durch öffentliche Aufforderung zur Bewerbung um Teilnahme (§ 3 Nr. 1 Ziff. 4; § 4 VOL/A; § 3 Nr. 1 Abs. 2 VOB/A), mithin durch Ausschreibung. Der damit korrespondierende § 101 Abs. 3 GWB spricht hingegen nicht von Teilnahmewettbewerb, sondern von (vorausgehender) öffentlicher Aufforderung zur Teilnahme.

35 Anders aber NK-*Dannecker*, § 298 Rn. 32, der unterhalb der Schwellenwerte beschränkte Ausschreibungen ohne vorausgegangenen Teilnahmewettbewerb von § 298 nicht erfasst sieht.

36 Vgl. *Hertwig*, Auftragsvergabe, Rn. 48.

37 BT-Drs. 13/5584, S. 14.

38 Zur orthographischen Diskrepanz zwischen der Schreibweise „*Nichtoffenes Verfahren*" in § 3 a VOL(B)/A und dem „*nicht offenen Verfahren*" in den europäischen Vergaberichtlinien, s. *Dreher*, NVwZ 1999, 1265 (1269).

verfahrenspraktische Abweichung des nichtoffenen Verfahrens mit vorausgegangenem Teilnahmewettbewerb ist allerdings derart gering, dass der in § 3 a Nr. 1 b VOB/A und § 3 a Nr. 1 Abs. 1 VOL/A vorgenommenen Gleichsetzung – „im nichtoffenem Verfahren, das der beschränkten Ausschreibung nach öffentlichem Teilnahmewettbewerb entspricht“ – in einer strafrechtlichen Bewertung gefolgt werden kann[39].

(3) In § 298 Abs. 2 hat der Gesetzgeber formuliert: „Der Ausschreibung im Sinne des Absatzes 1 steht die *freihändige Vergabe* eines Auftrages nach vorausgegangenem Teilnahmewettbewerb gleich“. Damit (zusammen mit der beschränkten Ausschreibung) sollen – nach Einschätzung des Gesetzgebers – besonders die Vergabearten geschützt werden, bei denen der Veranstalter und die Wettbewerber in besonderem Maße auf die Kräfte des freien Wettbewerbs vertrauen dürfen[40]. Das klingt euphemistisch vor dem Hintergrund, dass in der Vergabepraxis die beschränkte Ausschreibung geradezu ideal für Absprachen unter den Bietern geeignet ist[41]. Wichtig ist allerdings, dass damit der Tatbestand auf Fälle einer gewissen Größenordnung beschränkt wird, so dass Vergaben ohne Teilnahmewettbewerb vom Schutz des Tatbestandes nicht erfasst werden[42]. Dies rekurriert darauf, dass im öffentlichen Vergaberecht der Grundsatz besteht, der Vergabeart, die den größten Wettbewerbsdruck ermöglicht, den Vorrang gegenüber der Vergabeart mit geringerer Wettbewerbsintensität zu geben, vgl. § 55 BHO, § 101 Abs. 5 GWB, § 3 Nr. 2 VOB/A[43]. Ergebnis dieser Abstufung ist, dass nur noch in Ausnahmefällen Aufträge im Wege der freihändigen Vergabe vergeben werden können[44]. Mit der Ausweitung des Tatbestandes auf freihändige Vergaben mit vorausgegangenem Teilnahmewettbewerb sind nach Ansicht des Gesetzgebers die wesentlichen Verfahren

39 Die Verdingungsordnung für freiberufliche Leistungen (VOF) sieht als Vergabearten nur das Verhandlungsverfahren (§ 5 VOF) und den Wettbewerb (§ 20 VOF) vor.

40 BT-Drs. 13/5584, S. 14.

41 Vgl. Schönke/Schröder-*Heine*, § 298 Rn. 4; *Schaupensteiner*, ZRP 1993, 250.

42 BT-Drs. 13/5584, S. 14; a.A. Langen/Bunte-*Kollmorgen*, § 81 Rn. 6, der es für möglich hält, dass unter den Ausschreibungsbegriff auch jeweils einzelne Aufforderungen des Veranstalters zur Abgabe eines Angebotes fallen, die dem Adressatenkreis bekannt werden und die Grundlage einer Absprache i.S.v. § 298 StGB bilden.

43 Nach § 3 Nr. 4 VOB/A oder VOL/A kommt die freihändige Vergabe nur bei enumerativ aufgezählten engen Voraussetzungen in Betracht z.B. Patentschutz, besondere Dringlichkeit oder Geheimhaltung.

44 S. *Mainka*, Nachfragemacht, S. 51, 99, wonach sich entgegen dieser Bestimmungen in der Praxis ein anderes Bild zeigte: Sowohl bei Bauten mit dem Bund als Nutznießer als auch bei solchen, bei denen die Länder Nutznießer waren, wurden 1993 weniger als ein Drittel der Bauvorhaben im Anschluss an eine Öffentliche Ausschreibung abgewickelt.

geschützt. In der Begründung des Regierungsentwurfes heißt es dazu: „Eine Erstreckung auf alle Vergabeverfahren, also auch auf die freihändige Vergabe ohne vorausgegangenen Teilnahmewettbewerb, erscheint für die Erfassung der besonders zu missbilligenden Verhaltensweisen im Wettbewerb nicht erforderlich“[45].

Der verfahrenstechnische Unterschied zwischen der Ausschreibung und der freihändigen Vergabe besteht allerdings darin, dass bei einer Ausschreibung ein bis ins Einzelne geregeltes förmliches Verfahren durchzuführen ist, während die freihändige Vergabe frei von besonderen Formvorschriften (vgl. § 3 Nr. 1 Abs. 3 VOB/A bzw. VOL/A) abgewickelt wird[46]. Es ist der Bestimmung des Auftraggebers überlassen, wie und unter welchen Bedingungen verhandelt und der Auftrag vergeben wird, zum Beispiel ohne förmliche Ausschreibung und ohne Eröffnungstermin. Trotzdem obliegt es dem Auftraggeber, die Grundregeln des Teils A der VOB zu beachten[47]. Um ein der Ausschreibung vergleichbares „förmliches“ Verfahren zu schützen, ist nur die freihändige Vergabe mit vorausgegangenem Teilnahmewettbewerb in den Anwendungsbereich des § 298 einbezogen worden. In diesem Fall wird die Vergabeabsicht öffentlich bekannt gemacht, verbunden mit der Aufforderung an den in Betracht kommenden Bewerberkreis, einen Antrag auf Teilnahme an der freihändigen Vergabe zu stellen. Der Teilnahmewettbewerb entzieht die Auswahl der Bewerber der Willkür des Veranstalters durch ein formalisiertes Aufforderungsverfahren. Die darauf vorzunehmende Eignungsprüfung (Zuverlässigkeit, Leistungsfähigkeit und Fachkunde des Bewerbers) hat den Vorteil, auch dem Veranstalter unbekannte geeignete Unternehmen in die Vergabe mit einzubeziehen.

Soll die freihändige Vergabe mit vorausgegangenem Teilnahmewettbewerb wörtlich aus den Verdingungsordnungen entnommen werden, ergibt sich aber einige Konfusion. Die Verdingungsordnung für freiberufliche Leistungen (VOF) sieht zum Beispiel die freihändige Vergabe nach erfolgter *Vergabebekanntmachung* vor (§ 5 Abs. 1 VOF/A)[48]. Da die Vergabebekanntmachung dazu dienen soll, anhand der erteilten Auskünfte die Eignung der Bewerber festzustellen (§ 10 Abs. 1 VOF/A), ist das Verfahren durchaus mit dem des Teilnahmewettbewerb zu vergleichen[49]. Dies ist in der Verdingungsordnung für Leistungen (VOL) auch in einer Legaldefinition festgehalten (§ 3 Abs. 4

---

45 BT-Drs. 13/5584, S. 14.

46 Näher *Bechtold*, § 101 Rn. 7 ff.; *Hertwig*, Auftragsvergabe, Rn. 72 f.; Heiermann/Riedl/*Rusam*, § 3 VOB/A Rn. 35.

47 Ingenstau/*Korbion*, § 3 VOB/A Rn. 36.

48 Die von einander abweichende Terminologie beruht auf der Tatsache, dass unterschiedliche Fachgremien die Verdingungsordnungen erlassen.

49 Das Verfahren bei der Öffentlichen Vergabebekanntmachung ist – im Gegensatz zum Verhandlungsverfahren – ein (in § 17a VOB/A geregeltes) förmliches Verfahren; es entspricht in seinem Wesen dem Öffentlichen Teilnahmewettbewerb bei der Beschränkten Ausschreibung, vgl. Heiermann/Riedl/*Rusam*, VOB, § 3 a Rn. 8.

VOL/A[50]). Allein die Verdingungsordnung für Bauleistungen (VOB), die als Domäne für Absprachen bei Vergaben gilt, kennt heute die freihändige Vergabe mit Teilnahmewettbewerb nicht. Während in § 3 Abs. 3 VOB/A - Fassung 1990 - „gegebenenfalls nach öffentlicher Aufforderung (freihändige Vergabe mit öffentlichem Teilnahmewettbewerb)" Aufträge vergeben werden sollten, ist diese Formulierung seit der VOB/A - Fassung 1992 - ersatzlos gestrichen worden (vgl. § 3 Abs. 3 VOB/A Fassung 1992)[51]. Erste Schlussfolgerung aus der Streichung könnte sein, dass es eine „qualifizierte" freihändige Vergabe im Bausektor nicht gibt. Dagegen spricht aber, dass die Richtlinien des Vergabehandbuches des Bundes vorschreiben: „Auch bei einer nach § 3 Nr. 4 VOB/A zulässigen Vergabe sind mehrere Unternehmer zur Angebotsabgabe aufzufordern"[52]. Begründet wird dies damit, dass auch bei der freihändigen Vergabe der Wettbewerb die Regel sein soll[53]. Damit stimmt auch die mittlerweile aufgehobene Verordnung VO PR Nr. 1/72 über die Preise für Bauleistungen bei öffentlichen oder mit öffentlichen Mitteln finanzierten Aufträgen überein (§ 5 Abs. 1 Nr. 2 VO PR Nr. 1/72)[54]. Wenn im Wege der qualifizierten freihändigen Vergabe im Bausektor ausgeschrieben wurde, obwohl so nach VOB/A nicht vorgesehen, bleibt fraglich, ob § 298 Abs. 2 als einschlägig anzusehen ist. Bei einer akzessorischen Begriffsableitung aus der VOB wäre diese Vergabe nicht von § 298 Abs. 2 erfasst, da sie nicht darin vorgesehen und damit auch nicht geregelt ist[55]. Dies kann von dem Gesetzgeber aber nicht bezweckt worden sein. Eine analoge Heranziehung der VOL/VOF-Vorschriften zur qualifizierten freihändigen Vergabe erscheint denkbar, da es sich hier um eine ungewollte Regelungslücke in der VOB/A handelt. Nun hat der Gesetzgeber die Begriffe in § 298 aber nicht nach ihrer Verwendung in den einschlägigen Verdingungsordnungen differenzieren können. Wird einer freihändigen Vergabe im Bausektor ein Teilnahmewettbewerb vorgeschaltet und orientiert sich der Teilnahmewettbewerb an dem, was in VOL/A oder VOF/A als Teilnahmewettbewerb gilt, so ist § 298 Abs. 2 einschlägig. Das stellt im Prinzip einen Gesamtverweis auf die Verdingungsordnungen dar und entspricht somit dem, was im Bundesratsentwurf hinsichtlich der Ausfüllung der Vergabebegriffe schon angedeutet wurde[56].

Wenn das Volumen eines Vorhabens die Schwellenwerte überschreitet, ist statt freihändiger Vergabe das *Verhandlungsverfahren* anzuwenden[57]. Beim Verhandlungsverfahren wendet sich der öffentliche Auftraggeber an ausgewählte Unter-

---

50 § 3 Abs. 4 VOL/A: „Soweit es zweckmäßig ist, soll der Beschränkten Ausschreibung und der Freihändigen Vergabe eine öffentliche Aufforderung vorangehen, sich um Teilnahme zu bewerben (Beschränkte Ausschreibung mit Öffentlichem Teilnahmewettbewerb bzw. Freihändige Vergabe mit Öffentlichem Teilnahmewettbewerb)".

51 Heiermann/Riedl/*Rusam*, VOB[6], § 3 a Rn. 4: „Bei der Freihändigen Vergabe ist ein solches Vorschaltverfahren nicht vorgesehen".

52 Vergabehandbuch des Bundes (Ausgabe 2001).

53 Vergabehandbuch des Bundes § 2 1.2.

54 Heiermann/Riedl/*Rusam*, VOB[6], § 3 Rn. 36.

55 Das Resultat wäre, dass Absprachen bei qualifizierten Freihändigen Vergaben über Leistungen von § 298 Abs. 2 geschützt würden, solche über Bauleistungen aber nur gem. §§ 1, 81 GWB geahndet werden könnten.

56 BT-Drs. 13/3353, S. 10: „Es handelt sich um eingeführte Begriffe, die hinreichend feste Konturen aufweisen, um daran die Strafbarkeit knüpfen zu können".

57 § 104 Abs. 4 GWB sowie die gleichlautenden Vorschriften in den EG-Vergaberichtlinien Art. 1 lit. g BRK, Art. 1 lit. f LKR, Art. 1 lit. f DKR, Art. 1 Nr. 7 SKR.

nehmen und verhandelt mit einem oder mehreren dieser Unternehmen über den Auftragsinhalt[58]. Ob dieses Verfahren, auch wenn ein Teilnahmewettbewerb vorgeschaltet ist, von § 298 Abs. 2 erfasst sein soll, erscheint unter den Voraussetzungen eines formalen Definitionsbegriffs zweifelhaft, da wiederum unterschiedliche Fachbegriffe gebraucht werden. Diese terminologische Inkonsistenz der Verdingungsordnung konnte aber schon bei den behandelten Vergabearten durch die Feststellung verfahrensrechtlicher Identität überwunden werden. Gegen eine Gleichsetzung spricht jedoch, dass in § 3 a Nr. 1 VOB/A nicht wie im Verhältnis von öffentlicher Ausschreibung und offenem Verfahren bestimmt wurde, dass sich die Verfahren „entsprechen", sondern dass das Verhandlungsverfahren „an die Stelle" der freihändigen Vergabe tritt[59]. Diese Formulierung lässt keine inhaltliche Ähnlichkeit oder gar Identität der Verfahren vermuten, und es liegt nahe, das Verhandlungsverfahren vom Anwendungsbereich des § 298 Abs. 2 auszuschließen[60]. Gleichwohl wird in den Kommentierungen der Verdingungsordnungen eine Vergleichbarkeit dieser Verfahren angenommen[61]. Eine Erklärung für die unterschiedliche Wortwahl hinsichtlich einer Gleichstellung der beiden Verfahren gibt *Thieme*[62], indem er auf ein zwingendes gesetzestechnisches Problem hinweist. Im Vergleich zu der freihändigen Vergabe sollte der Anwendungsbereich des Verhandlungsverfahrens viel enger begrenzt sein[63]. Für das Verhandlungsverfahren gilt nicht, wie sonst bei den Bestimmungen des zweiten bis vierten Abschnitts der Verdingungsordnungen, dass zunächst die Regelungen der Basisparagraphen und *zugleich* die der jeweils anderen Abschnitte zu beachten sind. Die Anwendung des Verhandlungsverfahrens sollte keinem Beurteilungsspielraum unterliegen, der wie bei der freihändigen Vergabe eine Zweckmäßigkeitsprüfung vorsah. Vielmehr ist das Verhandlungsverfahren in den Abschnitten zwei bis vier *abschließend* geregelt[64]. Um die Anwendung der Basisparagraphen auszuschließen, musste das Verhandlungsverfahren „an die Stelle" der freihändigen Vergabe treten. Das Verhandlungsverfahren ist also vergleichbar mit der freihändigen Vergabe[65].

---

58 Langen/Bunte-*Thieme*, § 101 Rn. 39.

59 In der VOL/A wurde sogar letztere Bezugnahme unterlassen, vgl. § 3 a Nr. 1 Abs. 1 S. 2 VOL/A.

60 So LK-*Tiedemann*, § 298 Rn. 24 a.E.; zweifelnd *Walter*, JZ 2002, 252 (256).

61 *Bechtold*, § 101 Rn. 8 f.; I/M-*Dreher*, § 101 Rn. 7; Ingenstau/*Korbion*, § 3 a VOB/A Rn. 5.

62 Langen/Bunte-*Thieme*, § 101 Rn. 40.

63 Lampe-Helbig/*Wörmann*, Bauvergabe, Rn. 159.

64 Ingenstau/*Korbion*, § 3 a VOB/A Nr. 5; Heiermann/Riedl/*Rusam*, § 3 a VOB Rn. 4.

65 So schon *Greeve*, ZVgR 1998, 463 (467); *dies*. NStZ 2002, 505 (506); ablehnend LK-*Tiedemann*, § 298 Rn. 23, 24.

Zum Teil wird einer Subsumtion unter § 298 entgegengehalten, dass das Verhandlungsverfahren im Gegensatz zu der Ausschreibung kein *Wettbewerbsverfahren* sei[66]. Das Verhandlungsverfahren ist mit der nicht förmlichen freihändigen Vergabe vergleichbar, so dass eine Subsumtion unter § 298 Abs. 1 verfehlt wäre[67]. Allerdings kann bei freihändiger Vergabe/Verhandlungsverfahren ein Wettbewerb stattfinden[68], wenn mehrere Anbieter zur Angebotsabgabe aufgefordert werden und die geforderten Leistungen vergleichbar sind[69]. Wettbewerb bildet sich bei Vergaben, wie auch sonst, erst durch das Wissen eines Wettbewerbers von der Teilnahme anderer Mitbewerber[70]. Erst dadurch können sich Wettbewerbspreise bilden[71]. Somit ist die Kenntnis von aktueller oder potentieller Konkurrenz Voraussetzung für die Annahme eines Wettbewerbs. Diese Konkurrenzsituation wird bei freihändiger Vergabe und Verhandlungsverfahren vor allem durch Vorschaltung eines Teilnahmewettbewerbs erzeugt[72]. Erst die Durchführung dieses förmlichen Vorverfahrens institutionalisiert den Wettbewerb bei diesen Verfahren. So hielt auch der Gesetzgeber das Eingreifen des Strafrechts erst bei Vorschaltung eines Teilnahmewettbe-

---

66 Vgl. LK-*Tiedemann*, § 298 Rn. 23 a.E.; NK-*Dannecker*, § 298 Rn. 33.

67 Gegen LK-*Tiedemann*, § 298 Rn. 24 a.E., der das Verhandlungsverfahren auch von § 298 Abs. 2 nicht als erfasst ansieht, bereits *Walter* JZ 2002, 254 (256). Wenn von *Greeve*, NStZ 2002, 505 (506) darüber hinaus allein das Verhandlungsverfahren (bei Angebotsanfragen unmittelbar an zwei Bieter), ohne öffentliche Angebotsaufforderung zum Wettbewerbsverfahren erhoben wird, ist das zweifelhaft, da dies nur mit der subjektiven Erwartungshaltung des Ausschreibenden begründet wird.

68 Die Fälle, in denen bei einer Freihändigen Vergabe/Verhandlungsverfahren schon aufgrund der Anwendungsvoraussetzungen kein Wettbewerb zu erwarten ist, sind: (1) Nur ein bestimmtes Unternehmen kommt in Betracht. (2) Die Leistung ist nicht eindeutig beschreibbar. (3) Eine erneute Ausschreibung verspricht keinen Erfolg, weil die Ergebnisse der vorangegangenen bekannt geworden sind, so dass eine weitere Ausschreibung zu keinem echten Wettbewerb mit annehmbarem Ergebnis führen wird. Vgl. dazu Heiermann/Riedl/*Rusam*, § 3 VOB/A Rn. 40 ff.; *Satzger*, JR 2002, 391; *Ingenstau/Korbion*, § 3 VOB/A Rn. 42.

69 BGHSt 47, 83 f. So ausdrücklich Heiermann/Riedl/*Rusam*, § 3 VOB/A Rn. 35; dem folgend *Rönnau*, JuS 2002, 545 (546); zustimmend *Satzger*, JR 2002, 391; zurückhaltend KG, WuW 1998, 482 (488) „Hochtief/Holzmann": „Freihändigkeit der Vergabe besagt nicht zugleich Verzicht auf Wettbewerb"; a.A. *Winkler/Fröhlich*, § 3 VOB/A a.E.

70 Soweit der Auftraggeber hier direkt nur einen einzigen Unternehmer zum Angebot auffordert, kann und will der Auftraggeber von vornherein keinen Wettbewerb schaffen, vgl. *Bechtold*, § 101 Rn. 9; *Riese*, Vergaberecht, S. 43; *Satzger*, JR 2002, 391 (392); dazu auch VK Leipzig NZBau 2002, 176.

71 So schon *Montesquieu*, De l'esprit des lois, Buch XX Kap. 9: « C'est la concurrence qui met un prix juste aux marchandises, et qui établit les vrais rapports entre elles ».

72 In diesem Fall ist auch die freihändige Vergabe erkennbar – wenn auch nur in deutlich beschränktem Umfang – auf die Ausnutzung des Spiels des freien Wettbewerbs gerichtet, vgl. *Satzger*, JR 2002, 391 (392); Heiermann/Riedl/Rusam-*Schwab*, § 3 VOB/A Rn. 12.

werbs für erforderlich[73]. Ein Verhandlungsverfahren mit vorgeschalteter öffentlicher Vergabebekanntmachung kann damit als Wettbewerbsverfahren bezeichnet werden[74]. Es unterfällt folglich § 298 Abs. 2[75].

Der sachliche Anwendungsbereich des § 298 ist damit auf der Ebene der Verdingungsordnung durch eine vergleichende Gegenüberstellung der Vergabearten abgegrenzt worden. Es hat sich gezeigt, dass trotz des engen formalen Ausschreibungsbegriffs die abweichende Terminologie in § 101 GWB und den Verdingungsordnungen (Teile A, Abschnitte 2 und 3) aufgrund der geringen verfahrenstechnischen Abweichungen erfasst werden konnte. Einer formalen Betrachtungsweise liegt jedoch denknotwendig das Manko der Nichterfassung neuer Vergabeformen zu Grunde. Der zunehmende Einfluss des europäischen Sekundärrechts auf das Vergaberecht kann die vorhandenen Vergabearten durch innovative Verfahren bereichern oder sogar ablösen. Die Europäische Gemeinschaft beabsichtigt in einem aktuellen Richtlinienvorschlag zur gemeinsamen Regelung der Vergabe von Liefer-, Dienstleistungs- und Bauaufträgen ein neues Verfahren im Vergaberecht zu etablieren[76]. Es nennt sich *„Wettbewerbsdialog"*. Der Auftraggeber veröffentlicht dazu eine Bekanntmachung, wählt die Bewerber aus und verhandelt mit ihnen über die Mittel und Lösungen, mit denen seine Anforderungen erfüllt werden können. Im Anschluss daran erstellt er die Verdingungsunterlagen, überprüft die Eignung der Bewerber für gewählte technische Lösungen und fordert alle oder eine begrenzte Zahl Bewerber auf, ein Angebot abzugeben. Darauf bewertet er die Angebote, ohne über sie zu verhandeln, auf der Grundlage der Kriterien für das wirtschaftlich günstigste Angebot[77]. Das Verfahren soll in besonders komplexen und in ständiger Entwicklung begriffenen Märkten anwendbar sein, wenn die Auftraggeber zwar ihren Bedarf kennen, aber im Vorhinein nicht die beste technische Lösung

---

[73] BT-Drs. 13/5584, S. 14. Zur wettbewerbsstiftenden Funktion des Teilnahmewettbewerbs, vgl. *Best*, GA 2003, 157 (162 f.); *Hertwig*, Auftragsvergabe, Rn. 165, 169; *Satzger*, JR 2002, 391 (392 f.).

[74] Vgl. *Best*, GA 2002, 157 (163); zurückhaltender *Satzger*, JR 2002, 391 (392, 393).

[75] So auch *Best*, GA 2002, 157 (163); *Greeve*, NStZ 2002, 505 (506).

[76] Vorschlag für eine Richtlinie des Europäischen Parlaments und des Rates über die Koordinierung der Verfahren zu Vergabe öffentlicher Lieferaufträge, Dienstleistungsaufträge und Bauaufträge, KOM(2000) 275 v. 10.5.2000 (ABl. C 29 v. 30.1.2001, S. 11) – Interinstitutionelles Dossier – 2000/0115 (COD). Am 6.5.2002 hat die Europäische Kommission aufgrund der Änderungsvorschläge des Europäischen Parlaments einen geänderten Richtlinienvorschlag vorgelegt, KOM(2002) 236. Am 21.5.2002 hat der Binnenmarktrat der Europäischen Union eine politische Einigung über eine neue Richtlinie für die einheitliche Vergabe öffentlicher Aufträge in der EU erreicht, Dokument 9270/02.

[77] Art. 30 des RL-Vorschlages KOM(2000) 275.

identifizieren können, um ihn zu decken[78]. Daher erweist sich in solchen Fällen ein persönlicher Kontakt zwischen Auftraggebern und Anbietern als notwendig. Ein derartiger Dialog ist im Rahmen von offenem und nichtoffenem Verfahren unzulässig. Die geltenden Bestimmungen für das Verhandlungsverfahren mit vorheriger Veröffentlichung einer Bekanntmachung betreffen nur Ausnahmefälle, die nach geltender Rechtsprechung des Europäischen Gerichtshofes restriktiv ausgelegt werden müssen. Grund für die Einführung des Wettbewerbsdialogs ist, dass die jetzigen Regelungen der oben genannten Möglichkeit nicht gerecht werden[79]. Der Wettbewerbsdialog soll also nicht den Ausnahmecharakter der freihändigen Vergabe bzw. des Verhandlungsverfahrens haben, sondern es soll grundsätzlich bereits im Dialog verhandelt werden können, wenn der Auftraggeber nur seinen Bedarf kennt, aber keine Eingrenzung der Umsetzung vorgeben wollte oder konnte. Dieser (vorläufigen) Beschreibung in dem Richtlinienentwurf kann eine Gleichsetzung mit den genannten Verfahren nicht entnommen werden. Nach einer formalen Verfahrensabgrenzung unterfällt dieses Verfahren nicht dem Schutz des § 298, denn in keiner der in § 298 genannten Verfahren ist die Projektplanung Teil des Vergabegegenstandes. Es handelt sich um ein neues und damit anderes Vergabeverfahren.

2. Vergabe durch private Veranstalter

Die Anwendung des Vergaberechts ist nach dem Kartellvergaberecht und den Verdingungsordnungen primär öffentlichen Auftraggebern vorgeschrieben (§ 98 Nr. 1-3 GWB)[80]. Der Straftatbestand des § 298 bezieht darüber hinaus grundsätzlich auch Vergaben von privaten Unternehmen[81] und Bauherren[82] mit ein, die nicht zur öffentlichen Ausschreibung verpflichtet sind. Problematisch ist damit die Frage, wann eine Vergabe durch private Veranstalter vorliegt, die von § 298 geschützt ist. Da Private auch bei Überschreiten der Schwellenwerte nicht Adressaten des Kar-

---

78 S. die Kommission in ihrer Mitteilung „Das öffentliche Auftragwesen in der Europäischen Union", KOM(1998) 143 endg. v. 11.3.1998.

79 RL-Vorschlag KOM(2000) 275, S. 6; Dokument 9270/02, Erwägungsgrund (18).

80 Die Sektorenrichtlinie, die im Bereich der Wasser-, Energie- und Verkehrsversorgung sowie im Telekommunikationssektor auch nichtöffentliche Auftraggeber zur Anwendung des Vergaberechtes verpflichtet, bewirkte, dass dies auch in nationales Vergaberecht implementiert wurde (§ 98 Nr. 4-6 GWB, sowie die Abschnitte 3 der VOB und VOL).

81 Völlig unstreitig, s. nur BT-Drs. 13/5584, S. 14.

82 Für die Einbeziehung von Privatpersonen: Tröndle/*Fischer*, § 298 Rn. 6; Schönke/Schröder-*Heine*, § 298 Rn. 4; *Hohmann*, NStZ 2001, 571; LK-*Tiedemann*, § 298 Rn. 22

tellvergaberechts sind[83], kann nur auf die Verdingungsordnungen abgestellt werden, an deren Befolgung sie aber gesetzlich nicht gebunden sind[84]. Der sicherste Weg, im Rahmen des § 298 bei einer Ausschreibung durch Private eine Ausschreibung oder eine freihändige Vergabe anzunehmen, ist es, wenn sich der private Veranstalter *vertraglich verpflichtet*, ausschließlich nach den bestehenden Vergaberegelungen zu verfahren[85]. Nur dann ist sicher, dass einheitliche Beurteilungskriterien angelegt werden und ein bekanntes Verfahren durchgeführt wird. Durch eine einheitliche Anwendung ist auch der Vertrauensschutz der Bieter auf Einhaltung allgemein festgelegter Vergaberegelungen gewährleistet. Hat der private Veranstalter durch vertragliche Verpflichtung die Einhaltung der Vergabebestimmungen bestätigt, kommt ihm der Schutz von § 298 gegenüber wettbewerbsbeschränkenden Absprachen zugute[86]. Dieser formale Ansatz führt aber zu Sanktionierungsdefiziten, wenn trotz vertraglich begründeter Anwendungspflicht nicht ausschließlich nach den Verfahrensregeln gehandelt wird oder wenn überhaupt keine Bezugnahme auf die Verdingungsordnungen erfolgt[87]. Damit stellt sich die Frage, wie bei fehlender vertraglicher Bindung gleichwohl vergleichbare Vergabeverfahren angenommen werden können. Der Gesetzgeber weist ausdrücklich darauf hin, dass Vergaben durch private Unternehmen nur geschützt werden, wenn sie ihre Vergabeverfahren *zumindest ähnlich* zu den in VOB/A und VOL/A geregelten Verfahren ausgestalten[88]. Ähnlichkeit liegt nach dem ersten Urteil des BGH[89] zu dieser Frage vor, wenn sich das Vergabeverfahren nach den *wesentlichen Vorschriften* der VOB/A, nämlich § 2 Nr. 1 (Grundsätze der Vergabe), § 3 Nr. 1 (Arten der Verga-

---

83 Es sei denn, es handelt sich um Auftraggeber aus den Sektoren Wasser, Energie- und Verkehrsversorgung sowie Telekommunikation.

84 Vgl. *Otto*, wistra 1999, 41; *Rittner*, Rechtsgrundlagen, S. 42.

85 So die Lösung von *Greeve*, NStZ 2002, 505 (507); *dies.*, NStZ 2003, 549.

86 Die damit angekündigte Sanktionierung durch einen Straftatbestand nutzt präventiv auch den lauteren Bietern: Sie können nunmehr darauf vertrauen, dass wettbewerbswidrige Absprachen strafrechtlich sanktioniert werden.

87 Dies nimmt aber *Greeve*, NStZ 2002, 505 (507), billigend in Kauf. Einen Beispielssachverhalt für die Nichteinbeziehung der VOB/A durch einen privaten Auftraggeber liefert das Urteil des OLG Düsseldorf v. 18.2.1999, ZVgR 1999, 199 (200): Die den Verdingungsunterlagen beigefügten Bewerbungsunterlagen enthielten den Hinweis: „Der Auftraggeber verfährt nach der Verdingungsordnung für Bauleistungen, Teil A „Allgemeine Bestimmungen für die Vergabe von Bauleistungen“ (VOB/A). Die VOB/A wird nicht Vertragsbestandteil: Ein Rechtsanspruch des Bieters auf die Anwendung besteht nicht“.

88 BT-Drs. 13/5584, S. 14; dem folgen: NK-*Dannecker*, § 298 Rn. 29; Tröndle/*Fischer* § 298 Rn. 6; Schönke/Schröder-*Heine*, § 298 Rn. 4; *Hohmann*, NStZ 2001, 571; SK-*Rudolphi*, § 298 Rn. 6; LK-*Tiedemann*, § 298 Rn. 22; a.A. *Joecks*, § 298 Rn. 2.

89 BGH 1 StR 366/02 – Beschluss v. 19.12.2002 (LG Nürnberg-Fürth), BGH NStZ 2003, 548, erste Anmerkungen dazu *Achenbach*, NStZ 2003, 520 (522); *Greeve*, NStZ 2003, 549 f.

be[90]), § 6 Nr. 1 (Angebotsverfahren), § 9 (Beschreibung der Leistung), § 10 (Vergabeunterlagen), § 18 (Angebotsfrist, Bewerbungsfrist), § 22 (Eröffnungstermin) VOB/A, richtet. Kleinere Abweichungen, wie die im zitierten Urteil zu entscheidende kurzfristig verlängerte Angebotsfrist bei einer beschränkten Ausschreibung schaden nach Ansicht des BGH nicht: „Dieser Verlängerung der Frist kann nicht entnommen werden, dass die Veranstalterin vom Ausschreibungsverfahren insgesamt Abstand nehmen und nunmehr zur freihändigen Vergabe übergehen wollte". Daraus folgt, dass ein Privater, der unter wesentlicher Abweichung von diesen Vorschriften eine „Ausschreibung" veranstaltet, nicht dem Schutz des § 298 unterliegt[91].

Dem ist im Grunde zuzustimmen. Auffallend ist aber, dass der BGH sich bei der Aufzählung der wesentlichen Vorschriften auf § 2 Nr. 1 VOB/A beschränkt und damit die übrigen Nummern der genannten Bestimmung ausschließt. Soll damit das *Diskriminierungsverbot* nach § 2 Nr. 2 VOB/A, das auf nationaler Ebene das Gleichbehandlungsgebot repräsentiert, für Ausschreibungen von privaten Veranstaltern nicht gelten? Der Grundsatz der Gleichbehandlung der Bieter verlangt, dass alle Angebote den Vorschriften der Verdingungsunterlagen entsprechen, damit ein objektiver Vergleich der einzelnen Bieter gewährleistet ist[92]. Es geht also nicht um eine besondere Rücksichtnahme des öffentlichen Auftraggebers bei der Auswahl seines Vertragspartners (Einschränkung der Privatautonomie), sondern um die Gewährleistung eines Auswahlverfahrens, das dem Grundsatz des Wettbewerbs durch die Schaffung vergleichbarer Angebote verpflichtet ist[93]. So verbietet es die Gleichbehandlung, einzelne Bieter bei der Gewähr von Informationen zu bevorzugen oder auf andere Weise Informationsvorsprünge zu ermöglichen. Folglich sollte – entgegen dem BGH – auch der private Auftraggeber das Diskriminierungsverbot in § 2 Nr. 2 VOB/A beachten müssen, wenn er unter dem Schutz des § 298 eine Vergabe durchführen möchte[94].

---

90 § 3 VOB/A stellt die einzelnen Vergabearten dar, wonach § 3 Nr. 1 die offene, Nr. 2 die beschränkte Ausschreibung und Nr. 3 die Freihändige Vergabe repräsentiert. Da es sich bei dem vom BGH zu entscheidenden Fall ausweislich um eine beschränkte Ausschreibung handelte, ist davon auszugehen, dass nicht Nr. 1, sondern § 3 Nr. 2 VOB/A gemeint war, vgl. *Greeve*. NStZ 2003, 549.

91 Zur ordnungsgemäßen Wahl und Durchführung des Verfahrens, s. unten § 3 I.4.

92 Ausführlich dazu sogleich § 3 I.3.

93 Der im Rahmen der Auftragsvergabe ebenfalls zu beachtende § 20 Abs. 1 GWB sieht zudem das Verbot der Diskriminierung und unbilligen Behinderung vor. Das Verbot gilt für öffentliche wie private Unternehmen, wenn sie marktbeherrschend sind.

94 So bereits NK-*Dannecker*, § 298 Rn. 29; LK-*Tiedemann*, § 298 Rn. 22. Daneben weist *Greeve*, NStZ 2003, 549 darauf hin, dass entsprechend der Argumentation des BGH auch §§ 16, 17, 25 VOB/A als wesentliche Vorschriften vom privaten Veranstalter beachtet werden sollten.

Die Einhaltung der Vorschriften, die eine besondere Verpflichtung der öffentlichen Hand vorschreiben (z.B. Mittelstandsförderung[95], Umweltbelange, Tariftreueerklärung[96]), sind dem privaten Auftraggeber allerdings nicht abzuverlangen. Diese Kriterien sind im Grunde vergabefremd[97] und damit keine wesentlichen Vergabevorschriften. Ebenso verhält es sich mit der Pflicht, den Zuschlag auf das *wirtschaftlichste Angebot* zu erteilen. § 97 Abs. 5 GWB lässt als einziges Zuschlagskriterium für die Bewertung der von einem Bieter angebotenen Leistungen das „wirtschaftlichste Angebot" zu[98]. Entsprechende Regelungen finden sich in § 25 Nr. 3 Abs. 3 S. 2 VOB/A und § 25 Nr. 3 S. 1 VOL/A. Der BGH[99] hat diese Vorschrift nicht genannt, und auch in der Literatur[100] wird der Zuschlag auf das wirtschaftlichste Angebot für den privaten Veranstalter nicht gefordert. Das wirtschaftlichste Angebot ist das Angebot, das sich vor dem Hintergrund der Leistungsbeschreibung und der Qualitätskriterien des Auftraggebers als das Angebot mit der besten Relation zwischen Preis und Leistung erweist[101]. Das Prinzip der Wirtschaftlichkeit besagt damit, dass keine sachfremden Kriterien die Entscheidung über den Zuschlag leiten dürfen[102]. Zum Teil wird dieses Zuschlagskriterium sogar als ein Vergabegrundsatz angesehen[103]. Dies kann aber nur für die Vergabe durch öffentliche Auftraggeber gelten. Der deutsche Gesetzgeber ist für die öffentliche Beschaffung den traditionell angewandten haushaltsrechtlichen Grundsätzen der Wirtschaftlichkeit und Sparsamkeit verbunden (§ 7 BHO, § 6 HGrG). Solche Verpflichtungen gelten

---

95 Hierin wird man einen vergabefremden Aspekt sehen müssen, wenn dabei nicht die wirtschaftliche Bedarfsdeckung der öffentlichen Hand im Vordergrund steht. Vgl. *Bechtold*, § 97 Rn. 14; Langen/Bunte-*Thieme*, § 97 Rn. 12; *Daub/Eberstein*, § 5 VOL/A Rn. 23 f.; s. auch *Gröning*, ZIP 1999, 52 (54), der darin eine Aufweichung des Gleichheitsgrundsatzes sieht.

96 Zu der Wirkung von Tariftreueerklärungen, Langen/Bunte-*Thieme*, § 97 Rn. 30, 33.

97 Der Mittelstandschutz ist nur in § 97 Abs. 3 GWB auf Betreiben des Bundesrates (BR-Drs. 646/97, S. 3) berücksichtigt worden, damit er nicht als vergabefremder Aspekt durch § 97 Abs. 4 HS. 2 GWB ausgeschlossen wird.

98 Vgl. Langen/Bunte-*Thieme*, § 97 Rn. 34; I/M-Dreher, § 97 Rn. 142.

99 BGH 1 StR 366/02 – Beschluss v. 19.12.2002 (LG Nürnberg-Fürth), BGH NStZ 2003, 548.

100 Vgl. LK-*Tiedemann*, § 298 Rn. 22.

101 Bei der Ermittlung des wirtschaftlichsten Angebots spielen neben dem günstigen Preis auch andere Kriterien eine Rolle, wie z.B. Lieferfrist, Ausführungsdauer, Betriebskosten, Rentabilität, Qualität, Ästhetik und Zweckmäßigkeit, technischer Wert, Kundendienst und technische Hilfe, Verpflichtung hinsichtlich der Ersatzteile und Versorgungssicherheit. Vgl. BT-Drs. 13/9340, S. 14.

102 Der Zwang, den Zuschlag auf das wirtschaftlichste Angebot zu erteilen, ist Konsequenz des Vergabewettbewerbs nach § 97 Abs. 1 GWB, der mit diesem Kriterium seinen Bezugspunkt erhält, vgl. I/M-*Dreher*, § 97 Rn. 148.

103 Langen/Bunte-*Thieme*, § 97 Rn. 1; a.A. I/M-*Dreher*, § 97 Rn. 5, 8.

für den privaten Veranstalter jedoch nicht, denn dieser kann auch abweichende Prioritäten hinsichtlich des Zuschlags setzten und trotzdem darauf vertrauen, dass der Vergabewettbewerb eingehalten wird. Der private Auftraggeber ist damit an die Beschränkung auf das wirtschaftlichste Angebot nicht gebunden. Es zeigt sich somit, dass an den privaten Veranstalter nicht dieselben Anforderungen angelegt werden können wie an den öffentlichen Veranstalter.

3. Materielle Verfahrensabgrenzung

Die oben genannten wesentlichen Verfahrensvorschriften sind größtenteils Ausprägungen von Verfahrensgrundsätzen. Die durch den BGH vorgenommen Abgrenzung beschränkt sich allerdings auf die wesentlichen Vorschriften der Verdingungsordnung für Bauleistungen (VOB/A), denen die Verdingungsordnung für Leistungen (VOL/A) ähnlich sind. Größere Verfahrensabweichungen sind demnach bei Beurteilung an Hand der wesentlichen Vorschriften der Verdingungsordnungen nicht mehr von § 298 erfasst. Eine flexiblere Beurteilung eröffnet sich, wenn auf die Einhaltung von Verfahrensgrundsätzen abgestellt wird. Damit besteht die Möglichkeit, neue, nicht in den Verdingungsordnungen enthaltene Verfahren mit den von § 298 Abs. 1 und 2 geschützten Verfahren zu vergleichen. Im Folgenden soll eine materielle Begriffsdefinition formuliert werden, die sich aus dem Wesen der zu definierenden Vergabearten Ausschreibung und freihändige Vergabe mit vorangegangenem Teilnahmewettbewerb entwickelt. Es ist also nicht entscheidend, ob eine Verpflichtung zur Vornahme eines bestimmten Verfahrens besteht, vielmehr interessiert der materielle Gehalt des durchgeführten Verfahrens. Neue Vergabeformen weichen hingegen von diesen zum Teil stark ab. Als wesentliche Grundprinzipien der relevanten Vergabearten lassen sich neben dem Wettbewerb (1), die Prinzipien der Transparenz (2) und der Gleichheit (3), ausmachen[104]. § 97 GWB fasst die wesentlichen Grundsätze zusammen, die in jedem Vergabeverfahren Anwendung finden. Es handelt sich um grundlegende Regelungen, die in den Verdingungsordnungen im Einzelnen präzisiert werden[105]:

(1) Vergaben von Lieferungen und Leistungen haben im *Wettbewerb* zu erfolgen (§ 97 Abs. 1 GWB, § 2 Nr. 1 VOB/A, § 2 Nr. 1 Abs. 1 VOL/A, § 4 Nr. 1 VOF)[106].

---

104 § 97 Abs. 1 und 2 GWB; I/M-*Dreher*, § 97 Rn. 5, 8; Reidt/*Stickler*/Glahs, § 97 Rn. 4; Motzke/Pietzcker/Prieß-*Jasper*, § 3 a VOB/A Rn. 4.

105 Vgl. Reidt/*Stickler*/Glahs, § 97 Rn. 1a.

106 Durch ein wettbewerblich orientiertes Vergabeverfahren soll das haushaltsrechtliche Gebot der sparsamen und wirtschaftlichen Verwendung öffentlicher Mittel gewährleistet und auch für die

Ausprägung des Wettbewerbsprinzips ist es, eine Zuschlagserteilung unter einer Vielzahl von Angeboten von leistungsfähigen Unternehmen zu ermöglichen[107]. Der dadurch entstandene „Einkaufswettbewerb“ verhilft dem Auftraggeber zu wirtschaftlicher Verwendung seiner Finanzmittel und zu mehr Marktübersicht. Voraussetzung dafür ist ein ungehinderter Zugang zu dem Vergabeverfahren. Für öffentliche Unternehmen soll damit eine breite Beteiligung der Wirtschaft im Bereich der Beschaffung gewährleistet werden.

(2) Die Auftragsvergabe soll im Wege transparenter Vergabeverfahren erfolgen (§ 97 Abs. 1 GWB). *Transparenz* bedeutet, dass ein allgemeinverbindliches Verfahren stattfindet, dessen Entscheidungskriterien vorhersehbar und dessen Ergebnisse nachvollziehbar sind[108]. Die Einhaltung des Transparenzgebots schützt somit vor Bestechung und sonstigen unredlichen Machenschaften. Der EuGH[109] hat das Transparenzgebot bereits als eines der tragenden Prinzipien des Vergaberechts bezeichnet. Dem haben die Verdingungsordnungen vor allem im Ablauf des Eröffnungstermins Rechnung getragen. Nach § 22 Nr. 4 VOB/A ist über den Eröffnungstermin eine Niederschrift zu fertigen, in der alle Angebote schon in ihren wesentlichen Teilen zu kennzeichnen sind, um Manipulationsmöglichkeiten auszuschließen. Nach Ablauf der Angebotsfrist muss den Bietern und ihren Bevollmächtigten zudem Einsichtnahme in die Niederschrift und ihre Nachträge gestattet werden (§ 22 Nr. 7 VOB/A).

(3) Die Teilnehmer an einem Vergabeverfahren sind gleich zu behandeln (§ 97 Abs. 2 GWB). Das Gebot der *Gleichbehandlung* gehört zu den elementaren Prinzipien sowohl des nationalen Verfassungsrechts (Art. 3 GG) als auch des europäischen Gemeinschaftsrechts (Art. 12 EGV). Dem entsprechend darf es keine Bevorzugung bestimmter Bieter oder Bietergruppen geben. Damit verbietet sich eine Bevorzugung einzelner Bieter bei der Gewährung von Informationen, die nicht in den Vergabeunterlagen enthalten sind. Um Chancengleichheit innerhalb der Auftragsvergabe für mögliche Interessenten zu wahren, werden in den §§ 8, 9 VOL/A, §§ 9, 10, VOB/A erhebliche Anforderungen an Leistungsbeschreibungen, Vergabeunterlagen und Vertragsbedingungen gestellt[110].

Vergabe privater Aufträge (z.B. Sektorenauftraggeber) geöffnet werden. Vgl. Langen/Bunte-*Thieme*, § 97 Rn. 2.

107 BT-Drs. 13/9340, S. 14; zur Berücksichtigung des Wettbewerbsgrundsatzes im Verhandlungsverfahren, s. Motzke/Pietzcker/Prieß-*Jasper*, § 3 a VOB/A Rn. 20.

108 Langen/Bunte-*Thieme*, § 97 Rn. 4; Motzke/Pietzcker/Prieß-*Jasper*, § 3 a VOB/A Rn. 20.

109 EuGH v. 25.4.1996, Slg. 1996, I-2043 ff. „Wallonische Busse“.

110 Langen/Bunte-*Thieme*, § 97 Rn. 8.

Als konkretes Beispiel für die Leistungsfähigkeit der hier erarbeiteten Abgrenzungsfunktion soll der bereits oben[111] dargestellte „*Wettbewerbsdialog*" untersucht werden. Es handelt sich um ein neues Vergabeverfahren, das mit den vorhandenen Vergabearten nicht vergleichbar ist. Der Wettbewerbsdialog ist nämlich eine Verbindung von zwei Verfahren. In einem ersten Schritt ergeht eine Bekanntmachung über den Bedarf und darauf folgendem Dialog über die Umsetzungsmöglichkeit[112]. In einem zweiten Schritt fordert der Veranstalter alle oder eine begrenzte Zahl der Bewerber auf, ein Angebot abzugeben. Das ist nichts anderes als die Vergabe durch ein offenes oder nichtoffenes Verfahren. Bei Vorschaltung eines technischen Dialogs kann allerdings das Unternehmen, das den Auftraggeber für eine bestimmte technische Umsetzung gewinnt, nicht an dem darauf folgenden Vergabeverfahren teilnehmen, da dies einem gesunden Wettbewerb widerspräche[113]. Die Besonderheit des Wettbewerbsdialoges liegt darin, dass auch oder gerade das Unternehmen, das die akzeptierte Umsetzungslösung vorgeschlagen hat, an dem darauf folgenden Vergabeverfahren teilnehmen kann[114]. Aber auch wenn dadurch gleichzeitig Wettbewerb und Gleichbehandlung gewährleistet sein sollen[115], ist eine objektive Vergleichbarkeit der im Wettbewerbsdialog erstellten Angebote nicht möglich. Die Kehrseite der Verbindung von Planung und Umsetzung ist ein tiefer Eingriff in das Wettbewerbs- und Transparenzgebot[116]. Da hier nicht nur Ausführung, sondern auch Planung des Vorhabens zum Leistungsinhalt gehören, ist dies nur für Großunternehmen interessant, die über eine eigene Planungsabteilung verfügen. Zumal das Unternehmen, das die Umsetzungslösung vorschlägt, welcher der Auftraggeber im Ergebnis folgt, einen wesentlichen Erkenntnisvorsprung bei der Kalkulation des Angebotes gegenüber den übrigen Bewerbern hat. Nicht ohne Grund wird bisher bei der Durchführung von Vergaben darauf geachtet, die Projektplanung nicht in die Hände eines potentiellen Bieters zu legen. Der Wettbewerbsdialog berücksichtigt damit noch weniger die Vergabegrundsätze als dies das Verhandlungsverfahren

---

111 S. oben § 3 I.1. (S. 71).

112 Das ist vergleichbar mit einem vorbereitenden „technischen Dialog" bei offenem oder nichtoffenem Verfahren oder einem reinen „Entwurfswettbewerb".

113 S. dazu 10. Erwägungsgrund der RL 97/52/EG zur Änderung der Richtlinien 92/50/EWG, 93/36/EWG und 93/37/EWG über die Koordinierung der Verfahren zur Vergabe öffentlicher Dienstleistungs-, Liefer- und Bauaufträge.

114 Der Vorteil ist, dass Unternehmen, die primär an der Durchführung des Vorhabens interessiert sind, nicht von der Vergabe ausgeschlossen werden, wenn sie vorher die beste Umsetzungslösung vorschlagen.

115 RL-Vorschlag KOM(2000) 275, S. 4; Dokument 9270/02, Erwägungsgrund (18).

116 So schon *Klenk*, Vergabe von Versicherungsleistungen, S. 177 f.; kritisch auch *Werner/ Freitag*, NZBau 2000, 551 (552).

tut. Damit unterfällt der vorgeschlagene Wettbewerbsdialog nicht dem Schutz des § 298.

Auch so genannte „*Wettbewerbe*“ können vom Anwendungsbereich des Tatbestandes nicht erfasst werden. Wettbewerbe sind Auslobungsverfahren, die dazu dienen, dem Auftraggeber einen Plan oder eine Planung zu verschaffen, deren Auswahl durch ein Preisgericht aufgrund vergleichender Beurteilung mit oder ohne Verteilung von Preisen erfolgt[117]. Der Grund für den Ausschluss liegt in der nicht ausreichenden Vergleichbarkeit der Wettbewerbsangebote. Es handelt sich bei den Wettbewerbsbeiträgen nicht um kalkulierbare Angebote, so dass die Zuschlagsentscheidung nicht an Hand der Parameter Preis oder Wirtschaftlichkeit getroffen werden kann. Der Zuschlag wird nach immateriellen Wertungskriterien erteilt und ist damit keiner objektivierbaren Beurteilung zugänglich. Der Transparenz- und der Gleichheitsgrundsatz sind in diesem Verfahren nur eingeschränkt enthalten. Entscheidend für die Nichtanwendbarkeit des § 298 ist zudem, dass das relevante Angriffsobjekt des Tatbestandes, nämlich der Preisbildungsprozess nicht tangiert wird. Etwaige Absprachen über die Gestaltung des Wettbewerbsbeitrages sind für das Schutzgut Wettbewerb irrelevant.

4. Ordnungsgemäße Wahl und Durchführung des Verfahrens

Im Vergaberecht haben sich die Grundsätze des Wettbewerbs, der Transparenz und der Gleichheit im Verfahrensablauf niedergeschlagen. Werden einzelne Förmlichkeiten der Ausschreibung nicht eingehalten, so ist immer eine freihändige Vergabe bzw. ein Verhandlungsverfahren durchgeführt worden, und es ist rechtswidrig vergeben worden, es sei denn, der öffentliche Auftraggeber kann nachweisen, dass die Voraussetzungen für die Wahl einer freihändigen Vergabe oder des Verhandlungsverfahrens vorlagen[118]. Sollte die Rechtmäßigkeit des Verfahrens für den Straftatbestand relevant sein, hieße das, dass damit eine verunglückte Ausschreibung nur noch dann geschützt wäre, wenn auch in freihändiger Vergabe mit vorgeschaltetem Teilnahmewettbewerb hätte vergeben werden können. Die Voraussetzungen für die Anwendung der freihändigen Vergabe bzw. des Verhandlungsverfahrens sind jedoch so eng, dass nur wenigen falsch ausgeschriebenen Verfahren diese Umdeutung zugute käme. Einfache Formfehler bei der Verfahrensdurchführung können folglich nicht automatisch zum Anwendungsausschluss des Straftatbestandes füh-

---

117 So die Definition in § 20 Abs. 1 VOF/A, zum Wettbewerb im Dienstleistungsbereich auf europäischer Ebene, s. Art. 56 KOM(2000) 275; Art. 56 Dok. 9270/02.

118 Vgl. Daub/*Eberstein*, § 3 VOL/A Rn. 9, 17; *Hertwig*, Auftragsvergabe, Rn. 45, 66.

ren. Bei unsachlicher Wahl eines Verfahrens soll es für die strafrechtliche Betrachtung nach h.M. auf die Durchführung des Verfahrens ankommen und nicht auf dessen vergaberechtliche Berechtigung[119]. Dies ist für die öffentliche Vergabe richtig; der private Auftraggeber ist an die Vornahme eines speziellen Verfahrens von vornherein nicht gebunden.

Problematisch ist aber die Vergabe durch einen Privaten, der sich nicht vertraglich zur Einhaltung der Verdingungsordnungen verpflichtet hat[120]. Dort kann die Feststellung der Einhaltung von wesentlichen Verfahrensvorschriften (konstitutiv für die Annahme eines geschützten Verfahrens) mit dem kollusiven Verhalten zwischen Veranstalter und Bieter zusammentreffen. Eine solche Absprache kann einen Verstoß gegen eine wesentliche Verfahrensvorschrift beinhalten, so dass keine Vergabe i.S.d. § 298 angenommen werden kann. Eine Lösung könnte in dem gedanklichen Hinwegdenken des Verstoßes auf Vergabeseite liegen. Wird ein solcher hypothetischer Maßstab angelegt, ließe sich gleichwohl eine Ausschreibung bzw. qualifizierte freihändige Vergabe annehmen[121]. Dies ist insbesondere dann sinnvoll, wenn die Absprache mit dem Veranstalter nur zur Absicherung einer bestehenden Absprache unter Bietern erfolgte. Liegt nur die Vereinbarung mit dem Veranstalter vor, erübrigt sich eine Klärung, wenn der Tatbestand unabhängig davon kollusive Absprachen nicht erfasst.

---

119 *Greeve*, NStZ 2002, 505 (508); Schönke/Schröder-*Heine*, § 298 Rn. 6; LK-*Tiedemann*, § 298 Rn. 24.

120 Nach *Greeve*, NStZ 2002, 505 (507); *dies.*, NStZ 2003, 549 f. sind Vergabeverfahren ohne vertragliche Verpflichtungserklärung von vornherein nicht tatbestandsmäßig. S. oben § 2 I.2.

121 Vgl. Tröndle/*Fischer*, § 298 Rn. 17, der die Täterschaft eines privaten Veranstalters, der an einer vertikalen Absprache teilnimmt, bejaht.

II. Persönlicher Anwendungsbereich

Der persönliche Anwendungsbereich bestimmt für einen Straftatbestand den Kreis der möglichen unmittelbaren Täter. Nach Art der Eingrenzung des *Täterkreises* werden allgemeine Delikte und Sonderdelikte unterschieden[122]. Liegt ein Sonderdelikt vor, ist dies auch für die Frage kollusiver Begehensweisen relevant, da Einschränkungen auf der Täterkreisebene die Täterschaft von Vertretern der Veranstalterseite ausschließen könnten. Aber auch für die spätere wettbewerbliche Beurteilung im Rahmen des Kartellrechts ist die Frage des Täterkreises bedeutsam.

1. Sonderdeliktscharakter wegen besonderer Eigenschaften

In der früheren Strafrechtslehre[123] wurde in den *besonderen Eigenschaften* oder *Merkmalen* des Sonderdeliktstäters das ausschlaggebende Kriterium für alle Sonderdelikte gesehen. Formal betrachtet lässt sich jedoch aus der Umschreibung in § 298 „Wer[...]ein Angebot abgibt" keine Eingrenzung des Täterkreises herleiten. Die Subjektbeschränkung könnte sich lediglich aus der Beschreibung der Handlungssituation ergeben, die durch den Tatbestand vorgegeben ist[124]. § 298 fordert einen situativen Bezug des Täters zu den geschützten Verfahren. „Wer" soll im Sinne des Tatbestandes nur derjenige sein, der bei einer Ausschreibung ein Angebot abgibt. Die Verknüpfung der Person mit dem Ereignis könnte den Personenkreis derart beschränken, dass nur Personen, die wirksame Angebote abgeben können, in den Täterkreis fallen. Die Frage ist also, ob mit der Angebotsabgabe bei einer Ausschreibung eine besondere Tatmodalität oder eine persönliche Eigenschaft vorliegt[125]. Hier kann eine Parallele zu § 283 (Bankrott) gezogen werden. Strafbar macht sich dort derjenige, der *„bei* Überschuldung oder *bei* drohender Zahlungsunfähigkeit" eine der beschriebenen Alternativen erfüllt. Dabei handelt es sich um ein besonderes persönliches Merkmal und nicht um eine objektive Tatmodalität, weil Täter nur sein kann, wer sich als Schuldner in einer wirtschaftlichen

---

122 S. nur *Jescheck/Weigend*, AT, § 26 II Nr. 6.

123 *Nagler*, Sonderverbrechen, S. 3 m.w.N.

124 Dazu *Langer*, Sonderverbrechen, S. 28; *Brunner*, Täterkreis, S. 27: „Wenn auch keine Täterbeschränkung offensichtlich ist, können sich auch solche Tatbestände als Sonderdelikte erweisen, sofern sich aus dem Sachzusammenhang der tatbestandsmäßigen Situation eine besondere Täterqualifikation ergeben sollte".

125 Zur Unterscheidung von Delikten mit besonderen (objektiven) Tatmodalitäten und Sonderdelikten, vgl. *Jakobs*, AT, Nr. 6 Rn. 91; *Jescheck/Weigend*, AT, § 26 II; *Roxin*, AT/1, § 10 Rn. 128.

„Krise“ befindet. § 283 ist damit ein Sonderdelikt[126]. Vergleichbar dazu ist die Konstruktion der Aussagedelikte §§ 153, 154, die zwar mit der Formulierung „vor Gericht“ eine eindeutige sachliche Einschränkung vornehmen, aber durch die weitere Beschreibung „als Zeuge oder Sachverständiger“ zusätzlich eine subjektive Komponente erhalten und damit nicht nur als eigenhändige, sondern auch als Sonderdelikte verstanden werden[127]. Dagegen wird in § 298 die Situation einer Ausschreibung vorausgesetzt, welche die persönlichen Verhältnisse des Handelnden unberührt lässt.

2. Sonderdeliktscharakter wegen besonderer Pflichtenstellung

Nach heute vorherrschender Ansicht ergibt sich die Qualifizierung zum Sondertäter aus einer *besonderen Pflichtenstellung*[128]. Diesem Verständnis wurde dogmatisch Rechnung getragen, indem Sonderdelikte nunmehr als Unterfall der *Pflichtdelikte* begriffen werden. Danach soll die Pflichtenstellung Folge einer speziellen Beziehung des Sondersubjektes zum Gemeinrechtsgut sein[129], zu deren weiteren Verdeutlichung auf ein Näheverhältnis des Täters gegenüber dem Rechtsgut abgestellt wird[130]. Hinsichtlich des zu untersuchenden Tatbestandes ist als Rechtsgut, mit dem Pflichtenstellung bzw. Näheverhältnis korrespondieren, der Wettbewerb festgestellt worden. Als Täter des § 298 kommen neben dem Kartellunternehmensinhaber im weitesten Sinne der Kartellaussteiger, der Kartellaußenseiter und die Hilfsperson in Frage, die ein Angebot einreichen, darüber hinaus der Nichtbieter und der Berater, die an den Absprachen teilgenommen haben, aber kein Angebot abgegeben haben. Um aus der Täter-Rechtsgut-Relation eine Sonderpflicht abzuleiten, soll hier der Einfachheit halber auf den typischen Kartelltäter abgestellt werden; den Unternehmensinhaber. Wenn dort schon keine besondere Pflichtenstellung vorliegt, ist eine materielle Begrenzung des Täterkreises bei den übrigen möglichen Beteiligten nicht zu erwarten[131]. Die Tathandlung des § 298 beschränkt sich

---

[126] Vgl. Tröndle/*Fischer*, Vor § 283 Rn. 2; Schönke/Schröder-*Stree*, § 283 Rn. 65; Scholz-*Tiedemann*, GmbHG, § 82 Rn. 19; LK-*Tiedemann*, § 283 Rn. 218.

[127] So z.B. *Langer* in: FS-Wolf, S. 355.

[128] *Kaufmann*, Normentheorie, S. 135 f.; *Langer*, Sonderverbrechen, S. 311 ff.; *Roxin* verlangt zudem die Verletzung einer außerstrafrechtlichen Pflicht, *Roxin*, AT/1, § 10 Rn. 128; *ders.*, Täterschaft und Tatherrschaft, S. 354.

[129] S. *Langer*, Sonderverbrechen S. 185, 391.

[130] Vgl. *Schünemann*, Unternehmenskriminalität, S. 92.

[131] Falls bei den Hilfspersonen oder Außenseitern eine besondere Pflichtenposition nicht festgestellt werden kann, mag dies genau darauf zurückzuführen sein, dass ein Sonderdelikt vorliegt, da diese Personen nicht das notwendige Näheverhältnis zum Rechtsgut haben.

auf die Abgabe eines Angebotes und bildet erst mit anderen, ebenso eingereichten Angeboten eine Wettbewerbssituation, die durch das Vergabeverfahren geregelt wird. Die schlichte Angebotsabgabe überstellt dem Bieter aber nicht – wie das Näheverhältnis zum Teil beschrieben wird – die „Herrschaft über die (partielle) Hilflosigkeit des Rechtsgutes“[132]; denn der kartellierte Unternehmer beschränkt wie jeder andere wettbewerbswidrig Handelnde die Freiheit des Wettbewerbs[133]. Vielmehr passt diese Beschreibung auf das Verhältnis von Veranstalter zum Vergabewettbewerb, der freilich als Nutzzieher der geschaffenen Markttransparenz ein besonderes Interesse an dessen verfahrenskonformer Durchführung hat. Eine gesteigerte Pflicht in Bezug auf das Rechtsgut Wettbewerb ist somit nicht auszumachen.

Sieht man in der Absprache auch eine der Angebotsabgabe zwingend vorausgehende Tathandlung, die einen Pflichtverstoß gegen das zu schützende Rechtsgut einleitet, so könnte eine tatbestandsimmanente Sonderpflicht aus Ingerenz angenommen werden, die dem Täter die Herrschaft über die nun „partielle Hilflosigkeit“ des Rechtsgutes Wettbewerb verleiht. Mit der Absprache wird der Ausschreibungswettbewerb ad absurdum geführt und verliert seine preisregulierende Funktion. Indes, wenn man eine Parallele zu den unechten Unterlassungsdelikten zieht, widerspricht es der Natur von Sonderdelikten, dass sich die besondere Pflichtenstellung erst in einem Teil der tatbestandlich beschriebenen Handlung manifestiert. Hinzu kommt, dass § 298 nicht die Struktur eines zweiaktigen Deliktes aufweist und damit durch den vorausgehenden Abspracheakt keine Pflichtenstellung erzeugen kann[134].

3. Sonderdeliktscharakter wegen kartellrechtlicher Akzessorietät

Das Spektrum erweitert sich aber, wenn man bedenkt, dass das Angebot auf einer rechtswidrigen Kartellabsprache beruhen muss. Eine darauf folgende täterkreisbegrenzende Wertung könnte eine Sondertäterstellung zur Begehung von § 298 be-

---

132 S. *Schünemann*, Unternehmenskriminalität, S. 92 f.

133 *Brunner*, Täterkreis, S. 69, erklärt dies mit der abstrakten Gefahr, die bei der Durchführung (im Gegensatz zum Vertragsschluss) von Kartellverträgen dem Wettbewerb droht. Für den Unwertgehalt der Tat mache es keinen Unterschied, ob ein Vertragsbeteiligter oder eine am Vertrag nicht beteiligte Person die Durchführung betreibt.

134 Zur Ablehnung einer zweiaktigen Struktur, vgl. *Mitsch*, BT/2, § 3 Rn. 201, der die Funktion der Absprache im Tatbestand mit der Vortat bei § 252 und den §§ 257-259 vergleicht. Würde dennoch Mehraktigkeit angenommen, könnte das den Sonderdeliktscharakter begründen, indem der erste Teilakt (rechtswidrige Absprache) eine für die Vornahme des weiteren Teilaktes (Angebotsabgabe) relevante Rahmenbedingung schafft, die einen signifikanten Gefahrenfaktor für das Rechtsgut darstellt. Vgl. *Lund*, Mehraktige Delikte, S. 12, 176 ff.

wirken. Die Norminhalte der in Bezug genommenen §§ 1 und 25 GWB a.F.[135]. ergeben jedoch kein einheitliches Bild hinsichtlich ihrer Täterkreisabgrenzung. Zwar betrifft § 1 GWB a.F. nur Verträge von Unternehmen und Vereinigungen von Unternehmen, womit sich der Sonderdeliktscharakter sowohl aus der Unternehmereigenschaft wie aus der Vertragsbindung ergeben kann[136]. Das Handlungsverbot ergibt sich aber erst aus dem Zusammenspiel mit den Merkmalen der Sanktionsnorm des § 38 GWB. Nach § 38 Abs. 1 Nr. 1 GWB a.F.[137] liegt die wesentliche Gefahr nicht in dem Vertragsschluss, sondern in der Durchführung („Hinwegsetzen“) der Wettbewerbsbeschränkung, die praktisch auch durch *extranei* (Rechtsanwälte, Wirtschaftsprüfer) begangen werden kann. Die Konkretisierung der Vertragsparteien und die damit mögliche Eingrenzung des Täterkreises schlägt nicht auf die auszufüllende Norm durch, so dass kein Blanketttatbestand anzunehmen ist[138]. Nach überwiegender Ansicht konnte § 38 Abs. 1 Nr. 1 GWB a.F. somit von jedermann begangen werden[139].

Die weitere Norm, aus der sich die Kartellrechtswidrigkeit ergeben sollte, ist § 25 GWB a.F. Das Abstimmungsverbot wurde mit der Zielsetzung ins Gesetz gegen Wettbewerbsbeschränkungen eingefügt, die Umgehung der primären Vertragsnormen (insbesondere §§ 1, 15 GWB) zu verhindern[140]. Statt eines Vertrages wird für § 25 Abs. 1 GWB die faktische Koordination zwischen Unternehmen für ausreichend erachtet. Dies schließt nach allgemeiner Ansicht nicht aus, dass eine Abstimmung durch Dritte vermittelt werden kann[141]. Allerdings trifft das Verbot dann nur die an der Durchführung beteiligten Unternehmen, nicht jedoch den Dritten[142].

---

135 Der RegE verwies bei der Ausfüllung des Rechtswidrigkeitsurteil auf §§ 1 und 25 GWB in der Fassung vor Inkrafttreten der ab 1.1.1999 geltenden Novelle des GWB v. 26.8.1998 (BGBl. I-1998, S. 2546).

136 Vgl. *Reinhart*, Zuwiderhandlung, S. 99 ff.

137 § 38 Abs. 1 Nr. 1 GWB a.F. beinhaltet als Bußgeldtatbestand einen Totalverweis auf die Verbotsnorm § 1 GWB a.F. S. I/M^2-*Tiedemann*, Vor § 38 Rn. 31.

138 Zum Begriff des Blankettstrafgesetzes und dessen Voraussetzungen, s. I/M^2-*Tiedemann*, Vor § 38 Rn. 19 ff.

139 *Langen*, Kartellgesetz, § 38 Rn. 6, 17; I/M^2-*Tiedemann*, Vor § 38 Rn. 33; *ders.*, öJZ 79, 619 f.; mit strafrechtsdogmatischer Begründung *Brunner*, Täterkreis, S. 65; a.A. GK-*Fischötter*, Vor § 38 Rn. 12, 13; *Müller/Giessler/Scholz*, § 38 Rn. 19.

140 Vgl. *Beuthin* in: FS-Hartmann, S. 51, 74, wonach § 25 Abs. 1 GWB a.F. ein *Auffangtatbestand* ist; a.A. *K. Schmidt*, Kartellverfahrensrecht, S. 32 ff., der das Abstimmungsverbot als *Grundtatbestand* des Kartellverbots begreift.

141 *Brunner*, Täterkreis, S. 39; I/M^2-*Immenga*, § 25 Rn. 18, auch zu Empfehlungen durch Dritte.

142 OLG Stuttgart v. 26.10.1984, WuW/E OLG 3332 (3333) „Familienzeitschrift“; GK-*Benisch*, § 25 Abs. 1 Anm. 8; *Langen*, Kartellgesetz, § 25 Rn. 6; FK-*Huber*, § 25 Rn. 21.

In § 38 Abs. Nr. 8 GWB a.F. wird bezüglich der Tatbestandsmerkmale vollumfänglich auf § 25 GWB a.F. verwiesen. Es handelt sich damit um ein reines Blankett[143], so dass die Begrenzung des Täterkreises in der Ausfüllungsnorm den Sanktionstatbestand erreicht[144].

Übertragen auf die Absprache in § 298 hat diese inkonsistente Lage zur Folge, dass bei vorausgegangenem Kartellvertrag der Täterkreis offen, bei einer faktischen Koordination der Täterkreis beschränkt wäre. Das wird der einheitlichen Tathandlung von § 298 jedoch nicht gerecht, da dort die Umsetzung des Kartellvertrages nur die Abgabe des Angebotes ist und nicht jegliches Hinwegsetzen mit einschließt[145]. Dies bestätigt sich, wenn man die Regelungen des Kartellverbotes nach der Kartellrechtsnovelle berücksichtigt, wonach §§ 1 und 25 GWB a.F. in § 1 GWB zusammengefasst sind und dort nunmehr abgestimmte Verhaltensweisen *und* Vereinbarungen für verboten erklärt werden. Im Verhältnis zu § 81 Abs. 1 Nr. 1 i.V.m. § 1 GWB entspricht § 298 nämlich § 38 Abs. 1 Nr. 1 a.F., wonach erst das Hinwegsetzen über die rechtswidrige Absprache unter Bußgeldandrohung steht, während § 81 Abs. 1 Nr. 1 GWB bereits den Abschluss erfasst[146] und damit einen Blankettmechanismus vorsieht, der allein das Zuwiderhandeln gegen ein innerhalb der Norm genanntes Verbot sanktioniert, folglich mit dem Verweis auf § 1 GWB ein Sonderdelikt ist[147]. Das ist bei § 298 aber nicht angezeigt, der gesetzestechnisch einen kompletten Unrechtstatbestand formuliert und allein hinsichtlich der Bewertung der Absprache auf das Kartellrecht zurückgreift.

4. Gemeindelikt mit Einschränkungen im Einzelfall

Nach allgemeiner Ansicht ist § 298 kein *Sonderdelikt*, da es den Täterkreis nicht explizit beschränkt[148]. Jedoch gibt die Eigenart des Tatbestandes als Typisierung

143 Nicht jedoch eine Blankettnorm nach staatsrechtlichem Verständnis, da der vollständige Bußgeldtatbestand durch Zusammenlesen innerhalb ein und desselben Gesetzes zu bilden ist, vgl. I/M²-*Tiedemann*, Vor § 38 Rn. 20.

144 Vgl. *Brunner*, Täterkreis, S. 75.

145 S. LK-*Tiedemann*, § 298 Rn. 17.

146 Langen/Bunte-*Kollmorgen*, § 81 Rn. 6.

147 Vgl. I/M-*Dannecker/Biermann*, § 81 Rn. 16.

148 BT-Drs. 13/5584, S. 14; NK-*Dannecker*, § 298 Rn. 18; Tröndle/*Fischer*, § 298 Rn. 17; Schönke/Schröder-*Heine*, § 298 Rn. 17; *Joecks*, § 298 Rn. 7; *Kleinmann/Berg*, BB 1998, 277 (280); *König*, JR 1997, 397 (402); Lackner/*Kühl*, § 298 Rn. 6; *Otto*, GK BT, § 61 Rn. 148; *ders.*, wistra 1999, 41; Maurach/*Schroeder*/Maiwald, BT/2, § 68 Rn. 6; *Mitsch*, BT/2, § 3 Rn. 207; SK-*Rudolphi*, § 298 Rn. 10; *Schroth*, BT, S. 155; LK-*Tiedemann*, § 298, Rn. 16.

eines Wettbewerbverstoßes Anlass zu überprüfen, ob nicht gleichwohl (materielle) Einschränkungen im Einzelfall erforderlich sind. Im Folgenden soll die Tätereigenschaft vier verschiedener Gruppen untersucht werden, nämlich die der Schutzbieter (1), der Nichtbieter (2), der Kartellaußenseiter (3) und von Hilfspersonen (4).

(1) Die Eigenart der Manipulation von Ausschreibungen hat als nahezu perfektes Mittel die Absprache unter den Bietern hervorgebracht. Zur Absicherung eines übersetzten Angebotes bedarf es weiterer Angebote, die durch eine noch überhöhtere Preisgestaltung das herausgestellte Angebot schützen. Aus dem Wortlaut des § 298 ist keine Aussage darüber zu entnehmen, welcher Beitrag lediglich die Haupttat fördert oder aber selbst die Begehung der Haupttat darstellt[149]. Dies scheint auch dem Gesetzgeber aufgefallen zu sein, als er in Zusammenhang mit der Abgabe von Schutzgeboten und Nichtbeteiligung an der Ausschreibung in der Begründung ausdrücklich auf die allgemeinen Vorschriften der Täterschaft und Teilnahme verwies[150]. Warum dabei indirekt die Abgabe von *Schutzgeboten* als nicht tatbestandsmäßig bezeichnet wird, erscheint jedoch nicht nachvollziehbar[151]. Denn erst die Abgabe von überhöhten Schutzangeboten gibt dem herausgestellten Angebot den Anschein von Wirtschaftlichkeit. Kartellmitglieder sind, ob Schutzangebot oder Scheingebot, immer als notwendige unmittelbare Täter anzusehen[152]. Erst durch das Zusammenspiel mehrerer Schutzangebote kann der Anschein eines konkurrierenden Teilnehmerfeldes erzeugt werden. Somit ist der Bieter, der ein Schutzangebot abgibt, immer als Täter anzusehen, unabhängig von seinem Anteil am Zustandekommen der Vereinbarung oder dem Interesse am Taterfolg[153].

(2) Nähere Betrachtung verdient allerdings die Tauglichkeit des *Nichtbieters* als Täter. Der Nichtbieter zieht aus der Absprache den Schluss, sich nicht an der Vergabe zu beteiligen. Ob der Nichtbieter durch seine Enthaltung überhaupt den Tathergang beeinflusst, hängt davon ab, ob § 298 vor Verfälschungen des Wettbewerbs nur innerhalb des formellen Vergabeverfahrens schützen soll oder auch allgemein vor Beschränkungen des Wettbewerbs. Für die Verfahren der

149 *Greeve*, ZVgR 1998, 463 (471).

150 BT-Drs. 13/5584, S. 14.

151 Eingehend dazu *Achenbach*, WuW 1997, 959, (Fn. 18); *Möhrenschlager*, JZ 1996, 830; nach *Greeve*, ZVgR 1998, 463 (471), kann aus der Begründung keine eindeutige Aussage über die Beteiligungsform desjenigen, der ein Schutzangebot abgibt, entnommen werden.

152 *Greeve*, ZVgR 1998, 463 (471); I/M-*Kollmorgen*, § 81 Rn. 48; *Mitsch*, BT/2, § 3 Rn. 206.

153 Aus wettbewerblicher Sicht besteht zwischen dem Herausgestelltem und dem Schutzbieter kein Unterschied, denn beide Angebote beschränken den Wettbewerb gleichermaßen. Aus dem Blickwinkel des Vermögensschutzes ist das Schutzangebot sogar noch schädlicher, da es höher ist, als das Angebot des Herausgestellten, vgl. *Mitsch*, BT/2, § 3 Rn. 206.

Versteigerung und der Lizitation ist das Abhalten vom Bieten ein typischer Angriff zur Ausschaltung des veranstalteten Wettbewerbs gewesen. Der Wechsel zur schriftlichen Submission hatte unter anderem den Zweck, die Möglichkeit auszuschalten, durch bewusste Verringerung der Bieterzahl die Vergabe zu beeinflussen[154]. Somit widerspricht die thematische Anbindung des Tatbestandes an das Vergabeverfahren eigentlich einer Täterschaft, da der Veranstalter nur anhand der abgegebenen Angebote die Vergabeentscheidung trifft[155]. Gegen eine solche Reduktion ist jedoch anzuführen, dass eine größere Anzahl von Angeboten den Wettbewerb stärkt. Folgt nur eine geringe Anzahl von Angeboten auf eine öffentliche Ausschreibung, so impliziert dies indirekt, dass nur wenige Unternehmen den Auftrag durchführen wollen oder können. Damit ist das Angebot knapp und beschränkt den mit der konkreten Ausschreibung erzeugten Vergabewettbewerb[156].

Allerdings ist fraglich, ob der Nichtbieter überhaupt Tatherrschaft über das Geschehen erlangen kann. Da die Tathandlung in der Abgabe eines Angebotes liegt, kann Tatherrschaft nur dann angenommen werden, wenn die Angebotsabgabe durch andere als eigene Tat zugerechnet werden kann. Dafür fehlt dem Nichtbieter aber die Tatherrschaft in der konkreten Situation, da er keinen Einfluss auf Abgabe und Inhalt der anderen Angebote haben wird. Insbesondere für dieses Situation hatte der Bundesratsentwurf (§ 264 b) eine spezielle Täterschaftsregelung vorgesehen, wonach es zur Täterschaft ausreichen sollte, ein fremdes Angebot zu fördern, indem man sich an der Absprache beteiligte[157]. Dies ist bei § 298 nicht mehr der Fall, da der Gesetzgeber mehrfach darauf hinwies, dass erst die Angebotsabgabe mit strafrechtlichen Mitteln sanktioniert werden soll, während die Absprache als solche den §§ 1, 81 GWB unterliegt. Eine täterschaftliche Begehung von § 298 durch einen Nichtbieter kann damit aus Gründen, die den Grundsätzen der Tatherrschaftslehre zu entnehmen sind, nahezu ausgeschlossen werden[158].

---

[154] S. oben § 1.

[155] So bezweifelt *Bangard*, wistra 1997, 161 (167), dass eine Wettbewerbsbeschränkung vorliegt, wenn der „Schutz-Bieter" sich ohne die Bildung eines Submissionskartells von vornherein nicht an der Ausschreibung beteiligt.

[156] Nach § 26 VOB/A kann der Veranstalter die Ausschreibung aufheben, wenn (1 a) kein Angebot eingegangen ist, das den Ausschreibungsbedingungen entspricht, wenn (1 b) die Verdingungsunterlagen grundlegend geändert werden müssen, wenn (1 c) andere schwerwiegende Gründe bestehen.

[157] Bundesratsentwurf BR-Drs. 298/95, s. Art. 1 Nr. 1. Dazu bereits oben § 1 II. (S. 25).

[158] Vgl. *Mitsch*, BT/2, § 3 Rn. 209; *Möhrenschlager*, JZ 1996, 822 (830); LK-*Tiedemann*, § 298 Rn. 48; differenzierend *Achenbach*, WuW 1997, 958 (959), der eine mittäterschaftliche Begehung (ausnahmsweise) für denjenigen bejaht, der nach erheblicher Einflussnahme auf das Zustandekommen der Kartellabsprache und der Vereinbarung von Ausgleichszahlungen sich abredegemäß nicht an einer Ausschreibung beteiligt.

(3) Anders liegt die Situation jedoch bei dem *Kartellaußenseiter*, der nicht an der Kartellabsprache beteiligt ist, aber zufällig oder gezielt von der Absprache Kenntnis erhält und sein Angebot dem entsprechend anpasst. Die Frage der Tatbestandsmäßigkeit des Kartellaußenseiters wird in der Literatur sowohl im Rahmen des Täterkreises als auch im Rahmen der Kausalität zwischen Absprache und Angebot diskutiert. Die Mehrheit der Autoren folgert aus dem fehlenden Sonderdeliktscharakter, dass auch ein Nichtkartellmitglied grundsätzlich Täter sein kann[159]. Die Gegenmeinung geht von einer teleologischen Reduktion des Gemeintäterkreises aus, da die Gefährlichkeit der Submissionsabsprachen gerade in der wettbewerbsbeschränkenden Verwirklichung durch deren Vertragspartner zu sehen ist, nicht aber in der Möglichkeit geheimer Kenntniserlangung Dritter und deren nachfolgender einseitiger Anpassung[160]. Sicherlich liegt die einseitige Anpassung eines Verhaltens außerhalb der durch das Kartellverbot unterbundenen Vereinbarungen und abgestimmten Verhaltensweisen. Der Tatbestand des § 298 rekurriert aber nur zur Qualifikation der Absprache auf das Wettbewerbsrecht. Die nähere Bestimmung der Tathandlung obliegt jedoch dem Straftatbestand und setzt nicht voraus, dass der Täter zugleich Absprachesubjekt sein muss. Zudem kann hinsichtlich der Auslegung des „Beruhens“ auf Rechtsprechung zum Verhältnis von unwirksamer Abrede und dem Sich-Hinwegsetzen zurückgegriffen werden[161], wonach dass Angebot dazu dienen muss, der Absprache Geltung zu verschaffen[162]. Auch durch die Anpassung an die Absprache wird deren Wirkung faktisch verstärkt und verringert den Kalkulationsdruck. Untersucht man schließlich statt des Außenseiters denjenigen, der aus einem Submissionskartell „aussteigt“, seine Kenntnisse jedoch zum eigenen Vorteil bei der Angebotsabgabe nutzt, wird die obige Einordnung bestätigt. Denn hier wird überwiegend eine Strafbarkeit angenommen[163]. Dass die Angebots-

---

[159] In diesem Sinne FK-*Achenbach*, § 38 Rn. 13; Tröndle/*Fischer*, § 298 Rn. 17; Schönke/Schröder-*Heine*, § 298 Rn. 14; *König*, JR 1997, 402; *Otto*, wistra 1999, 41 (42); *Möhrenschlager*, JZ 1996, 830.

[160] So LK-*Tiedemann*, § 298 Rn. 17.

[161] Vgl. *Achenbach*, WuW 1997, 959; *Mitsch*, BT/2, § 3 Rn. 211, der neben dem Außenseiter auch den Aussteiger von § 298 als erfasst ansieht, sofern der Täter seine Kenntnis von der Absprache ausnutzt. Dies gilt auch nach der GWB-Novelle, vgl. Langen/Bunte-*Kollmorgen*, § 81 Rn. 43, wonach insoweit unter Zuwiderhandlung in § 81 Abs. 1 Nr. 1 GWB dasselbe wie unter Hinwegsetzen in § 38 Abs. 1 Nr. 1 GWB a.F. zu verstehen sei.

[162] Wiedemann-*Klusmann*, § 56 Rn. 18.

[163] Vgl. Tröndle/*Fischer*, § 298 Rn. 14; Schönke/Schröder-*Heine*, § 298 Rn. 14; FK-*Achenbach*, § 38 Rn. 13; a.A. nur SK-*Rudolphi*, § 298 Rn. 9, wonach allein solche Angebote erfasst sein sollen, die Gegenstand der Absprache sind, also der rechtswidrigen Abstimmung entsprechen. So könnte der Gesetzgeber auch in BT-Drs. 13/5584, S. 14, linke Spalte, Abs. 1 S. 2, zu verstehen sein, der auf die Abgabe eines auf der „Grundlage“ der Absprache eingereichten Angebotes abstellt.

abgabe des *Aussteigers* sich ebenfalls nur noch an die Absprache anpasst und gerade nicht mehr das dort „bestimmte" Angebot unterstützt, bleibt nach der Gegenmeinung folgenlos, obwohl damit die Absprache selbst unterlaufen wird. *Fischer* begründet dies damit, dass eine Privilegierung desjenigen, der zusätzlich zur Ausschaltung des Wettbewerbs auch noch die Mittäter hintergeht – etwa indem er absprachewidrig ein Angebot abgibt, das knapp unter dem des vom Kartell bestimmten Nullpreis liegt, jedoch immer noch weit überhöht ist – nach dem Sinn der Vorschrift nicht gerechtfertigt ist[164]. Da sowohl der Kartellaussteiger als auch der Kartellaußenseiter im Moment der Angebotsabgabe nicht Kartellmitglied sind und eine unterschiedliche Behandlung in der Täterschaft nicht angezeigt ist, kann die Tatbestandsmäßigkeit nur in einer Einzelfallprüfung der Kausalität zwischen Absprache und Angebot erfolgen[165]. Eine generelle Ausnahme des Kartellaußenseiters aus dem Täterkreis überzeugt nicht.

(4) Hinsichtlich der Handlungen von *Hilfspersonen* ist hingegen Zurückhaltung geboten. Wenn die tatsächliche Erstellung der Angebote von Schreibkräften übernommen oder von Büroboten auf den Weg gebracht werden, kann dies schon grundsätzlich nicht die Qualität täterschaftlicher Begehung haben. Ein Angebot gibt nämlich nur ab, wer dies mit einem rechtsgeschäftlichem Bindungswillen tut. Insofern ist es ganz richtig, nur denjenigen als Täter anzusehen, der „nach außen hin für das Unternehmen handelt und sich mit dieser Rolle das Angebot zu eigen macht"[166]. Wenn eine derartige Beschränkung für § 38 Abs. 1 Nr. 1 GWB a.F. nicht angenommen wurde, ist das damit zu begründen, dass dort in jedem Beitrag ein Hinwegsetzen über eine Kartellabsprache gesehen werden konnte[167]. Dies ist bei § 298 nicht der Fall, da der Tatbestand nur durch die Abgabe eines Angebotes verwirklicht werden kann. Schreibkräfte und Büroboten erfüllen den Tatbestand nicht unmittelbar und können daher allenfalls Gehilfen sein.

---

164 Vgl. Tröndle/*Fischer*, § 298 Rn. 14.

165 Das Angebot beruht auf der Absprache, wenn zwischen ihr und dem Angebot ein Ursachenzusammenhang besteht; daran fehlt es, wenn das Angebot nicht oder nicht mehr auf die Absprache, sondern auf andere Ursachen zurückzuführen ist, vgl. Lackner/*Kühl*, § 298 Rn. 3; FK-*Achenbach*, § 38 Rn. 11 ff.

166 FK-*Achenbach*, § 81 Rn. 50; I/M-*Dannecker/Biermann*, Vor § 81 Rn. 107; LK-*Tiedemann*, § 298 Rn. 18.

167 I/M^2-*Tiedemann*, Vor § 38 Rn. 32.

III. Zeitlicher Anwendungsbereich

Der zeitliche Anwendungsbereich soll durch die Feststellung des Vollendungs- und des Beendigungszeitpunktes bestimmt werden. Der Vollendungszeitpunkt ist für die Annahme einer strafbaren Handlung von besonderer Bedeutung, da es für § 298 an einer Versuchstrafbarkeit mangelt. Der Beendigungszeitpunkt ist hingegen für den Verjährungsbeginn (§ 78 a) und die Möglichkeit einer sukzessiven Teilnahme relevant.

1. Der Vollendungszeitpunkt

Die Vollendung einer Tat tritt mit der Erfüllung sämtlicher Tatbestandsmerkmale ein[168]. Es ist völlig unbestritten, dass als Tathandlung des § 298 nicht die rechtswidrige Absprache zwischen Wettbewerbern angesehen wird[169], sondern die Abgabe eines Angebotes[170]. Zwar wird schon in der Absprache selbst eine Gefährdung des Wettbewerbs gesehen, nach Ansicht des Gesetzgebers reicht es „derzeit" aber aus, auf die Abgabe eines auf der Grundlage der Absprache eingereichten Angebotes abzustellen[171]. Der Entwurf geht mit diesem Ansatz nicht über den Bußgeldtatbestand in § 38 Abs. 1 Nr. 1 GWB a.F. hinaus, der ein Sichhinwegsetzen über die Unwirksamkeit eines Vertrages im Sinne des § 1 GWB voraussetzt. Das Verhältnis von Absprache und Angebotsabgabe bei § 298 erfordert allerdings, dass die Absprache der Abgabe zeitlich vorausgeht[172]. Der zeitliche Anwendungsbereich wird somit durch die Abgabe eines Angebotes eröffnet. Entgegen zivilrechtlicher Bestimmungen zur Abgabe einer Willenserklärung, die schon in dem Zeitpunkt als abgegeben gilt, in dem sie der Erklärende willentlich in den Verkehr gebracht hat[173], soll für § 298 nach h.M. als Vollendungszeitpunkt entscheidend sein, dass

---

168 Für die h.M.: BGHSt 3, 43; *Jescheck/Weigend*, AT, § 49 III 3.

169 Diese unterliegt nun § 81 Abs. 1 Nr. 1 i.V.m. § 1 GWB.

170 S. etwa Wabnitz/Janovsky-*Dannecker*, Kap. 15 Rn. 129; *Mitsch*, BT/2, § 3 Rn. 208; *Otto*, wistra 1999, 41.

171 Der RegE weist bereits darauf hin, dass die Teilnahme an Absprachen mit Geldbußen zu ahnden, wie dies in Artikel 15 Abs. 2 a der Verordnung Nr. 17 zu den Artikeln 85, 86 EGV vorgesehen ist, gesondert zu prüfen sei, s. BT-Drs. 13/5584, S. 14, linke Spalte, Abs. 1.

172 Für § 1 GWB ist dagegen unerheblich, ob sich die Vertragsparteien erst nach der Abgabe ihres Gebotes einigen. Sobald einer der Beteiligten sich mit einem anderen Anbieter, der ein teureres Gebot abgegeben hat, über dessen Zuschlag und Gewinn einigt und sein Gebot zurückzieht, hat das eine Wettbewerbsbeschränkung zur Folge (vgl. WuW/E BGH 313 [317] „Flugplatz").

173 Palandt-*Heinrichs*, § 130 Rn. 4.

das Angebot auf Veranlassung des Täters in den Machtbereich des Empfängers gelangt und mit dessen Kenntnisnahme zu rechnen ist[174]. Dem ist zuzustimmen; zumal der Gesetzgeber in der Gesetzesbegründung auf die Abgabe eines auf der Grundlage der Absprache „*eingereichten*" Angebotes abstellt, womit auf die Sphäre des Ausschreibenden hingewiesen wird[175].

Die im strafrechtlichen Schrifttum zum Teil[176] erwogene weitere Zurückverlegung der Vollendung auf den Zeitpunkt des Ablaufs der Angebotsfrist (§ 18 VOB/A) oder des Eröffnungstermins (§ 22 VOB/A) überzeugt hingegen nicht. Zwar liegt dieser Ansicht der Gedanke zu Grunde, dass erst im Moment des Ablaufs der Angebotsfrist bzw. endgültig im Eröffnungstermin der Vergabewettbewerb seine faktische, doch zeitlich limitierte, Ausformung erfährt. Die Schaffung einer punktuellen Wettbewerbssituation ist jedoch verfahrensbedingt und kann nicht darüber hinwegtäuschen, dass schon das Zugehen der abgesprochenen Angebote die spätere Eröffnung wettbewerbsbeschränkend determiniert[177]. Zudem wird ein zurückversetzter Vollendungszeitpunkt nicht der Natur des § 298 als Äußerungsdelikt gerecht. Würde doch sonst der Zugang eines Angebotes von dem verfahrensinternen Bearbeitungsablauf abhängig gemacht und in jedem Fall die Kenntnisnahme des Veranstalters erfordern[178]. Die Rücknahme von Angeboten, die bis zum Eröffnungstermin möglich ist, kann mit Hilfe der Tätige-Reue-Regelung nach § 298 Abs. 3 ausreichend berücksichtigt werden. Begreift man § 298 hingegen als Verletzungsdelikt[179] und nicht als abstraktes Gefährdungsdelikt, ist nicht ohne Widerspruch bereits im Zugang des Angebotes eine Verletzung des Wettbewerbs zu erkennen, wenn ein Widerruf[180] des Angebots bis zum Eröffnungstermin verfahrens-

---

174 Für die h.M.: FK-*Achenbach*, § 81 Rn. 50; *Eidam*, Unternehmen und Strafe, S. 414; I/M-*Dannecker/Biermann*, § 81 Rn. 107; Tröndle/*Fischer*, § 298 Rn. 15; *Joecks*, § 298 Rn. 3; Schönke/Schröder-*Heine*, § 298 Rn. 8; Lackner-*Kühl*, § 298 Rn. 3; Maurach/*Schroeder*/Maiwald, BT/2, § 68 Rn. 3; SK-*Rudolphi*, § 298 Rn. 7; *Otto*, GK BT, § 61 Rn. 149; LK-*Tiedemann*, § 298 Rn. 31; *Wolters*, JuS 1998, 1100 (1102); anders dagegen wohl *Greeve*, ZVgR 1998, 470: „Die Pönalisierung setzt mit der Abgabe des Angebotes ein". Auch *Kleinmann/Berg* BB 1998, 277 (281); deutlicher *Schaller*, RiA 1998, 9 (11).

175 BT-Drs. 13/5584, S. 14, linke Spalte, Abs. 1.

176 So *Wolters*, JuS 1998, 1102 (Fn. 23).

177 Vgl. Schönke/Schröder-*Heine*, § 298 Rn. 8.

178 „Bei schriftlichen Angeboten ist die Kenntnisnahme nicht erforderlich", vgl. Schönke/Schröder-*Heine*, § 298 Rn. 8

179 Vgl. oben § 2 IV.

180 Vgl. *Heiermann*/Riedl/Rusam, § 18 VOB/A Rn. 7: „Im Rahmen der VOB/A erfolgt durch §§ 18 Nr. 3, 19 VOB/A eine Modifizierung der Bestimmungen über den Antrag im Sinne des BGB. Daraus folgt nämlich, dass ein Bieter erst dann an sein Angebot gebunden ist, wenn die so genannte Bindefrist eingetreten ist. Nach § 19 Nr. 3 VOB/A stellt die Zuschlagsfrist die

rechtlich ohne weiteres möglich ist[181]. Die danach als Verletzungserfolg anvisierte manipulierte Preisbildung wird nämlich erst durch Eröffnung der Angebote für die Außenwelt sichtbar[182].

Ein ähnliches Problem stellt sich bei teilweise defizitären Angeboten und Angeboten, die nach Ablauf der Angebotsfrist eingegangen sind. Während erstere abhängig von der Vergabepraxis bis zum Eröffnungstermin als nicht ordnungsgemäße Angebote zurückgewiesen werden können, sind letztere grundsätzlich vom weiteren Verfahren auszuschließen (§ 25 Nr. 1 Abs. 1 a VOB/A). Das überwiegende Schrifttum[183] und nun auch der BGH[184], gehen allerdings von der Unschädlichkeit eines verspäteten Angebots für die Strafbarkeit nach § 298 aus. Während das Schrifttum dazu auf die Tatsache der Angebotsabgabe bzw. des Zugangs abstellt und diese „relative Ablösung der Tathandlung von der VOB/A“[185] bereits bei der Feststellung der Tatvollendung beobachtet, begründet der BGH diese Abweichung mit dem Hinweis auf § 25 Nr. 1 Abs. 1 c VOB/A, denn danach sind Angebote, die auf wettbewerbswidrigen Absprachen beruhen, ebenfalls auszuschließen. Der BGH weist darauf hin, dass die Verwirklichung von § 298 „in einem wesentlichen Bereich“ leer laufen könnte, wenn diese Verfahrensregelung Berücksichtigung fände. Diese Argumentation lässt indes außer Acht, dass der Ausschluss wettbewerbsbeschränkender Absprachen im Vergaberecht (§ 25 Nr. 1 Abs. 1 c VOB/A) Folge eines Verstoßes gegen den Grundsatz des Wettbewerbs[186] (§ 2 Nr. 1 VOB/A) sowie des Kartellverbots (§ 1 GWB) ist und damit die Ausprägung der außerstrafrechtlichen Pflicht darstellt, deren Verletzung von § 298 vorausgesetzt wird. Daraus kann freilich kein Rückschluss auf die Nichtberücksichtigung weiterer Ausschlussgründe in § 25 VOB/A gezogen werden. Zumal unter § 25 Nr. 1 Abs. 1 b VOB/A Angebote auszuschließen sind, die nicht schriftlich eingereicht und unterzeichnet sind (§ 21 Nr. 1 Abs. 1 VOB/A). Das schriftliche Verfahren ist jedoch das wesentliche Ab-

---

Bindefrist dar. [...]Diese Zurückziehung des Angebotes ist rechtlich ein Widerruf des Angebotes durch den Bieter“.

181 Vgl. § 18 Nr. 3 VOB/A: „Bis zum Ablauf der Angebotsfrist können Angebote schriftlich, fernschriftlich, telegrafisch oder digital zurückgezogen werden“.

182 Ähnlich *Dannecker*, NStZ 1985, 49 (55) zu Submissionsabsprachen nach § 38 Abs. 1 Nr. 1 GWB.

183 Vgl. *Greeve*, ZVgR 1998, 467; ebenso LK-*Tiedemann*, § 298 Rn. 32; a.A. *Hohmann*, NStZ 2001, 566 (571) wonach es für die Abgabe der Einhaltung der Angebotsfrist bedarf.

184 BGH 1 StR 366/02 – Beschluss v. 19.12.2002 (LG Nürnberg-Fürth) – BGH NStZ 2003, 548.

185 S. LK-*Tiedemann*, § 298 Rn. 32.

186 Vgl. *Ax/Schneider/Nette*, Vergaberecht, Kap. 1 Rn. 32; Reidt/Stickler/Glahs, Vergaberecht, § 97 Rn. 6a.

grenzungskriterium der Submission im Gegensatz zu der früher angewendeten mündlichen Lizitation[187]. Die Ablösung der Tathandlung von den Verdingungsordnungen ist somit ausschließlich mit dem Faktum der Abgabe bzw. des Zugangs eines Angebots zu begründen. Eine unbegrenzte Verspätung abgesprochener Angebote über den Ablauf des Vergabeverfahrens hinaus scheint zudem nicht sachgerecht. In dem Fall, den der BGH zu entscheiden hatte, lag das Angebot erst nach dem vorgesehenen Submissionstermin und dem Beginn der Eröffnung vor und wurde noch als taugliches Angebot i.S.d. § 298 angesehen. Ein erkennbarer Ausschluss für darüber hinaus gehende Verspätungen ist noch nicht gezogen worden. Als äußerste zeitliche Grenze für die Berücksichtigung eines verfristeten Angebots, soll hier die Erteilung des Zuschlags (§ 28 VOB/A) vorgeschlagen werden. Später kann der Bieter nicht mehr ernsthaft von der Berücksichtigung des Angebots ausgehen, und der Eingang des abgesprochenen Angebots stellt auch abstrakt keine Gefährdung mehr für den abgeschlossenen Vergabewettbewerb dar[188].

Ob verfristete Angebote als tatbestandsmäßig im Sinne von § 298 erkannt werden können, wenn man § 298 als *Verletzungsdelikt* versteht, ist dagegen zweifelhaft. Diese Einordnung setzt im Gegensatz zur Annahme einer bloßen Gefährdung voraus, dass der Preiswettbewerb einer konkreten Ausschreibung durch die Angebotsabgabe verletzt wird. Das ist bei Angeboten, die schon nach § 25 VOB/A im Voraus zurückgewiesen werden, nicht zu erwarten.

Ein anderer Fall, der nach *Fischer* zu einer Verschiebung des Vollendungszeitpunktes führen soll, ist das kollusive Zusammenwirken eines Bieters mit einem Angestellten der Vergabestelle, etwa durch Nachreichen eines rückdatierten Angebotes[189]. Danach soll die Tat erst vollendet sein, wenn das Angebot in den ordnungsgemäßen Geschäftsgang des Veranstalters der Ausschreibung gelangt[190]. Diese Überlegung verkennt, dass bereits das kollusive Verhalten des Vergabemitarbeiters, indem er das Angebot nicht sofort zurückweist, den Wettbewerb beschränkt, da dies eine Ungleichbehandlung im Verhältnis zu den übrigen Bietern darstellt. Durch die Rückverlagerung der Tatvollendung negiert *Fischer* den wett-

---

187 S. oben § 1.

188 In der vorsätzlich verfristeten Angebotsabgabe könnte allerdings die Durchführung eines wettbewerbsbeschränkenden Stillhalteabkommens liegen.

189 Gemäß § 22 Nr. 2 VOB/A sind zur Eröffnung nur Angebote zuzulassen, die dem Verhandlungsleiter bei Öffnung des ersten Angebotes vorlagen. Die Manipulation kann sich z.B. aus § 22 Nr. 6 VOB/A ergeben: Danach können Angebote, die nachweislich vor Ablauf der Angebotsfrist dem Auftraggeber zugegangen sind, aber bei Öffnung des ersten Angebotes, aus vom Bieter nicht zu vertretenden Gründen dem Verhandlungsleiter nicht vorgelegt haben, wie rechtzeitig vorliegende Angebote behandelt werden.

190 So bereits I/M-*Dannecker/Biermann*, Vor § 81 Rn. 107; Tröndle/*Fischer*, § 298 Rn. 15; Schönke/Schröder-*Heine*, § 298 Rn. 8.

bewerbsorientierten Charakter des Tatbestandes und setzt im Resultat wiederum eine Täuschungshandlung voraus, um den Tatbestand als erfüllt zu betrachten. Hinzu kommt, dass die notwendige Voraussetzung hierzu ein ordnungsgemäßer Geschäftsgang ist, der von dem getäuschten Veranstalter repräsentiert bzw. gewährleistet sein soll. Ist der dahinterstehende Veranstalter jedoch auch „bösgläubig", ist die Annahme eines ordnungsgemäßen Geschäftsganges recht zweifelhaft, da innerhalb des Vergabewettbewerbes das Dulden eines manipulierten Angebotes spürbar wettbewerbsbeschränkend wirkt. Die „Bösgläubigkeit" kann dann zur Regel werden, wenn man auf die Begründung zum Regierungsentwurf abstellt und die Kenntnis des kollusiv zusammenarbeitenden Mitarbeiters dem Veranstalter zurechnet[191]. Folge wäre, dass bei kollusiver Zusammenarbeit das ganze Verfahren betroffen wäre und eine Tatvollendung mangels Abgabe in den ordnungsgemäßen Geschäftsgang ausgeschlossen würde. Damit wäre genau das Gegenteil von dem bewirkt, was der Gesetzgeber mit dem Verzicht auf das Merkmal der „heimlichen Begehungsweise" erreichen wollte[192]. Eine Abhängigkeit des Zeitpunktes der Tatvollendung von der ordnungsgemäßen Verfahrensdurchführung ist somit abzulehnen. Es reicht damit aus, dass das Angebot bei der zuständigen Vergabestelle eingeht[193].

2. Der Beendigungszeitpunkt

Für die Beendigung der Tat können allein schon zwei Zeitpunkte relevant sein, wenn man zu dessen Bestimmung nur die Verjährungsvorschrift des § 78 a heranzieht. Danach beginnt die Verjährung, sobald die „Tat" beendet ist. Nach *Lackner/Kühl*[194] ist die Tat in § 78 a – insbesondere bei abstrakten Gefährdungsdelikten, soweit sie als schlichte Tätigkeitsdelikte ausgestaltet sind[195] – mit der „Handlung" gleichzusetzen. Modifiziert durch § 78 a S. 2, der auf einen zum Tatbestand gehörenden Erfolgseintritt abstellt, wäre dies im Falle des § 298 der Zu-

---

191 BT-Drs. 13/5584, S. 14: „Außerdem sind gerade die Fälle besonders strafwürdig, bei denen der Bieter kollusiv mit einem Mitarbeiter des Veranstalters, dessen Kenntnis dem Veranstalter zugerechnet werden kann, zusammenarbeitet".

192 Von der beschriebenen Konstellation sind aber die Fälle zu unterscheiden, in denen Angebote verspätet oder nicht formgerecht abgegeben werden und deshalb von der Vergabestelle nicht mehr berücksichtigt werden dürfen.

193 LK-*Tiedemann*, § 298 Rn. 31.

194 Lackner/*Kühl*, § 78 a Rn. 1 und 3; s. auch *Hau*, Beendigung, S. 94 ff.

195 Vgl. BGHSt 36, 255 (257).

gang des Angebots beim Veranstalter. Danach wird schon im Zugang des Angebotes der Beendigungszeitpunkt der Tat gesehen[196].

Nach h.M. kommt es für § 78 a S. 1 hingegen auf die „materielle Tatbeendigung" an, die dem End- oder Gesamterfolg der Tat entspricht[197]. Danach wird insbesondere von *Gruhl*[198] die Tatbeendigung erst mit der letzten (Geld-)Leistung des Veranstalters angenommen. Das ergäbe sich aus einer Parallelität zu den Tatbeständen §§ 264, 265 b, die erst zu diesem Zeitpunkt für beendet gehalten werden. Gegen diese Ansicht wird vorgebracht, dass das Beantragen einer Leistung, wie dies bei einem Subventions- und Kreditbetrug geschieht, nicht mit der Abgabe einer Angebotes vergleichbar sei[199]. Vielmehr sei ein solcher Vergleich nur sinnvoll, wenn man § 298 als reines Vermögensdelikt begreift, was aber nach der Begründung des Gesetzgebers auszuschließen sei. Zudem wird eingewendet, dass gerade bei lang andauernden Bauaufträgen erst geraume Zeit nach der Angebotsabgabe die Leistungserbringung endet und damit die Verfolgungsverjährung eintreten kann. Dies sei mit dem Bestimmtheitserfordernis des Art. 103 Abs. 2 GG nicht vereinbar[200].

Zur Bestimmung des Beendigungszeitpunktes wird auch die Tätige-Reue-Regelung des Tatbestandes herangezogen. *König*, der auch auf den Zeitpunkt der letzten Leistung abstellt, begründet dies mit der Ausgestaltung von § 298 Abs. 3, woraus er folgert, dass die Beendigung erst mit der vollen Leistungserbringung durch den Veranstalter eintreten könne[201]. Der Hinweis auf § 298 Abs. 3, um daraus allgemeine Schlüsse für den Tatbestand zu ziehen, ist jedoch ambivalent. Ist doch die Tätige-Reue-Regelung gerade Resultat einer vom Gesetzgeber aufgestellten (überhöhten) Erwartung an einen Tatbestand, der neben dem Wettbewerb sekundär auch das Vermögen schützen soll. So wirft die Ausweitung der Reuemöglichkeit nicht nur im Hinblick auf die Charakteristik des Tatbestandes, sondern auch auf das Konkurrenzverhältnis zu dem (Submissions-) Betrug erhebliche Probleme auf. Begreift man den Tatbestand mit der h.M. als Delikt gegen den Wettbewerb, so kann es für den Beendigungszeitpunkt nur darauf ankommen, wann eine Wettbewerbs-

---

196 So I/M-*Dannecker/Biermann*, Vor § 81 Rn. 107 und 113; Lackner/*Kühl*, § 298 Rn. 7; zustimmend auch noch Tröndle/*Fischer*[50], § 298 Rn. 20.

197 Vgl. BGHSt 28, 371 (379); LK-*Jähnke*, § 78 a Rn. 3; *Jescheck/Weigend*, AT, § 49 III 3.

198 Müller-Gugenberger/Bieneck-*Gruhl*, § 58 Rn. 17; Schönke/Schröder-*Heine*, § 298 Rn. 19; *Jaescke*, Submissionsbetrug, S. 51; ebenso die h.M. im Kartellrecht, vgl. BGH WUW/E BGH 2659 (2660); Wiedemann-*Klusmann*, § 55 Rn. 25, 27.

199 LK-*Tiedemann*, § 298 Rn. 58.

200 I/M-*Dannecker/Biermann*, Vor § 81 Rn. 113.

201 S. *König*, JR 1997, 397 (402).

gefährdung bzw. -verletzung beendet ist[202]. Dabei muss es sich um einen Zeitpunkt handeln, der das Vergabeverfahren betrifft, nicht jedoch den Austausch der vertraglichen Leistungen. Wenn es ausreicht, erst die Leistungserbringung zu verhindern, wird die erste Alternative der Rücktrittsmöglichkeit, nämlich die Annahme des überhöhten Angebots zu verhindern (vgl. § 298 Abs. 3 S. 1 Alt. 1), völlig entwertet. Genügt es, dass der Täter auch noch nach der Annahme des Angebotes die Erbringung der Leistung durch die Veranstalter ausschließt, so kommt dem Verhindern der Annahme des Angebotes keine eigenständige Bedeutung mehr zu[203]. Daraus folgt, dass die Verhinderung der Leistungserbringung nicht im Ansatz dazu verpflichten würde, die vorausgegangene Kartellabsprache preiszugeben. Es ist nicht schwer zu erraten, dass die Existenz der zweiten Rücktrittsalternative („Wer freiwillig verhindert, dass der Veranstalter[...]seine Leistung erbringt") auf die Erwägung zurückging, den Auftraggeber vor überhöhten Preisen zu schützen, indem man dem Täter noch zu diesem Zeitpunkt Straffreiheit zugesteht. Bei genauerer Betrachtung wird dieses Ziel aber trotzdem verfehlt. Wird mit der h.L.[204] Idealkonkurrenz zwischen § 298 und § 263 angenommen, führt die Tätige-Reue-Regelung dazu, dass von § 298 Straffreiheit erlangt werden kann, obwohl der Wettbewerb schon verletzt wurde, aber hinsichtlich des Vermögens, das der Täter durch Aufdeckung der Tat gerettet hat, bereits ein vollendeter und damit nicht rücktrittsfähiger Eingehungsbetrug vorliegt[205].

Auch reine Verteilungskartelle, die nur eine abwechselnde Auftragsverteilung bezwecken, können von der Reuemöglichkeit nicht sinnvoll erfasst werden. Gibt ein Bewerber ein nicht überhöhtes Angebot ab, so liegt mit Abgabe des Angebotes kein Eingehungsbetrug vor[206]. Gleichwohl ist der Tatbestand des § 298 erfüllt. Doch § 298 Abs. 3 ermöglicht es, dass nach wirksamem Zuschlag durch die Verhinderung der Leistungserbringung Straffreiheit erlangt werden kann und damit der

---

202 So schon LK-*Tiedemann*, § 298 Rn. 58.

203 Vgl. *Bartmann*, Submissionsbetrug, S. 199.

204 Für Idealkonkurrenz: *Achenbach*, WuW 1997, 959; *Dölling*, ZStW 112 (2000), 348; Tröndle/*Fischer*, § 298 Rn. 22; Müller-Gugenberger/Bieneck-*Gruhl*, § 58 Rn. 20; Schönke/Schröder-*Heine*, § 298 Rn. 22; Wessels/*Hillenkamp*, BT/2, Rn. 699; *Joecks*, § 298 Rn. 8; *Kleinmann/Berg*, BB 1998, 281; *König*, JR 1997, 402; *Korte*, NStZ 1997, 516; LK-*Tiedemann*, § 298 Rn. 51; Arzt/*Weber*, BT, § 21 Rn. 116; für lex specialis: *Krey/Hellmann*, BT/2, Rn. 534 b; *Schroth*, BT, S. 155; *Wolter*, JuS 1998, 1100 (1102); für Subsidiarität des § 298 Maurach/*Schroeder*/Maiwald, BT/2, § 68 Rn. 9.

205 S. *Greeve*, ZVgR 1998, 463 (472); *Walter*, JZ 2002, 252 (256).

206 Bei dieser Überlegung sei vorausgesetzt, dass die Indizien des BGH (st. Rspr. seit BGHSt 38, 186; zuletzt BGH NJW 2001, 3718) zur Annahme eines Vermögensschadens – insbesondere das Vorliegen von Schmiergeld- oder Ausgleichszahlungen – nicht gegeben sind.

Wettbewerbsschutz untergraben wird[207]. Die Verhinderung der Leistungserbringung ist bei der unterbreiteten Konstellation sinnlos, da es sich um ein ausgewogenes Angebot handelt. Um dieses Ergebnis zu verhindern, sollte die Tätige-Reue-Möglichkeit gemäß § 298 Abs. 3 Satz 1 und 2 jeweils 2. Alternative zumindest auf Preiskartelle beschränkt werden. Angesichts des Konkurrenzverhältnisses zu § 263 scheint es sogar angebracht, die Rücktrittsmöglichkeit auf die Verhinderung der Angebotsannahme zu beschränken und damit den dualen Rechtsgüterschutz im Bereich des § 298 Abs. 3 aufzugeben[208].

Will man einen relevanten Zeitpunkt ausschließlich an Hand des Normtextes von § 298 Abs. 1 bestimmen, so sind allein die Zeitpunkte der Angebotsabgabe (Zugang) und der Entscheidung über die Annahme des Angebotes (Zuschlag) zu berücksichtigen. Begreift man § 298 als abstraktes Gefährdungsdelikt[209], so reicht der Zugang des abgesprochenen Angebotes aus, um eine Gefährdung des Vergabewettbewerbs auszulösen[210]. Wird der Tatbestand aber als Verletzungsdelikt verstanden, so kommt es darauf an, wann der konkrete Wettbewerbsvorgang betroffen ist. Dies soll nach *Tiedemann* nicht schon im Zeitpunkt der formellen Vollendung anzunehmen sein, sondern erst mit der Erteilung des Zuschlags der Fall sein[211], denn erst dann sei der Preisbildungsvorgang abgeschlossen. Für diese Ansicht spricht zudem, dass § 298 Abs. 3 Alt. 1 auf die Verhinderung der Annahme des Angebotes abstellt und darin den relevanten Punkt für die Beeinträchtigung des Schutzgutes sieht.

IV. Ergebnis

Der sachliche Anwendungsbereich des Tatbestands unterliegt grundsätzlich einem formalen Definitionsbegriff. Danach bedarf es einer Herleitung der in § 298 Abs. 1 und Abs. 2 benutzten Begriffe aus den Verdingungsordnungen. Die in den § 97 ff.

---

207 S. LK-*Tiedemann*, § 298 Rn. 58.

208 Wegen des abzulehnenden vermögensrechtlichen Vorfeldschutzes erscheint § 298 Abs. 3 systemwidrig, vgl. *Hefendehl*, Kollektive Rechtsgüter, S. 278, 280, 388. Allenfalls aus kriminalpolitischer Hinsicht gerechtfertig, *Grützner*, Sanktionierung, S. 533. Mit erheblichen Bedenken zu der „(unklaren) Regelung“ in § 298 Abs. 3 nun auch Tröndle/*Fischer*, § 298 Rn. 15, 21.

209 So die wohl h.M.: Tröndle/*Fischer*, § 298 Rn. 3 a; Schönke/Schröder-*Heine*, § 298 Rn. 2; *König*, JR 1997, 402; Lackner/*Kühl*, § 298 Rn. 1; a.A. *Bartmann*, Submissionsbetrug, S. 197, der den Tatbestand als konkretes Gefährdungsdelikt einordnet.

210 S. oben Lackner/*Kühl*, § 298 Rn. 7.

211 So LK-*Tiedemann*, § 298 Rn. 58; ebenso zuvor zu § 38 GWB a.F. I/M²-*Tiedemann*, § 38 Rn. 10 m.w.N.; i.E. auch I/M-*Dannecker/Biermann*, § 81 Rn. 409; NK-*Dannecker*, § 298 Rn. 69.

GWB gebrauchten Begriffe sind aufgrund der weitgehenden Identität der Verfahren mit denen in § 298 und den Verdingungsordnungen gleichzustellen, womit das Verhandlungsverfahren mit öffentlicher Vergabebekanntmachung von § 298 Abs. 2 erfasst ist. Bei einer öffentlichen Vergabe ist die Bezeichnung des gewählten Verfahrens entscheidend, wobei die nachträgliche Feststellung von Vergabeverstößen strafrechtlich nicht zurückwirkt. Im Bereich der privaten Auftragsvergabe, die – soweit keine vertragliche Vereinbarung getroffen wurde – nicht den Regelungen der Verdingungsordnungen unterliegt, ist der Tatbestand einschlägig, wenn die wesentlichen Vergabevorschriften berücksichtigt wurden. Allerdings ist der Private frei in der Wahl des Verfahrens und kann den Zuschlag auch nach anderen Gesichtspunkten als allein nach der Wirtschaftlichkeit des Angebots erteilen. Für die Beurteilung von Vergabeformen, die nicht in den Verdingungsordnungen aufgeführt sind, bietet sich eine materielle Beurteilung an Hand der Grundsätze Wettbewerb, Transparenz und Gleichbehandlung an. Das Mindestmaß ist die Einhaltung der Grundsätze wie es dem Verfahren einer freihändigen Vergabe mit vorgeschaltetem Teilnahmewettbewerb entspricht. Eine Überprüfung des Wettbewerbsdialogs, der in den neuen Vergaberichtlinien vorgesehen ist, und des (Planungs-)Wettbewerbs hat ergeben, dass in diesen Verfahren die Verfahrensgrundsätze nicht in dem erforderlichen Maß berücksichtigt werden, um unter die von § 298 geschützten Verfahren zu fallen.

Hinsichtlich des persönlichen Anwendungsbereiches kann jeder aktiver und unmittelbarer Täter sein, der für ein Unternehmen bei der Ausschreibung ein Angebot abgibt, also Bieter ist[212]. Eine Beschränkung des Täterkreises allein auf Vertragspartner der Submissionsabsprache ist nicht zwingend, da sonst vorhandene Tatbestandsmerkmale überflüssig würden[213]. Zudem hat es die Begründung des Regierungsentwurfes vermieden, eine dahin gehende Aussage zu treffen, während der Bundesratsentwurf voraussetzte, dass das Angebot auf einer Absprache mit anderen *Anbietern* beruhen sollte. Ausschlaggebend für eine Bestimmung des Täterkreises ist die Tathandlung, die in der Abgabe eines Angebotes bei einer Ausschreibung liegt. Dementsprechend werden Nichtbieter und Hilfspersonen meist nur Gehilfen sein, ersteren fehlt es in der Regel an der Tatherrschaft, letztere sind nicht handlungsbefugt, ein Angebot wirksam abzugeben.

Während die Tatvollendung mehrheitlich in dem Zeitpunkt des Angebotszugangs zu sehen ist und nur für spezielle Konstellationen eine Rückverlagerung vorge-

---

212 Zur Möglichkeit der täterschaftlichen Begehung durch den Veranstalter einer Ausschreibung, s. unten § 6 III.

213 In diese Richtung auch Schönke/Schröder-*Heine*, § 298 Rn. 17.

schlagen wird, sind die Ansichten hinsichtlich der materiellen Vollendung (Beendigung) je nach Ausgangspunkt der Überlegung höchst unterschiedlich. Bei Annahme eines Verletzungsdeliktes überzeugt aus wettbewerbsorientierter Sichtweise allein der Zeitpunkt des Zuschlags als Beendigungszeitpunkt. Gleichzeitiger Vermögens- und Wettbewerbsschutz ist in § 298 nicht sinnvoll zu vereinen. Die Konsequenz dieser Ansicht ist, dass § 298 Abs. 3 in der jetzigen Form zu keinen rechtsdogmatisch überzeugenden Ergebnissen führt. Damit besteht Reformbedarf, dessen Lösung die Streichung von § 298 Abs. 3 Satz 1 und 2 jeweils Alt. 2 wäre.

§ 4 Die Rechtswidrigkeit der Absprache als zentrales Kriterium

Der Schwerpunkt der Untersuchung wettbewerbsbeschränkender Absprachen bei Ausschreibungen soll in der Analyse des unrechtsbegründenden Elementes liegen, das die Angebotsabgabe zu einem strafrechtlich zu ahndenden Verhalten werden lässt. Wichtigstes Merkmal innerhalb des § 298, das auf ein Handlungsverbot hinweist, ist das Merkmal „rechtswidrig". Die Bewertung dieses Merkmals wird für die weitere Untersuchung von entscheidender Bedeutung sein, da es den Tatbestand für außerstrafrechtliche Wertungen öffnet.

I. Einordnung des Merkmals – Meinungsstand

Die folgenden Ausführungen werden sich mit der Einordnung der Rechtswidrigkeit der Absprache befassen, über deren Art der Berücksichtigung im Deliktsaufbau Streit besteht. Die praktische Relevanz dieser Problematik liegt vor allem darin, inwieweit kartellrechtliche Voraussetzungen auf Tatbestandsebene festgestellt werden und, ob der Täter hinsichtlich der Rechtswidrigkeit der Absprache Vorsatz haben muss.

1. Merkmal mit Doppelfunktion

Für *Heine*[1] hat das Merkmal „rechtswidrig" in § 298 eine *Doppelfunktion.* Danach soll das Merkmal sowohl auf Tatbestandsebene wie auch auf Rechtswidrigkeitsebene Beachtung finden können. Für die Tatbestände §§ 107 a Abs. 1 Alt. 1 und 132 a ist die Doppelfunktion des Merkmals „unbefugt" allgemein anerkannt[2]. „Unbefugt" soll danach nicht nur für ein allgemeines Deliktsmerkmal der Rechtswidrigkeit stehen, sondern daneben schon dort zur Begrenzung des Tatbestandes dienen, wo dieser sonst keinen vernünftigen Sinn ergäbe[3]. Bereits nicht tatbestandsmäßig ist z.B. bei §§ 107 a Abs. 1 Alt. 1 und 132 a ein Handeln, wenn es durch eine Befugnis oder Genehmigung legitimiert ist. Übertragen auf § 298 bezeichne das Merkmal „rechtswidrig" einerseits das allgemeine Deliktsmerkmal der Rechts-

---

1 Schönke/Schröder-*Heine*, § 298 Rn. 13.

2 Zu § 107 a: Tröndle/*Fischer*, § 107 a Rn. 2; Schönke/Schröder-*Eser*, § 107 a Rn. 3; LK-*Laufhütte*, § 107 a Rn. 5. Zu 132 a: Schönke/Schröder-*Cramer/Sternberg-Lieben*, § 132 a Rn. 19; anders aber für §§ 201 ff, §§ 324 ff.

3 Vgl. Schönke/Schröder-*Lenckner*, Vor. §§ 13 ff. Rn. 65.

widrigkeit, das durch spezielle Freistellungen nach dem GWB (§ 5 bis 8, § 9 Abs. 3, 4 und § 10 GWB) oder einen allgemeinen Rechtfertigungsgrund ausgeschlossen werden kann[4]. Andererseits begrenze es den Tatbestand, soweit bestimmte Absprachen generell zulässig sind, wie zum Beispiel Beschlüsse, die den gemeinsamen Einkauf von Waren zum Gegenstand haben (z.B. § 4 Abs. 2 GWB)[5]. Die Funktion eines Tatbestandsmerkmals wird gerade nicht angenommen. So bedarf es nach *Heine* auch keines Vorsatzes hinsichtlich der Rechtswidrigkeit der Absprache[6].

2. Gesamttatbewertendes Merkmal

Nach *Rudolphi*[7] handelt es sich bei der Rechtswidrigkeit der Absprache hingegen um ein *gesamttatbewertendes Merkmal*, das nicht zwischen Tatbestand und Rechtswidrigkeit eingeordnet werden kann. Die Entdeckung von gesamttatbewertenden Merkmalen ist allgemein auf die Lehre von den offenen Tatbeständen zurückzuführen, welche die Rechtswidrigkeit nicht indizieren[8]. Danach gibt es Merkmale, zu denen z.B. die Verwerflichkeit in § 240 Abs. 2 gehört, deren Einordnung besonders schwierig ist, da sie als Tatbestandselement zu stark mit normativer Wertung erfüllt sind, bei deren Weglassen dem Tatbestand aber die Konturen des Unrechtstypus fehlen. Die Lösung besteht darin, dass man die tatsächlichen Umstände, die das Verhalten des Täters als verwerflich bzw. rechtswidrig erscheinen lassen, zum Tatbestand rechnet, deren Bewertung aber im Rahmen der Rechtswidrigkeit vornimmt[9]. Diese Situation sieht *Rudolphi* bei § 298 ohne weitere Begründung in dem Merkmal „rechtswidrig" als gegeben an. Die praktische Auswirkung liegt darin, dass ein Vorsatz bezüglich des Merkmals „rechtswidrig" nicht mehr erforderlich ist[10]. Ergebnis dieser Einordnung ist, dass lediglich ein Verbotsirrtum vorliegen kann, wenn der Täter sein Verhalten als rechtmäßig betrachtet, obschon er alle die Rechtswidrigkeit begründenden Merkmale kennt: „Denn hat der Täter die Rechtswidrigkeit der Absprache erfasst, so ist ihm, wenn er weiß, dass

4 Schönke/Schröder-*Heine*, § 298 Rn. 13, 18.

5 Ausführlich zur Freistellung von Einkaufskooperationen, S. 146; zur Behandlung von Bieterge-meinschaften, S. 136.

6 Schönke/Schröder-*Heine*, § 298 Rn. 16.

7 Vgl. SK-*Rudolphi*, § 298 Rn. 8, 11.

8 Vgl. *Jescheck/Weigend*, AT, § 25 II 2.

9 S. *Roxin*, AT/1, § 10 Rn. 48: „Man muss die gesamttatbewertenden Merkmale also zerlegen: Alle Voraussetzungen der Gesamtbewertung (positive wie negative) gehören zum Tatbestand, die zusammenfassende Bewertung selbst dagegen entspricht dem Merkmal ‚rechtswidrig'".

10 SK-*Rudolphi*, § 298 Rn. 11.

seine Angebotsabgabe sich als Realisierung der rechtswidrigen Absprache erweist, auch notwendig die Bewertung der Gesamttat als rechtswidrig bekannt"[11]. Wie nun auf Tatbestandsebene die Merkmale des Kartellverbotes zur Feststellung der Tatbestandsmäßigkeit heranzuziehen sind, bleibt fraglich. Zwar gibt *Rudolphi* an, dass sich die Rechtswidrigkeit nach §§ 1, 25 GWB a.F. bestimmen soll. Dafür spricht der Hinweis, dass Bietergemeinschaften nicht erfasst sein sollen. Eine Auseinandersetzung mit den positiven Voraussetzungen der §§ 1, 25 GWB a.F. bleibt allerdings aus.

3. Allgemeines Verbrechensmerkmal

Noch einen Schritt weiter geht *Fischer*[12], der das Merkmal der Rechtswidrigkeit als *allgemeines Verbrechensmerkmal* behandelt. Die Rechtswidrigkeit der Absprache ist damit kein auf Tatbestandsebene zu prüfendes Merkmal mehr, so dass selbst kartellrechtlich unbedenkliche oder erlaubte Absprachen tatbestandsmäßig sind. Der Grund für diese Einordnung ist bei *Fischer* wie schon bei *Rudolphi* im Vorsatzbereich zu finden. Danach überzeugt es nicht, den Täter bei Kenntnis aller die Rechtswidrigkeit begründenden Tatsachen, von der Vorsatzstrafe freizustellen, wenn er diese Umstände lediglich fehlerhaft werte[13]. Rechtsmethodisch müsse der Täter bei Annahme eines (normativen) Tatbestandsmerkmales auch die rechtliche Bewertung des Verstoßes gegen wettbewerbsrechtliche Vorschriften kennen. Um die Möglichkeit eines Tatbestandsirrtums zu verhindern, soll die Rechtswidrigkeit nur allgemeines Verbrechensmerkmal sein, womit ein Irrtum über die rechtliche Bewertung lediglich als (i.d.R. vermeidbarer) Verbotsirrtum in Betracht komme[14].

4. Tatbestandsmerkmal

Die Rechtswidrigkeit der Absprache ist nach h.M.[15] als *Tatbestandsmerkmal* zu verstehen. Ein Tatbestandsmerkmal liegt vor, wenn der Tatbestand ohne das

---

11 SK-*Rudolphi*, § 298 Rn. 8.

12 Tröndle/*Fischer*, § 298 Rn. 10, 18, s. auch Vorauflage (50. Aufl.), Rn. 12, 17.

13 Tröndle/*Fischer*, § 298 Rn. 18, deutlicher noch in Vorauflage (50. Aufl.), Rn. 17.

14 Der Wertungsirrtum bei normativen Tatbestandsmerkmalen schließt den Vorsatz aus. Zur Abgrenzung zum Subsumtionsirrtum, vgl. Tröndle/*Fischer*, § 16 Rn. 11.

15 FK-*Achenbach*, § 81 Rn. 5; NK-*Dannecker*, § 298 Rn. 50; I/M-*Dannecker/Biermann*, Vor § 81 Rn. 109; *Greeve*, NStZ 2002, 505 (508); Wessels/*Hillenkamp*, BT/2, Rn. 700; *Joecks*, § 298 Rn. 4; *Kleinmann/Berg*, BB 1998, 277 (279); *Korte*, NStZ 1997, 516; *König*, JR 1997, 402;

Merkmal unvollständig ist, es sich auf ein einzelnes, den Unrechtsgehalt mitbegründendes Merkmal bezieht und es die Fähigkeit zu sachlich-gegenständlicher Kennzeichnung besitzt.

Dies war schon für die Unwirksamkeit des Kartellvertrages nach §§ 1, 38 Abs. 1 Nr. 1 GWB a.F. anerkannt, bei dem es sich um ein normatives Tatbestandsmerkmal handelte, dessen richtige Wertung vom Vorsatz des Täters oder Teilnehmers umfasst sein musste[16]. Für § 298 als Hochstufung dieser kartellrechtlichen Delinquenz gilt nichts anderes, was durch die Entstehungsgeschichte des Strafgesetzes bestätigt wird. Die rechtswidrige Absprache hat im Laufe des Gesetzgebungsverfahrens die Formulierung der „vor dem Veranstalter verheimlichten oder unterdrückten Absprache" abgelöst. Das betrugsqualifizierende Täuschungselement war unstreitig notwendiges Tatbestandsmerkmal und wurde durch die Übernahme einer wettbewerbsbezogenen Sichtweise ersetzt, um auch bei Kenntnis der Absprache auf Veranstalterseite eine Sanktionierung feststellen zu können[17]. Aus diesem Qualitätswechsel kann nicht gefolgert werden, dass ein konkretes Unwertelement auf Tatbestandsebene weggefallen ist. Schließlich hat auch der Rechtsausschuss des Bundestages im Laufe des Gesetzgebungsverfahrens festgestellt: „Aus der Beschränkung auf rechtswidrige Absprachen folgt, dass nur kartellrechtswidriges Verhalten, also nicht Handlungen, die kartellrechtlich zulässig sind, wie z.B. die Bildung von Bietergemeinschaften, erfasst werden"[18].

5. Stellungnahme

Die Annahme eines gesamttatbewertenden Merkmals durch *Rudolphi* verwundert, geschieht sie doch vorwiegend, um einen Tatbestandsirrtum auszuschließen. Der Preis dafür ist allerdings eine Tatbestandskonzeption, welche die allgemein anerkannte Dreistufigkeit des Deliktsaufbaus relativiert. *Rudolphi* übersieht schließlich auch die (wenn auch seltene) Möglichkeit des Eingreifens von Rechtfertigungsgründen. Da der Vorsatz notwendig mit der Bewertung der Gesamttat identisch ist,

---

Lackner/*Kühl*, § 298 Rn. 3; *Mitsch*, BT/2, § 3 Rn. 201, 204; *Otto*, GK BT, § 61 Rn. 147; *Schroth*, BT/2, S. 155; LK-*Tiedemann*, § 298 Rn. 37; *Wolters*, JuS 1998, 1102.

16 KG, WuW/E OLG 2321 (2323) „Luftfotografie"; OLG Stuttgart, WuW/E 2795 (2798) „Horco-Pizza"; I/M²-*Tiedemann*, § 38 Rn. 25. GK-*Fischötter*, § 38 Anm. 3, 10; a.A. *Müller/Giessler/Scholz*, § 38 Rn. 11.

17 BT-Drs. 13/5584, S. 14; zustimmend aus kriminalpolitischen Erwägungen *Möhrenschlager*, JZ 1996, 823; kritisch zur Einbeziehung kollusiver Handlungen, s. *König*, JR 1997, 397 (402).

18 BT-Drs. 13/8079, S. 14.

wird ein Eingreifen von z.B. § 34 auf Rechtswidrigkeitsebene ausgeschlossen[19]. Die unterschiedlichen Einordnungen durch *Fischer* und *Heine* widersprechen Stellung und Bezug des Merkmals. Während sich das Wort „rechtswidrig" in § 303 als allgemeines Verbrechensmerkmal[20] oder „unbefugt" in §§ 107 a, 132 a als Merkmal mit Doppelwirkung[21] auf die Tathandlung beziehen, wird in § 298 durch die Rechtswidrigkeit allein die Qualität der Absprache bestimmt, die gerade nicht Tathandlung ist. Eine rechtswidrige Angebots*abgabe* gibt es nicht. Die von *Heine* vorgeschlagene Doppelrolle für das Merkmal rechtswidrig in § 298 überzeugt auch aus einem anderen Grund nicht. Für eine Norm, die ein allgemein sozialadäquates Verhalten beschreibt, das einer Befugnis bedarf, und nur wenn es ohne diese erfolgt, strafwürdig ist, reicht ein Korrektiv auf Tatbestandsebene aus. Die Absprache von Angeboten ist jedoch nicht grundsätzlich zulässig und unterliegt keinem Befugnisvorbehalt, sondern ist rechtswidrig, wenn sie die Verhinderung, Einschränkung oder Verfälschung des Wettbewerbs bezweckt oder bewirkt. Wird diese Wertung mit dem Fall einer bestehenden Befugnis gleichgesetzt und wird damit nur die Freistellung einer Einkaufskooperation (§ 4 Abs. 2 GWB) auf Tatbestandsebene relevant, verkürzt sich unweigerlich die darüber hinausgehende Selektionswirkung des Merkmals. Mehr als eine Feststellung der in § 4 Abs. 2 GWB enthaltenen „Befugnis"-Voraussetzungen kann dieser Doppelfunktion auf Tatbestandsebene nicht entnommen werden, so dass es sich nur noch um einen Filter auf Tatbestandsebene für grundsätzlich erlaubte Absprachen handeln kann.

Der vollständige Verzicht auf diese Konkretisierung bei *Fischer* entzieht dem Tatbestand die wettbewerbsbezogene Kontur sogar völlig[22]. Ein Begriff ist nach allgemeiner Ansicht[23] nämlich nur dann allgemeines Verbrechensmerkmal, wenn ohne ihn der Tatbestand vollständig ist und er sich aufgrund seiner Stellung im Gesetz auf das gesamte tatbestandsmäßige Verhalten bezieht. § 298 ist aber ohne das Merkmal „rechtswidrig" unvollständig, da Absprachen bei Ausschreibungen auch nicht grundsätzlich zulässig sind und das Rechtswidrigkeitsurteil sich außerdem nur auf die Absprache bezieht. Damit ist die Voraussetzung zur Einordnung als allgemeines Verbrechensmerkmal nicht erfüllt. Weiterhin überzeugt die Argu-

---

19 S. nur LK-*Tiedemann*, § 298 Rn. 44.

20 Das Rechtswidrigkeitsmerkmal in § 303 ist allgemeines Verbrechensmerkmal, vgl. Tröndle/*Fischer*, § 303 Rn. 16.

21 Zu dem Merkmal „unbefugt" in §§ 324, 326, s. Schönke/Schröder-*Heine*, § Vor §§ 324 ff. Rn. 14.

22 Folge dieser Betrachtung wäre, dass auch Absprachen, die den Wettbewerb nicht beschränken, taugliche Auslöser einer tatbestandsmäßigen Angebotsabgabe sein könnten.

23 Vgl. die Abgrenzung bei *Seume*, Bedeutung unrechtsbezogener Ausdrücke, S. 74, 228 m.w.N.

mentation von *Fischer* nicht, wenn er den Tatbestand vor Tatbestandsirrtümern schützen will. So wird es im Rahmen von *normativen* Tatbestandsmerkmalen allgemein für ausreichend erachtet, dass der Täter die in der gesetzlichen Bezeichnung zum Ausdruck kommende soziale Sinnbedeutung nicht rechtlich genau, aber in der Laiensphäre parallel richtig wertet[24]. Kennt der Täter die maßgeblichen Umstände eines Tatbestandsmerkmals nicht oder kann sich deren Sinngehalt nicht vorstellen, hat er also auch in der Laiensphäre sein wettbewerbsgefährdendes Verhalten nicht verstanden, ist gegen seine Straflosigkeit nichts einzuwenden. Dementsprechend überzeugt allein die h.M.: die Rechtswidrigkeit muss Selektionsfunktion auf Tatbestandsebene haben[25].

Der dargestellte Streit wirkt sich jedoch nicht nur im Bereich des Vorsatzes aus[26], sondern führt zu einer generellen Öffnung des Tatbestandes. Wird das Wort „rechtswidrig“ nicht in den Tatbestand gelesen, ist eine Feststellung, ob die Voraussetzungen von §§ 1 und 25 GWB a.F. bzw. § 1 GWB auf Tatbestandsebene positiv vorliegen, stark eingeschränkt oder entfällt ganz. Insofern ist es nicht verwunderlich, wenn auch vertikale Absprachen zwischen Bietern und Angestellten auf der Vergabeseite für tatbestandsmäßig gehalten werden[27]. Anlass zu weiteren Auseinandersetzungen werden insbesondere noch die Stimmen geben, die wie die h.M.[28] die Rechtswidrigkeit als Teil des Tatbestandes erkennen, zusätzlich aber auch vertikale Absprachen vom Tatbestand erfasst sehen wollen[29].

---

24 Vgl. Tröndle/*Fischer*, § 16 Rn. 11; *Schroth*, BT/2, S. 155; *Wolters*, JuS 1998, 1102.

25 Vgl. Cramer/Cramer-*Paul*, Anwaltshandbuch, S. 573. So auch Wiedemann-*Klusmann*, § 56 Rn. 17, für den das Merkmal der Rechtswidrigkeit relevant wird, wenn Mitglieder von nach §§ 2 bis 7 GWB legalisierten Kartellen Angebote abgeben, da dann die Absprache nicht rechtswidrig sei.

26 So aber *Grüner*, JuS 2001, 887 Rn. 68.

27 Vgl. Tröndle/*Fischer*, § 298 Rn. 12; Schönke/Schröder-*Heine*, § 298 Rn. 11; SK-*Rudolphi*, § 298 Rn. 8.

28 S. oben § 4 I.4.

29 *Bartmann*, Submissionsbetrug, S. 195; I/M-*Dannecker/Biermann*, Vor § 81 Rn. 108, 116; Wabnitz/Janovsky-*Dannecker*, Kap. 15 Rn. 131, 134; *Girkens/Moosmeier*, ZfBR 1998, 224; *Götting/Götting*, ZfBR 2003, 341 (345); *Grüner* JuS 2001, 887 (Fn. 67); *Hohmann*, NStZ 2001, 566 (571); *Joecks*, § 298 Rn. 5; *Kosche*, Bekämpfung, S. 147 und 153 f.; Lackner/*Kühl*, § 298 Rn. 3; Maurach/*Schroeder*/Maiwald, BT/2, § 68 Rn. 3; *Rössner/Guhra*, Jura 2001, 405; I/M-*Zimmer*, § 1 Rn. 347.

II. Das Bezugsobjekt

Als Verweisungsobjekt des Merkmals „Rechtswidrigkeit“ kann entgegen der allgemeinen Terminologie nicht die gesamte Rechtsordnung herangezogen werden. Der Wettbewerb ist das vom Tatbestand geschützte Rechtsgut und es besteht kein Zweifel, dass sich die Rechtswidrigkeit nur aus einem Verstoß gegen das Gesetz gegen Wettbewerbsbeschränkungen (GWB) ergeben kann[30]. Warum die Wertung nicht auch durch die Formulierung *wettbewerbswidrig* oder gar *kartellrechtswidrig* ausgedrückt wurde, denn gerade das ist doch gemeint, kann wohl nur mit einer vom Strafgesetzgeber fortgesetzten Tradition begründet werden, der solche konkreten Verweise weitestgehend vermeidet[31]. Zudem spricht auch der duale Rechtsgüterschutz gegen eine solche Formulierung. Die Konkretisierung der in Bezug genommen Rechtsordnung (Kartell- bzw. Wettbewerbsrecht) würde den beabsichtigten Vermögensschutz unnötig in den Hintergrund drängen. Eine darüber hinaus gehende Bezugnahme auf europäisches Wettbewerbsrecht, insbesondere auf Art. 81 EGV, ist zweifelhaft. Der Gesetzgeber hat das Eingreifen von europäischem Recht nicht in Betracht gezogen[32]. Nähere Ausführungen zu dieser Frage sollen aber erst nach der Darstellung des deutschen Kartellrechts erfolgen (s. unten § 8). Zunächst wird die Technik der Verweisung untersucht, die Frage der relevanten Gesetzesfassung beantwortet und das Bezugsobjekt näher bestimmt werden.

1. Tatbestandsfunktion

Tathandlung des § 298 ist nicht die rechtswidrige Absprache zwischen Wettbewerbern, sondern die Abgabe eines Angebots[33]. Da die Angebotsabgabe auf eine Ausschreibung keine missbilligenswerte Handlung ist, vielmehr sogar vom Veranstalter erhofft wird, und auch Absprachen bei Ausschreibungen nicht grundsätzlich verboten sind, bedarf die Tatbestandsfunktion des Merkmals „rechtswidrig“ im Tatbestand des § 298 der Klärung. Es fragt sich, wie das unwertqualifizierende Element auf den Tatbestand wirkt, wie also das Verhältnis von dem Merkmal

[30] So völlig unbestritten: vgl. *Achenbach*, WuW 1997, 959; I/M-*Dannecker/Biermann*, Vor § 81 Rn. 109; Tröndle/*Fischer*, § 298 Rn. 10; Schönke/Schröder-*Heine*, § 298 Rn. 13; *Krey/Hellmann*, BT/2, Rn. 534 b; *Joecks*, § 298 Rn. 4; Lackner/*Kühl*, § 298 Rn. 3; Maurach/*Schroeder*/Maiwald, BT/2, § 68 Rn. 4; *Mitsch*, BT/2, § 3 Rn. 204; *Otto*, GK BT, § 61 Rn. 145; SK-*Rudolphi*, § 298 Rn. 8; *Schroth*, BT/2, S. 155; Arzt/*Weber*, BT, § 21 Rn. 111.

[31] Vgl. §§ 123, 132a, 201 ff., 242, 246, 249, 263, anders aber §§ 324 ff.

[32] BT-Drs. 13/5584, S. 14, linke Spalte, Abs. 1 a.E.

[33] Dafür z.B. Wabnitz/Janovsky-*Dannecker*, Kap. 15 Rn. 129; *Mitsch*, BT/2, § 3 Rn. 208; *Otto*, wistra 1999, 41.

„rechtswidrig" und dem übrigen Tatbestandsmaterial zu beschreiben ist. Gesetzgebungstechnisch bestehen zwei Möglichkeiten innerhalb eines Straftatbestandes, auf andere Normen zu verweisen: das Blankettstrafgesetz und das normative Tatbestandsmerkmal. Diese Verweisungstechniken unterscheiden sich grundlegend in Bezug auf den verfassungsrechtlichen Bestimmtheitsgrundsatz und die Anforderungen an den strafrechtlichen Tatbestandsvorsatz[34]. Während bei Blankettstrafgesetzen sowohl das Strafgesetz als auch die Ausfüllungsnorm, auf die verwiesen wird, an dem Bestimmtheitsgrundsatz gemessen werden, unterliegt bei Verwendung normativer Tatbestandsmerkmale allein der Straftatbestand diesen Anforderungen[35]. Auf dieser Ebene unterliegt das Blankettstrafgesetz also höheren Anforderungen[36]. Umgekehrt besteht im Falle eines Irrtums über den Verweis bei Annahme eines normativen Tatbestandsmerkmals ein vorsatzausschließender Tatbestandsirrtum, der mangels Fahrlässigkeitstatbestand zur Straflosigkeit führt, während aus dem Irrtum über die Existenz und Reichweite der Ausfüllungsnorm ein zumeist vermeidbarer Verbotsirrtum folgt[37]. Für den Täter ist damit das Vorliegen eines normativen Tatbestandsmerkmals günstiger. Die praktische Relevanz in der technischen Bestimmung des Merkmals „rechtswidrig" liegt in der Behandlung der Irrtumsfunktion. Hier spiegelt sich die schon bei der Einordnung des Merkmals aufgezeigte Problematik wieder, mit dem Unterschied, dass Ausgangspunkt nicht die Einordnung des Merkmals „rechtswidrig" auf unterschiedlichen Stufen im Deliktsaufbau ist, sondern im Straftatbestand oder in der Ausfüllungsnorm. Danach beurteilt sich das Vorliegen von Tatbestands- oder Verbotsirrtum. Diese wichtige Abgrenzung normativer Tatbestandsmerkmale zum Blankettstrafgesetz ist jedoch nicht unumstritten[38]. Ausgehend von der engen Begriffsbestimmung durch *Bin-*

---

34 Zur Unterscheidung in Garantie- und Irrtumsfunktion, s. nur *Enderle*, Blankettstrafgesetze, S. 1.

35 Das Bundesverfassungsgericht (BVerfGE 78, 205 [213]) behandelt Blankettstrafgesetze als unvollständige Tatbestände, die der Ausfüllung durch andere Normen bedürfen, während normative Tatbestände das bedrohte Verhalten vollständig beschreiben.

36 Unter rechtsstaatlichen Gesichtspunkten besonders problematisch ist die (echte) dynamische Verweisung auf eine untergesetzliche Rechtsordnung, s. nur *Tiedemann*, Tatbestandsfunktionen, S. 243 f.

37 Nach h.M., die der Schuldtheorie folgt, gehören weder die Kenntnis der Blankettverweisung noch die Existenz der Verbotsnorm zum Vorsatzgegenstand. Für eine Gleichbehandlung in der Irrtumsfunktion, s. nur *Enderle*, Blankettstrafgesetze, S. 342; *Tiedemann*, Tatbestandsfunktionen, S. 316.

38 Einen Überblick über den Meinungsstand im neueren Schrifttum geben *Enderle*, Blankettstrafgesetze, S. 79 ff.; *Seume*, Bedeutung unrechtsbezogener Ausdrücke, S. 75, 229; *Heghmanns*, Dogmatik, S. 82 ff.

ding, ist zwischen einem formalen[39] und einem materialen Kriterium[40] zur Definition der Blanketteigenschaft zu unterscheiden[41].

Aus formaler Sichtweise ist hinsichtlich § 298 festzustellen, dass zwischen Straf- und GWB-Gesetzgeber kein Kompetenzsprung liegt, beide Gesetze sind Parlamentsgesetze. Auch eine phänotypische Abgrenzung an Hand der Verweisungstechnik, wonach ausdrückliche Verweisungen als Blankette, konkludente Verweisungen hingegen als normative Tatbestandsmerkmale aufzufassen sind, ist abzulehnen. Laut der Gesetzesbegründung verweist der Tatbestand auf die nach § 1 GWB unwirksamen Verträge und die nach § 25 GWB verbotenen abgestimmten Verhaltensweisen[42]. Diese gezielte Einbindung konkreter Normen zur Ergänzung des Tatbestandes könnte § 298 damit als Blankettnorm erscheinen lassen. Die ausdrückliche Nennung der Normen findet allerdings nur in der Gesetzesbegründung statt; der Gesetzestext sieht sie nicht vor[43].

Der Schwerpunkt der zahlreichen im strafrechtlichen Schrifttum unternommenen Abgrenzungsversuche liegt auf materialer Ebene[44]. Hier soll es ausreichen, die Untersuchung auf den Maßstab zu beschränken, den das Bundesverfassungsgericht für die Abgrenzung von normativen Tatbestandsmerkmalen zu Blankettstrafgesetzen im Hinblick auf die verfassungsrechtliche Garantiefunktion ansetzt[45]. Danach sind Blankettstrafgesetze unvollständige Tatbestände, die der Ausfüllung durch andere Normen bedürfen. Tatbestände mit normativen Merkmalen umschreiben das mit Strafe bedrohte Verhalten hingegen vollständig und ohne Bezugnahme auf andere Bestimmungen. Entscheidend ist, ob die Ergänzung des Unrechtstatbestandes das tatbestandliche Verhalten qualifiziert (= normativ) oder selbst tatbestandliches Verhalten implementiert (= Blankett).

---

39 Danach ist ein Kompetenzsprung zwischen dem Gesetzgeber der Blankettstrafnorm und dem der Ausfüllungsnorm erforderlich.

40 Danach ist die Definition der verbotenen Handlung nicht in der Blankettnorm enthalten, sondern ergibt sich erst aus einer Ausfüllungsnorm.

41 *Binding*, Normen I, S. 74, 161 f.; *ders.*, Handbuch I, S. 180.

42 BT-Drs. 13/5584, S. 14.

43 Darüber hinaus kann auch eine ausdrückliche Verweisung auf bestimmte außerstrafrechtliche Normen im Gegensatz zu einer konkludenten Verweisung durch unbestimmte Rechtsbegriffe keine der Sache dienende Abgrenzungsfunktion haben, vgl. *Enderle*, Blankettstrafgesetze, S. 87.

44 S. *Heghmanns*, Dogmatik, S. 82 ff.; *Jakobs*, AT, Nr. 8 Rn. 46; *Lohberger*, Blankettstrafgesetz, S. 37 ff.; *Puppe*, GA 1990, 145 (163); *Tiedemann*, Tatbestandsfunktionen, S. 91 f.; *ders.*, ZStW 107 (1995), 597 (639 ff.); *Warda*, Abgrenzung, S. 6 f.; *Weidenbach*, Blankettstrafgesetze, S. 84 f.

45 BVerfGE 78, 205 (213) „Uracher Hortfund": „Die §§ 242, 246 StGB und vergleichbare Strafvorschriften (z.B. § 249 StGB) sind keine Blankettstrafgesetze[...]; sie umschreiben das mit Strafe bedrohte Verhalten vollständig und ohne Bezugnahme auf andere Bestimmungen".

Die Aufnahme des Wortes „rechtswidrig" in den Tatbestand erfüllt jedoch nicht die Anforderungen, um aus § 298 eine Blankettnorm zu machen. Zwar bedarf auch der Begriff „rechtswidrig" insofern der Ergänzung, als sich erst aus anderen Vorschriften ergibt, ob eine Handlung im konkreten Fall rechtswidrig oder durch das Vorliegen eines Rechtfertigungsgrundes gerechtfertigt ist[46]. Dabei geht es aber immer nur um die Feststellung der Rechtswidrigkeit der tatbestandlichen *Handlung*, nicht um die Ergänzung oder Ausgestaltung des Tatbestandes selbst[47]. Ebenso verhält es sich mit § 298. Die Abstimmung des Verhaltens gehört nicht zur tatbestandlichen Handlung und die Rechtswidrigkeit drückt nur eine Wertung aus[48]. Zudem bewirkt das Merkmal „rechtswidrig" eine Konkretisierung auf bestimmte (wettbewerbsbeschränkende) Absprachen[49]. Es ist somit als ein normatives Merkmal einzuordnen[50]. Grundsätzlich ergibt sich dessen Wertung aus dem Kartellrecht. Eine Beschränkung auf konkrete Kartelltatbestände muss der Auslegung vorbehalten bleiben. Jedoch geht die h.M. in Anlehnung an die Gesetzesbegründung davon aus, dass sich die Rechtswidrigkeit aus den §§ 1, 25 GWB a.F. bzw. § 1 GWB n.F. ergibt[51]. Der Irrtum über die Wettbewerbswidrigkeit einer Absprache führt folglich zum Vorsatzausschluss und mangels Fahrlässigkeitstatbestands zur Straflosigkeit.

---

46 Vgl. Jarass/*Pieroth*, Art. 103 Rn. 44: „Damit die Strafbarkeit vorhersehbar bleibt, muss allerdings klar sein, auf welche Normen verwiesen wird. Keine Blankettgesetze i.d.S. sind die Tatbestände der Eigentumsdelikte". Vgl. BVerfGE 78, 205, 213: „Sie stellen zwar auf die Eigentumsordnung ab und bedürfen deshalb der Auslegung anhand der das Eigentum zuordnenden Gesetze. Dies hat jedoch nicht zur Folge, dass sämtliche gesetzlichen Vorschriften über die Eigentumsordnung dem auf das Strafrecht bezogenen Bestimmtheitsgebot des Art. 103 Abs. 2 GG gerecht werden müssten".

47 Vgl. BVerfGE 78, 205 (213).

48 Die der Angebotsabgabe vorausgehende Absprache ist aus Gründen, die in der Struktur des Tatbestandes liegen, nicht als Tathandlung anzusehen, so dass § 298 kein mehraktiges Delikt ist, vgl. *Mitsch*, BT/2, § 3 Rn. 201.

49 S. *Tiedemann*, Tatbestandsfunktionen S. 92: „Bei diesem Vorgang eines immer stärker konkretisierenden Zusammenlesens ist es offenbar zufällig, ob normative Begriffe rechtsatzmäßig definiert sind und damit in den Tatbestand mechanisch eingefügt werden können, oder ob die Begriffe nicht in einer einschlägigen Rechtsvorschrift erläutert und vom Richter zu gestalten sind".

50 Vgl. Wessels/*Hillenkamp*, BT/2, Rn. 700; Lackner/*Kühl*, § 298 Rn. 5; *Mitsch*, BT/2, § 3 Rn. 212; *Otto*, wistra 1999, 42; *Wolters*, JuS 1998, 1102; LK-*Tiedemann*, § 298 Rn. 37, 44.

51 *Achenbach*, wistra 1999, 242; Tröndle/*Fischer*, § 298 Rn. 10; *Grüner*, JuS 2001, 887; Schönke/Schröder-*Heine*, § 298 Rn. 13; *Krey/Hellmann*, BT/2, Rn. 534 c; Wessels/*Hillenkamp*, BT/2, Rn. 700; *Hohmann*, NStZ 2001, 566 (571); *Kindhäuser*, § 298 Rn. 5, 7; Wiedemann-*Klusmann*, § 56 Rn. 16; *Otto*, GK BT, § 61 Rn. 145; *ders.*, wistra 1999, 41; *Rose*, NStZ 2002, 41 (42); *Rönnau*, JuS 2002, 546; SK-*Rudolphi*, § 298 Rn. 8; LK-*Tiedemann*, § 298 Rn. 35; Arzt/*Weber*, BT, § 21 Rn. 103, 111; abzulehnen daher NK-*Dannecker*, § 298 Rn. 47, wonach sich die Rechtswidrigkeit aus §§ 1, 14 GWB oder Art. 81, 82 EGV ergibt.

2. Reform der Ausfüllungsnorm(en)

Es dauerte keine zwei Jahre, bis der Gesetzgeber das kartellrechtliche Regelwerk, auf das er bei Schaffung des § 298 verwiesen hat, aufhob und neu fasste. Die am 1.1.1999 in Kraft getretene 6. GWB-Novelle führte zu einer grundlegenden Revision des Kartellrechts[52]. Davon sind Regelungen betroffen, die für die Auslegung des § 298 relevant sind. In Anlehnung an Art. 81 EGV wird mit § 1 GWB ein echtes Kartellverbot eingeführt[53]. Im Gegensatz zu der alten Regelung werden nun Kartelle bereits bei ihrem Abschluss verboten und nicht erst, wenn sie praktiziert werden[54]. Das zentrale Merkmal des alten Tatbestandes („Verträge[...]zu einem gemeinsamen Zweck") wurde in der Neufassung durch eine Beschreibung des Horizontalverhältnisses („Vereinbarungen zwischen miteinander im Wettbewerb stehenden Unternehmen") ersetzt. Weiterhin ist mit der 6. GWB-Novelle das durch die Novelle von 1973 geschaffene und zunächst im Sondertatbestand des § 25 Abs. 1 GWB enthaltene Verbot „aufeinander abgestimmten Verhaltens" in den Tatbestand des § 1 GWB als „aufeinander abgestimmte Verhaltensweisen" integriert worden[55]. Die Übernahme der Formulierung „die eine Verhinderung, Einschränkung oder Verfälschung des Wettbewerbs bezwecken oder bewirken" aus Art. 81 EGV führte zur Streichung des Merkmals „Beeinflussung der Marktverhältnisse"[56]. Die Verbote wettbewerbsbeschränkender Maßnahmen in § 25 Abs. 2 und 3 GWB a.F. finden sich nun in § 21 Abs. 2 und 3 GWB wieder. Die im deutschen Kartellrecht bestehende Unterscheidung zwischen horizontalen und vertikalen Wettbewerbsbeschränkungen wurde, entgegen der europäischen Systematik, beibehalten[57]. Die Neuregelung hat zur Folge, dass die in der Gesetzesbegründung zu § 298 genannten Normen nicht oder nicht mehr in der damals geltenden Form bestehen. Das strafrechtliche Schrifttum hat unterschiedlich auf die Novelle reagiert. Ein Teil verweist noch nach Inkrafttreten der Novelle mit Hinweis auf die Gesetzesbegrün-

[52] BGBl. I-1998, S. 2546.

[53] Einen Überblick über die Neuerungen in § 1 GWB gibt *Baums*, ZIP 1998, 233.

[54] So die Regelung in § 38 Abs. 1 GWB (a.F.), wo Voraussetzung der Sanktionierung das Hinwegsetzen über einen unwirksamen Vertrag war.

[55] Völlig unstreitig, *K. Schmidt*, AG 1998, 551 (552); *ders.*, Kartellverfahrensrecht, S. 33 f.; I/M-*Zimmer*, § 1 Rn. 96.

[56] Speziell zu Änderungen des § 1 GWB vgl. *Baums*, ZIP 1998, 233; *Bunte*, WuW 1997, 857.

[57] Dies liegt daran, dass sich das deutsche System bewährt hat, während die europäische Regelung in Anbetracht der Existenz eines Weißbuches über die Modernisierung der Vorschriften zur Anwendung der Art. 85, 86 EGV (Arbeitsprogramm der Kommission Nr. 99/027) zur Disposition stand.

dung auf die Tatbestände der §§ 1, 25 GWB in der alten Fassung[58]. Dem könnte die Ansicht zu Grunde liegen, dass nur auf die im Zeitpunkt des Gesetzgebungsaktes existierende Gesetzeslage Bezug genommen werden sollte. Dafür gibt die Gesetzesbegründung jedoch nichts her. Die Mehrheit im Schrifttum folgt daher der Reform des Kartellgesetzes und erklärt mithin allein § 1 GWB für anwendbar[59]. Das ist auch richtig. Eine andere Beurteilung käme der Annahme eines statischen Verweises nahe, den es allenfalls noch in der Verweisung auf Ausfüllungsnormen in EG-Verordnungen und technischen Normen gibt, der ansonsten aber nicht mehr verwendet wird[60]. Da sich in dem Merkmal *rechtswidrig* ein normatives Merkmal erkennen lässt, ist für dessen Auslegung vielmehr erheblich, ob sich durch die Novelle die Wertung des Gesetzes geändert hat. Ist dies geschehen, stellt sich die Frage, ob dies von dem Gesetzgeber beabsichtigt beziehungsweise berücksichtigt wurde[61]. Die in der Gesetzesbegründung der Novelle genannten Ziele waren die „Stärkung des Wettbewerbsprinzips“ und „Harmonisierung mit dem EG-Recht“[62]. Die Harmonisierung mit dem EG-Recht hat dazu geführt, dass bereits das Treffen von Vereinbarungen selbst nach § 1 GWB mit Geldbuße zu ahnden ist. Dies wirkt sich auf den Tatbestand des § 298 indes nicht aus, da es für die Feststellung der Rechtswidrigkeit unerheblich ist, ob neben der Unwirksamkeit zusätzlich das Verbot des Verhaltens bestimmt ist[63]. Auch die Begründung des Gesetzgebers zur Änderung des Wortlauts von § 1 GWB spricht dafür, dass mit § 1 GWB n.F. keine sachliche Änderung gegenüber dem früheren Rechtszustand bezweckt wurde[64].

---

58 Vgl. Tröndle/*Fischer*[50], § 298 Rn. 12, fortgeführt in: Tröndle/*Fischer*, § 298 Rn. 10, 15; *Grüner*, JuS 2001, 887; *Krey/Hellmann*, BT/2, Rn. 534 c; *Hohmann*, NStZ 2001, 566 (571); *Kindhäuser*, § 298 Rn. 5, 7; *Rose*, NStZ 2002, 41 (42); SK-*Rudolphi*, § 298 Rn. 8.

59 *Achenbach*, wistra 1999, 242; *Greeve*, NStZ 2002, 505 (508 f.); Schönke/Schröder-*Heine*, § 298 Rn. 13; Wessels/*Hillenkamp*, BT/2, Rn. 700; Wiedemann-*Klusmann*, § 56 Rn. 16; *Otto*, GK BT, § 61 Rn. 145; *Rönnau*, JuS 2002, 546; LK-*Tiedemann*, § 298 Rn. 35; Arzt/*Weber*, BT, § 21 Rn. 103, 111.

60 Vgl. *Enderle*, Blankettstrafgesetze, S. 88.

61 Erkennt man in dem Merkmal dennoch eine Blankettnorm, so könnte damit der Grundsatz der Gesetzesbestimmtheit verletzt sein. Da der Gesetzgeber nicht auf eine Norm in seiner bestimmten Fassung verwiesen hat, könnte ein Fall der *dynamischen Verweisung* vorliegen, die im Gegensatz zum statischen Verweis größeren rechtsstaatlichen Bedenken unterliegt. Das neu geschaffene Gesetz wurde aber von demselben Gesetzgeber erlassen, so dass der Grundsatz der Bestimmtheit gewahrt bleibt. Problematisch hingegen wären Verweisungen von Bundesrecht auf künftiges Landesrecht und von einem Gesetz auf niederrangige Rechtsnormen und Verwaltungsanordnungen, vgl. *Tiedemann*, Tatbestandsfunktionen, S. 243.

62 BT-Drs. 13/9720, S. 1 und BT-Drs. 13/10633, S. 1.

63 Die Neuregelung führt zu einer Vorverlagerung des ordnungswidrigen Verhaltens, womit nun schon die Abrede selbst betroffen ist.

64 Vgl. Begründung des Regierungsentwurfes BT-Drs. 13/9720, S. 31; so auch festgestellt in BGH WuW/E DE-R 289 (294) „Lottoblock“.

Schon in der Gesetzesbegründung zu § 298 wurde angekündigt, dass Änderungen des Kartellrechts im Hinblick auf das EG-Recht „gesondert zu prüfen seien“[65]. Damit war dem Gesetzgeber die Abhängigkeit des Straftatbestandes von der kartellrechtlichen Normierung bewusst. Die Bestimmung der Wettbewerbswidrigkeit ist folglich an Hand der Neufassung des Kartellrechts festzustellen[66].

3. Einbeziehung abgestimmter Verhaltensweisen

Nach der Begründung des Gesetzgebers verweist der Entwurf durch die Beschränkung auf rechtswidrige Absprachen auf die nach § 1 GWB a.F. unwirksamen Verträge und das nach § 25 GWB a.F. verbotene abgestimmte Verhalten[67]. Der Verweis auf § 25 GWB a.F. war deshalb erforderlich, um auch die Koordinationsakte zu erfassen, die unterhalb eines Vertrages liegen, da eine dahin gehende Auslegung des Vertragsbegriffes schon im Bereich des Ordnungswidrigkeitenrechts als unzulässige Analogie angesehen wurde[68]. Der Begriff „Absprache“ wird weder im Strafgesetzbuch noch im GWB verwand. Nach dem Wortsinn setzt er „Sprechakte“ voraus. Das von § 25 GWB a.F. geschaffene Verbot verzichtet hingegen auf eine vertragliche oder vertragsähnliche Bindung[69] und lässt ein abgestimmtes *Verhalten*

---

65 BT-Drs. 13/5584 S. 14: „Ob § 38 Abs. 1 Nr. 1 GWB dahin gehend erweitert werden sollte, bereits die Teilnahme an Absprachen mit Geldbuße zu ahnden, wie dies in Art. 15 Abs. 2 Buchstabe a der Verordnung Nr. 17 zu den Art. 85 und 86 des EG-Vertrages vorgesehen ist und für das deutsche Recht auch in der Wissenschaft erwogen wird, wird gesondert zu prüfen sein“.

66 Vgl. *Greeve*, NStZ 2002, 505 (508); Wessels/*Hillenkamp*, BT/2, Rn. 700: „Da es sich bei § 298 StGB um die Übernahme einer Ordnungswidrigkeit nach §§ 1, 25, 38 I Nr. 1 und 8 in der bis zum 31.12.1998 geltenden Fassung des GWB in das Kernstrafrecht handelt (*Kleinmann/Berg*, BB 1998, 277), kann für diese Begriffe auf die einschlägigen, seit dem 1.1.1999 in §§ 1, 81 GWB enthaltenen[...]kartell-rechtlichen Bestimmungen zurückgegriffen werden“. So auch BGH 4 StR 428/03 – Beschluss v. 22.6.2004 (LG Bielefeld), NJW 2004, 2761.

67 BT-Drs. 13/5584, S. 13 f.

68 BGHZ 55, 104 „Teerfarben“ (mit Verweis auf BGHSt 24, 54 [62]). Im Sinne eines Oberbegriffes wird von verschiedenen Formen bewusst gleichförmigen Verhaltens gesprochen, wobei im Einzelnen ein auf Einigung beruhendes Verhalten, aufeinander abgestimmtes Verhalten und sonstiges bewusst gleichförmiges Verhalten nebeneinander gestellt werden. Diese Entscheidung führte 1973 zur Ergänzung des GWB durch § 25 Abs. 1 i.V.m. § 38 Abs. 1 Nr. 8 GWB.

69 Gentlemen's Agreements, mit denen sich die Beteiligten nur tatsächlich, das heißt, wirtschaftlich, gesellschaftlich und moralisch, nicht aber rechtlich binden, fallen ebenfalls als Vereinbarung unter § 1 GWB, BGH v. 22.4.1980, WuW/E BGH 1707 „Taxi-Besitzervereinigung“.

ausreichen[70]. In der Stellungnahme des Bundesrates zum Gesetzentwurf wurde zur Angleichung der Terminologie in § 298 und § 25 GWB a.F. vorgeschlagen, statt den Begriff „Absprache“ das Wort „Abstimmung“ zu verwenden, „weil damit sprachlich unmittelbar auf § 25 GWB Bezug genommen wird“[71]. Man hegte die Befürchtung, dass ansonsten nicht alle Formen abgestimmten Verhaltens von § 298 erfasst würden und mithin Strafbarkeitslücken entstehen könnten. Die Bundesregierung erwiderte dagegen, dass vielmehr der Begriff „Abstimmung“ bei der Rechtsanwendung zu Problemen führen könnte, da nicht sichergestellt sei, dass wiederum jeder Fall des § 1 GWB a.F. unter den Begriff der Abstimmung subsumiert werden kann[72]. Im Bericht des Rechtsausschusses des Bundestages wird dieses Problem nicht mehr erwähnt, und der Begriff der „Absprache“ ist beibehalten worden[73]. Dieser Disput macht auf zweierlei aufmerksam: Erstens kommt damit eine unterschiedliche Auffassung der Funktion von § 25 GWB a.F. zum Ausdruck. Während der Bundesrat in seiner Anregung der von *K. Schmidt* begründeten Lehre[74] folgt und die Abstimmung als Grundtatbestand des Kartellverbotes begreift[75], sieht die Bundesregierung mit der h.M.[76] in § 25 GWB a.F. einen reinen Umgehungstatbestand, der nur die Fälle koordinierten Verhaltens erfasst, denen keine vertragliche

70 Der Begriff der aufeinander abgestimmten Verhaltensweisen geht auf die Rechtsfigur der „concerted action“ zurück, die die amerikanische Antitrustrechtsprechung zur „conspiracy“ entwickelt hat.

71 Vgl. BT-Drs. 13/6424, Anlage 2, Stellungnahme des Bundesrates, Nr. 5.

72 Vgl. BT-Drs. 13/6424, Anlage 3, Gegenäußerung der Bundesregierung zu Nr. 5: „Die Bundesregierung greift die Prüfungsbitte des Bundesrates auf und wird hierzu im weiteren Gesetzgebungsverfahren Stellung nehmen. Sie weist jedoch bereits jetzt darauf hin, dass der Begriff „Abstimmung“ bei der Rechtsanwendung zu Problemen führen könnte, da nicht sichergestellt ist, dass jeder Fall des § 1 GWB unter den Begriff „Abstimmung“ subsumiert werden kann. Sie weist außerdem darauf hin, dass der Begriff „Abstimmung“ nicht in § 25 des Gesetzes gegen Wettbewerbsbeschränkungen verwendet wird, auf den der Bundesrat in seiner Prüfungsbitte Bezug nimmt“. Die konkrete Formulierung in § 25 Abs. 1 GWB a.F. lautete: „Ein aufeinander *abgestimmtes Verhalten*[...]“ (Hervorh. durch den Verf.).

73 BT-Drs. 13/8079, S. 14; s. auch *Kleinmann/Berg*, BB 1998, 279.

74 *K. Schmidt*, Kartellverfahrensrecht, S. 32 ff.; *ders.*, Kartellverbot, S. 9 ff.

75 S. BT-Drs. 13/6424, Anlage 2, Stellungnahme des Bundesrates, Nr. 5, Abschnitt 2, Art. 1 Nr. 3 (§ 298): „Diese Norm wird von der kartellrechtlichen Rechtsprechung und Lehre im Verhältnis zu § 1 GWB als Auffangtatbestand oder nach neuerer Lehre als Grundtatbestand verstanden (Immenga/Mestmäcker a.a.O. Anm. 6). Dann wäre gewährleistet, dass alle Formen abgestimmten Verhaltens von § 298 StGB erfasst werden“.

76 Das Verbot abgestimmter Verhaltensweisen ist gesetzgebungstechnisch als Umgehungstatbestand formuliert, vgl. I/M^2-*Immenga*, § 25 Rn. 6 m.w.N. Durch die Einbeziehung von § 25 Abs. 1 GWB a.F. in § 1 GWB hat der Gesetzgeber dies bestätigt, vgl. *Rittner*, Wettbewerbs- und Kartellrecht, § 7 Rn. 9.

Verhaltensabstimmung vorangeht[77]. Zweitens ergibt sich das Problem, ob das Merkmal Absprache ein umfassender Oberbegriff für Vertrag und abgestimmtes Verhalten sein kann.

Nach dem strafrechtlichen Schrifttum setzt eine Absprache nämlich ein „Übereinkommen" oder eine „Vereinbarung" voraus[78]. Bloße Kontakte oder Gespräche darüber, wer an der Vergabe interessiert ist und ein Angebot abgeben will o.ä., reichen nicht aus[79]. Problematisch ist es, darunter auch abgestimmte Verhaltensweisen zu fassen. Nach *Klusmann* können abgestimmte Verhaltensweisen grundsätzlich nicht unter den Begriff der Absprache subsumiert werden, denn die Einbeziehung von abgestimmten Verhaltensweisen würde eine (über den Wortsinn hinausgehende) Anwendung der Vorschrift im Sinne einer Analogie darstellen, der im Besonderen Teil des Strafrechts das verfassungsrechtliche Bestimmtheitsgebot aus Art. 103 Abs. 2 GG entgegensteht[80]. Gegen die Ausnahme abgestimmter Verhaltensweisen aus der Definition einer Absprache spricht jedoch, dass der Gesetzgeber gerade auch diese, außerhalb des Vertragsbegriffs liegenden Kooperationsformen, vom Tatbestand erfasst sehen wollte[81]. Dementsprechend geht auch das überwiegende Schrifttum davon aus, dass abgestimmte Verhaltensweisen unter das Absprachemerkmal subsumiert werden können[82].

Die Bedeutung des Verbots abgestimmten Verhaltens war in der Kartellpraxis wegen der funktionalen Interpretation einzelner Tatbestandsmerkmale und der Beweisschwierigkeiten von geringer Bedeutung und die Gerichte hatten folglich selten Gelegenheit, die mit dem Abstimmungsverbot auftretenden Rechtsfragen zu vertiefen[83]. Für eine Definition von abgestimmten Verhaltensweisen kann wegen

---

77 S. *Otto*, wistra 1999, 41 (42).

78 Vgl. I/M-*Dannecker/Biermann*, Vor § 81 Rn. 108: „[...]Absprache ist ein Übereinkommen[...]"; ebenso Schönke/Schröder-*Heine*, § 298 Rn. 11; *Joecks*, § 298 Rn. 4; *König*, JR 1997, 402; LK-*Tiedemann*, § 298 Rn. 34; ähnlich Tröndle/*Fischer*, § 298 Rn. 9; *Wolters*, JuS 1998, 1102: „Das Merkmal Absprache setzt danach eine Vereinbarung voraus[...]".

79 So Wessels/*Hillenkamp*, BT/2, Rn. 700; Lackner/*Kühl*, § 298 Rn. 3; *Otto*, GK BT, § 61 Rn. 145.

80 S. dazu Wiedemann-*Klusmann*, § 56 Rn. 16 m.w.N.

81 BT-Drs. 13/6424, Anlage 2, Stellungnahme des Bundesrates, Nr. 5, Abschnitt 2, Art. 1 Nr. 3 (§ 298).

82 S. *Achenbach*, WuW 1997, 959 (Fn. 15): „Der für das abgestimmte Verhalten erforderliche Verständigungsakt könne durchaus unter den Begriff der Absprache subsumiert werden". S. auch LK-*Tiedemann*, § 298 Rn. 34: „Absprachen schließen daher in berichtigender Auslegung des Wortlauts Abstimmungen im Prinzip mit ein". So im Ergebnis auch Tröndle/*Fischer*, § 298 Rn. 9; *König*, JR 1997, 402; *Wolters*, JuS 1998, 1102.

83 Vgl. I/M^2-*Immenga*, § 25 Rn. 5, 12; FK-*Roth*, § 25 a.F. Rn. 2.

der bewussten Anlehnung des GWB-Gesetzgebers an Art. 85 EGV a.F. aber auf die Rechtsprechung des EuGH zurückgegriffen werden[84]. Danach umfasst der Begriff der aufeinander abgestimmten Verhaltensweisen „eine Form der Koordinierung zwischen Unternehmen, die zwar noch nicht bis zum Abschluss eines Vertrages im eigentlichen Sinne gediehen ist, jedoch bewusst eine praktische Zusammenarbeit an die Stelle des mit Risiken verbundenen Wettbewerbs treten lässt“[85]. Die Abstimmung liegt damit differentialdiagnostisch betrachtet zwischen dem „Gentlemen's Agreement“ und dem gleichförmigen Verhalten oder Parallelverhalten. Diese weitgehende Formulierung führt im Grenzbereich zum bewussten Parallelverhalten zu Befürchtungen im strafrechtlichen Schrifttum, dass die Bestimmtheit des Merkmals nicht mehr gewahrt sei[86]. Als Grund dafür wird angeführt, dass abgestimmtes Verhalten nach § 25 GWB a.F. auch in „wechselseitigen Informationsaustausch über künftiges Marktverhalten in einer Koordinationserwartung“ liegen kann[87]. Dies könne aber unmöglich als Absprache im Sinne von § 298 verstanden werden, so dass im Wege restriktiver Auslegung solche Informativabstimmungen nicht unter das Merkmal subsumiert werden dürften[88].

Die Eingrenzungsbemühungen im Schrifttum sind verständlich, versuchen sie doch eine Wortlautgrenze zu definieren, die der Absprache einen „bestimmteren“ Gehalt zuweist. Allein, zwingend erscheint dies nicht, ist der Absprachebegriff doch bisher weder strafrechtlich noch allgemein gesetzlich definiert[89]. Aus der Umschreibung des EuGH lassen sich zudem drei Merkmale entnehmen, die dem Begriff eine gewisse Kontur verleihen. Erstens ist ein gegenseitiger Kontakt erforderlich, zweitens hat das Minimum der Zusammenarbeit bewusst zu geschehen, drittens muss in Kenntnis und mit Rücksicht auf die übereinstimmende Absicht gehandelt werden[90]. Von schlichtem gleichförmigen Verhalten unterscheidet sich das abgestimmte Ver-

---

84 *Bunte*, Kartellrecht, § 4 II 2 c.

85 EuGH v. 14.7.1972, Slg. 1972, 619 (658) „ICI“; EuGH v. 16.12.1975, Slg. 1975, 1636 (1942) „Zucker“; EuGH v. 14.7.1981, Slg. 1981 2021 (2031) „Züchner/Bayerische Vereinsbank“.

86 *Greeve*, ZVgR 1998, 469; *Kleinmann/Berg*, BB 1998, 280; *Kosche*, Bekämpfung, S. 149; ebenso der Bundesrat in der Stellungnahme zu § 298, vgl. BT-Drs. 13/6424, Anlage 2, Abschnitt 2, Art. 1 Nr. 3 (§ 298).

87 Dies ist für ein abgestimmtes Verhalten als ausreichend erachtet worden, vgl. I/M²-*Immenga*, § 25 Rn. 13.

88 S. dazu *Greeve*, ZVgR 1998, 469; *Kleinmann/Berg*, BB 1998, 280; anders *Korte*, NStZ 1997, 516, der abgestimmte Verhaltensweisen dann für tatbestandsmäßig hält, „wenn die Koordination der Unternehmen durch wechselseitige Information oder [gemeint wohl „über“; der Verf.] künftiges Marktverhalten erfolgt“.

89 Vgl. *Greeve*, ZVgR 1998, 469.

90 Vgl. *Bechtold*, § 1 Rn. 13; *Lange*, Kartellrecht, Kap. 2, § 1 Rn. 58.

halten also dadurch, dass die beteiligten Unternehmen sich verständigen, über das inkriminierte Verhalten willenseinig sind und nicht jeder für sich handelt[91]. Dieser Nachweis einer Verständigung müsste in der Praxis auch erbracht werden[92]. Das ist umso mehr für die Anwendung im Bereich des § 298 erforderlich, da die sonstigen absprachebezogenen Merkmale des Tatbestandes relativ weit ausgelegt werden. Insbesondere wird die „Annahme eines bestimmten Angebotes" so weit verstanden[93], dass zum Beispiel die Koordination einer Preisuntergrenze ausreichen kann[94].

Die im Schrifttum gehegten Befürchtungen übersehen indes die Wirkung, die von dem Verfahrensablauf ausgeht. Ein wechselseitiger Informationsaustausch zu Beginn einer Ausschreibung über künftiges Marktverhalten ermöglicht einen Prozess der sukzessiven Anpassung nicht. Unter Durchsetzung eines Geheimwettbewerbes seitens der Veranstalter kann ein Marktverhalten nur im Zeitpunkt der Abstimmung relevant sein, eine „Anpassung an die Marktverhältnisse" durch ein paralleles Verhalten ist später ausgeschlossen. Diese Besonderheit des Ausschreibungsmarktes schließt den Anwendungsbereich äußerst loser Koordinationsakte, die auf gegenseitige Marktbeobachtung ausgerichtet sind, schon verfahrensbedingt aus. Das zukünftige Verhalten muss bereits vor Einreichung des Angebotes derart verbindlich abgestimmt sein, dass es das Risiko eines Ausbrechens von Schutzbietern oder Nichtbietern verhindert[95].

4. Einbeziehung von Beschlüssen

In der Begründung zu § 298 hat der Gesetzgeber nur Verträge und abgestimmte Verhaltensweisen genannt[96]. Die Frage der Einbeziehung von Beschlüssen von Unternehmensvereinigungen als Grundlage rechtswidriger Absprachen nach § 298

---

91 Vgl. *Rittner*, Wettbewerbs- und Kartellrecht, § 7 Rn. 59.

92 Wirtschaftswissenschaftliche Erfahrungssätze über das Verhalten von Unternehmen in bestimmten Oligopolsituationen reichen dazu nicht aus vgl. BGH v. 23.4.1985 ‚WuW/E BGH 2128 „Altölpreise".

93 Für die Bestimmtheit bedarf es nicht der Auswahl eines bestimmten Anbieters, vielmehr soll die Bestimmung des Angebotsinhalts ausreichen. Vgl. Tröndle/*Fischer*, § 298 Rn. 11; Schönke/Schröder-*Heine*, § 298 Rn. 12; LK-*Tiedemann*, § 298 Rn. 40.

94 LK-*Tiedemann*, § 298 Rn. 40; a.A. Tröndle/*Fischer*, § 298 Rn. 11.

95 § 1 GWB ist nur erfüllt, wenn die Abstimmung zu einem relevanten Marktverhalten geführt hat, vgl. Langen/*Bunte*, § 1 Rn. 68 ff.

96 BT-Drs. 13/5584, S. 14, rechte Spalte, Abs. 3.

ist im strafrechtlichen Schrifttum bisher nicht gestellt worden. Neben den Vereinbarungen, die zweifellos auch Verträge umfassen, und den abgestimmten Verhaltensweisen sind die Beschlüsse von Unternehmensvereinigungen in § 1 GWB ebenfalls als verbotene Verhaltensweisen aufgeführt. Der Beschluss unterscheidet sich als mehrseitiges, unselbständiges Rechtsgeschäft vom Vertrag dadurch, dass er auf der Grundlage einer verbandsmäßigen Organisation abgegeben wird[97]. Ein Beschluss kommt dabei durch die Abgabe mehrerer paralleler Willenserklärungen an einen Verbandsleiter zustande. Damit wird die Funktionsidentität mit dem Vertrag deutlich[98]. Beschlüsse im bürgerlich-rechtlichen Sinne unterscheiden sich von Verträgen dadurch, dass nicht jedes Mitglied an dem Vertragsbeschluss mitgewirkt haben muss oder ein oder mehrere Mitglieder sogar gegen den Beschluss gestimmt haben können. Gleichwohl kann der Beschluss Regelungen treffen, die von den verbandszugehörigen Unternehmen befolgt werden müssen. Um einer solchen Umgehung des Kartellverbotes durch Beschlussvornahme nicht Vorschub zu leisten, sind die Beschlüsse in § 1 GWB a.F. aufgenommen worden[99]. Ob Beschlüsse im Sinne von § 1 GWB zu den rechtswidrigen Absprachen, auf denen die Angebote gemäß § 298 beruhen müssen zählen ist fraglich, denn es erscheint zweifelhaft, denjenigen Unternehmer nach § 298 zu belangen, der bei der Beschlussfassung gegen eine Submissionsabsprache stimmte. Doch kommt es auf den Akt der Zustimmung nicht an. Entscheidend ist, dass ein verbindlicher Beschluss der Vereinigung der Unternehmen getroffen wurde. Denn aus der Satzung ergibt sich die Verbindlichkeit des Beschlusses auch für denjenigen, der nicht oder dagegen stimmte. Somit ersetzt die Zustimmung zur Satzung die Zustimmung zu dem nicht befürworteten Mehrheits- oder Vorstandsbeschluss. Dennoch bleibt letztlich die Durchführung des Beschlusses – in Form der Anpassung des Angebotes – dem vorbehalten, der sich gegen die Submissionsabsprache ausgesprochen hat. Auch das Angebot, das aufgrund eines Beschlusses abgegeben wurde ist tatbestandsmäßig.

5. Nichteinbeziehung von Druck oder Lockmitteln

Die Frage nach der Einbeziehung von einseitig willensbeeinflussenden Maßnahmen in den Tatbestand überrascht zunächst, da das tatbestandliche Verhalten eine wie auch immer geartete Kooperation voraussetzt. In den Entwürfen[100] zu einem

---

97 Vgl. *K. Schmidt* in: FS-Fischer, S. 693; I/M-*Zimmer*, § 1 Rn. 126.

98 Beide Rechtsgeschäfte sind als organisationsbedingte Erscheinungsformen eines einheitlichen Kartelltatbestandes zu begreifen, vgl. *Dethloff*, Kartellbeschluss, S. 34.

99 BT-Drs. 2/1158, S. 30.

100 Zu den Tatbestandsentwürfen oben § 1 II.

Sondertatbestand waren indes immer wieder die Mittel der Vorteilsgewährung, Druck oder Zwang erwähnt[101]. § 298 sieht die Aufnahme von Druck[102] und Lockmittel[103] in den Normtext jedoch nicht vor. Es stellt sich jedoch die Frage, ob diese Handlungen auf andere Weise vom Tatbestand erfasst sein könnten. Die Auslegung des Merkmals Absprache ist eng mit dem Verweis auf die Wertungen des Kartellrechts verwoben. Das Kartellrecht sieht in § 21 Abs. 2 GWB (§ 25 Abs. 2 GWB a.F.) das Verbot sonstiger wettbewerbsbeschränkender Verhaltensweisen vor. Danach dürfen Unternehmen und Vereinigungen von Unternehmen anderen Unternehmen keine Nachteile androhen oder zufügen und keine Vorteile versprechen oder gewähren, um sie zu einem Verhalten zu veranlassen, das nach diesem Gesetz oder nach einer auf Grund dieses Gesetzes ergangenen Verfügung der Kartellbehörde nicht zum Gegenstand einer vertraglichen Bindung gemacht werden darf. Für eine Beschäftigung mit § 25 Abs. 2 GWB a.F. spricht, dass der Gesetzgeber bei der Bezugnahme auf das Kartellrecht wiederholt auf § 25 GWB a.F. ohne Nennung eines konkreten Absatzes hinweist. Zudem statuiert § 25 Abs. 2 GWB a.F. ein Umgehungsverbot zu § 1 GWB. Es soll ausgeschlossen werden, dass vertraglich unzulässiges Verhalten auf andere Weise, nämlich durch die Beeinflussung anderer Teilnehmer, herbeigeführt wird[104]. Der vertragliche Zwang soll nicht durch einen faktischen ersetzt werden[105]. Während § 1 GWB vor positionsverschlechternden Auswirkungen kartellrechtswidriger Absprachen schützt und damit die Teilnehmer der Marktgegenseite im Blick hat[106], dient § 25 Abs. 2 GWB a.F. bzw. § 21 Abs. 2 GWB n.F. dem Schutz der unternehmerischen Entscheidungsfreiheit vor unerlaubter Einflussnahme durch andere Unternehmen[107]. Dieses Ziel verfolgt § 298 aber nicht, so dass eine isolierte Erfassung von Druck und Lockmitteln durch die Bezugnahme auf § 25 Abs. 2 GWB a.F. nicht geboten ist. Ausgangspunkt für § 298 ist das Vorliegen einer Absprache. Die Vorschrift verlangt damit das Tätigwerden von zwei verschiedenen Personen. Damit liegt ein Fall der so genannten notwendigen Teilnahme vor.

---

101 Zu den Entwürfen E 62 § 270, AE § 175 s. oben § 1 II.

102 Der Begriff „Druck“ soll sowohl das Mittel der Drohung, als auch des unmittelbaren Zwangs beinhalten.

103 Das Mittel der Lockung wird hier als einheitlicher Begriff für das Versprechen, Anbietern oder Gewähren eines Vorteils verstanden.

104 S. I/M²-*Immenga*, § 25 Rn. 54.

105 BGH WuW/E BGH 693 „Brotkrieg II“.

106 Langen/Bunte-*Schultz*, § 21 Rn. 49.

107 *Möschel*, Recht der Wettbewerbsbeschränkungen, § 4 Rn. 108 f.

Bei Anwendung von Druck oder Lockmitteln kann aber eine Absprache vorliegen, wenn der Betroffene das tut, was der Lockende oder Drohende will; mithin die Beeinflussung Erfolg hat. Wird im Falle der Aufforderung zur Beteiligung an einer Submissionsabsprache das Angebot einer Abstandszahlung angenommen, liegt darin der Abschluss einer nach § 1 GWB verbotenen Vereinbarung[108]. Bedroht ein Bieter einen anderen, sein Angebot in einer bestimmten Weise preislich zu verändern, und kommt der Bedrohte dem nach, kann darin auch eine Vereinbarung gesehen werden. Druck und Lockmittel leiten nur im Vorfeld des abgestimmten Verhaltens den Bindungsakt ein, sind aber für die Erfüllung des Tatbestandes § 298 als reine Motive irrelevant[109]. Eine erfolgreiche, einseitige Willensbeugung kann damit als Absprache i.S.d. § 298 angesehen werden. Doch ist der eine durch Drohung oder Zwang zur Abgabe eines wettbewerbsbeschränkenden Angebots gebracht worden, so ist bei diesem ein Eingreifen der §§ 34, 35 zu berücksichtigen.

III. Ergebnis

Die Rechtswidrigkeit der Absprache gehört nicht zur Tathandlung, dennoch ist sie das zentrale Element im Tatbestand des § 298. Eine Behandlung als gesamttatbewertendes Merkmal, allgemeines Verbrechensmerkmal oder Merkmal mit Doppelfunktion überzeugt nicht. Die Einordnung im Deliktsaufbau kann sinnvoll nur im Tatbestand erfolgen, um die erforderliche Selektion zu leisten. Damit bestehen erhöhte Anforderungen an die Vorsatzfeststellung, da der Täter Kenntnis über Existenz und Inhalt der rechtswidrigkeitsausfüllenden Verbotsnorm(en) haben muss. Die Rechtswidrigkeit ist in Bezug auf ihre Funktion ein normatives Tatbestandsmerkmal. Entscheidend für diese Qualifikation ist, dass die Beschreibung der Tathandlung auch bei Wegfall des Merkmals vollständig ist. Das Rechtswidrigkeitsurteil ergibt sich allein aus den Wertungen des Kartellrechts. und mit Inkrafttreten der 6. GWB-Novelle aus dem neuen Recht und ebenda aus § 1 GWB. Die geringen Kooperationsanforderungen bei „abgestimmten Verhaltensweisen" im Kartellrecht (§ 25 Abs. 1 GWB a.F.) führen nicht zu einem Ausschluss aus der Absprachedefinition. Eine verbindlichere Koordinationsform ist jedoch in der Praxis zu erwarten,

---

108 S. *Immenga* in: FS-Werner, S. 375 (377 ff.). Geht der versprochene Vorteil über das übliche Maß einer Abstandszahlung für die Abgabe eines Scheinangebots oder das Unterlassen eines eigenen Angebots hinaus, bleibt Raum für die Annahme einer Vorteilsgewährung, vgl. BGH v. 26.5.1987, WuW/E BGH 2377 (2378).

109 Vgl. auch *Otto* in: Huber (Hrsg.), Corpus Juris, S. 141 (154 f.); *ders.*, Jura 2000, 98 (101), der in Art. 2 des Corpus Juris 1998 die eigenständige Aufführung von Drohung, Versprechen und Täuschung gegenüber Mitbewerbern für sachwidrig hält, da dies typische Anstiftungshandlungen zu dem von dem Angestifteten sodann verwirklichten Tatbestand seien.

da wegen der verfahrensordentlichen Vorgaben eine Erfolg versprechende Submissionsabsprache anders kaum möglich ist. Beschlüsse von Unternehmensvereinigungen sind aufgrund ihrer Funktionsidentität mit Verträgen ebenfalls von dem Absprachebegriff erfasst. Die Einbeziehung von Druck und Lockmitteln (§ 25 Abs. 2 GWB a.F.) als Umgehung von Absprachen ist angesichts der eindeutigen Gesetzesbegründung und des Schutzaspektes des Tatbestandes abzulehnen. Soweit Druck oder Lockmittel jedoch Erfolg haben, der andere Bieter sich also fügt, liegt faktisch eine Absprache vor, wobei die dazu führenden Motive für die tatbestandliche Erfüllung von § 298 irrelevant sind.

§ 5 *Die Typologie der Beeinflussung von Ausschreibungen*

Ausgehend von einer phänomenologischen Betrachtungsweise gebietet es die Spezialität der Materie, die Formen der möglichen Delinquenz in einem kurzen Überblick darzustellen. Die Mannigfaltigkeit von Angriffen auf eine ordnungsgemäße Auftragsvergabe wird in der Literatur auf unterschiedliche Weise kategorisiert. So gibt das Vorhandensein *verschiedener Verfahrensarten* Anlass dazu, die typischen Manipulationen für jede einzelne Vergabeart (öffentliche Ausschreibung, beschränkte Ausschreibung, freihändige Vergabe) gesondert auszuführen[1]. Ebenso kann auf die *zeitlichen Phasen* einer Vergabe abgestellt werden, so dass zunächst Angriffe vor der Angebotsabgabe, dann Angriffe zwischen Angebotsabgabe und Auftragsvergabe und schließlich Angriffe nach Auftragsvergabe eine Unterteilung liefern[2]. Schließlich kann die Qualität der *Absprachesubjekte*, also Absprachen zwischen mehreren Bietern oder Absprachen zwischen einem Bieter und einem Vertreter der Veranstalterseite die Grundlage für eine Unterscheidung bieten[3]. Die Wahl der Darstellung ist durch das Ziel dieser Untersuchung, nämlich die Frage der Erfassung von Vertikalabsprachen, vorbestimmt. In Anlehnung an die wettbewerbsrechtliche Terminologie wird im Folgenden zwischen horizontalen und vertikalen Beeinflussungen, die nach kartellrechtlicher Dogmatik streng voneinander zu trennen sind, unterschieden[4]. Als horizontale Wettbewerbsbeschränkung werden Vereinbarungen zwischen Wettbewerbern gleicher Wirtschaftsstufe, als vertikale Wettbewerbsbeschränkungen Vereinbarungen von Unternehmen unterschiedlicher Wirtschaftsstufen bezeichnet. Die Typologie der Beeinflussung von Ausschreibungen soll hier im Wege einer Fokussierung auf die Absprachesubjekte erfolgen, die eine getrennte Darstellung in Horizontal- und Vertikalabsprachen mit sich bringt[5]. Zur weiteren Diversifizierung innerhalb dieser Unterscheidung werden die Manipulationsmöglichkeiten – soweit erforderlich – nach den einzelnen Vergabephasen getrennt aufgeführt.

---

1 So die Typologie bei *Schaupensteiner*, ZRP 1993, 250 (251).

2 So die Typologie bei *Fiebig/Junker*, Korruption, S. 116 ff.; *Grützner*, Sanktionierung, S. 44 ff.; *Huhn*, Problematik, S. 26 ff.; *Müller*, Kriminalistik 1993, 509 (512); *ders.* in: *Claussen*, Korruption, S. 72 ff.

3 So die Typologie bei *Bartmann*, Submissionsbetrug, S. 40, 126; *Bangard*, wistra 1997, 161; *Satzger*, Submissionsbetrug, S. 38, 217.

4 S. auch die Überschrift zum 2. Abschnitt des GWB n.F. Zur historischen Entwicklung der Merkmale horizontal und vertikal, *Schwarz*, Kartellvertrag, S. 55 ff.

5 So schon *Kosche*, Bekämpfung, S. 13, 19.

I. Horizontale Kooperation

Die „horizontale Kooperation" zeichnet sich durch eine doppelte Beschränkung der Handlungsparameter aus. Zum einen kann sie sich nur aus Aktionen der Bieter ergeben, zum anderen ist der Handlungsraum zeitlich auf die erste Phase, also vor Angebotsabgabe begrenzt. Jede Steuerung des weiteren Verfahrens würde in den Herrschaftsbereich des Veranstalter eingreifen und somit eine vertikale Kontaktaufnahme erfordern. Die Kasuistik beschränkt sich folglich auf Angriffe, die unter sonst ordnungsgemäß abgehaltenem Verfahren geführt werden. Eine nicht verabredete Außerachtlassung wesentlicher Vergabebestimmungen durch Angestellte des Veranstalters, zum Beispiel das Ermöglichen eines Rücktritts entgegen § 19 VOB/A, eröffnet freilich weitere Missbrauchsmöglichkeiten[6]. Solchen Zufalls- oder Inkompetenzmissbräuchen soll hier jedoch nicht weiter nachgegangen werden. Die Möglichkeiten der horizontalen Einflussnahme zergliedern sich somit in folgende Fallgruppen[7].

1. Die Vereinbarung von Schutzangeboten

Die Vereinbarung von *Schutzangeboten* stellt den Prototyp der Vergabemanipulation dar: das Submissionskartell. Die Vereinbarung ist darauf gerichtet, die zwischen den Anbietern bestehende Konkurrenzlage durch eine Absprache zu beschränken, so dass ein gegenseitiges Unterbieten verhindert wird[8]. Dabei wird übereinstimmend festgelegt, welcher der Anbieter den Zuschlag erhalten soll. Die übrigen Kartellanten verpflichten sich, zum Schutz des „Herausgestellten" ein bloßes Schutzangebot abzugeben oder sich des Gebotes zu enthalten[9]. Das Submissionskartell kann je nach Zwecksetzung in zwei Formen vorliegen. In der Regel wird eine Preisabsprache beabsichtigt sein, welche den Ausschluss gegenseitigen Unterbie-

---

6 S. dazu das Beispiel „Rücktritt des günstigsten Bieters" von *Müller*, Kriminalistik 1993, 514. Das Gewähren der Angebotsrücknahme verstößt gegen die in § 19 VOB/A normierte Bindefrist. Unter Bindefrist versteht man den Zeitpunkt, in welchem der Bieter gegenüber dem Auftraggeber an sein Angebot gebunden ist. Die Bindefrist des Bieters beginnt mit dem Eröffnungstermin und endet mit dem Ende der Zuschlagsfrist. Vgl. *Heiermann/Riedl/Rusam*, § 19 VOB/A Rn. 2.

7 Klassische Beispiele für horizontale Kartelle finden sich bereits bei *Tiedemann*, Kartellrechtsverstöße, S. 60 ff.

8 Ausführlich zu Begriff und Funktionsweise des Submissionskartells, s. *Satzger*, Submissionsbetrug, S. 38 ff.; *Schmid*, Ausschreibungsbetrug, S. 41; Mit Hinweis auf die Praxis des Bundeskartellamtes, I/M-*Zimmer*, § 1 Rn. 224.

9 Vgl. I/M²-*Tiedemann*, § 1 Rn. 263.

tens dazu nutzt, ein erhöhtes Preisniveau durchzusetzen. In morphologischer Hinsicht handelt es sich dann um eine Unterform des Preiskartells[10]. Ausnahmsweise kann auch ein reines Auftragsverteilungskartell vorliegen, das dazu dient, eine Ringabfolge der Anbieter zu gewährleisten, die den Zuschlag bekommen, wobei der Herausgestellte ein auskömmliches Angebot abgibt.

2. Das Stillhalteabkommen

Neben der Abgabe von Schutzangeboten kann vereinbart werden, dass sich einige Bieter nicht an der Ausschreibung beteiligen, sich mithin „still" verhalten (pactum de non licitando)[11], um so die Bieteranzahl zu verringern. In Verbindung mit übersetzten Schutzangeboten führt das *Stillhalteabkommen* zu einer Einflussnahme auf die Vergabeentscheidung, die eine Koordination der Vergabe ermöglicht. Die Vereinbarung eines Stillhalteabkommens unter einigen Bietern ist schließlich nur dann sinnvoll, wenn es ausreichend viele Schutzbieter gibt. Die Nichtabgabe spiegelt nämlich im Gegensatz zum Schutzangebot nicht einen ordnungsgemäßen Ablauf vor. Ist die Zahl der Kartellunternehmer, die ein Angebot abgeben, zu gering, muss neu ausgeschrieben werden, vgl. §§ 8 Nr. 2 Abs. 2, 26 VOB/A. Das Stillhalteabkommen kann auch Teil oder Ausprägung einer Gebietsaufteilung unter den Anbietern sein.

3. Bildung von Bietergemeinschaften

Das Ziel der Verringerung der Bewerberanzahl und der damit reduzierten Angebotsvielfalt kann grundsätzlich auch durch den Zusammenschluss von mehreren autonomen Bewerbern zu *Bietergemeinschaften* erreicht werden. Von einer Bietergemeinschaft spricht man, wenn sich die Unternehmen zur Abgabe eines gemeinsamen Angebotes im Rahmen der Ausschreibung zusammenschließen und sich gemeinschaftlich um die Zuteilung des Auftrags an die Gemeinschaft bemühen; es tritt dann nur die Gemeinschaft oder ein beteiligtes Unternehmen zugleich für alle Anbieter auf[12]. Die Bietergemeinschaft ist zudem ein Beispiel für eine typisch of-

---

10 Vgl. *Böhm*, Kartellrundschau Bd. 29 (1931), S. 311 (317).

11 Zur Täterschaft von Nichtbietern bereits oben § 3 II.4. (S. 87).

12 S. *Bunte*, Kartellrecht, § 4 3 a; *Immenga*, DB 1984, 385: „Kennzeichnend für dieses Modell einer überbetrieblichen Zusammenarbeit ist, dass sich die Beteiligten gegenüber Dritten verpflichten, gemeinsam eine bestimmte Leistung zu erbringen, falls sie für den Auftrag, um dessen Vergabe sie sich bewerben, den Zuschlag erhalten. Insofern ist die Bietergemeinschaft eine Vorstufe zu der später zwecks Auftragsausführung gebildeten Arbeitsgemeinschaft".

fene, also vor dem Veranstalter nicht verheimlichte Absprache, die sich durch die gemeinschaftliche Angebotsabgabe offenbart. Grundsätzlich gilt, dass Bietergemeinschaften wie Einzelbieter zu behandeln sind (§ 25 Nr. 6 VOB/A). Der Zusammenschluss mehrer Unternehmer zu einer Bietergemeinschaft kann beispielsweise dem Zweck dienen, die für größere Leistungen erforderlichen technischen und wirtschaftlichen Kapazitäten zusammenzufassen. Die Vereinbarung einer Bietergemeinschaft schließt in der Regel die Verpflichtung ein, eigene selbständige Angebote nicht abzugeben und nicht mit anderen Unternehmen zusammenzuarbeiten. Damit kann die Anzahl der Angebote und damit der Wettbewerb unter den Anbietern beschränkt werden.

4. Marktinformationssysteme

Als *Marktinformationssysteme* bezeichnet man Verfahren organisierter Markttransparenz zwischen Konkurrenten[13]. Im Bereich des Ausschreibungsmarktes handelt es sich vorwiegend um Angebotsmeldeverfahren, die den Besonderheiten der jeweiligen Branche Rechnung tragen. Bei Ausschreibungen im Tiefbau haben sich so genannte „Baumarktstatistiken" etabliert. Es wird vereinbart, dass bei der Ausschreibung von Bauaufträgen bereits detailliert abgegebene Angebote oder Angebotsabsichten einer Meldestelle, die zumeist bei dem entsprechenden Verband installiert ist, mitzuteilen sind. Die Meldestelle gibt auf Antrag bekannt, wer sich auf welche Ausschreibung bewerben will oder bereits beworben hat[14]. Ziel dieser Informationssysteme ist es, den Geheimwettbewerb und den daraus resultierenden Preisdruck unter den Anbietern aufzuheben. Dies kann ansonsten nur durch eine Indiskretion der Vergabestelle erreicht werden, die verpflichtet ist, die Angebote bis zum Eröffnungstermin geheim zu halten (§ 22 Nr. 7 VOB/A).

II. Vertikale Kooperation

In Abgrenzung zu den horizontalen Manipulationen des Ausschreibungsverfahrens sollen unter der Kategorie der vertikalen Kooperation diejenigen Fallgestaltungen zusammengefasst werden, bei denen die Konkurrenten nicht (nur) durch Abstimmung ihres Verhaltens den Wettbewerb untereinander ausschließen, sondern bei denen ein Bieter mit Personen aus der Sphäre des Ausschreibenden zusammenarbeitet, um sich einen Vorteil gegenüber anderen Bietern zu verschaffen, indem er

---

13 *Emmerich*, Kartellrecht, § 4 Nr. 3.

14 Zur Beschreibung von Marktinformationssystemen, vgl. I/M^2-*Immenga*, § 1 Rn. 497.

sich das Wissen oder gar die Einwirkungsmöglichkeiten eines Angestellten des Veranstalters zunutze macht[15]. Da das einverständliche Zusammenwirken der Vergabesubjekte auf beiden Seiten keiner natürlichen Kontrolle gegenläufiger Interessen mehr unterliegt, ist der Variantenreichtum der möglichen Verfahrensmissbräuche allein durch die Phantasie und die Kreativität der Täter begrenzt. Um die Vielzahl der denkbaren Manipulationsmöglichkeiten zu verringern, sollen nur die Varianten aufgeführt werden, die die Auftragsvergabe „steuern" und nicht nur erhöhte Rechnungsbeträge in der Abwicklungsphase zur Folge haben[16]. Daraus folgt, dass Einflussnahmen nach Auftragsvergabe hier nicht mehr berücksichtigt werden, weil die in der dritten Phase vorgenommenen Betrügereien nicht mehr auf die Zuschlagserteilung rückwirken.

1. Manipulationen im Vorfeld

Absprachen zwischen Bewerbern und Mitarbeitern von Vergabestellen, die sich vor der Auftragsvergabe auswirken, sind besonders geeignet, wettbewerbsbeschränkende Wirkungen zu entfalten, sei es, dass schon das Leistungsverzeichnis nicht ordnungsgemäß erstellt ist (1), die Auswahl der Bewerber beeinflusst wurde (2), oder gar nach Absprache eine falsche Vergabeart angewendet wird (3).

(1) Bereits bei der Vorbereitung der Vergabe kann die vertikale Manipulation des Verfahrens ansetzen, indem ein interessierter Anbieter mit einem Bediensteten der Vergabestelle zusammenarbeitet, der auf die Erstellung des Leistungsverzeichnisses für den zu vergebenden Auftrag Einfluss nehmen kann. Der Bedienstete nimmt dann nach Absprache mit dem eingeweihten Bieter Arbeiten, deren Ausführung überhaupt nicht vorgesehen sind, in das Leistungsverzeichnis auf. Der absprachebeteiligte Bieter setzt bei diesen *Scheinpositionen* überaus geringe – nicht kostendeckende – Preise an, da er weiß, dass die Kosten für die Scheinpositionen nicht

---

15 Zum Begriff der vertikalen Einflussnahme, s. auch *Satzger*, Submissionsbetrug, S. 217.

16 Als Beispiel einer kriminelle Arbeitsweise, die in der Leistungsbeschreibung angelegt ist, aber für die die Zuschlagserteilung irrelevant ist, kann die *Manipulation von Vordersätzen* angeführt werden. Dabei werden Arbeiten, deren Ausführung sicher ist, mengenmäßig untersetzt angegeben. Der informierte Unternehmer setzt bei den sicheren Arbeiten sehr hohe Preise an. In der Rechnung entsteht der Schaden dadurch, dass bei diesen Positionen mehr Massen abgerechnet werden als geplant. Diese Arbeitsweise ist zumeist gekoppelt mit der Aufnahme von Scheinpositionen in die Leistungsbeschreibung, um insgesamt ein zuschlagfähiges Angebot abgeben zu können.

anfallen werden[17]. Der eingeweihte Bieter kann bei allen anderen Posten des Leistungsverzeichnisses anteilig Abschläge vornehmen, mit der Folge, dass er einen Kostenvorsprung in Höhe der Kosten für die „Luftpositionen“ gegenüber den Konkurrenzangeboten hat[18]. Da die Mitbewerber auch die Scheinpositionen kostendeckend mitberechnen müssen, werden diese Angebote zwingend über dem des informierten Bieters liegen.

(2) Die Domäne wettbewerbsbeschränkender Absprachen sind unbestritten die beschränkten Ausschreibungen. Im Normalfall fordert die Vergabestelle drei bis acht leistungsfähige Bewerber um öffentliche Aufträge zur Abgabe eines Angebotes auf[19]. Um konkurrenzfähige Bewerber auszuschließen, wirkt der unlautere Bieter nun mit einem Bediensteten der Vergabestelle zusammen, um bei beschränkter oder freihändiger Vergabe neben sich selbst nur die von ihm ausgewählten Konkurrenten in den Kreis der Bieter einbeziehen zu lassen. Die Einflussnahme auf die *Auswahl der Konkurrenten* hat den Vorteil, dass der unlautere Bieter nur solche Bewerber benennen wird, die keine echte Konkurrenz darstellen, da sie z.B. zu leistungsschwach sind, um zuschlagsrelevante Angebote einreichen zu können. Gelingt es einem Bieter, Einfluss auf die Zusammensetzung des Bieterkreises zu nehmen, kann er auf diese Weise den Wettbewerb und dadurch auch den Wettbewerbspreis beeinflussen[20]. Diese Form der vertikalen Einflussnahme kann zusätzlich mit einer Submissionsabsprache verknüpft sein, indem der unlautere Bieter nur bereits kartellierte Schutzbieter benennt[21]. In diesem Fall würde die vertikale Einflussnahme durch eine horizontale Absprache abgesichert. Durch die geschickte Steuerung des Bieterkreises bei beschränkter Ausschreibung, erst recht bei freihändiger Vergabe, kann der bestechliche Mitarbeiter somit zahlungswillige Auftragnehmer fast problemlos fördern[22].
(3) Noch weiter in das Planungsstadium einer Vergabe reicht die Beeinflussung der Vergabe selbst. Dabei werden auf Veranlassung eines interessierten Unternehmens

---

17 So z.B. wenn im Leistungsverzeichnis zu errichtende Abstützmauern aufgeführt sind, die zur ordnungsgemäßen Ausführung des Auftrages nicht erforderlich sind. Weitere Beispiele bei *Müller*, Kriminalistik 1993, 512.

18 Vgl. *Satzger*, Submissionsbetrug, S. 219, der diese Arbeitsweise als „Luftnummern“ im Leistungsverzeichnis bezeichnet. S. aber auch „Luftpost“ bei Wabnitz/Janovsky-*Dannecker*, Kap. 15 Rn. 107.

19 S. zu dieser Manipulation auch die genannten Vorgehensweisen bei *Schaupensteiner*, ZRP 1993, 250 f.

20 *Satzger*, Submissionsbetrug, S. 242.

21 Zu dieser Variante *Satzger*, Submissionsbetrug, S. 219.

22 *Herbig*, VerwArch 1989, 381

Bauleistungen bestimmungswidrig nur beschränkt ausgeschrieben oder gar freihändig vergeben[23], obwohl nach den einschlägigen Vorschriften die öffentliche Ausschreibung absoluten Vorrang hätte[24]. Von den Vergabestellen wird die Wahl einer objektiv *unsachgemäßen Vergabeart* mit dem enormen Zeitdruck oder mit der kleinen Anzahl ausführungsbereiter Unternehmen begründet[25]. Bei genauerer Nachprüfung hält diese Begründung in vielen Fällen den wirklichen Gegebenheiten jedoch nicht stand. Es kommt nämlich vor, dass eine zunächst nicht öffentlich ausgeschriebene Maßnahme aus verschiedenen Gründen dann doch vorschriftsmäßig ausgeschrieben wird, die dann zu wesentlich günstigeren Ergebnissen für den Auftraggeber führt[26]. Das Ziel dieser Manipulation liegt letztlich in einer Reduktion des Kalkulationsdrucks. Im Vergleich zu den bereits genannten Vorgehensweisen stellt dies eine eher indirekte Steuerung der Zuschlagserteilung dar, die aber je nach den Besonderheiten von Region, Branche oder Ausführungszeit zu einer konkreten Beschränkung des Bewerberkreises führen kann.

2. Manipulationen nach Angebotseröffnung

Auch nach der Angebotsabgabe können Absprachen den Wettbewerb noch beschränken. Der absprachegemäße Verstoß gegen eine Vergabevorschrift kann ohne weiteres dazu führen, dass das ursprünglich ausgewogenste Angebot nicht den Zuschlag erhält. In dieser Phase von der Angebotsabgabe bis zur Angebotsvergabe können drei Fallgruppen unterschieden werden: die Einreichung von Unterkostenangeboten mit nachträglicher Preiserhöhung (1), die nachträgliche Verringerung des Angebotspreises (2), und der Ausschluss des günstigsten Bieters (3). In allen Gruppen geht es darum, dass ein bestimmter Bieter den Zuschlag erhält.

(1) In der Fallvariante *Unterkostenangebote mit nachträglicher Preiserhöhung* setzt der unlautere Bieter äußerst niedrige Preise ein, um auf jeden Fall den Zuschlag zu erhalten. Der Unternehmer bietet dabei zum Teil Unterselbstkostenpreise an, die einen betriebswirtschaftlichen Gewinn nicht mehr erlauben würden. Es han-

---

23 Vgl. BGH wistra 1997, 144 (145).

24 Ab Erreichung der Schwellenwerte ergibt sich dies aus § 101 Abs. 5 GWB, unterhalb der Schwellenwerte schreiben dies § 3 Nr. 2 VOB/A und § 3 Nr. 2 VOL/A vor.

25 Diese Feststellung ist darauf zurückzuführen, dass der Wettbewerbsdruck in der öffentlichen Ausschreibung bzw. dem offenen Verfahren höher ist als in den übrigen Vergabearten. Dies liegt daran, dass bei der öffentlichen Ausschreibung bis zum Eröffnungstermin die Anzahl und die Zusammensetzung der Bewerber unklar ist, vgl. *Müller*, Kriminalistik 1993, 512.

26 S. auch dazu das Beispiel bei *Müller*, Kriminalistik 1993, 512.

delt sich damit um Preise, die als nicht mehr auskömmlich zu bezeichnen sind und damit gemäß § 25 Abs. 2 VOB/A bei der Angebotsprüfung ausgeschieden werden müssten[27]. Dies geschieht aber nicht, da der unlautere Bieter vor der Angebotsabgabe mit einem Mitarbeiter der Vergabestelle vereinbart hat, dass sein Angebot nach dem Eröffnungstermin im Zuge der Angebotsprüfung durch Veränderung der eingesetzten Preise bis kurz unterhalb des Angebotspreises des bis dahin günstigsten Bieters gebracht wird. Nach dieser Fälschung befindet sich das Angebot auch wieder in einem auskömmlichen Preis-Leistungs-Verhältnis. Diese Vorgehensweise wird immer dann angewendet, wenn entweder eine Submissionsabsprache nicht möglich oder wegen der Gefahr von Außenseiterangeboten im Voraus eine sichere Auftragssteuerung nicht gewährleistet ist.

(2) Das Gegenstück zu der Variante der nachträglichen Preiserhöhung ist die *nachträgliche Verringerung des Angebotspreises*. Die Absprache geht dort dahin, dass der Vergabemitarbeiter nach dem Eröffnungstermin im Rahmen der Prüfung und Auswertung des Gebotes dessen Einzelpreise so verändert, dass der Gesamtpreis im Vergleich zu den übrigen Bietern als der geringste erscheint. Diese Veränderungen in der Angebotskalkulation kann vor der Angebotsabgabe durch den Einbau einzelner Rechenfehler vorbereitet und erleichtert werden. Je nach Einsatz krimineller Energie ist dies aber nicht zwingend erforderlich. Dementsprechend ist diese Variante auch nicht unbedingt darauf angewiesen, dass eine Absprache vor der Abgabe des Angebotes erfolgt, womit sie nicht mehr im Anwendungsbereich des § 298 läge[28]. Zudem wird diese Manipulation den Bieter, der im Zeitpunkt des Eröffnungstermins das auskömmlichste Angebot vertrat, dazu veranlassen, eine – nach Kartellvergaberecht mögliche – Nachprüfungsentscheidung zu verlangen, denn im Augenblick der Publizität hätte sein Angebot den Zuschlag erhalten müssen.

(3) Zwischen einem unlauteren Bieter und dem Verantwortlichen der Vergabestelle kann vereinbart sein, dass, soweit dieser eine Chance auf den Zuschlag hat, günstigere Angebote ausgeschlossen werden. Der *Ausschluss des günstigsten Bieters* ist eine reaktive Vorgehensweise, die den unlauteren Bieter vor Unterbietungen schützt. Als Ausschlussgründe können auf Veranstalterseite entweder die Feststellung einer mangelnden Eignung oder das in § 25 Nr. 2 Abs. 2, Nr. 3 Abs. 1 VOB/A

---

27 Bei Ausschreibungen der öffentlichen Hand, die regelmäßig ein höheres Preisniveau aufweisen, kann der Kampfbieter auch mit gerade noch auskömmlichen Preisen den Zuschlag erhalten, da alle anderen Anbieter erwartungsgemäß höhere Preise einsetzen werden.

28 Der Tatbestand des § 298 Abs. 1 setzt zwingend voraus, dass die Absprache der Angebotsabgabe vorausgeht, also dass der Täter „[...]ein Angebot abgibt, dass auf einer rechtswidrigen Absprache beruht[...]".

enthaltene Verbot der Zuschlagserteilung bei „unangemessen niedrigen Preis" vorgebracht werden. Letztere Regelung soll verhindern, dass das beauftragte Unternehmen aufgrund eines ruinösen Wettbewerbs in wirtschaftliche Schwierigkeiten gerät und so den Auftrag nicht ausführen kann. Diesen Ausschlussgrund hat der BGH[29] bereits im Zusammenhang mit Submissionsabsprachen erörtert und dabei darauf hingewiesen, dass für die öffentliche Hand kein Hindernis besteht, auch so genannte Unterkostenpreise zu akzeptieren, sofern der Anbieter zu diesen Preisen zuverlässig leisten kann. Zudem ist durch die Ausweitung der Rechtschutzmöglichkeiten im Vergabeverfahren in der Regel eine Nachprüfung zu erwarten sein, die die Rücknahme des Ausschlusses anordnet.

29 BGH wistra 2001, 103.

§ 6 Die Beurteilung von Absprachen nach § 1 GWB

Kartelle sind Wettbewerbsverzichtsabkommen und beziehen sich in der Regel auf die Parameter Preis, Konditionen, Menge, Kunden, Absatzgebiete sowie auf abgestimmte Angebotslegung im Rahmen der Auftragsvergabe[1]. § 1 GWB ist die Grundnorm des deutschen Kartellgesetzes. Nach dem Kartellverbot in seiner novellierten Fassung sind „Vereinbarungen zwischen miteinander im Wettbewerb stehenden Unternehmen, Beschlüsse von Unternehmensvereinigungen und aufeinander abgestimmte Verhaltensweisen, die eine Verhinderung, Einschränkung oder Verfälschung des Wettbewerbs bezwecken oder bewirken", verboten. Die Adressaten der Regelung sind Unternehmen. Beim Unternehmensbegriff des GWB ist nicht entscheidend, wer tätig ist, sondern es kommt auf die Art der Tätigkeit an. Die Rechtsprechung geht in diesem Zusammenhang von einem funktionalen Unternehmensbegriff aus, der entsprechend des Zwecks des GWB zu bestimmen ist und damit jede selbständige, nicht lediglich dem privaten Verbrauch dienende Tätigkeit im geschäftlichen Verkehr umfasst, sei es als Anbieter oder als Abnehmer[2]. Darunter fällt auch die öffentliche Hand, soweit sie nicht hoheitlich tätig wird[3]. Dass die Absprachen faktisch durch natürliche Personen getroffen werden, die im Namen der als Adressaten genannten Unternehmen auftreten müssen und für diese handeln können, ist selbstverständlich. Zur Feststellung einer Wettbewerbsbeschränkung nach § 1 GWB bedarf es der Erfüllung folgender Merkmale:

1. Vereinbarungen, Beschlüsse von Unternehmensvereinigungen und aufeinander abgestimmte Verhaltensweisen.
2. Zwischen miteinander im Wettbewerb stehenden Unternehmen.
3. Verhinderung, Einschränkung oder Verfälschung des Wettbewerbs.
4. Bezwecken oder Bewirken.
5. Spürbarkeit[4].

---

[1] So die Definition in OECD, Recommendation of the Council concerning effective action against Hard Core Cartels, C(98)23/Final, 1998, S. 3.

[2] Vgl. BGH v. 19.9.1974, WuW/E BGH 1325 „Schreibvollautomat"; BGH v. 22.3.1976, WuW/E BGH 1469 „Autoanalyzer"; BGH v. 9.3.1999, WuW/E DE-R 289 (291) „Lottospielgemeinschaft"; BGH v. 22.7.1999, WuW/E DE-R 349 (350) „Beschränkte Ausschreibung".

[3] S. *Bunte*, WuW 1998, 1037 (1038); BGH v. 16.10.1961, WuW/E BGH 442 (449) „Gummistrümpfe".

[4] Diese Grobgliederung der Tatbestandsmerkmale gibt im Wesentlichen die übliche Prüfungsreihenfolge zu § 1 GWB wieder, vgl. Langen/*Bunte*, § 1 Inhaltsverzeichnis; ähnlich I/M-*Zimmer*, § 1 Übersicht.

I. Die Rechtswidrigkeit von Absprachen unter den Bietern

Mit der 6. GWB-Novelle ist eine Neuformulierung des § 1 GWB erfolgt, die sich zu Teilen am Wortlaut des Art. 81 Abs. 1 EGV orientiert[5]. Im Folgenden werden die Merkmale des § 1 GWB – entsprechend obiger Auflistung – vorgestellt, und es soll, wo erforderlich, auf die Probleme bei der Behandlung einzelner beschriebener, horizontaler Kooperationsformen vertiefend eingegangen werden. Das Erfordernis eines so genannten „*Wettbewerbsverhältnisses*“ bezieht sich auf alle in § 1 GWB genannten Formen des wettbewerbsbeschränkenden Zusammenwirkens. Dies ist bei der Bewertung für § 298 zu berücksichtigen, da auch dort Beschlüsse und abgestimmte Verhaltensweisen dem Tatbestandsmerkmal der Absprache unterfallen[6]. Das Vorhandensein einer Wettbewerbssituation zwischen den Vereinbarungs-, Beschluss- oder Abstimmungsbeteiligten ist in der Kategorie der Absprachen unter den Anbietern in der Regel vorauszusetzen und wirft damit keine größeren Probleme auf[7].

1. Marktinformationssysteme

So genannte *Angebotsmeldeverfahren*[8] können den Zweck oder die Wirkung von Submissionskartellen haben[9]. Sie weisen jedoch die Besonderheit auf, dass die Koordination über eine Meldestelle erfolgt. Der BGH hat, in der Entscheidung „Baumarktstatistik“, den Vertragsschluss und den Tatbestand des § 1 GWB a.F. prob-

---

[5] Auf den ersten Blick erscheint die Regelung in § 1 GWB „Vereinbarung zwischen miteinander im Wettbewerb stehenden Unternehmen“ eindeutig und klar. Das Tatbestandsmerkmal der „miteinander im Wettbewerb stehenden Unternehmen“ bezieht sich nach seiner Satzstellung aber unmittelbar weder auf abgestimmte Verhaltensweisen noch auf Beschlüsse von Unternehmensvereinigungen, da diese dem Erfordernis eines Wettbewerbsverhältnisses nachgestellt sind. Dennoch ist davon auszugehen, dass, entsprechend der Begrenzungsfunktion des Merkmals, auch eine abgestimmte Verhaltensweise oder ein Beschluss nur dem Anwendungsbereich des § 1 GWB entspricht, wenn sie zwischen miteinander im Wettbewerb stehenden Unternehmen erfolgen, vgl. etwa *Bechtold*, § 1 Rn. 18; GK-*Hootz*, § 1 Rn. 59; FK-*Huber*, § 1 n.F. Rn. 52; I/M-*Zimmer*, § 1 Rn. 173.

[6] Zur Einbeziehung abgestimmter Verhaltensweisen und Beschlüsse s. oben § 4 II.3. (S. 112 ff.).

[7] Vgl. zu Bußgeldfällen wegen Submissionsabsprachen BKartA v. 20.3.1996, WuW/E BKartA 2871 „Straßenstrich“; BGH v. 19.12.1995, WuW/E BGH 3043 „Fortgesetzte Ordnungswidrigkeit“; BGH v. 8.2.1994, WuW/E BGH 2904 „Unternehmenssubmission“; BGH v. 13.3.1990, WuW/E BGH 2659 „Leerangebot“.

[8] Eine beispielhafte Beschreibung des Einsatzes von Marktinformationssystemen erfolgte bereits oben § 5 I.4. (S. 124).

[9] Vgl. *Mestmäcker*, Europäisches Wettbewerbsrecht, S. 298.

lemlos bejaht: „Die Unternehmen nehmen mit der eigenen Meldung das Angebot der Meldestelle, welche die Baumarktstatistik mit dem darin enthaltenen Rückmeldesystem führt, an, von diesem System Gebrauch zu machen“[10]. Die Meldestelle, die z.B. durch einen Verband der Branche, in der sich die Melder befinden, wahrgenommen wird, ist indes kein Mitbewerber. Der BGH bemerkte dazu: „Da die Bf. (Meldestelle, d. Verf.) für sich und die an dem Meldesystem beteiligten Unternehmen nach den rechtsfehlerfrei getroffenen Feststellungen des BeschwGer. eine größere Markttransparenz zugunsten der sich an dem jeweiligen Ausschreibungsverfahren beteiligenden Bauunternehmen zu erreichen sucht, ist aus Rechtsgründen auch nicht zu beanstanden, dass das BeschwGer. in dem System nicht nur den Abschluss von Austauschverträgen gesehen hat“[11]. Diese Begründung entspricht dem damaligen Verständnis von § 1 GWB als offenem Tatbestand, der weniger schematischen Lösungen, als einer wertenden Betrachtung zugänglich war[12]. Entscheidend war, dass die Unternehmen, die sich meldeten, um alsbald durch die Rückmeldung andere an der Ausschreibung interessierte Unternehmen zu erfahren, eine Marktinformation erhalten, die im gemeinschaftlichem Interesse aller an dem System Beteiligten liegt[13].

Der Beurteilung nach § 1 GWB in seiner novellierten Fassung wird für eine solche rechtliche Einordnung das fehlende Wettbewerbsverhältnisses *zwischen* Anbieter und Meldestelle entgegenstehen[14]. Im Rahmen von § 1 GWB n.F. sind nämlich nur noch vertraglich organisierte Meldeverfahren zwischen Unternehmen, die miteinander im Wettbewerb stehen, relevant[15]. Die Teilnahme an

---

[10] So die Konstruktion des Vertragsschlusses nach BGH v. 18.11.1986, WuW/E BGH 2313 (2315) „Baumarkt-Statistik“.

[11] BGH NJW 1987, 1821 “Baumarkt-Statistik”. Die Entscheidung beruht noch auf § 1 GWB a.F., der einen „Vertrag zu einem gemeinsamen Zweck“ voraussetzt und durch die gegenseitige Meldung von Angeboten zweifellos erfüllt ist.

[12] Die offene Formulierung des „gemeinsamen Zwecks“ ermöglichte in Randbereichen eine differenzierende Beurteilung, vgl. *Nelißen*, Abgrenzung, S. 62.

[13] Vgl. BGH NJW 1987, 1821 “Baumarkt-Statistik”. Seit der „Fertigbeton“ – Entscheidung (BGH v. 14.10.1976, WuW/E BGH 1458 ff.) ging der BGH von einem gemeinsamen Zweck aus, wenn die Wettbewerbsbeschränkung einem *gleichgerichteten Interesse* der Vertragsschließenden entsprach.

[14] Es ist in diesem Zusammenhang auch auf sog. *„Sternverträge“* hinzuweisen, die nicht zwischen den Beteiligten, sondern durch eine Mehrzahl von Vereinbarungen mit einem identischen Partner abgeschlossen werden.

[15] Dementsprechend ist Voraussetzung für Sternverträge bei Anwendung des § 1 GWB n.F., dass die an der Vereinbarung beteiligten Unternehmen nunmehr miteinander im Wettbewerb stehen, und die Vereinbarung sich gerade auch auf das Wettbewerbsverhältnis bezieht. Das ist bei Vertikalvereinbarungen gerade nicht der Fall, womit die Konstruktion der Stern*verträge* obsolet geworden ist. Vgl. Wabnitz/Janovsky-*Dannecker*, Kap. 15 Rn. 46; zu den Folgen, I/M-*Zimmer*, § 1 Rn. 186, 340.

einem Angebotsmeldeverfahren kann § 1 GWB erfüllen, wenn die Vereinbarung dazu unmittelbar zwischen den Wettbewerbern getroffen wird[16]. Dies ist nach der oben dargestellten Konstruktion nicht der Fall.

Der freie Wettbewerb bei Ausschreibungen beruht jedoch gerade darauf, dass kein Bewerber weiß, zu welchem Preis seine Mitbewerber anbieten[17]. Aus dieser Ungewissheit entsteht auch der Zwang zu scharfer Kalkulation. Diese Wettbewerbslage wird nicht nur durch eine Bekanntgabe voraussichtlicher Preise, sondern auch dann bereits verfälscht, wenn Umstände mitgeteilt werden, die im konkreten Fall Rückschlüsse auf das zu erwartende Preisverhalten zulassen[18]. Angebotsmeldeverfahren stellen somit einen Verstoß gegen das Kartellverbot dar, wenn sie in *angebotsidentifizierender* Form erfolgen[19] und erfüllen damit das Merkmal der rechtswidrigen Absprache in § 298.

Im Hinblick auf die Finalität der Absprache in § 298, den Veranstalter zur Annahme eines bestimmten Angebotes zu veranlassen, ist allerdings Zurückhaltung geboten. Als Ziele von Angebotsmeldeverfahren werden die Erreichung höherer Markttransparenz[20], Schutz vor unlauterer Ausspielung vor aussichtsloser, weil nicht wettbewerbsfähiger Angebotserstellung genannt[21]. Allein die Kenntnis von der Teilnahmeabsicht oder eines abgegebenen Angebotes eines Konkurrenten bewirkt zunächst keine Bestimmung des Auftraggebers. Die Schaffung von Transparenz, speziell auf der Anbieterseite, wird die Kalkulation beeinflussen; ob sie aber gleichzeitig auch zu einer Koordination der Angebote führt, ist zweifelhaft. Baumarktstatistiken werden vielmehr dazu genutzt, eine weitere, konkrete (auf eine

---

16 Vgl. Langen/*Bunte*, § 1 Rn. 290; I/M-*Zimmer*, § 1 Rn. 390. Vgl. zum Vereinbarungsschluss BayObLG, BB 1965, 1164: „Die Mitglieder des Abspracherings, an dem der größte Teil der Baufirmen des betreffenden Gebietes beteiligt war, hatten sich zur Meldung an eine zentrale Stelle verpflichtet, wenn sie an einem ausgeschriebenen Auftrag interessiert waren".

17 BGH NJW 1987, 1821 „Baumarkt-Statistik"; zustimmend auch *Rittner*, Wettbewerbs- und Kartellrecht, § 6 Rn. 39.

18 Vgl. I/M²-*Immenga*, § 1 Rn. 497, 498: „Dies überzeugt nicht"; nun aber I/M-*Zimmer*, § 1 Rn. 400: „Dem ist zu folgen".

19 BGH v. 29.1.1975, WuW/E BGH 1337 (1344) „Aluminium-Halbzeug"; Bekanntmachung des Bundeskartellamtes über die kartellrechtliche Behandlung von Marktinformationsverfahren (BAnz. Nr. 22 v. 24.1.1977); *Baur/Ehlers*, WuW 1977, 683 (686); *Bechtold*, § 1 Rn. 37; *Rittner*, Wettbewerbs- und Kartellrecht, § 7 Rn. 15; Wiedemann-*Stockmann*, § 8 Rn. 241. Zur Erfüllung der übrigen Merkmale von § 1 GWB vgl. BayObLG, BB 1965, 1164.

20 Vgl. Langen/*Bunte*, § 1 Rn. 290.

21 Zu den Zielen eines Angebotsmeldeverfahrens, s. I/M-*Zimmer*, § 1 Rn. 399.

bestimmte Ausschreibung bezogene) Submissionsabsprache vorzubereiten[22]. Somit ist davon auszugehen, dass für eine Absprache i.S.v. § 298 die schlichte Beteiligung an einem Angebotsmeldeverfahren nicht ausreichend ist und erst eine koordinierende Ausschreibungsabsprache getroffen werden muss. Im Einzelfall mag durch eine Preismeldung die Absicht der Herausgestellteneigenschaft in der Angebotsmeldung enthalten sein und eine Koordination der übrigen Bieter, denen das Angebot gemeldet wird, hervorrufen, höhere Schutzangebote abzugeben[23]. Die Erfüllung des Tatbestandes § 298 nur durch die Teilnahme an einem angebotsidentifizierenden Meldeverfahren ist aber weitestgehend auszuschließen. Jegliche strafrechtliche Relevanz verlieren Meldeverfahren zudem, wenn zusätzliche Voraussetzung des Straftatbestandes die Absprache hinsichtlich eines *konkreten* Vergabeverfahrens wäre, wie dies aus der Formulierung „Wer bei *einer* Ausschreibung[...]" in § 298 gefolgert werden könnte. Eine solche tatbestandliche Reduktion klingt zuweilen im strafrechtlichen Schrifttum an, ist jedoch noch nicht weiter ausgeführt worden[24]. Insbesondere die Folgen einer solchen Einschränkung sind wenig beachtet. An dieser Stelle mag nur an die Schwierigkeiten einer Abgrenzung gerade bei Absprachen in Bezug auf künftige Vergabeverfahren hingewiesen werden, die sich auf mehr als nur eine Ausschreibung beziehen[25].

Vereinbarungen zwischen miteinander im Wettbewerb stehenden Unternehmen sind nach § 1 GWB verboten, wenn sie eine „Verhinderung, Einschränkung oder Verfälschung des Wettbewerbs" bezwecken oder bewirken. Nach der bis zum 1.1.1999 geltenden Fassung des Kartellverbotes waren Kartellvereinbarungen unwirksam, „soweit sie geeignet sind, die Erzeugung oder die Marktverhältnisse für den Verkehr mit Waren oder gewerblichen Leistungen durch Beschränkung des Wettbewerbs zu beeinflussen". Mit der Neuregelung hat der Gesetzgeber den

---

22 I/M-*Zimmer*, § 1 Rn. 399. Über eine weitere Absprache für den Einzelfall hatte das BayObLG v. 4.6.1965, WuW/E OLG 745 „Baumarktstatistik", zu entscheiden: „Hier haben die Betroffenen nicht nur die in der Kartellvereinbarung vorgesehenen Meldungen abgegeben und sich an den in der Vereinbarung vorgesehenen Absprachen beteiligt, sondern auch die bei den Einzelabsprachen getroffenen Abreden über den Nullpreis und die Höhe der abzugebenden Schutzangebote eingehalten[...]". S. auch *Mestmäcker*, Europäisches Wettbewerbsrecht, S. 299.

23 Die Besonderheit von Aufträgen die ausgeschrieben werden, liegt darin, dass für sie in der Regel kein Marktpreis besteht, so dass die reine Preismeldung, die sich aus relativ niedrigem Angebotspreis und zusätzlichen Ausgleichszahlungen für die zurückstehenden Mitbewerber (unaufgeschlüsselt) zusammensetzt, nicht inzident den Anspruch für die Preisführerschaft erkennen lässt.

24 Vgl. Tröndle/*Fischer*, § 298 Rn. 9: „Die Vereinbarung muss sich auf mindestens ein hinreichend konkretes Ausschreibungsverfahren beziehen[...]"; ebenso Wiedemann-*Klusmann*, § 56 Rn. 14.

25 Vgl. LK-*Tiedemann*, § 298 Rn. 40.

Normtext an Art. 81 Abs. 1 EGV angeglichen, wobei er davon ausging, dass kein wesentlicher Unterschied durch die Änderung in der Praxis erfolgen sollte[26]. Während die alte Fassung nur die Beschränkung des Wettbewerbs kannte, nennt die Novelle drei verschiedene Begriffe: die Verhinderung, die Einschränkung und die Verfälschung des Wettbewerbs. Die „Verhinderung" des Wettbewerbs ist der weitreichendste der drei Tatbestände und setzt den totalen Ausschluss von wirtschaftlicher Handlungsfreiheit voraus[27]. Häufiger wird nur eine „Einschränkung" des Wettbewerbs vorliegen, für die schon die Annahme einer sonstigen Beschränkung genügt[28]. Der Anwendungsbereich des Merkmals „Verfälschen" ist noch nicht vollständig geklärt[29]. Zum Teil wird darin – in Anlehnung an die Entscheidungen der Kommission zu Art. 81 EGV – eine mittelbare Einwirkung auf das Marktverhalten gesehen, indem Wettbewerbsbedingungen künstlich verändert und damit der Wettbewerbsanreiz gemindert wird[30]. Die Gegenansicht geht davon aus, dass das Merkmal der Verfälschung des Wettbewerbs keinen eigenständigen Anwendungsbereich hat, da die Nennung dieses Merkmals nur auf die (nahezu) identische Übernahme des Normtextes von Art. 81 Abs. 1 EGV zurückzuführen sei[31]. Die hier in Rede stehenden Fälle können bereits mit den Merkmalen der Verhinderung und der Einschränkung des Wettbewerbs erfasst werden und bedürfen somit keiner weiteren Problematisierung[32].

---

26 Damit ist indes der Theorienstreit (Gegenstands-, Zweck- und Folgetheorie) um das Verhältnis von Wettbewerbsbeschränkung und Vertrag durch die Neufassung, die auf „bezwecken oder bewirken" der Wettbewerbsbeschränkung abstellt, entfallen, vgl. Langen/*Bunte*, § 1 Rn. 124; kritisch dazu *Baums*, ZIP 1998, 233.

27 Ein solcher Ausschluss kann allenfalls bei Gebietsaufteilungen durch Demarkationsverträge gegeben sein, vgl. FK-*Huber*, § 1 n.F. Rn. 55.

28 Hierunter ist nur eine graduelle Beeinträchtigung der Wettbewerbsfreiheit zu verstehen, welche die Beteiligten eines wettbewerbswidrigen Zusammenwirkens nur hinsichtlich einzelner Wettbewerbsparameter oder der Intensität der Beschränkung bindet.

29 Vgl. *Emmerich*, Kartellrecht, § 3 8 c. Die Gesetzesbegründung geht auf die Aufnahme der Begriffe Verhinderung, Einschränkung und Verfälschung nicht ein, vgl. BT-Drs. 13/9720, S. 31, 46 f.

30 Dazu Langen/*Bunte*, § 1 Rn. 134 f. und § 81 Rn. 59; *ders.*, Kartellrecht, § 4 II 4 b. *Bunte* geht zudem davon aus, dass die „Verfälschung" des Wettbewerbs den Oberbegriff zu dessen „Verhinderung" und „Einschränkung" bildet.

31 So FK-*Huber*, § 1 n.F. Rn. 57; *Rittner*, Wettbewerbs- und Kartellrecht, § 7 Rn. 49; I/M-*Zimmer*, § 1 Rn. 197.

32 I/M-*Zimmer*, § 1 Rn. 197, weist darauf hin, dass das Verfälschen im Sinne von Art. 81 Abs. 1 EGV in der Beeinträchtigung von Drittwettbewerb gesehen werden kann. Er schließt aber eine Übertragung auf § 1 GWB wegen des Erfordernisses der Beeinträchtigung eines zwischen den Beteiligten bestehenden Wettbewerbs aus.

2. Bietergemeinschaften

Die Bildung von *Bietergemeinschaften* kann die Anzahl der selbständigen Bieter an einer Ausschreibung verringern und damit eine spürbare Wettbewerbsbeschränkung bezwecken oder bewirken[33]. Das ist der Fall, wenn für die Ausführung einer bestimmten Bauleistung nur eine begrenzte Zahl von Unternehmen in Betracht kommt, und einige dieser Unternehmen sich zu einer oder mehreren Bietergemeinschaften zusammenschließen, mit der Folge, dass nur eine geringe Anzahl von Angeboten beim Auftraggeber eingeht[34]. Damit stellt die Bietergemeinschaft eine mögliche Form der Beeinflussung einer Ausschreibung dar[35]. Dies war im Laufe des Gesetzgebungsverfahrens zu § 298 auch dem mitberatenden Innenausschuss des Bundestages aufgefallen, der daraufhin den federführenden Rechtsausschuss bat, zu überprüfen, ob es im Rahmen des Submissionsverfahrens für Bietergemeinschaften zu rechtlichen Unsicherheiten kommen kann[36]. Dieser konstatierte, dass „nur kartellrechtswidriges Verhalten, also nicht Handlungen, die kartellrechtlich zulässig sind, wie z.B. die Bildung von Bietergemeinschaften, erfasst werden“[37]. Diese Aussage ist richtig, wenn der Terminus darauf reduziert wird, dass eine (echte) Bietergemeinschaft nur dann als solche bezeichnet werden kann, wenn sie zulässig bzw. legal ist. Eine solche begriffliche Eingrenzung ist in der Praxis jedoch nicht üblich[38]. Für die Beurteilung der kartellrechtlichen Zulässigkeit bei Aus-

---

33 Zu der Beurteilung von Bietergemeinschaften unter dem Merkmal der Wettbewerbsbeschränkung, s. *Bunte*, Kartellrecht, § 4 III 3 a; a.A. *Lange*, Kartellrecht, Kap. 2, § 1 Rn. 104, der die Zulässigkeit von Bietergemeinschaften im Rahmen des Wettbewerbsverhältnisses untersucht.

34 BGH v. 5.2.2002, WuW/E DE-R 876 „Jugendnachtfahrten“ zu § 1 GWB n.F.; BGH v. 13.12.1983, WuW/E BGH 2050 „Bauvorhaben Schramberg“ zu § 1 GWB a.F.; Heiermann/Riedl/*Rusam*, § 8.2 VOB/A Rn. 33.

35 Kartellrechtlich unbedenklich sind dagegen Arbeits-/Bietergemeinschaften, die unterschiedlichen Branchen oder Wirtschaftszweigen angehören und untereinander nicht im Wettbewerb stehen (vertikale Arbeitsteilung), vgl. *Bechtold*, § 1 Rn. 76; Langen/*Bunte*, § 1 GWB Rn. 308; im Rahmen von § 298 *Greeve*, ZVgR 1998, 463 (469); s. auch OLG Jena, Beschluss v. 13.10.1999, NZBau 2001, 39 „Mogendorfer Model“.

36 BT-Drs. 13/8079, S. 12.

37 Beschlussempfehlungen des Rechtsausschusses, BT-Drs. 13/8079, S. 14. In diesem Sinne auch die Äußerungen der Abgeordneten Hartenbach (SPD) und van Essen (FDP) in der Bundestagsdebatte v. 26.6.1997 (Plenarprotokoll 13/184, S. 16646 bzw. 16649). Dieser Beurteilung folgt das strafrechtliche Schrifttum auch weitgehend, vgl. FK-*Achenbach*, § 81 Rn. 50; Tröndle/*Fischer*, § 298 Rn. 10; Müller-Gugenberger/Bieneck-*Gruhl*, § 58 Rn. 3, 12; Wiedemann-*Klusmann*, § 56 Rn. 17; Lackner/*Kühl*, § 298 Rn. 3; SK-*Rudolphi*, § 298 Rn. 8; LK-*Tiedemann*, § 298 Rn. 36; a.A. *Greeve*, ZVgR 1998, 463 (469 f.).

38 *Maasch*, ZHR 150 (1986), 657 (685): „Der Zusammenschluss konkurrierender Unternehmen zu einer Bietergemeinschaft unterliegt prinzipiell einer Zulässigkeitsprüfung nach § 1“.

schreibungen gelten materielle Beurteilungsmassstäbe, die nach ständiger Rechts- und Verwaltungspraxis auf Arbeits- und Bietergemeinschaften anzuwenden sind[39].

Nach den Kartellbehörden des Bundes und der Länder sind Bietergemeinschaften als zulässig anzusehen, wenn die beteiligten Unternehmen – jedes für sich betrachtet – überhaupt nicht oder zumindest im Zeitpunkt der Bildung der Bietergemeinschaft nicht über die *erforderlichen Kapazitäten* zur Ausführung des angestrebten Auftrages verfügen (sog. fehlende Markteintrittsfähigkeit[40]). Oder wenn sie zwar über die erforderlichen Kapazitäten verfügen, aber erst die Zusammenarbeit in einer Arbeitsgemeinschaft durch Ausschöpfung von Rationalisierungsvorteilen sie in die Lage versetzt, ein gegenüber konkurrierenden Großunternehmen *erfolgversprechendes Angebot* abzugeben (sog. fehlende Markteintrittsbereitschaft[41]). In diesen Fällen wird durch die Bietergemeinschaft der Wettbewerb nicht nur nicht beschränkt, sondern sogar durch das (gemeinsame) zusätzliche Angebot verstärkt[42]. Der BGH hat dazu in seinem Grundsatzurteil zu Bietergemeinschaften einen Verstoß gegen § 1 GWB unter der Voraussetzung verneint, dass eine selbständige Teilnahme an der Ausschreibung „wirtschaftlich nicht zweckmäßig und kaufmännisch nicht vernünftig wäre"[43]. Nach einer im Anschluss daran getroffenen obergerichtlichen Entscheidung stellt – positiv formuliert – eine Vereinbarung zur Bil-

---

39 Vgl. Positionspapier der Kartellbehörden des Bundes und der Länder v. 8. November 2001: Kartellrechtliche Beurteilung von Bietergemeinschaften bei Ausschreibungen von Nahverkehrsleistungen. Auf europäischer Ebene war für die wettbewerbliche Beurteilung der verschiedenen Arbeitsgemeinschaften in der Vergangenheit die Kooperationsbekanntmachung (ABl. C 75 v. 29.7.1968, S. 3) von großer Bedeutung. Mit den Leitlinien zur Anwendbarkeit von Art. 81 EGV auf Vereinbarungen über horizontalen Zusammenarbeit (ABl. 2001 C 3, S. 2 ff.) hat diese wettbewerbliche Beurteilung eine neue Grundlage erhalten.

40 Vgl. *Immenga*, DB 1984, 385 (392); I/M-Zimmer, § 1 Rn. 369; Die Kartellbehörden haben sich in der Vergangenheit auf den Standpunkt gestellt, dass sich ein Unternehmen nicht an einer Bietergemeinschaft beteiligen darf, wenn seine Kapazität allein zur Ausführung eines Auftrags ausreicht, und erklärt, die Beteiligung von Großunternehmen an Bietergemeinschaften sei somit regelmäßig kartellrechtlich unzulässig, s. Heiermann/Riedl/*Rusam*, § 8 Nr. 2 VOB/A Rn. 23.

41 *Maasch*, ZHR 150 (1986), 657 (658).

42 Vgl. BGH v. 13.12.1983, WUW/E BGH 2050 „Bauvorhaben Schramberg"; BGH v. 9.7.2002, WUW/E DE-R 876 „Jugendnachtfahrten"; OLG Stuttgart v. 15.7.1983, WuW/E OLG 3108 (3109) „Parkhaus"; OLG Stuttgart v. 8.9.1983, WuW/E OLG 3110 (3111) „Pulverbeschichtungsanlage"; KG v. 19.1.1984, WuW/E OLG 3115 „Rohrleitungsbau"; KG v. 26.2.1986, WuW/E OLG 3737 (3745) „Selex-Tania"; auf europäischer Ebene: Kommission v. 24.10.1988 „Euro-Tunnel" (ABl. 1988 L 311, S. 36 [38]). Zu weitgehend daher *Greeve* ZVgR 1998, 463 (470): „In dem Abschluss von Bietergemeinschaften, in dem regelmäßig ein konkludenter Wettbewerbsverzicht liegt[...]".

43 Vgl. BGH v. 13.12.1983, WUW/E BGH 2050 „Bauvorhaben Schramberg". Zur Frage der subjektiven Komponente, vgl. *Immenga*, DB 1984, 384 (388).

dung einer Bietergemeinschaft eine unzulässige wettbewerbsbeschränkende Vereinbarung im Sinne des § 1 GWB dar, wenn „der Entschluss zur Mitgliedschaft in der Bietergemeinschaft für eines der beteiligten Unternehmen keine im Rahmen zweckmäßigen und kaufmännisch vernünftigen Handelns liegende Entscheidung ist"[44]. Das Abstellen auf ein subjektives Kriterium hat im Schrifttum die Kritik hervorgerufen, dass den Kartellbehörden nun der Nachweis des Verstoßes gegen § 1 GWB unmöglich gemacht sei[45]. Dies wird zwar durch eine entgegenstehende Praxis entkräftet[46], der Anwendungsbereich des so genannten *Arbeitsgemeinschaftsgedankens*[47] ist mit diesem Urteil aber über die Fälle der Unmöglichkeit eigener Teilnahme am Wettbewerb hinaus erweitert worden[48]. Bei der Beurteilung einer Bietergemeinschaft muss fortan nach einer Kapazitäts- und Erfolgseinschätzung auch subjektive, auf das spezielle Unternehmen bezogene „Gewinngrößenschätzungen" angestellt werden[49]. Erst wenn sich daraus positiv ergibt, dass es für ein Unternehmen, das sich an einer Bietergemeinschaft beteiligt, auch berechtigte Gewinnerwartungen bei eigener Angebotsabgabe gegeben hätte, stellt der Zusammenschluss einen Verstoß gegen das Kartellverbot dar[50].

---

44 OLG Naumburg v. 21.12.2000, WUW/E Verg 493, 495 „Abschleppaufträge". Dem hat sich in der Praxis das Bundeskartellamt angeschlossen, vgl. Positionspapier der Kartellbehörden des Bundes und der Länder v. 8. November 2001: Kartellrechtliche Beurteilung von Bietergemeinschaften bei Ausschreibungen von Nahverkehrsleistungen.

45 So besonders *Emmerich*, Kartellrecht, S. 71; Für die Zuerkennung eines Beurteilungsspielraums, OLG Naumburg v. 21.12.2000, WuW/E Verg 493 „Abschleppunternehmen". Zur Berücksichtigung subjektiver Kriterien, auch schon *Maasch*, ZHR 150 (1986), 657 (660, 673).

46 Vgl. BKartA, TB 1989/90, S.102.

47 Der Arbeitsgemeinschaftsgedanke geht davon aus, dass dem Abschluss eines Kooperationsvertrages Situationen im Wirtschaftsleben zu Grunde liegen, in denen es für ein einzelnes Unternehmen aus tatsächlichen oder wirtschaftlichen Gründen unmöglich oder jedenfalls kaufmännisch unvernünftig ist, sich als selbständiger Anbieter dem Wettbewerb zu stellen, während bei einem gemeinsamen Auftreten am Markt diese Hinderungsgründe entfallen. Vgl. BGH v. 11.12.1997, WuW/E DE-R 17 „Europapokalheimspiele"; BGH v. 13.1.1998, WuW/E DE-R 115 „Carpartner".

48 Vgl. *Wiedemann*, ZfBR 2003, 240 (242 f.); I/M-*Zimmer*, § 1 Rn. 370.

49 „Diese können – je nach der geschäftlichen Situation verschiedener Unternehmen – dem einen die Durchführung eines Auftrages auch dann noch gebieten, wenn dieser gerade die variablen Kosten deckt, während in einem anderen Fall die Ablehnung eines Geschäftes schon dann wirtschaftlich zweckmäßig und kaufmännisch vernünftig sein kann, wenn zwar ein gewisser Gewinn zu erwarten ist, dieser jedoch im Hinblick auf andere Gewinnmöglichkeiten zu niedrig erscheint". BGH v. 13.12.1983, WUW/E BGH 2050 „Bauvorhaben Schramberg".

50 Das Erfordernis eines subjektiven Momentes ändert jedoch nichts daran, dass bei der Bildung von Bietergemeinschaften wettbewerblich geprägte Strukturen bestehen bleiben müssen. Problematisch ist in diesem Zusammenhang insbesondere, wenn sich eine so große Zahl von Unternehmen an der Bieter- oder Arbeitsgemeinschaft beteiligt, dass diese nahezu das gesamte Spektrum möglicher Anbieter umfasst. Vgl. Langen/*Bunte*, § 1 Rn. 310.

Aus diesen erhöhten Anforderungen an die Zulässigkeit einer Bietergemeinschaft darf nicht geschlossen werden, dass eine Delinquenz nach § 298 ausgeschlossen ist. Der Straftatbestand wird nämlich nur dort die Form des unzulässigen Bieterkartells erreichen, wo Unternehmen die erforderliche Kapazität zur Auftragsausführung besitzen und selbständige Gewinnchancen im Rahmen des Zusammenschlusses zu einer Bietergruppe zurückstellen. Erst diese Situation treibt die Anbieter dazu, den Wettbewerb zu beschränken und der Absprache den Impetus beizufügen, den Veranstalter zur Annahme eines bestimmten Angebotes zu veranlassen. Insbesondere das Ziel einer Bietergemeinschaft, einen als ruinös und nicht kostendeckend empfundenen Wettbewerb dahin gehend zu beeinflussen, dass durch gezielt höhere Angebote einem ausgewählten Mitglied der Auftrag zu einem angemessenen und auskömmlichen Preis verschafft werden soll, kann nicht mit dem Arbeitsgemeinschaftsgedanken gerechtfertigt werden[51]. Die Absage an diese Argumentation zeigt, dass mit dem subjektiven Kriterium keine Gewinnmaximierung durch Zusammenarbeit gerechtfertigt werden kann. Zudem kann ein in dem Bietergemeinschaftsvertrag ausdrücklich vereinbartes *Wettbewerbsverbot* als Indiz dafür angesehen werden, dass eine selbständige Angebotsabgabe durchaus als kaufmännisch vernünftig einzustufen ist und daher aus Sicht der beteiligten Unternehmen auszuschließen war[52]. Ist eine selbständige Angebotsabgabe von vornherein unmöglich oder aussichtslos, bedürfte es nämlich eines solchen Verbotes nicht. Entgegen der Annahme des Rechtsausschusses des Bundestages kann es damit Bietergemeinschaften geben, die kartellrechtlich unzulässig sind, und in denen ein strafrechtlicher Verstoß gegen § 298 gesehen werden muss, wenn die übrigen Voraussetzzungen des Straftatbestandes vorliegen[53]. Insbesondere die Vereinbarung eines Wettbewerbsverbotes zwischen den beteiligten Bietern einer Ausschreibung ist ein starkes Indiz dafür, dass eine wettbewerbsbeschränkende Absprache vorliegt[54]. Die Bildung einer Bietergemeinschaft muss also gerade zwischen Unternehmen mit ausreichender Kapazität gut überlegt sein. Im Hinblick auf die Anwendung des Kartellverbotes auf Bietergemeinschaften verfügen die Kartellbehörden nach § 32 GWB und § 81 Abs. 1 Nr. 1 GWB in Verbindung mit § 47 OWiG über ein Aufgreifermessen. Ein Rechtsanspruch der Mitglieder einer Bietergemeinschaft auf eine (präventive) kar-

---

51 BGH v. 31.8.1994, WuW/E BGH 2945 (2948) „Arbeitsgemeinschaft Rheinausbau II".

52 S. *Kooperation und Wettbewerb*, S. 21 (22); *Möschel*, Wettbewerbsbeschränkungen Rn. 189. Anders wohl *Bunte*, Kartellrecht, § 4 3 a, der erst an der Vereinbarung eines Wettbewerbsverbotes die Frage der Zulässigkeit einer Bietergemeinschaft überprüft.

53 So bereits *Greeve*, ZVgR 1998, 470.

54 Weitere Gesichtspunkte zur Feststellung des (wahren) Vertragszwecks bei *Wiedemann*, ZfBR 2003, 240 (242).

tellbehördliche Prüfung und gegebenenfalls die Erteilung einer kartellrechtlichen Unbedenklichkeitsbescheinigung besteht daher nicht[55].

Die im Innenverhältnis der Kartellbeteiligten bezweckte oder bewirkte Beeinträchtigung des Wettbewerbverhaltens muss im Hinblick auf mögliche „Außenwirkungen auf dem Markt" spürbar sein[56]. Das Erfordernis der Spürbarkeit ergab sich nach § 1 GWB a.F aus dem Merkmal der „Eignung zur Beeinflussung der Marktverhältnisse"[57]. Obwohl diese Wendung in § 1 GWB nicht mehr enthalten ist, soll nach h. M.[58] eine Spürbarkeit der mit der Vereinbarung oder dem Beschluss verbundenen Wettbewerbsbeschränkung als ungeschriebenes Tatbestandsmerkmal weiterhin erforderlich sein. Eine spürbare Außenwirkung liegt definitionsgemäß vor, wenn die wirtschaftlichen Betätigungsmöglichkeiten und die zur Verfügung stehenden Alternativen für die Marktbeteiligten nicht nur unmerklich beeinträchtigt werden[59]. Auswirkungen in diesem Sinne fehlen, wenn weder die Marktgegenseite noch andere Wettbewerber einen Anlass zu Reaktionsmaßnahmen sehen[60]. Dabei ist zwischen qualitativen und quantitativen Kriterien zu unterscheiden[61]. Aus qualitativer Sicht gilt, dass je schwerwiegender die Wettbewerbsbeschränkung ist, desto eher deren Spürbarkeit anzunehmen ist. Als schwerwiegende Beschränkungen werden vor allem Preis- oder Gebietsabsprachen angesehen, worunter als Unterform auch Submissionsabsprachen zählen. Aus quantitativer Sicht wird in erster

---

55 Vgl. Positionspapier der Kartellbehörden des Bundes und der Länder v. 8.11.2001: Kartellrechtliche Beurteilung von Bietergemeinschaften bei Ausschreibungen von Nahverkehrsleistungen. Nach dem Merkblatt des Bundeskartellamtes über die Kooperationsmöglichkeiten für kleinere und mittlere Unternehmen nach dem Kartellgesetz (S. 8) besteht allerdings für *Arbeitsgemeinschaften* die Möglichkeit einer Legalisierung nach § 4 Abs. 1 GWB (Mittelstandskartelle) soweit die beteiligten Unternehmen in Konkurrenz zueinander stehen und sich zum Verzicht auf die Abgabe eigener Angebote verpflichtet haben.

56 BGH v. 14.10.1976, WuW/E BGH 1458 (1461) „Fertigbeton".

57 Vgl. etwa *Bunte*, Kartellrecht, § 4 II 6.

58 Vgl. BKartA v. 25.8.1999, WuW/E DE-V 209 (213) „Stellenmarkt für Deutschland II"; Langen/*Bunte*, § 1 Rn. 174; *ders.*, Kartellrecht, § 4 II 6; FK-*Huber*, § 1 n.F. Rn. 69; I/M-*Zimmer*, § 1 Rn. 256: „Den Materialien kann entnommen werden, dass mit der Streichung dieser Passage keine materielle Änderung, sondern eine Anpassung an die Formulierung des Art. 81 Abs. 1 EGV bezweckt ist". Art. 81 Abs. 1 EGV beinhaltet als ungeschriebenes Tatbestandsmerkmal die Spürbarkeit der Wettbewerbsbeschränkung.

59 So I/M-*Zimmer*, § 1 Rn. 257; zuletzt BGH v. 13.1.1998, WuW/E DE-R 115 „Carpartner": „[...]jedenfalls geeignet, die Verhältnisse auf den Märkten[...]mehr als nur in unbedeutendem Umfang zu beeinflussen".

60 Vgl. BGH v. 23.2.1988, WuW/E BGH 2469 (2470) „Brillenfassungen".

61 S. nur *Bunte*, Kartellrecht, § 4 II 6.

Linie auf den Marktanteil des Kartells[62] und der nicht kartellierten Unternehmen oder aber auf deren zahlenmäßiges Verhältnis[63] auf dem *relevanten Markt* abgestellt. Danach sind zu einem Markt alle Waren oder gewerblichen Leistungen zu zählen, die sich nach ihren Eigenschaften, ihrem Verwendungszweck und Preis so nahe stehen, dass die aus der Sicht der verständigen Marktgegenseite als für die Deckung eines bestimmten Bedarfs geeignet angesehen werden[64]. Gegebenenfalls schließt sich eine räumliche und zeitliche Marktabgrenzung an. Bei Submissionsabsprachen im Baugewerbe hat die Rechtsprechung regelmäßig die Eignung zur Marktbeeinflussung angenommen, ohne quantitative Feststellungen über die Marktstellung der Absprachteilnehmer zu treffen[65]. Das überrascht, da bei definitionsgemäßer Anwendung der Marktanteilserwägungen Submissionsabsprachen nur selten zu erfassen wären, „da sie häufig nur ein bestimmtes Bauvorhaben betreffen und von Unternehmen ausgehen, deren Bedeutung im Hinblick auf den Gesamtmarkt gering ist“[66]. Das Kammergericht hat die Anwendung von § 1 GWB dennoch damit begründet, dass bei der Bewertung von Preisabsprachen im Baugewerbe nicht allein von Marktanteilserwägungen auszugehen sei[67]. Entscheidend sei, dass der Nachfrager unter Umständen davon abgehalten werde, von seiner an sich weiterhin bestehenden Auswahlmöglichkeit Gebrauch zu machen. Damit seien die Wettbewerbsmöglichkeiten aller nach der jeweiligen Sachlage als Wettbewerber der Kartellvertragsparteien anzusehenden Unternehmen betroffen. Der BGH hat die Entscheidung bestätigt und eine abweichende Feststellung der Spürbarkeit der Wettbewerbsbeschränkung bei der Submissionsabsprache im Ergebnis gebilligt[68]. Generelle Aussagen über submissionsspezifische Marktanteilserwägungen oder gar

[62] Vgl. BGH v. 23.2.1988, WuW/E BGH 2469 (2470) „Brillenfassungen“.

[63] Vgl. BGH v. 14.1.1960, WuW/E BGH 369 (370) „Kohlenplatzhandel“.

[64] BGH v. 16.12.1976, WuW/E BGH 1445 (1447 f.) „Valium“; BGH v. 25.6.1985, WuW/E BGH 2150 (2153) „Edelstahlbestecke”.

[65] Vgl. I/M-Zimmer § 1 Rn. 261 mit Hinwies auf KG v. 4.11.1991, WuW/E OLG 4885 „Submissionsabsprachen“; s. weiterhin OLG Celle, WuW/E 772 (775) „Naturstein“; OLG Hamburg, WuW/E OLG 441 „Ausschreibung von Putzarbeiten“; WuW/E BGH 495 (498) „Ausschreibung für Putzarbeiten II“. Diese Ansicht teilt auch das *Bundeskartellamt* (schriftlicher Auskunft v. 2.10.2003) und begründet dies vor allem mit der qualitativen Erwägung der „hohen Gemeinschädlichkeit“ von Submissionsabsprachen, die eine quantitative Feststellung entbehrlich macht. I.d.S. auch schon die Bagatellbekanntmachung Nr. 57/80 v. 8.7.1980, bei der das Vorliegen der Spürbarkeit bereits im Rahmen des Aufgreif-Ermessens gem. § 32 GWB bzw. 47 OWiG konkretisiert wurde.

[66] KG v. 25.3.1982, WuW/E OLG 2789 „Eignung zur Marktbeeinflussung“

[67] KG v. 25.3.1982, WuW/E OLG 2789. Nach Auffassung des zuständigen Senates sollten die vom BGH aufgestellten Grundsätze nicht schematisch gehandhabt und auf sämtliche in Betracht kommenden Varianten von Kartellverträgen übertragen werden.

[68] BGH v. 14.4.1983, WuW/E BGH 2000 „Beistand bei Kostenangeboten“.

Marktabgrenzungen traf der BGH jedoch nicht, sondern wies darauf hin, dass auf dem Baumarkt Submissionsabsprachen häufig sind und stellte fest: „Ist der freie Wettbewerb durch wettbewerbshindernde Umstände ohnehin bereits eingeschränkt, dann ist auch eine – gemessen am gesamten Marktgeschehen – relativ geringe weitere Einschränkung, welche diese Verhältnisse zumindest verfestigt, geeignet, zu einer spürbaren Beeinträchtigung des freien Wettbewerbs im Sinne von § 1 GWB zu führen“[69]. Die Entscheidung verdeutlicht, dass der BGH (zunächst) keine ausschreibungsspezifische Marktabgrenzungserwägungen anstellte[70]. Das angeführte Argument der „Vorbelastung“ ist jedoch methodisch fragwürdig, da es die Kausalität zwischen der Vereinbarung und der spürbaren Außenwirkung von zusätzlichen Umständen abhängig macht, und ist praktisch untauglich, wenn vorbelastende Umstände nicht festgestellt werden. Das OLG Celle hatte darauf über eine Submissionsabsprache bei einer beschränkten Ausschreibung zu entscheiden und nahm eine spürbare Beschränkung des Wettbewerbs mit folgender Begründung an: „Bei einer beschränkten Ausschreibung verändert eine wettbewerbsbeschränkende Absprache zwischen zwei von neun Wettbewerbern die Konkurrenzsituation unter den übrigen spürbar“[71]. Die Besonderheit der Entscheidung liegt nicht darin, dass die Absprache von zwei Wettbewerbern dazu ausreicht, um einen Markt spürbar zu beeinflussen. Die Besonderheit liegt vielmehr darin, dass der relevante Markt mit neun Wettbewerbern angegeben wird, also den Bietern, die bei der beschränkten Ausschreibung ein Angebot abgegeben haben.

Über eine ähnliche Situation hatte unlängst der BGH zu entscheiden. In der Entscheidung „beschränkte Ausschreibung“[72] ging der BGH nicht auf die üblichen Grundsätze zur Marktabgrenzung ein, sondern formulierte: „Relevanter Markt im Sinne des § 1 Abs. 1 GWB a.F. kann auch ein *temporärer Markt* sein, der durch ein Versteigerungsverfahren zur Verwertung eines einzelnen Grundstücks oder Unternehmens besteht. Die wettbewerbsbeschränkende Wirkung einer Bieterabsprache kann darin bestehen, dass der Bietermechanismus schon allein für das auf die Beteiligten beschränkte Ausschreibungsverfahren außer Kraft gesetzt werden soll-

[69] BGH v. 14.4.1983, WuW/E BGH 2000 (2002) „Beistand bei Kostenangeboten“.

[70] Zumal der Entscheidung folgendes „Vergabeverfahren“ zu Grunde lag: „Er (der Veranstalter; Anm. des. Verf.) bat den Betroffenen um ein Kostenangebot und gleichzeitig um die Beschaffung eines weiteren Angebots einer anderen Baufirma, da die Arbeiten nur mit Zustimmung der Hauptgeschäftstelle der B. vergeben werden durften, dieser mindestens zwei Angebote vorzulegen waren und dann der preisgünstigste Anbieter zu beauftragen war“.

[71] OLG Celle v. 2.8.1984, WuW/E OLG 3330 „Fahrbahnbeläge auf Brücken“.

[72] BGH v. 22.7.1999, WuW/E DE-R 349 „Beschränkte Ausschreibung“: „Das Bundesvermögensamt bot daraufhin dem Kl. und den Erben des Alteigentümers in einem auf sie beschränkten Ausschreibungsverfahren das Grundstück zum Kauf an“.

te“[73]. Der BGH nimmt damit eine temporäre Marktabgrenzung vor, die durch den zeitlichen Ablauf des (Versteigerungs-)Verfahrens begrenzt wird, so dass der Wettbewerb nur durch die Absprache der beteiligten Bieter spürbar beschränkt werden kann. Der Gedanke der Vorbelastung innerhalb eines sachlich abzugrenzenden Marktes findet in dieser Entscheidung hingegen keine Erwähnung mehr[74]. Daraus muss geschlossen werden, dass der BGH zumindest bei Vergaben, die in ihrem Zugang durch die gewählte Vergabeform begrenzt sind (beschränkte Ausschreibung, freihändige Vergabe), den relevante Markt auf die mitbietenden Unternehmen beschränkt.

Im Schrifttum haben sich nur wenige Autoren[75] auf eine submissionsspezifische Marktabgrenzung eingelassen. Danach ist der Submissionsmarkt eine vorübergehende Erscheinung und muss, anders als viele andere Märkte, zusätzlich zeitlich abgegrenzt werden. Zum Zeitpunkt der Ausschreibung hängt es also von der Verfahrensart ab, wie groß der Submissionsmarkt ist. Während er sich bei der offenen Ausschreibung mit dem sachlichen und räumlichen Markt für das ausgeschriebene Projekt deckt, ist er bei den anderen Verfahrensarten (beschränkte Ausschreibung, freihändige Vergabe) auf die aufgeforderten Unternehmen beschränkt. Darüber hinaus sieht *Christ* die sachliche Marktabgrenzung durch die Ausschreibungsunterlagen und Eignungskriterien des Veranstalters erleichtert. Im Unterschied zu einem gewöhnlichen Markt, auf dem die Verbraucherpräferenzen nicht immer leicht ermittelt werden können, spezifiziere hier der Nachfrager sehr detailliert seine Vorstellungen. Danach erfasse der relevante Markt jene Anbieter, die ein „Absprecher“ in seine Abrede einbinden muss, damit sie ihren Zweck vollständig erreicht.

Übertragen auf die Situation des § 298 bedeutet dies, dass Submissionsabsprachen in aller Regel den Wettbewerb zwischen den Unternehmen qualitativ und quantitativ spürbar beschränken[76].

3. Stillhalteabkommen

Wird an diese Überlegungen angeknüpft, wirft die Gruppe der *Stillhalteabkommen* eine grundsätzliche Frage auf. Das bereits oben[77] angesprochene Problem, ob der

[73] Nichtamtliche Leitsätze zu BGH v. 22.7.1999, WuW/E DE-R 349 „Beschränkte Ausschreibung“ (Hervorh. durch den Verf.).

[74] Dem Einwand, dass es sich um ein Einzelobjekt handelt und damit überhaupt kein Markt besteht, ist der BGH selbst entgegengetreten (WuW/E DE-R 350): „Das Bundesvermögensamt hat den Grundbesitz mit der beschränkten Ausschreibung zumindest vorläufig vom allgemeinen Grundstücksmarkt genommen und zugleich einen auf diese Liegenschaft beschränkten Markt eröffnet, auf dem Nachfragewettbewerb unter den Bietern stattfinden sollte“.

[75] *Christ*, Submissionsabsprache, S. 76 ff.; *Franzen*, Strafbarkeit, S. 59; *Schuler*, Bekämpfung von Submissionsabsprachen, S. 50

[76] Nach *Emmerich*, Kartellrecht, S. 46, ist eine Submissionsabsprache sogar immer spürbar, da sie die Wettbewerbsbeschränkung bezweckt und bei deren Durchführung auch bewirkt.

Nichtbieter überhaupt den Wettbewerb beeinträchtigt und damit Täter des § 298 sein kann, soll hier erneut unter wettbewerblicher Perspektive aufgegriffen werden. Die Annahme einer spürbaren Wettbewerbsbeschränkung setzt nämlich voraus, dass der Nichtbieter auf dem relevanten Markt *potentieller* Wettbewerber ist, da ansonsten sein Nichtbieten keinerlei Außenwirkung erzeugt[78]. Eine Marktabgrenzung nach allgemeinen Kriterien ist jedenfalls dann unangebracht, wenn der Kreis der Bieter auf andere Weise bestimmt wird. Bei einer beschränkten Ausschreibung oder freihändigen Vergabe muss der Nichtbieter zu den aufgeforderten Bietern gehören, damit seine Enthaltung die Angebotsvielfalt einschränkt. Bei einer offenen Ausschreibung hingegen gibt es keine unmittelbare Beschränkung der Anbieterzahl, und der Schluss von der absprachebedingten Nichtabgabe zur spürbaren Wettbewerbsbeschränkung ist nicht zwingend. Die Nichteinreichung eines Angebots beeinträchtigt bei einer offenen Ausschreibung nur dann den Wettbewerb, wenn der Anbieter der angesprochenen Branche angehört und hinreichend leistungsstark ist, um die ausgeschriebene Leistung erbringen zu können. Nur dann ist das nicht abgegebene Angebot für den Veranstalter relevant. Zusätzliche Eignungskriterien des Veranstalters können die Zahl der möglichen Bieter weiter einschränken[79]. Erst wenn diese Voraussetzungen vorliegen, ist die absprachegemäße Nichtabgabe geeignet, den Wettbewerb spürbar zu beschränken. Damit sind kartellrechtliche Kriterien benannt, die in der Regel vorliegen mögen, jedoch im Einzelfall der Feststellung bedürfen.

II. Ausnahmen vom Kartellverbot

Die Anknüpfung des § 298 an das Kartellrecht hat zur Folge, dass auch die Ausnahmen vom Kartellverbot (§§ 2-8 GWB) hinsichtlich der rechtlichen Bewertung einzubeziehen sind[80]. Da mit der h.M. die Rechtswidrigkeit der Absprache als Tatbestandsmerkmal verstanden wird[81], muss auch die Freistellung unzulässiger Ver-

---

77 S. oben § 3 II.4. (S. 87).

78 Die Problematisierung der Stillhalteabkommen im Rahmen der Spürbarkeit der Wettbewerbsbeschränkung ist mit der dort entwickelten ausschreibungsspezifischen Marktabgrenzung zu begründen. Ist der Nichtbieter kein potentieller Wettbewerber, so fehlt es bereits an der Vereinbarung von Unternehmen, die miteinander im Wettbewerb stehen.

79 Dazu auch *Christ*, Submissionsabsprache, S. 78.

80 Vgl. LK-*Tiedemann*, § 298 Rn. 36.

81 Für die Behandlung als Tatbestandsmerkmal: *Bartmann*, Submissionsbetrug, S. 195; *Hohmann*, NStZ 2001, 566 (571); I/M-*Dannecker/Biermann*, Vor § 81 Rn. 108, 116, Wabnitz/Janovsky-*Dannecker*, Kap. 15 Rn. 131; Lackner/*Kühl*, § 298 Rn. 5; *Joecks*, § 298 Rn. 5; *Girkens/Moosmeier*, ZfBR 1998, 224; *Grüner*, JuS 2001, 887 (Fn. 67); *Rössner/Guhra*, Jura

einbarungen und Beschlüsse im Tatbestand erfolgen[82]. Die Ausnahme vom Kartellverbot und damit ein Nichtvorliegen der rechtswidrigen Absprache schließt jedoch aus gesetzessystematischen Gründen eine bestimmte Abspracheform des § 298 von vornherein aus. Abgestimmte Verhaltensweisen werden in den §§ 2 ff. GWB nicht als legalisierungsfähig genannt[83]. Während dies nach alter Rechtslage schon aus der systematischen Trennung von Verträgen sowie Beschlüssen einerseits (§ 1 GWB a.F.) und abgestimmten Verhaltensweisen andererseits (§ 25 Abs. 1 GWB a.F.) nahe lag, ist diese Entscheidung durch die Formulierung der Ausnahmetatbestände nach der Novelle verdeutlicht worden[84]. Eine Freistellung ist nur für Vereinbarungen und Beschlüsse vorgesehen (vgl. §§ 2 ff. GWB). Für die gerichtliche Praxis hat dies den besonderen Effekt, dass diejenigen, die sich auf eine Ausnahme nach §§ 2 ff. GWB berufen wollen, dafür einen Vertragsschluss oder einen Beschluss unter den beteiligten Unternehmen einräumen müssen. Die Untersuchung der engen und auf das Ausschreibungsverfahren meist unpassenden Freistellungstatbestände wird zeigen, dass dieses Zugeständnis nur im Ausnahmefall eine erfolgversprechende Strategie ist. Das GWB unterscheidet beim Legalisierungsverfahren nach der Schwere der jeweiligen Wettbewerbsbeschränkung und dem Intensitätsgrad der kartellbehördlichen Kontrolle zwischen drei Typen von Ausnahmetatbeständen: Anmelde-, Widerspruchs- und Erlaubniskartelle. Auch wenn sich in den §§ 2-8 GWB die Formulierung „können vom Verbot des § 1 freigestellt werden“ findet, ist davon auszugehen, dass, wenn sämtliche formalen und materiellen Voraussetzungen für eine Freistellung vorliegen, eine Freistellung zu erteilen ist[85].

2001, 405; *Kindhäuser*, § 298 Rn. 7; *Schroth*, BT, S. 155; LK-*Tiedemann*, § 298 Rn. 37, 44; I/M-*Zimmer*, § 1 Rn. 347; a.A. Schönke/Schröder-*Heine*, § 298 Rn. 13 „ Doppelfunktion“; SK-*Rudolphi*, § 298 Rn. 8, 11 „Gesamttatbewertendes Merkmal“; Tröndle/*Fischer*, § 298 Rn. 10, 18 „Allgemeines Verbrechensmerkmal“.

82 Wabnitz/Janovsky-*Dannecker*, Kap. 15 Rn. 132; I/M-*Zimmer*, § 1 Rn. 348.

83 Anders aber Art. 81 Abs. 3 EGV, wonach auch abgestimmte Verhaltensweisen oder Gruppen von solchen vom Kartellverbot des Art. 81 Abs. 1 EGV freigestellt werden. Vgl. *Bechtold*, Vor §§ 2-8 Rn. 3.

84 In den Begründung zur 6. GWB-Novelle findet sich kein Hinweis, warum in den §§ 2 ff. GWB keine entsprechende Formulierung aufgenommen wurde. Nur aus der Begründung für den Wegfall des Schriftformerfordernisses nach § 34 GWB a.F., wonach jegliche Informationen über Kartelle bereits durch das Anmeldeerfordernis gewährleistet sei, mag man schließen, dass der Gesetzgeber eine vollständige Information über Kartelle durch das Anmelderfordernis sicherstellen wollte. Abgestimmte Verhaltensweisen gewährleisten das nicht. Vgl. *Bunte*, Kartellrecht, § 4 II 2 dd.

85 Für das Widerspruchskartell ergibt sich das aus § 9 Abs. 3 S. 2 GWB, für das Erlaubniskartell aus § 10 Abs. 2 GWB.

Mehr noch als der übrige GWB-Gesetzestext sind die Ausnahmen vom Kartellverbot sprachlich auf Begrenzungen des Anbieterwettbewerbs, nicht des Nachfragewettbewerb, zugeschnitten[86]. Durch die weitgehende Vorgabe des Leistungskataloges bei einer Ausschreibung können die Anbieter mit den in den §§ 2 ff. GWB aufgeführten, freistellbaren Parameterabsprachen kaum Wettbewerbsvorteile erringen. Die Marktsituation ist damit als Nachfrage nach Aufträgen, nicht als Angebot von Leistungen, zu verstehen[87]. Die Anwendung der Freistellungstatbestände auf Ausschreibungsabsprachen setzt damit eine Gleichbehandlung von Anbieter- und Nachfragewettbewerb voraus[88]. Ob der Gesetzeswortlaut dies für den Ausschreibungsmarkt zulässt, kann nicht generell beantwortet werden, sondern muss im Einzelfall überprüft werden.

Anmeldekartelle werden allein durch die Anmeldung bei der Kartellbehörde legalisiert. Seit der 6. GWB-Novelle stellt die Einkaufskooperation nach § 4 Abs. 2 GWB das einzige Kartell dar, das durch Anmeldung freigestellt wird[89]. Danach gilt § 1 GWB nicht für Vereinbarungen und Beschlüsse, die den gemeinsamen Einkauf von Waren oder die gemeinsame Beschaffung gewerblicher Leistung zum Gegenstand haben. Entgegen der früheren Gesetzeslage (§ 5 c GWB a.F.) und dem beibehaltenen Wortlaut ist diese Kooperation einer (konstitutiven) Anmeldung bei der Kartellbehörde unterworfen (vgl. § 9 Abs. 4 GWB)[90]. Die in § 4 Abs. 2 GWB formulierte Konstellation der Einkaufskooperation ist aber auf die Anbieterseite bei einer Vergabe in keiner Weise übertragbar. Ziel der Freistellung von Einkaufskooperationen ist es, dass kleine und mittlere Handelsunternehmen durch Zusammenschlüsse strukturelle Nachteile ausgleichen dürfen, die sie im Vergleich zu Großbe-

---

86 Vgl. § 5 Abs. 4 GWB a.F. S. *Bechtold*, § 5 Rn. 12; Langen/Bunte[8]-*Kiecker*, § 5 Rn. 59; I/M[2]-*Immenga*, § 5 Rn. 144 f.

87 BGH v. 22.7.1999, WuW/E DE-R 349 (350) „Beschränkte Ausschreibung“: „Das Bundesvermögensamt hat[...]einen auf diese Liegenschaft beschränkten Markt eröffnet, auf dem Nachfragewettbewerb unter den Bet. stattfinden sollte“.

88 Der BGH ist ohne weiteres von einer Beschränkung des Nachfragewettbewerbs und damit von der Anwendbarkeit des § 1 GWB auf Fälle einer Beschränkung dieses Wettbewerbs ausgegangen, vgl. BGH v. 13.12.1983, WuW/E BGH 2049 „Holzschutzmittel“. Vgl. auch die neuere Rechtsprechung zu Einkaufskooperationen der öffentlichen Hand, BGH, WUW/E DE-R 1087 „Ausrüstungsgegenstände für Feuerlöschzüge“; OLG Düsseldorf v. 12.5.1998, WuW/E DE-R 150 „Löschfahrzeuge“; OLG Koblenz v. 5.11.1998, WuW/E Verg 184 „Feuerlöschgeräte“.

89 Zu den Anmeldekartellen gehörten bis zum 1.1.1999 die Normen- und Typenkartelle sowie reine Ausfuhrkartelle. Letztere sind wegen der unmittelbaren Geltung von Art. 85 EGV ohnehin gegenstandslos und daraufhin gestrichen worden, vgl. BT-Drs. 13/9720, S. 32.

90 Vgl. *Bunte*, Kartellrecht, § 5 II 5; *Rittner*, Wettbewerbs- und Kartellrecht, § 8 Rn. 28; a.A. *Bechtold*, § 4 Rn. 1, § 9 Rn. 1.

trieben auf der Einkaufsseite haben[91]. Anbietende (Bau-)Unternehmen befinden sich aber auf der Verkaufsseite und wollen Aufträge akquirieren, sprich verkaufen und nicht einkaufen. Eine Übertragung auf die Nachfrageseite widerspräche dem Gesetzestext. Zudem ist die Konstellation durch die Behandlung von Arbeits- und Bietergemeinschaften bereits erkannt und gelöst.

Die Legalisierung von *Widerspruchskartellen* erfolgt hingegen erst, wenn die Kartellbehörde innerhalb einer Frist von drei Monaten seit Eingang der Anmeldung nicht widerspricht (vgl. § 9 Abs. 3 S. 1 GWB). Unter dem Widerspruchsvorbehalt stehen das Normen und Typenkartell, das Konditionenkartell, das Spezialisierungskartell und das Mittelstandskartell. Für keine der genannten Kartellformen ist eine rechtswidrige Absprache bei einer Ausschreibung denkbar, die einen Vorteil im Nachfragewettbewerb entstehen lässt. Gegenstand der Vereinbarung oder des Beschlusses nach § 2 Abs. 1 GWB ist die einheitliche Anwendung von *Normen und Typen*, zu der sich die Beteiligten verpflichten. Gegenstand von Konditionenkartellen (§ 2 Abs. 2 GWB) können nur Klauseln über Nebenleistungen sein, nicht über die Hauptleistung[92]. Der häufigste Gegenstand der *Spezialisierung* ist die Produktspezialisierung, bei der die Vertragspartner die Produktion in der Weise aufteilen, dass jeder Beteiligte nur noch bestimmte Produkte herstellt oder bestimmte gewerbliche Leistungen erbringt. Zusammenschlüsse zur Vereinbarung von Normen und Typen, Konditionen und Spezialisierungen sind im Rahmen von Ausschreibungen jedoch nicht effektiv, da der Leistungskatalog durch den Auftraggeber vorgegeben ist. Eine fast generalklauselartige Freistellungsmöglichkeit gibt hingegen § 4 Abs. 1 GWB für kleinere und mittlere Unternehmen. Das *Mittelstandskartell* regelt die in der Praxis wichtigste Ausnahme vom Kartellverbot. Gegenstand des Kartells muss eine Rationalisierung wirtschaftlicher Vorgänge sein, welche die Leistungsfähigkeit kleinerer und mittlerer Unternehmen fördert und den Wettbewerb auf dem Markt nicht wesentlich beeinträchtigt[93]. Letztere Voraussetzung steht jedoch in völligem Gegensatz zu Gegenstand und Zweck einer Submissionsabsprache, denn der relevante Markt einer Submission besteht letztlich aus den zugelassenen Angeboten bzw. absprachegemäß unterlassenen Angeboten der interessierten Unternehmen auf die nachgefragte Leistung[94]. Nur eine Koopera-

---

[91] Vgl. *Bunte*, Kartellrecht, § 5 II 5.

[92] So dürfen sich die Konditionen nicht auf Preis- und Preisbestandteile beziehen. So *Bunte*, Kartellrecht, § 5 II 2.

[93] Diese so genannte Wettbewerbsklausel ist wegen der weitgehenden Freistellbarkeit der Kooperationskartelle für die Beurteilung der Legalisierung der Kooperationsvereinbarung das maßgebliche Merkmal. Vgl. *Bunte*, Kartellrecht, § 5 II 4 c.

[94] Vgl. BGH v. 22.7.1999, WUW/E DE-R 349 (350) „Beschränkte Ausschreibung": „Das Bundesvermögensamt hat den Grundbesitz mit der beschränkten Ausschreibung zumindest vorläu-

tion, die den Wettbewerb wesentlich beschränkt, kann den Veranstalter einer Ausschreibung in seiner Auswahlentscheidung bestimmen. Damit schließen sich Submissionsabreden und nicht wesentliche Wettbewerbsbeeinträchtigungen vom Prinzip her aus[95]. Nach dem Merkblatt des Bundeskartellamtes über die Kooperationsmöglichkeiten für kleinere und mittlere Unternehmen nach dem Kartellgesetz besteht für *Arbeitsgemeinschaften* allerdings die Möglichkeit, eine Legalisierung nach § 4 Abs. 1 GWB zu beantragen, soweit die beteiligten Unternehmen in Konkurrenz zueinander stehen und sich zum Verzicht auf die Abgabe eigener Angebote verpflichtet haben[96].

Für die Legalisierung der stärksten Eingriffe in den Wettbewerb sieht das Gesetz ein besonderes Verfahren vor. *Erlaubniskartelle* bedürfen zu ihrer Wirksamkeit einer ausdrücklichen Erlaubnis der Kartellbehörde, die auf Antrag erst durch Verfügung der Kartellbehörde vom Verbot des § 1 GWB freistellt (vgl. § 10 Abs. 1 GWB). Zu den Erlaubniskartellen gehören die Rationalisierungskartelle, die Strukturkrisenkartelle, sowie sonstige Kartelle und Ministerkartelle. Ein Kartell, das gemäß § 5 Abs. 1 GWB freigestellt werden soll, muss der *Rationalisierung* wirtschaftlicher Vorgänge dienen. Das ist gegeben, wenn das Verhältnis zwischen betrieblichem Aufwand und Ertrag, bezogen auf die einzelne Produktionseinheit, verbessert wird[97]. Gegenstand der Rationalisierung kann neben Forschung, Entwicklung und Beschaffung auch der Vertrieb sein. Eine Rationalisierung im Vertrieb kann jedoch nicht als Erhöhung des Preisniveaus bei einer Ausschreibung verstanden werden. Zwar können nach § 5 Abs. 2 GWB als höherstufige Rationalisierungskartelle auch Preisabreden freigestellt werden. Solche Rationalisierungskartelle setzen aber voraus, dass schon der Zweck der Rationalisierung legitim ist und nicht mit anderen Mitteln erreicht werden kann. Die Durchsetzung eines höheren Preises bei Ausschreibungen stellt jedoch keinen legitimen Zweck für eine Rationalisierung dar.

Das *Strukturkrisenkartell* nach § 6 GWB knüpft für die Freistellung an eine äußere wirtschaftliche Schieflage an. Eine Strukturkrise liegt vor, wenn der Absatz in ei-

---

fig vom allgemeinen Grundstücksmarkt genommen und zugleich einen auf diese Liegenschaft beschränkten Markt eröffnet, auf dem Nachfragewettbewerb unter den Bet. stattfinden sollte".

95 So im Ergebnis auch LK-*Tiedemann*, § 298 Rn. 36; anders Wiedemann-*Klusmann*, § 56 Rn. 17.

96 Merkblatt des Bundeskartellamtes über die Kooperationsmöglichkeiten für kleinere und mittlere Unternehmen nach dem Kartellgesetz S. 8.

97 BKartA v. 31.3.1987, WUW/E BKartA 2267, 2268 „system – gut (Logistik Service)"; BGH v. 11.12.1997, WuW/E DE-R 17 „Europapokalheimspiele".

nem Wirtschaftszweig sei es der Produktion oder der Be- oder Verarbeitung von Waren, aufgrund einer nachhaltigen Änderung der Nachfrage zurückgegangen ist und daraus ein Missverhältnis von geringer Nachfrage zu großer Kapazität besteht[98]. Strukturkrisenkartelle können in solchen Fällen ein probates Mittel für die betroffenen Wirtschaftszweige sein, sich an massiv veränderte Marktbedingungen anzupassen. Dort besteht die Gefahr, dass infolge nachhaltig geringerer Nachfrage an sich leistungsfähige kleine und mittlere Unternehmen ausscheiden müssen, oder dass aus volkswirtschaftlicher Sicht über das erforderliche Maß hinaus Kapazitäten vernichtet werden. Dies läge zum Beispiel vor, wenn ein Preisverfall kurzfristig den Bestand einer Mehrzahl von Unternehmen bedroht, so dass eine Kapazitätsanpassung ohne Preis- und Quotenabsprache in der zur Verfügung stehenden Zeit nicht vorgenommen werden könnte[99]. Sollte z.B. in der Bauwirtschaft eine solche nachhaltige strukturelle Nachfrageänderung, die nicht nur konjunkturell bedingt ist, festzustellen sein, wäre eine befristete Freistellung denkbar[100]. Die Legalisierung einer Preisabsprache kann dann zum Zwecke des planmäßigen Kapazitätsabbaus zulässig sein. Damit soll ein nicht leistungsgerechter Ausscheidungsprozess verhindert werden, der langfristig eine Beeinträchtigung der Marktversorgung und Erhöhung des Preisniveaus zur Folge hätte[101]. Allerdings hat eine Freistellung wegen einer Strukturkrise in der Praxis geringe Bedeutung. Die Zahl der seit 1958 beantragten Strukturkrisenkartelle wird von den Kartellbehörden mit neun angegeben[102].

Nach § 7 GWB können *sonstige Kartelle* freigestellt werden, die unter angemessener Beteiligung der Verbraucher an dem entstehenden Gewinn zu einer Verbesserung der Entwicklung, Erzeugung, Verteilung, Beschaffung, Rücknahme oder Entsorgung von Waren und Dienstleistungen beitragen[103]. Zudem darf die Verbesserung nicht auf andere Weise erreicht werden können. Sie muss in einem angemessenen Verhältnis zu der damit verbundenen Wettbewerbsbeschränkung

---

98 *Rittner*, Wettbewerbs- und Kartellrecht, § 8 Rn. 56.

99 Vgl. Bekanntmachung Nr. 110/98 über Verwaltungsgrundsätze des BKartA über das Verfahren bei der Anmeldung von Normen-, Typen-, und Konditionenempfehlungen (§ 22 Abs. 3 und 4 GWB), abgedruckt bei Langen/*Bunte*, Bd. 2, S. 2780 (2791).

100 Vgl. *Mainka*, Nachfragemacht, S. 64 ff.

101 BKartA v. 31.5.1983, WuW/E BKartA 2049 (2060) „Betonstahlmatten I“; BKartA v. 22.7.1987, WuW/E BKartA 2271 (2272) „Leichtbauplatten II“.

102 Darüber hinaus gab es einige informelle Anfragen und Vorklärungen, die nicht zu Anträgen und Erlaubnissen führten, vgl. *Bunte*, Kartellrecht, § 5 II 7.

103 § 7 GWB ist durch die 6. GWB-Novelle in Anlehnung an Art. 85 Abs. 3 EGV geschaffen worden, vgl. *Wellenhofer-Klein*, WuW 1999, 557 (558).

stehen und darf nicht zur Entstehung oder Verstärkung einer marktbeherrschenden Stellung führen[104]. Damit ist ein Auffangtatbestand bzw. eine Generalklausel zu den §§ 2-6 GWB formuliert, um flexibel auf die komplexen und sich rasch verändernden Sachverhaltskonstellationen zu reagieren. Allerdings darf § 7 Abs. 1 GWB nicht dazu herangezogen werden, um Kartelle, die nicht nach den §§ 2-6 GWB freigestellt werden können, zu legalisieren (vgl. § 7 Abs. 2 GWB). Die Freistellungsvoraussetzungen des § 7 GWB setzen eine Verbesserung der oben genannten Parameter Entwicklung, Erzeugung usw. voraus. Hinzukommen muss, dass der Zusammenschluss zu einer angemessenen Beteiligung der *Verbraucher* an dem entstehenden Gewinn führt[105]. Die Formulierung ist wiederum dem Absatzmarkt entlehnt. Der Begriff des „Verbrauchers" ist hier allerdings weit zu fassen, so dass darunter nicht nur private Endverbraucher zu verstehen sind, sondern generell die Marktgegenseite[106]. Auch in dem Gewinn, an dem die Marktgegenseite partizipieren soll, ist nicht nur der finanzielle Vorteil zu sehen, sondern er umfasst allgemein Vorteile, die sich aus den Verbesserungen ergeben. Bei Ausschreibungsabsprachen wird die Marktgegenseite jedoch ausschließlich durch die Veranstalter repräsentiert und es ist sehr zu bezweifeln, dass diese von dem Zusammenschluss auf Bieterseite profitiert. Absprachen, die darauf gerichtet sind, die Zuschlagserteilung des Veranstalters zu beeinflussen, haben ausschließlich die Interessen der Absprechenden im Blick. Kartelle, die zu Vorteilen nur bei den beteiligten Unternehmen führen, sind nach § 7 GWB jedoch nicht freistellungsfähig[107].

Sollte ein Ausnahmetatbestand anwendbar sein, bedarf es zudem der formellen Freistellung (sog. Anmeldesystem[108]). Vereinbarungen und Beschlüsse der in den §§ 2 bis 4 Abs. 1 GWB bezeichneten Art sind vom Verbot des § 1 GWB freigestellt und werden wirksam, wenn die Kartellbehörde innerhalb einer Frist von drei Monaten seit Eingang der Anmeldung nicht widerspricht[109]. Gemäß § 81 Abs. 5 S. 1 GWB werden Vereinbarungen und Beschlüsse der in § 1 GWB bezeichneten Art, die nach § 9 angemeldet worden sind, nicht als Ordnungswidrigkeit verfolgt, so-

---

104 Eine stichwortartige Auflistung der Voraussetzung des etwas kompliziert gefassten Tatbestandes findet sich bei *Rittner*, Wettbewerbs- und Kartellrecht, § 8 Rn. 60.

105 Das Merkmal der „angemessenen Beteiligung der Verbraucher" ist wörtlich dem Art. 81 Abs. 3 EGV entnommen.

106 *Bechtold*, § 7 Rn. 8.

107 *Bechtold*, § 7 Rn. 8.

108 Das deutsche Recht setzt (bisher) zur Legalisierung eines Kartells die Anmeldung bei der Aufsichtbehörde voraus. Das Legalausnahmesystem hingegen beschreibt Ausnahmetatbestände, die bei Vorliegen ipso iure eine Freistellung bedeuten.

109 § 9 Abs. 3 S. 1 GWB.

lange die Kartellbehörde nicht gemäß § 9 Abs. 3 GWB widersprochen hat. Die Regelung stellt ein Verfolgungshindernis auf, womit unterbunden werden soll, dass innerhalb der Prüfungsphase eine Untersagungs- und Bußgeldverfügung ergeht. Da ein Vergabeverfahren und ein darauf folgendes Ermittlungsverfahren in der Regel nicht vor Ablauf von drei Monaten nach Anmeldung der Vereinbarung beendet sein werden, kann eine Einordnung der Legalisierungswirkung eines unterbliebenen Widerspruchs in die strafrechtliche Dogmatik dahinstehen[110].

Ein anderes Problem stellt sich jedoch im Bereich der Freistellung der Erlaubniskartelle. Damit stellt sich die Frage, ob solche Kartelle auch im Nachhinein, also erst nach Durchführung einer Ausschreibung und nach Aufdecken durch die Kartellbehörde oder die Staatsanwaltschaft, legalisiert werden können. Im Rahmen des Strafprozesses obläge es dann der Verteidigung, eine Erlaubnis bei der zuständigen Kartellbehörde zu beantragen und dort zu begründen, dass die Voraussetzungen eines Strukturkrisenkartells (§ 6 GWB), eines sonstigen Kartells (§ 7 GWB) oder sogar eines Ministerkartells[111] (§ 8 GWB), vorgelegen haben. Eine nachträgliche Heilung von GWB-Verstößen widerspricht allerdings dem Regelungskomplex der §§ 9 ff. GWB[112]. Insbesondere durch die unverzügliche Anmeldung von Kartellen vor deren Durchführung soll die Kartellbehörde in die Lage versetzen, eine Ex-ante-Kontrolle vorzunehmen. Eine nachträgliche Kontrolle soll allein für bereits freigestellte Kartelle auf deren Missbrauch hin erfolgen (vgl. § 12 GWB). Auch die Formulierung „werden freigestellt" spricht für eine Wirksamkeit ex nunc. Ebenso hat eine Befristung der Freistellung (vgl. § 10 Abs. 4 S. 1 GWB) nur Sinn, wenn sie für die Zukunft erklärt wird. Die Erlaubnis hat also keine rückwirkende Kraft, da die Vereinbarung, der Ratio des § 1 GWB entsprechend, erst nach der Prüfung durch die Behörde wirksam werden soll[113]. Eine Administrativfreistellung durch die Kartellbehörden nach den §§ 2 ff. GWB kann damit nur im Voraus, also vor Durchführung der Vereinbarung, erfolgen. Für eine nachträgliche Anmeldung bei einer zunächst verheimlichten Absprache bleibt damit kein Raum.

---

110 Die Drei-Monats-Frist ist auch als Anhaltspunkt für die Bearbeitungsdauer einer Erlaubnisfreistellung anzusehen, vgl. *Bechtold*, § 10 Rn. 5.

111 § 8 GWB dient als Auffangtatbestand für Vereinbarungen, die dem Kartellverbot des § 1 GWB unterfallen, aber nicht nach den §§ 2-7 GWB legalisierungsfähig sind. Über die Zulässigkeit entscheidet der Bundeswirtschaftsminister nach Ermessen, vgl. *Bunte*, Kartellrecht, § 5 II 9.

112 Vgl. § 9 Abs. 4 S. 1, 3 i.V.m. § 81 Abs. 1 Nr. 3, 4 GWB.

113 BT-Drs. 2/1158, S. 31 zu § 1 bei Ziff. 4: „Eine Rückwirkung der Erlaubnis ist nicht vorgesehen". Dem folgt die h.M. bis heute: *Rittner*, Wettbewerbs- und Kartellrecht, § 8 Rn. 70; *Müller/Giessler/Scholz*, § 11 Rn. 1; Langen/Bunte-*Kiecker*, § 11 Rn. 5.

Es zeigt sich also, dass die Legalisierung einer Ausschreibungsabsprache durch einen Ausnahmetatbestand weitestgehend ausgeschlossen ist. Die Auftragsvergabe nach den §§ 97 ff. GWB, der Vergabeverordnung (VgV) und Verdingungsordnungen (VOB/A, VOL/A, VOF/A) besitzt zudem einen eigenen Normenapparat mit sachnahen Regelungen. So sieht zum Beispiel § 97 Abs. 3 GWB vor, dass mittelständische Interessen bei der Vergabe vornehmlich durch Teilung der Aufträge in Fach- und Teillose angemessen zu berücksichtigen sind. Nach § 97 Abs. 6 GWB wird die Bundesregierung ermächtigt, durch Rechtsverordnung (weitere) nähere Bestimmungen über das Vergabeverfahren zu erlassen. Es stellt sich damit grundsätzlich die Frage, inwieweit das Vergaberecht durch das Kartellrecht ergänzt werden kann oder sogar muss[114].

III. Die Rechtswidrigkeit vertikaler Einflussnahmen

Nach der Behandlung horizontaler Absprachen soll nun auf solche zwischen Bietern und der Veranstalterseite eingegangen werden. Die Idee der Erfassung kollusiver Verhaltensweisen ist in der Geschichte der strafrechtlichen Sanktionierung von Ausschreibungsabsprachen neu. Erlassene Tatbestände oder nur Tatbestandsentwürfe gingen in der zu inkriminierenden Handlungsbeschreibung ausnahmslos von versteckten, die Organisation von Wettbewerb oberflächlich respektierenden Angriffsweisen aus[115]. Dem lag als Prämisse die Rechtschaffenheit des Veranstalters zu Grunde. Erst die Wahrnehmung einer besorgniserregenden Zunahme kollusiver, das Verfahren offen konterkarierender, Absprachen zwischen Bietern und Veranstaltern relativierte diesen Ansatz. Das bis dahin den Handlungsunwert ausmachende geschriebene oder ungeschriebene Unwertelement der Täuschung des Veranstalters wurde aufgegeben. Die Tatbegehung erfordert *keine Heimlichkeit* mehr[116]. In der Begründung der Bundesregierung zu dem Gesetzentwurf hieß es, „dass auch bei nicht verheimlichten Absprachen der Wettbewerb beeinträchtigt werde und gerade die Fälle besonders strafwürdig seien, bei denen der Bieter kollusiv mit einem Mitarbeiter des Veranstalters, dessen Kenntnis dem Veranstalter zugerechnet werden kann, zusammenarbeitet“[117]. Dass der Gesetzgeber auch Absprachen im Vertikalverhältnis im Auge hatte, ergibt sich aus der Formulierung, dass „der“ Bieter kollusiv mit dem Veranstalter zusammenarbeitet. Hätte der Gesetzgeber nur die

---

114 Diese Fragestellung geht freilich über das Ziel dieser Untersuchung hinaus und bleibt damit unbehandelt.

115 S. oben § 1.

116 BT-Drs. 13/5584, S. 13, linke Spalte, Abs. 1 S. 1 und S. 14, rechte Spalte, Abs. 2 S. 1.

117 BT-Drs. 13/5584, S. 14, linke Spalte, Abs. 2 S. 3.

fehlende Heimlichkeit verdeutlichen wollen, hätte er „die“ Bieter in der Mehrzahl nennen oder den bestimmten Artikel „der“ ganz weglassen müssen[118]. Dann wäre Raum für eine Deutung, die von einer Absprache zwischen Bietern ausgeht, welche nur (zusätzlich) durch die Kenntnis und Zusammenarbeit mit einem Vergabemitarbeiter abgesichert ist (einfache Kollusion). Die Erfassung einer Absprache zwischen Bieter und Veranstalter durch § 298 muss damit als gewollt verstanden werden. Dem folgt auch das überwiegende Schrifttum[119]. Eine ganz ähnliche Konstellation stellt sich bei § 264 „Subventionsbetrug“, wo nach h.M.[120] Täter auch der Amtsträger sein kann, der im Subventionsverfahren mit dem Subventionsnehmer kollusiv zusammenwirkt. Obwohl damit ein Verhalten betroffen ist, das weitgehend durch den Amtsmissbrauch und die Korruption des Amtsträger geprägt ist, wird es in ein Verhalten gegen den Subventionsgeber uminterpretiert und damit in seinem Unrechtsgehalt modifiziert[121]. Ob § 1 GWB, der im Rahmen von § 298 die Rechtswidrigkeit der Absprache bestimmt, auf diese Konstellation anwendbar ist, soll im Folgenden überprüft werden.

1. Wettbewerbliche Einordnung von Vertikalabsprachen

Zur Beurteilung der Absprache zwischen Bieter und Veranstalter wird der Untersuchungsgegenstand (nochmals) präzisiert. Da bereits die verschiedenen Abspracheformen (Vereinbarung, Beschluss, aufeinander abgestimmte Verhaltensweisen) ausgiebig behandelt wurden[122], soll nun das Verhältnis der „Kartellanten“ zueinander herausgestellt werden. Als Bieter sind diejenigen Unternehmen von Waren oder gewerblichen Leistungen anzusehen, die ein Angebot bei einer öffentlichen Ausschreibung abgeben[123]. Die Bieter wollen den vom Veranstalter ausgeschriebenen

---

118 Dazu auch *Greeve*, NStZ 2002, 506 (508).

119 Vgl. *Bartmann*, Submissionsbetrug, S. 195; I/M-*Dannecker/Biermann*, Vor § 81 Rn. 108, 116; Wabnitz/Janovsky-*Dannecker*, Kap. 15 Rn. 131, 134; Tröndle/*Fischer*, § 298 Rn. 12, 17; *Girkens/Moosmeier*, ZfBR 1998, 224; *Götting/Götting*, ZfBR 2003, 341 (345); *Grüner*, JuS 2001, 887 (Fn. 67); Schönke/Schröder-*Heine*, § 298 Rn. 11; *Hohmann*, NStZ 2001, 566 (571); *Joecks*, § 298 Rn. 5; *Kosche*, Bekämpfung, S. 147; Maurach/*Schroeder*/Maiwald, BT/2, § 68 Rn. 3; *Rössner/Guhra*, Jura 2001, 405; SK-*Rudolphi*, § 298 Rn. 8; I/M-*Zimmer*, § 1 Rn. 347.

120 Vgl. BGHSt 32, 203; Tröndle/*Fischer*, § 264 Rn. 22; *Krey/Hellmann*, BT/2, Rn. 526; Maurach/*Schroeder*/ Maiwald, BT/1, § 41 Rn. 172; LK-*Tiedemann*, § 264 Rn. 23, 87.

121 Kritisch dazu *Otto*, JR 1984, 475 f.

122 S. oben § 4 II.3. und § 4 II.4.

123 § 298 setzt voraus, dass das abgegebene Angebot auf einer Absprache „beruht“. Eine wettbewerbswidrige Vereinbarung nach Angebotsabgabe kann von § 298 hinsichtlich des eigenen Angebotes nicht mehr tatbestandlich erfasst werden. Bei Kollusion mit dem Veranstalter ist

Auftrag erhalten, so dass sie der Herstellungs-, Ausführungs- oder Vertriebsebene zuzuordnen sind. Der Veranstalter ist als Auftraggeber hingegen derjenige, der eine bestimmte Nachfrage hat und deshalb ein Vergabeverfahren initiiert. Er bestimmt die Vergabeart, eröffnet durch die Nachfrage nach einer Ware oder einer Leistung den Vergabemarkt und trifft die Vergabeentscheidung. Als Absprachesubjekte auf der Veranstalterseite kommen alle natürlichen Personen, die in irgendeiner Form mit der Vorbereitung, Durchführung oder Zuschlagserteilung in Berührung geraten, in Betracht. Auch bei Auslagerung einzelner Vergabeakte auf Planungs- oder Ingenieurbüros sind diese, ihrer Funktion gemäß, als Veranstalter zu betrachten. Allerdings kann wegen des zeitlich begrenzten Marktes einer Ausschreibung das Ingenieur- oder Planungsbüro, das einmal in der Position eines Vergabeleiters handelt, nicht als potentieller Wettbewerber zu den Bietern auf dem von ihm geleiteten Ausschreibungsmarkt wechseln. Denn im Gegensatz zu den allgemeinen Marktverhältnissen, wo zum Beispiel der Hersteller die Vertriebsstufe integriert oder umgekehrt der Wiederverkäufer in die Produktion eintritt, ist ein Rollentausch im Laufe einer Ausschreibung nicht möglich. Die Absprachesubjekte gehören damit bei der Vertikalabsprache grundsätzlich unterschiedlichen Wirtschaftsstufen an.

Die Möglichkeiten der kollusiven Zusammenarbeit sind mannigfaltig und nicht abschließend zu beschreiben[124]. Unabhängig von der Vorgehensweise wird sich der Mitarbeiter des Veranstalters dafür einsetzen, dass der Bieter den Auftrag erhält oder sich zumindest seine Chance auf einen ihn begünstigenden Zuschlag erhöht. Damit geht eine Einengung der Handlungsmöglichkeiten des Veranstalters einher, die umso stärker ist, je weiter der Mitarbeiter gewillt ist, in das Vergabeverfahren einzugreifen. Es wird also eine einseitige Wettbewerbsbeschränkung vereinbart. Der Veranstalter begibt sich dadurch der Möglichkeiten, die geschaffene Wettbewerbssituation, trotz der ihm gewährten Angebotstransparenz, frei auszunutzen. Die Absprache hat damit eine einseitige vertikale Wettbewerbsbeschränkung zum Gegenstand.

Zugleich bewirkt die Vertikalabsprache eine Beschränkung des Wettbewerbs zwischen den Anbietern. Sie dient dem Zweck, andere Bieter vom Zuschlag oder dem gesamten Vergabeverfahren fernzuhalten. Durch Manipulation des Leistungsverzeichnisses und nachträgliche Erhöhung oder Verringerung des Angebotspreises wird die Gleichheit der Wettbewerber aufgehoben. Die Freiheit des Marktzugangs wird durch eine abgesprochene Konkurrentenauswahl, eine unsachgemäße Verga-

---

von einer Angebotsabgabe des Bieters auszugehen, da die Indiskretion des Sachbearbeiters in der Regel dessen Angebot begünstigen soll.

124 Die wesentlichen Ausformungen sind bereits oben (§ 5 II.)beschrieben worden.

beart oder den willkürlichen Ausschluss des günstigsten Bieters beschränkt. Die Absprache mit dem Veranstalter bezweckt eine Beschränkung des Horizontalwettbewerbs zwischen den (am Auftrag interessierten) Anbietern.

Diese Beschränkung des Horizontalwettbewerbs wirkt sich für die nicht an der Absprache beteiligten Unternehmen negativ aus. Die Besonderheit des Vergabewettbewerbs liegt darin, dass zumeist nur ein oder wenige Zuschläge für das ausgeschriebene Projekt erteilt werden. Durch die Beschränkung der Chancengleichheit ist eine Zuschlagserteilung an den lauteren Bieter je nach Inhalt der Absprache mehr oder weniger ausgeschlossen. Die nicht an der Absprache beteiligten Bieter werden gezielt benachteiligt. Damit hat die so getroffene Absprache stets einen Wettbewerbsnachteil für den unbeteiligten Bieter zur Folge.

Zusammenfassend können für die wettbewerbliche Beurteilung nach § 1 GWB folgende Punkte festgestellt werden, die charakteristisch für Absprachen zwischen Bietern und Repräsentanten der Vergabeseite sind:

(1) Bieter und Veranstalter befinden sich auf unterschiedlichen Wirtschaftsstufen, so dass kein Wettbewerbsverhältnis zwischen ihnen besteht. Es entsteht eine Absprache im *Vertikalverhältnis*.

(2) Die Absprache hat eine regelwidrige Bevorzugung eines Bieters durch den Veranstalter, also eine einseitige Bindung, zum *Gegenstand*.

(3) Die Absprache von Bieter und Veranstalter bezweckt zudem eine Beschränkung des Wettbewerbs zwischen den Bietern. Es kommt damit zu einer Wettbewerbsbeschränkung im *Horizontalverhältnis*.

(4) Eine derart getroffene Absprache zwischen Bieter und Veranstalter hat stets einen Wettbewerbsnachteil der Mitbewerber zur *Folge*.

2. Die GWB-Rechtslage zum Zeitpunkt des Gesetzgebungsaktes

Es ist bereits mehrfach ausgeführt worden, dass insbesondere das Merkmal der rechtswidrigen Absprache den Handlungsunwert des § 298 beschreibt. Auch dass sich die Bewertung der Rechtswidrigkeit aus dem Kartellrecht ergibt, ist wiederholt angesprochen worden. Im Zeitpunkt des Inkrafttretens des Gesetzes zur Bekämpfung der Korruption am 20. August 1997 galt das GWB noch in der Fassung der 5.

Novelle[125]. Zum Verständnis der Gesetzesbegründung von § 298 muss allein auf diesen Gesetzeszustand abgestellt werden, da die Novellierung des GWB noch keine verbindliche Kontur aufwies und die neue Formel in der Argumentation des Gesetzgebers nicht berücksichtigt werden konnte. Für eine historische Auslegung ist damit insbesondere das Kartellverbot in seiner alten Fassung relevant; diese lautete:

§ 1 GWB a.F.

(1) Verträge, die Unternehmen oder Vereinigungen von Unternehmen zu einem gemeinsamen Zweck schließen, und Beschlüsse von Vereinigungen von Unternehmen sind unwirksam, soweit sie geeignet sind, die Erzeugung oder die Marktverhältnisse für den Verkehr mit Waren oder gewerblichen Leistungen durch Beschränkung des Wettbewerbs zu beeinflussen. [...]

Die Überprüfung des Kartelltatbestandes soll sich vorwiegend auf diejenigen Vereinbarungen beziehen, die eine Vertikalabsprache zum Gegenstand haben und zugleich Horizontalelemente (Kundenschutz, Kundenaufteilung, Drittwettbewerb) beinhalten, da sie den oben genannten wettbewerblichen Feststellungen bei Ausschreibungsabsprachen nahe kommen. Aus dem Wortlaut der alten Rechtslage ist nichts zu entnehmen, was zwingend gegen die Einbeziehung von Absprachen zwischen Unternehmen unterschiedlicher Wirtschaftsstufen spricht. Weder die Bestimmung der Handlungssubjekte („Unternehmen") noch das Erfordernis der Beschränkung des Wettbewerbs gaben dafür etwas her[126]. Das zentrale Kriterium des „gemeinsamen Zwecks" lässt sich auch gerade bei Absprachen zwischen Unternehmen unterschiedlicher Wirtschaftsstufen, also im Vertikalbereich, annehmen[127]. Gleichwohl hatte der Gesetzgeber bei Schaffung des Gesetzes gegen Wettbewerbsbeschränkungen ein konkretes Leitbild für die Einordnung des Kartellvertrages vor Augen. Bereits die Begründung der Bundesregierung zum GWB erwähnte die Unterscheidung zwischen horizontalen und vertikalen Wettbewerbsbeschränkungen: „Im Gegensatz zur horizontalen Wettbewerbsbeschränkung des Kartellvertrages haben die in § 10[128] behandelten Verträge eine vertikale Bindung zum Gegens-

---

[125] BGBl. I-1990, S. 235, Fassung der Bekanntmachung v. 20. Februar 1990.

[126] Ausgehend von einem horizontalen Wettbewerbsbegriff wurde überwiegend behauptet, eine Wettbewerbsbeschränkung setze einen zu beschränkenden Wettbewerb, also ein Wettbewerbsverhältnis voraus. Eine Mindermeinung erkannte auch zwischen Anbieter und Nachfrager ein wettbewerbliches Spannungsverhältnis. Vgl. dazu *Schwarz*, Kartellvertrag, S. 54. Der Meinungsstreit kommt in späteren Entscheidungen des BGH durch die Einbeziehung *potentiellen Wettbewerbs* nicht zum Tragen.

[127] So haben z.B. beim Vertriebsvertrag Hersteller und Händler ein starkes „gleichgerichtetes Interesse" am erfolgreichen Absatz der Vertragsware, vgl. Langen/*Bunte*, § 1 Rn. 90.

[128] § 10 des Regierungsentwurfs = § 15 GWB a.F.

tand"[129]. Dieser Unterscheidung liegt die gesetzgeberische Wertung zu Grunde, dass wettbewerbsbeschränkende Vereinbarungen auf horizontaler Ebene als generell wettbewerbsschädlich anzusehen sind und deshalb grundsätzlich verboten sein sollen, während solche auf vertikaler Ebene wegen ihres geringen Gefährdungspotentials und ihrer ambivalenten Wirkung auf das Wettbewerbsgeschehen der flexibleren Regelung des § 18 GWB (a.F.) unterstellt seien und damit einer mit hohen Eingriffsschwellen verbundenen Missbrauchsaufsicht unterliegen sollen[130]. Das kartellrechtliche Schrifttum hat diese Unterscheidung aufgegriffen, dabei aber ebenso wenig wie die Gesetzesmaterialien klargestellt, wie sich die Unterscheidungsmerkmale horizontal und vertikal zu dem Abgrenzungskriterium „gemeinsamer Zweck" verhalten[131]. So blieb fraglich, ob neben dem tatbestandlichen Abgrenzungskriterium gemeinsamer Zweck die außertatbestandlichen Kriterien horizontal und vertikal in die §§ 1 bzw. 15, 18 GWB a.F. hineinzulesen waren oder ob das Erfordernis eines horizontalen Wettbewerbsverhältnisses in dem Merkmal „gemeinsamer Zweck" enthalten war[132]. Im Unklaren blieb ferner, ob sich die Merkmale horizontal und vertikal auf den gesamten Vertrag oder die einzelne Wettbewerbsbeschränkung beziehen, ob also § 1 GWB a.F. horizontale Verträge oder Wettbewerbsbeschränkungen erfasst[133]. Die Tatsache, dass die frühen Ansichten die Ausdrücke horizontale bzw. vertikale Wettbewerbsbeschränkung, Bindung und Vertrag zunächst sogar synonym verwendet haben, zeigt, dass mit diesen Begriffen (noch) keine Systematik begründet werden sollte[134]. Für den hier verfolgten Zweck wird die Entwicklung der Abgrenzungsfunktion in § 1 GWB a.F. in drei Phasen dargestellt: das gesellschaftsrechtliches Verständnis (1), die funktionale Betrachtungsweise (2) und die Formel des anzuerkennendes Interesses (3).

---

129 BT-Drs. 2/1158, S. 35 zu § 10 unter Nr. 2; BT-Drs. 2/3644, S. 14 (Ausschuss für Wirtschaftspolitik).

130 Vgl. BT-Drs. 2/1158, S. 25 f.

131 BT-Drs. 2/1158, S. 35 zu § 10 unter Nr. 2; *Fikentscher* in: FS-Hueck, S. 543 (545).

132 Zur historischen Entwicklung der Merkmale „horizontal" und „vertikal" *Schwarz*, Kartellvertrag, S. 55 ff.

133 Auf Bindung oder Wettbewerbsbeschränkung stellen ab: Ausschuss für Wirtschaftspolitik, BT-Drs. 2/3644, S. 14; BT-Drs. 2/1158, S. 35 zu § 10 unter Nr. 2; auf Verträge stellen ab: *Ballerstedt* in: FS-Böhm, S. 179 (184); *Biedenkopf*, Wettbewerbsbeschränkung, S. 199.

134 Zur Begründung einer methodischen Unterscheidung in horizontale und vertikale Wettbewerbsbeschränkungen, vgl. *Sandrock*, Grundbegriffe, S. 207 und S. 458.

(1) Der Tradition der KartellVO von 1923 folgend[135] stand bei Schaffung des Kartelltatbestandes ein *gesellschaftsrechtliches Verständnis* im Sinne des § 705 BGB im Vordergrund[136], was durch das Merkmal des „gemeinsamen Zwecks" klargestellt wurde. Rechtsprechung und Literatur gingen davon aus, dass ein gemeinsamer Zweck nur dann vorliege, wenn die Vertragsbeteiligten sich zu einem gesellschaftlichen oder zumindest gesellschaftsähnlichem Rechtsverhältnis zusammengeschlossen haben[137]. Der gemeinsame Zweck sollte, neben seiner Funktion als den Kartelltatbestand umschreibendes Merkmal, zugleich als Abgrenzungskriterium zu den „sonstigen" wettbewerbsbeschränkenden Verträgen des zweiten Abschnittes des GWB dienen[138]. Die Abgrenzung erfolgte aber auf der falschen Ebene, denn obwohl es nach dem GWB nur um die Einordnung von Wettbewerbsbeschränkungen gehen kann, ließ die im organisationsrechtlichen Denken verwurzelte Auslegung lediglich die Abgrenzung von Vertragstypen zu[139]. Aus dieser rein formalen Betrachtungsweise folgt, dass die entscheidende Problematik hinsichtlich der Abgrenzung vertikaler und horizontaler Bindungen für den Gesetzgeber von 1957 in der Weise überhaupt nicht bestand[140]. Unproblematisch konnten damit die Fälle erfasst werden, bei denen es um die Beschränkung von Drittwettbewerb ging, also dann, wenn nicht der Wettbewerb zwischen den Kartellanten, sondern Dritten gegenüber beschränkt wurde[141]. Ein Wettbewerbverhältnis zwischen den Vertragsschließenden war noch in keiner Weise erforderlich. Allein der Ansatz stieß an seine Grenzen, wenn es um die Beurteilung von Wettbewerbsbeschränkungen in Austauschverträgen ging. Unter Austauschverträgen sind Vereinbarungen zu verstehen, die den Austausch von Waren oder Leistungen zum Gegenstand haben, wobei die Handelnden häufig auf unterschiedlichen Wirtschaftsstufen tätig sind,

---

135 Noch auf der Basis von § 1 KartellVO 1923 bildete sich in Rechtsprechung und Lehre die Ansicht heraus, dass wesentliches Merkmal des Kartelltatbestandes das Vorliegen eines Gesellschaftsverhältnisses oder zumindest eines gesellschaftsähnlichen Rechtsverhältnisses sei. Vgl. RGZ 114, 262 (264); RG JW 1938, 1025; *Callmann*, Kartellrecht, S. 117 (127); *Fikentscher*, Freiheit des Wettbewerbs, S. 210 ff.; *Isay/Tschierschky*, Kartellverordnung, § 1 Anm. 8.

136 BT-Drs. 2/1158, S. 25: „[...]der Kartellvertrag ist stets ein Gesellschaftsvertrag". Vgl. *Petersen*, Vertikalvereinbarungen, S. 31.

137 BGH v. 26.10.1959, WUW/E BGH 359 (361) „Glasglühkörper"; BGH v. 1.7.1964, WUW/E BGH 605 (607) „Flußspat"; BGH v. 20.5.1966, WUW/E BGH 811 (814) „Zimcofot"; *Klaue*, Kartellrecht, § 1 Anm. 3; *Müller-Henneberg*/Schwartz[1], § 1 Rn. 12; *Tetzner*, Kartellrecht, S. 14.

138 BT-Drs. 2/1158, S. 30.

139 Vgl. *K. Schmidt*, Kartellverbot, S. 24 ff., 52 ff.; *ders.*, Kartellverfahrensrecht, S. 11 ff.

140 Vgl. *Petersen*, Vertikalvereinbarungen, S. 31 f.

141 BGH v. 10.10.1974, WuW/E BGH 1332 ff. „Bahnen aus Kunststoff"; BGH v. 4.4.1975, WuW/E BGH 1361 ff. „Krankenhaus-Zusatzversicherung".

denn in dem Austausch von Gütern war in der Regel kein gemeinsamer Zweck zu erblicken. Folge dieser Handhabung des Kartellverbotes war, dass Austauschverträge, die keine Anknüpfungspunkte für eine Würdigung als gesellschaftsähnliches Rechtsverhältnis boten, aus dem Anwendungsbereich des § 1 GWB herausfielen, ungeachtet von in diesen Verträgen möglicherweise enthaltenen (erheblichen) Wettbewerbsbeschränkungen. So hat sich Mitte der 70er Jahre die Ansicht durchgesetzt, dass Kartellverträge und sonstige Verträge sowohl horizontale als auch vertikale Bindungen zum Gegenstand haben und es nur der Regelfall wäre, dass § 1 GWB a.F. erstere und §§ 15 ff. GWB a.F. letztere Bindungen beträfen[142]. Absprachen bei Ausschreibungen zwischen Bietern und der Veranstalterseite wären danach, da sie zu einem gemeinsamen Zweck erfolgten, nach § 1 GWB beurteilt worden.

(2) In der Literatur setzte sich zunehmend eine *funktionale Betrachtungsweise* durch, wonach das Merkmal des „gemeinsamen Zwecks" von den zivilrechtlichen Kategorien zu lösen sei und eigenständig nach der Zielsetzung des GWB ausgelegt werden müsste[143]. Diese Ansicht rezipierte der BGH 1976 in der richtungsweisenden „Fertigbeton"-Entscheidung[144], in der er ein in einem Austauschvertrag vereinbartes Wettbewerbsverbot dem Anwendungsbereich des § 1 GWB a.F. unterwarf. Das Tatbestandsmerkmal des gemeinsamen Zwecks galt fortan als entscheidendes Abgrenzungskriterium, bei dessen Vorliegen ausschließlich § 1 GWB a.F. zur Anwendung kommen sollte[145]. Die Voraussetzung für einen gemeinsamen Zweck sollte danach schon dann gegeben sein, wenn die Wettbewerbsbeschränkung oder das Ziel derselben oder der durch sie zu bewirkende Erfolg einem *gleichgerichteten Interesse* entsprach und gemeinsam angestrebt wurde. Damit konnten nach wie vor Fälle erfasst werden, in denen ein Wettbewerb beschränkt wurde, der nicht zwischen den Kartellanten herrschte (Drittwettbewerb[146]). Die Abkehr von der gesellschaftsrechtlichen Sichtweise hatte aber den Vorteil, dass sie neben der typischen

---

142 *Baumbach/Hefermehl*[8], § 1 Rn. 30 und vor § 15 Rn. 4; *Fikentscher* in: FS-Hueck, S. 543 (546 f.); *Müller/Giessler/Scholz*[3], § 1 Rn. 37 und vor § 15 Rn. 1; *Walz*, Systemfragen, S. 88 (93, 101 f.). Rückblickend zur Geschichte der Merkmale vertikal und horizontal *Schwarz*, Kartellvertrag, S. 55 ff.

143 *Ballerstedt*, JuS 1963, 253 (263); *Fikentscher* in: FS-Westermann, S. 87 (107 f.); *Lukes*, Kartellvertrag, S. 118 ff.

144 BGH v. 14.10.1976, WuW/E BGH 1458 (1460 ff.) „Fertigbeton".

145 BGH v. 14.10.1976, WuW/E BGH 1458 (1460 ff.) „Fertigbeton". Rückblickend *K. Schmidt* in: FS-Sandrock, S. 833 (835); *Bornkamm* in: FS-Geiß, S. 539 (546).

146 BGH v. 10.4.1984, WuW/E BGH 2088 ff „Korkschrott"; BGH v. 4.4.1975, WuW/E BGH 1361 ff. „Krankenhaus-Zusatzversicherung".

Kartellform[147] eine sachgerechte Behandlung von einseitigen Wettbewerbsverboten ermöglichte[148]. Allerdings setzte dies voraus, dass auch der gebundene Vertragspartner an dem Vorteil der begünstigten Vertragspartner partizipierte[149]. In der Entscheidung „Holzpaneele"[150] fand jedoch auch diese flexiblere Formel ihre Grenzen, da sie sich zur Ermittlung des gemeinsamen Zwecks an den Motiven der Parteien bei Vertragsschluss orientierte[151] und damit zu einer Zufälligkeit der wettbewerblichen Ergebnisse führte[152]. Erst die Entscheidung „Strohgäu-Wochenjournal" entfernte sich von den Interessen und Motiven der Vertragsparteien beim Bindungsakt. Darin stellte das OLG Stuttgart 1983 allein darauf ab, ob „aktueller oder potentieller Wettbewerb einseitig oder wechselseitig zwischen den Parteien beschränkt wurde"[153]. Diese Formulierung setzte ein Wettbewerbsverhältnis zwischen den Vertragsschließenden voraus und grenzte das Kartellverbot so von den sonstigen Verträgen des 2. Abschnitts ab. Die Entscheidung wurde in diesem Punkt vom BGH bestätigt[154] und führte zu einem schleichenden Paradigmenwechsel[155], denn die Formel von der „Verfolgung gleichgerichteter Interessen" war konturenlos und spielte in der Rechtsprechung des BGH ab 1984 keine Rolle mehr[156]. Der Grundsatz lautete nach der „Spielkarten"-Entscheidung[157] des BGH, dass ein gemeinsamer Zweck i.S.v. § 1 GWB a.F. verfolgt wird, wenn ein zwischen den Vertragsbe-

---

147 Vgl. *Ebel*, WuW 1979, 792 (794); kritisch zur Konstruktion eines gleichgerichteten Interesses bei Gebietsaufteilung oder Spezialisierung, Langen/*Bunte*, § 1 Rn. 50; *ders.*, WuW 1997, 857 (859).

148 *Baur/Ehlers*, WuW 1977, 683 (688); *Rauschenbach*, NJW 1978, 185 ff.

149 Vgl. Langen/*Bunte*, § 1 Rn. 89.

150 BGH v. 3.11.1981, WuW/E 1898 (1900) „Holzpaneele". Die Annahme des gemeinsamen Zwecks wurde bejaht, da der Verkäufer aufgrund einer bestimmten Finanzierungsvereinbarung ein Interesse am wirtschaftlichen Erfolg des Käufers hatte.

151 So z.B. im Fall BGH 13.3.1979, WuW/E BGH 1600 ff „Frischbeton". Die Annahme des gemeinsamen Zwecks wurde verneint, da der Verkäufer nicht an den Marktergebnissen des Käufers partizipierte.

152 Ausdrückliche Aufgabe des Partizipationsgedankens schließlich in BGH v. 14.1.1997, WuW/E BGH 3121 (3125) „Bedside-Testkarten". Zur Kritik des funktionalen Ansatzes *Nelißen*, Abgrenzung, S. 13 f.; I/M-*Zimmer*, § 1 Rn. 168.

153 OLG Stuttgart v. 4.2.1983, WuW/E OLG 2983 (2985) „Strohgäu-Wochenjournal".

154 BGH v. 20.3.1984, WuW/E BGH 2085 ff. „Strohgäu-Wochenjournal".

155 Vgl. *Bornkamm* in: FS-Geiß, S. 539 (546); *K. Schmidt* in: FS-Sandrock S. 833 (838).

156 Zuletzt in BGH v. 29.5.1984, WuW/E BGH 2090 (2092) „Stadler-Kessel"; BKartA 1997/98, BT-Drs. 14/1139, S. 39; s. *Bornkamm* in: FS-Geiß, S. 539 (546); Langen/*Bunte*, § 1 Rn. 90; a.A. I/M-*Zimmer*, § 1 Rn. 169 mit Hinweis auf BGH v. 15.4.1986, WuW/E BGH 2247 (2249) „Wegenutzungsrecht".

157 BGH v. 27.5.1986, WuW/E BGH 2285, 2287 „Spielkarten".

teiligten aktuell oder potentiell bestehender Wettbewerb wechselseitig oder einseitig beschränkt wird[158]. Resultat dieses Ansatzes war, dass einseitige und beidseitige Wettbewerbsbeschränkungen nach § 1 GWB a.F. für unwirksam erklärt werden konnten. Gleichzeitig wurde mit dieser Formel das Nebeneinander der §§ 1 und 15, 18 GWB a.F. ausgeschlossen. Die Anwendung von § 1 GWB a.F. setzte fortan ein Wettbewerbsverhältnis zwischen den Vertragsparteien voraus, was bei Vertikalvereinbarungen definitionsgemäß nicht gegeben ist. Konsequenterweise müssten damit auch die Fälle der Beschränkung von Drittwettbewerb ausgeschlossen werden. Diese Konstellation zeichnete sich nämlich gerade dadurch aus, dass nicht der Wettbewerb zwischen den Vertragsbeteiligten, sondern unter Dritten oder einem Vertragsbeteiligten und einem Dritten, beschränkt wird. In den frühen Entscheidungen[159] des BGH zu Konstellationen des Drittwettbewerbs wurde stillschweigend vorausgesetzt, dass es einen gemeinsamen Zweck geben konnte, ohne dass zwischen den Vertragsparteien ein aktueller oder potentieller Wettbewerb herrschte. Dass es sich dabei um Beschränkung von Drittwettbewerb handelt, wurde nämlich erst klar, als der BGH in den Entscheidungen „Strohgäu-Wochenjournal" und „Spielkarten" das Bestehen eines Wettbewerbsverhältnisses zum Abgrenzungskriterium erhob. Darauf ergangene Entscheidungen[160] wurden von Teilen der Literatur als Belege für eine Rechtsprechung des BGH zur Beschränkung von Drittwettbewerb angeführt[161]. Unter der Prämisse, dass die Wettbewerbsbeschränkung nicht „inter partes" einzutreten brauchte, wurde die Kategorie der Beschränkung von Drittwettbewerb überhaupt erst begründet und als unter § 1 GWB fallend bezeichnet. Dies erscheint zweifelhaft[162], da in diesen Entscheidungen, in denen Konzessionsverträge dem § 1 GWB unterworfen wurden, der BGH betont hat, dass auch die Konzession erteilende Gemeinde, also ein Vertragspartner, vom (potentiellen) Wettbewerb ausgeschlossen worden sei[163]. Gleichwohl kann festgehalten werden,

---

158 WuW/E BGH 2285, 2287 „Spielkarten": „Es ist vielmehr vor allem auf die durch den Vertrag begründete Wettbewerbsbeschränkung und ihre Wirkung auf dem relevanten Markt abzustellen und damit insbesondere darauf, ob sich die Vertragsbeteiligten als (aktuelle oder potentielle) Wettbewerber gegenüberstehen und durch die Vereinbarung den Wettbewerb untereinander (horizontal) beschränken".

159 BGH v. 10.10.1974, WuW/E BGH 1332 ff. „Bahnen aus Kunststoff"; BGH v. 4.4.1975, WuW/E 1361 (1363) „Krankenhaus-Zusatzversicherung".

160 BGH v. 15.4.1986, WuW/E BGH 2247 (2249) „Wegenutzungsrecht"; BGHZ 119, 101 „Freistellungsende".

161 *Baums*, ZIP 1998, 234 (235); Langen/*Bunte*[8], § 1 GWB a.F. Rn. 53 f.; *Emmerich*, Kartellrecht, S. 65; FK-*Huber/Baums*, § 1 a.F. Rn. 455 ff., 535 a, 552; *Köhler*, Wettbewerbsbeschränkung, S. 95 f.; I/M-*Zimmer*, § 1 Rn. 170, 180.

162 S. nur *Bornkamm* in: FS-Geiß, S. 539 (553).

dass es im Zeitpunkt der Begründung des Korruptionsbekämpfungsgesetzes am 24.09.1996 eine nicht unerhebliche Literaturmeinung gab, welche Wettbewerbsbeschränkungen, die nicht zwischen den Vertragsbeteiligten eintraten, von dem Kartelltatbestand erfasst sah[164]. Darüber hinaus reichte nach der ständigen Praxis des Bundeskartellamtes für die Anwendbarkeit des Kartelltatbestandes die Beschränkung von Drittwettbewerb aus[165].

Nach den oben erarbeiteten Kriterien ist davon auszugehen, dass sich Bieter und Mitarbeiter des Vergabeveranstalters bei der Absprache auf unterschiedlichen Wirtschaftsstufen befinden. Insbesondere ist der Repräsentant des Veranstalters niemals potentieller Wettbewerber zu den Bietern, so dass eine Absprache im *Vertikalverhältnis* vorliegt. Die Absprache hat eine regelwidrige Bevorzugung eines Bieters durch den Veranstalter, also eine einseitige vertikale Bindung, zum *Gegenstand.* Diese Beschränkung von Vertikalwettbewerb wird von § 1 GWB a.F. jedoch nicht erfasst, sondern ist nach den §§ 15 ff. GWB a.F. zu beurteilen[166]. Andererseits dienten die Absprachen auch und gerade dem Zweck, bei der Vergabe andere Bieter bei der Zuschlagserteilung zu benachteiligen oder ganz auszuschließen[167]. Durch die Absprache werden die Möglichkeiten der Nachfrager, den Zuschlag und damit den Auftrag zu erhalten, beschränkt. Somit erfolgt auch eine Wettbewerbsbeschränkung im *Horizontalverhältnis*. Diese unterliegt grundsätzlich dem Anwendungsbereich von § 1 GWB a.F. Die vertikale Ausschreibungsabsprache beschränkt allerdings nicht den Wettbewerb zwischen den Vertragschließenden, da ein (auch potentielles) Wettbewerbsverhältnis zwischen diesen nicht vorliegt. Eine derart getroffene Absprache zwischen Bieter und Veranstalter hat stets einen Wettbewerbsnachteil der Mitbewerber zur *Folge.* Sie dient dem Zweck, andere Bieter vom Zuschlag oder dem gesamten Vergabeverfahren fernzuhalten. Damit liegt ein Fall der Beschränkung von Drittwettbewerb vor.

Hinsichtlich der Beschränkung eines Drittwettbewerbsverhältnisses kann unterschieden werden zwischen Vereinbarungen, die sich ausschließlich auf die wettbewerbliche Handlungsfreiheit Dritter

---

163 BGHZ 119, 101 (105) „Freistellungsende": „Sie waren damit gegenüber der Beklagten potentielle Wettbewerber"; BGH v. 15.4.1986, WuW/E BGH 2247 (2249) „Wegenutzungsrecht": „Zu diesem Zweck verzichtete die Stadt nicht nur darauf, selbst, sei es allein oder mit Dritten, eine Versorgungstätigkeit zu entfalten, sondern sie verpflichtete sich auch, die Möglichkeit einer Versorgung im Stadtgebiet zu eröffnen".

164 Langen/*Bunte*, § 1 Rn. 131, 137, 171.

165 BKartA 29.4.1985, WuW/E BKartA 2199 (2201) „Selex-Tania"; BKartA 7.7.1995, WuW/E BKartA „CP-System". So auch BKartA, TB 1995/96, S. 148 f.; BKartA, TB 1997/98, S. 40.

166 Vgl. Langen/*Bunte*, § 1 Rn. 131.

167 S. zu den einzelnen Manipulationsmöglichkeiten oben § 5 II.

beschränken, und Vereinbarungen, die die Handlungsfreiheit eines gebundenen Vertragspartners gegenüber Dritten beeinträchtigen. Mit der praktischen Erwägung, dass die wettbewerbliche Handlungsfreiheit zwischen den Vertragsparteien nicht schutzwürdiger sei als die der Marktgegenseite, hat das Bundeskartellamt auch die reine Manipulation eines wettbewerblichen Drittverhältnisses nach § 1 GWB beurteilt[168]. Die vertikale Ausschreibungsabsprache wird aber ausschließlich letztere Situation aufweisen, und (nur) die muss nach der mehrheitlichen kartellrechtlichen Literatur am Maßstab des Kartelltatbestandes gemessen werden[169]. Die weiter gehende Praxis des Bundeskartellamtes greift freilich auch den „einfachen" Fall des Drittwettbewerbs auf[170].

Somit konnten Vertikalabsprachen bei Ausschreibungen von § 1GWB a.F. als Konstellation der Beschränkung von Drittwettbewerb als erfasst angesehen werden und damit gegebenenfalls eine Strafbarkeit nach § 298 begründen.

(3) Anfang 1997 hat der BGH in zwei Urteilen die Formel der „gleichgerichteten Interessen" zur Feststellung des gemeinsamen Zwecks ausdrücklich aufgegeben[171]. Nunmehr ist ein gemeinsamer Zweck gegeben, „wenn für die Wettbewerbsbeschränkung bei wertender Betrachtungsweise ein anzuerkennendes Interesse nicht besteht"[172]. Den Verfahren lagen kartellrechtsneutrale Austauschverträge über Waren oder gewerbliche Leistungen zu Grunde, in denen Ausschließlichkeitsbindungen vereinbart waren (gemischt vertikal-horizontale Verträge[173]). Diese neue Formel ermöglicht es, einseitige Wettbewerbsbeschränkungen in Austauschverträgen an Hand einer Abwägungsentscheidung zu beurteilen und gegebenenfalls zu rechtfertigen[174]. Der BGH hat die Abgrenzungsfunktion des Merkmals „zu einem gemeinsamen Zweck" betont[175] und in einer Reihe von weiteren Entscheidungen bes-

---

168 BKartA v. 29.4.1985, WuW/E BKartA 2199 (2201) „Selex-Tania"; BKartA v. 7.7.1995, WuW/E BKartA „CP-System"; offengelassen aber in KG v. 26.2.1986, WuW/E OLG 3737, 3746 „Selex-Tania".

169 BGH v. 10.4.1984, WuW/E BGH 2088 ff. „Korkschrott"; GK-*Hootz*[5], § 1 Rn. 105.

170 Langen/*Bunte*, § 1 Rn. 133, 138.

171 BGH v. 14.1.1997, WuW/E BGH 3115 (3117) „Druckgussteile"; BGH v. 14.1.1997, WuW/E BGH 3121, 3125 „Bedside-Testkarten".

172 BGH a.a.O.

173 Langen/*Bunte*, § 1 Rn. 92, 94.

174 Der BGH hat in diesen Entscheidungen nicht auf die in der Literatur vertretene Immanenztheorie zurückgegriffen, wonach bestimmten kartellrechtlich erlaubten Verträgen Wettbewerbsbeschränkungen immanent seien. Der BGH wollte gerade nicht, dass eine Vielzahl von wettbewerbsbeschränkenden Vereinbarungen in Austauschverträgen tatbestandlich von § 1 GWB erfasst würden, die zur Vermeidung wirtschaftlich verfehlter Ergebnisse im Wege der Tatbestandsrestriktion vom Kartellverbot wieder ausgenommen werden müssten. Vgl. BGH v. 6.5.1997, WuW/E BGH 3137 (3138) „Solelieferung".

175 In den Entscheidungen „Druckgussteile", „Bedside-Testkarten" und „Solelieferung" ist übereinstimmend zu lesen: Die Vorschriften des § 1 GWB und des § 18 GWB (scl.: jetzt § 16 GWB) stehen zueinander nicht im Verhältnis von lex specialis zu lex generalis, sondern schließen einander aus.

tätigt[176]. Die neue Formel hat für die Behandlung von Austauschverträgen sowohl eine einschränkende als auch ausweitende Wirkung. Einschränkend auf den Anwendungsbereich von § 1 GWB a.F. wirkt die Entscheidung „*Bedside-Testkarten*“[177]. Die Gewährung von Alleinvertriebsrechten zur Desintegration eines Vertriebs werden danach einer schematischen Lösung entzogen. Die sich wegen dem potentiellen Wettbewerbsverhältnis zwischen Hersteller und Wiederverkäufer aufdrängende Unwirksamkeit einer Vereinbarung, wird unter den Rechtfertigungsvorbehalt eines „anerkennenswerten Interesses“ gestellt. Damit wird die Wirkung des Kartelltatbestandes in diesen Fällen verkürzt[178]. Auf der anderen Seite erfolgt durch die Entscheidung „*Solelieferung*“[179] eine ausdrückliche Erweiterung des § 1 GWB a.F. auf die Beschränkung von Drittwettbewerb. In diesem Fall war die wettbewerbsbeschränkende Vereinbarung wiederum Teil eines Austauschvertrages. Anders als in den vorausgegangenen Entscheidungen, in denen sich die Vertragsparteien auch als Wettbewerber, zumindest als potentielle Wettbewerber begegnet waren, bestand ein solches Verhältnis zwischen der (Sole liefernden) Gemeinde auf der einen Seite und dem Unternehmer auf der anderen Seite nicht. Die Vertragsbeziehung erschöpfte sich in der Vertikalbeziehung, so dass mit diesem Urteil eine Richtungsentscheidung für die Abgrenzungsfunktion zu treffen war. Entweder wird die schematische Grundeinteilung in horizontale und sonstige Vereinbarungen ausdrücklich bestätigt. Dann hätte der Senat den Vertrag nicht als zu einem gemeinsamen Zweck geschlossen ansehen dürfen und § 1 GWB ausschließen müssen. Oder es wird an Hand des Einzelfalls entschieden, ob für die Wettbewerbsbeschränkung bei wertender Betrachtungsweise ein anzuerkennendes Interesse nicht besteht. Der Senat hat Letzterem entsprochen und sich damit dagegen entschieden, der Auslegung des Merkmales „zu einem gemeinsamen Zweck“ einen formal-subjektiven Einschlag zu geben, der erfordert, dass Vertragsschließende derselben Wirtschaftsstufe angehören und den Wettbewerb untereinander beschränken. Damit ist die Beschränkung von Drittwettbewerb durch die höchstrichterliche Entscheidung „Solelieferung“ vom 6.5.1997 ausdrücklich dem § 1 GWB a.F. unterstellt worden. Eine Beschränkung von Wettbewerb *inter partes* ist danach nicht Voraussetzung für die Anwendung des Kartellverbotes. Ergebnis der Rechtsprechung ist, dass sich die Grenzen zwischen § 1 GWB und §§ 15 GWB a.F. immer mehr auflösten[180].

---

[176] BGH v. 6.5.1997, WuW/E BGH 3137 (3138) „Sole“; BGH v. 12.5.1998, WuW/E DE-R 131 (133) „Subunternehmervertrag“.

[177] BGH 14.1.1997, WuW/E BGH 3121 ff. „Bedside-Testkarten“.

[178] Vgl. *Bornkamm* in: FS-Geiß, S. 539 (548).

[179] BGH v. 6.5.1997, WuW/E BGH 3137 (3138) „Solelieferung“.

[180] Vgl. *Wellenhofer-Klein*, WuW 1999, 557 (563).

Bei der Beschlussempfehlung zu dem Gesetz zur Bekämpfung der Korruption am 26.06.1997[181] und schließlich bei dessen In-Kraft-Treten am 20.08.1997[182] konnte dementsprechend davon ausgegangen werden, dass § 298 auch Absprachen zwischen Bietern und Repräsentanten des Veranstalters mit dem Verweis auf § 1 GWB a.F. erfasst, da dieser auch die einfache Beschränkung von Drittwettbewerb beinhaltet. Hinsichtlich der Abwägung, ob für die Wettbewerbsbeschränkung bei wertender Betrachtungsweise ein anzuerkennendes Interesse nicht besteht, kann für Ausschreibungsabsprachen auf den damit zusammen hängenden Verstoß gegen Vergabegrundsätze verwiesen werden[183]. Die später ergangene Entscheidung „*Carpartner*"[184] zu § 1 GWB a.F. wird im Schrifttum ebenfalls als ein Fall der Beschränkung von Drittwettbewerb angesehen, weil die Kfz-Versicherer mit dem untersagten Beschluss den Wettbewerb auf einem Drittmarkt, und zwar dem Markt für Autovermietungen, beeinflusst hätten[185]. Es handelte sich dabei sogar um einen „qualifizierten" Fall der Beschränkung von Drittwettbewerb, da keiner der Vertragsschließenden aktueller oder potentieller Wettbewerber auf dem Markt war, auf dem sich die Beschränkung auswirken sollte. Für die Auslegung von § 298 bis zum 1.1.1999 kann der Begründung des Gesetzgebers und der h.M. in der Literatur gefolgt werden, nämlich „dass auch bei nicht verheimlichten Absprachen der Wettbewerb beeinträchtigt werde und gerade die Fälle besonders strafwürdig seien, bei denen der Bieter kollusiv mit einem Mitarbeiter des Veranstalters, dessen Kenntnis dem Veranstalter zugerechnet werden kann, zusammenarbeitet"[186].

Ausgehend von dieser Erkenntnis bleibt es eine theoretische Frage, ob die vertikale Ausschreibungsabsprache auch nach § 25 GWB a.F. hätte beurteilt werden können. Das Verbot betrifft nach dem Wortlaut ein abgestimmtes Verhalten, „das nach diesem Gesetz nicht zum Gegenstand einer vertraglichen Bindung gemacht werden darf". § 25 Abs. 1 nimmt damit auf alle Primärverbote Bezug, so dass in jedem Fall zu prüfen gewesen wäre, ob das Verhalten, wenn es einen Vertrag darge-

---

181 Beschlussempfehlung v. 26.6.1997, BT-Drs. 13/8079.

182 Verkündet am 13.8.1997 (BGBl. I-1997, S. 2038 ff.).

183 Ein „anzuerkennendes Interesse" für einen Verstoß gegen die Vergabegrundsätze ist kaum denkbar, da der ordnungsgemäße Ablauf einer Vergabe keine spürbare Manipulation zulässt.

184 BGH v. 13.1.1998, WuW/E DE-R 115 ff. „Carpartner".

185 *Bunte*, NJW 1999, 93 (95); FK-*Huber*, § 1 n.F. Rn. 51; *Kahlenberg*, BB 1998, 1593 (1594); *Polley*, WuW 1998, 939 (944).

186 BT-Drs. 13/5584, S. 14, linke Spalte, Abs. 2 S. 3. Dem folgend: *Bartmann*, Submissionsbetrug, S. 195; I/M-*Dannecker-Biermann*, Vor § 81 Rn. 108, 116; Wabnitz/Janovsky-*Dannecker*, Kap. 15 Rn. 131, 134; Tröndle/*Fischer*, § 298 Rn. 12, 17; *Girkens/Moosmeier*, ZfBR 1998, 224; *Götting/Götting*, ZfBR 2003, 341 (345); *Grüner*, JuS 2001, 887 (Fn. 67); Schönke/Schröder-*Heine*, § 298 Rn. 11; *Hohmann*, NStZ 2001, 566 (571); *Joecks*, § 298 Rn. 5; *Kosche*, Bekämpfung, S. 147; Maurach/*Schroeder*/Maiwald, BT/2, § 68 Rn. 3; *Rössner/Guhra*, Jura 2001, 403 (405); SK-*Rudolphi*, § 298 Rn. 8; I/M-*Zimmer*, § 1 Rn. 347.

stellt hätte, vom GWB erfasst worden wäre. Für die Beurteilung einer rechtswidrigen Verhaltensabstimmung war nämlich anerkannt, dass diese insbesondere auch in einer vertikalen Abstimmungen nach § 15 GWB a.F. (Verbot vertikaler Preis- und Konditionenbindung) liegen kann[187]. Das Problem der Beschränkung von Drittwettbewerb stellt sich auf diesem Wege nicht, da es dort allein auf die Auswirkungen der Beschränkung von Vertikalwettbewerb ankommt. Im Hinblick auf die sogleich zu erörternde neue Rechtslage sei schon hier angemerkt, dass der Gesetzgeber die tatbestandliche Reichweite des Abstimmungsverbotes verringert hat. Das fortan in § 1 GWB enthaltene Verbot abgestimmter Verhaltensweisen ist denselben Einschränkungen unterworfen wie Vereinbarungen von miteinander im Wettbewerb stehenden Unternehmen[188].

3. Die Rechtslage nach der 6. GWB-Novelle

Am 1.1.1999 trat das GWB in novellierter Form in Kraft. Ziel der Neuregelung war die Stärkung des Wettbewerbsprinzips und eine stärkere Angleichung an das europäische Recht. Eine verbesserte Durchsetzung von Wettbewerb ist durch die Übernahme der stringenteren Regeln des EG-Rechts, insbesondere durch Einführung eines echten Kartellverbotes, erreicht worden. Die Angleichung an das europäische Recht erfolgte durch die Übernahme einiger Textbausteine aus Art. 85 Abs. 1 EGV[189]. Das deutsche Wettbewerbsrecht ist indes dort beibehalten worden, wo es konkretere Regelungen enthält, wo sich das europäische Recht noch in der Entwicklung befindet oder wo das nationale Recht dem europäischen deutlich überlegen ist (z.B. bei vertikalen Wettbewerbsbeschränkungen)[190]. Dementsprechend ist die Unterscheidung zwischen horizontalen und vertikalen Wettbewerbsbeschränkungen im GWB erhalten geblieben[191]. In der Begründung wird darauf hingewiesen, dass eine derartige Angleichung an das EG-Recht – wie sie viele andere Mitgliedsstaaten vorgenommen haben[192] – nicht geboten ist[193]. Die Erfassung vertikaler Beschränkungen im EG-Kartellrecht soll der Verwirklichung des Binnenmarktziels dienen; dieses Ziel liegt dem GWB jedoch nicht zu Grunde[194]. Abweichend vom europäischen Recht bedarf es daher in § 1 GWB *weiterhin* eines

---

187 Die §§ 20 Abs. 1 und 21 GWB (a.F.) werden kaum praktische Bedeutung haben, da Lizenzen i.d.R. nicht durch Abstimmung übertragen werden, vgl. I/M²-*Immenga*, § 25 Rn. 25.

188 *Bechtold*, NJW 1998, 2769 (2770); I/M-*Zimmer*, § 1 Rn. 96.

189 S. dazu oben § 4 II.2. (S. 110).

190 BT-Drs. 13/9720, S. 30.

191 BT-Drs. 13/9720, S. 31.

192 Vgl. *Baudenbacher*, WuW 1997, 681 (686).

193 BT-Drs. 13/9720, S. 31.

194 Insbesondere der Abbau der Zollschranken, durch entgegenstehende privatrechtliche Beschränkungen (z.B. Gebietsschutz) sollte verhindert werden, vgl. BT-Drs. 13/9720, S. 32. S. auch *Bunte*, WuW 1997, 857.

Tatbestandselements, das die Abgrenzung zu den Vorschriften über vertikale Vereinbarungen ermöglicht. Das bisherige Merkmal „zu einem gemeinsamen Zweck“ wurde dazu durch die sprachlich treffendere Formulierung „zwischen miteinander im Wettbewerb stehenden Unternehmen“ ersetzt[195]. Der sachliche Gehalt der Vorschrift sollte durch diese Änderung nicht berührt werden[196]. Ob dieses Ziel erreicht wurde, hängt einmal davon ab, wie der Gesetzgeber den sachlichen Gehalt vor der Novelle beurteilte und zum anderen davon, wie sich die Neufassung des Tatbestandes auf den Anwendungsbereich von § 1 GWB auswirkt.

Auch der Gesetzgeber der GWB-Novelle sah in der ursprünglichen Fassung des Tatbestandes ein Element, das die horizontalen von den vertikalen Bindungen abgrenzt[197]. Nach einer funktionalen Auslegung kam es darauf an, ob die Vertragsparteien aktuell oder potentiell miteinander im Wettbewerb stehen. Nichts anderes wird durch die Neuregelung in den Gesetzestext implementiert. Für die hier besonders interessierende Behandlung der Beschränkung von Drittwettbewerb war noch während des Gesetzgebungsverfahrens nicht ganz klar, wie weit diese Kategorie einen Widerhall in der BGH-Rechtsprechung fand. Unterstellt man, dass die Wettbewerbsbeschränkung nicht zwischen den vertragsschließenden Unternehmen stattfinden muss, wurden in der Literatur mehrere Entscheidungen angeführt, welche die Beschränkung von Drittwettbewerb und deren Beurteilung nach § 1 GWB a.F. belegen sollten[198]. Dem kann jedoch entgegengehalten werden, dass in den jeweils angeführten Fällen durch den BGH mehr oder wenig deutlich auch ein potentielles Wettbewerbsverhältnis dargetan war. Somit sprach wohl mehr das Argument, dass der Wettbewerb, der auf der Marktgegenseite stattfinde, ebenso schutzwürdig sei, wie der Wettbewerb zwischen aktuellen oder potentiellen Konkurrenten der Vertragsparteien für den Schutz und eine Kategorie des Drittwettbewerbs[199]. Diese Überlegung mag Anklang in der schon angesprochenen Entscheidung „Solelieferung“[200] gefunden haben. Denn dort hat der BGH § 1 GWB a.F. auf einen Sachverhalt angewendet, bei dem eindeutig eine Beschränkung von Drittwettbewerb gegeben war. In die Endphase der Novellierung des Kartellgesetzes fiel damit eine Ent-

---

195 BT-Drs. 13/9720, S. 31.

196 Vgl. BT-Drs. 13/9720, S. 31; ebenso BGH v. 9.3.1999, WuW/E DE-R 289 (294) „Lottospielgemeinschaft“; *Bornkamm* in: FS-Geiß, S. 539 (540); *K. Schmidt*, AG 1998, 551 (553).

197 BT-Drs. 13/9720, S. 31.

198 S. dazu § 6 IV.2. (S. 161).

199 Vgl. BKartA 29.4.1985, WuW/E BKartA 2199 (2201) „Selex-Tania“.

200 BGH v. 6.5.1997, WuW/E BGH 3137 (3138) „Solelieferung“.

scheidung, welche die formale Abgrenzungsformel durchbrach[201]. Gleichwohl hielt der Gesetzgeber an der schon am 17.03.1997 vom Bundesministerium für Wirtschaft vorgeschlagenen Formulierung fest[202]. Der Wortlaut des neuen § 1 GWB lässt indes keinen Zweifel daran, dass das Kartellverbot nur eingreift, wenn die Parteien der Vereinbarung miteinander im Wettbewerb stehen. Da im Rahmen des Kartellverbotes ein Wettbewerbsverhältnis nur im Horizontalverhältnis angenommen wird, schließt der Gesetzeswortlaut Vereinbarungen im Vertikalbereich aus[203].

Neben dem Verhältnis der Akteure der Vereinbarung ist jedoch auch der Bezug zur bezweckten oder bewirkten Wettbewerbsbeschränkung zu beachten. Vom Wortsinn ausgehend wäre das Merkmal schon dann erfüllt, wenn auf mehreren Märkten tätige Unternehmen, die nur bezüglich eines Marktes in einem Wettbewerbsverhältnis stehen, Vereinbarungen träfen, die gerade diesen Markt nicht tangierten. Dies hätte zur Folge, dass zum Beispiel Ausschließlichkeitsbindungen, die typischerweise zwischen Unternehmen verschiedener Marktstufen geschlossen werden, unter das Kartellverbot zu subsumieren wären, wenn die an der Vereinbarung beteiligten Unternehmen auf irgendeinem anderen Markt im Wettbewerb stünden[204]. Eine solche Auslegung ist mit Sinn und Zweck der Regelung nicht zu vereinbaren, denn wenn man das Verbot so weit fasst, kann es keinen Unterschied machen, ob die an der Vereinbarung beteiligten Unternehmen miteinander im Wettbewerb stehen oder nicht[205]. Beschränkt man dagegen, wie es in § 1 GWB geschehen ist, das Verbot wettbewerbsbeschränkender Vereinbarungen auf Vereinbarungen zwischen Unternehmen, die miteinander im Wettbewerb stehen, so hat die Beschränkung nur dann einen Sinn, wenn sie auch eine Beschränkung des Wettbewerbs *zwischen* den beteiligten Unternehmen voraussetzt. Das Merkmal „miteinander im Wettbewerb stehende Unternehmen“ ist folglich *vereinbarungsbezogen* auszulegen[206]. Das heißt, die Beschränkung muss sich notwendigerweise auf den zwischen den Unternehmen bestehenden Wettbewerb beziehen.

---

201 In der Tat scheinen die letzten Entscheidungen des BGH vom Gesetzgeber nicht mehr berücksichtigt worden zu sein, vgl. *Wellenhofer-Klein*, WuW 1999, 557 (563).

202 Zur Kritik, dass der Gesetzgeber die jüngsten Entscheidungen des BGH zur Problematik nicht mehr berücksichtigt habe, vgl. *Baums*, ZIP 1998, 233 (235); *Petersen*, Vertikalvereinbarungen, S. 2.

203 In diesem Sinne BT-Drs. 13/9720, S. 31; s. auch I/M-*Zimmer*, § 1 Rn. 176.

204 So die Befürchtungen bei FK-*Huber*, § 1 n.F. Rn. 48; vgl. auch I/M-*Zimmer*, § 1 Rn. 175.

205 FK-*Huber*, § 1 n.F. Rn. 48.

206 *Baums*, ZIP 1998, 233 (235); *K. Schmidt*, AG 1998, 551 (560); I/M-*Zimmer*, § 1 Rn. 176.

Obwohl der Gesetzgeber nur eine sprachlich treffendere Formulierung einfügen wollte, ohne den sachlichen Gehalt zu ändern, lässt die Neufassung keinerlei Spielraum, auch die Fälle der Beschränkung von Drittwettbewerb zu erfassen[207]. Mit einer Öffnung für Fälle des Drittwettbewerbs würde das Verbot konturenlos. Dies steht im Gegensatz zu der Intension des Gesetzgebers, die er zudem durch die Abschnittsüberschriften (§§ 1 ff. Kartellvereinbarungen und §§ 14 ff. Vertikalvereinbarungen) hervorhob, nämlich die Abgrenzung zwischen horizontalen und vertikalen Wettbewerbsbeschränkungen zu verstärken. Allein die Absicht, den sachlichen Gehalt der Regelung beizubehalten, reicht jedoch nicht aus, die Vorschrift gegen ihren eigenen Wortlaut auszulegen. Damit ist das Ziel einer rein sprachlichen Umgestaltung nicht erreicht worden[208].

4. Auswirkungen auf § 298

Wie wirkt sich diese sachliche Änderung in § 1 GWB auf den Anwendungsbereich des § 298 aus? Diese Frage ist im strafrechtlichen Schrifttum bisher nicht diskutiert worden. Die h.M.[209] folgt, indem sie zumeist noch auf §§ 1, 25 GWB a.F. abstellt, der Begründung des Regierungsentwurfs[210]. Ob der Strafgesetzgeber das nahezu parallele Verfahren zur Novellierung des GWB bei Schaffung des § 298 verfolgt hat, ist nicht dokumentiert. Es kann nur festgestellt werden, dass bei der Beschlussempfehlung des Rechtsausschusses zum Gesetz[211] zur Bekämpfung der Korruption am 26.6.1997 lediglich die Formulierungsvorschläge des Bundeswirtschaftsministeriums zu den tragenden GWB-Bestimmungen vorlagen[212]. Der Referentenentwurf

---

207 *Baums*, ZIP 1998, 233 (235); *Bornkamm* in: FS-Geiß, S. 539 (556); Langen/*Bunte*, § 1 Rn. 120; FK-*Huber*, § 1 n.F. Rn. 50; *K. Schmidt*, AG 1998, 551 (560); *Kahlenberg*, BB 1998, 1593 f.; *Wellenhofer-Klein*, WuW 1999, 557 (565); I/M-*Zimmer*, § 1 Rn. 177; so wohl auch BKartA, TB 1997/98, BT-Drs. 14/1139, S. 38 f.

208 *Baums*, ZIP 1998, 233 (235); *ders.*, Anm. zu BGH LM § 1 GWB Nr. 48 „Solelieferung".

209 *Bartmann*, Submissionsbetrug, S. 195; *Hohmann*, NStZ 2001, 566 (571); I/M-*Dannecker/Biermann*, Vor § 81 Rn. 108, 116, Wabnitz/Janovsky-*Dannecker*, Kap. 15 Rn. 131, 134; Tröndle/*Fischer*, § 298 Rn. 12, 17; *Girkens/Moosmeier*, ZfBR 1998, 224; *Götting/Götting*, ZfBR 2003, 341 (345); *Grüner*, JuS 2001, 887 (Fn. 67); Schönke/Schröder-*Heine*, § 298 Rn. 11; *Joecks*, § 298 Rn. 5; *Kosche*, Bekämpfung, S. 147; Lackner/*Kühl*, § 298 Rn. 3; *Rössner/Guhra*, Jura 2001, 405; Maurach/*Schroeder*/Maiwald, BT/2, § 68 Rn. 3; SK-*Rudolphi*, § 298 Rn. 8; I/M-*Zimmer*, § 1 Rn. 347.

210 BT-Drs. 13/5584, S. 14, linke Spalte, Abs. 2 S. 3.

211 BT-Drs. 13/8079.

212 Schon im Februar 1995 wurde eine Arbeitsgruppe „Kartellgesetznovelle" eingerichtet, die den Änderungsbedarf im Kartellgesetz untersucht hat und am 2.5.1996 als Ergebnis Eckpunkte für eine Novelle festhielt, die am 17.3.1997 Vorlage für die Formulierung einiger tragender Be-

zur GWB-Novelle erging hingegen erst am 22.7.1997, so dass er für die auslegende Begründung von § 298 nicht mehr berücksichtigt werden konnte. Dagegen wird die Entscheidung „Solelieferung" vom 6.5.1997 die Einschätzungen des Strafgesetzgebers zur Behandlung von Drittwettbewerb bestätigt haben.

Die Begründung des Gesetzgebers zu § 298 ist damit in einem Punkt durch das In-Kraft-Treten der 6. GWB-Novelle obsolet geworden. Fälle, in denen der Bieter nur kollusiv mit einem Mitarbeiter des Veranstalters zusammenarbeitet, können nicht nach § 298 geahndet werden. Denn auch wenn dadurch die Grundsätze des Vergabeverfahrens missachtet werden, ist ein solche Absprache nicht rechtswidrig im Sinne von § 1 GWB[213]. Kartellrechtswidrig ist eine Absprache nur zwischen Unternehmen, die miteinander im Wettbewerb stehen und die mit der Absprache den Wettbewerb untereinander beschränken. Durch dieses kumulative Erfordernis ist jede Form der Beschränkung von Drittwettbewerb ausgeschlossen. Bislang noch von § 1 GWB erfasste Fälle der Beschränkung von Drittwettbewerb sind nur noch im Rahmen der Missbrauchskontrolle nach § 16 GWB aufzugreifen. Die Möglichkeit, eine Vertikalabsprache durch das Verbot des abgestimmten Verhaltens (§ 25 GWB a.F.) kombiniert mit einem der sonstigen Verbote (§§ 15 ff. GWB a.F.) zu erfassen, ist durch die Novelle entfallen[214]. § 25 GWB a.F. wurde in § 1 GWB n.F. integriert und setzt ganz unstreitig ein Wettbewerbsverhältnis zwischen den sich abstimmenden Unternehmen voraus[215]. Im Ergebnis hat die Einschränkung des Anwendungsbereichs von § 1 GWB damit auch die Reichweite von § 298 verkürzt.

Kritische Äußerungen hinsichtlich der Einbeziehung von Vertikalabsprachen in den Anwendungsbereich von § 298, sind bisher im strafrechtlichen Schrifttum noch selten anzutreffen. Als erster äußerte sich *König*[216] besorgt über die Weite des Tatbestandes, die der Gesetzgeber in der Gesetzesbegründung anlegte. Lange vor dem In-Kraft-Treten der GWB-Novelle nahm er Anstoß an der tatbestandlichen Erfassung von Ausschreibungsabsprachen, die von dem Veranstalter ausgehen: „Etwa dann, wenn der Veranstalter die Absprache selbst initiiert, wird man schwerlich davon sprechen können, er selbst sei zur Annahme des Angebotes ‚veranlasst'

---

stimmungen wurden. Diese bildeten die Basis für den Referentenentwurf vom 22.7.1997 (BMWi I B 5 – 22 12 00). Zur Vorgeschichte des Gesetzgebungsverfahrens, s. auch BT-Drs. 13/9720, S. 31.

213 So schon *Greeve*, NStZ 2002, 505 (509).

214 Vgl. Langen/*Bunte*, § 1 Rn. 83 f.

215 *Bechtold*, § 1 Rn. 18; Langen/*Bunte*, § 1 Rn. 57, 84; GK-*Hootz*, § 1 Rn. 59; FK-*Huber*, § 1 n.F. Rn. 52; I/M-*Zimmer*, § 1 Rn. 173.

216 *König*, JR 1997, 397 (402).

worden“[217]. Dieser Einwand beruht augenscheinlich weniger auf kartellrechtlichen Erwägungen als auf Zweifeln über die Finalität des Merkmals „Veranlassen“. Nach der Lehre der Mitkausalität[218] wird allerdings eine reine Mitursächlichkeit für das Veranlassen als ausreichend erachtet. So bleibt nur der formale Widerspruch einer strafbewehrten Selbstveranlassung (zur Annahme eines bestimmten Angebotes), der sich ebenfalls auflöst, wenn man auf der Vergabeseite zwischen dem Korruptionspartner und einem dahinterstehenden getäuschten Dritten unterscheidet[219].

Die Eingrenzung des § 298 durch § 1 GWB auf Horizontalabsprachen ist bisher nur vereinzelt im strafrechtlichen Schrifttum erkannt worden, denn sie setzt sie eine Beschäftigung mit dem Kartellverbot in der novellierten Fassung voraus. Insbesondere *Tiedemann*[220] tritt den Ausdehnungstendenzen mit dem Hinweis auf die Normen des GWB entgegen, denn erstens folge aus der Anlehnung an § 1 GWB, dass taugliche Absprachteilnehmer nur Unternehmen sind, die miteinander im Wettbewerb stehen. Zweitens führe dies zu einer materiellen Beschränkung des Täterkreises[221]. Mit der Bezugnahme auf rechtswidrige Absprachen sei der Kreis der möglichen Täter auf Kartellmitglieder begrenzt[222]. Aktiver, unmittelbarer Täter des § 298 könne danach jedermann sein, der das Submissionsangebot für ein Unternehmen abgibt, welches Vertragspartner der Submissionsabsprache ist[223]. Da der Veranstalter nicht im Wettbewerb mit den Bietern steht, ist er kein tauglicher Absprachepartner und folglich sind Verantwortliche der ausschreibenden Stelle als Täter des § 298 abzulehnen. Liegt eine Absprache zwischen Wettbewerben vor und ist eine Person der Veranstalterseite miteinbezogen (einfache Kollusion), so kann für diese darin allenfalls eine Teilnahmehandlung in Form der Anstiftung oder Beihilfe zu § 298 gesehen werden[224]. Dieser Ansatz findet zunehmend Anklang im strafrechtlichen Schrifttum[225], denn er verspricht eine einfache und griffige Hand-

---

217 *König*, JR 1997, 397 (402); dahin gehend auch *Jaeschke*, Submissionsbetrug, S. 52.

218 In diesem Zusammenhang s. nur Tröndle/*Fischer*, § 298 Rn. 12, 17; LK-*Tiedemann*, § 298 Rn. 33.

219 S. dazu bereits oben § 2 III.

220 LK-*Tiedemann*, § 298 Rn. 16.

221 LK-*Tiedemann*, § 298 Rn. 17, 48; *ders.* in: FS-Müller-Dietz, S. 910 (916).

222 Konsequenterweise wird damit auch die Tätereigenschaft des Außenseiters (s. oben § 3 II.4.) ausge-schlossen, vgl. LK-*Tiedemann*, § 298 Rn. 17.

223 LK-*Tiedemann*, § 298 Rn. 19.

224 LK-*Tiedemann*, § 298 Rn. 16, 39, 48.

225 NK-*Dannecker*, § 298 Rn. 18 ff. und 72; *Greeve*, NStZ 2002, 505 (508); Müller-Gugenberger/Bieneck-*Gruhl*, § 58 Rn. 11; Wessels/*Hillenkamp*, BT/2, Rn. 700; indirekt I/M-*Dreher*, Vor §§ 97 Rn. 123, der zur Strafbarkeit der Mitarbeiter von Vergabestellen insbeson-

habung des Tatbestandes, insbesondere was die Abgrenzung von Täterschaft und Teilnahme angeht[226]. Der klaren Absage an die Erfassung vertikaler Kooperationsmöglichkeiten, die in der Begrenzung der tauglichen Absprachteilnehmer liegt, ist zuzustimmen[227]. Es sei nur auf zweierlei hingewiesen:

(1) Die von *Tiedemann* vorgenommene Abgrenzung erspart nicht die Prüfung der Rechtswidrigkeit der Absprache nach § 1 GWB. Eine „Faustformel", nach der Täter nur ein Kartellmitglied sein könne, wäre ungenau. Der Tatbestand des § 1 GWB erfordert nämlich nicht nur, dass ein Wettbewerbsverhältnis zwischen den Unternehmen besteht, sondern auch, dass die getroffene Vereinbarung bezweckt, den Wettbewerb *zwischen* den Wettbewerbern zu beschränken[228]. Diese zweite Voraussetzung spielt in der Qualifikation der Absprachteilnehmer keine Rolle. Somit ist der Fall denkbar, dass ein (privater) Veranstalter eine Ausschreibung initiiert und dabei mit einem Bieter, mit dem er auf einem anderen Markt im Wettbewerb steht, eine Absprache dahin gehend tätigt, den Bieter bei der Vergabe zu bevorzugen. Stellt man formal auf das Wettbewerbsverhältnis ab, können private Veranstalter und Bieter Absprachteilnehmer des § 298 sein, obwohl es sich um eine Vertikalabsprache mit einem Veranstalter handelt. Die Beschränkung der möglichen Absprachteilnehmer auf Unternehmen, die miteinander im Wettbewerb stehen, ist somit nur ein erster Filter.

(2) Die Beschränkung des Täterkreises auf Kartellmitglieder erscheint nicht zwingend. Mit der Neufassung von § 1 GWB ist zwar schon der Abschluss eines wettbewerbsbeschränkenden Vereinbarung verboten[229], doch bleibt weiterhin auch jedes Verhalten tatbestandsmäßig[230], das darauf abzielt, dem Vertrag nach außen hin

---

dere auf die §§ 263, 266, 299 Abs. 1, 331, 332 StGB hinweist, und damit § 298 unerwähnt lässt; *Schuler*, Bekämpfung von Submissionsabsprachen, S. 145; *Wedlich*, Strafrechtliche Würdigung, S. 133 f.

226 LK-*Tiedemann*, § 298 Rn. 48.

227 Vgl. BGH 4 StR 428/03 – Beschluss v. 22.6.2004 (LG Bielefeld), NJW 2004, 2761; BGH 4 StR 234/04 – Beschluss v. 7.11.2004 (LG Bielefeld).

228 S. oben § 6 III.4. (S. 168).

229 Daraus zu folgern, dass nur noch der Abschluss von Vereinbarungen ordnungswidrig ist, wäre ein Missverständnis. Ordnungswidrig ist bereits der Abschluss der Vereinbarung, vor allem aber auch die Praktizierung, vgl. *Bechtold*, § 1 Rn. 55, § 81 Rn. 3; *Kosche*, Bekämpfung, S. 46.

230 Für die h.M. vgl. I/M-*Dannecker-Biermann*, § 81 Rn. 20; Langen/Bunte-*Kollmorgen*, § 81 Rn. 43: „Insoweit ist unter Zuwiderhandlung in § 81 Abs. 1 Nr. 1 GWB dasselbe wie unter Hinwegsetzen in § 38 Abs. 1 Nr. 1 GWB a.F. zu verstehen".

Geltung zu verschaffen[231]. Somit können nicht nur die Parteien der Absprache dem Verbot von § 1 GWB unterliegen, sondern zum Beispiel auch Nichtkartellmitglieder. Nach *Tiedemann*[232] sind diese aber nicht vom Kreis der tauglichen Täter erfasst. Aus dem Tatbestand des § 298 heraus ist indes nicht ersichtlich, warum Nichtkartellmitglieder dem Täterkreis entzogen sein sollen. Die Tathandlung des § 298 ist nicht der Abschluss eines Vertrages oder die Abstimmung eines Verhaltens[233], sondern die Abgabe eines rechtswidrigen Angebotes[234]. Zudem soll nach überwiegender Meinung[235] auch der Kartellaussteiger, der zunächst Kartellmitglied war, sich spätestens bei Angebotsabgabe aber nicht mehr an die Vereinbarung hält, strafbar sein. Eine unterschiedliche Behandlung von Kartellaussteiger und Kartellaußenseiter ist nicht angezeigt, da im Moment der Angebotsabgabe auch der Aussteiger kein Kartellmitglied mehr ist[236].

IV. Ergebnis

Die Untersuchung hat ergeben, dass eine detaillierte Betrachtung des Kartellverbots wesentliche Rückschlüsse auf die Reichweite des Tatbestands wettbewerbsbeschränkender Absprachen zulässt. In der Konstellation der Horizontalabsprachen zeigte sich, dass neben den unproblematischen Fällen der Schutzangebote und Stillhalteabkommen auch die Fallvarianten Marktinformationssysteme und Bietergemeinschaften von § 1 GWB erfasst sein können. Dennoch reichen letztere Formen in der Regel nicht aus, um den Tatbestand des § 298 zu erfüllen. Liegt dies bei der Nutzung eines Marktinformationssystems an dem zu niedrigen Koordinationsniveau, um den Veranstalter zu veranlassen ein „bestimmtes Angebot" anzunehmen, so ist der Zusammenschluss zu einer Bietergemeinschaft nur dann als rechtswidrig anzusehen, wenn die Vertragspartner – jeder für sich – über die notwendige Kapazität verfügen und darüber hinaus, ein „erfolgversprechendes Angebot" hätten abgeben können. Damit ist für kapazitätsstarke Bieter der Rahmen, an Bietergemeinschaften (rechtmäßig) teilzunehmen, erweitert worden. Wird jedoch in der

---

231 Weiterhin relevant also BGH v. 7.10.1959, WuW/E BGH 352 „Nullpreis"; BGH v. 9.7.1984, WuW/E BGH 2100 „Schlussrechnung"; BGH v. 15.10.1991, WUW/E BGH 2727 „Schutzangebot".

232 Dazu bereits oben § 3 II.4.

233 Ein zweiaktiges Delikt liegt nämlich nicht vor, s. oben § 3 II.2. (S. 83).

234 S. oben § 4 II.1. (S. 106).

235 FK-Achenbach, § 38 Rn. 13; Tröndle/*Fischer*, § 298 Rn. 14; Schönke/Schröder-*Heine*, § 298 Rn. 14; *König*, JR 1997, 402; *Möhrenschlager*, JZ 1996, 830; *Otto*, wistra 1999, 41 (42).

236 S. oben § 3 II.4. (S. 88).

Bietergemeinschaft die Vereinbarung eines Wettbewerbsverbots festgestellt, ist dies ein starkes Indiz dafür, dass den Unternehmen auch die selbständige (erfolgversprechende) Angebotsabgabe möglich gewesen wäre. Schließlich hat die wettbewerbliche Untersuchung gezeigt, dass insbesondere für die Spürbarkeit eines Stillhalteabkommens die Abgrenzung des relevanten Marktes relevant sein kann. Bei beschränkten Ausschreibungen oder freihändigen Vergaben reduziert sich dieser, im Wege einer temporären Marktabgrenzung, auf die aufgeforderten Bieter. Lediglich bei der offenen Ausschreibung ist darüber hinaus gegebenenfalls sachlich und räumlich abzugrenzen. Im Hinblick auf eine Rechtfertigung der Kartellabsprachen ist festzustellen, dass eine Freistellung vom Kartellverbot (§§ 2 ff. GWB) weitestgehend auszuschließen ist. Die Untersuchung der Ausnahmetatbestände hat allein das Vorbringen einer Strukturkrise nach § 6 GWB als Rechtfertigungsmöglichkeit von Absprachen bei Ausschreibungen erkannt[237]. Da eine nachträgliche Erlaubniserteilung Sinn und Zweck der §§ 9 ff. GWB widerspricht und eine vorausgehende Mitteilung in der Regel nicht erfolgt, ist auch die verwaltungstechnische Möglichkeit einer Erlaubnisfreistellung zweifelhaft.

§ 298 ist kein heimliches Delikt; der Tatbestand lässt Raum für kollusive Absprachen, welche die Chancengleichheit oder die Marktzutrittschancen anderer Mitbieter beeinträchtigen. Eine wettbewerbliche Betrachtung kollusiver Absprachen zeigt, dass sich Bieter und Veranstalter stets auf unterschiedlichen Wirtschaftsstufen befinden und auch keine potentiellen Wettbewerber sind. Die Absprache hat damit eine einseitige, vertikale Bindung zum Gegenstand, die den Veranstalter in der Freiheit der Vergabe beschränkt. Deren Folge ist eine horizontale Wettbewerbsbeschränkung gegenüber den übrigen Unternehmen, da sie schlechter gestellt werden als der oder die Einfluss nehmende(n) Mitbieter. Diese Kategorie der Beschränkung von Drittwettbewerb konnte nach überwiegender Meinung nach § 1 GWB a.F. beurteilt werden[238]. Der BGH hat das in der Entscheidung „Solelieferung" ausdrücklich bestätigt. Vor In-Kraft-Treten der 6. GWB-Novelle konnte § 1 GWB a.F. also Vertikalabsprachen erfassen. Die Gesetzesbegründung zu § 298 geht aber fehl, wenn sie Absprachen zwischen Bietern und Mitarbeitern der Vergabestelle

237 S. oben § 6 II. (S. 148 f).

238 Die Behandlung dieser Konstellation nach § 1 GWB a.F. ist an die Auslegung des Merkmals „zu einem gemeinsamen Zweck" geknüpft. Nach dem anfänglichen gesellschaftsrechtlichen Verständnis war allein relevant, ob mit der Bindung zumindest ein gesellschaftsähnliches Rechtsverhältnis eingegangen wurde. Eine zunehmende funktionale Auslegung des Merkmals stellte auf das Vorliegen eines Wettbewerbsverhältnisses zwischen den Vertragspartnern ab. Dies eröffnete eine Diskussion über die Behandlung des so genannten Drittwettbewerbs, also Fälle, die nach der alten Auslegung unproblematisch erfasst waren, nach dem neuen Verständnis aber zu den Vertikalvereinbarungen zählten, da kein Wettbewerbsverhältnis vorlag. S. oben § 6 III.2. (S. 156).

unter das Regime von § 298 stellt, denn diese Annahme ist mit der Neuregelung von § 1 GWB nicht mehr vereinbar. Der neugefasste Wortlaut setzt zwingend voraus, dass die Vereinbarung zwischen miteinander im Wettbewerb stehenden Unternehmen geschlossen wird. Ein horizontales Wettbewerbsverhältnis ist zwischen Bieter und Vergabestelle niemals vorhanden. Die h.M.[239] im strafrechtlichen Schrifttum unterliegt einem Irrtum, wenn sie das Merkmal rechtswidrig als Tatbestandsmerkmal begreift und gleichwohl Absprachen zwischen Bietern und Personen auf der Seite des Veranstalters für möglich hält. Nur eine unreflektierte Übernahme der Gesetzesbegründung und die Anlehnung an erste Kommentierungen[240], die in der Rechtswidrigkeit kein Tatbestandsmerkmal sehen und nach wie vor von der alten Gesetzeslage ausgehen, können diese Ansicht erklären.

Soweit das neuere Schrifttum auf § 1 GWB abstellt und daraus schließt, dass die Absprache nur zwischen Unternehmen, die miteinander im Wettbewerb stehen, erfolgen kann, ist dem zuzustimmen[241]. Wenn darüber hinaus geschlussfolgert wird, dass nur Kartellmitglieder Täter sein können, muss dem entgegengehalten werden, dass eine solche (materielle) Beschränkung ungenau ist. Der Tatbestand wird verengt, da Kartellaußenseiter grundsätzlich von einer täterschaftlichen Begehung ausgeschlossen werden. Außerdem ergibt sich aus der näheren Subsumtion des Kartellverbotes, dass die getroffene Vereinbarung den Wettbewerb *zwischen* den Wettbewerbern beschränken muss. Diese zweite Voraussetzung spielt in der Qualifikation der Absprachеteilnehmer aber keine Rolle, so dass nur mit Prüfung aller Merkmale von § 1 GWB Gewissheit über die Rechtswidrigkeit erlangt werden kann. Allein so kann die Konkordanz zu dem Kartellrecht gewährleistet werden. Der Anwendungsbereich des § 298 entspricht dann dem, wofür der Spezialtatbestand ursprünglich[242] gefordert wurde: Ausschreibungen vor Absprachen *unter Bietern* zu verhindern.

---

[239] *Bartmann*, Submissionsbetrug, S. 195; I/M-*Dannecker/Biermann*, Vor § 81 Rn. 108, 116; Wabnitz/Janovsky-*Dannecker*, Kap. 15 Rn. 131, 134; *Girkens/Moosmeier*, ZfBR 1998, 224; *Götting/Götting*, ZfBR 2003, 341 (345); *Grüner* JuS 2001, 887 (Fn. 67); *Hohmann*, NStZ 2001, 566 (571); Lackner/*Kühl*, § 298 Rn. 3; *Joecks*, § 298 Rn. 5; *Kosche*, Bekämpfung, S. 147; Maurach/*Schroeder*/Maiwald, BT/2, § 68 Rn. 3; *Rössner/Guhra*, Jura 2001, 405; SK-*Rudolphi*, § 298 Rn. 8; I/M-*Zimmer*, § 1 Rn. 347.

[240] Vgl. Tröndle/*Fischer*, § 298 Rn. 12, 17; Schönke/Schröder-*Heine*, § 298 Rn. 11; SK-*Rudolphi*, § 298 Rn. 8.

[241] Vgl. BGH 4 StR 428/03 – Beschluss v. 22.6.2004 (LG Bielefeld), NJW 2004, 2761; BGH 4 StR 234/04 – Beschluss v. 7.11.2004 (LG Bielefeld); LK-*Tiedemann*, § 298 Rn. 16, 48; *ders.* in: FS-Müller-Dietz, S. 910 (916); Wessels/*Hillenkamp*, BT/2, Rn. 700; *Greeve*, NStZ 2002, 505 (508); allgemeiner auch Müller-Gugenberger/Bieneck-*Gruhl*, § 58 Rn. 11; indirekt I/M-*Dreher*, Vor §§ 97 Rn. 123. *Schuler*, Bekämpfung von Submissionsabsprachen, S. 145; *Wedlich*, Strafrechtliche Würdigung, S. 133 f.

[242] S. die Entwürfe für einen Sondertatbestand oben § 1 II.

Die bisherigen Ausführungen orientierten sich neben dem Wortsinn der Tatbestandsmerkmale in besonderem Maße an den Ausführungen des Gesetzgebers in der Gesetzesbegründung zu § 298. Danach verweist der Tatbestand nur auf die nach § 1 GWB a.F. unwirksamen Verträge und nach § 25 GWB a.F. verbotenen abgestimmten Verhaltensweisen[1]. Mit der 6. GWB-Novelle ist das Verbot abgestimmter Verhaltensweisen in das Kartellverbot inkorporiert worden, so dass nur noch auf § 1 GWB abzustellen ist. Damit ist das Rechtswidrigkeitsurteil auf die dort formulierte, typisierte Kooperationshandlung beschränkt. Für diese begrenzte Bezugnahme wäre es gesetzestechnisch möglich gewesen, einen ausdrücklichen Verweis auf § 1 GWB zu formulieren. Der Gesetzgeber wählte jedoch einen anderen Weg. Im Folgenden soll die Möglichkeit einer vom Wortlaut gedeckten, aber extensiven Auslegung des Rechtswidrigkeitskriteriums untersucht werden. Die Tatbestandsfunktion des Merkmals wurde bereits oben ausgeführt und ergab, dass es sich bei dem Merkmal „rechtswidrig" um ein normatives Merkmal handelt[2]. Für die Abgrenzung von Blankettstrafgesetz und normativem Tatbestandsmerkmal ist sub specie Garantiefunktion anerkannt, dass die Anforderungen an die Bestimmtheit des normativen Merkmals geringer sind als an die eines Blanketts[3]. Bei Blankettstrafgesetzen werden nämlich sowohl das Strafgesetz als auch die Ausfüllungsnorm, auf die das Strafgesetz verweist, an Art. 103 Abs. 2 GG gemessen. Bei der Verwendung normativer Tatbestandsmerkmale unterliegt allein der Straftatbestand den Anforderungen des Bestimmtheitsgrundsatzes, nicht aber die zur Auslegung herangezogene Norm[4]. Durch das Merkmal „rechtswidrig" kann folglich auf die Wertung einer unbestimmten Zahl von Normen, ja auf die Wertung eines ganzen Rechtssystems, verwiesen werden. Exemplarisch seien hier nur die §§ 242, 246, 249 angeführt, deren Merkmale „fremd"[5] und „rechtswidrig"[6] auf die gesamte Eigentumsordnung rekurrieren. Dieser „Generalverweis" auf eine andere Rechtsordnung ist Ausdruck einer Akzessorietät, die gewährleistet, dass die Strafnorm nicht

---

1 BT-Drs. 13/5584, S. 14, rechte Spalte, Abs. 3.

2 Zur Tatbestandsfunktion bereits oben § 4 II.1.

3 S. oben § 4 II.1. (S. 106).

4 S. nur *Enderle*, Blankettstrafgesetze, S. 1.

5 Die Bezugnahme beschränkt sich nicht nur auf die Regelungen des BGB, sondern betrifft alle Normen, die eine Eigentumszuweisung betreffen, so zum Beispiel auch ein landesrechtliches Schatzregal (§ 23 DSchG), vgl. BVerfGE 78, 205 (208) „Uracher Hortfund".

6 Rechtswidrig bedeutet hier: vom Recht nicht zugelassener Eingriff in die Eigentumsordnung durch Zueignung, vgl. RGSt 44, 42.

über das hinausgeht, was in dem außerstrafrechtlichen Gesetz geregelt ist. Für § 298 kann nichts anderes gelten. Geht man dem nach, ist festzustellen, dass der Gesetzgeber in der Gesetzesbegründung auch auf andere Vorschriften des GWB, wie zum Beispiel auf § 5 Abs. 4 S. 2 GWB verwiesen hat[7]. Im weiteren Beratungsverfahren wurde deutlich gemacht, dass „aus der Beschränkung auf rechtswidrige Absprachen folgt, dass nur kartellrechtswidriges Verhalten, also nicht Handlungen, die kartellrechtlich zulässig sind, [...], erfasst werden"[8]. Dem entsprechend geht die h.M. auch davon aus, dass Absprachen nach §§ 2 ff. GWB vom Kartellverbot freigestellt werden können und damit nicht „rechtswidrig" im Sinne von § 298 sind[9]. Der Verweis auf §§ 1, 25 GWB a.F. ist also nicht abschließend, sondern umfasst zumindest auch den Apparat der Ausnahmevorschriften[10]. Die Verknüpfung mit den Ausnahmetatbeständen ist indes nicht selbstverständlich, wie ein Hinweis auf deren Nichtanwendbarkeit bei „abgestimmten Verhaltensweisen" zeigt[11]. Der Gesetzgeber hat bewusst eine inhaltliche Abhängigkeit von dem Kartellrecht geschaffen, die es ermöglicht, auf die dort bestehende Begriffsauslegung und Anwendungspraxis abzustellen[12]. Folglich ist davon auszugehen, dass auch die Bereichsausnahmen (§§ 28 ff., 130 Abs. 1 S. 2 GWB) respektiert werden müssen. Anders ist die gewünschte enge Zusammenarbeit zwischen Kartellbehörden und Staatsanwaltschaften auch gar nicht denkbar[13]. Es kann somit festgestellt werden, dass die Bezugnahme auf das Kartellgesetz über § 1 GWB hinausgeht.

Wie bereits oben herausgearbeitet, sollten nach dem Willen des Gesetzgebers durch den Tatbestand § 298 auch Absprachen zwischen Bietern und Mitarbeitern der Vergabestelle erfasst werden[14]. Mit In-Kraft-Treten der 6. GWB-Novelle kann die

---

7 BT-Drs. 13/5584, S. 14.

8 BT-Drs. 13/8079, S. 14 (zu Art. 1 Nr. 3, § 298).

9 FK-*Achenbach*, § 81 Rn. 50; Tröndle/*Fischer*, § 298 Rn. 19; Müller-Gugenberger/Bieneck-*Gruhl*, § 58 Rn. 12; Schönke/Schröder-*Heine*, § 298 Rn. 13; Wiedemann-*Klusmann*, § 56 Rn. 17; Lackner/*Kühl*, § 298 Rn. 3; LK-*Tiedemann*, § 298 Rn. 36.

10 Inhaltlich richtet sich das Rechtswidrigkeits-Urteil nach kartellrechtlichen Bestimmungen, insbesondere § 1 GWB, vgl. *Mitsch*, BT/2, § 3 Rn. 204.

11 Zur Anwendung der §§ 2 GWB ff., s. oben § 6 II. (S. 145 f.).

12 BT-Drs. 13/5584, S. 14, linke Spalte, Abs. 4 S. 2.

13 Um die Sachkunde und Erfahrung der Kartellbehörden bei der Verfolgung von kartellrechtswidrigen Absprachen bei Ausschreibungen auch nach der Hochstufung der bisherigen Ordnungswidrigkeit zu einer Straftat umfassend nutzen zu können, soll in diesen Fällen (des § 82 GWB; der Verf.) den Kartellbehörden ihre bisherige Zuständigkeit für die Verhängung von so genannten „Unternehmens- bzw. Verbandsgeldbußen" grundsätzlich erhalten bleiben. Vgl. BT-Drs. 13/8079, S. 16.

14 S. oben § 6 III. (S. 152 f.).

Beschränkung von Drittwettbewerb jedoch nicht mehr nach § 1 GWB beurteilt werden[15]. Um dem Willen des Gesetzgebers nachzukommen, bleibt nur die Möglichkeit, auf andere Kartelltatbestände auszuweichen, bei denen die Möglichkeit besteht, Kooperationen zwischen Bietern und Veranstaltern zu erfassen. Der vom Tatbestand geschützte „freie Wettbewerb" steht dem nicht entgegen[16]. Wettbewerbsbeschränkungen können verschiedene Gründe haben. Bei einer ursachenbezogenen Unterscheidung kann zwischen Wettbewerbsbeschränkungen durch Rechtsgeschäft, durch Behinderung und Missbrauch oder durch Unternehmenszusammenschlüsse differenziert werden[17]. Im Folgenden sollen nahe liegende Tatbestände wie Vertikalvereinbarungen (§§ 14, 16 GWB), Missbrauch (§§ 19, 20 GWB) und Boykott (§ 21 GWB) auf ihre Anwendbarkeit im Rahmen von § 298 überprüft werden.

I. Die Anwendbarkeit von §§ 14, 16 GWB

Nach der Novelle des Kartellrechts ist die Abgrenzung von Vereinbarungen zwischen Wettbewerbern und Vereinbarungen zwischen Unternehmen, die auf unterschiedlichen Wirtschaftsstufen agieren, verstärkt worden. Der zweite Abschnitt des GWB regelt die von dem Kartellverbot abweichenden (sonstigen) Vertikalvereinbarungen. Um die Einschlägigkeit dieser Vorschriften zu überprüfen, ist es dienlich, die oben[18] bereits erarbeitete wettbewerbliche Einordnung von Vertikalabsprachen bei Ausschreibungen in Erinnerung zu rufen. Die unter den Punkten 3) und 4) dargestellten Wirkungen der Vertikalkooperation sind für die nun beginnende Untersuchung ohne Belang, da sie nur die Folgen für den Horizontalwettbewerb feststellen. Wichtiger ist Punkt 1), aus dem zu entnehmen ist, dass sich die Vereinbarenden auf unterschiedlichen Wirtschaftsstufen befinden. Das ist freilich Voraussetzung für die Anwendung der §§ 14 ff. GWB. Im Vordergrund steht somit Punkt 2), wonach die Absprache eine einseitige vertikale Bindung des Auftraggebers zum Gegenstand hat. Der Veranstalter begibt sich dadurch der Möglichkeit, die geschaffene Wettbewerbssituation, trotz der ihm gewährten Angebotstransparenz, frei auszunutzen. § 14 GWB verbietet Vereinbarungen zwischen Unternehmen über Waren oder gewerbliche Leistungen, soweit sie einen Beteiligten in der Freiheit der Gestaltung von Preisen oder Geschäftsbedingungen bei solchen Vereinbarungen be-

15 S. oben § 6 III.3. (S. 166 f.).

16 Enger im Hinblick auf die Garantiefunktion und die thematische Einbindung des Tatbestandes, s. oben § 2 II.4. (S. 47).

17 *Bunte*, Kartellrecht, § 2 II.

18 S. oben § 6 III.1.

schränken, die er mit Dritten über die gelieferten Waren, über andere Waren oder über gewerbliche Leistungen schließt. § 14 GWB hat damit ebenso wie § 1 GWB ein Verbot als Rechtsfolge und könnte die Rechtswidrigkeit einer Absprache im Sinne von § 298 begründen. Allerdings ist die Anwendbarkeit des Verbotes der Preis- und Konditionenbindung auf Vertikalkooperationen bei Ausschreibungen zu bezweifeln. Denn während dort die Angebote beschränkt oder ungleich behandelt werden, verbietet § 14 GWB alle Vereinbarungen in Erstverträgen, durch die ein Vertragspartner beschränkt wird, in selbständigen Zweitverträgen mit Dritten Preise oder Geschäftsbedingungen frei zu vereinbaren[19]. Die Wirkung dieser Bindung ist, dass die Unternehmen der folgenden Handels- und Absatzstufe in ihrer Freiheit begrenzt werden, sich hinsichtlich der gelieferten Ware, über den Preis oder andere Konditionen Konkurrenz zu machen. Diese Verpflichtung ist jedoch, übertragen auf die Ausschreibungssituation, irrelevant. Denn unabhängig davon, wie die Absprache des Erstvertrages konstruiert ist[20], wird Folge einer Vertikalabsprache niemals sein, dass der Veranstalter Preise oder Konditionen der Bieter bei einer Ausschreibung bindet. Unterscheidet man die dargestellten (oben § 5 II.) vertikalen Manipulationsmöglichkeiten bei einer Ausschreibung nach wettbewerblichen Gesichtspunkten, so ergeben sich im Wesentlichen zwei Formen: Die Wettbewerbsbeschränkung kann erstens (schon im Vorfeld) durch eine Beschränkung des Marktzutritts[21] oder zweitens (nach Angebotseröffnung) durch eine Ungleichbehandlung der einzelnen Angebote erfolgen[22]. Bei der Absprache zwischen dem Veranstalter und einem unlauteren Anbieter geht es also um das Ob (Zuschlag) der Geschäftsbeziehung, nicht um das Wie (Konditionen). Eine Vereinbarung, die eine Preis- oder Konditionenbindung beinhaltet, wird also nicht das Rechtswidrigkeitsurteil des § 298 begründen können.

Der Anwendungsbereich von § 16 GWB kommt der Situation der Vertikalabsprache daher näher. Den in § 16 Nr. 1-4 GWB genannten Bindungen ist gemeinsam, dass auf den Abschluss weiterer Verträge (das „Ob“) Einfluss genommen wird[23]. Im Einzelnen sind vier Arten von Abschlussbindungen, nämlich Verwendungs-,

---

19 *Bunte*, Kartellrecht, § 6 II.

20 Zwischen Bieter und Veranstalter könnte ein Austauschvertrag geschlossen sein, der den Veranstalter verpflichtet, bestimmte Preise oder Konditionen für in Zukunft geplante Geschäftsbeziehungen einzuhalten.

21 So z.B. die Varianten „Auswahl der Konkurrenten“ und „Unsachgemäße Vergabeart“, s. oben § 5 II.

22 So z.B. die Varianten „Unterkostenangebote mit nachträglicher Preiserhöhung“ und „Nachträgliche Verringerung des Angebotspreises“.

23 *Bunte*, Kartellrecht, § 6 V 2.

Ausschließlichkeits-, Vertriebs- und Koppelungsbindungen definiert. Wie unter Punkt 2) dargestellt, hat die Absprache eine regelwidrige Bevorzugung eines Bieters durch den Veranstalter, also eine einseitige vertikale Bindung, zum Gegenstand. Diese Konstellation weist Züge der in § 16 Nr. 2 GWB genannten Bezugs- oder Absatzbindungen auf. Ausschließlichkeitsbindungen stellen eine typische Fallgruppe dieser Ziffer dar. Bei ihnen handelt es sich um den in der Praxis wichtigsten Anwendungsfall des § 16 GWB[24]. Die Ausschließlichkeitsbindung kann positiv formuliert sein, als Verpflichtung des Gebundenen, bestimmte Waren nur von dem Bindenden zu beziehen oder nur an den Bindenden zu liefern, oder auch negativ, als Verbot einer Geschäftsbeziehung mit Dritten, so dass namentlich auch Wettbewerbsverbote unter § 16 Nr. 2 fallen[25]. Die Norm erfasst jedoch auch einfache Abgabe- oder Bezugsbindungen, die keinen ausschließlichen Charakter besitzen, sondern vielmehr in räumlicher, zeitlicher, sachlicher oder personeller Hinsicht beschränkt sind[26]. Letztere könnten Ziel einer mit dem Auftraggeber geschlossenen Vertikalvereinbarung sein. Danach müsste sich der Veranstalter einer Ausschreibung verpflichten, diese derart zu manipulieren, dass ein bestimmtes Angebot angenommen wird. Oder negativ ausgedrückt, er wird dahin gehend beschränkt, dass er Waren oder gewerbliche Leistungen nicht von Dritten bezieht. Die Belieferung durch den Bindenden ist bei der betroffenen Ausschreibung hinsichtlich der konkreten (sachlich beschränkten) Ware oder gewerblichen Leistung ausschließlich. Die Bindungswirkung des § 16 Nr. 2 GWB ist folglich mit dem Gegenstand der Vertikalvereinbarung vergleichbar. Es darf jedoch nicht übersehen werden, dass § 16 einen Erstvertrag des Bindenden und des Gebundenen über Waren und gewerbliche Leistungen voraussetzt[27]. Von einem Erstvertrag kann bei einer Vertikalabsprache indes kaum die Rede sein, da dort in der Regel noch kein Güteraustausch erfolgt, sondern zunächst eine Vereinbarung über das vergabewidrige Verhalten des Veranstalters getroffen wird. Darauf erst kommt es mit erfolgreicher Umsetzung der Absprache zum Vertrag (Zuschlag) über die Ware oder gewerbliche Leistung. Für § 16 GWB müsste die Beschränkung des oder der Zweit-

---

[24] Langen/Bunte-*Klosterfelde/Metzlaff*, § 16 Rn. 46.

[25] *Bunte*, Kartellrecht, § 6 V 3 b, *Petersen*, Vertikalvereinbarungen, S. 12.

[26] *Emmerich*, Kartellrecht, § 15 6 a.

[27] Die Kopplung einer Vertikalbindung an einen Erstvertrag liegt in der Natur von Vereinbarungen, die zwischen Unternehmen unterschiedlicher Wirtschaftsstufen getroffen werden, da sich erst in der Beschränkung der Abschlussfreiheit oder der Verhandlungsfreiheit hinsichtlich des Zweitvertrages die Bindung im Vertikalverhältnis ausdrücken kann. Dagegen braucht eine Vereinbarung im Horizontalverhältnis (§ 1 GWB) nicht im Rahmen eines Austauschvertrages geschlossen werden, um ihre wettbewerbsbeschränkende Wirkung zu entfalten, da sich dort die Wettbewerbsbeschränkung unmittelbar auf der betroffenen Wirtschaftsstufe auswirken muss.

verträge demgegenüber in einem vorausgegangenen Austauschvertrag getroffen worden sein. Das ist sub specie Vertikalabsprache nur in dem (atypischen) Fall anzunehmen, bei dem Bieter und Veranstalter in einem zurückliegenden Austauschvertrag eine Bindung des Veranstalters dergestalt vereinbart haben, dass in einer zukünftigen Ausschreibung der Veranstalter den Zuschlag an den „bindenden“ Bieter erteilt und damit Waren oder gewerbliche Leistungen von diesem beziehen muss. Die Anwendbarkeit von § 16 GWB zur Begründung der Rechtswidrigkeit in § 298 ist zudem aus einem anderen Grund zweifelhaft. Auch wenn man wegen der speziellen Umstände einer Ausschreibung davon ausgeht, dass „durch das Ausmaß solcher Beschränkungen der Wettbewerb auf dem Markt für diese oder andere Waren oder gewerbliche Leistungen wesentlich beeinträchtig wird“[28], führt dies nicht automatisch zur Unwirksamkeit der Vereinbarung. Anders als Art. 81 Abs. 1 EGV ordnet § 16 GWB kein Verbot für Vertikalvereinbarungen an. Damit wird der grundlegende Unterschied zwischen Horizontal- und Vertikalvereinbarungen im deutschen Kartellrecht deutlich: Vertikalvereinbarungen sind (mit Ausnahme der Preis- und Konditionenbindung) grundsätzlich erlaubt. Liegen die Tatbestands- und Eingriffsvoraussetzungen des § 16 GWB vor, so begründen sie noch nicht die Unwirksamkeit der Vereinbarung. § 16 GWB ist kein „self-executing law“, sondern gibt der Kartellbehörde lediglich die Möglichkeit, mit Wirkung für die Zukunft gegen solche Verträge vorzugehen[29]. Solange die zuständige Kartellbehörde keine derartige Verfügung erlassen hat, ist der Vertrag wirksam. Damit fehlt der für die Rechtswidrigkeit von § 298 erforderliche Unwirksamkeits- oder Verbotsbefehl. Auf eine behördliche Untersagungsverfügung abzustellen, scheint im Rahmen von § 298 zwar ebenfalls möglich. Dass der Veranstalter trotz Untersagungsverfügung an der nunmehr aufgedeckten Ausschließlichkeitsbindung festhält, ist im Hinblick auf die Aufsicht der Vergabeüberwachungsstellen kaum zu erwarten. Wegen der Beschränkung auf eine Mißbrauchsaufsicht verliert § 16 GWB auch allgemein in der praktischen Anwendung neben dem Diskriminierungs- und dem Behinderungsverbot der §§ 19, 20 GWB an Bedeutung.

---

28 So der Wortlaut von § 16 GWB a.E.

29 Wenn § 18 GWB a.F. (§ 16 n.F.) noch indirekt dadurch große praktische Bedeutung hatte, dass die vom Tatbestand erfassten Verträge dem Schriftformerfordernis des § 34 GWB a.F. unterlagen und ansonsten Nichtigkeit nach § 126 BGB eintrat, ist dem durch den Wegfall des § 34 GWB a.F. die Grundlage entzogen worden. Vgl. Langen/Bunte-*Klosterfelde/Metzlaff*, § 16 Rn. 11.

II. Die Anwendbarkeit der §§ 19, 20, 21 GWB

Während die Missbrauchsaufsicht im Rahmen des § 16 GWB der Kartellbehörde nur die Möglichkeit einer für die Zukunft wirkenden Untersagung gibt, enthält § 20 Abs. 1 GWB ein unmittelbar wirkendes, gesetzliches Verbot[30]. Neben den durch wettbewerbliche Kooperation erreichten Wettbewerbsbeschränkungen verbietet das Kartellrecht auch bestimmte Fälle von Wettbewerbsbeschränkungen, die durch ein faktisches Verhalten der Marktbeteiligten bewirkt werden. Die bisher untersuchten Kartelltatbestände sahen als Voraussetzung stets eine Vereinbarung vor (vgl. §§ 1, 14, 16 GWB). In § 19, 20 GWB geht es indes um das (einseitige) missbräuchliche Ausnutzen einer marktbeherrschenden Stellung. Ob dieses Verhalten aufgrund eines autonomen Entschlusses erfolgt oder im Wege einer Absprache mit einem Anbieter, ist für die Beurteilung nicht relevant. Fraglich ist damit, ob bei Feststellung einer Ungleichbehandlung oder einer Diskriminierung durch einen Veranstalter und einer vorausgehenden Absprache zwischen einem Bieter und dem Veranstalter diese Absprache rechtswidrig ist. Dazu müsste das Verhaltensverbot auf eine dahin gehende Absprache durchschlagen. Dies kann nur bei einem losen Verständnis von Absprache und Rechtswidrigkeitsurteil angenommen werden, zum Beispiel, wenn eine Absprache nicht notwendiges Merkmal innerhalb des GWB-Tatbestandes sein muss, sondern auch eine Absprache nach § 298 zu einem rechtswidrigen Verhalten nach GWB ausreicht. Entsprechend dieser Prämisse beschränkt eine Absprache in ihrem Ziel ebenfalls den Wettbewerb, wenn ein marktmächtiger Veranstalter einen Bieter diskriminiert, weil er der Verpflichtung aus einer Absprache mit einem anderen Bieter nachkommt.

Es soll hier der Versuch unternommen werden, das Verbot des Missbrauchs einer marktbeherrschenden Stellung als Bezugsobjekt für die Wertung einer rechtswidrigen Absprache im Sinne des § 298 heranzuziehen[31]. Der Veranstalter einer Ausschreibung müsste demnach als marktbeherrschendes Unternehmen bei der Vergabe eines Auftrages einen Bieter unbillig behindert oder ohne sachlich gerechtfertigten Grund gegenüber gleichartigen Unternehmen unterschiedlich behandelt haben[32]. Für den vorliegenden Zweck reicht es aus, § 20 Abs. 1 GWB und § 19

---

30 Für die h.M. vgl. Langen/Bunte-*Klosterfelde/Metzlaff*, § 16 Rn. 11; I/M-*Markert*, § 20 Rn. 219.

31 Zur möglichen Anwendung des Missbrauchs einer marktbeherrschenden Stellung und des Diskriminierungsverbotes im Rahmen des Kartellvergaberechtes, vgl. *Stockmann* in: Schwarze, Europäisches Wettbewerbsrecht im Wandel, S. 55 f.

32 Vgl. dazu die Entscheidungen: OLG Düsseldorf v. 29.7.1998, WuW Verg 197 „Baumpflegearbeiten“; KG v. 18.3.1998, WuW DE-R 94 „Hochtief/Philipp Holzmann“; KG v. 10.4.1995, ZIP 1995, 1897 „General Electric/VEAG“.

Abs. 4 Nr. 1 GWB gemeinsam zu beurteilen, da die enge Verwandtschaft der Tatbestände dazu führt, dass sie im Wesentlichen denselben Voraussetzungen unterliegen[33]. Das Tatbestandsmerkmal der Marktbeherrschung steht dabei im Mittelpunkt und wird nach allgemeiner Meinung in einem Doppelschritt ermittelt. Zunächst ist der sachlich, örtlich und zeitlich relevante Markt abzugrenzen, woraufhin auf dem so ermittelten Markt der Beherrschungsgrad festgestellt wird[34]. Die Marktabgrenzung erfolgt nach dem *Bedarfsmarktkonzept*[35]. Danach sind zu einem Markt alle Waren oder gewerblichen Leistungen zu zählen, die sich nach ihren Eigenschaften, ihrem Verwendungszweck und Preis so nahe stehen, dass sie aus der Sicht der verständigen Marktgegenseite für die Deckung eines bestimmten Bedarfs als geeignet angesehen werden[36]. Wesentliches Kriterium ist danach die funktionelle Austauschbarkeit des angebotenen Gutes aus Sicht der Abnehmer[37].

In der hier zu untersuchenden Konstellation besteht allerdings die Besonderheit, dass der Veranstalter nicht als Anbieter von Waren oder gewerblichen Leistungen auftritt, sondern als Nachfrager dieser Güter. Wenn das GWB weitgehend den Angebotswettbewerb zum Vorbild hat, gilt das jedenfalls nicht für den Bereich der Missbrauchsaufsicht, denn der Missbrauch von Nachfragemacht ist in § 19 Abs. 4 GWB ausdrücklich genannt. Ein solcher liegt vor, wenn das marktbeherrschende Unternehmen als „Anbieter oder Nachfrager" einer bestimmten Art von Waren oder gewerblichen Leistungen die Wettbewerbsmöglichkeiten anderer Unternehmen beeinträchtigt. Bei der Abgrenzung des Nachfragemarktes sind nach der Rechtsprechung und der Praxis grundsätzlich dieselben Regeln wie bei der Ermittlung relevanter Angebotsmärkte anzuwenden (sog. Spiegelbildtheorie[38]). Folglich

---

33 *Rittner*, Wettbewerbs- und Kartellrecht, § 10 A III 2 (Tabelle) und § 10 C I 1. Während die Beschreibung des Handlungsunrechts bei § 20 Abs. 1 GWB abschließend ist und § 19 GWB insoweit nur durch Regelbeispiele (Abs. 4 Nr. 1 bis 4) den Missbrauch konkretisiert, ist der Anwendungsbereich von § 20 Abs. 1 GWB weiter, da Normadressat neben marktbeherrschenden Unternehmen auch Vereinigungen von Unternehmen und Unternehmen die Preise binden, sind (noch weiter gehend § 20 Abs. 2 GWB).

34 Vgl. I/M-*Möschel*, § 19 Rn. 18.

35 I/M-*Möschel*, § 19 Rn. 24.

36 BGH v. 16.12.1976, WuW/E BGH 1445 (1447 f.) „Valium"; BGH v. 25.6.1985, WuW/E BGH 2150 (2153) „Edelstahlbestecke".

37 Zuletzt BGH v. 24.10.1995, WuW/E BGH 3026 (3028) „Backofenmarkt"; BGH v. 19.3.1996, WuW/E BGH 3058, 3062 „Pay-TV-Durchleitung".

38 BGH v. 13.11.1990, WuW/E BGH 2683 (2685) „Zuckerrübenanlieferungsrecht"; BGH v. 23.2.1988, WuW/E BGH 2483 (2488) „Sonderungsverfahren"; KG v. 5.11.1986, WuW/E OLG 3917 (3927) „Coop/Wandmaker"; BGH v. 31.5.1995, WuW/E OLG 5462 (5465) „Autobahnbrücken"; FK-*Paschke/Kersten*, § 22 Rn. 85; I/M-*Möschel*, § 19 Rn. 40; einschränkend Langen/Bunte-*Ruppelt*, § 22 Rn. 23.

müsste hier auf die Sicht der Anbieter, also den relevanten Beschaffungsmarkt, abgestellt werden. Allerdings ist die daraus folgende Überlegung, inwieweit der Abnehmer zur Deckung seines spezifischen Bedarfs auf andere Produkte ausweichen kann[39], für die Anbieter irrelevant. Zur sachlichen Marktabgrenzung bei Nachfragemacht werden deshalb im Wesentlichen zwei Ansätze verfolgt. Überwiegend wird das (weite) *„Angebotsumstellungskonzept"* vertreten, wonach es darauf ankommt, ob der Anbieter dem Verhalten eines Nachfragers dadurch ausweichen kann, indem er seine Produktion umstellt[40]. Die Abgrenzung des Marktes wird durch die Umstellungsmöglichkeit der Anbieter bestimmt und geht oft weit über die vorhandene Angebotspalette hinaus[41], soweit nicht die Spezialität des Auftrages (z.B. die Errichtung von Fernsehmeldetürmen) dies verhindert[42]. Etwaige Besonderheiten in der Sphäre des Nachfragers sind nicht relevant. Einen anderen Weg geht das (engere) *„Konzept der Marktgleichwertigkeit"*, wonach es auf die Austauschbarkeit von Nachfragern aus der Sicht der verständigen Anbieter ankommt[43]. Danach können verschiedene Märkte vorliegen, wenn die Nachfragestrukturen sich nach Abnahmevolumen, Abnahmequalität und Abnahmekonditionen grundsätzlich und dauerhaft wesentlich unterscheiden (z.B. Verhältnis von Fachgroßhandel zu Selbstbedienungsmärkten[44]). Das Konzept der Marktgleichwertigkeit nimmt damit Bezug auf konkrete Verhältnisse der Nachfrageseite. Wenn die nachgefragte Produktqualität oder die Nachfragestruktur dergestalt sind, dass jederzeit ein anderer Nachfrager an die Stelle treten kann, so ist die Annahme von Nachfragemacht ausgeschlossen.

---

[39] Das aber wäre aus Anbietersicht das Ergebnis bei Anwendung des Kriteriums der funktionellen Austauschbarkeit s. I/M-*Möschel*, § 19 Rn. 40.

[40] KG v. 10.4.1995, ZIP 1995, 1897 (1900) „General Electric/VEAG": „Maßgebend für die Bestimmung von Nachfragemärkten ist die Sicht der Anbieter. Deren Ausweichmöglichkeiten begrenzen den Markt sachlich und räumlich". OLG Düsseldorf v. 12.2.1980, WuW/E OLG 2274, 2277 „Errichtung von Fernmeldetürmen"; vgl. auch *Köhler*, Nachfragemacht, S. 36 ff.; *ders.* Nachfragewettbewerb und Marktbeherrschung, S. 46 f.

[41] Vgl. *Bunte*, Kartellrecht, § 7 2 b aa.

[42] Vgl. OLG Düsseldorf v. 12.2.1980, WuW/E OLG 2274 (2277) „Errichtung von Fernmeldetürmen".

[43] *Benisch* WuW 1977, 619 (624 ff.); *Reimann* WuW 1976, 541 (544 ff.); vgl. auch OLG Düsseldorf v. 29.7.1998, WuW Verg 197 (198) „Baumpflegearbeiten": „Die Feststellung von Nachfragemacht ist dann jedoch davon abhängig, ob und inwieweit der (anspruchstellende) Anbieter auf andere Nachfrager ausweichen kann (wodurch der Verhaltensspielraum eines Nachfragers infolge der konkurrierenden Nachfrage anderer Abnehmer begrenzt wird)".

[44] S. I/M-*Möschel*, § 19 Rn. 41, der diese Auffassung für zu eng beurteilt. Anders Langen/Bunte-*Ruppelt*, § 19 Rn. 23.

Die Marktabgrenzung ist unabhängig davon, welcher Maßstab angelegt wird, ein komplexer Vorgang, dem nur eine umfassende wettbewerbliche Würdigung gerecht wird[45]. Die Grenze der wirtschaftlichen Zumutbarkeit zur Angebotsumstellung oder Nachfrageaustauschbarkeit kann nur im Einzelfall bestimmt werden[46]. Es ist indes zweifelhaft, ob das normative Merkmal der Rechtswidrigkeit in § 298 an derart komplexe Kriterien geknüpft werden kann, wie die der Marktabgrenzung und der Marktbeherrschung. Diese Feststellungen können sachgerecht wohl nur durch die zuständigen Kartellbehörden getroffen werden. Für die strafrechtliche Betrachtung weitaus einfacher wäre es, wenn aufgrund der thematischen Anbindung des § 298 an die Ausschreibungssituation eine formale, ipso facto erzeugte, Marktbeherrschung anzunehmen wäre, so dass eine Ungleichbehandlung bei einer Ausschreibung immer einen Missbrauch von Marktmacht darstellen würde.

Für eine solche Abgrenzung darf allerdings nicht auf die Anbieter oder die nachgefragte Ware oder Leistung abgestellt werden, da diese für einen typisierbaren Verstoß keine Konstante darstellen. Das „*Konzept der Marktgleichwertigkeit*" eröffnet indes die Möglichkeit darüber nachzudenken, ob nicht auch Aspekte in der Sphäre des Nachfragers für die Marktabgrenzung relevant sein können. Ausgehend von dieser Ansicht stellt sich die Frage, ob die Beschaffung im Wege des Vergabeverfahrens von der Nachfragestruktur des ungeregelten (nicht vergabepflichtigen) Marktes derart abweicht, dass ein davon verschiedener Markt anzunehmen ist. Die Verteilung von Aufträgen durch Ausschreibungen obliegt nämlich einer systematischen, verfahrensrechtlichen Begünstigung des Veranstalters. Dieser ist „Herr des Verfahrens", indem er die relevanten Vergabetermine bestimmt, den Angebotsinhalt umfassend festlegt, den Marktzugang bei nicht offenen Vergabearten regelt, Markttransparenz beansprucht, sich Einhaltung des Geheimwettbewerbs unter den Bietern zusichern lässt und den Zuschlag nach eigenem (pflichtgemäßen) Ermessen erteilt oder anderenfalls die Ausschreibung wiederholt. Der Veranstalter ist damit durch Gesetz oder Verordnung mit (Vor-)Rechten ausgestattet, wie sie sonst, auf dem ungeregelten Markt faktisch nur ein marktbeherrschendes Unternehmen innehaben könnte[47]. In Anbetracht dieser weit reichenden Befugnisse des Veranstalters bei Ausschreibungen ist es nicht verwunderlich, wenn in der Gerichtspraxis hinsichtlich der marktbeherrschenden Stellung nach § 26 Abs. 2 GWB a.F. (§ 20 Abs. 1 GWB n.F.) der relevante Markt seitens der Bieter häufig zu eng beurteilt oder nur auf das (konkrete) ausgeschriebene Projekt beschränkt wird[48]. Unterstellt man nach dem Konzept der Marktgleichwertigkeit den Effekt, dass das mögliche Ausweichen auf andere Nachfrager den Verhaltensspielraum des Veranstalters infolge der

---

45 I/M-*Möschel*, § 19 Rn. 41.

46 Langen/Bunte-*Ruppelt*, § 19 Rn. 23.

47 *Huber*, Submissionswesen, S. 65, vergleicht dies mit der Situation eines „allmächtigen Baissespekulanten".

48 Vgl. OLG Düsseldorf v. 29.7.1998, WuW Verg 197 (198) „Baumpflegearbeiten": „Inwiefern die zutreffende Markabgrenzung so eng zu ziehen sein soll, dass hierunter nur die (vom Ag. vornehmlich vergebenen) Jahresverträge für Baumpflegearbeiten an Bundes- und Landesstraßen fallen, hat die Ast. nicht, jedenfalls nicht einleuchtend dargelegt". Zurückhaltend hinsichtlich einer solchen Marktabgrenzung auch KG v. 18.3.1998, WuW DE-R 94 „Hochtief/Philipp Holzmann"; KG v. 10.4.1995, ZIP 1995, 1897 „General Electric/VEAG".

konkurrierenden Nachfrage anderer Abnehmer begrenzen müsste[49], ergibt sich für den Vergabemarkt keine dahin gehende reziproke Dynamik. Zumindest der zur Ausschreibung verpflichtete öffentliche Veranstalter oder der Sektorenbereichsveranstalter ist unabhängig von einer konkurrierenden Nachfrage zur Ausschreibung nach GWB und Verdingungsordnungen verpflichtet. Er kann eine Ausschreibung, deren Ergebnis nicht seinen Erwartungen entspricht, nicht ohne weiteres durch ein anderes Verfahren ersetzen, da er an die Vorschriften der Verdingungsordnung gebunden ist[50].

Eine formale Marktabgrenzung, die den Markt von der Durchführung eines Vergabeverfahrens abhängig macht, überzeugt jedoch nicht. Auch wenn die Verdingungsordnungen in die freie Allokation von Gütern und gewerblichen Leistungen eingreifen, kann das letztlich keine Marktabgrenzung begründen, die von den besonderen Gegebenheiten des nachgefragten Gutes losgelöst ist. Denn in letzter Konsequenz ist nicht das durch den Veranstalter angewendete Verdingungsrecht dafür verantwortlich, dass für spezifische Güter oder gewerbliche Leistungen ein Markt eröffnet wird. Es liegt vielmehr an der mit der Vergabe einhergehenden Heterogenität der Auftragsobjekte, die dafür verantwortlich ist, dass bisher kein allgemeiner Markt mit Wettbewerbspreisen für das nachgefragte Gut besteht. Erst die Individualität der Ausschreibungsobjekte führt dazu, dass mit der öffentlichen Ausschreibung ein Markt eröffnet wird. Nur bei Gütern, deren „Einmaligkeit" offensichtlich ist, kann eine Markteröffnung durch öffentliches Ausschreibungsverfahren angenommen werden. Das erfordert jedoch eine Prüfung, die in Grenzfällen wiederum sachlicher Abgrenzungskriterien bedarf. Eine formale Marktabgrenzung kann deshalb nicht die Grundlage eines typisierten Kartellverstoßes sein, der die Rechtswidrigkeit einer Absprache unter § 298 antizipiert. Die Feststellung des relevanten Marktes und der marktbeherrschenden Stellung ist vielmehr an die komplexe Feststellung der Marktverhältnisse geknüpft.

Eine andere Form der Behinderung, die zudem keine marktbeherrschende Stellung voraussetzt, liegt in dem in § 21 Abs. 1 GWB speziell geregelten Boykottverbot. Voraussetzung ist dort ein Drei-Parteien-Verhältnis in welchem ein Unternehmen („Verrufer") ein anderes Unternehmen („Sperrer") dazu auffordert, gegenüber einem dritten Unternehmen („Gesperrtem") eine Liefer- oder Bezugssperre zu verhängen[51]. Die Sperre kann sich auch auf alle Arten des privatrechtlich geregelten Geschäftsverkehrs mit Waren und gewerblichen Leistungen beziehen. Unter einer Aufforderung zur Bezugssperre ist jeder Versuch zu verstehen, einen anderen Un-

---

49 Vgl. OLG Düsseldorf v. 29.7.1998, WuW Verg 197 (198) „Baumpflegearbeiten".

50 Es besteht zwar die Möglichkeit, wenn eine Öffentliche Ausschreibung kein annehmbares Ergebnis gehabt hat, eine Beschränkten Ausschreibung durchzuführen, vgl. § 3 Nr. 3 (1) b VOB/A; § 3 Nr. 3 c VOL/A. Diese unterliegt aber dem gleichen Verfahrensablauf und gewährt dieselben Veranstaltervorrechte wie eine Öffentliche Ausschreibung.

51 Vgl. *Tiedemann*, Kartellrechtsverstöße, S. 16.

ternehmer dahin gehend zu beeinflussen, dass er bestimmte Lieferbeziehungen nicht eingeht oder aufrechterhält[52]. Auf die Ausschreibungssituation übertragen könnte folglich ein Boykott darin liegen, dass ein Bieter den Veranstalter dazu auffordert, die ausgeschriebene Ware oder gewerbliche Leistung nicht von einem anderen Anbieter zu beziehen und damit ein bestimmtes Angebot, nämlich das des „Verrufers", anzunehmen. Das Boykottverbot erfordert damit eine „Kommunikation" zwischen dem Verrufer und dem Sperrer, was die Tatbestandsbeschreibung von der faktischen Ausnutzung einer bestehenden Marktmacht abhebt. An den Begriff der Aufforderung werden keine hohen Anforderungen gestellt, insbesondere ist unerheblich, ob der Aufgeforderte die Sperre tatsächlich verhängt und die Aufforderung dafür ursächlich war[53]. Damit wird allerdings auch deutlich, dass die Aufforderung nicht mit einer Absprache nach § 298 gleichgesetzt werden kann. In § 21 GWB sind Verbotstatbestände zusammengefasst, deren Kennzeichen die Einseitigkeit der wettbewerbsbeschränkenden Handlungsweisen ist[54]. Dementsprechend kann hier auf die Ausführungen zu § 25 GWB a.F. (§ 21 Abs. 2 GWB n.F.) Bezug genommen werden, die zur Nichteinbeziehung von Lock- und Pressionsmitteln ergingen[55]. Das Verbot der einseitigen Einflussnahme ist ein abstrakter Gefährdungstatbestand, d.h. dass es nicht auf den Erfolg der Maßnahme des boykottierenden Unternehmens ankommt. Eine Absprache setzt zumindest den Minimalkonsens einer aufeinander abgestimmten Verhaltensweise als „Erfolg" voraus. Das ist bei einer einseitigen Beeinflussung des Veranstalters, unabhängig davon, ob dieser der Aufforderung nachkommt, nicht anzunehmen. Folgt ein anderes Unternehmen der Aufforderung des Verrufers, liegt gegebenenfalls eine Absprache zwischen diesen vor. Jedoch fällt diese Absprache nicht mehr unter den Anwendungsbereich von § 21 Abs. 1 GWB.

III. Ergebnis

Die Eigenschaft als normatives Tatbestandsmerkmal ermöglicht es, den Kreis der in Betracht kommenden kartellrechtlichen Bezugsobjekte weiter zu ziehen, als bei einem blankettmäßigen Verweis auf bestimmte Ausfüllungsnormen. Der Versuch einer extensiven Auslegung scheitert aber an den engen Grenzen, die aus der Hand-

---

52 BGH v. 27.4.1999, WuW/E DE-R 303 (305) „Taxi-Transporte"; BGH v. 22.7.1999, WuW/E DE-R 352 (354) „Kartenlesegerät"; BGH v. 10.2.1987, WuW/E BGH 2370 (2373) „Importierte Fertigarzneimittel".

53 I/M-*Markert*, § 21 Rn. 24.

54 *Bunte*, Kartellrecht, § 7 III 1.

55 S. oben § 4 II.5.

lungsumschreibung des Straftatbestandes erwachsen und die in der dogmatischen Abgrenzung der kartellrechtlichen Missbrauchs- und Verbotstatbestände liegen. Für eine Einordnung als Ausschließlichkeitsbindung (§ 16 Nr. 2 GWB) wird es regelmäßig an einer Erstvereinbarung, die den Bezug des Veranstalters zukünftig beschränkt, fehlen. Zudem ist für Vertikalvereinbarung nach deutschem Recht nur eine Missbrauchsaufsicht vorgesehen. Als weitere denkbare Konstellation kann die Einordnung einer Vertikalabsprache als Missbrauch einer marktbeherrschenden Stellung nicht überzeugen. Allein die systematische Einordnung und Ausgestaltung des Tatbestandes widerspricht der Annahme, eine Absprache als Grundlage der Missbrauchshandlung erkennen zu können. Erst bei Aufspaltung des Merkmals „rechtswidrige Absprache“ in die Absprache nach § 298 und ein rechtswidriges Verhalten nach GWB kann überhaupt Bezug auf Formen des Marktmissbrauchs genommen werden. Die dort anzuwendenden Kriterien der Marktabgrenzung und Marktmachtfeststellung sind zudem äußerst komplex. Für den situationsnäheren Boykotttatbestand beschränkt sich das Verbot auf das einseitige Bestimmen zu einem Boykott. Eine Absprache zur Diskriminierung oder Behinderung eines Dritten unterfällt nicht dem Verbot des § 21 Abs. 1 GWB.

§ 8 Die Beurteilung der Absprachen nach Art. 81 EGV

Nachdem § 298 ausführlich mit Blick auf den Einfluss des nationalen Kartellrechts gewürdigt wurde, soll der Frage nachgegangen werden, ob sich das Rechtswidrigkeitsurteil auch aus Art. 81 EGV ergeben kann oder sogar muss. Eine Erörterung dieser Frage bietet sich insbesondere an, wenn für den Straftatbestand aus dem GWB-Kartellverbot eine ausdrückliche Beschränkung auf horizontale Absprachen zu entnehmen ist, also zwischen Unternehmen, die miteinander im Wettbewerb stehen. Diese Unterscheidung nimmt das europäische Kartellrecht nicht vor, vielmehr gilt Art. 81 EGV sowohl für horizontale Absprachen, die den Wettbewerb zwischen Unternehmen derselben Wirtschaftsstufe beschränken, als auch für vertikale Absprachen zwischen Unternehmen, die auf verschiedenen Wirtschaftsstufen tätig sind und daher nicht miteinander im Wettbewerb stehen[1]. Das Submissionskartell kann eine Verhinderung bzw. Einschränkung des Wettbewerbs bewirken, so dass die Voraussetzungen des Art. 81 EGV insoweit vorliegen können[2]. Bei Bezugnahme auf das europäischen Wettbewerbsrecht können aber auch Absprachen, wie sie zwischen Bieter und Veranstalter denkbar sind, verboten sein. Je nach Ausgestaltung der Kooperation besteht also die Möglichkeit, dass Vereinbarungen zwischen Bieter und Veranstalter unter das Verbot von Art. 81 EGV fallen[3].

Zur Beantwortung der Frage, ob in § 298 die Wertungen europäischen Rechts berücksichtigt werden müssen, soll die Eigenschaft der Rechtswidrigkeit als normatives Tatbestandsmerkmal in Erinnerung gerufen werden. Als Bezugsobjekt für die Wertausfüllung wurde bereits (oben § 4 II.) das deutsche Kartellrecht und dort insbesondere § 1 GWB bestimmt. Ob die Wertung darüber hinaus auch aus dem europäischen Kartellrecht entnommen werden kann, ist somit zweifelhaft. Als Grundlage für die weiteren Überlegungen bietet es sich an, das Verhältnis zu der europäischen Parallelnormen näher zu beleuchten. Art. 81 EGV ist unmittelbar geltendes Recht und grundsätzlich auch von nationalen Behörden und Gerichten zu beachten[4]. Der Einfluss europäischen Rechts kann sich auf das Recht der Mitgliedstaaten

[1] EuGH v. 13.7.1966, Slg. 1966, 321 (387) „Grundig/Consten"; unstreitig vgl. *Bechtold,* § 1 Rn. 70; *Rittner*, Wettbewerbs- und Kartellrecht § 7 Rn. 75.

[2] Vgl. noch zu Art. 85 EGV *Grabitz*/Hilf, Art. 85 Rn. 45 f., 115; GTE-*Schröter*, Art. 85 Rn. 68 ff., 129; ausdrücklich, bezogen auf zwischenstaatliche Submissionsabsprachen *Mestmäcker*, Europäisches Wettbewerbsrecht, § 21 III 4; *Satzger*, Submissionsbetrug, S. 49 f.; ausdrücklich für Art. 81 EGV nun Schröter/Jakob/Mederer-*Winterstein*, Europäisches Wettbewerbsrecht, Art. 81 – Fallgruppen, Marktabsprachen, Rn. 19.

[3] Ausführlich dazu noch unten § 22 V. (S. 275).

[4] Müller-Gugenberger/Bieneck-*Gruhl*, § 57 Rn. 83.

grundsätzlich auf zwei Wegen entfalten: es kann in das nationale Recht hineingelesen werden oder es geht in der Anwendung vor. Ersteres ist im Unlauterkeitsrecht, insbesondere bei §§ 1, 3 UWG der Fall, wo das europäische Recht als Bestandteil der Generalklauseln angesehen wird[5]. Dort bleibt es bei der Anwendung nationalen Rechts, modifiziert durch die Regelungen europäischer Richtlinien. Das gilt für § 1 GWB jedoch nicht. Art. 81 EGV ist nicht Bestandteil des deutschen Kartellverbots[6]. Beide Vorschriften haben einen eigenen sachlichen Anwendungsbereich, da Art. 81 Abs. 1 EGV verlangt, dass das kartellrechtlich relevante Verhalten geeignet sein muss, den Handel zwischen den Mitgliedsstaaten zu beeinträchtigen. Durch diese so genannte *Zwischenstaatlichkeitsklausel*[7] wird der Geltungsbereich der EG-Wettbewerbsregeln von dem des nationalen Kartellrechts abgegrenzt[8]. Zwischen § 1 GWB und Art. 81 EGV besteht somit eine *Rechtsnormenkonkurrenz*[9]. Wirkt sich die Absprache allein auf den nationalen Markt aus, gilt § 1 GWB, liegt dagegen ein zwischenstaatlicher Bezug vor, hat das Europäische Recht Vorrang[10]. Damit stellt sich die Frage, ob Art. 81 EGV bei zwischenstaatlicher Bedeutung der Absprache *an Stelle* von § 1 GWB in § 298 berücksichtigt werden muss?

Das Schrifttum ist dieser Frage bisher kaum nachgegangen. Ausdrücklich hat nur *Dannecker*[11] durch die Nennung der zur Bezugnahme relevanten Verbotstatbestän-

---

5 Die Richtlinie 97/55 über die vergleichende Werbung wurde lange Zeit in § 1 UWG hineingelesen, bis sie in § 2 UWG umgesetzt wurde. Andere Richtlinien wirken mittelbar auf das Unlauterkeitsrecht ein, so z.B. die Etikettierungs-Richtlinie (79/112), die Preisangaben-Richtlinie (88/314) und die Fernseh-Richtlinie (89/552).

6 Die nationalen Kartellrechte der Mitgliedstaaten behaupten grundsätzlich neben dem EG-Kartellrecht ihren Platz und zwar als Dauerordnungen für Wettbewerbsbeschränkungen, die den Handel zwischen den Mitgliedstaaten nicht beeinträchtigen können, vgl. *Rittner*, Wettbewerbs- und Kartellrecht, Einl. II 2.

7 Zum Teil wird auch von „Zwischenstaatsklausel“ gesprochen, vgl. *Bechtold*, DB 2004, 235 (237).

8 EuGH v. 30.6.1966, Slg. 1966, 281 (313) „Maschinenbau Ulm“; dazu Langen/*Bunte*, Art. 81 Rn. 117.

9 Vgl. *Bunte*, Kartellrecht, § 12 II 2.

10 Früher wurde überwiegend die „Zweischrankentheorie“ vertreten (vgl. *Koch*, BB 1959, 241 ff.), wonach das nationale und das europäische Recht uneingeschränkt nebeneinander anwendbar waren. Damit war die kartellrechtliche Zulässigkeit eines Verhaltens von den Voraussetzungen beider Rechtsordnungen abhängig, was zur Folge hatte, dass das strengere Recht den Maßstab setzte. Heute wird der Normenkonflikt nach dem Grundsatz des Vorrangs des Gemeinschaftsrechts gelöst. S. *Bunte*, Kartellrecht, § 12 I 2.

11 NK-*Dannecker*, § 298 Rn. 47; indirekt *Hohmann*, NStZ 2001, 566 (571); vgl. aber auch *Tiedemann* in: Freiburg-Symposion, S. 292, der für den Modelltatbestand Art. 37 „Europa-Delikte“ annimmt, dass für nationale Verhaltensweisen grundsätzlich das nationale Wettbe-

de §§ 1, 14 GWB und Art. 81, 82 EGV[12] die Akzessorietät zu europäischem Recht bejaht. Eine Begründung bleibt er allerdings schuldig.

Eine Entscheidung in dieser Frage bedarf (nochmals) der sorgfältigen Auslegung des Gesetzes. Bei Anwendung von Auslegungsregeln für das Merkmal „rechtswidrig" innerhalb von § 298 ergibt sich folgendes Bild: Die *grammatikalische Auslegung* des Gesetzestextes, insbesondere des Merkmals „rechtswidrig" spricht nicht gegen eine Einbeziehung von Art. 81 EGV als Bezugsnorm. Die Wortlautauslegung des normativen Merkmals „rechtswidrig" liefert – ähnlich wie z.B. das Merkmal „unbefugt" – keine aus dem Wortlaut zu entnehmende materiale Kontur. Von dieser Überlegung ausgehend könnte auch die gesamte Rechtsordnung herangezogen werden. Dies steht jedoch im direkten Gegensatz zu dem Willen des Gesetzgebers, der allein das GWB als Bezugsnorm nannte und dort konkret auf die §§ 1, 25 GWB a.F. abstellte[13]. Die *genetische Auswertung* zeigt, dass der Gesetzgeber Art. 85 EGV (a.F.) in der damaligen Gesetzesbegründung zwar erwähnte, aber nicht als Bezugsnorm für das Merkmal „rechtswidrig" nannte[14]. Daraus muss geschlossen werden, dass er die Normen des europäischen Kartellrechts als normausfüllende Vorschriften bewusst nicht einbeziehen wollte. Eine *historische Auslegung* ist für diese Frage unergiebig, da eine derart konkrete Bezugnahme auf das Kartellrecht erst mit dem Gesetzentwurf für § 298 aufkam[15]. Die *teleologische Auslegung* hilft in dieser Frage ebenfalls nicht weiter. Zweck des Gesetzes ist die einst durch Geldbußen bewehrte Kartellordnungswidrigkeit der Submissionsabsprache durch einen Straftatbestand zu umschreiben. Dabei sollten vor allem Ausschreibungen mit großen Auftragsvolumina geschützt werden und damit wohl auch solche mit zwischenstaatlicher Bedeutung. Dem widerspricht es indes nicht, wenn das Strafgericht diese Fälle hinsichtlich ihrer innerstaatlichen Auswirkungen nach § 1 GWB beurteilt. Für diese Deutung spricht auch die Formulierung in § 22 des Referentenentwurfs zur 7. GWB-Novelle (dazu sogleich unter § 9), der das Verhältnis zwischen europäischem und einzelstaatlichen Recht regelt. Die Auslegungsmetho-

---

werbsrecht maßgeblich ist, für grenzüberschreitende Auswirkungen aber zusätzlich Art. 81 EGV relevant wird.

12 Die von *Dannecker*, § 298 Rn. 47 getroffene Bezugnahme auf § 14 GWB und Art. 82 EGV steht allerdings im Widerspruch zu den dort getroffenen Feststellungen in. Rn. 18 und 21, wonach § 298 eine rechtswidrige Absprache i.S.d. § 1 GWB voraussetzt.

13 S. oben § 4 II.

14 Um dennoch das europäische Kartellrecht zu berücksichtigen bliebe nur die Möglichkeit § 1 GWB und Art. 81 EGV als teilidentische (und bald identische, dazu s. § 9) Normen aufzufassen, die bildlich gesprochen zwei Seiten derselben Medaille darstellen. Dagegen spricht jedoch die übliche alternative Anwendung der Normen.

15 S. aber oben § 1 II. die Ausführungen zu dem AE § 175.

den sprechen somit überwiegend gegen eine Öffnung der Norm für Wertungen aus dem europäischen Kartellrecht.

Die Bezugnahme auf Normen, die von einer anderen Institution, einem anderen Normgeber stammen, wird sub specie Blankettnorm mit dem Begriff der „Außenverweisung" bezeichnet[16], so dass sub specie normatives Merkmal die Berücksichtigung einer „Außenwertung" zu bedenken wäre. Die Berücksichtigung von Außenwertungen aus der supranationalen Rechtsordnung der Europäischen Gemeinschaft würde indes dazu führen, dass der Strafgesetzgeber und der Gesetzgeber der Bezugsnorm verschieden wären. Das Demokratieprinzip wäre verletzt, wenn dadurch Wertungen berücksichtigt würden, die so nicht durch den deutschen Strafgesetzgeber getroffen werden sollten. Sonst könnten bei Absprachen auf zwischenstaatlicher Ebene auch Vertikalvereinbarungen erfasst werden, während diese nach nationalem Recht nicht unter § 1 GWB fallen. Es bietet sich damit eine differenzierende Betrachtung an: Die Bezugnahme auf Art. 81 EGV ist jedenfalls dann abzulehnen, wenn sie *strafbarkeitsbegründende* Wirkung hat[17]. Umgekehrt soll im Konfliktfall ein Verhalten nicht rechtswidrig sein und als rechtswidrige Absprache i.S.v. § 298 gelten, das nach europäischem Recht freigestellt wurde. Das widerspräche dem Anwendungsvorrang europäischen Rechts. Freistellungen nach Art. 81 Abs. 3 EGV müssten damit auf § 298 zumindest eine *strafbarkeitsbeschränkende* Wirkung haben[18].

Bisher bedarf es für eine Vereinbarung, bei der die Voraussetzungen des Art. 81 Abs. 3 EGV vorliegen, eines positiven Aktes der Freistellung, und zwar entweder durch Gruppenfreistellungsverordnung oder durch Einzelfreistellung durch die Kommission. Im Fall der Einzelfreistellung müsste das Strafgericht also ein laufendes Verfahren vor der Kommission abwarten, gegebenenfalls das Verfahren aussetzen, oder bei allgemeinen Zweifeln über die Auslegung von Art. 81 EGV sogar ein Vorabentscheidungsverfahren beantragen, um die Gefahr divergierender Entscheidungen zu vermeiden[19]. Wenn die neue Kartellverfahrensordnung (EG)

---

16 Vgl. *Moll*, Europäisches Strafrecht durch Blankettstrafgesetzgebung, S. 30.

17 In diesem Sinne auch die modifizierte Zweischrankentheorie, vgl. *Bunte*, Einführung zum EG-Kartellrecht, Rn. 74.

18 Förmliche Freistellungen gem. Art. 81 Abs. 3 EGV bleiben nach Art. 9 der EWG-KartVO 17/62 der Kommission vorbehalten.

19 Die Wahrscheinlichkeit einer Freistellung nach EG-Kartellrecht ist für wettbewerbsbeschränkende Absprachen bei Ausschreibungen, ob horizontal oder vertikal, wohl eher gering, da sie die Anforderungen von Art. 81 Abs. 3 EGV (angemessene Beteiligung der Verbraucher, Verbesserung der Warenerzeugung, Förderung des technischen oder wirtschaftlichen Forstschritts) in der Regel nicht erfüllen werden und eine Gruppen- oder Einzelfreistellung für Vertikalabsprachen bei Ausschreibungen nicht besteht. Zwar gibt es seit dem 1.1.2000 eine Grup-

Nr. 1/2003 am 1.5.2004 in Kraft tritt[20], würde sich das allerdings ändern. Nach dem neuen Konzept[21] ist Art. 81 Abs. 3 EGV als „Legalausnahme“ zu verstehen mit der Folge, dass die Vorschrift unmittelbar anwendbar und subsumtionsfähig ist[22]. Eines besonderen Freistellungsaktes bedarf es dann nicht mehr, so dass das Vorliegen etwaiger Legalausnahmentatbestände nach Art. 81 Abs. 3 EGV bei der Prüfung der Rechtswidrigkeit der Absprache durch das Strafgericht zu beurteilen wäre.

penfreistellungsVO[19] (GVO), die auf breiter Basis alle vertikalen Vereinbarungen über den Kauf und oder Verkauf von Waren und Dienstleistungen, die zwischen *nicht* miteinander im Wettbewerb stehenden Unternehmen geschlossen werden, vom Verbot freistellt (vgl. Art. 2 Abs. 4 GVO). Doch ist die mittels einer Vergabe zugeschlagene Leistungserbringung in der Regel kein Kauf und sollte sie ausnahmsweise dennoch einer sein, zählen zu den in Art. 4 GVO verbotenen Klauseln beispielsweise die Preisbindung oder die Gebiets- oder Kundenkreisbeschränkung.

20 Verordnung (EG) Nr. 1/2003 des Rates v. 16.12.2002 zur Durchführung der in den Art. 81 und 82 EGV niedergelegten Wettbewerbsregeln (ABl. L 2003, S. 1).

21 Art. 1 Abs. 2 VO 1/2003.

22 Völlig unstreitig, vgl. Bundesministerium für Wirtschaft und Arbeit, Entwurf von Eckwerten der 7. GWB-Novelle; *Bechtold/Buntscheck*, NJW 2003, 2866; *Weitbrecht*, EuZW 2003, 357.

§ 9 Vorboten der 7. GWB-Novelle

Am 24.2.2003 hat das Bundesministerium für Wirtschaft und Arbeit die „*Eckwerte*" einer 7. GWB-Novelle vorgestellt. Auslöser war die Modernisierung der EWG-KartellVO 17/62 durch die neue EG-Durchführungsverordnung der Art. 81 und 82 EGV (VO 1/2003[1]). Mit In-Kraft-Treten der neuen KartellVO zum 1.5.2004 kommt es zu einem Systemwechsel bei der Anwendung des europäischen Wettbewerbsrechts. Die bislang bestehende Anmeldungs- und Freistellungspflicht für wettbewerbsbeschränkende Absprachen gem. Art. 81 Abs. 3 EGV wird durch das System der Legalausnahme ersetzt. Anlass für diese (frühe) Novelle des GWB ist die Tatsache, dass durch die neue Durchführungsverordnung der Vorrang des europäischen Rechts erheblich ausgeweitet wird. Gemäß Art. 3 Abs. 2 der neuen KartellVO soll immer dann, wenn Art. 81 EGV einschlägig ist, allein das EG-Kartellrecht unter Ausschluss des nationalen Rechts anwendbar sein[2]. Das hat unmittelbare Folgen für das deutsche Recht der wettbewerbsbeschränkenden Vereinbarungen und Verhaltensweisen, denn in der Mehrzahl haben Unternehmensabsprachen Auswirkungen auf den zwischenstaatlichen Handel und sind daher nach den Art. 81 und Art. 82 EGV zu beurteilen. Eigenständige Bedeutung wird dem deutschen Wettbewerbsrecht für Vereinbarungen und einseitige Verhaltensweisen künftig nur noch in Fällen zukommen, die rein lokale oder regionale Auswirkungen haben und keine zwischenstaatliche Relevanz aufweisen[3].

Aufgrund dieser Veränderungen hielt es der Gesetzgeber für geboten, die Vorschriften des GWB an die europäischen anzupassen und nur in Ausnahmefällen spezifische Regelungen des deutschen Wettbewerbsrechts aufrechtzuerhalten. Am 17.12.2003 wurde der Referentenentwurf zur 7. GWB-Novelle offiziell bekannt gemacht[4]. Im Bereich der Unternehmenskooperationen wirkt sich die Neuerungen auf zweifache Weise aus. Erstens werden die speziellen Freistellungsvorschriften im geltenden Recht (§§ 2-18 GWB) aufgehoben und stattdessen wird neben einer Sonderegelung für Mittelstandskartelle eine dem Art. 81 Abs. 3 EGV entsprechen-

---

1 Abgedruckt in WuW 2003, 379.

2 S. *Bechtold/Buntscheck*, NJW 2003, 2866.

3 Vgl. Bundesministerium für Wirtschaft und Arbeit, Entwurf von Eckwerten der 7. GWB-Novelle.

4 Vgl. *Bechtold*, DB 2004, 235, der darauf hinweist, dass bereits im September 2003 inoffiziell eine erste Fassung des Referentenentwurfs kursierte.

de Generalklausel alleiniger Freistellungstatbestand[5]. Der im europäischen Recht durchgeführte Systemwechsel vom Anmelde- zum Legalausnahmesystem wird auf das deutsche Recht übertragen, so dass sich jedes Unternehmen kartellrechtlich selbst „veranlagen“[6] muss. Zweitens soll dem Vorbild des Art. 81 Abs. 1 EGV entsprechend eine grundsätzliche Gleichbehandlung von vertikalen und horizontalen Wettbewerbsbeschränkungen auch im deutschen Recht erfolgen. Dazu sollen die speziellen Vorschriften in den §§ 16 ff. GWB für die Mißbrauchsaufsicht über vertikale Wettbewerbsbeschränkungen aufgehoben und in die allgemeine Regelung des § 1 GWB einbezogen werden[7]. Nach dem Referentenentwurf sollen dazu in § 1 GWB die Wörter „miteinander im Wettbewerb stehenden“ ersatzlos gestrichen werden. Obwohl die bisherige deutsche Systematik wettbewerbspolitisch sachgerecht ist und auch zu praktisch befriedigenden Ergebnissen führt, soll die dogmatische Unterscheidung aufgegeben werden, um das europäische Modell zu übernehmen. Tritt die 7. GWB-Novelle wie angestrebt gleichzeitig mit der KartVO am 1.5.2004 in Kraft, wirkt sich dies von diesem Zeitpunkt an auch auf die Behandlung von § 298 aus[8]. Zum einen hätte die inzidente Prüfung des § 1 GWB bei Anwendung des § 298 durch die Gerichte einen weiteren Prüfungsschritt zur Folge. Konnte bisher das Strafgericht von der Rechtswidrigkeit einer Kartellabsprache i.S.d. § 1 GWB ausgehen, wenn keine ausdrückliche Freistellung nach den §§ 2 ff. GWB erfolgt war, wäre nun zusätzlich vom Strafgericht zu prüfen, ob eine Legalausnahme einschlägig ist, nach der die Absprache möglicherweise nicht als rechtswidrig anzusehen wäre. Das Gericht müsste im jeweiligen Fall prüfen, ob im Zeitpunkt der Tat die gesetzlichen Voraussetzungen einer Ausnahme vom Kartellverbot vorlagen[9]. Zum anderen führt die Angleichung an Art. 81 EGV zur Aufgabe der dogmatischen Unterscheidung von Horizontal- und Vertikalbeschränkungen und damit zu einer signifikanten Ausweitung von § 1 GWB. Der Wegfall des Kriteriums „zwischen miteinander im Wettbewerb stehenden Unternehmen“ in § 1

5 Die zu Art. 81 Abs. 3 EGV ergangenen Gruppenfreistellungsverordnungen sollen ihrer Substanz nach in das deutsche Recht übernommen werden. Dies soll auch für solche Fälle gelten, die nicht zwischenstaatlich relevant sind. So wird die schwierige Abgrenzungsfrage vermieden, ob eine Vereinbarung oder Verhaltensweise zwischenstaatliche Auswirkungen hat oder nicht, vgl. Bundesministerium für Wirtschaft und Arbeit, Entwurf von Eckwerten der 7. GWB-Novelle.

6 So die Umschreibung bei *Bechtold/Buntscheck*, NJW 2003, 2866.

7 Vgl. Bundesministerium für Wirtschaft und Arbeit, Entwurf von Eckwerten der 7. GWB-Novelle.

8 Das Ziel, das Gesetzgebungsvorhaben im frühen Frühjahr abzuschließen und das neue Gesetz zum 1.5.2004 in Kraft treten zu lassen, ist kaum mehr erreichbar. *Bechtold*, DB 2004, 235 rechnet deshalb mit einem In-Kraft-Treten erst zum 1.5.2005.

9 S. dazu bereits § 8.

GWB wird zur Folge haben müssen, dass der Gesetzeswortlaut nicht mehr gegen eine Erfassung von (vertikalen) Absprachen zwischen einem Bieter und der Veranstalterseite sprechen wird. Ob und in welcher Form eine Erfassung von Vertikalabsprachen bei Ausschreibungen möglich wird, bleibt abzuwarten. Es kann jedenfalls schon jetzt konstatiert werden, dass bei In-Kraft-Treten dieser Novelle der Grundsatz der Trennung von Horizontal- und Vertikalkooperationen nicht mehr gegen eine Behandlung von Vertikalabsprachen in § 298 sprechen wird.

Eine weitere hier relevante Neuerung liegt darin, dass der Referentenentwurf in dem neu eingefügten dritten Abschnitt erstmals das Verhältnis zwischen Artikel 81 und 82 des EG-Vertrages und dem GWB bestimmt. In § 22 Abs. 1 des Referentenentwurf heißt es dazu: „Wenden Kartellbehörden oder Gerichte die Vorschriften dieses Gesetzes auf Vereinbarungen zwischen Unternehmen, Beschlüsse von Unternehmensvereinigungen und aufeinander abgestimmte Verhaltensweisen im Sinne des Art. 81 Abs. 1 des EG-Vertrages an, welche den Handel zwischen den Mitgliedstaaten der Europäischen Gemeinschaft im Sinne dieser Bestimmung beeinträchtigen können, so wenden sie auch Artikel 81 des EG-Vertrages auf diese Vereinbarungen, Beschlüsse und aufeinander abgestimmten Verhaltensweisen an". Aus dem Wortlaut kann also geschlossen werden, dass Gerichte auch auf einen zwischenstaatlichen Sachverhalt § 1 GWB anwenden können. Gleichfalls wird aber festgelegt, dass das Schutzniveau von Art. 81 EGV nicht unterlaufen werden darf (sog. Untergrenze). Übertragen auf § 298 kann das so verstanden werden, dass grundsätzlich eine Bezugnahme auf § 1 GWB möglich ist und bei zwischenstaatlicher Relevanz der Absprache eine Gegenkontrolle an Hand von Art. 81 EGV erfolgen muss. Nach § 22 Abs. 2 des Entwurfes darf die Anwendung des nationalen Rechts zudem nicht über das Schutzniveau des europäischen Rechts hinausgehen (sog. Obergrenze).

§ 10 Zusammenfassung der Ergebnisse

Ausgangspunkt der Untersuchung war die Frage, ob § 298 die Kriterien eines Korruptionsdeliktes erfüllt, denn der Tatbestand ist durch das Gesetz zur Bekämpfung der Korruption in das Kernstrafrecht eingeführt worden und muss mit diesem Phänomen zwangsläufig in Zusammenhang gebracht werden. Auch ist der Tatbestand mit der bisher in § 12 UWG geregelten und nun in § 299 verorteten Angestelltenbestechung bzw. Angestelltenbestechlichkeit in einem neuen Abschnitt des Kernstrafrechts systematisch verbunden. Das tatbestandliche Verhalten des § 298 setzt nicht die Leistung einer unerlaubten Zuwendung voraus, so dass die Einordnung als ein Korruptionsdelikt verneint werden muss. Da in der Praxis ein wirtschaftlicher Ausgleich zwischen den Abspracheteilnehmern die Regel ist, kann aber von einem korruptionsähnlichem Delikt gesprochen werden, wenn gegen Regeln verstoßen wird, die Amt oder Aufgabe im Verhältnis zum Dienst- oder Geschäftsherrn bestimmen. Ein Regelverstoß ist aber nur bei Einbeziehung der Veranstalterseite als Absprachesubjekt denkbar. Übertragen auf § 298 ist das danach zu beurteilen, ob Vertikalabsprachen zwischen Bietern und Mitarbeitern der Vergabestelle erfasst werden können. Dafür spricht, dass bei der Tatbestandsformulierung auf das Mittel der Täuschung verzichtet wurde und der Gesetzgeber in der Begründung zu § 298 ausführte, welche Handlungen berücksichtigt werden sollen. Es wurden insbesondere die Fälle für besonders strafwürdig gehalten, bei denen Bieter kollusiv mit Mitarbeitern des Veranstalters zusammenarbeiten. Die herrschende Meinung im strafrechtlichen Schrifttum schließt daraus, dass auch Absprachen zwischen einem Bieter und einem Mitarbeiter des Veranstalters als rechtswidrige Absprachen angesehen werden können.

Dem kann jedoch nicht gefolgt werden. Die in § 298 getroffene Anbindung lässt es nicht zu, eine Kooperation mit der Veranstalterseite im Sinne einer Absprache anzunehmen. Der Tatbestand erfordert nämlich eine rechtswidrige Absprache, wobei „rechtswidrig" als normatives Tatbestandsmerkmal zu verstehen ist und sich auf die Wertung des Kartellrechts, insbesondere auf § 1 GWB bezieht[1]. Das Grundprinzip der kartellrechtlichen Dogmatik im Bereich der Kooperation liegt in der Trennung von Horizontal- und Vertikalvereinbarungen, wonach erstere im Kartellverbot des § 1 GWB und letztere in den §§ 14 ff. GWB geregelt sind. Eine wettbewerbliche Einordnung von Absprachen zwischen einem Bieter und einem Mitarbeiter auf der Veranstalterseite hat gezeigt, dass diese verfahrensbedingt auf unterschiedlichen Wirtschaftsstufen agieren und damit nicht miteinander im Wettbewerb

[1] S. oben § 4 II.1.

stehen[2]. Gegenstand der Vereinbarung zwischen einem Bieter und einem Vertreter der Veranstalterseite kann damit nur eine Vertikalabsprache sein. Zwar bestand für § 1 und § 25 GWB in der Fassung bis zum 1.1.1999 die Möglichkeit, Vereinbarungen zwischen Wettbewerbern unterschiedlicher Wirtschaftsstufen zu erfassen, wenn die Vertikalvereinbarung eine horizontale Wettbewerbsbeschränkung (zu einem Dritten) zur Folge hatte, da es bis dahin nur auf den gemeinsamen Zweck eines Vertrages ankam. Die Formulierung des Kartellverbotes nach der 6. GWB-Novelle setzt aber voraus, dass die Vereinbarung von Unternehmen, die miteinander im Wettbewerb stehen, getroffen wird. Damit können Fälle, die der Kategorie „Beschränkung von Drittwettbewerb" angehören, nicht mehr nach § 1 GWB beurteilt werden. Eine Vertikalabsprache ist somit nicht rechtswidrig im Sinne des § 1 GWB. Im Wege einer extensiven Auslegung des normativen Merkmals „rechtswidrig" wurden daraufhin weitere GWB-Tatbestände (§§ 14, 16, 19, 20, 21 GWB) untersucht, ob sie an Stelle des Kartellverbotes eine Vertikalabsprache verbotsweise untersagen. Das Merkmal „Absprache" oder die spezifische Fassung der Kartelltatbestände verhindert es aber, Konstellationen der verbotenen Marktmachtausnutzung oder einseitig motivierten Behinderung bzw. Diskriminierung zur Begründung des Rechtswidrigkeitsurteils heranzuziehen. Auch mit einer generellen Bezugnahme auf das Kartellrecht kann für eine Kooperation zwischen Bieter und Veranstalterseite nicht die in § 298 vorausgesetzte Rechtswidrigkeit der Absprache begründet werden. Es liegt allein ein vergabewidriges Verhalten vor, das die Grundsätze des ordnungsgemäßen Vergabeverfahrens missachtet. Folglich werden keine Vertikalbezüge erfasst, die einen Regelverstoß gegenüber dem Dienst- oder Geschäftsherrn darstellen. Das ändert sich auch nicht, wenn bei Vergaben mit grenzüberschreitender Relevanz europäisches Kartellrecht auf unlautere Absprachen anzuwenden wäre, da auf Art. 81 EGV keine Ausweitung auf Vertikalabsprachen gestützt werden kann. Es kommt allenfalls eine strafbarkeitsbeschränkende Wirkung in Betracht, falls eine Freistellung nach Art. 81 Abs. 3 EGV über die Ausnahmetatbestände der §§ 2 ff. GWB hinausgehen sollte. Wird § 298 als Fall der Wirtschaftskorruption bezeichnet oder wird von Korruptionskartellen gesprochen, ist dies mit der engen Verbindung und dem zunehmenden Häufigkeitszusammenhang zwischen Horizontalabsprachen und Vertikalmanipulationen zu begründen. Der Straftatbestand selbst erfasst diese Fälle (zurzeit[3]) jedoch nicht.

§ 298 muss vielmehr als Straftat gegen den Wettbewerb bezeichnet werden, wie dies schon in der Überschrift des 26. Abschnittes des Strafgesetzbuches hervorgehoben ist. Ausgehend von einem Strafe legitimierendem Rechtsgüterbegriff sind

---

[2] S. oben § 6 III.1.

[3] S. oben § 9.

die Güter Vermögen und Wettbewerb auf ihre dahin gehende Funktion überprüft worden. Dabei hat sich herausgestellt, dass ein *gesetzmäßiger Zusammenhang* zwischen wettbewerbsbeschränkenden Absprachen und einer Vermögensgefährdung nicht besteht[4]. Allein das Rechtsgut Wettbewerb hat eine legitimationsstiftende Funktion für den Tatbestand. Für die Einordnung des Deliktstypus als abstraktes Gefährdungsdelikt kann damit nicht mehr zwingend auf den vermögensrechtlichen Vorfeldschutz abgestellt werden, vielmehr ist die Tathandlung in Beziehung zu dem (sachnäheren) Schutzgut Wettbewerb zu stellen. Dem Wettbewerb ist zwar auf den ersten Blick wegen seiner abstrakten Struktur die Möglichkeit eines verletzbaren Angriffsobjekts genommen. Die angestellten Überlegungen haben jedoch gezeigt, dass dem Universalgüterschutz nicht zwangsläufig mit dem Instrument des abstrakten Gefährdungsdelikts begegnet werden muss, denn auch ein kollektives Rechtsgut kann sich in konkreten Angriffsobjekten äußern. Das ist bei wettbewerbsbeschränkenden Absprachen in dem dadurch gestörten *Preisbildungsprozess* zu sehen, so dass § 298 als *Verletzungsdelikt* verstanden werden kann[5]. Diese Einordnung hat zur Folge, dass völlig untaugliche Angebote das Angriffsobjekt nicht verletzen. Die Strafwürdigkeit des tatbestandlichen Verhaltens kann zudem in der häufig – aber nicht immer – verwirklichten Täuschungshandlung gesehen werden. Ein weiterer Handlungsunwert durch (qualifizierte) Kollusion ist mangels Erfassung von Vertikalabsprachen nicht festzustellen. Werden Ausschreibungsabsprachen gleichwohl durch Verbindungen zur Vergabestelle begünstigt, ist dies nicht tatbestandlich erfasst, sondern kann allenfalls in der Strafzumessung berücksichtigt werden.

Die Eröffnung des Anwendungsbereichs des Tatbestandes orientiert sich in sachlicher Hinsicht an außerstrafrechtlichem Fachrecht. Es bedarf einer Herleitung der in § 298 Abs. 1 und 2 benutzten Vergabearten aus den Verdingungsordnungen (VOB/A, VOL/A). Die in § 101 GWB gebrauchten Begriffe sind aufgrund der weitgehenden Identität der Verfahren gleichzustellen, so dass auch das Verhandlungsverfahren mit öffentlicher Vergabebekanntmachung von § 298 Abs. 2 erfasst ist. Bei einer öffentlichen Vergabe ist die Bezeichnung des gewählten Verfahrens entscheidend. Im Bereich der privaten Auftragsvergabe, die – soweit nicht vertraglich vereinbart – den Regelungen der Verdingungsordnungen nicht unterliegt, ist der sachliche Anwendungsbereich eröffnet, wenn das gewählte Verfahren die „wesentlichen Verfahrensvorschriften" berücksichtigt. Allerdings ist der Private frei in der Wahl des Verfahrens und kann den Zuschlag auch nach anderen Gesichtspunkten als allein nach der Wirtschaftlichkeit des Angebots erteilen. Für die Beurteilung

---

[4] S. oben § 1 I.

[5] S. oben § 2 IV.

von Vergabeformen, die nicht in den Verdingungsordnungen aufgeführt sind, bietet sich eine materielle Beurteilung an Hand der Grundsätze Wettbewerb, Transparenz und Gleichbehandlung an. Das Mindestmaß ist die Einhaltung der Grundsätze in dem Maße, wie es dem Verfahren einer freihändigen Vergabe mit vorgeschaltetem Teilnahmewettbewerb entspricht. Wird diese Schwelle bei einer neuen Vergabeform unterschritten, unterfällt sie nicht dem Schutz des § 298. Der auf europäischer Ebene vorgeschlagene Wettbewerbsdialog und der (Entwurfs-)Wettbewerb sind danach nicht von § 298 erfasst.

Hinsichtlich des persönlichen Anwendungsbereichs kann jeder aktiver und unmittelbarer Täter sein, der für ein Unternehmen bei der Ausschreibung ein Angebot abgibt, also Bieter ist. Eine materielle Beschränkung des Täterkreises auf Kartellunternehmer ist im Grundsatz richtig, aber zu eng, wenn sie damit Außenseiter generell von der täterschaftlichen Begehung ausnimmt. Außerdem ergibt die nähere Subsumtion des Kartellverbots, dass die getroffene Vereinbarung den Wettbewerb *zwischen* den Wettbewerbern beschränken muss. Diese zweite Voraussetzung spielt in der Qualifikation der Absprachesteilnehmer aber keine Rolle, so dass nur mit Prüfung aller Merkmale von § 1 GWB Gewissheit über die Rechtswidrigkeit erlangt werden kann. Ausschlaggebend für eine Bestimmung des Täterkreises ist die Tathandlung, die in der Abgabe eines Angebotes bei einer Ausschreibung liegt. Für den zeitlichen Anwendungsbereich überzeugt aus einer wettbewerbsorientierten Sichtweise allein der Zeitpunkt des Zuschlags als Beendigungszeitpunkt. Gleichzeitiger Vermögens- und Wettbewerbsschutz ist in § 298 Abs. 3 nicht sinnvoll zu vereinen.

Nach dem Referentenentwurf[6] zur 7. GWB-Novelle soll neben der Systemumstellung bei den Ausnahmetatbeständen von der ausdrücklichen Freistellung zur Legalausnahme auch eine Zusammenlegung von § 1 und § 16 ff. GWB erfolgen. Damit wäre die bisher praktizierte Trennung von Horizontal- und Vertikalkooperationen in § 1 GWB aufgegeben. Für § 298 kann dies (wieder) eine Öffnung für Absprachen zwischen Bietern und der Veranstalterseite bedeuten.

---

6 S. oben § 9.

2. Kapitel: Die Strafbarkeit nach französischem Recht

§ 11 Standort und Inhalt des Art. 313-6 Nouveau Code Pénal

Das französische Strafgesetzbuch regelt in Art. 313-6 der Neufassung des Code Pénal[1] (NCP) einen Sondertatbestand für die Beeinflussung von Versteigerungen. Der Tatbestand wurde im dritten Buch, drittes Kapitel, im Abschnitt « Des infractions voisines de l'escroquerie » (= „betrugsähnliche Straftaten“) eingeordnet und ist damit systematisch betrachtet ein Nachbardelikt des Betrugstatbestandes (Art. 313-1 NCP)[2]. Die Vorschrift gibt in leicht veränderter Form ein Vergehen wieder, das im alten Code Pénal (CP) in Art. 412 als « Entraves apportées à la liberté des enchères » (= „Beeinträchtigungen der Freiheit der Versteigerung“) normiert war[3]. Im Verhältnis zu Art. 412 CP ist der Anwendungsbereich von Art. 313-6 NCP etwas erweitert worden und enthält mit der Formulierung « tout autre moyen frauduleux » (= sonst auf arglistige Weise) eine neue Begehungsform. Auch die Strafen wurden erhöht. Während Art. 412 CP eine Freiheitsstrafe von 15 Tagen bis drei Monaten sowie eine Geldstrafe von 1.500 F bis 150.000 F angeordnet hat, war für Art. 313-6 NCP eine Strafe von drei Monaten und 150.000 F vorgesehen, die mit dem Runderlass[4] v. 14.5.1993 hinsichtlich der Freiheitsstrafe auf sechs Monate erhöht wurde. Nach den sich anschließenden Vorschriften sind weitere Nebenstrafen zu verhängen, die insbesondere in Art. 313-8 NCP den Ausschluss von öffentlichen Märkten

---

1 Nouveau Code Pénal, Gesetz Nr. 93-913 v. 19.7.1993 (J.O. v. 20.7.1993, S. 10199) in Kraft getreten am 1.3.1994.

2 So bereits die Einordnung bei *Walter*, Betrugsstrafrecht, S. 314 ff.

3 Vgl. Circulaire v. 14.5.1993, Kapitel 3, C. Ein Vorbild für den heutigen Text findet sich bereits im „revolutionären Recht“, das aus Anlass des Schleichhandels beim Verkauf nationaler Besitzungen die Umstände festgelegt hat, welche die Freiheit der Gebote beeinträchtigen (vgl. *Garçon*, Code pénal annoté, Art. 412 Nr. 3). So bestrafte Art. 27 des Gesetzes v. 22.7.1791 alle, die bei einer Versteigerung über Eigentum oder Pacht von Besitzungen des Staates, der Gemeinden oder des Einzelnen durch Anbieten von Geld, ein betrügerisches Abkommen, Gewalt oder Tätlichkeiten, vor oder während der Versteigerung, die Freiheit der Gebote stören oder verhindern, dass die Versteigerung nicht auf ihren wirklichen Wert ansteigt. Mit Art. 412 CP wurde im Jahre 1810 eine neue Formulierung festgelegt und mit dem Ziel, die Repression zu verstärken, wurde durch die Gesetze v. 11.4.1946 und 22.9.1948 der Tatbestand modifiziert. Neben der Strafbarkeit der versuchten Begehung und der Erfassung neuer Formen der Versteigerung wurden als zusätzliche Tathandlungen die Entfernung von Bietern und die Begrenzung der Gebote durch Zuwendungen, Versprechen oder betrügerische Absprachen sowie die Wiederversteigerung ohne die Mitwirkung der zuständigen Urkundsperson in den Gesetzestext eingefügt. Vgl. zur Gesetzesgeschichte *Thomas*, J-Cl. pén., Art. 313-6 Nr. 1 ff.

4 Circulaire de la direction des affaires criminelles et de grâces (crim. 93 9/FI, 14.5.1993).

für die Dauer von fünf Jahren enthalten. Das Gesetz über die Regelung von freiwilligen Verkäufen bei öffentlichen Versteigerungen[5] hat Art. 313-6 NCP durch den Zusatz an dessen Nr. 2 « ou d'une société de ventes volontaires de meubles aux enchères publiques agréée » nochmals inhaltlich erweitert. Mit der Verordnung Nr. 2000-916[6] wurden schließlich die Geldstrafen zum 1.1.2002 auf den nunmehr geltenden Euro-Betrag umgestellt. Die Vorschrift des Art. 313-6 NCP lautet demnach in aktueller Fassung:

> « Le fait, dans une adjudication publique, par dons, promesses, ententes ou tout autre moyen frauduleux, d'écarter un enchérisseur ou de limiter les enchères ou les soumissions, est puni de six mois d'emprisonnement et de 22.500 € d'amende. Est puni des même peines le fait d'accepter de tels dons ou promesses. Est puni des mêmes peines:
> 1. Le fait dans une adjudication publique, d'entraver ou troubler la liberté des enchères ou des soumissions, par violences, voies de fait ou menaces;
> 2. Le fait de procéder ou de participer, après une adjudication publique, à une remise aux enchères sans le concours de l'officier ministériel compétent ou d'une société de ventes volontaires de meubles aux enchères publiques agréée.
> La tentative des infractions prévues au présent article est punie des mêmes peines[7]. »

> („Wer bei einer öffentlichen Ausschreibung oder Versteigerung durch Zuwendungen, Versprechungen, Absprachen oder sonst auf arglistige Weise einen Bieter ausschaltet oder die Gebote oder Angebote einschränkt, wird mit sechs Monaten Gefängnis und 22.500 € Geldstrafe bestraft. Mit denselben Strafen wird bestraft, wer derartige Zuwendungen oder Versprechungen annimmt. Mit denselben Strafen wird bestraft:
> 1. wer bei öffentlichen Ausschreibungen oder Versteigerungen durch Gewalttätigkeiten, Tätlichkeiten oder Drohungen die Freiheit der Gebote oder Angebote behindert oder stört;
> 2. wer nach einer öffentlichen Versteigerung eine Wiederversteigerung durchführt oder daran teilnimmt ohne die Mitwirkung der zuständigen Urkundsperson oder einer zugelassenen Auktionsgesellschaft.
> Der Versuch der in diesem Artikel bezeichneten Straftaten wird mit denselben Strafen bestraft")[8].

---

5 S. Art. 16. des Gesetzes Nr. 2000-642 v. 10.7.2000 (J.O. v. 11.7.2000).

6 Ordonnance Nr. 2000-916 v. 19.11.2000 (J.O. v. 22.11.2000).

7 Als spezialgesetzliche Parallelnorm für den Holzverkauf aus staatlichen Wäldern existiert zudem Art. L. 134-4 Code forestier. Diese lautet: Toute association secrète ou manœuvre entre les marchands de bois ou autres, tendant à nuire aux ventes, à les troubler ou à obtenir les bois à bas prix, est punie, indépendamment de tous dommages-intérêts, de six mois d'emprisonnement et de 22.500 € d'ammende. Si la vente a été faite au profit de l'association secrète ou des auteurs desdites manœuvres, elle sera déclarée nulle. Art. L. 235-2 Code rural (ancien), der für die staatliche Vergabe der Fischereirechte auf Art. 313-6 NCP verwies, ist dagegen ersatzlos aufgehoben worden.

8 Der deutsche Text stützt sich inhaltlich auf die Übersetzung von *Walter*, Betrugsstrafrecht, S. 314; die Umstellung des Satzbaus auf eine dem StGB üblichen Tatbestandsformulierung folgt *Bauknecht/ Lüdicke*, Das französische Strafgesetzbuch, S. 185.

I. Geschütztes Rechtsgut und Deliktstyp

Art. 313-6 NCP soll die *Freiheit der Versteigerung* garantieren[9]. Dieses Ziel wird erreicht, wenn sich das Gesetz von Angebot und Nachfrage frei entfalten kann. In dieser Form ist auch der *Wettbewerb* in den entsprechenden Verfahren gesichert. Eine freie Versteigerung liegt vor, wenn die Konkurrenz der Gebote es ermöglicht, eine Sache zu einem möglichst hohen Preis zu verkaufen. Während für Art. 412 CP zudem auch das Interesse des Schuldners und seiner Gläubiger daran geschützt war, dass die gepfändeten Sache zu ihrem gerechten Wert verkauft werden und damit zum Teil die Betroffenheit des Vermögens vorausgesetzt wurde[10], ist für Art 313-6 NCP allgemein anerkannt, dass die Feststellung eines Vermögensschadens zur Erfüllung des Tatbestandes nicht erforderlich ist[11]. Das Vermögen als geschütztes Rechtsgut wird in den aktuellen Kommentierungen nicht mehr erwähnt.

Das Delikt muss nach dem Maßstab der deutschen Strafrechtsdogmatik als ein *Gefährdungsdelikt* eingestuft werden. Der Tatbestand erfordert zwar, dass durch die genannten Mittel der Beeinflussung ein Bieter ausgeschlossen wird oder die Gebote inhaltlich beschränkt werden, womit die Einordnung als Verletzungsdelikt nahe liegt. Zu der Versteigerung muss es jedoch nicht gekommen sein, und die Vereinbarung, sich absprachegemäß zu verhalten, reicht zur Tatvollendung aus[12]. Mit dieser Vereinbarung ist die Freiheit der Versteigerung aber noch nicht unmittelbar verletzt. Die Straftat ist somit schon durch die Akzeptanz des Angebotes begangen, so dass es unwichtig ist, ob der Täter von der Vereinbarung zurücktritt und zu einem späteren Zeitpunkt wieder an der Versteigerung teilnimmt. Art. 313-6 NCP begründet einen Vorfeldschutz für Versteigerungen, nach dem schon die Übereinkunft der Beteiligten vollendend wirkt[13].

---

9 *Thomas*, J-Cl. pén., Art. 313-6 Nr. 1; *Jeandidier*, Droit pénal des affaires Nr. 109.

10 Cass. crim., 18.3.1848: Bull. crim. Nr. 72; Cass. crim., 2.2.1884: Bull. crim. Nr. 27; *Garçon*, op. cit. Nr. 31; *Mayaud*, Code Pénal, Art. 313-6, Nr. 2.

11 *Thomas*, J-Cl. pén., Art. 313-6 Nr. 30, 59; vgl. *Walter*, Betrugsstrafrecht, S. 315 m.w.N.

12 Cass. crim., 6.5.1970: Bull. crim. Nr. 155; *Jeandidier*, Droit pénal des affaires Nr. 110; *Thomas*, J-Cl. pén., Art. 313-6 Nr. 39, 55; *Walter*, Betrugsstrafrecht, S. 315.

13 Auch eine Versteigerung, die aufgrund eines Formfehlers nichtig ist, lässt die Strafbarkeit nicht entfallen. Vgl. Cass. crim., 18.12.1875: Bull. crim. Nr. 354; *Mayaud*, Code-Pénal, Art. 313-6 Nr. 3; *Thomas*, J-Cl. pén., Art. 313-6 Nr. 12.

II. Anwendungsbereich

Der Anwendungsbereich von Art. 313-6 NCP betrifft vor allem öffentliche Versteigerungen, wenn sie in der Form einer Zwangsversteigerung abgehalten werden. Aufgrund der Unbestimmtheit der Formulierung hat die Cour de Cassation bereits zu Art. 412 CP entschieden, dass der Tatbestand auch Versteigerungen von beweglichen Sachen oder Immobilien erfasst, die keiner gesetzlichen Zwangsmaßnahme unterliegen[14]. Das Schrifttum geht zum Teil davon aus, dass die vorgenommene Abgrenzung es rechtfertigt, auch Versteigerungen durch den Eigentümer selbst, wenn sie öffentlich sind und vorher bekannt gemacht wurden, einzuschließen[15]. Nach *Walter*[16] erlaubt es der doppelte Bedeutungsgehalt des Merkmals « adjudication publique » neben dem Verfahren der „Versteigerung" auch die „Ausschreibung" als erfasst, anzusehen. Die gemeinsame Behandlung von Versteigerungen und Ausschreibungen in einem Tatbestand ist wegen der Hervorrufung vergleichbarer wettbewerblicher Effekte grundsätzlich möglich. Der Zweck eines Versteigerungsverfahrens liegt darin, durch eintretenden Wettbewerb für einen Gegenstand den höchstmöglichen Preis zu erzielen oder einen Gegenstand zu einem möglichst geringen Preis zu beschaffen[17]. Das zuletzt genannte Ziel verfolgt auch das aus der Lizitation entstandene (schriftliche) Ausschreibungsverfahren[18]. Dementsprechend hat die Rechtsprechung[19] Manipulationen bei öffentlichen Auftragsvergaben, die im « voie de rabais » – einer Art Minderungsverfahren – durchgeführt wurden, unter Art. 412 CP gefasst[20]. Doch im Gegensatz zu Art. 412 CP, der die Objekte der geschützten Verfahren ausdrücklich nennt (z.B. Lieferungen, Bewirtschaftungen, oder andere Dienste), schweigt der Text des Art. 313-6 NCP zu den Verfahrensob-

---

14 Cass. crim., 29.12.1893: Bull. crim. Nr. 376.

15 *Walter*, Betrugsstrafrecht, S. 315 m.N.

16 *Walter*, Betrugsstrafrecht, S. 314 (Fn. 69, 72 m.N.).

17 Cass. crim., 5.6.1896: Bull. crim. Nr. 182; allgemein zur Wirkung von Versteigerungen *Otto*, NJW 1979, 681 (682).

18 S. oben § 1.

19 Cass. crim., 5.6.1896: Bull. crim. Nr. 182,

20 Eine zeitgenössische Beschreibung dieses Verfahrens findet sich in dem Roman von *Émil Zola*, Germinal, Drittes Buch, erstes Kapitel a.E. (S. 184): „Aussi le dimanche suivant, allèrent-ils aux enchères, qui avaient lieu dans la baraque, et que l'ingenieur de la fosse, assisté du maître porion, présidait, en l'absence de l'ingénieur divisionnaire. Cinq a six cents charbonniers se trouvaient là, en face de la petite estrade, plantée dans un coin; et les adjudications marchaient d'un tel train, qu'on entendait seulement un sourd tumulte de voix, des chiffres criés, étouffés par d'autres chiffres.[...] Tous les concurrents baissaient, inquiets des bruits de crise, pris de la panique du chômage".

jekten. Das Schrifttum[21] sieht jedoch auch für Art. 313-6 NCP den Anwendungsbereich bei Ausschreibungen als eröffnet an, wenngleich Hinweise auf die zeitgemäßen Vergabeverfahren bei öffentlichen Aufträgen fehlen.

Das Recht der öffentlichen (Bau-)Aufträge ist in Frankreich vor allem im « Code des marchés public » (CMP) geregelt. Nach Art. 1 CMP[22] sind öffentliche Aufträge solche Verträge, die von der öffentlichen Hand nach Maßgabe der Vorschriften des CMP vergeben werden, um Arbeiten, Lieferungen oder Dienstleistungen zu realisieren. Die Vergabe von öffentlichen Aufträgen erfolgt in Frankreich zwingend durch Verwaltungshandeln[23]. Im CMP sind drei Arten der Auftragsvergabe geregelt. Art. 84 CMP sieht unter der Bezeichnung « adjudication » das Verfahren der offenen oder beschränkten Ausschreibung vor, bei welcher der *günstigste* Bieter den Zuschlag erhält, der zugleich unterhalb eines zuvor festgelegten Höchstpreises bleibt[24]. Im Verfahren namens « appel d'offres » (= Aufforderung zu Angebotsabgaben) kommt hingegen das *beste* Angebot zum Zuge, das nicht unbedingt das kostengünstigste sein muss. Nach Art. 93 CMP kann das Verfahren ebenfalls offen oder beschränkt durchgeführt werden, erfordert jedoch einen stärker formalisierten Ablauf als die « adjudication ». Bei Vorliegen der in Art. 104 CMP enumerativ aufgeführten Fälle kann nach öffentlicher Ankündigung die Vergabe auch im so genannten « marché negocié » (= freihändige Vergabe) erfolgen. Darüber hinaus besteht für die öffentliche Hand gemäß Art. 99 CMP die Möglichkeit einen so genannten « appel d'offres sur performances », also eine Art (nicht öffentlichen) Umsetzungswettbewerb durchzuführen, wenn lediglich eine Aufgabe definiert ist und auf diesem Wege Realisierungsvorschläge eingereicht werden sollen. Mit dem Dekret v. 8.9.2001 trat der Nouveau Code des marchés publics (NCMP[25]) in Kraft, der im Zuge einer allgemeinen Kürzung und Straffung der möglichen Verfahrensarten die « adjudication » entfallen ließ[26]. Zur Umsetzung der europäischen Vergaberichtlinien lag am 28.7.2003 die neunte Version einer Reform des Nouveau Code des marchés publics vor, die insbesondere in Art. 36 f. NCMP vorsieht, den « dialogue compétitif » (= Wettbewerbsdialog[27]) als Ersatz für den Umsetzungswettbewerb einzuführen.

Die in der Praxis angewendeten Vergabearten finden sich in den Kommentierungen zu Art. 313-6 NCP als betroffene Verfahren nicht, und auch aktuelle Entscheidungen sind – soweit ersichtlich – nicht vorhanden. Der Grund dafür mag in der Existenz einer im Anwendungsbereich konkurrierenden und mit höheren Freiheitsstrafen bewehrten Kartellverordnung liegen, die in der Praxis tatsächlich auf Submissi-

21 *Jeandidier*, Droit pénal des affaires Nr. 109; *Pelletier*, Code pénal, Art. 313-6 Rn. 1; *Thomas*, J-Cl. pén., Art. 313-6 Nr. 22.

22 Art. 1 CMP (i.d.F. des Dekrets Nr. 98-111 v. 27.2.1998, [J.O. v. 28.2.1998, S. 3115]): « Les marchés publics sont des contrats passés, dans les condititons prévues au présent code, par les collectivités publiques en vue de la réalisation de travaux, fournitures et services ».

23 Noch zum alten Code des marchés public *Hök*, ZfBR 2001, 220 ff.

24 Vor Eintritt in die Angebotsverhandlung wird von der zuständigen Person ein maximaler Preis festgelegt, der von den Bietern nicht überschritten werden darf.

25 Vgl. Décret Nr. 2001-210 v. 7.3.2001 (J.O. v. 8.3.2001, S. 37003).

26 S. zum neuen Code des marchés public *Bungenberg*, WuW 2001, 1206 (1207 f.).

27 S. oben § 3 I.1. (S. 71).

onsabsprachen angewendet wird[28]. Dennoch bleibt festzuhalten, dass Art. 313-6 NCP auch für Submissionsabsprachen einschlägig ist und mit der in Art. 313-8 NCP normierten Nebenstrafe ein abschreckendes Instrument vorhält.

III. Täterkreis

Die Vorschrift des Art. 313-6 NCP ist hinsichtlich des Täterkreises neutral und nicht auf mögliche Anbieter beschränkt, so dass jedermann Täter sein kann. Durch die thematische Eingrenzung des Tatbestandes auf die Versteigerung bzw. Ausschreibung sind jedoch Täter in den von der Rechtsprechung behandelten Fällen regelmäßig tatsächliche oder potentielle Bieter des jeweiligen Verfahrens[29]. Gegenüber denen, welche Geschenke und Versprechen akzeptierten und ihr Bietverhalten darauf hin änderten, wurde zunächst eine Täterschaft abgelehnt und Beihilfe angenommen[30]. Doch seit dem Gesetz von 1948 wird die Annahme von Geld oder Versprechen mit der Gegenleistung, die Versteigerung oder die Gebote zu stören, wie eine täterschaftliche Begehung behandelt[31]. Das ist auch in der Formulierung von Art. 313-6 Abs. 1 S. 2 NCP ausdrücklich festgehalten worden[32]. Diese Ausweitung der täterschaftlichen Begehung bezieht sich freilich nicht auf die mit Mitteln der Gewalt, Tätlichkeit und Drohung beeinflussten Konkurrenten. Die Frage, ob als Partner der Absprache auch ein Vertreter der Veranstalterseite in Betracht käme, wird im französischen Schrifttum nicht angesprochen. Sie ist durch Zweck und Wortlaut des vorliegenden Tatbestandes indes nicht ausgeschlossen[33]. Bejaht man dies, ist auch die Annahme einer Täterschaft auf Veranstalterseite denkbar. In der Anwendung geht aber gegenüber dem illoyalen Amtsträger der Tatbestand des Art. 432-14 NCP « favoritisme » (= Günstlingswirtschaft[34]) schon aufgrund der

---

[28] S. dazu § 12.

[29] So begeht das Delikt zum Beispiel der Bieter des bislang höchsten Gebotes, der durch Geschenke oder Versprechen bewirkt, dass der mögliche Mitbieter nicht weiter bietet. Vgl. *Thomas*, J-Cl. pén., Art. 313-6 Nr. 23.

[30] Cass. crim., 24.8.1863: D. 1863, 1, S. 438.

[31] Cass. crim., 25.11.1953: D. 1954, S. 45.

[32] *Thomas*, J-Cl. pén., Art. 313-6 Nr. 78; *Walter*, Betrugsstrafrecht, S. 315.

[33] Gegen eine Aufnahme kollusiver Absprachen in Art. 313-6 NCP aber *Delmas-Marty/Vervaele*, The implementation of the Corpus Juris in the Member States I, S. 229.

[34] Eingeführt durch Gesetz Nr. 95-127 v. 8.2.1995 (Art. 10 J.O. v. 9.2.1995), geändert durch die Ordonnance Nr. 2000-916 v. 19.9.2000 (Art. 3 J.O. v. 22.9.2000), die am 1.1.2002 in Kraft trat. Der Text von 432-14 NCP lautet danach: « Est puni de deux ans d'emprisonnement et de 30.000 euros d'amende le fait par une personne dépositaire de l'autorité publique ou chargée d'une mission de service publique ou investie d'un mandat électif public ou exerçant les fonc-

höheren Strafandrohung vor. Mit einer Freiheitsstrafe von zwei Jahren und einer Geldstrafe von 30.000 € wird dort bestraft, wer als Amtsträger oder Beliehener handelt und dabei einem anderen durch eine Amtshandlung einen ungerechtfertigten Vorteil verschafft oder zu verschaffen versucht, der im Gegensatz zu denjenigen Gesetzen oder Verordnungen steht, die den freien Zugang und die Gleichbehandlung der Bewerber um öffentliche Aufträge und um Aufträge im Bereich der Übertragung öffentlicher Aufgaben gewährleisten sollen. Der jüngeren Rechtsprechung lagen zahlreiche Fälle zur Entscheidung vor, bei denen im Zusammenhang mit dem Verfahren « d'appel d'offres » (nun Art. 33 NCMP) die Freiheit des Zugangs oder der Gleichbehandlung der Bewerber durch die verantwortlichen Amtsträger missachtet wurde[35]. Eine Täterschaft von Amtspersonen bei Ausschreibungsabsprachen unterliegt somit in erster Linie der « favoritisme ». Eine Bestrafung nach 313-6 NCP kommt aber dann in Betracht, wenn Privatperson auf Veranstalterseite das Verfahren manipuliert haben sollten und Art. 432-14 NCP somit nicht anwendbar ist[36].

IV. Mittel der Einflussnahme

Art. 313-6 NCP kriminalisiert drei verschiedene Taterfolge im Zusammenhang mit Versteigerungen oder Ausschreibungen[37]. Die ersten beiden haben das Ziel, das angewandte Verfahren zu stören, indem die Bieter ausgeschaltet oder die Gebote bzw. Angebote auf unredliche Weise begrenzt werden. Der neue Artikel Art. 313-6 bestätigt die Rechtsprechung zu Art. 412 CP, die es für die Begehung ausreichen ließ, einen Bieter (anstatt [alle] Bieter) abzuhalten. Der Ausdruck „Abhalten eines Bieters" deutet nicht nur auf den Fall hin, in dem in Folge eines erhaltenen Geschenks oder gemachten Versprechens, ein Bieter überhaupt nicht mehr an einer

tions de représentant, administrateur ou agent de l'État, des collectivités territoriales, des établissements publics, des sociétés d'économie mixte locales ou par toute personne agissant pour le compte de l'une de celles susmentionnées de procurer ou de tenter de procurer à autrui un avantage injustifié par un acte contraire aux dispositions législatives ou réglementaires ayant pour objet de garantir la liberté d'accès et l'égalité des candidats dans les marchés publics et les délégations de service public ».

35 Cass. crim., 15.9.1999: Dr. pénal 2000. Comm. 28; Cass. crim., 2.4.1998: Gaz. Pal. 25-26.2.2000, S. 38; Cass. crim., 13.12.2000: Bull. crim. Nr. 374.

36 In Betracht kommen private (öffentliche) Ausschreibungen, deren Auftragswert unterhalb des Schwellenwertes liegen, so dass nicht nach CMP verfahren werden muss. Die Vorschriften des CMP waren nicht anzuwenden, wenn der Auftragswert unterhalb von 300.000 F (Art. 123 CMP) lag. Für die Durchführung eines vereinfachten Verfahrens liegt mit Wirkung des NCMP die Grenze nun bei 90.000 € (s. Art. 28 NCMP).

37 S. *Véron*, Droit pénal spécial, S. 215.

Versteigerung teilnimmt, sondern ebenso auf den Fall, bei dem ein Bieter die Gebote zu einem niedrigeren Kurs abgibt, als er es ohne die Beeinflussung getan hätte[38]. Erfasst wird so neben völliger Zurückhaltung auch die Abgabe nur eines Schein(an)gebotes[39]. Der Taterfolg kann durch die Mittel „Geschenke", „Versprechen", „Absprachen" oder sonst in „arglistiger Weise" erreicht werden. Im Rahmen der ersten beiden Begehungsformen verschafft oder bietet der Ersteigerer einem Konkurrenten, den er entfernen möchte, einen kostenlosen Vorteil, damit dieser von der Versteigerung bzw. Ausschreibung Abstand nimmt. In dieser Konstellation wird dem Delikt eine korruptionsähnliche Struktur zugeschrieben[40]. Dem entspricht es, dass die Norm in Abs. 1 S. 2 neben dem „Bestecher" von dem die Geschenke oder Versprechungen ausgehen, die Person bestraft, die diese akzeptiert, um nicht mehr zu bieten[41]. Das *Versprechen* besteht in der Verpflichtung, in Zukunft ein Geschenk oder (kostenlosen) Vorteil zu gewähren, zu dem der Versprechende nicht verpflichtet gewesen wäre[42] und welcher der Bedingung unterliegt, dass der Begünstigte sich von der Versteigerung fernhält[43]. Von der Rechtsprechung als Versprechen anerkannt wurden z.B. das in Aussicht stellen eines Geldbetrages[44] oder der zukünftige Verzicht auf eine Geldschuld[45]. Der Begriff ist aber nicht nur auf Vermögensvorteile beschränkt, sondern erfasst auch nicht geldwerte Leistungen bis hin zu einem einfachen Gefallen[46].

Eine unerlaubte *Absprache* ist jeder Pakt, durch den mehrere Personen übereinkommen, sich den Gewinn zu teilen, der von einem Bieter realisiert wird, indem er aufgrund der Zurückhaltung der anderen die Sache zu einem geringeren Preis er-

---

38 Cass. crim., 5.6.1896: Bull. crim. Nr. 182; *Thomas*, J-Cl. pén., Art. 313-6 Nr. 56.

39 *Walter*, Betrugsstrafrecht, S. 315.

40 Cass. crim., 18.10.1982: Bull. crim. Nr. 220; Cass. Crim., 11.5.1993: Dr. pénal 1993, comm. 185; *Véron*, Droit Pénal spécial, S. 215.

41 So handelt der mögliche Käufer tatbestandsmäßig, der während einer Versteigerung unter der Bedingung, dass er das Bieten einstellt, eine Geldsumme als Geschenk annimmt. Vgl. *Thomas*, J-Cl. pén., Art. 313-6 Nr. 34.

42 Vgl. *Garçon*, op. cit., Nr. 60.

43 *Thomas*, J-Cl. pén., Art. 313-6 Nr. 36.

44 Cass. crim., 6.5.1970: Gaz. Pal. 1970, 2, S. 22.

45 So z.B. der Verzicht auf die Jahrespacht, vgl. Cass. crim., 11.5.1993: Dr. pénal, 1993, comm. 185.

46 Auf diese Weise ist der Tatbestand auf denjenigen angewendet worden, der von der Abgabe eines Angebotes abgehalten wurde, weil der Ersteigerer ihm ein Arbeitsangebot gemacht hat, vgl. T. corr. Seine, 26.2.1889: Gaz. Pal. 1889, 1, S. 598.

steigert. Diese Begehungsform, die bereits durch die Rechtsprechung[47] anerkannt wurde als sie im Gesetzestext noch nicht positiv genannt war, ist durch das Gesetz von 1948 dem Tatbestand hinzugefügt worden[48]. Es ist weder notwendig, dass die Absprache *heimlich* ist noch dass sie darauf abhebt, diejenigen zu *täuschen*, welche die Versteigerung oder die Ausschreibung vornehmen[49]. Jede Vereinbarung, die zum Ziel hat, die Gebote oder Angebote zu beschränken, wird mithin als betrügerisch betrachtet[50]. Für die Tatbegehung ist es unerheblich, wer den Abschluss der Absprache anregt und wer sich nur damit einverstanden zeigt, so dass für den Zustimmenden nicht auf Art. 313-6 Abs. 1 S. 2 NCP zurückgegriffen werden braucht[51]. Der Zusammenschluss mehrerer Personen zum gemeinsamen Bieten ist nicht grundsätzlich verboten, solange er angekündigt und darauf gerichtet ist, durch die Bündelung der Kapitalgeber höhere Gebote abgeben zu können[52]. Ein *Bieterzusammenschluss* ist jedoch nicht erlaubt, wenn er nur das Ziel und den Zweck hat, die Sache zu einem Preis zu beschaffen, der wesentlich niedriger ist, als deren wirklicher Wert[53]. Diese Abgrenzung soll einen Ausweg zeigen, zwischen der Notwendigkeit, gefährliche Betrügereien zu unterdrücken, ohne ökonomisch sinnvolle Zusammenschlüsse mehrerer Bieter zu verhindern[54]. Schließlich ist Art. 313-6 NCP um eine weitere Handlungsform ergänzt worden. Während Art. 412 CP noch den Ausdruck « ententes frauduleuses » enthielt, wurde dieser in Art. 313-6 durch « ententes ou tout autre moyen frauduleux » ersetzt. Im Schrifttum wurde der alte Text zum Teil[55] für geschlossener und präziser gehalten. Andererseits wird auch erkannt, dass der Gesetzgeber das Delikt zusätzlich auf Beeinträchtigungen erstrecken wollte, die auf *arglistige Weise* geschehen, sogar wenn sie nicht den Charakter einer geheimen Übereinkunft aufweisen[56]. Das wird bisher für die Konstellation angenommen, bei der ein Bieter einen potentiellen Mitbieter über Ort und Zeit oder Teilnahmenbedingungen einer bevorstehenden Versteigerung oder Aus-

---

47 Cass. crim., 15.5.1857: Bull. crim. Nr. 177.

48 *Thomas*, J-Cl. pén., Art. 313-6 Nr. 47.

49 *Walter*, Betrugsstrafrecht, S. 315 m.N.

50 Cass. crim., 20.5.1958: Bull. crim. Nr. 407.

51 *Walter*, Betrugsstrafrecht, S. 315 m.N.

52 Cass. crim., 15.5.1857: Bull. crim. Nr. 155.

53 Cass. crim., 19.6.1874: D. 1875, 1, S. 237; *Walter*, Betrugsstrafrecht, S. 315 m.w.N.

54 *Thomas*, J-Cl. pén., Art. 313-6 Nr. 51.

55 *Véron*, Anm. zu Cass. crim., 22. 6.1994: Dr. Pénal 1994, comm. 261.

56 *Thomas*, J-Cl. pén., Art. 313-6 Nr. 47.

schreibung täuscht und so dessen Teilnahme verhindert[57]. Durch die Täuschung des Mitbewerbers kann die Tat ohne dessen Einvernehmen vollendet werden[58].

Geradezu gegen den Willen der Mitbieter ausgerichtet sind die Begehungsformen in Art. 313-6 Nr. 1 NCP, wonach mit denselben Strafen bestraft wird, wer den Tatbestand mit Mitteln der Gewalt, Tätlichkeit oder Drohung begeht. Während sich Gewalt und Tätlichkeit gegen die Person richten müssen (erfasst sind alle Formen der physischen wie psychischen Gewalt i.S.d. Art. 227 NCP ff.[59]), ist dies für das Mittel der Drohung nicht erforderlich[60]. So reichte es für die Annahme einer Drohung aus, wenn dem Bedrohten ein wirtschaftlicher Vorteil versagt wird, der ihm sonst gebilligt worden wäre[61]. Keine Drohung liegt allerdings in der Ankündigung der möglichen Ausübung eines zustehenden Rechts[62].

Von den dargestellten Variationen des Abhaltens und Störens hebt sich der dritte Taterfolg deutlich ab. Dieser besteht darin, dass nach einer öffentlichen Versteigerung eine Wiederversteigerung ohne die Mitwirkung der zuständigen Urkundsperson durchgeführt wird bzw. daran teilgenommen wird. Der dadurch inkriminierte Unwert schließt sich zeitlich an einen der beiden bereits dargestellten Taterfolge an. Dazu überbieten die einen Bieter bei dem offiziellen Verfahren nicht die anderen, damit die Sache zu einem geringen Preis ersteigert wird. Darauf wird eine so genannte « révision », also eine zweite (inoffizielle) Versteigerung durchgeführt, bei der die Sache zu ihrem Marktwert einem Dritten zugeschlagen wird und die Teilnehmer der ersten Versteigerung sich dic Differenz zu dem bei der offiziellen Versteigerung gezahlten Preis als Gewinn teilen[63]. Der Erfolgsunwert liegt damit in der Relativierung der Effizienz des (ersten) autorisierten Verfahrens.

Die drei vorgesehenen Verstöße des Art. 313-6 NCP sind Vorsatzdelikte i.S.d. Art. 121-3 NCP. Dieser liegt vor, wenn der Täter die verwerflichen Akte wissentlich vorgenommen hat, also mit dem Willen, die Freiheit der Gebote zu beeinträchtigen oder einen Bieter abzuhalten[64]. Nach Art. 313-6

---

57 Vgl. *Jeandidier*, Droit pénal des affaires Nr. 110.

58 Nach *Walter*, Betrugsstrafrecht, S. 315 wird man in diesem Fall für den Tatvollendungszeitpunkt auf den Moment abzustellen haben, in dem sich der Angesprochene zu dem vom Täter erwünschten Verhalten entschließt.

59 *Thomas*, J-Cl. pén., Art. 313-6 Nr. 64.

60 *Thomas*, J-Cl. pén., Art. 313-6 Nr. 67.

61 Cass. crim., 20.5.1926: DH 1926. 218.

62 Cass. crim., 3.11.1944: Bull. crim. Nr. 172.

63 *Thomas*, J-Cl. pén., Art. 313-6 Nr. 76.

64 *Thomas*, J-Cl. pén., Art. 313-6 Nr. 28.

Abs. 2 NCP ist der Versuch der in Abs. 1 bezeichneten Straftaten mit denselben Strafen bewehrt. Während dies für die ersten beiden Formen schon durch das Gesetz von 1948 angeordnet wurde, erweiterte erst die Neuregelung des Art. 313-6 NCP die Versuchsstrafbarkeit auch auf die Durchführung einer Wiederversteigerung.

Am 1.1.1987 ist in Frankreich die Verordnung über die Freiheit der Preise und den Wettbewerb in Kraft getreten[1]. Sie ersetzte die veraltete Verordnung Nr. 45-1483 v. 30.6.1945 und schaffte damit eine grundlegende Veränderung der Wettbewerbs- und Wirtschaftsordnung. Der Schutz des Wettbewerbs und der Marktstruktur haben bis dahin nur einen geringen Stellenwert genossen. Im Mittelpunkt der Reform stand die Einführung des so genannten « Conseil de la Concurrence » als einem unabhängigem Wettbewerbsrat und eine weitgehende Annäherung an das Wettbewerbsrecht der Europäischen Gemeinschaft. Zugleich wurden zentrale Tatbestände des Wirtschaftsstrafrechts aufgehoben und den Regelungen der Verordnung zugefügt[2]. Die Verordnung wurde inzwischen nahezu unverändert in den Code de Commerce[3] (C. com.) überführt und findet sich dort im vierten Buch unter dem Titel « De la liberté des prix et de la concurrence » in den Art. 410 ff. C. com. Die Relevanz dieser Artikel für die vorliegende Untersuchung ergibt sich aus der erheblichen Strafandrohung in Art. 420-6 C. com. Mit Freiheitsstrafe von sechs Monaten bis zu vier Jahren und einer Geldstrafe von 75.000 € wird danach bestraft, wer « frauduleusement », also in *betrügerischer Absicht*, an der Planung, Organisation oder Durchführung der in Art. 420-1 und Art. 420-2 C. com. genannten Handlungen persönlich und entscheidend beteiligt war. Zudem kann das Gericht anordnen, dass seine Entscheidung vollständig oder auszugsweise in Zeitungen veröffentlicht wird[4]. Der als Grundtatbestand für Kartellabsprachen geltende und damit auch für Submissionsabsprachen relevante Art. 420-1 C. com. lautet:

> « Sont prohibées, même par l'intermédiaire direct ou indirect d'une société du groupe implanté hors de France, lorsque'elles ont pour objet ou peuvent avoir pour effet d'empêcher, de restreindre ou de fausser le jeu de la concurrence sur un marché, les actions concertées, conventions, ententes expresses ou tacites ou coalitions, notamment lorsqu'elles tendent à: 1. Limiter l'accès au marché ou le libre exercice de la concurrence par d'autres entreprises; 2. Faire obstacle à la fixation des prix par le libre jeu du marché en favorisant artificiellement leur hausse ou leur baisse; 3. Limiter ou contrôler la production, les débouchés, les investissements ou le progrès technique; 4. Répartir les marchés ou les sources d'approvisionnement. »

---

1 Ordonannce relative à la liberté des prix et de la concurrence, Nr. 86-1243 v. 1.12.1986.

2 Dazu gehörte unter anderem die Generalklausel des Wettbewerbsstrafrechts (Art. 419 CP), die Kartellabsprachen, wenn sie mit der Absicht der Preisbeeinflussung verbunden waren, unter Strafe stellte. Eingehend I/M-*Immenga*, EG-Wettbewerbsrecht, Einl. D I 2 mit Literaturhinweisen.

3 Zuletzt geändert durch Gesetz Nr. 2001-1168 v. 11.12.2001 (J.O. 12.12.2001).

4 Vgl. Art. 420-6 Abs. 2 C. com.

(„Abgestimmte Verhaltensweisen, Vereinbarungen und ausdrückliche oder stillschweigende Absprachen oder Bündnisse, die eine Beeinträchtigung, Beschränkung oder Verfälschung des Wettbewerbs auf einem Markt zum Gegenstand haben oder bewirken können, selbst wenn sie direkt oder indirekt über eine im Ausland niedergelassene Konzerngesellschaft zu Stande kommen, sind verboten, insbesondere wenn sie darauf abzielen: 1. den Marktzugang oder die freie Ausübung des Wettbewerbs durch andere Unternehmen zu beschränken, 2. die Bestimmungen der Preise durch den freien Markt mittels Begünstigung künstlich überhöhter oder niedriger Preise zu verhindern, 3. die Herstellung, den Absatz, die Investition oder den technischen Fortschritt einzuschränken oder zu kontrollieren, 4. Märkte oder Beschaffungsquellen aufzuteilen"[5].)

Der Tatbestand ähnelt sowohl im Grundtatbestand, als auch in den Regelbeispielen Nr. 1-4 deutlich dem Vorbild des Art. 81 EGV. Unschwer können damit Submissionsabsprachen erfasst werden, wie die Anwendung der Verordnung schon bald nach ihrem In-Kraft-Treten bewies. So führten bereits 1987 die Ermittlungen des (dafür zuständigen) Wirtschaftsministeriums und die anschließende Anrufung des Wettbewerbsrates in zwei Fällen zur Verhängung von Bußgeldern wegen Submissionsabsprachen[6]. Submissionsabsprachen können insbesondere durch die Verhaltensweisen der Preisfestsetzung oder Marktaufteilung verwirklicht sein, die bei Fehlen einer betrügerischen Absicht vom Wettbewerbsrat nur mit Geldbußen geahndet werden[7]. Kann den Absprachteilnehmern eine betrügerische Absicht nachgewiesen werden – wobei eine Täuschung ausreichend ist[8] –, sind vom Gericht Kriminalstrafen zu verhängen. Im Rahmen dieser Untersuchung stellt sich erneut die Frage, ob auch Absprachen mit Vertretern der Veranstalterseite erfasst werden. Der Kreis der möglichen Absprachteilnehmer erstreckt sich nach Art. 420-6 C. com. auf alle natürlichen Personen; einzige Voraussetzung ist, dass die Person an der Planung, Organisation oder Durchführung der in Art. 420-1 C. com. aufgezählten Handlungsweisen persönlich und entscheidend beteiligt war. Nach dem durch Art. 410-1 C. com. eröffneten Anwendungsbereich sind alle Tätigkeiten im Bereich von Produktion, Vertrieb und Dienstleistungen einschließlich solcher von öffentlich-rechtlichen Körperschaften erfasst. Somit könnte auch der Repräsentant der Veranstalterseite Absprachteilnehmer und folglich Täter dieser Kartellstraftat sein, und aufgrund des höheren Strafmaßes wären die Kartellvorschriften vor den Art. 313-6 NCP und Art. 432-14 NCP vorrangig.

---

5 Deutsche Übersetzung der Verordnung 86-1243 in WuW 1988, 38 ff., zur Übersetzung des Code de Commerce (Buch über die Preis- und Wettbewerbsfreiheit), s. Centre juridique franco-allemand: www.jura-uni-sb.de/BIJUS/Code-de-commerce/gesetz.htm.

6 Vgl. *Tonke*, WuW 1988, 952.

7 Art. 13 Verordnung 86-1243 bzw. Art. 462-2 C. com.; s. auch LK-*Tiedemann*, Vor § 298 Rn. 16.

8 LK-*Tiedemann*, Vor § 298 Rn. 16.

Allerdings unterliegt das französische Kartellverbot ähnlich wie auch das deutsche und das europäische Einschränkungen. Der kartellrechtliche Regelungsapparat sieht in Art. 420-4 Abs. 1 C. com. eine Freistellungsmöglichkeit für Kooperationen vor, die nachweislich die Verbraucher am entstehenden Gewinn beteiligen und zur Förderung des wirtschaftlichen Fortschritts beitragen (z.B. durch die Schaffung oder Erhaltung von Arbeitsplätzen), ohne den beteiligten Unternehmen die Möglichkeit zur Ausschaltung des Wettbewerbs für einen wesentlichen Teil der betreffenden Waren zu geben. Diese Geschäftspraktiken dürfen nur insoweit Wettbewerbsbeschränkungen beinhalten, als sie zur Erreichung des beabsichtigten Fortschritts unerlässlich sind. Ausschlaggebend für eine Freistellung von den Verbotsvorschriften ist damit ein « bilan économique », der über Wirksamkeit und letztlich auch die Strafbarkeit eines Verhaltens entscheiden kann. Diese weitgehende Freistellungsmöglichkeit wird in Art. 420 Abs. 2 C. com. noch durch eine, besonders auf kleinere und mittlere Unternehmen abzielende, ermessensgebundene Freistellung per Verordnung ergänzt.

Art. 313-6 NCP beschreibt in weit reichender Form Verhaltensweisen, die Versteigerungs- und Ausschreibungsverfahren manipulieren[1]. Anders als in § 298 folgt der Verfahrensschutz aber nicht aus dem Schutz des freien Wettbewerbs, sondern er wird direkt angesprochen und der darin enthaltende Wettbewerb ist nur mitgeschützt. Der Verzicht auf den Vermögensschutz der Beteiligten und die weitgehend unerhebliche Vermögensrelevanz der tatbestandlichen Handlungen löst den Tatbestand aus dem systematischen Zusammenhang mit dem Betrugsstrafrecht[2]. Wenn auch private Verfahren vom Anwendungsbereich erfasst sind und somit nicht auf die Ordnungsmäßigkeit hoheitlicher Beschaffungsvorgänge abgestellt werden kann, bleibt letzten Endes als einziger Anknüpfungspunkt der Verfahrenschutz. Dem entspricht es auch, dass als Taterfolge neben dem Abhalten vom Bieten und der Störung des Verfahrens die unzulässige Wiederversteigerung ausdrücklich erfasst ist, aus deren Nennung keine weiter gehende Schutzrichtung entnommen werden kann, als die Sicherung des öffentlich anerkannten Verfahrens. Hinsichtlich der beschriebenen Handlungsmittel geht der Tatbestand weit über sein deutsches Gegenstück hinaus. Das wird insbesondere durch die angefügten Mittel der Drohung und Gewalt deutlich. Die neue Tathandlungsvariante « tout autre moyen frauduleux » öffnet den Tatbestand – auf Kosten der Bestimmtheit – für weitere unlautere Machenschaften, wobei nicht ganz ersichtlich ist, welche Fälle davon erfasst sein sollen[3]. Für die Beurteilung von Horizontalabsprachen ist das Problem der Abgrenzung von *Bietergemeinschaften*, die wettbewerbsbeschränkend sind, und solchen die ökonomisch sinnvoll sind, erkannt. Die bis dahin auf Versteigerungen bezogene Argumentation kann wegen der Ähnlichkeit der Konstellationen auch auf Ausschreibungen übertragen werden[4]. Die Vornahme einer Absprache unterliegt ebenso wie in § 298 nicht der Bedingung der Heimlichkeit oder Täuschung, was dem Tatbestand eine Auffangfunktion gegenüber Submissionsabsprachen geben sollte,

---

1 Ebenso wie der oben (§ 1 II.) dargestellte Entwurf § 270 E 1962, der neben Ausschreibungen die öffentliche Versteigerung erfasst und auch Druck und Zwangsmittel gegenüber den Mitbewerbern als Tathandlungsvariante enthielt.

2 Vgl. *Walter*, Betrugsstrafrecht, S. 315.

3 Es ist nicht ersichtlich, welche Pflicht ein Bieter gegenüber einem Mitbieter hinsichtlich des Verfahrensablaufs (insbesondere in Bezug auf Ort und Zeit) haben soll. Hier vorstellbar wären vielmehr Eingriffe in das Verfahren, die zu einer Täuschung gegenüber dem Veranstalter führt (z.B. das Abfangen von Konkurrenzangeboten). S. aber auch die Bemerkungen zur Ablehnung von Täuschungshandlungen in § 270 PrStGB, oben § 1 (S. 9).

4 Wenngleich die Argumentation nicht die gleiche Tiefe hat, wie die für das deutsche Recht (s. oben § 6 I.2.) dargestellte Beurteilungsgrundlage.

bei denen nicht der Nachweis einer betrügerischen Absicht erbracht werden konnte. Sobald dieses subjektive Merkmal festgestellt ist, greift Art. 420-1 i.V.m. 420-6 C. com. als Kartellverbot mit einer ungleich höheren Strafandrohung. Allerdings sind dort wiederum die für strafrechtliche Maßstäbe wenig bestimmten Freistellungsmöglichkeiten zu berücksichtigen, die eine Vereinbarung bei Erfüllung der Voraussetzung legalisieren. Eine Erstreckung der Legalisierungswirkung auf Art. 313-6 NCP ist trotz ähnlicher Schutzfunktion nicht anzunehmen, so dass auch dann eine Anwendung wieder in Betracht käme. Für Absprachen zwischen Bietern und Vertretern der Veranstalterseite geht innerhalb des Code Pénal für den Vergabevertreter angesichts der Spezialität und der höheren Strafandrohung Art. 432-14 NCP vor. Dieser Tatbestand stellt nicht allgemein auf die Verletzung dienstlicher Pflichten ab, sondern schützt speziell den freien Zugang und die Gleichbehandlung der Bewerber um öffentliche Aufträge[5]. Für Einfluss nehmende Bieter oder nicht hoheitliche Vergabevertreter bleibt wiederum eine Strafbarkeit nach Art. 313-6 NCP oder Art. 420-1 C. com. möglich, deren Anwendung auf Vertikalvereinbarungen nicht ausgeschlossen ist.

Angesichts der sich überlagernden Anwendung der einzelnen Vorschriften zeichnet sich im französisches Recht ein mehrschichtiges Bild der Bestrafung von Submissionsabsprachen ab[6]. Hervorgerufen wird dies einerseits durch die bisher zurückhaltende Anwendung von Art. 313-6 NCP auf Ausschreibungsverfahren, so dass in den einschlägigen Kommentierungen eine Bezugnahme auf die betroffenen Verfahrensarten fehlt. Andererseits besteht ein mit Kriminalstrafen gewappnetes Kartellrecht, das wettbewerbsbeschränkende Kooperation bei Feststellung einer betrügerischen Absicht unter Geld- und Freiheitsstrafe stellt. Da hilft es auch nicht, wenn die Staatsanwaltschaften angewiesen sind, die Gerichte nicht mit kleineren Delikten zu befassen, sondern nur die schwereren anzuklagen und vor allem die Tatbestände des Kernstrafrechts zu bevorzugen[7]. Ist doch in der vorliegenden Konstellation das Nebenstrafrecht mit höheren Strafen bewehrt als der Tatbestand des Kernstrafrechts. Ob in Zukunft mit einer vermehrten Anwendung von Art. 313-6 NCP auf Submissionsabsprachen gerechnet werden kann, ist zweifelhaft. Zwar entspräche – de lege ferenda – ein entkriminalisiertes Kartellrecht dem Gemeinschafts-

---

5 Die Einführung des Art. 432-14 NCP und die Tatsache, dass zu dessen Begehung keine (Unrechts-) Vereinbarung erforderlich ist, hat das Konkurrenzverhältnis zum allgemeinen Korruptionstatbestand in erhebliche Unsicherheiten gebracht. Vgl. *Delmas-Marty/Vervaele*, The implementation of the Corpus Juris in the Member States I, S. 230.

6 Allgemein zu Überlagerungen von Strafvorschriften im Französischen Recht, s. *Walter*, Betrugsstrafrecht, S. 567.

7 Vgl. Runderlass des Justizministeriums v. 21.10.1981, zitiert nach *Walter*, Betrugstrafrecht, S. 567.

recht und dem Recht zahlreicher Mitgliedstaaten, doch ist die Kriminalstrafe für schwerwiegende Kartellverstöße nicht obsolet; im Gegenteil, für die Ahndung schwerer Kartellverstöße erscheint sie geradezu erforderlich[8]. Die Aufnahme der Kartellverordnung von 1986 in den Code de Commerce deutet jedenfalls auf eine Konsolidierung des strafbewehrten Kartellrechts hin und steht einer einheitlichen, auf das Kernstrafrecht konzentrierten Bestrafung von Submissionsmanipulationen entgegen.

8 Vgl. *Tiedemann*, Kartellrechtsverstöße und Strafrecht, S. 199.

3. Kapitel: Die Strafbarkeit nach italienischem Recht

§ 14 Standort und Inhalt des Art. 353 Codice Penale

Der italienische Codice Penale (c.p.) hat in Art. 353 c.p. einen eigenständigen Straftatbestand gegen Beeinflussungen bei Versteigerungen und Ausschreibungen normiert. Der Tatbestand befindet sich im zweiten Buch des italienischen Strafgesetzbuchs, zweiter Titel, im Abschnitt „Dei delitti dei privati contro la publica amministriazione“ (= Verbrechen von Privatpersonen gegen die öffentliche Verwaltung) und ist damit weder ein Nachbardelikt des Betrugs (Art. 640 c.p.) noch explizit als ein Wettbewerbsdelikt gekennzeichnet. Unerlaubte Wettbewerbshandlungen gegen das Gewerbe und den Handel sind im zweiten Buch, achter Titel, in Art. 513 bis c.p. geregelt[1]. Art. 353 c.p. sieht als Sanktion eine Freiheitsstrafe bis zu zwei Jahren und eine Geldstrafe von zweihunderttausend bis zwei Millionen Lire vor. Das italienische Wettbewerbsgesetz beschränkt sich wie das deutsche Kartellrecht auf Geldbußen, die von Verwaltungsbehörden verhängt werden[2]. Die Vorschrift des Art. 353 c.p. “Turbata libertà degli incanti“ (= „Störung der freien Durchführung von Versteigerungen“) lautet in der zurzeit geltenden Fassung wie folgt:

> “Chiunque, con violenza o minaccia, o con doni, promesse, collusioni o altri mezzi fraudolenti, impedisce o turba la gara nei publici incanti o nelle licitazioni private per conto di pubbliche Amministrazioni, ovvero ne allontana gli offerenti (354), è punito con la reclusione fino a due anni e con la multa da 103 € ad 1032 €.
>
> Se il colpevole è persona preposta dalla legge o dall'Autorità agli incanti o alle licitazioni sudette, la reclusione è da uno a cinque anni e la multa da 516 € ad 2065 €.
>
> Le pene stabilite in questo articolo si applicano anche nel caso di licitazioni private per conto di privati, dirette da un pubblico ufficiale (357) o da persona legalmente autorizzata; ma sono ridotte alla metà”.

---

1 Art. 513 bis Codice Penale „Unerlaubter Wettbewerb unter Anwendung von Drohung und Gewalt“ sieht für denjenigen, der bei Ausübung einer Tätigkeit in Handel oder Gewerbe oder in der Gütererzeugung Wettbewerbshandlungen unter Anwendung von Gewalt oder Drohung begeht, eine Gefängnisstrafe von zwei bis zu sechs Jahren vor.

2 Vgl. Art. 19 des italienischen Kartellgesetzes "Norme per la tutela della concorrenza e del mercato“ Nr. 287/90 v. 10.10.1990. (G.U. v. 13.10.1990 Nr. 240); deutsche Fassung in WuW 1991, 302 ff. Art. 2 und 3 der sog. „legge antitrust“ sehen mit Art. 81, 82 EGV vergleichbare Tatbestände vor. Verboten sind nach Art. 2 legge antitrust “intese restrittive“ (= Absprachen) zwischen Unternehmen, die durch Vertragsgegenstand oder Auswirkungen darauf gerichtet sind, den Wettbewerbsspielraum des Inlandsmarktes oder eines wesentlichen Teil von ihm einzuschränken. Nach Art. 2 Abs. 3 legge antitrust sind verbotene Vereinbarungen nichtig. Eingehend *Beck*, WuW 1991, 707 ff.; *Kindler*, Italienisches Handels- und Wirtschaftsrecht, S. 120 f.; I/M-*Immenga*, EG-Wettbewerbsrecht, Einl. D I 5 mit Literaturhinweisen.

(„Wer mit Gewalt oder durch Drohung, Geschenke, Versprechen, Absprachen oder andere betrügerische Mittel den Wettbewerb bei öffentlichen Versteigerungen oder privaten Ausbietungen, die für Rechnung von öffentlichen Verwaltungen erfolgen, hindert oder stört oder Bieter davon fernhält (354), wird mit Gefängnisstrafe bis zu zwei Jahren und mit Geldstrafe von 103 € bis 1032 € bestraft.

Ist der Täter eine durch Gesetz oder von der Behörde mit den oben genannten Versteigerungen oder Ausbietungen betraute Person, so ist die Strafe Gefängnisstrafe von einem Jahr bis zu fünf Jahren und Geldstrafe von 516 € bis 2065 €.

Die in diesem Artikel angedrohten Strafen werden auch im Falle von privaten Ausbietungen für Rechnung von Privatpersonen verhängt, die von einer Amtsperson (357) oder einer kraft Gesetzes dazu befugten Person geleitet werden; jedoch werden sie auf die Hälfte herabgesetzt“[3].)

I. Geschützes Rechtsgut und Deliktstyp

Im italienischen Schrifttum besteht Uneinigkeit über das von Art. 353 c.p. geschützte Rechtsgut. Nach einer Ansicht dient die Norm dem Schutz der *freien Beteiligung* an Versteigerungen und Wettbewerben im Allgemeinen[4]. Das überwiegende Schrifttum und der Großteil der Rechtsprechung sind jedoch der Ansicht, dass der Tatbestand neben der Freiheit zur Beteiligung zunehmend auch die verfahrensrechtliche Ordnungsmäßigkeit und die freie Entwicklung des *Wettbewerbs* bei öffentlichen Versteigerungen und privaten Ausbietungen schützt[5]. Eine Störung des Wettbewerbs liegt danach nicht nur vor, wenn die Durchführung des Wettbewerbs durch den Gebrauch eines der in Art. 353 c.p. aufgeführten Mittel ganz verhindert wird, sondern auch dann, wenn das Ergebnis beeinflusst oder manipuliert wird und dieses ohne den störenden Eingriff anders hätte sein können[6]. Der Schutz ist damit breit angelegt und soll in allen Verfahrensstadien das Prinzip der freien Konkurrenz und das „Spiel der Mehrheit der Angebote“ gewähren. Die Vermögensinteressen der Beteiligten sind von dem Tatbestand nicht geschützt und somit für die Verwirklichung des Tatbestandes irrelevant. Eine besondere Bezeichnung des Deliktstyps ist dem italienischen Schrifttum nicht zu entnehmen. Nur vereinzelt findet sich der

---

[3] Die Übersetzung folgt: Italienisches Strafgesetzbuch – Codice penale italiano, Zweisprachige Ausgabe, Stand 30.4.1995. Übersetzer: Senator Dr. Roland Riz, Universität Modena und Johanna Bosch, Max-Planck-Institut für ausländisches und internationales Strafrecht, Freiburg.

[4] *Campo*, AP 1966, 276 (278); *Caraccioli*, RIDPP 1961, 1123 (1125); *Rossi*, GP 1982, II, 435.

[5] Cass. pen., sez. VI, 20.11.1991, Nr. 9845; Cass. pen., sez. VI, 25.11.1998, Nr. 10130; *Alibrandi*, Art. 353, S. 1099, 1101; *Manzini*, V, S. 678; Beltrani/*Marino*/Petrucci, Art. 353, S. 917 Nr. 3; *Padovani*, Art. 353 Rn. 1; Crespi/Stella/Zuccalà-*Seminara*, Art. 353, I Rn. 1; dazu auch LK-*Tiedemann*, Vor § 298 Rn. 17.

[6] Vgl. *Padovani*, Art. 353 Rn. 1.

Hinweis, dass Art. 353 c.p. eine „reato di pericolo" (= Straftat der Gefahr) ist[7]. Daraus kann entnommen werden, dass es sich, der Systematik der deutschen Deliktstypenlehre entsprechend, um eine Art *Gefährdungsdelikt* handelt, bei dem schon allein die Gefährdung des geschützten Rechtsguts ausreicht. Eine Verhinderung besteht schon dann, wenn der Wettbewerb nicht ordnungsgemäß durchgeführt werden kann (auch wenn dies nur zeitweise geschieht). Eine Störung liegt vor, sobald der reguläre Ablauf des Wettbewerbs durch die Beeinflussung oder Verfälschung des Ergebnisses beeinträchtigt wird oder das Fernbleiben eines Bieters zum Resultat hat[8]. Die Klassifizierung als „reato di pericolo" wurde in den zurückliegenden Jahren auch von der Rechtsprechung bestätigt[9].

II. Anwendungsbereich

Von Art. 353 Abs. 1 c.p. geschützte Verfahren sind öffentliche Versteigerungen sowie private Ausbietungen, die für Rechnung der öffentlichen Verwaltung erfolgen[10]. Als öffentliche *Versteigerungen* gelten die Veranstaltungen, die vom Staat oder einem anderen Amt angesetzt werden und der Öffentlichkeit allgemein zugänglich sind[11]. Unter privaten Ausbietungen werden Wettbewerbsverfahren verstanden, die unter Aufsicht der öffentlichen Verwaltung gestellt sind, den öffentlichen Haushalten unterfallen und von speziellen Personen (Notar, Amtsträger, Börsenmakler) geleitet werden[12]. Nach h.M.[13] fallen darunter auch (öffentliche) *Ausschreibungen.*

Rechtliche Grundlage für das italienische (Bau-)Vergaberecht ist das Gesetz Nr. 109 vom 11.2.1994[14]. Die so genannten „legge merloni" sind durch die Gesetze Nr. 415 v. 31.3.1998 und Nr.

---

7 Vgl. *Alibrandi*, Art. 353, S. 1102; Beltrani/*Marino*/Petrucci, Art. 353, S. 917 Nr. 3 und S. 918 Nr. 4.

8 Crespi/Stella/Zuccalà-*Seminara*, Art. 353, III Rn. 2.

9 Cass. pen., sez. VI, 17.7.1998, Nr. 8443.

10 Vgl. auch LK-*Tiedemann*, Vor § 298 Rn. 17.

11 *Ruggiero*, Incanti, ED, XX, 901 (906).

12 *Padovani*, Art. 353, S. 1617; *Ruggiero*, Incanti, ED, XX, 901 (906). Es muss sich jedoch um Wettbewerbe handeln, die von Privatpersonen durchgeführt werden, da im Falle, dass es sich um eine Versteigerung oder eine Zwangsversteigerung handelt, Abs. 1 anwendbar ist, vgl. *Manzini*, V, 681; *Venturati*, Incanti, S. 303.

13 Beltrani/*Marino*/Petrucci, Art. 353, S. 918 (Nr. 4); *Padovani*, Art. 353, S. 1617; *Sforzi*, Leggi penali e leggi mercato, zitiert nach LK-*Tiedemann*, Vor § 298 Rn. 17.

14 Das Gesetz wurde wegen seiner extremen Strenge mehrfach aufgehoben und geändert und trat schließlich am 1.3.1996 in Kraft.

205 v. 21.7.2000 modifiziert worden. Die Rechtsentwicklung wurde in vielen Punkten durch das EG-Recht beeinflusst[15]. Die Pflicht, Ausschreibungen europaweit zu publizieren hat zusammen mit den vorgesehenen Zuteilungskriterien den Unterschied zwischen „licitazione privata" (= beschränkter Ausschreibung) und „appalto concorso" (= Auftragswettbewerb[16]) verringert. Auch hinsichtlich der Wahl des Zuschlagskriteriums bestanden Diskrepanzen zu den europäischen Richtlinien. Die italienische Gesetzgebung kannte – und kennt noch für Aufträge unterhalb der Gemeinschaftsschwelle – verschiedene Kriterien zur Wahl des besten Angebots. Eines ist das System der Durchschnittswertermittlung, das Aufträge nicht nach dem tatsächlich niedrigsten Preis vergibt, sondern auf der Basis des Durchschnitts der eingereichten Angebote, womit das dem Durchschnitt am nächsten liegende Angebot das „beste" ist und den Zuschlag erhält.

Gemäß Art. 353 Abs. 3 c.p. werden auch private Ausbietungen für Rechnung von Privaten erfasst, die von einer Amtsperson[17] oder einer kraft Gesetzes dazu befugten Person geleitet werden. Bei diesen Ausbietungen soll das Strafmaß jedoch nur die Hälfte der in Abs. 1 angedrohten Strafen betragen. Der Anwendungsbereich umfasst im Grundsatz Verfahren, die geeignet sind, mit Hilfe vorbestimmter Verfahren aus einer Vielzahl von Konkurrenten einen Anbieter auszuwählen. Die Norm ist weit auszulegen und erstreckt sich damit auch auf Wettbewerbe, die von denen abweichen, welche die Gesetzgebung bei öffentlichen Versteigerungen oder privaten Ausbietungen vorsieht[18]. Ausschlaggebend ist nur die Tatsache, dass das Verhalten eine Beeinträchtigung des freien Wettbewerbs hervorruft. Nach h.M.[19] ist Art. 353 c.p. somit auch auf die so genannten "*gare di consultazione*" (= „Wettbewerbe der Beratung") anwendbar, die mit einer verringerten Anzahl von Beteiligten, ohne die vom Gesetz auferlegten Fristen und die sonstigen gesetzlichen Bedingungen durchgeführt werden. Ebenfalls erfasst sein sollen die so genannten "*gare informali*" (= „informellen Wettbewerbe"), in denen die öffentliche Verwaltung private Firmen konsultiert, die miteinander im Wettbewerb stehen[20]. Für die strafrechtliche Behandlung wird die Störung eines solchen Wettbewerbs auf dieselbe Stufe gestellt wie ein Wettbewerb, der unter Beachtung der gesetzlichen Vor-

---

15 So wurden bis 1992 45 % des Wertvolumens der öffentlichen Aufträge durch nicht veröffentlichte Verfahren vergeben; erst nach dem Inkrafttreten der Sektorenrichtlinie ist der Anteil auf 22 % gesunken. Vgl. *Violini*, EuR 1996, 47 (54).

16 Bei dieser Vergabeform gibt die öffentliche Verwaltung lediglich ein allgemeines Vorhaben als Aufgabe vor und bewertet dann die Angebote aufgrund der von den Anbietern erarbeiteten detaillierten Ausführungen. S. *Violini*, EuR 1996, 47 (54).

17 Nach Art. 357 Abs. 1 Codice Penale sind unter Amtspersonen diejenigen zu verstehen, die eine öffentliche Funktion in der Gesetzgebung, Justiz oder Verwaltung ausüben.

18 Crespi/Stella/Zuccalà-*Seminara*, Art. 353, III Rn. 5.

19 Cass. pen., sez. VI, 10.5.1996, Nr. 4741; *Alibrandi*, Art. 353, S. 1100; Beltrani/*Marino*/Petrucci, Art. 353, S. 917 Nr. 1; *Padovani*, Art. 353, S. 1617.

20 Beltrani/*Marino*/Petrucci, Art. 353, S. 918, Nr. 4; Crespi/Stella/Zuccalà-*Seminara*, Art. 353, III Rn. 5.

schriften abläuft. Mindestkriterien für die Annahme informellen Wettbewerbs sind die Aufforderung von vier Firmen und die Nennung einer Kommission, welche die Aufgabe hat, die Angebote auszuwerten und den Zuschlag zu erteilen[21]. Nach einer Ansicht[22] können auch so genannte „gare esplorative" (= „sondierende Wettbewerbe") innerhalb privater Verhandlungen erfasst sein, wenn dies zur Vorbereitung eines informellen oder potentiellen Wettbewerbs geschieht. Der (zeitliche) Anwendungsbereich wird also so weit gezogen, dass sich das Delikt zu jedem Zeitpunkt des Wettbewerbs verwirklichen kann[23]. Unanwendbar ist Art. 353 c.p. hingegen auf Verfahren, die von der öffentlichen Verwaltung mittels privater Verhandlung ohne Erzeugung einer Wettbewerbssituation durchgeführt worden sind[24]. Die Annahme eines geschützten Verfahrens erübrigt sich, wenn ein freier Wettbewerb unter mehreren Konkurrenten fehlt, wie z.B. in dem Fall, dass einzelne potentielle Konkurrenten aufgerufen werden, ohne von einander zu wissen[25].

III. Täterkreis

Die Taten in Abs. 1 und Abs. 3 können von jedem interessierten und sogar von nicht an der Beteiligung interessierten Personen begangen werden[26]. Erfasst ist damit auch der außenstehende Dritte, der die einzelnen Angebote koordiniert und dem Rang nach ordnet, um so zu bestimmen, wer den Zuschlag zu welchem Preis erhält[27]. Nach Art. 353 Abs. 2 c.p. kann Täter auch eine durch Gesetz oder von der Behörde mit den oben genannten Versteigerungen oder Ausbietungen betraute Person sein. Ist das der Fall, so ist gegen die Amtsperson eine Gefängnisstrafe von einem Jahr bis zu fünf Jahren und Geldstrafe von 516 € bis 2065 € auszusprechen. Damit nimmt der italienische Straftatbestand neben Absprachen zwischen Wettbewerbern auch Beeinflussungen der Veranstalterseite (*vertikale Kooperationen*)

---

21 Cass. pen., sez. VI, 15.12.1997, Nr. 11483.

22 *Alibrandi*, Art. 353, S. 1100.

23 Cass. pen., sez. VI, 22.5.1991, Cass. pen., sez. VI, 30.9.1998; *Di Franceso*, AGOP 1992, 476; *De Simone*, CP 1999, 2854.

24 Cass. pen., sez. VI, 26.9.1991; Cass. pen., sez. VI, 11.6.1993; *Di Fresco*, CP 1992, 2383; a.A. *Iori*, CP 1976, 1105.

25 Cass. pen., sez. VI, 12.4.1994; Cass. pen., sez. VI, 2.7.1994, Nr. 7511; Cass. pen., sez. VI, 29.9.1998; *Cervellati*, MCP 1987, S. 61; *Tarquini*, CP 1999, 2854; a.A. *Fiandaca-Musco*, PS I 325.

26 *Fiandaca-Musco*, PS I 324; *Padovani*, Art. 353, S. 1617.

27 *Alibrandi*, Art. 353, S. 1103.

ausdrücklich in den Anwendungsbereich auf. Dies geschieht nach h.M.[28] gesetzestechnisch durch eine *Strafschärfung*, die das Strafmaß gegen den Amtsträger mehr als verdoppelt. Eine andere Ansicht verneint dagegen einen strafschärfenden Umstand und betrachtet Art. 353 Art. 2 c.p. als *eigenständiges Delikt*[29]. Qualifizierter Täter kann jedoch nicht jeder Amtsträger sein, sondern nur der, der mit der Versteigerung oder Ausbietung „betraut" ist. Betraut ist aber nur der innerhalb des so genannten „preposto" handelnde Amtsträger. Der „preposto" bezeichnet den Kreis der Personen, die bei der Durchführung eines Wettbewerbs wichtige Positionen besetzt haben[30]. In der jüngsten Zeit ergingen zahlreiche Entscheidungen, die den Kreis der tauglichen Amtsträger abgrenzten[31]. Danach ist nicht nur „mit der Versteigerung betraut", wer bei der Durchführung der Versteigerungen und privaten Ausbietungen Entscheidungsgewalt über die Zuschlagserteilung hat, sondern es reicht eine Entscheidungsbefugnis innerhalb des zugewiesenen Verwaltungsbereichs aus[32]. Im Ergebnis dürfte somit jeder Amtsträger qualifizierter Täter sein, der auf den Wettbewerbsvorgang entscheidenden Einfluss nehmen kann.

IV. Mittel der Einflussnahme

Die von dem Tatbestand vorgesehenen Taterfolge bestehen im Verhindern bzw. Stören des Wettbewerbs oder im Abhalten von interessierten Bietern. Die *Verhinderung* liegt darin, dass der Wettbewerb nicht eintreten kann. Die *Störung* verwirklicht sich nach h.M.[33], die nur das Ergebnis des Wettbewerbs als geschützt ansieht, wenn der reguläre Ablauf des Wettbewerbs durch Beeinflussung oder Verfälschung des Ergebnisses gestört wird. Nach anderer Ansicht[34], die als geschütztes Rechtsgut die Ausführung des Wettbewerbs ansieht, reicht es aus, wenn durch die Einflussnahme der reguläre Verfahrensablauf beeinträchtigt ist. Ein *Abhalten* ist gegeben, wenn ein oder mehrere Anbieter vom Wettbewerb abgebracht werden, indem sie

---

28 Cass. pen., sez. VI, 30.11.1967, Nr. 18006; *Alibrandi*, Art. 353 S. 1101; Crespi/Stella/Zuccalà-*Seminara*, Art. 353, II Rn. 2

29 *Riccio*, Incanti e licitationi, S. 494.

30 Cass. pen., sez. VI, 13.12.1967; Cass. pen., sez. VI 2.12.1967; *Manzini* V, 693; Crespi/Stella/Zuccalà-*Seminara*, Art. 353, II Rn. 2.

31 *Padovani*, Art. 353, S. 1617.

32 Cass. pen., sez. VI, 20.9.1991; Cass. pen., sez. VI, 22.5.1991; Cass. pen., sez. VI, 21.4.1995; s. auch *Di Francesco*, AGOP 1992, 476; *Sciuto*, CP 1993, 1448.

33 Cass. pen., sez. VI, 7.3.1967; *Padovani*, § 353, S. 1618; Crespi/Stella/Zuccalà-*Seminara*, Art. 353, III Rn. 2.

34 *Alibrandi*, Art. 353, S. 1103.

von einem konkreten Verfahren wieder Abstand nehmen oder schon daran gehindert wurden, sich als Bewerber vorzustellen. Nach einer Minderansicht[35] stellt das Abhalten vom Bieten einen Spezialfall der Störung dar. Art. 353 Abs. 1 c.p. beschreibt mit „Gewalt, Drohung, Geschenke, Versprechen, Absprachen oder andere betrügerische Mittel“ verschiedene Verhaltensweisen, die den Taterfolg herbeiführen können. Die Anwendung von Gewalt und Drohung muss sich direkt gegen Personen richten, unabhängig davon, ob der Bedrohte an dem Wettbewerb interessiert ist oder nicht[36]. Das grenzt Art. 353 c.p. von Art. 513 bis c.p.[37] merklich ab; dort ist nur die Gewalt und Drohung gegen Sachen erheblich[38]. Neben der Beeinflussung durch Drohung und Gewalt kann sich die Einflussnahme auch durch Geschenke und Versprechen vollziehen, wobei nicht erforderlich ist, dass die Beeinflussten Konkurrenten sind[39]. Absprachen mit dem Ziel, den Wettbewerb zu stören, können hingegen nur zwischen den Anbietenden getroffen werden[40]. Da Art. 353 Abs. 2 c.p. sich auf alle Alternativen des Abs. 1 bezieht, ist davon auszugehen, dass auch Absprachen zwischen Bietern und Amtsträgern erfasst sind. Nach der Rechtsprechung und einem Teil der Literatur muss es sich dabei um eine geheime Absprache oder eine andere geheime Verständigung handeln, die darauf abzielt, den normalen Verfahrensablauf zu beeinflussen[41]. Nach der überwiegenden Meinung im Schrifttum[42] ist die Heimlichkeit dagegen keine Voraussetzung, so dass auch offene Vereinbarungen den Tatbestand erfüllen. Unter "collusioni“ sind danach alle *rechtswidrig getroffenen Vereinbarungen* zwischen zwei oder mehreren Personen zu verstehen, die geschlossen werden, um einen rechtswidrigen Zweck zu erreichen[43]. Woraus sich die rechtswidrige Vereinbarung oder der rechtswidrige Zweck ergibt,

---

35 *Campo*, AP 1996, 276; *Ruggiero*, Incanti, ED XX, 905.

36 *Ruggiero*, Incanti, ED XX, S. 905.

37 Art. 513 bis Codice Penale lautet nach der Übersetzung von Riz und Bosch (s. oben Fn. 3): „Wer Gewalt gegen Sachen (392 Abs. 2) oder betrügerische Mittel anwendet, um die Ausübung eines Gewerbes oder eines Handelsgeschäftes zu hindern oder zu stören, wird auf Strafantrag des Verletzten (120), sofern die Tat nicht mit schwererer Strafe bedroht ist, mit Gefängnisstrafe bis zu zwei Jahren und mit Geldstrafe von zweihunderttausend bis zu zwei Millionen Lire bestraft“.

38 Im Verhältnis zur Erpressung soll kein Fall der Spezialität vorliegen, da unterschiedliche Schutzgüter betroffen sind. Vgl. Cass. pen., sez. VI, 27.3.1995, n. 6169; *Alibrandi*, Art. 353, S. 1102.

39 *Manzini*, V, S. 686.

40 *Manzini*, V, S. 686; Crespi/Stella/Zuccalà-*Seminara*, Art. 353, III Rn. 1.

41 Cass. pen., sez. VI, 17.7.1998, Nr. 8443; *Alibrandi*, Art. 353, S. 1103.

42 *Manzini*, V, S. 686; *Padovani*, Art. 353, S. 1618; Crespi/Stella/Zuccalà-*Seminara*, Art. 353, III Rn. 1.

43 *Padovani*, Art. 353, S. 1618.

kommt allerdings nicht deutlich zum Ausdruck; eine wettbewerbsrechtliche Anknüpfung wird jedenfalls nicht erwähnt. Insofern kann vermutet werden, dass jede verfahrensrechtliche Beeinträchtigung ausreicht, die darauf abzielt, das Ergebnis des Wettbewerbs zu verfälschen. Die Tat kann neben den im Gesetz konkret aufgeführten Vorgehensweisen auch mit "altri mezzi fraudolenti" (= „anderen betrügerischen Mitteln") begangen werden, die von den ausdrücklich genannten Begehensweisen abweichen. Unter betrügerischen Mitteln ist jeder geeignete, irreführende Eingriff zu verstehen, jedweder Kunstgriff des Betrugs oder der Lüge der im Einzelfall tauglich ist, den Tatbestand zu verwirklichen. Darunter sollen auch Irreführungen fallen, die in irgendeiner Phase des Wettbewerbsvorgangs von den für die öffentliche Versteigerung zuständigen Organen eingesetzt werden[44]. Die Aufzählung der Mittel der Einflussnahme ist somit nicht abschließend und eröffnet die Möglichkeit, weitere Begehungsmöglichkeiten zu erfassen.

Das Verbrechen ist in dem Moment vollendet, in dem sich der Ausschluss, die Störung oder das Fernbleiben auswirkt. Auch eine nur versuchte Begehung des Art. 353 c.p. ist strafbar. So wird ein Versuch des Art. 353 c.p. angenommen, wenn die störende Handlung entgegen dem Willen des Handelnden nicht das Verfahren beeinflusst, und der Störungseffekt nicht eintritt[45].

V. Der Beteiligungstatbestand

Neben den in Art. 353 c.p. aufgeführten Begehungsformen ist auch die Bestrafung desjenigen vorgesehen, der gegen Geld oder einen anderen Vorteil, der ihm oder einem anderen gegeben oder versprochen wurde, von der Teilnahme an einem Wettbewerb ablässt. Der Tatbestand der Enthaltung von der Versteigerung in Art. 354 c.p. stellt eine *eigenständige Begehungsform* dar und derogiert die allgemeinen Regeln in Art. 110 c.p., um keinen Zweifel an der Strafbarkeit eines schlichten Unterlassens zu geben. Die in Art. 354 c.p. beschriebene Zusammenarbeit mittels (geheimer) Absprache begründet eine Strafe, die geringer ist als die, die für Art. 353 c.p. angedroht ist[46]. Art. 354 c.p. "Astensione dagli incanti" (= „Nichtbeteiligung an Versteigerungen") lautet:

> "Chiunque, per denaro dato o promesso a lui o ad altri, o per altra utilità a lui o ad altri data o promessa, si astiene dal concorrere agli incanti o alle licitazioni (353) indicati nell'articolo precedente, è punito con la reclusione sino a sei mesi o con la multa fino a 516 €."

---

44 *Alibrandi*, Art. 353, S. 1101; *Padovani*, Art. 353, S. 1618.

45 Cass. pen., sez. VI, 20.4.1995; *Pizzolante*, RP 1996, 52.

46 Cass. pen., sez. VI, 23.1.1998, Nr. 911; vgl. *Alibrandi*, Art. 354, S. 1103; Beltrani/*Marino*/Petrucci, Art. 354, S. 920.

(„Wer gegen Geld oder einen anderen Vorteil, der ihm oder einem anderen gegeben oder versprochen worden ist, von der Beteiligung an den im vorhergehenden Artikel bezeichneten Versteigerungen oder Ausbietungen (353) Abstand nimmt, wird mit Gefängnisstrafe bis zu sechs Monaten oder mit Geldstrafe bis zu 516 € bestraft"[47].)

Art. 354 c.p. ist die mittelbare Folge davon, dass Art. 353 c.p. als ein Delikt ausgestaltet wurde, das neben Ausbietungen auch Versteigerungen vor unlauterer Einflussnahme auf den Wettbewerb schützen soll. Wie schon zu Art. 412 Code Pénal[48] dargestellt, lag der Angriff gegen Versteigerungen in erster Linie im Abhalten vom Bieten oder Weiterbieten, so dass die einseitige Einflussnahme bei der Sanktionierung im Vordergrund stand. Mit dieser Grundentscheidung setzte die Strafbarkeit bei dem aktiv handelnden, drohenden, versprechenden oder absprechenden (Einzel-)Täter an und führte zu der Straflosigkeit von dem, der bedroht oder bestochen wurde. Wie schon bei dem deutschen Tatbestandsentwurf § 270 Abs. 2[49] von 1962 ersichtlich, bedarf es dann einer Regelung für denjenigen, der einen Vorteil dafür erhält, dass er eine unzulässige Bindung einhält, um die entstandene Strafbarkeitslücke zu schließen. Für das geschützte Rechtsgut wird innerhalb der Kommentierungen auf Art. 353 c.p. verwiesen. Täter ist derjenige, der ohne an dem in Art 353 c.p. beschriebenen Delikt beteiligt gewesen zu sein, als „Bietender" auftritt und sich an einer Versteigerung oder Ausbietung nicht beteiligt. Damit stellt sich die Frage, welche Position der Nichtbieter haben muss, damit seine unterlassene Teilnahme – zu der freilich keine Verpflichtung besteht – als eine Straftat behandelt wird. Nach einer Ansicht soll jeder als Bietender gelten, der die Möglichkeit hat und die ernsthafte Absicht hegt, am Wettbewerb teilzunehmen[50]. Nach anderer Ansicht ist der Kreis der möglichen Bieter enger zu ziehen und kann nur denjenigen erfassen, der schon ein Angebot gemacht hat oder im Begriff ist, eines abzugeben[51]. Unter „Nichtbeteiligung" wird die fehlende Teilnahme am Wettbewerb oder auch das Unterlassen aller oder einiger notwendiger Handlungen gesehen, durch welche das Angebot hätte in Erwägung gezogen werden können[52]. Für die Verwirklichung des Tatbestandes ist eine direkte Annahme oder das Angebot von Geld oder eines anderen Vorteils an die Person, die sich enthalten soll, oder an Dritte erforderlich[53]. In der Lehre wird hervorgehoben, dass die Nichtbeteiligung

---

47 Übersetzung nach *Riz* und *Bosch* (s. oben Fn. 3).

48 S. oben § 1.

49 S. oben § 1.

50 *Manzini*, V, S. 690.

51 *Fiandaca-Musco*, PS I 324; *Ruggiero*, Incanti, ED XX, 906.

52 *Riccio*, Incanti e licitazioni, S. 494.

53 Crespi/Stella/Zuccalà-*Seminara*, Art. 354 Rn. 2.

ausschließlich auf der Annahme des Vorteils beruhen muss[54]. Der Vollendungszeitpunkt ist der Moment, in dem der Täter die angesetzte Frist verstreichen lässt, in der er die notwendigen Akte vorzunehmen hatte, um am Wettbewerb teilnehmen zu können[55]. Eine versuchte Begehung von Art. 354 c.p. ist nicht möglich[56].

54 Crespi/Stella/Zuccalà-*Seminara*, Art. 354 Rn. 2.

55 *Manzini*, V, S. 698.

56 Für alle *Ruggiero*, Incanti, ED XX, S. 908.

§ 15 Der Gesetzentwurf zu Art. 353 und 354 Codice Penale

Zum 10.9.2002 wurde durch die Ministerien der Justiz sowie des Transports und Infrastruktur ein Gesetzentwurf vorgestellt, der aus Furcht vor Absprachen und organisierter Kriminalität bei Ausschreibungen von "appalti" (= öffentlichen Arbeiten) eine erhebliche Strafverschärfung der Art. 353, 354 c.p. vorsieht. Dieser, auch nach den beiden zuständigen Ministern *Castelli* und *Lunardi* benannte, Entwurf "Disposizioni in materia di turbata libertà degli incanti e astensione dagli incanti e modifica dell'articolo 32 ter del codice penale" (= „Die einschlägigen Bestimmungen der Störung der Durchführung von Versteigerungen, der Nichtbeteiligung an den Versteigerungen und der Änderung des Art. 32 ter des Strafgesetzbuches") ist Teil eines fünfteiligen, das öffentliche Auftragwesen betreffenden, Regierungsprogramms. Ähnlich wie Mitte der 90er Jahre, als anlässlich großer Korruptionsprozesse Normen zur Regelung des Vergaberechts entstanden, die so streng gefasst waren, dass sie kaum angewendet werden konnten[1], erfolgt aus der Erkenntnis, dass nicht nur einzelne Ausschreibungen manipuliert werden, sondern das in einigen Gebieten des Landes das ganze System der öffentlichen Vergabe durch das organisierte Verbrechen verwaltet wird, eine legislative (Über-) Reaktion. Der Entwurf2 zu Art. 353 c.p. enthält einen Expansion der Kriminalisie-

---

1 Vgl. *Violini*, EuR 1996, 47.

2 "Chiunque, con violenza o minaccia, o con doni, promesse, collusioni, *artifici o raggiri* o altri mezzi fraudolenti, impedisce o turba la gara nei publici incanti o nelle licitazioni private per conto di pubbliche amministrazioni, o *nelle procedure di evidenza pubblica*, ovvero ne allontana gli offerenti, è punito con la reclusione da *due a cinque* anni e con la multa da *1000 € ad 3000 €*.

Se il colpevole è *un pubblico ufficiale o un incaricato di pubblico servizio o* è preposto dalla legge o dalla autorita agli incanti, alle licitazioni *o alle procedure* sudette, la reclusione è da *tre a otto* anni e la multa da *1500 € ad 5000 €*.

Le pene stabilite *da* questo articolo si applicano anche nel caso di *pubblici incanti o* licitazioni private per conto di privati, dirette da un pubblico ufficiale o da persona legalmente autorizzata, ma sono ridotte alla metà.

Qualora la condanna importi l'incapacità di contrattare con la pubblica amministrazione, essa non può avere durata inferiore a tr anni né superiore a dieci anni".

(„Wer mit Gewalt oder durch Drohung, Geschenke, Versprechen, Absprachen, *Kunstgriffe oder Täuschungshandlungen* oder andere betrügerische Mittel den Wettbewerb bei öffentlichen Versteigerungen oder privaten Ausbietungen, die für Rechnung von öffentlichen Verwaltungen erfolgen, *oder Verfahren, die augenscheinlich öffentlich sind*, hindert oder stört oder Bieter davon fernhält, wird mit Gefängnisstrafe von *zwei bis fünf* Jahren und mit Geldstrafe von *1000 € bis 3000 €* bestraft.

Ist der Täter ein *Amtsträger* oder eine *mit einem öffentlichen Dienst beauftragt* oder eine durch Gesetz oder von der Behörde mit den obengenannten Versteigerungen oder *Verfahren* betraute Person, so ist die Strafe Gefängnisstrafe von *drei* Jahr bis zu *acht* Jahren und Geldstrafe von *1500 € bis 5000 €*.

rung auf allen Ebenen. Als erstes soll der Anwendungsbereich generell auf alle "procedure di evidenza pubblica" (= „Verfahren, die augenscheinlich öffentlich sind") erweitert werden. Mit diesem offenen Konzept soll einer Entwicklung der Rechtsprechung nachgekommen werden, die im Laufe der Zeit eine extensive Interpretation der erfassten Verfahren angenommen hat und es letztlich für die Anwendung der Strafnorm ausreichen ließ, wenn ein eigenständiger Wettbewerbsvorgang zur Vorbereitung eines Vertragsschlusses verwirklicht war. Zweitens werden durch den Entwurf die betrügerischen Arten der Begehungsweise auf "artifici" (= „Kunstgriffe") und "raggiri" (= „Täuschungshandlungen") konkretisiert, die dem Betrugstatbestand Art. 640 c.p. entlehnt sind. Damit sollen die relativ unbestimmten "mezzi fraudulenti" (= „betrügerische Mittel") auf die Fallvarianten konkretisiert werden, die schon seit längerem von der Rechtsprechung dafür herangezogen wurden. Drittens wird in Art. 353 Abs. 2 c.p. der Täterkreis über den "preposto" (ein Personenkreis, der nicht nur den Leiter des Wettbewerbs, sondern jeden, der essentielle Funktionen wahrnimmt, erfasst) generell auf Amtsträger und Personen, die mit einem öffentlichen Dienst beauftragt sind, erweitert[3]. Art. 353 c.p. wird zudem um einen vierten Absatz ergänzt, der bei rechtskräftiger Verurteilung einen Ausschluss von öffentlichen Ausschreibung für drei bis acht (!) Jahre vorsieht. Art. 354 c.p.[4] wird hinsichtlich des Anwendungsbereichs an Art. 353 c.p. angeglichen und um die Möglichkeit des Ausschlusses von öffentlichen Aufträgen ergänzt. Im Mittelpunkt der Reform steht kriminalpolitisch die beachtliche Strafrahmenerhöhung, die insbesondere an den Freiheitsstrafen deutlich wird. So wird das Strafmaß z.B. bei Art. 353 Abs. 1 c.p. von bis zu zwei Jahren auf zwei bis fünf Jahre Gefängnisstrafe mehr als verdoppelt und bei Art. 353 Abs. 2 c.p. mit einer Erhö-

---

Die in diesem Artikel angedrohten Strafen werden auch im Falle von *öffentlichen Versteigerungen* oder privaten Ausbietungen für Rechnung von Privatpersonen verhängt, die von einer Amtsperson oder einer kraft Gesetzes dazu befugten Person geleitet werden; jedoch werden sie auf die Hälfte herabgesetzt.

Falls die Verurteilung die Unfähigkeit mit der öffentlichen Verwaltung zu kontrahieren betrifft, kann diese nicht eine kürzere Dauer als drei Jahre jedoch nicht über 10 Jahre haben". [Hervorh. durch den Verf.])

3 Der verschärfte Tatbestand kann auf diese Weise Anwendung in den Fällen finden, in denen der Täter laut Gesetz oder Rechtsfortbildung nicht unter den "preposto alla gara" fällt.

4 "Chiunque, per denaro dato o promesso a lui o ad altri, o per altra utilità a lui o ad altri data o promessa, si astiene dal concorrere agli incanti o alle licitazioni *o alle procedure* indicate nell'articolo precedente, è punito con la reclusione *da sei mesi a tre anni* e con la multa da *500 € ad 1500 €*".

(„Wer gegen Geld oder einen anderen Vorteil, der ihm oder einem anderen gegeben oder versprochen worden ist, von der Beteiligung an den im vorhergehenden Artikel bezeichneten Versteigerungen oder *Verfahren* Abstand nimmt, wird mit Gefängnisstrafe *von sechs Monaten bis drei Jahren* oder mit Geldstrafe von *500 €* bis *1500 €* bestraft". [Hervorh. durch den Verf.])

hung von bis fünf auf drei bis acht Jahre nahezu verdreifacht. Als nicht unwesentlicher Nebeneffekt dieser Strafrahmenerhöhung eröffnen sich die strafprozessualen Instrumente des Art. 266 Abs. 1 b, Abs. 2 codice di procedura penale (c.p.p.), der bei Verbrechen gegen die öffentliche Verwaltung, die eine Gefängnisstrafe bis fünf Jahre vorsehen, den Untersuchungsorganen die Möglichkeit einräumt, durch Abhörung vor Ort oder des Telefons die Ermittlungen durchzuführen.

§ 16 Rechtliche Würdigung

Als Straftat gegen die öffentliche Ordnung ist der Tatbestand des Art. 353 Abs. 1 c.p. darauf gerichtet, die verfahrensrechtliche Ordnungsmäßigkeit und den durch das Verfahren inszenierten Wettbewerb zu schützen. Dieser mittelbare Schutz wird jedoch nicht durch eine Bezugnahme auf Wertungen des Wettbewerbsgesetzes konkretisiert, so dass nicht ersichtlich ist, woraus sich die Rechtswidrigkeit von getroffenen Absprachen ergeben soll. Es wurde hier vermutet, dass jede verfahrensrechtliche Beeinträchtigung ausreichen könnte, so dass auch Verstöße gegen reine Ordnungsvorschriften dazu zählen könnten. Der Unwert der Handlung steigert sich wenn man die Finalität der Vereinbarung, das Ergebnis des Wettbewerbs zu beeinträchtigen, hinzudenkt, und mit der Rechtsprechung eine heimliche Begehungsweise voraussetzt. Gleiches ist auch für die Tatmittel der Darbietung von Geschenken oder Versprechen anzunehmen. Die Mittel der Gewalt und Drohung gehören wegen der Einordnung des Tatbestandes in den Abschnitt der Delikte zum Schutz der öffentlichen Verwaltung ohne weiteres zu den Verhaltensweisen, die in diesem Zusammenhang inkriminiert werden können. Eine Vermögensgefährdung oder gar einen Vermögensschaden setzt der Tatbestand hingegen nicht voraus.

Art. 353 Abs. 2 c.p. ist die einzige Regelung eines Mitgliedstaates der Europäischen Union, die innerhalb eines Sonderstraftatbestandes gegen Submissionsabsprachen die vertikale Komponente der korruptionsähnlichen Absprachen mit Amtsträgern ausdrücklich erfasst[1]; unabhängig davon, ob es sich um eine öffentliche oder private Versteigerung oder Ausschreibung handelt. Die eigenständige oder strafschärfende Erfassung des „korrupten" Amtsträgers ist im Hinblick auf die Abschnittsüberschrift „Verbrechen von Privatpersonen gegen die öffentliche Verwaltung" systematisch zwar etwas schief, fügt sich aber ansonsten in den Tatbestandsaufbau ein. Die aktive Handlungsbeschreibung setzt voraus, dass der Amtsträger den Wettbewerb hindert, stört oder Bieter fernhält. Dies kann er dadurch, dass er überhaupt keine öffentliche Ausschreibung veranlasst, dass er Anbieter ungleich informiert und schließlich, indem er durch die Wahl des Verfahrens oder durch die Auswahl der zugelassenen Bieter Anbieter vom Wettbewerb ausschließt[2]. Der Schutzzweck des Delikts (öffentliche Ordnung) verhindert es jedoch, dass auch Privatpersonen, die eine Ausschreibung leiten und unlautere Bindungen eingehen, bestraft werden können.

---

1 Vgl. *Delmas-Marty/Vervaele*, The implementation of the Corpus Juris in the Member States I, S. 229.

2 Zu den möglichen Formen der vertikalen Kooperation, s. oben § 5 II.

Die Ausrichtung des Deliktes auf die Handlung des Einzelnen erfordert eine gesonderte Behandlung des interessierten Mitbieters, der wegen eines Vorteilversprechens von der Abgabe eines Angebotes Abstand nimmt. Das deutsche Schrifttum zu § 298 hat sich bisher kaum mit der Frage beschäftigt, was ein Unternehmen bei einer Ausschreibung zum Nichtbieter macht und allein (objektiv) aus der Existenz des *Stillhalteabkommens* auf die Täterqualität des Nichtbietenden geschlossen. Im Rahmen dieser Untersuchung wurde zu § 298 bereits ausgeführt, dass auch eine subjektive Abgrenzung des Nichtbieters an Hand wettbewerblicher Aspekte möglich ist[3]. Das italienische Schrifttum hat sich mit eben dieser Frage beschäftigt und Überlegungen dazu angestellt, ob und wenn ja, wann ein potentieller Bieter durch die Annahme von Vorteilen den Art. 354 c.p. erfüllt. Die gesonderte Regelung der passiven Begehung bringt zwar eine erhöhte Aufmerksamkeit mit sich, gesetzestechnisch ist sie indes nicht zwingend erforderlich, so dass eine Zusammenführung von Art. 353 c.p. und 354 c.p. zu einer einheitlichen Regelung durchaus möglich wäre. Art. 353, 354 c.p. bilden einen thematisch auf Versteigerungen und Ausschreibungen begrenzten, aber darin lückenlos beschriebenen Straftatbestand gegen Manipulationen bei Submissionen, der im Bereich der Absprachequalifikation wegen der fehlenden Präzision eher zu weit denn zu kurz reicht.

Der in Italien vorgestellte Entwurf zur Modifikation der Art. 353, 354 c.p. sieht nicht nur in materieller Hinsicht eine Ausweitung der Strafbarkeit vor, sondern qualifiziert den Tatbestand zu einem Verbrechen gegen die öffentliche Verwaltung, das mit einer Gefängnisstrafe bis zu fünf Jahren bewehrt ist und damit den Untersuchungsorganen die Möglichkeiten der (Telefon-)Überwachung eröffnet. Diese Methoden sind in Deutschland gemäß § 100 a StPO für Ermittlungen bei dem Verdacht von Submissionsabsprachen nicht zugelassen. Für Submissionsabsprachen in Verbindung mit der Bestechung eines Amtsträgers kommen allenfalls Maßnahmen ohne Wissen des Betroffenen nach § 100 c StPO in Betracht.

---

3 S. oben § 6 I.3.

4. Kapitel: Zusammenfassung der Ergebnisse des Ersten Teils

„Der Gewinnung einheitlicher Grundgedanken für eine den Forderungen der Kriminalpolitik Rechnung tragenden Strafgesetzgebung der Zukunft soll unsere rechtsvergleichende Darstellung, nach meiner Auffassung, in erster Linie dienen". Mit dieser Feststellung begründete der große Kriminalpolitiker *Franz v. Liszt*[1] im Jahre 1894 das Vorhaben der ersten umfassenden Zusammenstellung europäischer Strafrechtssysteme. Diesem Anspruch freilich nicht gewachsen – war doch die Aufgabe des Ersten Teils die Untersuchung nur eines Straftatbestandes in nur drei Nationen – soll diese Arbeit zumindest der Maxime nacheifern und aus den gewonnenen Ergebnissen Parallelen aufzeigen, die in allen behandelten Sondertatbeständen festgestellt wurden, um so ansatzweise „einheitliche Grundgedanken" für eine Diskussion des Tatbestandes auf europäischer Ebene ableiten zu können.

(1) Der *Erste Teil* untergliederte sich in die Untersuchung des deutschen, des französischen und des italienischen Sondertatbestandes gegen Manipulationen bei Ausschreibungen. Die Darstellung des deutschen Tatbestandes „Wettbewerbsbeschränkende Absprachen bei Ausschreibungen" fand im Vergleich zu den beiden Auslandsrechten die mit Abstand größte Aufmerksamkeit. Mit der Einfügung von § 298 in das Strafgesetzbuch wurde eine Jahrzehnte zuvor getroffene Grundentscheidung revidiert und ein Ausschnitt des wettbewerblichen Ordnungsrechts kriminalisiert. Die „Freiheit des Wettbewerbs" wird nun im Rahmen von Ausschreibungen strafrechtlich geschützt. Der Rechtsgüterschutz der untersuchten Auslandsrechte orientiert sich im Gegensatz dazu vor allem an einem Schutz des Verfahrens, der in Frankreich in Art. 313-6 NCP vorwiegend den Schutz des Institutes und der ordnungsgemäßen Durchführung betont (« libre déroulement des enchères »), während in Italien Art. 353 c.p. stärker auf das freie Spiel des Wettbewerbs ("gioco della concorrenza") abstellt. Trotz dieser abweichenden Feststellungen in den untersuchten Rechtsordnungen besteht hinsichtlich der geschützten Rechtsgüter eine Gemeinsamkeit. Der Vermögensbezug ist in § 298 nur sekundär, wenn nicht ganz abzustreiten, und findet damit eine Parallele in den französischen und italienischen Tatbeständen, bei denen ebenfalls *kein Vermögensschaden* festgestellt werden muss.

(2) Der Anwendungsbereich von § 298 ist thematisch auf Ausschreibungen begrenzt und schließt damit aus, dass die in der Wettbewerbssituation verwandte

[1] *Franz v. Liszt*, Die Strafgesetzgebung der Gegenwart in rechtsvergleichender Darstellung, Bd. I, Einführung, S. XXI.

Konstellation der Versteigerung erfasst wird. Der Tatbestand ist nur auf (offene oder beschränkte) Ausschreibungen und freihändige Vergaben nach zuvor durchgeführtem Teilnahmewettbewerb, aber nicht allgemein auf Wettbewerbsverfahren anwendbar. Anders ist die Situation in Frankreich und Italien; dort gehen die Tatbestände in erster Linie vom Schutz der Versteigerungen aus, was zweifellos daran liegt, dass die Wurzeln dieser Vorschriften in eine Zeit zurückreichen, die von mündlichen Versteigerungsverfahren geprägt war und das Submissionswesen nicht kannte. Ist der Schutz von Ausschreibungen also das erklärte und unbestrittene Ziel von § 298, gibt es diese Klarheit in den Auslandstatbeständen nicht. Die französische Regelung „Beeinträchtigung der Freiheit von Versteigerungen" in Art. 313-6 NCP umfasst nach Rechtsprechung und Literatur zwar auch Ausschreibungen, doch werden die in der Praxis anzuwendenden Verfahren des Code des marchés public an keiner Stelle genannt. Dies liegt nicht zuletzt an dem zurückhaltenden Gebrauch, den dieser Tatbestand bei der Bekämpfung von Submissionsabsprachen erfährt. Der Straftatbestand steht in einem Konkurrenzverhältnis zu dem Kartellverbotstatbestand, der in Art. 420-2 C. com. Vereinbarungen verbietet, die, wenn sie in einer betrügerischen Absicht getroffen wurden, mit erheblich höheren Strafen ahndet (Art. 420-6 C. com.). Für die italienische Regelung „Störung der Freiheit der Versteigerungen" in Art. 353 c.p. sind erst in jüngerer Zeit im strafrechtlichen Schrifttum ausdrückliche Hinweise dafür zu finden, dass überhaupt Verfahren der öffentlichen Auftragsvergabe geschützt werden. Ein offizielles Votum für die Einbeziehung von Ausschreibungen ist nun dem Gesetzentwurf ("disegno di legge Castelli-Lunardi") zu entnehmen, der gerade aus Furcht vor Korruption und Absprachen bei zukünftigen öffentlichen Bauausschreibungen eine inhaltliche Erweiterung und erheblich Verschärfung des Strafmaßes von Art. 353 c.p. vorschlägt. Damit kann festgehalten werden, dass in allen drei Strafrechtsystemen öffentliche und private Ausschreibungen durch *Sonderstraftatbestände* geschützt sind.

(3) Aus dem Wortlaut der untersuchten Tatbestände ist keine Einschränkung des Kreises tauglicher Täter zu entnehmen. Aus kartellrechtssystematischen Erwägungen ist für § 298 indes zu beachten, dass entgegen der Begründung des Gesetzgebers und der bisher vorherrschenden Meinung im strafrechtlichen Schrifttum Vertreter der Veranstalterseite nicht Absprachеteilnehmer und damit unmittelbare Täter des Deliktes sein können. Trotz des europäischen Wettbewerbsrechts und den daran angelehnten Auslandsrechten ist für das deutsche Kartellrecht mit der 6. GWB-Novelle an der Trennung von Horizontal- und Vertikalvereinbarungen festgehalten worden. Durch die klarere Formulierung der GWB-Novelle ist die Behandlung von Vertikalkooperationen unter § 1 GWB ausgeschlossen, und es sind allein Vereinbarungen zwischen Unternehmen erfasst, die miteinander im Wettbewerb stehen. Die beiden untersuchten Auslandsrechte sehen hingegen keine Anbin-

dung an die nationalen Wettbewerbsrechte vor. Zwar sind in den einschlägigen Kommentierungen zu Art. 313-6 NCP nur Absprachen unter den Bietern genannt, doch zwingende Gründe für den Ausschluss von Vertikalvereinbarungen sind nicht ersichtlich, so dass von der grundsätzlichen Erfassung auch solcher (vertikalen) Absprachen ausgegangen werden kann. Der französische Sondertatbestand wird letztlich nur die Vertikalkooperation eines Anbieters erfassen, da für den Tatbeitrag des Amtsträgers die Vorschrift des Art. 432-14 NCP spezieller ist. Der italienische Tatbestand ist in dieser Hinsicht eindeutig und sieht für den Fall der Vertikalkooperation in Art. 353 Abs. 2 c.p. die ausdrückliche und strafschärfende Erfassung kollusiv handelnder Amtspersonen vor[2]. Die Straftatbestände in Deutschland, Frankreich und Italien zeigen, dass die allgemeinen Betrugs-, Untreue- und Bestechungstatbestände nicht als ausreichend empfunden wurden, um den Unwert von Absprachen zwischen Bietern und Vertretern der Veranstalterseite ausreichend zu erfassen. Den nationalen Gesetzgebern schien vielmehr eine gesonderte Behandlung von *Vertikalkooperationen* bei Ausschreibungen notwendig.

(4) Im Mittelpunkt von § 298 steht das Merkmal der rechtswidrigen Absprache, das die Verbindung zu den Normen und Wertungen des Kartellrechts schafft. Für die Annahme von Art. 313-6 NCP reicht es dagegen aus, wenn die Absprache einen Bieter ausschaltet oder die Angebote beschränkt. Art. 353 c.p. knüpft zwar an den Wettbewerbsschutz an und erfordert eine Absprache, die den Wettbewerb bei öffentlichen Versteigerungen oder privaten Ausbietungen hindert, stört oder einen Bieter davon fernhält. Allerdings ist nicht ersichtlich, woran die „Hinderung" oder „Störung" des Wettbewerbs gemessen wird – eine Anknüpfung an wettbewerbliche Wertungen ist nicht ersichtlich – , so dass allein das Fernhalten eines Bieters hinreichend bestimmt ist. Hervorzuheben ist, dass im französischen (Art. 313-6 S. 2 NCP) wie im italienischen Recht (Art. 354 c.p.) eine ausdrückliche Regelung getroffen wurde, die denjenigen bestraft, der gegen Geld bzw. Zuwendungen oder einen anderen Vorteil von der Teilnahme an der Versteigerung Abstand nimmt. Insbesondere im italienischen Recht ist der Fall des Nichtbietens bei einer Versteigerung in einer eigenen Norm festgehalten. *Nichtbieter* ist danach derjenige, der die ernsthafte Absicht und Möglichkeit hatte, am Wettbewerb teilzunehmen und aufgrund der Einflussnahme davon ablässt. Diese Formulierung ähnelt im Ansatz dem, was hier bereits zu der deutschen Abgrenzung des Nichtbieters ausgeführt wurde. Die Annahme einer spürbaren Wettbewerbsbeschränkung setzt für § 1 GWB nämlich voraus, dass der Nichtbieter auf dem relevanten Markt potentieller Wettbewerber ist, da ansonsten sein Nichtbieten keinerlei Außenwirkung erzeugt[3].

---

2 Vgl. *Delmas-Marty/Vervaele*, The implementation of the Corpus Juris in the Member States I, S. 229.

3 S. oben § 6 I.3.

In Frankreich fand hingegen die Behandlung von *Bieterzusammenschlüssen* besondere Beachtung. Danach ist ein Zusammenschluss mehrer Bieter erlaubt, wenn er angekündigt ist und dazu verhelfen soll, durch die Bündelung der Kapitalgeber auch bei höheren Aufrufen mitbieten zu können; verboten hingegen, wenn er nur das Ziel verfolgt, niedrigere Preise durchzusetzen. Dieser auf das Versteigerungsverfahren bezogene „rudimentäre" Abgrenzungsversuch ist vergleichbar mit den Kriterien, die zu den Bietergemeinschaften bei Ausschreibungen im deutschen Kartellrecht entwickelt wurden. Dort kommt es in erster Linie darauf an, ob die zusammengeschlossenen Unternehmen – jedes für sich betrachtet – erfolgreich hätten mitbieten können. Ist das wegen fehlender Kapazität oder Wirtschaftlichkeit ausgeschlossen, ist die Bietergemeinschaft zulässig und begründet ein zusätzliches Angebot[4]. Der französische wie der italienische Tatbestand machen deutlich, dass ohne Anknüpfung an Wertungen aus dem Wettbewerbs- oder Verfahrensrecht auch keine daraus resultierenden Kriterien zur Beurteilung von Grenzfällen herangezogen werden können. Die Taterfolge der Störung oder Beschränkung des Wettbewerbs bzw. Verfahrens bleiben dementsprechend unklar. § 298 kann sich dagegen auf eine gewachsene Rechtsprechung und Erfahrung zu Beschränkungen des Wettbewerbs stützen. Die eindeutige und unbedingte Bezugnahme auf eine *außerstrafrechtliche Rechts- und Werteordnung* ist somit von Vorteil.

(5) Während sich § 298 auf das Tatmittel der Absprache beschränkt, sehen Art. 313-6 NCP und Art. 353 c.p. darüber hinaus die Mittel der Gewalt, Tätlichkeit (nur Art. 313-6 NCP), Drohung, Zuwendung, Versprechen oder ein anderes betrügerisches Mittel vor. Die Tatbestände decken damit alle denkbaren Angriffsmittel ab, die ein Verfahren stören. Diese Mittel können jedoch bis auf das zuletzt genannte nach der hier vertretenen Ansicht[5] unter das Merkmal Absprache gefasst werden. So liegt jeder erfolgreichen Nötigung oder Bestechung die Vereinbarung zu Grunde, dass der Beeinflusste den Forderungen des Beeinflussenden nachkommt. Tut er dies nicht, liegt auch keine Einflussnahme auf den Wettbewerb oder das Verfahren vor, und es bleibt bei einem Versuch; dieser ist allerdings nur nach § 298 nicht strafbar und müsste den Nötigungs- oder Bestechungstatbeständen überlassen werden. Eine gesonderte Auflistung der Mittel, die in diesem Zusammenhang also nur Motive für eine Kooperation sind, erscheint letztlich nicht zwingend, mag aber den Umfang des kriminalisierten Verhaltens deutlicher machen. Hinsichtlich der Handlungsvariante „sonst auf arglistige Weise" (Art. 313-6 NCP) bzw. „betrügerisches Mittel" (Art. 353 c.p.) geht der Anwendungsbereich der französischen und italienischen Vorschrift jedoch deutlich über den von § 298 hinaus,

---

4 S. oben § 6 I.2.

5 S. oben § 4 II.2.

denn eine Täuschung, die nicht in der Vereinbarung einer Absprache liegt, ist durch den Straftatbestand nicht erfasst. Hinsichtlich der Tatmittel kann übereinstimmend festgehalten werden, dass in den drei untersuchten Tatbeständen zur Beeinflussung des Verfahrens die Vornahme einer *Absprache* inkriminiert ist.

Mit der Untersuchung der drei nationalen Straftatbestände gegen Submissionsabsprachen konnten übereinstimmende Problemfelder erkannt werden, die in den verschiedenen Rechtsordnungen zumeist ähnlich, zum Teil aber auch unterschiedlich gelöst wurden. Festgehalten werden muss, dass die hier untersuchte Delinquenz gerade in den letzten Jahren durch neu eingebrachte Strafvorschriften und signifikante Strafverschärfungen für etablierte Tatbestände zunehmende Aufmerksamkeit erhält. Diese in den Mitgliedstaaten zu erkennende Entwicklung drängt die Frage auf, ob auch auf europäischer Ebene dahin gehende Maßnahmen oder Vorschläge ergangen sind. Dabei richtet sich das Augenmerk zum einen auf die *Schutzfunktion*, die ein Straftatbestand für Ausschreibungen durch europäische Organe hätte und zum anderen auf die *Harmonisierungsfunktion*, die eine europäische Regelung auf die nationalen Rechtsordnungen haben könnte.

Zweiter Teil. Die Bekämpfung von Absprachen auf europäischer Ebene

1. Kapitel: Der Schutz der finanziellen Interessen der Europäischen Gemeinschaft

§ 17 Gegenstand der Untersuchung

Die Untersuchung des deutschen, des französischen und des italienischen Sonderstraftatbestandes verdeutlicht die vorhandenen Parallelen und Unterschiede in der Behandlung von Ausschreibungsabsprachen. Das Vergaberecht wird hingegen zunehmend durch europäische Richtlinien bestimmt, um Vergabegrundsätze wie Wettbewerb, Transparenz und Gleichbehandlung bzw. Nichtdiskriminierung in den Verfahren europaweit festzuschreiben[1]. Die Richtlinien werden dazu auf die Befugnisse zur Angleichung der Rechts- und Verwaltungsvorschriften des Binnenmarktes gemäß Art. 47 Abs. 2, 55, 95 EGV gestützt. Ein (kriminal-)strafrechtlicher Schutz gegen Angriffe auf öffentliche Vergaben nach europäischem Recht ist bisher nicht vorhanden[2]. Aufgabe des zweiten Teils dieser Untersuchung wird es sein, drei Initiativen, die eine Annäherung der Vorschriften über die Tatbestandsmerkmale strafbarer Handlungen und Strafen bei Vergaben auf europäischer Ebene enthalten, vorzustellen und hinsichtlich ihres Anwendungsbereichs und insbesondere der Erfassung vertikaler Absprachen zu überprüfen. Die Initiativen sollen als eigenständige Tatbestände auf europäischer Ebene dem Schutz der öffentlichen Auftragsvergabe dienen. Zum einen wird Art. 2 „Marktbeeinflussung" des *Corpus Juris 2000* – Florenzer Fassung – (CJF[3]) untersucht. Ziel des CJF ist es, einen einheitlichen strafrechtlichen Schutz der finanziellen Interessen der Europäischen Gemeinschaft im Rahmen des Ersten Pfeilers zu begründen. Zum anderen soll das *Grünbuch* der Kommission vom 11.12.2001[4] zum strafrechtlichen Schutz der fi-

---

1 Vgl. KOM(2000) 275 endg., Erwägungsgrund (2). Dazu auch oben § 3 I.1.

2 Vgl. *Tiedemann* in: Freiburg-Symposion, S. 279 (288); *ders.* in Diskussionsbeitrag bei Waßmer, JZ 1999, 1101: „Das Gemeinschaftsrecht schützt mittlerweile zwar die Anbieter gegen Diskriminierung, bietet aber den Vergabestellen keinen strafrechtlichen Schutz".

3 Corpus Juris Florenz (2000), abgedruckt in: *Delmas-Marty/Vervaele*, The implementation of the Corpus Juris in the Member States I, Appendix III, S. 187 ff.

4 KOM(2001) 715.

nanziellen Interessen der Europäischen Gemeinschaften und zur Schaffung einer Europäischen Staatsanwaltschaft Beachtung finden, das sowohl eine prozessrechtliche wie materielle Harmonisierung von Strafrecht vorschlägt. Unter Punkt 5.2.2.1. des Grünbuchs wird die Aufnahme eines Straftatbestandes „Ausschreibungsbetrug“ erwogen, um die in mehreren Mitgliedsstaaten festgestellten Regelungslücken zu schließen. Dieser nur skizzierte Tatbestandsentwurf wird, soweit der Wortlaut und die Erläuterungen dies ermöglichen, ebenfalls analysiert. Außerhalb der Initiativen zum Finanzschutz wird auch Art. 37 der „Europa-Delikte“[5] vorgestellt, der als Ergebnis eines privaten Forschungsvorhabens vor Manipulationen bei Ausschreibungen schützt. Erwähnenswert – aber nicht Gegenstand der Untersuchung – ist die Initiative der Bundesrepublik Deutschland zu einem *Rahmenbeschluss* über den strafrechtlichen Schutz gegen betrügerisches oder sonstiges unlauteres wettbewerbswidriges Verhalten im Zusammenhang mit der Vergabe von öffentlichen Aufträgen[6].

Die Bundesrepublik Deutschland hatte – bei eigener Präsidentschaft – in der Ratssitzung am 23.3.1999 den Entwurf einer Gemeinsamen Maßnahme über den strafrechtlichen Schutz gegen betrügerisches oder sonstiges wettbewerbswidriges Verhalten im Zusammenhang mit der Vergabe von öffentlichen Aufträgen im Binnenmarkt eingebracht[7]. Mit In-Kraft-Treten des Amsterdamer Vertrags am 1.5.1999 musste die Rechtsform dieses Vorschlags an die neue Rechtslage angepasst werden; zudem wurden einige redaktionelle Änderungen vorgenommen[8]. Das endgültige Dokument wurde in Form eines Rahmenbeschlusses gem. Art. 31 e und Art. 34 Abs. 2 b EUV vorgelegt, beruht damit auf den Bestimmungen über die polizeiliche und justitielle Zusammenarbeit in Strafsachen (PJZS), mithin auf der (völkerrechtlichen) „Dritten Säule“ und wurde an das Europäische Parlament zur Anhörung übermittelt[9]. Das Ziel des in Art. 2 des Rahmenbeschlusses beschriebenen Tatbestandentwurfs war es, sowohl den Schutz der finanziellen Interessen von Auftraggebern als

---

5 Zu den „Europa-Delikten“, s. unten § 27.

6 Vgl. 9230/00 – C5-0416/2000 – 2000/0812(CNS) (ABl. C 253 v. 4.9.2000, S. 3).

7 Ratsdokument 6946/99 JUSTPEN 16 CK4 16.

8 Art. 2 des Rahmenbeschlusses lautetet: (1) Für die Zwecke dieses Rahmenbeschlusses ist der Tatbestand eines betrügerischen oder sonstigen unlauteren wettbewerbswidrigen Verhaltens bei der Vergabe eines öffentlichen Auftrages gegeben, wenn eine Person für ein Unternehmen vorsätzlich ein Angebot abgibt, das auf einer rechtswidrigen Vereinbarung oder einer abgestimmten Verhaltensweise zwischen Unternehmen beruht, die darauf abzielt, den Auftraggeber a) durch das unmittelbare oder mittelbare Versprechen, Anbieten oder Gewähren eines Vorteils gegenüber einer Person für diese selbst oder für einen Dritten als Gegenleistung für die pflichtwidrige Vergabe eines öffentlichen Auftrags oder b) durch sonstiges kollusives Zusammenwirken mit der für die Auftragsvergabe zuständigen Person oder c) unter Verschweigen einer solchen Vereinbarung zur Annahme eines bestimmten Angebotes zu veranlassen. (2) Jeder Mitgliedstaat trifft die erforderlichen Maßnahmen, um sicherzustellen, dass die in Absatz 1 genannte Handlung eine Straftat ist.

9 Zum Verfahren ausführlich Dok. EP A5-0184/2002 v. 24.5.2002.

auch den fairen Wettbewerb zu stärken[10]. Doch vier Jahre nach ihrer Vorlage kann die deutsche Initiative als faktisch tot bezeichnet werden. Keine der Präsidentschaften, die der deutschen folgten, wiesen den Text einer Arbeitsgruppe zu und auch Deutschland hat niemals auf einer weiter gehenden Beratung bestanden[11]. Derzeit unterstützen weder das Europäische Parlament noch die Kommission diesen Vorschlag[12]. Man folgt dort der Ansicht des „*Schmitt*-Reports“[13] des Ausschusses für die Freiheit und Rechte der Bürger, Justiz und innere Angelegenheiten (LIBE), der die Rücknahme der Initiative fordert[14], da eine Rechtsgrundlage in der dritten Säule für die strafrechtliche Bekämpfung[15] von Betrügereien abzulehnen sei[16]. Gegen den Rahmenbeschluss[17] Dänemarks über den Schutz der Umwelt durch Strafrecht (2003/80/JI), den der Rat am 27.1.2003 angenommen hat[18] und der ebenfalls auf Art. 31 e, 34 Abs. 2 b EUV beruht, hat die Kommission angesichts der umstrittenen Rechtsgrundlage Klage beim Europäischen Gerichtshof eingereicht[19].

---

10 Nach dem Erwägungsgrund (6) der Initiative dient die strafrechtliche Absicherung der Auftragsvergabe auch dem Schutz der finanziellen Interessen der Europäischen Gemeinschaft. Der vorgeschlagene Straftatbestand ist im Vergleich zu § 298 enger, da er außer einer rechtswidrigen Absprache zwischen Unternehmen weitere Handlungsunwerte erfordert, vgl. NK-*Dannecker*, Vor § 298 Rn. 7.

11 Schriftliche Auskunft der DG JAI, Einheit B3 – Rechtliche Zusammenarbeit in Strafsachen – v. 19.6.2003. Anders aber das Bundesministerium der Justiz, das in schriftlicher Auskunft v. 6.8.2003 darauf hinweist, sich mehrfach für die Aufnahme der Maßnahme in das Programm einer fremden Präsidentschaft eingesetzt zu haben. Der Grund für das Scheitern der Initiative liegt nach Ansicht des Bundesjustizministeriums darin, dass die meisten anderen Mitgliedstaaten nur administrative Sanktionen für wettbewerbsbeschränkende Absprachen bei Ausschreibungen vorsehen.

12 Schriftliche Auskunft von OLAF v. 13.6.2003.

13 Dok. EP A5-0184/2002 v. 24.5.2002.

14 Dok. EP A5-0184/2002, S. 8.

15 Art. 3 des Rahmenbeschlusses ordnet für Art. 2 wirksame, verhältnismäßige und abschreckende Sanktionen an, die zumindest in schweren Fällen auch Freiheitsstrafen umfassen sollen.

16 Nach dem *Schmitt*-Report müsse der Rahmenbeschluss in Verbindung mit der Bekämpfung organisierter Kriminalität, Terrorismus oder illegalem Drogenhandel stehen, da Art. 31 e EUV nur für diese Bereiche eine Rechtsgrundlage gebe. Das wird im Schrifttum bestritten (Calliess/Ruffert- *Brechmann*, Art. 29 Rn. 6, 10; Schwarze-*Krück*, Art. 29 Rn. 5, 16 und Art. 31 Rn. 9; Grabitz/Hilf- *Röben*, Art. 31 EUV Rn. 13, 17; *Satzger*, ZRP 2001, 549 [553]; *Tiedemann* in: FS-Roxin, S. 1409; a.A. *Schünemann*, GA 2002, 501 [504]). Danach handelt es sich bei der Nichterwähnung der Betrugsbekämpfung in Art. 31 e EUV um einen Redaktionsfehler, vor allem da die Bekämpfung von Betrug auch in Art. 29 Abs. 2 EUV genannt ist. Dafür spricht auch die Annahme des Rahmenbeschlusses (2000/383/JI) über die Verstärkung des mit strafrechtlichen und anderen Sanktionen bewehrten Schutzes gegen Geldfälschung im Hinblick auf die Einführung des Euro (ABl. v. 14.6.2000 L 140, S. 1), der nicht auf die Bekämpfung organisierter Kriminalität, Terrorismus oder Drogenhandel abstellt.

17 ABl. v. 11.2.2000, C 39.

18 ABl. v. 5.2.2003, L 29, S. 55.

19 Klage der Kommission der Europäischen Gemeinschaften gegen den Rat der Europäischen Union, v. 15.4.2003 – Rechtssache C-176/03 (ABl. v. 7.6.2003, C 135, S. 21): „Art. 47 des Vertrages über die Europäische Union begründe den Vorrang der gemeinschaftsrechtlichen Bestimmungen, so dass es rechtlich nicht möglich sei, Handlungen auf der Grundlage dieses

Bei der Bezeichnung (kriminal-)strafrechtlicher Initiativen muss darauf hingewiesen werden, dass der Begriff der Europäisierung von *Strafnormen* zwei Elemente unbedingt voraussetzt. Zum einen darf es nicht nur um die Harmonisierung von Primärnormen gehen, die lediglich Ge- oder Verbote enthalten und die Tatbestandsvoraussetzungen bestimmen, denn diese *Normen* können aufgrund ihres außerstrafrechtlichen Charakters nach den allgemeinen Regeln angeglichen werden und berühren die Frage einer Kompetenz für Strafsachen nicht[20]. Die im Folgenden näher zu untersuchenden Entwürfe des Art. 2 CJ, des Grünbuch-Entwurfs und des Art. 37 „Europa-Delikte" gehen über die Angleichung von Primärnormen hinaus, da sie bewusst die Verbotsnormen mit der Androhung einer Sanktion verbinden[21]. Zum anderen ist im europäischen Kontext eine deutliche Bezeichnung von Kriminalstrafe erforderlich, da die Trennung zwischen Strafrecht i.e.S. und Strafrecht i.w.S., also Ordnungswidrigkeitenrecht[22], in einigen Mitgliedsstaaten (Dänemark, Finnland, Großbritannien, Irland und Schweden[23]) unbekannt ist[24], so dass eine Zuordnung mittels gemeinschaftsrechtlicher Begriffe wie „Geldbuße" oder „Strafgeld" schon im Ansatz nicht möglich ist[25]. Deshalb bedarf es eines materialen Maßstabs, um eine Abgrenzung der Sanktionen treffen zu können. Für die Einordnung als Kriminalstrafrecht werden nach allgemeiner Ansicht drei Kriterien für maßgeblich vorausgesetzt[26]. Erstens dürfen Kriminalstrafen nur von *Gerichten* in

---

Vertrages vorzunehmen, wenn dafür eine Gemeinschaftszuständigkeit bestehe". Die von *Vogel* in: Strafrecht in Europa, S. 29 (40 f.), festgestellte Verschiebung im Rahmen der Strafrechtsharmonisierung vom ersten zum dritten Pfeiler (und der damit einhergehende Einflussverlust) wird von der Kommission also nicht kampflos hingenommen.

20 Vgl. *Satzger* in: Freiburg-Symposion, 71 (73); *Tiedemann*, NJW 1993, 23 (26).

21 Für den Corpus Juris Florenz folgt das aus Art. 14. Nach dem Grünbuch sollen zunächst Betrug, aktive und passive Bestechung und Geldwäsche mit wirksamen, angemessenen und abschreckenden Strafen belegt werden, die zumindest in schweren Fällen auch Freiheitsstrafen umfassen, vgl. KOM(2001) 715, S. 43.

22 Zur Entstehung des Strafrechts i.w.S., vgl. *Deutscher*, Kompetenzen, S. 167 f.; *Heitzer*, Punitive Sanktionen, S. 10 f.

23 Anders hinsichtlich der Einordnung des Sanktionensystems in Schweden allerdings die Bundes-regierung in ihrer Antwort auf die Große Anfrage, BT-Drs. 14/4991, S. 6.

24 Überblick in *Europäische Kommission* (Hrsg.), Etudes sur les systèmes de sanctions administratives et pénales dans les Etats Membres des Communautés Européennes, Bd. 2. Spezielle Kodifikationen für Strafrecht i.w.S. besitzen nur Deutschland, Italien, Österreich und Portugal, vgl. *Satzger*, Europäisierung, S. 65. In Frankreich, Belgien, Niederlande und Griechenland sind seit langem Verwaltungssanktionen bekannt, vgl. *Heitzer*, Punitive Sanktionen, S. 13.

25 *Satzger*, Europäisierung, S. 64 ff.

26 So die Abgrenzung bei *Heitzer*, Punitive Sanktionen, S. 9 ff.; *Musil*, NStZ 2000, 68; *Satzger*, Europäisierung, S. 72 ff.; *Tiedemann* in: FS-Jescheck, S. 1411 (1415); ansatzweise auch

den dafür vorgesehenen Verfahren verhängt werden. Zweitens müssen Kriminalstraftatbestände als Rechtsfolge eine *Freiheitsstrafe* oder eine finanzielle Sanktion vorsehen, die bei Nichtzahlung in eine Freiheitsstrafe umgewandelt werden kann. Drittens soll in der Kriminalstrafe ein *sittliches Unwerturteil* über den Täter wegen der Tat zum Ausdruck kommen. Die zu untersuchenden Initiativen entsprechen diesen Voraussetzungen, insbesondere sollen die Strafen von nationalen Gerichten verhängt werden[27].

EuGH. v. 27.10.1992, Slg. 1992, 5385 (Nr. 24 ff.) „Bundesrepublik Deutschland ./. Kommission".

27 Vgl. Art. 26 ff. CJF und KOM(2001) 715, S. 66.

§ 18 Finanzschutz und Betrugsbekämpfung

Der „Motor" für die Integration strafrechtlicher Vorschriften ist mit zunehmender haushaltsrechtlicher Selbständigkeit der Schutz der finanziellen Interessen der Gemeinschaft geworden[1]. Die finanziellen Interessen der Europäischen Gemeinschaft bestehen in der recht- und ordnungsgemäßen Vereinnahmung und Verausgabung der ihr zustehenden Mittel[2]. Diese umfassen alle Einnahmen und Ausgaben, die von oder im Auftrag der Gemeinschaften, beziehungsweise ihrer Organe und Einrichtungen, verwaltet werden[3]. Den Einnahmen[4] stehen, als Ausfluss der Aufgabenzuweisung im EG-Vertrag, auch Ausgaben gegenüber, um die übertragenen Aufgaben zu bewältigen[5]. Die Ausgaben der Gemeinschaft betreffen vorwiegend Subventionen und sonstige Beihilfen[6], aber auch die Beschaffung von Waren, Dienstleistungen und freiberuflichen Leistungen stellen erhebliche Posten auf der Ausgabenseite dar. Der besondere Schutz der finanziellen Interessen der Gemeinschaft rechtfertigt sich aus dem Charakter als Wirtschaftsgemeinschaft, deren Handlungsmöglichkeiten zur Angleichung des Binnenmarktes und damit der Lebensverhältnisse in den Mitgliedstaaten von den zur Verfügung stehenden Geldmitteln abhängt. Zwischen EG-Finanzschutz und Vergabeschutz besteht somit eine Verbindung. Die Koordination der Verträge für Bau-, Liefer- und freiberufliche Leistungen erfolgen mit Erreichen der Schwellenwerte an Hand der geltenden *Vergaberichtlinien*, die in der Praxis auf die Auftragsvergabe durch die Gemein-

---

1 Vgl. auch GTE-*Prieß*, Art. 209 a Rn. 1.

2 Ursprünglich hat sich die Gemeinschaft durch Finanzbeiträge der Mitgliedstaaten finanziert (vgl. Grabitz/Hilf-*Magiera*, Art. 200 EWGV Rn. 1). Mit dem Beschluss des Rates vom 21.4.1970 sind die Beiträge der Mitgliedstaaten abgeschafft worden und der Gemeinschaft eigene Finanzquellen zugesprochen worden, vgl. Beschluss des Rates über die Ersetzung der Finanzbeiträge der Mitgliedstaaten durch eigene Mittel der Gemeinschaft v. 21.4.1970 (ABl. 1970 L 94, S. 9 ff.), neu gefasst durch Beschluss des Rates 2000/597/EG über das System der Eigenmittel der Europäischen Gemeinschaften v. 29.9.2000 (ABl. 2000 L 253, S. 42). Nach Art. 269 Abs. 1 EGV wird nun der Haushalt der Gemeinschaft unbeschadet der sonstigen Einnahmen vollständig aus Eigenmitteln der Gemeinschaften finanziert.

3 Vgl. Art. 1 Abs. 2 VO 2988/95 des Rates v. 18.12.1995 über den Schutz der finanziellen Interessen der Europäischen Gemeinschaften (ABl. 1995 L 312, S. 1); ausführlich dazu *Dannecker*, JZ 1996, 869 (878). Der Begriff der finanziellen Interessen ist damit weiter als der des Gesamthaushaltes, GTE-*Prieß*, Art. 209 a Rn. 16; Schwarze-*Schoo*, Europarecht, Art. 280 Rn. 19.

4 Die Einnahmen der Europäischen Gemeinschaft setzten sich aus Eigenmitteln (BSP- und Mehrwertsteueranteil, Zölle) und sonstigen Einnahmen zusammen.

5 *Pache*, Schutz der finanziellen Interessen, S. 52.

6 Vgl. *Wolffgang/Ulrich*, EuR 1998, 616 ff.

schaftsorgane entsprechend angewandt werden[7]. Der Schutz der finanziellen Interessen der Gemeinschaften ergibt sich (mittelbar) aus dem Schutz der Vergabe der von den Europäischen Gemeinschaften oder von den, gemäß den Verträgen zur Gründung der Europäischen Gemeinschaften geschaffenen Einrichtungen, veranlassten Aufträgen[8]. Ein darüber hinausgehender Strafschutz von Ausschreibungen und Vergaben, die nicht durch Gemeinschaftseinrichtungen initiiert werden, ist mit dem EG-Finanzschutz nicht zu begründen und wäre nur unter dem Oberbegriff allgemeiner Marktordnungsinteressen der EG zu rechtfertigen[9]. Aufgrund der Höhe der Gemeinschaftsmittel sowie der verschiedensten Einnahmen- und Ausgabenbereiche bestehen vielfältige Möglichkeiten zur Schädigung der finanziellen Interessen der Gemeinschaft. In ihrem Jahresbericht 2001 über den Schutz der finanziellen Interessen der Gemeinschaft gibt die Kommission an, dass das Schadensvolumen der aufgedeckten Betrugsfälle von 413 Mio. ECU im Jahre 1999[10] auf 1.105 Mio. € in 2000 gestiegen ist[11].

Der erste Vorstoß für eine Kriminalisierung von Gemeinschaftsrechtsverstößen reicht in die 70er Jahre zurück. Bereits am 6.8.1976 wurde ein Entwurf für einen Vertrag zur Änderung der Verträge zwecks gemeinsamer Regelung des strafrechtlichen Schutzes der finanziellen Interessen vorgelegt, der jedoch nicht angenom-

---

7 S. VO 1605/2002 (ABl. v. 25.6.2002 L 248, S. 1) über die Haushaltsordnung für den Gesamthaushalts-plan der Europäischen Gemeinschaften, Erwägungsgrund (24); VO 2342/2002 (ABl. v. 23.12.2002 L 357, S. 1) mit Durchführungsbestimmungen zur Verordnung (EG, Euratom) Nr. 1605/2002 des Rates über die Haushaltsordnung für den Gesamthaushaltsplan der Europäischen Gemeinschaften, Erwägungsgrund (25); s. auch die Initiative der Bundesrepublik Deutschland im Hinblick auf die Annahme eines Rahmenbeschlusses des Rates über den strafrechtlichen Schutz gegen betrügerisches oder sonstiges unlauteres wettbewerbswidriges Verhalten im Zusammenhang mit der Vergabe von öffentlichen Aufträgen im Gemeinsamen Markt, 2000/0812(CNS) (ABl. v. 4.9.2000 C 253, S. 3) Erwägungsgrund (6). Noch zur alten Rechtslage *Prieß*, Handbuch des europäischen Vergaberechts, S. 269 f.

8 Als aktuelles Beispiel für ein Fehlverhalten im Rahmen der Verwaltung und Vergabe von Aufträgen ist der *„Eurostat-Skandal"* anzuführen. Im Zentrum der Affäre steht das europäische Statistikamt Eurostat, deren Beamte zusammen mit mindestens 15 Vertragspartnergesellschaften über Jahre hinweg ein Geflecht aus Ausschreibungsmanipulationen und Phantomverträgen aufrechterhalten haben, mit dessen Hilfe bis zu 50 Prozent der Einnahmen an einer ordnungsgemäßen Verbuchung vorbei auf schwarze Kassen gelenkt wurden. Vgl. *Der Spiegel*, Heft 39 v. 22.9.2003, S. 140 f. Die drei dazu verfassten Berichte des internen Prüfungsdienstes (Audit), der „Task Force Eurostat" und von OLAF sind öffentlich nicht zugänglich.

9 Vgl. *Tiedemann* in: Kreuzer/Scheuing/Sieber (Hrsg.), Europäisierung, S. 133 (146).

10 Vgl. Grünbuch KOM(2001) 715, S. 9.

11 Im Jahre 2001 fiel das Schadensvolumen aber wieder auf 598 Mio. € ab. S. Mitteilung der Kommission v. 6.8.2002: Schutz der finanziellen Interessen der Gemeinschaften und Betrugsbekämpfung – Jahresbericht 2001 –, KOM(2002) 348 endg./3.

men wurde[12]. Erst mit der Entscheidung[13] „Griechischer Mais" vom 21.9.1989 hat der EuGH das kriminalstrafrechtliche Schutzbedürfnis der eigenen Finanzinteressen wieder betont[14]. Der Gerichtshof hat in dieser Entscheidung eine positive Verpflichtung der Mitgliedstaaten festgestellt, die (Finanz-)Interessen der Gemeinschaft wirksam und damit auch durch Strafandrohungen zu verteidigen. Dieser aus Art. 10 (ex-Art. 5) EGV fließende Assimilierungsgedanke ist später in Art. 209 a Abs. 1 EGV a.F. festgehalten worden[15]. Darüber hinaus ordnete Art. 209 a Abs. 2 EGV a.F. zu diesem Zweck eine verstärkte Zusammenarbeit und Koordinierung der Mitgliedstaaten an. Doch nicht auf diese Norm, sondern auf Art. 308 EGV (Art. 235 EGV a.F.) stellte der Rat am 18.12.1995 ab, als er eine Verordnung über den Schutz der finanziellen Interessen der Europäischen Gemeinschaften erließ[16]. Diese Verordnung begründet jedoch kein Kriminalstrafrecht, sondern wird als eine Art „Allgemeiner Teil eines Verwaltungssanktionsrechts"[17] bezeichnet, da (nur) eine Rahmenregelung für einheitliche Kontrollen sowie für verwaltungsrechtliche Maßnahmen und Sanktionen getroffen wird[18], die neben Kriminalstrafen verhängt werden sollen[19]. Weiter gingen zu dieser Zeit allerdings die Bemühungen auf der völkerrechtlichen Ebene nach dem Dritten Pfeiler. Mit dem *PIF-Übereinkommen*[20] über den Schutz der finanziellen Interessen der Europäischen Gemeinschaften wur-

---

12 Entwurf für einen Vertrag zur Änderung der Verträge zur Gründung der Europäischen Gemeinschaften zwecks gemeinsamer Regelung des strafrechtlichen Schutzes der finanziellen Interessen sowie der Ahndung von Zuwiderhandlungen gegen die Vorschriften genannter Verträge, KOM(76) 418 (ABl. v. 22.9.1976 C 222); inzwischen zurückgezogen. Der Entwurf sah folgende Ergänzung von Art. 5 EWG vor: „Der strafrechtliche Schutz der finanziellen Interessen der Gemeinschaft sowie die Ahndung von Zuwiderhandlungen gegen die Vorschriften des Vertrages, gegen die Anordnungen ihrer Organe auf Grund des Vertrages und gegen Gesetze, Verordnungen und Verwaltungsvorschriften der Mitgliedstaaten, die ihre Durchführung gewährleisten, sind Gegenstand eines diesem Vertrag als Anhang beigefügten Protokolls".

13 EuGH (Rs. C-68/88), Slg. 1989, 2965 ff. „Kommission ./. Griechenland".

14 *Hecker*, JA 2002, 723 (725); für die Erstreckung auf weitere Gemeinschaftsgüter: *Bleckmann* in: FS-Stree/Wessels, S. 107 (112); *Böse*, Strafen und Sanktionen, S. 416; *Gröblinghoff*, Verpflichtung, S. 38 ff.; *Tiedemann*, NJW 1993, 23 (27).

15 Vgl. dazu die Mitteilung der Kommission (ABl. 1990 C 147, S. 3). Die Norm hat deklaratorischen Charakter, da subsidiär auf Art. 10 EGV (ex Art. 5) zurückgegriffen werden kann, vgl. *Dannecker*, ZStW 108 (1996), 579 (585); *Gröblinghoff*, Verpflichtung, S. 151.

16 Verordnung (EG, EURATOM) Nr. 2988/95 des Rates vom 18.12.1995 über den Schutz der finanziellen Interessen der Europäischen Gemeinschaften (ABl. v. 23.12.1996 L 312, S. 1).

17 So Wabnitz/Janovsky-*Dannecker*, Kap. 8 Rn. 53.

18 S. *Dannecker*, ZStW 108 (1996), 604; *Satzger*, ZRP 2001, 549 (550).

19 S. *Heitzer*, Punitive Sanktionen, S. 121 ff.

20 Übereinkommen über den Schutz der finanziellen Interessen der Europäischen Gemeinschaften v. 26.7.1995 (ABl. v. 27.11.1995 C 316).

de erstmals eine Definition des Betrugs zum Nachteil der finanziellen Interessen der Europäischen Gemeinschaften und darauf folgende strafrechtliche Sanktionen festgehalten. Der dort relevante Art. 1 des PIF-Übereinkommens sieht in Abs. 1 lit. a[21] einen Mindestschutz im Bereich des Ausgaben- und Einnahmenbetrugs vor[22]. Wiederum etwas später hat der EuGH die Betrugsbekämpfung zum Schutz der finanziellen Interessen der Gemeinschaft als „eigenständiges Ziel der Gemeinschaft" gekennzeichnet und den Finanzschutz im Rahmen des ersten Pfeilers weiter aufgewertet[23]. Auf der Regierungskonferenz in Amsterdam am 2.10.1997 wurde der EU-Vertrag schließlich um eine Regelung für den Schutz der finanziellen Interessen ergänzt. Der neugefasste Art. 280 EGV übernimmt Art. 209 a EGV a.F. nahezu wortgleich[24] in seinen Absätzen 2 und 3. Ob auf Art. 280 Abs. 4 EGV kriminalstrafrechtliche Maßnahmen zum Schutz des Gemeinschaftshaushaltes gestützt werden können, ist umstritten. Der auf der Regierungskonferenz von Nizza eingebrachte Entwurf[25] eines Art. 280 a EGV, der neben der Schaffung eines Europäischen Staatsanwaltes ausdrücklich die Kompetenz zur Harmonisierung von Strafrecht vorsah, wurde nicht angenommen. Bevor aber auf Art. 2 CJF, Grünbuchentwurf und Art. 37 „Europa-Delikte" eingegangen wird, soll zunächst die kontroverse Diskussion über die Rechtsgrundlage für den strafrechtlichen Schutz der finanziellen Interessen der Gemeinschaft dargestellt werden.

---

21 Der hier interessierende Art. 1 Abs. 1 a lautet: Für die Zwecke dieses Übereinkommens umfasst der Tatbestand des Betrugs zum Nachteil der finanziellen Interessen der Europäischen Gemeinschaften a) im Zusammenhang mit Ausgaben jede vorsätzliche Handlung oder Unterlassung betreffend – die Verwendung oder Vorlage falscher, unrichtiger oder unvollständiger Erklärungen oder Unterlagen mit der Folge, dass Mittel aus dem Gesamthaushaltsplan der Europäischen Gemeinschaften oder aus den Haushalten, die von den Europäischen Gemeinschaften oder in deren Auftrag verwaltet werden, unrechtmäßig erlangt oder zurückbehalten werden; – das Verschweigen einer Information unter Verletzung einer spezifischen Pflicht mit derselben Folge; – die missbräuchliche Verwendung solcher Mittel zu anderen Zwecken als denen, für die sie ursprünglich gewährt worden sind;[...].

22 Die Beurteilung von Submissionsabsprachen nach diesem Tatbestand sieht sich allerdings zwei Hindernissen gegenüber. Erstens bedarf es nach Abs. 1 a des Verwendens oder Verschweigens einer Erklärung oder Information. Die geltenden Vergaberichtlinien sehen indes solche Erklärungs- oder Informationspflichten gegenüber den Bietern nicht vor (s. unten S. 286). Zweitens müssen die Handlungsalternativen zur Folge haben, dass Mittel der Gemeinschaft unrechtmäßig erlangt oder zurückbehalten werden. Damit eröffnet sich die eingangs (§ 1) beschriebene Problematik des Schadensnachweises beim Submissionsbetrug.

23 EuGH (Rs. C-209/97), Slg. 1999, I-8078, Rn. 29 „Kommission/Rat".

24 In der Neufassung des Art. 280 Abs. 3 S. 2 EGV heißt es nicht mehr „mit Unterstützung der Kommission" sondern „zusammen mit der Kommission".

25 Ergänzender Beitrag der Kommission zur Regierungskonferenz über die institutionellen Reformen v. 29.9.2000 – Schutz der finanziellen Interessen der Gemeinschaft: das Amt eines Europäischen Staatsanwalts. S. KOM(2000) 608 endg.

§ 19 Art. 280 EGV als Rechtsgrundlage

Die Europäische Gemeinschaft bedarf nach dem Prinzip der enumerativen Einzelkompetenzzuweisung des EG-Vertrages (« compétence d'attribution ») einer ausdrücklichen Rechtsgrundlage, wenn sie in zulässiger Weise (Straf-)Recht normieren will[1]. Eine Kompetenz zur Vereinheitlichung von Strafrecht, sei es durch Verordnungen oder durch Richtlinie, wurde bisher überwiegend verneint[2]. Mit der Ratifizierung des Amsterdamer Vertrages ist eine Vorschrift im Rahmen der Finanzvorschriften in Kraft getreten, auf die neuerdings die Hoffnungen für eine bereichsspezifische Harmonisierung von Strafvorschriften gerichtet sind[3].

I. Art. 280 Abs. 4 EGV als Rechtsetzungskompetenz

Eine *Rechtsetzungskompetenz* für die Materie des Strafrechts ist die Maximalforderung, die in der Diskussion um die Vereinheitlichung europäischen Strafrechts gestellt wird[4]. Für eine solche vertikale Rechtssetzung bietet sich als rechtstechnische Umsetzungsmöglichkeit allein die EG-Verordnung an, die keiner Umsetzung mehr

---

1 Dieses Prinzip ergibt sich mit Inkrafttreten des Vertrages von Amsterdam aus Art. 5 EUV. Für den Anwendungsbereich des EG-Vertrages schreiben Art. 5 EGV und Art. 7 Abs. 1 S. 2 EGV das Prinzip der begrenzten Einzelermächtigung fest. Die Rechtsetzungsorgane dürfen danach Regelungen nur dort treffen, wo der Vertrag ihnen die entsprechende Kompetenz zuweist, vgl. BBPS, S. 82, 239.

2 *Bleckmann* in: FS-Stree/Wessels, S. 108; *Braum*, JZ 2000, 493 (500); *Bruns*, Der Strafrechtliche Schutz, S. 88 ff.; *Cuerda* in: Schünemann/Suarez (Hrsg.), Madrid-Symposion, S. 368; *Dannecker* in: Eser/Huber (Hrsg.) Strafrechtsentwicklung in Europa, Teil 4-3, S. 40; *ders.*, Jura 1998, 79; *Dieblich*, Der strafrechtliche Schutz, S. 243; *Hecker*, JA 2002, 723 (724); *Jokisch*, Gemeinschaftsrecht und Strafverfahren, S. 63; *Jung*, JuS 2000, 417 (419); *Musil*, NStZ 2000, 68 (69); *Müller-Gugenberger*/Bieneck, § 5 Rn. 60; *Oehler* in: FS-Baumann, S. 561; *Oppermann*, Europarecht, Rn. 698; *Prieß/Spitzer*, EuZW 1994, 300; *Riz*, Diritto Penale, S. 6; *Satzger*, Europäisierung, S. 94 ff, 699; *Sieber*, ZStW 103 (1991), 957 (969); *ders.* in: Schünemann/Suarez (Hrsg.), Madrid-Symposion, S. 356; *Tiedemann*, NJW 1990, 2232; *ders.*, NJW 1993, 23 f.; *Vogel* in: Dannecker (Hrsg.) Subventionsbetrug, S. 184; *Weigend*, ZStW 105 (1993), 779; BGHSt 25, 190 (193); 27, 181 (182); 41, 127 (131); Stellungnahme der Bundesregierung, BR-Drs. 235/65; deutlich auch die Denkschrift der Bundesregierung zum Vertrag von Amsterdam, BR-Drs. 784/97, S. 159; ebenso die Antwort der Bundesregierung auf die Große Anfrage, BT-Drs. 14/4991, S. 2, 9.

3 Allgemein zu Begriff und Bedeutung der Harmonisierung des Strafrechts in der Europäischen Union, *Vogel*, GA 2003, 314 ff.; *Tiedemann*, NJW 1993, 17 ff.

4 So die wiederholte Forderung des Europäischen Parlaments: Entschließung v. 28.10.1996 (ABl. 1996 C 320, S. 211); Dok. EP A4-257/96, zuletzt: Dok. EP A5-0390/2001, S. 5.

durch die Mitgliedstaaten bedarf[5]. Zugleich schließt sie mitgliedstaatliche Regelungen aus, die inhaltlich mit dem Regelungsgegenstand der Verordnung unvereinbar sind[6]. Der Erlass einer Verordnung ist damit *funktionsidentisch* mit originärer Rechtsetzung[7]. Das Corpus Juris[8] zum Schutz der finanziellen Interessen der EU könnte zu einem supranationalen (Teil-)Strafgesetzbuch werden, sofern es zum Erlass einer solchen Rats-Verordnung kommt[9]. Als Rechtsgrundlage für einen strafrechtlichen Finanzschutz kommt Art. 280 EGV aufgrund seines Standorts innerhalb des Titels der Finanzvorschriften eine wichtige Rolle zu. Art. 280 Abs. 1 EGV begründet im Rahmen des ersten Pfeilers eine gemeinsame Verantwortung von Mitgliedstaaten und Gemeinschaft für den Schutz des EU-Haushaltes gegen Betrügereien und sonstige rechtswidrige Handlungen. Abs. 1 ist die Grundbestimmung des Artikels, die als *Handelnde* die „Gemeinschaft und die Mitgliedstaaten", als *Ziel* die Bekämpfung von „Betrügereien und sonstigen gegen die finanziellen Interessen der Gemeinschaft gerichtete rechtswidrige Handlungen" und als *Mittel* „Maßnahmen nach diesem Artikel, die abschreckend sind und in den Mitgliedsstaaten einen effektiven Schutz bewirken", vorsieht. Nach Abs. 2, der die Assimilierung, also die Ausweitung des nationalen Strafschutzes auf Gemeinschaftsgüter vorschreibt, und Abs. 3, der die Zusammenarbeit und Koordinierung im Bereich des Schutzes der Finanzinteressen anordnet, wurde Art. 280 Abs. 4 EGV als zurzeit wichtigste Bestimmung im Prozess der Vergemeinschaftung strafrechtlicher Tatbestände angefügt. Dieser lautet:

> „Zur Gewährleistung eines effektiven und gleichwertigen Schutzes in den Mitgliedstaaten beschließt der Rat gemäß dem Verfahren des Artikels 251 nach Anhörung des Rechnungshofs die erforderlichen Maßnahmen zur Verhütung und Bekämpfung von Betrügereien, die sich gegen die finanziellen Interessen der Gemeinschaft richten. Die Anwendung des Strafrechts der Mitgliedstaaten und ihre Strafrechtspflege bleiben von diesen Maßnahmen unberührt".

---

5 Der Rechtsakt der Verordnung geht über die Wirkung einer Harmonisierung durch Richtlinie oder Maßnahmen des dritten Pfeilers hinaus, denn die Verordnung ist in allen ihren Teilen verbindlich und gilt unmittelbar in jedem Mitgliedstaat. Vgl. EuGH (Rs. 34/73), Slg. 1973, 981 (990) „Variola"; BBPS, S. 194.

6 EuGH (Rs. 65/5), Slg. 1976, 291 (309) „Tasca".

7 Vgl. *Satzger*, Europäisierung, S. 144.

8 Das Corpus Juris ist nicht zu verwechseln mit dem im Auftrag des Europarates entwickelten Konzept eines Europäischen Modellstrafgesetzbuches, das nur mittels einer unverbindlichen Vorbildwirkung, vergleichbar mit dem Model Penal Code der USA, eine Vereinheitlichung der Strafgesetzbücher sucht. Vgl. *Sieber*, JZ 1997, 369.

9 *Tiedemann* in: FS-Roxin, S. 1401 (1406).

Im Bereich des Finanzschutzes der Gemeinschaften ist der neue Art. 280 EGV die spezifische Rechtsgrundlage, die – entsprechend der sich aus den Art. 29 und 47 EUV ergebenden Priorität des Gemeinschaftsrechts vor dem Recht der Europäischen Union – für die Annahme von Maßnahmen auf dem Gebiet des Schutzes der finanziellen Interessen der Gemeinschaft heranzuziehen ist[10]. Ein „Rückgriffsverbot" auf supranationale Handlungsformen, wie es für den Bereich Justiz und Inneres aus dem Maastricht-Urteil[11] des Bundesverfassungsgerichts entnommen wird[12], kann Art. 280 Abs. 4 EGV nicht entgegengehalten werden. Nach Art. 280 Abs. 4 S. 1 hat der Rat die erforderlichen Maßnahmen zur Verhütung und Bekämpfung von Betrügereien zu beschließen[13]. Adressat der Regelung ist im Gegensatz zu den Absätzen 2 und 3 allein der *Rat*, der dadurch eine eigenständige Gemeinschaftskompetenz zur Betrugsbekämpfung erhält[14]. Der Rat braucht dazu kein einstimmiges Votum, sondern kann mit qualifizierter Mehrheit entscheiden. Das maßgebliche Verfahren der Mitentscheidung beteiligt das Europäische Parlament in einer Weise an der Gemeinschaftsgesetzgebung, dass es als Mitgesetzgeber neben dem Rat angesehen werden muss[15]. Sekundäres Gemeinschaftsrecht kommt nämlich nach Art. 251 EGV nur dann zustande, wenn sich Rat und Parlament auf einen für beide Organe akzeptablen Text geeinigt haben[16]. Ziel der Regelung ist es, in den Mitgliedstaaten einen effektiven und gleichwertigen Schutz vor Betrügereien zu gewährleisten, die sich gegen die finanziellen Interessen der Gemeinschaft richten. Unter Betrügereien sind strafbewehrte Vergehen zu verstehen, die gleichsam als Oberbegriff neben dem allgemeinen Betrugstatbestand dessen typisierte Sonderformen erfassen[17]. Als Einnahmenbetrug können dazu die Steuer- und Abgabenhin-

---

10 Die Regierungskonferenz von Nizza hat bestätigt, dass der Schutz der finanziellen Interessen der Gemeinschaft im Wesentlichen eine Materie des ersten Pfeilers ist, vgl. KOM(2001) 272, S. 7; s. auch Wabnitz/Janovsky-*Dannecker*, Kap. 8 Rn. 41.

11 BVerfGE 89, 155, 176: „Der Rat kann dementsprechend auf die supranationalen Handlungsformen des Europäischen Gemeinschaftsrechts nicht zurückgreifen, wenn er in den Bereichen Außen- und Sicherheitspolitik oder Justiz- und Inneres tätig wird".

12 In diesem Zusammenhang, s. nur *Braum*, JZ 2000, 493 (500).

13 Unter Maßnahmen können grundsätzlich alle in Art. 249 EGV aufgeführten Handlungsformen verstanden werden, mithin auch Verordnungen.

14 Vgl. Calliess/Ruffert-*Waldhoff*, Art. 280 Rn. 6; Schwarze-*Schoo*, Europarecht, Art. 280 Rn. 17.

15 *Streinz*, Europarecht, Rn. 451.

16 Vgl. BBPS-*Bieber*, S. 216; *Oppermann*, Europarecht, Rn. 269. Des weiteren wird die Stellung des Rechnungshofes gestärkt, da er angehört werden muss. Der Kommission verbleibt nach Art. 251 Abs. 2 EGV das alleinige Initiativrecht.

17 Zum Teil wird angenommen, dass der Begriff der „Bekämpfung von Betrügereien" nicht zwingend auf das Gebiet des Strafrechts verweist, sondern vielmehr Maßnahmen im Bereich des Zivil-, Verwaltungs- und Steuerrechts beträfe, vgl. *Hugger*, Strafrechtliche Anweisungen,

terziehung vergleichbar mit § 370 AO zählen, der Ausgabenbetrug ist in der Form des Subventionsbetrugs nach § 264 und in ähnlichen Delikten wie z.B. dem Submissionsbetrug möglich[18]. Neben der Bekämpfung gibt Art. 280 Abs. 4 EGV auch eine Kompetenz zur Verhütung von Betrügereien, womit präventive, außerstrafrechtliche Maßnahmen gemeint sind. Die Kombination von Verhütung und Bekämpfung weist auf das Begriffspaar präventiver und repressiver Vorgehensweisen hin, was für den Fall der Repression wiederum die Annahme einer Bekämpfung mit strafrechtlichen Mitteln verstärkt. Auch das Erfordernis eines „gleichwertigen Schutzes" in den Mitgliedstaaten, die für die angesprochenen Vergehen überwiegend nur Kriminalstrafen vorsehen, spricht für eine Einbeziehung von Kriminalstrafen[19]. Die wörtliche und systematische Auslegung des Art. 280 Abs. 1 S. 1 EGV trägt somit eine Ratskompetenz zum Erlass kriminalstrafrechtlicher Vorschriften. Das wird auch von den Gegnern einer europäischen Kriminalstrafsetzung weitgehend zugestanden[20].

Diesem positiven Zwischenergebnis steht Art. 280 Abs. 4 S. 2 entgegen, der vorschreibt: „Die Anwendung des Strafrechts der Mitgliedstaaten und ihre Strafrechtspflege bleiben von diesen Maßnahmen unberührt". Im Wege einer historischen Auslegung ist hervorzuheben, dass die Regierungen der Mitgliedsstaaten eine Gemeinschaftskompetenz zur Schaffung von Strafrecht ablehnten. In der Denkschrift

---

S. 21, 25. Zu unterschiedlich sei der Kontext, und zu wenig präzise und kohärent sei die Verwendung des Begriffs „Betrug" durch den Gemeinschaftsgesetzgeber, vgl. GTE-*Prieß*, Art. 209 a Rn. 6. Für die Verwendung in Art. 280 EGV wird dagegen angeführt, dass schon in Art. 280 Abs. 2 EGV die Formulierung „Bekämpfung von Betrügereien" gebraucht wurde und damit – zweifellos – ein strafrechtlicher Schutzes durch die Mitgliedstaaten gemeint war. (*Otto*, Jura 2000, 98; Schwarze-*Schoo*, Europarecht, Art. 280 Rn. 20; *Tiedemann* in: FS-Roxin, S. 1401 [1408 f.]). Die Vorschrift enthält kein Stufenverhältnis zwischen Kriminal- und Verwaltungsstrafrecht, so dass aus dem systematischen Zusammenhang innerhalb der Vorschrift geschlossen werden kann, dass Betrügereien in Abs. 4 dieselbe Bedeutung haben wie in Abs. 2. (vgl. *Deutscher*, Kompetenzen, S. 344; *Satzger*, Europäisierung, S. 139; *Tiedemann*, AGON 1997, Nr. 17, S. 12; *ders.* in: FS-Lackner, S. 415; *ders.*, AGON 1999, Nr. 23, S. 7).

18 Auffällig ist, dass „sonstige gegen die finanziellen Interessen der Gemeinschaft gerichtete rechtswidrige Handlungen" wie sie in Abs. 1 genannt sind in Abs. 4, aber auch in den Abs. 2 und 3 nicht mehr erwähnt werden. Nach wörtlicher Auslegung ist deshalb von einer Fokussierung auf eine Kompetenz zur Bekämpfung von qualifizierten Täuschungshandlungen auszugehen. Ohne formalen Rechtsverstoß begangene Schein- und Umgehungsgeschäfte sind davon nicht erfasst, vgl. GTE-*Prieß*, Art. 209 a Rn. 8; ausführlich zu der Problematik der Schein- und Umgehungsgeschäfte im Bereich des Strafschutzes der Finanzinteressen der Europäischen Gemeinschaft, *Tiedemann*, NJW 1990, 226 (2230).

19 Eine vergleichende Übersicht über den strafrechtlichen Schutz in den Mitgliedstaaten gibt *Delmas-Marty/Vervaele*, The implementation of the Corpus Juris in the member states I, Appendix 1, S. 107 ff.

20 S. nur *Satzger*, Europäisierung, S. 139 m.w.N.

der Bundesregierung zum Vertrag von Amsterdam, heißt es zu Art. 280 Abs. 4 EGV ausdrücklich: „Ausgenommen ist lediglich das Straf- und Prozessrecht“[21]. Entsprechender Auffassung sind das House of Lords[22], sowie das niederländische Justizministerium[23]. Diese Bedenken kommen auch in den Sitzungen des Rats zum Ausdruck[24]. Die Europäische Kommission vertritt in dem Vorschlag für ein Richtlinie[25] über den strafrechtlichen Schutz der finanziellen Interessen der Gemeinschaft hingegen eine andere Ansicht. Danach ist in Art. 280 Art. 4 S. 2 EGV nicht vom Strafrecht insgesamt die Rede, sondern lediglich von zwei Aspekten namentlich der „Anwendung“ und der „Strafrechtspflege“. Da Art. 280 Abs. 4 S. 1 EGV grundsätzlich alle Maßnahmen betreffe, sei Satz 2 eng auszulegen, so dass nur die Bestimmungen, die „das Verfahrensstrafrecht und die justitielle Zusammenarbeit“[26] betreffen, ausgeschlossen werden. Weder der Wortlaut dieser Bestimmung noch dessen juristischer Zusammenhang stehe der Annahme von Rechtsvorschriften entgegen, die auf eine gewisse strafrechtliche Harmonisierung abzielen[27]. Zurückhaltender ist das kurze Zeit später von der Kommission vorgelegte Grünbuch[28], das zur Harmonisierung des materiellen Strafrechts als Rechtsgrundlage nur noch auf einen zu schaffenden Art. 280 a EGV hinweist. Im strafrechtlichen wie im europarechtlichen Schrifttum besteht über die Bedeutung von Art. 280 Abs. 4 S. 2 EGV und insbesondere über das Wort „Anwendung“ von Strafrecht Streit[29].

---

21 BR-Drs. 784/97, S. 159; nach einer am 6.8.2003 mitgeteilten schriftlichen Auskunft hält das Bundesjustizministerium an dieser Ansicht fest; ebenso der Bundesrat im Rahmen seiner Stellungnahme zum Grünbuch, BT-Drs. 51/02 Nr. 2.

22 Zitiert nach *Spencer* in: Delmas-Marty/Vervaele, The implemetation of the Corpus Juris in the Member States I, S. 381: „It is clear that Article 280 could only be used to introduce supplementary measures wich did not concern the application of national criminal law[…].”

23 *Vervaele* in: Delmas-Marty/Vervaele, The implemetation of the Corpus Juris in the Member States I, S. 388: „[…]no harmonisation via the First Pillar in the fields of criminal law, criminal procedure, intenational cooperation in criminal matters and the organisation of the judiciary”.

24 Vgl. 2411. Tagung des Rates – Justiz, Inneres und Katastrophenschutz – am 28.2.2002, Dok. 6533/02, S. 9.

25 KOM(2001) 272 endg.

26 KOM(2001) 272 endg., S. 8.

27 KOM(2001) 272 endg., S. 7.

28 Grünbuch der Kommission v. 11.12.2001, KOM(2001) 715, S. 36.

29 Gleichermaßen für die englische Fassung: *Vervaele* in: Delmas-Marty/Vervaele, The implemetation of the Corpus Juris in the Member States I, S. 388: „What we do not know is what is meant by the term application”.

1. Argumente für eine strafrechtliche Gemeinschaftskompetenz

Die Befürworter einer strafrechtlichen Gemeinschaftskompetenz aus Art. 280 Abs. 4 EGV wollen nicht so weit gehen, dass es in dessen Satz 2 nur um eine Garantie des nationalen Strafverfahrens ginge, da Strafrecht nur im Verfahren „angewandt" werde[30]. Andererseits sehen sie in Satz 2 auch keine Beschränkung der durch Satz 1 eröffneten Gemeinschaftskompetenz zum Erlass von Strafvorschriften. Vielmehr derogiere Satz 2 den Anwendungsvorrang des Gemeinschaftsrechts zugunsten des nationalen Strafrechts. Nur dort, wo das anwendbare nationale Strafrecht defizitär sei und hinter anderen effektiven Strafrechtsordnungen zurückbleibe, könne die Gemeinschaft die Anwendung zusätzlicher, ergänzender Strafrechtsnormen vorschreiben. Die gemeinschaftsrechtlichen Maßnahmen behindern bei einem solchen Verständnis die Anwendung des nationalen Strafrechts nicht. Das EG-Strafrechtsmodell ist danach komplementär und subsidiär[31]. Zum Teil wird aus dieser Argumentation sogar der Rückschluss gezogen, dass Satz 2 nur die Möglichkeit einer Anweisungskompetenz durch Richtlinie verhindere, eine Kompetenz zum Erlass sekundärrechtlicher Strafvorschriften wegen deren unmittelbarer Wirkung aber zulasse[32]. Der unmittelbare Vollzug einer Verordnung berühre nämlich die Anwendung nationalen Strafrechts nicht. Schließlich sei für die Strafrechtssetzungskompetenz gerade die für den Erlass von Sanktionsnormen erhobene Forderung[33] nach mehr demokratischer Legitimation mit der Wahl des Mitentscheidungsverfahrens erfüllt worden[34]. Das Europäische Parlament verfügt damit über ein echtes Vetorecht und kann an der Ausgestaltung einer Maßnahme teilnehmen.

---

30 Vgl. Wabnitz/Janovsky-*Dannecker*, Kap. 8 Rn. 42; Schwarze-*Schoo*, Art. 280 Rn. 24; *Tiedemann* in: FS-Roxin, S. 1401 (1409); *ders.*, GA 1998, 107 (108); *Zieschang*, ZStW 113 (2001), 255 (261).

31 Vgl. *Moll*, Europäisches Strafrecht durch Blankettstrafgesetzgebung, S. 7; *Tiedemann* in: FS-Roxin, S. 1401 (1409); *Wolffgang/Ulrich*, EuR 1998, 616 (644). Nach *Zieschang*, ZStW 113 (2001), 255 (261), kann dieses Verständnis mit dem Hinweis auf die Regelung des § 68 Abs. 2 verdeutlicht werden, wonach die Vorschriften über die Führungsaufsicht kraft Gesetzes „unberührt" bleiben. Das bedeutet nach allgemeiner Ansicht, dass diese unabhängig von der durch Urteil angeordneten Führungsaufsicht anzuwenden sind, also nicht ausgeschlossen werden.

32 *Berg/Karpenstein*, EWS 1998, 81; Wabnitz/Janovsky-*Dannecker*, Kap. 8 Rn. 42; *Hugger*, Strafrechtliche Anweisungen, S. 26; *Moll*, Europäisches Strafrecht durch Blankettstrafgesetzgebung, S. 21; *Tiedemann*, AGON 1997, Nr. 17, 12 f. Unentschieden wohl *Sieber* in: Delmas-Marty (Hrsg.), Corpus Juris, S. 8. A.A. *Dannecker/Streinz*, Umweltrecht, S. 147; *Kühne*, Grundrechtsschutz, S. 66, 67.

33 Vgl. *Sieber*, Das strafrechtliche Sanktionensystem, S. 78, der das Mitentscheidungsverfahren nach § 189 b EGV empfiehlt, um eine hinreichende demokratische Entscheidung zu gewährleisten.

34 Wabnitz/Janovsky-*Dannecker*, Kap. 8 Rn. 42; *Wolffgang/Ulrich*, EuR 1998, 616 (644).

Damit könne die demokratische Legitimierung europäischer Strafnormen nicht mehr als defizitär angesehen werden.

2. Argumente der Kompetenzgegner

Die Gegenansicht bezieht Art. 280 Abs. 4 S. 2 EGV auf Satz 1 und schränkt damit die dort eröffnete Kompetenz zum Erlass von Strafnormen wieder ein. Bei Erlass eines unmittelbar geltenden Gemeinschaftsstrafrechts sei die unberührte Anwendung des Strafrechts der Mitgliedsstaaten nicht gewährleistet, da auch Gemeinschaftsnormen „angewendet" werden. Gegen ein komplementäres und subsidiäres Verständnis wird die Existenz eines so genannten „Negativfreiraums" vorgebracht. „Unberührt" bleibe die nationale Strafrechtsanwendung also nur, wenn vor nationalen Gerichten auch komplementär und subsidiär kein EG-Strafrecht anzuwenden sei[35]. Das in Satz 1 aufgestellte Ziel, einen „gleichwertigen Schutz" in den Mitgliedstaaten zu gewährleisten, sei für die Auslegung von Satz 2 irrelevant, da Satz 2 den Anwendungsbereich von Satz 1 beschränke, und nicht umgekehrt. Die Gegner eines Gemeinschaftsstrafrechts weisen zudem auf den entgegenstehenden Willen der Vertragsparteien zur Schaffung einer Strafrechtskompetenz hin[36]. Auch scheine die Europäische Kommission die Eindeutigkeit der Regelung selbst zu bezweifeln, sonst hätte sie nicht einen Vorschlag zur Schaffung eines Art. 280 a EGV eingebracht[37], der neben der Europäischen Staatsanwaltschaft ausdrücklich und eindeutig die Angleichung von Kriminalstrafrecht durch die EG vorsieht. Die Ablehnung des Vorschlags durch den Europäischen Rat von Nizza im Dezember 2000 müsse als Zeichen auch gegen ein Kompetenzerteilung in Art. 280 EGV begriffen werden. Die Strafrechtsharmonisierung habe somit nur auf der Basis der PJZS, also der Art. 29 ff. EUV, zu erfolgen. Eine Vergemeinschaftung würde die Systematik von EG-Vertrag und EU-Vertrag zerstören, da die Zusammenarbeit in Strafsachen nicht in den Rahmen des EG-Vertrages einbezogen, sondern als „Angelegenheiten von gemeinsamen Interesse" der dritten Säule zugewiesen worden ist. Wenn mit Art. 280 EGV eine Strafsetzungsbefugnis der EG eingeführt werden sollte, hätte dies als einschneidende Neuerung im Text des Art. 280 EGV mit besserer Deut-

---

35 *Satzger*, Europäisierung, S. 140 f., 437; *Schröder*, Europäische Richtlinien und deutsches Strafrecht, S. 145 f.; *Musil*, NStZ 2000, 68 ff.

36 S. oben § 19 I. (S. 250).

37 KOM(2000) 608: Artikel 280 a Abs. 3 (a) EGV lautet: Der Rat legt nach dem Verfahren des Artikels 251 die Bedingungen für die Ausübung des Amtes des Europäischen Staatsanwaltes fest und erlässt insbesondere (a) Vorschriften zur Festlegung der Tatbestandsmerkmale von Betrug und jeder anderen rechtswidrigen Handlung, die gegen die finanziellen Interessen der Gemeinschaft gerichtet ist, sowie der Strafen für alle Straftatbestände.

lichkeit zum Ausdruck gebracht werden müssen[38]. Die erstmalige Übertragung kriminalstrafrechtlicher Kompetenzen und der damit verbundene Souveränitätsverzicht der Mitgliedstaaten hätte durch eine klare und eindeutige Regelung festgeschrieben werden müssen. Schließlich wird darauf hingewiesen, dass das Strafrecht einer Europäisierung eine andere Art von Widerstand leistet als etwa das Wirtschaftsrecht[39]. Mit der Formulierung eines *Schonungsgrundsatzes* aus Art. 6 Abs. 3 EUV und Art. 10 EGV hat *Satzger*[40] die Sondersituation des Strafrechts als national geprägte und eingriffsintensive Materie verbalisiert, deren Angleichung besonderer Sorgfalt bedürfe. Als Ausdruck einer Loyalitätspflicht der Gemeinschaft gegenüber den Mitgliedstaaten und zu erwartenden Akzeptanzproblemen bei der Bevölkerung lehnt *Satzger* folglich die vertikale Harmonisierung durch Verordnung ab und hält allenfalls eine Rechtsangleichung durch Richtlinien möglich, die jedoch nicht auf Art. 280 Abs. 4 EGV beruhen können.

II. Art. 280 Abs. 4 EGV als Anweisungskompetenz

Während eine Verordnung unmittelbare Rechtswirkung entfaltet, ist das typische Instrument zur Rechtsvereinheitlichung die Richtlinie[41]. Der Rat hat dem entsprechend nur eine *Anweisungskompetenz*, die wegen des individualbelastenden Charakters der Strafandrohung auch nicht durch Nichtumsetzung der Richtlinie unmittelbare Wirkung entfalten kann[42]. Art. 280 Abs. 4 S. 1 EGV legitimiert zu Maßnahmen, die zur Gewährleistung eines effektiven und gleichwertigen Schutzes der finanziellen Interessen der Gemeinschaft erforderlich sind. Aus Art. 280 Abs. 4 S. 2 EGV ergeben sich im Prinzip dieselben Einwände gegen die Angleichung von Strafvorschriften durch Richtlinie wie durch Verordnung. Während aber die EG-Verordnung die nationale Rechtsanwendung unberührt lässt, gilt das für Richtlinien nicht, da sie einer Umsetzung durch die Parlamente der Mitgliedstaaten bedürfen[43].

---

38 *Deutscher*, Kompetenzen, S. 345; *Griese*, EuR 1998, 476; *Jescheck* in: Picotti (Hrsg.), Possibilità, S. 13 (28); *Satzger*, Europäisierung, S. 141.

39 S. *Hassemer* in: Zieschang (Hrsg.), Strafrecht und Kriminalität in Europa, S. 11 (16).

40 *Satzger*, Europäisierung, S. 460 ff. mit der Entwicklung einer Regelbeispieltechnik für die Umschreibung von strafbewehrten Richtlinien.

41 Die Richtlinie ist nur hinsichtlich des zu erreichenden Ziels verbindlich, und überlässt es den Mitgliedstaaten, die Form und Mittel auszuwählen, die sie zur Erreichung des Ziels als geeignet ansehen, vgl. *Streinz*, Europarecht, Rn. 384.

42 *Satzger*, Europäisierung, S. 394; *Sieber*, Das strafrechtliche Sanktionensystem, S. 79.

43 Versteht man Art. 280 Abs. 4 S. 2 EGV nämlich nicht als Beschränkung der Kompetenz in Satz 1 sondern als eine Kollisionsregel ist zunächst von einer Strafkompetenz auszugehen.

Dazu würden durch die Mitgliedstaaten Strafvorschriften geändert oder neue Tatbestände eingefügt. Von dieser so geänderten nationalen Strafrechtsmaterie bleibt auch deren praktische Anwendung nicht unberührt. Ergebnis dieses Gedankenganges ist, dass Art. 280 Abs. 4 S. 2 EGV nur die Möglichkeit einer Anweisungskompetenz durch Richtlinie verhindere, eine Kompetenz zum Erlass sekundärrechtlicher Strafvorschriften wegen deren unmittelbarer Wirkung aber zulässt[44].

Diesem (überraschenden) Zwischenergebnis steht allerdings das allgemeine Stufenverhältnis zwischen Verordnung und Richtlinie entgegen, das der Richtlinie eine geringere Eingriffsintensität zumisst. Nach der Erklärung zu Art. 100 a Abs. 1 EGV a.F.[45] im Rahmen der Erarbeitung der Einheitlichen Europäischen Akte (EEA) von 1986 ist der Richtlinie der Vorzug zu geben, wenn die Angleichung in einem oder mehreren Mitgliedstaaten eine Änderung von gesetzlichen Vorschriften erfordert[46]. Der Vorrang der Richtlinie vor der Verordnung wurde zudem in dem Protokoll über die Anwendung der Grundsätze der Subsidiarität und der Verhältnismäßigkeit zum Amsterdamer Vertrag ausdrücklich wiederholt[47]. Diese eher graduelle Differenzierung wird im Bereich des Erlasses strafrechtlicher Vorschriften indes als qualitativer Unterschied wahrgenommen. Bei der Harmonisierung durch Richtlinie ist der Mitgliedstaat Gesetzgeber und kann bzw. muss Tatbestände und Strafen den nationalen Anforderungen an Strafnormen (z.B. Parlamentsvorbehalt) unterwerfen. Dies kommt dem Erfordernis der Subsidiarität entgegen, so dass zum Teil[48] in Art. 280 Abs. 4 EGV eine Anweisungskompetenz zum Erlass strafbewehrter Normen gesehen wird.

Satz 2 ist dann so auszulegen, dass allein die nationale Anwendung von Strafrecht unberührt bleiben soll.

44 *Berg/Karpenstein*, EWS 1998, 81; Wabnitz/Janovsky-*Dannecker*, Kap. 8 Rn. 42; *Hugger*, Strafrechtliche Anweisungen, S. 26; *Moll*, Europäisches Strafrecht durch Blankettstrafgesetzgebung, S. 21; *Tiedemann*, AGON 1997, Nr. 17, 12 f.

45 ABl. 1987 L 169, S. 24.

46 Es besteht weitgehend Einigkeit darüber, dass die Rechtsangleichung unabhängig davon vorgenommen werden kann, ob bereits nationale Regelungen bestehen oder nicht, vgl. *Böse*, Strafen und Sanktionen, S. 68; *Pache*, Schutz der finanziellen Interessen, S. 326; enger (= wenigstens in einem Mitgliedstaat besteht schon ein ähnliche Strafvorschrift) Grabitz/Hilf-*Langheime*, Art. 100 Rn. 21; Calliess/Ruffert-*Kahl*, Art. 94 Rn. 7; *Streinz*, Europarecht, Rn. 959; zumindest für den Bereich der Strafrechtsangleichung *Satzger*, Europäisierung, S. 430.

47 BT-Drs. 13/9339 v. 3.12.1997, S. 47 ff. (21) Protokoll über die Anwendung der Grundsätze der Subsidiarität und der Verhältnismäßigkeit, Punkt 6: „[...]Die Rechtsetzungstätigkeit der Gemeinschaft sollte über das erforderliche Maß nicht herausgehen. Dementsprechend wäre unter sonst gleichen Gegebenheiten eine Richtlinie einer Verordnung und eine Rahmenrichtlinie einer detaillierten Regelung vorzuziehen".

48 *Hecker*, JA 2002, 723 (725); *ders.* in: *Lenz*, EG-Vertrag, Art. 280 Rn. 2; vor allem aber auch die Kommission in der Begründung zu dem Richtlinien-Entwurf KOM(2001) 272, S. 2, 7f.

III. Stellungnahme

Die Darstellung der Argumente von Befürwortern und Gegnern zeigt, dass die Diskussion auf zwei Ebenen stattfindet. Nach der am Text des Art. 280 Abs. 4 EGV orientierten Argumentation verstehen die Gegner einer Strafrechtsetzungskompetenz Art 280 Abs. 4 S. 2 EGV als eine *Kompetenzausschlussregelung*[49]. Daraus ergibt sich neben der Kompetenzbeschränkung auch umgekehrt ein Freiraumschutz vor unmittelbarer und mittelbarer Strafrechtsangleichung, da auch diese die nationale Strafrechtsanwendung berührt. Dem entsprechend kann europäisches Strafrecht nicht begründet werden, ohne dass nationales Recht davon unberührt bleibt[50]. Die Befürworter einer Strafrechtssetzungskompetenz sehen dagegen in Satz 2 eine Art *Kollisionsregelung* hinsichtlich der *Anwendung* von nationalem oder gemeinschaftlichem Recht. Nach der im Europarecht überwiegend vertretenen Lehre vom Anwendungsvorrang des Gemeinschaftsrechts vor dem nationalen Recht folgt bei Unverträglichkeit der Regelungen die Nichtanwendung der nationalen Vorschrift[51]. Das könnte für den Bereich des strafrechtlichen Finanzschutzes durch Satz 2 modifiziert worden sein. Eine Umkehrung des Prinzips des Anwendungsvorrangs ist gleichwohl nicht beabsichtigt, da bei einem Angriff gegen die finanziellen Interessen der Gemeinschaften die Nichtanwendung des Gemeinschaftsstrafrechts die Folge wäre. In Satz 2 heißt es demnach auch nicht, dass die Anwendung (vor allem auch nicht die Setzung) des Strafrechts der Mitgliedstaaten „Vorrang" hat. Vielmehr steht dort, dass die Anwendung „unberührt" bleibt. Es könnte somit ein „Mittelweg" für das Verhältnis von europäischem und nationalem Strafrecht hinsichtlich des Schutzes der finanziellen Interessen der Europäischen Gemeinschaften gewählt sein. Im Kollisionsfall sind zunächst nationale Strafnormen anzuwenden, bevor die Gemeinschaftsnormen eingreifen. Entsprechen oder übertreffen die nationalen Vorschriften die Gemeinschaftsvorschriften, so kommen letztere überhaupt nicht zur Anwendung. Die Anwendung des Strafrechts der Mitgliedstaaten und ihre Strafrechtspflege bleiben *von diesen Maßnahmen* unberührt. Bei dem Verständnis als Kollisionsregelung stellt sich die Frage eines Negativfreiraums denn auch gar nicht, da es an der Voraussetzung eines Ausschließlichkeitsverhältnisses fehlt. Voraussetzung einer Kollision ist nämlich die Geltung beider Regelungsbereiche, unter denen ein Ausgleich hinsichtlich der Anwendung geschaffen werden soll.

---

49 Sie erkennen in Satz 2 eine Beschränkung des Anwendungsbereichs von Satz 1 und folgern daraus, dass die in Satz 1 zunächst eröffnete Kompetenz zu Gunsten der Mitgliedstaaten wieder zurückgenommen wird.

50 Die Kompetenz in S. 1 eröffnet danach nur eine Kompetenz zum Erlass von Sanktionsnormen unterhalb des Strafrechts.

51 *Streinz*, Europarecht, Rn. 200.

Dieser Ausgleich wird durch Satz 2 nicht durch ein Anwendungsverbot von Gemeinschaftsstrafrecht gelöst. Satz 2 begründet vielmehr nur einen (bereichsspezifischen) Vorbehalt zu Gunsten der Anwendung nationalen Rechts. Zur Gewährleistung eines *Mindestschutzes* finden bei Unterschreitung dieses Niveaus gemeinschaftsrechtliche Strafvorschriften Anwendung. So verstanden ist im Bereich des Finanzschutzes eine, die nationalen Eigenheiten der Strafrechtssysteme respektierende und schonende, Vorgehensweise (auch im Vergleich zu einer Harmonisierung durch Richtlinie) gewählt worden. Mit einem gewissen Argumentationsaufwand kann in Art. 280 EGV also sogar eine Rechtssetzungskompetenz gesehen werden.

Entfernt man sich jedoch vom Wortlaut des Artikels, ergeben sich Zweifel ganz grundsätzlicher Art. Im Vordergrund steht die Frage, ob die Art und Weise der Regelung eine so wesentlichen Änderung trägt. Das Strafrecht ist das schärfste Machtmittel des Staates gegen seine Bürger und unterliegt daher auch den strengsten Legitimationszwängen[52]. Eine Verlagerung kriminalstrafrechtlicher Kompetenzen auf den Gemeinschaftsgesetzgeber und der damit einhergehende Souveränitätsverzicht der Mitgliedstaaten hätte dementsprechend ausdrücklich und unmissverständlich zum Ausdruck gebracht werden müssen[53]. Die Formulierung in Art. 280 Abs. 4 EGV wird dem nicht gerecht. Auch wenn dieser Einwand mehr politische denn juristische Qualität hat[54], kann man nicht abstreiten, dass die gewählte Formulierung zur Übertragung einer Kriminalstrafsetzungskompetenz bescheiden ausfällt. In der deutschen Verfassung steht in Art. 74 Abs. 1 Nr. 1 GG als Gegenstand der konkurrierenden Gesetzgebung ausdrücklich „das Strafrecht". Art. 280 EGV reicht daran nicht ansatzweise heran. Andererseits entspricht dies auch nicht Zweck und Rechtstechnik des EG-Vertrags. Der Europäischen Gemeinschaft sind nur selten ganze Bereiche zur Regelung übertragen, und eine Kompetenz für „das Strafrecht" im EG-Vertrag wäre undenkbar. Zumeist werden ihr funktional bezogene Aufgaben überantwortet, die sie nach dem Prinzip der begrenzten Einzelermächtigung erfüllen soll[55]. Nichts anderes gilt für Art. 280 Abs. 4 EGV, der einen gleichwertigen Schutz der finanziellen Interessen der Gemeinschaft in den Mitgliedsstaaten zum Ziel hat. Diesem „bereichsspezifischen Ansatz" muss im Hinblick auf die Wesentlichkeit der Regelung Rechnung getragen werden. Eine sektorielle Beschränkung würde auch die unveränderte nationale Rechtsetzungsbefugnis für Strafvorschriften in Bereichen, die nicht dem Schutz der finanziellen

---

52 *Perron* in: Dörr/Dreher (Hrsg.), Europa als Rechtsgemeinschaft, S. 135 (140).

53 *Griese*, EuR 1998, 462 (476).

54 So *Tiedemann* in: FS-Roxin, S. 1401 (1410).

55 *Streinz*, Europarecht, Rn. 128.

Interessen der Gemeinschaft unterliegen, gewährleisten. Das ist bei Richtlinien, die als Grundlage auf Art. 94, 95 EGV rekurrieren, gerade nicht der Fall. Es widerstrebt, den (notwendigen) Schutz der EG-Finanzinteressen durch strafrechtliche Mittel explizit auszuschließen (Art. 280 Abs. 4 S. 2 EGV) und dafür den Weg einer funktionalen, nur an der Interpretation des Binnenmarktziels (Art. 94, 95 EGV) orientierten, Angleichung von Strafrecht zu gehen. Letztlich bleibt es jedoch dem Rat vorbehalten, die Weichen für eine Fortentwicklung des europäischen Strafrechts zu stellen. Dabei sollte nicht übersehen werden, dass auch bei einer Angleichung nach dem dritten Pfeiler über die Harmonisierungsgrundlage der Art. 31 e, 34 Abs. 2 b EUV Auslegungsfragen bestehen, die gerade, was eine Kompetenz für den Finanzschutz anbelangt, virulent sind. Verfahrensrechtlich betrachtet hat ein Vorgehen nach Art. 34 Abs. 2 EUV freilich den „Vorteil", dass die Annahme eines Rahmenbeschlusses einstimmig zu erfolgen hat und damit kein Mitgliedstaat überstimmt werden kann, während nach Art. 251 Abs. 2 S. 2 EGV für den Erlass einer Richtlinie schon eine qualifizierte Mehrheit ausreicht. Unter dem Primat der Einstimmigkeit braucht kein Mitgliedstaat zu befürchten, bei besonders national geprägter Materie überstimmt zu werden.

§ 20 Die Vorschläge des europäischen Verfassungskonvents

Die Diskussion um eine strafrechtliche Kompetenz aus Art. 280 EGV könnte allerdings bei Annahme der Vorschläge des *Verfassungskonvents* an Relevanz verlieren. Am 18.6.2003 wurde der endgültige Entwurf[1] eines Vertrages über die Verfassung für Europa dem Präsidenten des Europäischen Rates in Rom überreicht. Dieser Entwurf enthält in Teil III („Die Politikbereiche und die Arbeitsweise der Union") in Abschnitt 4 Regelungen über die „Justitielle Zusammenarbeit in Strafsachen" und eine ausdrückliche Kompetenz für den Erlass von Kriminalstrafrecht. Nach Art. III-172 des Verfassungsentwurfes können durch europäische Rahmengesetze Mindestvorschriften zur Festlegung von Straftaten und Strafen in Bereichen besonders schwerer Kriminalität festgelegt werden, die aufgrund der Art oder Auswirkungen der Straftaten oder aufgrund einer besonderen Notwendigkeit, sie von gemeinsamen Grundlagen ausgehend zu bekämpfen, eine grenzüberschreitende Dimension haben. Als derartige Kriminalitätsbereiche sind genannt: Terrorismus, Menschenhandel und sexuelle Ausbeutung von Frauen und Kindern, illegaler Drogenhandel, illegaler Waffenhandel, Geldwäsche, Korruption, Fälschung von Zahlungsmitteln, Computerkriminalität und organisierte Kriminalität. In der abschließenden Aufzählung dieser Kriminalitätsbereiche sind Betrügereien oder sonstige gegen die finanziellen Interessen der Gemeinschaft gerichtete rechtswidrige Handlungen nicht erwähnt. Der Kriminalitätsbereich „Korruption" deckt noch nicht einmal vergabewidrige Vertikalkooperationen ab[2], so dass es an einer allgemeinen Kompetenz gegen Betrügereien zum Nachteil des Gemeinschaftsvermögens fehlt. Nach Art. III-172 Nr. 2 des Konvententwurfs soll darüber hinaus eine Angleichung strafrechtlicher Normen möglich sein, wenn sie für die wirksame Politik der Union auf einem Gebiet, auf dem bereits Harmonisierungsmaßnahmen erfolgt sind, unerlässlich ist. Aber auch daraus dürfte sich keine Kriminalkompetenz für das Gemeinschaftsvermögen ergeben, da der Finanzschutz keine Gemeinschaftspolitik ist und dementsprechend auch keine Harmonisierungsmaßnahmen ergangen sind. Straftaten zum Nachteil der Interessen der Union sind noch in Art. III-175 erwähnt, der jedoch nur die Kompetenz für die Einsetzung einer Europäischen Staatsanwaltschaft gibt, nicht jedoch für das anzuwendende materielle Recht. Die einzige Möglichkeit, nach dem Konvententwurf Straftatbestände zum Schutze der finanziellen Interessen der Union zu erlassen, enthält Art. III-172 Nr. 1 Abs. 2. Danach kann der Ministerrat einen Europäischen Beschluss erlassen, in dem andere, die Kriterien des Absatzes erfüllende Kriminalitätsbereiche, bestimmt werden. Durch diese

1 CONV 850/03.

2 S. oben § 1 III.

Maßnahme könnte der Schutz der finanziellen Interessen in Zukunft vor Betrügereien den in Abs. 1 genannten Kriminalitätsbereichen gleichgestellt werden und zum Erlass dahin gehender Straftatbestände legitimieren.

Die Verfasser des Konvententwurfes haben sich mit der Formulierung von Art. III-172 einerseits für eine Strafrechtssetzungskompetenz in Bereichen der schweren Kriminalität entschieden. Andererseits wird mit Art. III-172 Nr. 2 der sektorielle Ansatz aufgegeben und eine Art „strafrechtliche Annexkompetenz" für die Gemeinschaftspolitiken begründet. Diese Entwicklung bestätigt im Grunde die Stimmen[3], die schon bisher in Art. 280 EGV eine Strafrechtssetzungskompetenz gesehen haben, denn eine Vorbehaltsklausel zu Gunsten der Anwendung des nationalen Strafrechts wie sie Art. 280 Abs. 4 S. 2 EGV enthielt, sieht der Konvententwurf nicht vor. Der Verfassungsentwurf bleibt letztlich aber eine ausdrückliche Kompetenz für den Finanzschutz schuldig. Sollte der Entwurf in dieser Form angenommen werden, käme es zu einer Wachablösung in der Europäisierung des Strafrechts[4]. Motor der Integration wäre von da an nicht mehr der Schutz der finanziellen Interessen der Gemeinschaften, sondern der Schutz der Gemeinschaftspolitiken[5].

---

3 S. oben § 19 I.2.

4 Auf dem Gipfeltreffen des Europäischen Rates im Dezember 2003 in Brüssel kam es aufgrund Divergenzen hinsichtlich der Stimmverteilung der Mitgliedstaaten nicht zu einer Annahme des Konvententwurfes. Über die Regelungen zur justitiellen Zusammenarbeit in Strafsachen ist indes nichts negativ vorbeschieden, so dass die weitere Entwicklung abzuwarten bleibt.

5 Dieses Ziel verfolgt der im Rahmen des Freiburg-Symposions vorgeschlagene Entwurf von „Europa-Delikten", die nicht nur den EG-Finanzschutz betreffen, sondern den Schutz der Grundfreiheiten des EG-Vertrages, sowie jener Materien, die der Harmonisierungskompetenz der EG unterliegen, nämlich den Arbeitsschutz, Verbraucherschutz und Umweltschutz, s. unten § 28.

2. Kapitel: Das Corpus Juris

§ 21 Die Studie

Das *Corpus Juris* der strafrechtlichen Regelungen zum Schutz der finanziellen Interessen der Europäischen Union ist der Versuch, im Wege einer sektoriellen Harmonisierung die Strafverfolgung zum Schutz der europäischen Finanzinteressen zu verbessern. Es wurde im Auftrag des Europäischen Parlaments von einer Arbeitsgruppe entwickelt, die – im November 1995 ins Leben gerufen – sich aus Vertretern der Europäischen Strafrechtsvereinigung zusammensetzte[1]. Das Ziel der Studie war es, Grundsätze für den strafrechtlichen Schutz der finanziellen Interessen der Gemeinschaft aufzustellen[2]. Die erste Fassung des Corpus Juris wurde im Jahre 1997 fertig gestellt und lag 1998 in deutscher Übersetzung vor[3]. Im materiellrechtlichen Teil des Corpus Juris sind ausgehend vom *Gesetzlichkeitsprinzip* in einem Besonderen Teil acht Straftatbestände (Art. 1-8) definiert[4]. Auf der Grundlage des *Schuldprinzips* wurde ein Allgemeiner Teil entwickelt, der Vorschriften über Vorsatz, Irrtum, strafrechtliche Verantwortung (auch von Unternehmern und juristischen Personen), die in Betracht kommenden Strafen, das *Verhältnismäßigkeitsprinzip* und Regeln der Strafzumessung enthält[5]. Im Anschluss daran wurde auf Initiative[6] des Europäischen Parlamentes durch die Betrugsbekämpfungseinheit der Kommission (UCLAF[7]) eine zweite Studie in Auftrag gegeben. Mit dieser Folge-

---

1 Ausführlich zur Entstehung der „Corpus Juris"-Gruppe, *Sieber* in: Delmas-Marty (Hrsg.), Corpus Juris, S. V f. Die Gruppe unterteilte sich in drei Unterausschüsse; der Bereich des materiellen Rechts wurde vertreten von: Bacigalupo (Madrid), Grasso (Catania), Tiedemann (Freiburg).

2 Vgl. *Vervaele* in: Delmas-Marty/Vervaele, The implementation of the Corpus Juris in the Member States I, Vorwort, S. 1; weiter gehend *Sieber* in: Delmas-Marty (Hrsg.), Corpus Juris, S. 9.

3 *Delmas-Marty* (Hrsg.), Corpus Juris der strafrechtlichen Regelungen zum Schutz der finanziellen Interessen der Europäischen Union. Eine mit einem Beitrag von *Hassemer* angeführte Aufsatzreihe über das Corpus Juris findet sich in Heft 2/1999 KritV.

4 S. *Otto*, Jura 2000, 98 (99).

5 Der strafprozessuale Teil sieht in erster Linie die Schaffung einer europäischen Strafverfolgungsbehörde (ESB) bzw. eines Europäischen Staatsanwaltes vor.

6 Resolutionen vom 12. und 22. Oktober 1997.

7 UCLAF bedeutet Unité de coordination de la lutte antifraude und war beim Generalsekretariat der Kommission angesiedelt. Um Betrügereien effizienter bekämpfen zu können, hat die Kommission UCLAF mit Beschluss 1999/352/EG v. 28.4.1999 durch das Europäische Amt für Betrugsbekämpfung (OLAF) ersetzt.

studie („Etude Corpus Juris suivi“) sollten die Umsetzungsmöglichkeiten des Corpus Juris 1998 in den Mitgliedsstaaten ausgelotet werden. Dazu wurde untersucht, ob in den Mitgliedstaaten Straftatbestände gelten, die mit denen der Studie vergleichbar sind, und wenn das der Fall ist, in wie weit Übereinstimmungen mit dem Vorschlag des Corpus Juris bestehen[8]. In der Abschlusssitzung am 6. und 7. Mai 1999 in Florenz wurden die Erkenntnisse dieser „Machbarkeitsstudie“ in das Corpus Juris eingearbeitet[9]. Resultat ist der von der ursprünglichen Fassung nicht unwesentlich abweichende Corpus Juris 2000 (Florenzer Fassung)[10]. Die Verfasser des Corpus Juris ließen die Frage offen, wie die neuen Vorschläge in Kraft gesetzt werden sollten[11]. Sie wiesen im Zusammenhang mit dem Gesetzlichkeitsprinzip nur auf die Notwendigkeit einer gemeinsamen gesetzlichen Grundlage hin und setzten voraus, dass das Europäische Parlament in der einen oder anderen Form in das Annahmeverfahren des Corpus Juris einzubeziehen sei[12]. Für einen bereichspezifischen Strafschutz der finanziellen Interessen der Gemeinschaft drängt sich konsequenterweise die Verwirklichung innerhalb der Instrumente der Gemeinschaft und dort vor allem durch Kompetenzen aus den Finanzvorschriften auf. Wie bereits dargestellt, sieht Art. 280 Abs. 4 EGV die Beteiligung des Europäischen Parlamentes im Rahmen des Mitentscheidungsverfahrens vor[13], wobei die Frage der Ermächtigung zum Erlass von Straftatbeständen noch umstritten ist.

Die europäische Kommission hat am 23.5.2001 unter der Federführung von OLAF[14] eine *Richtlinie* über den strafrechtlichen Schutz der finanziellen Interessen der Gemeinschaft vorgeschlagen[15]. Aufgrund der schleppenden Ratifizierung der PIF-Konvention[16] und der darauf aufbauenden Protokolle[17] sah sich die Kommissi-

---

8 In tabellarischer Gegenüberstellung: *Delmas-Marty/Vervaele*, The implementation of the Corpus Juris in the Member States I, S. 108 ff.

9 Ausführlich zur Entwicklung der Folgestudie, *Vervaele* in: Delmas-Marty/Vervaele, The implementation of the Corpus Juris in the Member States I, Vorwort, S. 1 ff.

10 Abgedruckt in: *Delmas-Marty/Vervaele*, The implementation of the Corpus Juris in the Member States I, S. 187 ff.

11 Vgl. LK-*Tiedemann*, Vor § 263 Rn. 107.

12 Vgl. *Sieber* in: Delmas-Marty (Hrsg.), Corpus Juris, S. 8.

13 S. oben § 19 I.

14 Die Abkürzung OLAF steht für Office europêen de lutte anti-fraude. Das Amt ist Teil der Behörde „Kommission“, hat aber zur Gewährleistung seiner Unabhängigkeit einen besonderen Status. Es ist an die Stelle der Task Force „Koordinierung der Betrugsbekämpfung“ (UCLAF) getreten.

15 KOM(2001) 272 endg. v. 23.5.2001 – interinstitutionelles Dokument 2001/0115(COD).

16 S. dazu bereits oben § 18 (S. 245).

on gezwungen, die Tatbestände der Konvention in eine Richtlinie[18] – gestützt auf Art. 280 Abs. 4 EGV – zu „vergemeinschaften". Bei Annahme dieser Richtlinie wäre der Streit über eine gesetzliche Grundlage für den strafrechtlichen Schutz der finanziellen Interessen vorerst beendet. Die Stellungnahme des Europäischen Parlamentes schlug zu diesem Richtlinienentwurf in Änderungsantrag Nr. 1 sogar den Erlass einer Verordnung statt einer Richtlinie vor[19]. Zudem sah die Stellungnahme in Änderungsantrag Nr. 14 die Implementierung eines Art. 3 a „Ausschreibungsbetrug" vor, dessen Wortlaut sich auf den Text des Corpus Juris 2000 stützt[20]. Beide Änderungen wurden von der Kommission zurückgewiesen[21]. Der Erlass als Verordnung gehe – nach Ansicht der Kommission – über das Harmonisierungsziel des Richtlinienentwurfs hinaus. Die Einbringung eines neuen Tatbestandes werde von der Kommission nicht akzeptiert, da er nicht dem Ansatz und Ziel der vorgeschlagenen Richtlinie entspreche. Nunmehr ist am 17.10.2002 das PIF-Übereinkommen in Kraft getreten[22], so dass der Anlass für den Vorschlag der Richtlinie eigentlich weggefallen ist. Gleichwohl hält die Kommission mit Hinweis darauf, dass das Protokoll zur Geldwäsche vom 19. Juni 1997[23] nach wie vor nicht von allen Mitgliedstaaten ratifiziert ist, an dem Richtlinienentwurf fest. Außerdem habe eine Richtlinie den Vorteil, dass sie den Rückgriff auf die Kontrollmechanismen ermöglicht, die aufgrund des EG-Vertrags eingesetzt werden können, um die ordnungsgemäße Umsetzung und Anwendung des Gemeinschaftsrechts durch die Mitgliedstaaten zu überwachen[24]. Es ist somit davon auszugehen, dass die Verwirklichung der Richtlinie nicht an das Schicksal der PIF-Instrumente geknüpft ist, sondern allein von dem Ausgang der Diskussion um Art. 280 Abs. 4 EGV abhängt; nichts anderes gilt für das Corpus Juris.

---

17 Erstes Protokoll zum Übereinkommen über den Schutz der finanziellen Interessen der Europäischen Gemeinschaften v. 27.9.1996 (ABl. C 313 v. 23.10.1996): Definition von Bestechung/Bestechlichkeit; Zweites Protokoll zum Übereinkommen über den Schutz der finanziellen Interessen der Europäischen Gemeinschaften v. 19.6.1997 (ABl. C 221 v. 19.6.1997): Definition von Geldwäsche.

18 KOM(2001) 272 endg., S. 2 ff.

19 A5-0390/2001, S. 5.

20 A5-0390/2001, S. 13.

21 KOM(2002) 577 endg., S. 3 f.

22 Italien hat als letzter Staat die Ratifikation notifiziert, vgl. *Schünemann*, GA 2002, 501 (509).

23 Zweites Protokoll aufgrund von Art. K.3 des Vertrags über die Europäische Union zum Übereinkommen über den Schutz der finanziellen Interessen der Europäischen Gemeinschaften (ABl. C 221 v. 19. Juni 1997).

24 KOM(2002) 577 endg., S. 2.

Wird die Richtlinie über den strafrechtlichen Schutz der finanziellen Interessen der Gemeinschaft auf Grundlage von Art. 280 Abs. 4 EGV angenommen, so ist der Weg frei für weitere Richtlinien, die finanzschützende Straftatbestände beinhalten. Unter diesem Vorbehalt soll im Folgenden Art. 2 Corpus Juris 2000 „Market-rigging" (= Marktbeeinflussung) untersucht werden. Der Tatbestandsentwurf ist die Fortentwicklung des Art. 2 „Ausschreibungsbetrug"[1] des Corpus Juris 1998, auf den hier allenfalls zum Vergleich Bezug genommen werden soll. Die in der Folgestudie zum Corpus Juris angestrengte Gegenüberstellung der nationalen Strafrechtssysteme mit dem vorgeschlagenen Tatbestand des Corpus Juris hat ergeben, dass die Mehrheit der Mitgliedstaaten einen Straftatbestand gegen „Ausschreibungsbetrug" nicht vorsehen[2]. Vergleichbare Tatbestände fanden sich allerdings in den Strafgesetzbüchern von Deutschland (§ 298 StGB), Belgien (Art. 314 Code pénal), Frankreich (Art. 313-6 NCP), Italien (Art. 353 c.p.), Luxemburg (Art. 314 Code pénal) und den Niederlanden (Art. 328 bis Wetboek van Strafrecht[3]). Es ist darauf hinzuweisen, dass in *Spanien* bereits seit 1995 der Sondertatbestand Art. 262 Código Penal „Preisänderungen bei öffentlichen Ausschreibungen und Versteigerungen" existiert, der von der Studie nicht berücksichtigt wurde[4]. Zudem gilt seit dem 1.7.2002 in *Österreich* ein Bundesgesetz, das zur Entkriminalisierung[5]

---

1 Art. 2 CJ 1998: „Eine Täuschung im Verfahren über die Vergabe öffentlicher Aufträge stellt eine Straftat dar, wenn sie geeignet ist, die finanziellen Interessen der Gemeinschaft zu gefährden. Die Täuschungshandlung besteht in der geheimen Absprache unter den Wettbewerbern über die Angebote oder in der Drohung, in dem Versprechen oder in der Täuschung gegenüber anderen Wettbewerbern oder im kollusiven Zusammenwirken mit dem für die Auftragsvergabe zuständigen Amtsträger".

2 So in Dänemark, Griechenland, Großbritannien, Irland, Österreich, Portugal, Schweden und Spanien.

3 Der belgische und luxemburgische Tatbestand sind bis auf geringe Änderungen mit Art. 412 CP (von 1810) identisch.

4 Vgl. Das Spanische Strafgesetzbuch vom 23.11.1995 nach dem Stand vom 31.12.2001 – Sammlung ausländischer Strafgesetzbücher in deutscher Übersetzung, hrsg. v. Max-Planck-Institut, Bd. 111. Zu der Rechtslage in Spanien, s. LK-*Tiedemann*, Vor § 298 Rn. 18; *ders.* in: Freiburg-Symposion, S. 290.

5 Das österreichische Recht bestimmte mit § 129 öKartG a.F. „Kartellmissbrauch" einen Kartellstraftatbestand für Submissionsabsprachen, der eine Freiheitsstrafe von bis zu drei Jahren oder Geldstrafe bis zu 360 Tagessätzen vorschrieb. Die weiteren Kartellstraftatbestände sahen für die verbotene Durchführung eines Kartells (§ 130), verbotene Ausnutzung einer marktbeherrschenden Stellung (§ 131), Irreführung des Kartellgerichts (§ 132) und Ausübung sittenwidrigen Drucks (§ 133) Geldstrafen von bis zu 360 Tagessätzen vor. Allgemein zur KartG-Novelle 2002, s. *Rosbaud*, JBl 2003, 907 ff.

des Kartellrechts den § 168 b öStGB „Wettbewerbsbeschränkende Absprachen bei Vergabeverfahren" in das Kernstrafrecht einfügte, der nahezu dem deutschen Tatbestand wortgleich ist[6]. Weiterhin trat am 20.6.2003 im Vereinigten Königreich der Enterprise Act 2002 vollständig in Kraft, der in Sektion 188 Abs. 5 „Cartell offence"[7] heimliche horizontale Vereinbarungen zur Angebotsbeeinflussung bei Ausschreibungen unter Freiheitsstrafe bis zu fünf Jahren und/oder Geldstrafe stellt[8]. Unter Berücksichtigung dieser Auslandsrechte sind die Mitgliedstaaten mit entsprechendem strafbewehrten Sondertatbestand nun in der Mehrheit. Der hier interessierende Teil des Art. 2 CJF „Marktbeeinflussung" hat folgenden Wortlaut:

> "It is a criminal offence for a person, in the context of an adjudication process governed by Community law, to make a tender on the basis of an agreement calculated to restrict competition and intended to cause the relevant authority to accept a particular offer".
>
> („Es stellt eine Straftat dar, wenn eine Person im Zusammenhang mit einem Verfahren über die Vergabe öffentlicher Aufträge, in welchem EG-Recht Anwendung findet, ein Angebot abgibt, das auf einer Vereinbarung beruht, die darauf gerichtet ist, den Wettbewerb zu beschränken und die zuständige Stelle zur Annahme eines bestimmten Angebots zu bewegen"[9].)

---

6 Österreichisches BGBl. 2002 I/62. Mit diesem Gesetz wurde § 168 b öStGB dem sechsten Abschnitt (Strafbare Handlungen gegen fremdes Vermögen) des österreichischen Strafgesetzbuchs zugefügt. Das Tatbild des § 168 b öStGB ist weiter als das des § 298, da es ganz allgemein auf Vergabeverfahren abstellt, gleich ob die Vergabe im Wege eines offenen Verfahrens, eines nicht offenen Verfahrens oder eines Verhandlungsverfahrens, im Wege eines Wettbewerbs oder ohne eines solchen durchgeführt wird, vgl. Foregger/*Fabrizy*, § 168 b Rn. 2; ebenso *Thurnher*, WuW 2002, 845 (848).

7 Section 188: (1) An individual is guilty of an offence if he dishonestly agrees with one or more other persons to make or implement, or to cause to be made or implemented, arrangements of the following kind relating to at least two undertakings (A and B). (2) The arrangements must be ones wich, if operating as the parties to the agreement intend, would –[...](f) be bid-rigging arrangements.[...](5) "Bid-rigging arrangements" are arrangements under wich, in response to a request for bids for the supply of a product or service in the United Kingdom, or for the production of a product in the United Kingdom- (a) A but not B may make a bid, or (b) A and B may each make a bid but, in one case or both, only a bid arrived at in accordance with the arrangements. (6) But arrangements are not bid-rigging arrangements if, under them, the person requesting bids would be informed of them at or before the time when a bid is made. Abrufbar unter www.hmso.gov.uk/acts/acts2002/20020040.htm. Ausführlich dazu *Reimann/Krohs*, WuW 2003, 739 ff.

8 Section 190: (1) A person is guilty of an offence under section 188 is liable- (a) on conviction on indictment, to imprisonment for a term not exceeding five years or to a fine, or to both;[...].

9 Die Übertragung ins Deutsche nach *Tiedemann* in: Freiburg-Symposion, S. 290 f., wobei der Wortlaut dort in den Text eingebunden war: „Das Corpus Juris bestimmt in Art. 2 der Fassung 2000, dass es eine Straftat darstellt, wenn eine Person[...]".

Die Untersuchung dieses Tatbestandsvorschlags soll sich an ähnlichen Parametern orientieren, wie sie im Bereich der nationalen Straftatbestände angelegt wurden. Auch soll zur Einordnung des Tatbestandes auf die deutsche Strafrechtsdogmatik Bezug genommen werden. Das bietet sich schon deshalb an, da der CJF-Entwurf dem § 298 ähnlich ist.

I. Das geschützte Rechtsgut

Bei einer Diskussion über Tatbestandsentwürfe in einem Umfeld, das nur über Fragmente strafrechtlicher Terminologie und Dogmatik verfügt – das Corpus Juris beruht auf dem Gesetzlichkeitsprinzip, dem Schuldprinzip und dem Verhältnismäßigkeitsprinzip –, ist es hilfreich, einen Ausgangspunkt zu bestimmen, der eine Wertung vorgibt. Voraussetzung für die Legitimation eines Straftatbestandes soll die Strafwürdigkeit und das Strafbedürfnis[10] des geschützten Rechtsguts sein. Der angesprochene Rechtsgutsgedanke ist nicht nur in Deutschland bekannt, sondern auch in anderen Mitgliedstaaten vorherrschend[11]. Als geschütztes Rechtsgut kann im Wortlaut des Art. 2 CJF eindeutig der *Wettbewerb* ausgemacht werden, da die Vereinbarung darauf gerichtet sein muss, den „Wettbewerb" zu beschränken. Zu den Aufgaben der Gemeinschaft gehört nach Art. 3 g EGV die Errichtung von einem „System, das den Wettbewerb innerhalb des Binnenmarktes vor Verfälschungen schützt". Die Verpflichtung auf den Grundsatz einer „offenen Marktwirtschaft mit freiem Wettbewerb" findet sich zudem in den Art. 4, 98 S. 2, 105 Abs. 1 S. 3, 157 Abs. 1 EGV. Innerhalb der durch den EG-Vertrag geschaffenen marktwirtschaftlichen Ordnung nimmt die Wettbewerbsfreiheit demnach einen zentralen Platz ein[12]. Ebenso wie in den nationalen Vorschriften ist auch in Art. 2 CJF eine nähere Konkretisierung des Rechtsgutes durch die thematische Verknüpfung mit der Situation einer Vergabe getroffen worden. Bei dem betroffenen Vergabewettbewerb stehen vor allem die *wirtschaftpolitischen* Funktionen (Anreiz-, Leistungs- und Verteilungsfunktion) innerhalb eines natürlichen oder künstlichen Anbieteroligopols im Vordergrund. Damit kann die relative Unbestimmtheit von Wettbewerb, die vor allem von den gesellschaftspolitischen Funktionen herrührt, verringert werden. Wie die Überprüfung der Anwendbarkeit von Freistellungsmöglichkeiten nach deutschem Kartellrecht gezeigt hat, sind diese mit der Ausschreibungssituation nur

---

10 Zu den Schäden, die durch Betrügereien am Gemeinschaftshauhalt entstehen, s. oben § 18.

11 Zu den Gemeinsamkeiten von Rechtsgutsbegriff und dem in englischsprachigen Ländern vorherrschenden „Harm Principle", vgl. *von Hirsch*, GA 2002, 2 (7); zum französischen Strafrecht: *Jung*, Das französische Strafgesetzbuch, Einführung, S. 5.

12 Langen/*Bunte*, Einf. z. EG-Kartellrecht, Rn. 37.

in Ausnahmefällen kompatibel, so dass die Gefahr einer „Relativierung" des freien Wettbewerbs gering ist. Für Ausschreibungen auf europäischer Ebene ist das angesichts der bisher praktizierten sektororientierten Freistellungstechnik ebenfalls anzunehmen.

Art. 2 CJF ist Teil eines Regelungsapparates zum Schutz der finanziellen Interessen der Europäischen Union. Diese Schutzzielbestimmung ist für die Auslegung des Tatbestandes nicht unerheblich. Es stellt sich die Frage, ob nicht schon allein wegen dieser Zielsetzung das geschützte Rechtsgut von Art. 2 CJF das *Gemeinschaftsvermögen* sein müsste[13]. Submissionsabsprachen können in der konkreten Ausschreibung zu Mehrkosten beim europäischen Auftraggeber führen und erhöhen bei einer Ringbildung nachhaltig das Preisniveau. Neben dem Wettbewerb kann also auch das Vermögen des EG-Haushalts von Submissionsabsprachen betroffen sein. Nicht ohne Grund setzte Art. 2 des Corpus Juris 1998 ein Verhalten voraus, das geeignet sein musste, die finanziellen Interessen der Gemeinschaft zu gefährden und schützte damit vor allem das Gemeinschaftsvermögen[14]. Die „Corpus Juris"-Folgestudie hat wiederum ergeben, dass die mitgliedstaatlichen Lösungen einen primären Vermögensbezug überwiegend nicht vorweisen, so dass vorgeschlagen wurde, dem Tatbestand ein anderes Rechtsgut wie den Wettbewerb oder das Vertrauen in die öffentliche Verwaltung voranzustellen[15]. Einen direkten Bezug zum Gemeinschaftsvermögen weist die Tatbestandsformulierung in der hier interessierenden Fassung nun nicht mehr auf. Damit ist Art. 2 CJF im Verhältnis zu den übrigen Tatbestandsvorschlägen des Corpus Juris Florenz eine Ausnahme. Während Art. 1 CJF (Betrug) deutlich auf den Gemeinschaftshaushalt Bezug nimmt („affecting the budget of the European Communities"), erfasst auch Art. 3 CJF (Geldwäsche und Hehlerei) das Verschleiern oder Erlangen von Vorteilen, die aus einer Tat gegen das Gemeinschaftsvermögen entstanden sind. Art. 4 CJF kriminalisiert die Bildung einer kriminellen Vereinigung zum Schaden des Gemeinschaftshaushaltes, und die in Art. 5-8 CJF festgehaltenen Amtsdelikte setzen eine Verletzung („harm" / „damage") oder Gefährdung („likely to damage") der Finanzinteressen voraus. Aus dieser vergleichenden Betrachtung muss geschlossen werden, dass auch die Tat nach Art. 2 CJF eine Beziehung zum Gemeinschaftsvermögen haben muss.

---

13 Vgl. *Wattenberg*, StV 2000, 95 (96), der die Finanzinteressen der Gemeinschaft als (wenig konturiertes) Rechtsgut bezeichnet.

14 S. *Delmas-Marty* in: *Delmas-Marty* (Hrsg,), Corpus Juris, S. 34.

15 *Delmas-Marty/Vervaele*, The Implementation of the Corpus Juris in the Member States I, S. 229.

II. Der Deliktstyp

Mit dem Deliktstyp soll das Verhältnis zwischen dem tatbestandlichen Verhalten und dem konkreten Angriffsobjekt beschrieben werden. Die deutsche Strafrechtswissenschaft unterscheidet dazu Verletzungs- und Gefährdungsdelikte, wobei letztere noch hinsichtlich einer konkreten oder nur abstrakten Gefährdung unterteilt werden. Bei dem verworfenen Art. 2 des Corpus Juris von 1998 wurde eine Täuschungshandlung kriminalisiert, die *geeignet* sein musste, eine Gefahr für die finanziellen Interessen der Gemeinschaft darzustellen. Während *Otto*[16] damit ein abstraktes oder sogar konkretes Gefährdungsdelikt verwirklicht sah, war für *Braum*[17] ein Deliktstyp beschrieben, der dem abstrakten Gefährdungsdelikt noch vorgelagert ist[18]. Die meisten der bereits vorhandenen mitgliedstaatlichen Sondertatbestände sahen indes die verwerfliche Handlung in der Störung oder Beeinflussung des Wettbewerbs oder des Vergabeverfahrens, ohne direkt auf die Gefährdung von Vermögenswerten abzustellen. Zudem wiesen bereits mehrere Mitgliedstaaten bei einer Ausgestaltung als „Eignungsdelikt" auf Spannungen mit dem Rechtsstaatsprinzip hin[19]. Die Konturen einer solchen Deliktsform wurden in der Neufassung zurückgenommen[20]. Art. 2 CJF wurde nun dahin gehend abgewandelt, dass ein Angebot abgegeben werden muss, das auf einer Vereinbarung beruht, die darauf *gerichtet* ist („calculated to"), den Wettbewerb zu beschränken und die zuständige Stelle zur Annahme eines bestimmten Angebots zu bewegen. Der Wortlaut setzt einen Erfolg nicht ausdrücklich voraus, so dass als Deliktstyp ein *Gefährdungsdelikt* angenommen werden kann. Versteht man die Formulierung jedoch nicht nur als subjektive Intention, sondern in einer objektivierten Weise als finale Bestimmung, könnte Art. 2 CJF auch als *Verletzungsdelikt* bezeichnet werden[21]. Die Formulierung trägt dann dem Ablauf einer Ausschreibung Rechnung, wonach vor der Angebotsabgabe nur eine Vereinbarung getroffen wird, die den Angebotsinhalt oder die Nichtabgabe festlegt und den Vergabewettbewerb gefährdet. In ei-

16 *Otto*, Jura 2000, 98 (101); *ders.* in: Huber (Hrsg.), Corpus Juris, S. 142 (152 f.).

17 *Braum*, JZ 2000, 493 (496).

18 Das Eignungsdelikt: Nicht auf die mit der Handlung begründete Gefahr kommt es an, sondern auf die begründete Vermutung, dass mit der Handlung in Zukunft ein Gefahr verbunden sein könnte, vgl. *Braum*, JZ 2000, 493 (496).

19 So der Einwand von Spanien, Finnland, Griechenland und den Niederlanden, vgl. *Delmas-Marty/Vervaele*, The implementation of the Corpus Juris in the Member States I, S. 110, 229; dazu auch *Hamm*, Grundprinzipien eines europäischen Strafrechts, S. 7.

20 S. *Braum*, JZ 2000, 493 (496).

21 Vgl. *Delmas-Marty/Vervaele*, The implementation of the Corpus Juris in the Member States I, S. 230.

nem zweiten Schritt erst realisiert sich die Absprache z.B. in dem das Angebot in der vereinbarten Höhe abgegeben wird. Mit der Abgabe eines wettbewerbsverfälschenden Angebots (oder entsprechender Nichtabgabe) kann der aus diesen Angeboten entstehende Wettbewerb schon als beschränkt angesehen werden.

Das Europäischen Parlamentes hat in dem bereits erwähnten Bericht (A5-0390/2001) über den Vorschlag für eine Richtlinie des Europäischen Parlamentes und des Rates über den strafrechtlichen Schutz der finanziellen Interessen der Gemeinschaft in Änderungsantrag Nr. 14 den Tatbestand „Ausschreibungsbetrug" vorgeschlagen, der sich auf den Text des CJF stützen soll. In diesem Text kommt es darauf an, dass „ein Angebot eingereicht wird, das auf einer Absprache basiert, die dazu *geeignet* ist, den Wettbewerb zu beschränken[...]". Die dort verwendete Formulierung « susceptibles » (= geeignet[22]), differiert von der in Art. 2 CJF verwendeten Umschreibung « de natur », doch ist die Bedeutung in diesem Zusammenhang identisch, so dass die folgenden Ausführungen auch für den Parlamentsvorschlag relevant sind.

III. Anwendungsbereich

Der Anwendungsbereich von Art. 2 CJF ist im Zusammenhang mit einem Verfahren über die Vergabe eines öffentlichen Auftrages eröffnet, „in welchem EG-Recht Anwendung findet". Diese Formulierung umfasst – wörtlich genommen – alle Vergabeverfahren, in denen eine europäische Vergaberichtlinie angewendet wird, unabhängig davon, ob die finanziellen Interessen der Gemeinschaft betroffen sind oder nicht. Das ginge indes über den sektoriellen Ansatz der „Corpus Juris"-Studie hinaus[23]. Deshalb bedarf es einer einschränkenden Auslegung nach der nur die Verfahren erfasst sind, welche die finanziellen Interessen der Gemeinschaft berühren. Das ist dann der Fall, wenn das *Haushaltsrecht* der Gemeinschaft Anwendung findet. Der Haushaltsschutz setzt nämlich voraus, dass die in Art. 2 CJF geschützten Verfahren nicht nur nach europäischem Recht durchgeführt werden, sondern auch,

22 Vgl. auch Art. 2 Corpus Juris 1998: « [...]lorsque les faits de fraude sont *susceptibles* de porter atteinte aux intérêts financiers des Communautés ». Aber auch Art. 81 Abs. 1 EG: « [...]qui sont *susceptibles* d'affecter le commerce entre États membres[...] » (jeweils Hervorh. durch den Verf.).

23 Doch nicht nur die dem Corpus Juris innewohnende Zwecksetzung des Finanzschutzes begrenzt den Anwendungsbereich. Art. 280 Abs. 4 EGV, sondern auch der im Grünbuch vorgeschlagene Entwurf eines Art. 280 a EGV würde nur Maßnahmen gegen Betrügereien legitimieren, die sich gegen die finanziellen Interessen der Gemeinschaft richten. Für eine darüber hinausgehende Kriminalisierung von Marktbeeinflussungen, die nicht den Gemeinschaftshaushalt betreffen, bedürfte es einer weiter gehenden Kompetenz.

dass sie mit Mitteln aus dem Gemeinschaftshauhalt finanziert werden. Der Haushalt wird durch die Haushaltsordnung für den Gesamthaushaltsplan der Europäischen Gemeinschaften v. 25.6.2002 (HaushaltsVO[24]) geregelt und wird durch die konkretisierenden Durchführungsbestimmungen v. 23.12.2002 (Durchführungs-VO[25]) näher bestimmt[26].

Die öffentliche Auftragsvergabe durch Organe der Europäischen Gemeinschaft ist in Teil 1, Titel V „Öffentliche Auftragsvergabe" der HaushaltsVO (Art. 88 ff.) ausgeführt[27] Zusätzlich sind die Bestimmungen der europäischen Vergaberichtlinien[28] in die Durchführungsverordnung übernommen worden[29]. In den Fällen, in denen die Gemeinschaftsorgane auf eigene Rechnung vergeben, gelten sie als öffentliche Auftragsgeber (Art. 104 HaushaltsVO). Im Außenbereich können aber auch die Empfänger finanzieller Mittel öffentliche Auftraggeber sein (Art. 167 HaushaltsVO). Was die von den Organen der Gemeinschaften auf eigene Rechnung vergebenen öffentlichen Aufträge anbelangt, so ist vorzusehen, dass die in den Richtlinien des Europäischen Parlaments und des Rats über die Koordinierung der Verfahren öffentlicher Bau-, Dienstleistungs- und Lieferaufträge enthaltenen Vorschriften Anwendung finden. Die Vorschriften für Aufträge, die für Rechnung Dritter vergeben werden, müssen den Grundsätzen dieser Richtlinien entsprechen[30].

Der Anwendungsbereich von Art. 2 CJF wird folglich durch die europäischen Vergaberichtlinien *und* das europäische Haushaltsrecht bestimmt. Handelt es sich z.B. um eine Baumaßnahme, deren Gesamtvolumen den Schwellenwert von 5 Mio. € übersteigt, und demnach der Richtlinie für Bauleistungen entsprechend europaweit ausgeschrieben werden muss, ist das EG-Haushaltsrecht aber nicht anzuwenden, weil die Leistung nicht mit Mitteln der Gemeinschaft finanziert wird, so ist Art. 2 CJF nicht einschlägig. Solche Fälle unterliegen somit nach wie vor dem Regelungsbereich des Art. 81 EGV und den in § 15 Abs. 2 a KartVO[31] vorgesehenen Geldbußen und gegebenenfalls mitgliedstaatlichen Tatbeständen.

---

24 VO 1605/2002 (ABl. v. 16.9.2002 L 248, S. 1).

25 VO 2342/2002 (ABl. v. 31.12.2002 L 357, S. 1).

26 Damit wurde die bisher geltende Haushaltsordnung v. 21.12.1977 (ABl. 1977 L 315, S. 1) und deren DurchführungsVO v. 9.12.1993 (VO 3418/93) ersetzt. Zur HaushaltsVO a.F. *Prieß*, Handbuch des Europäischen Vergaberechts, S. 265.

27 Auftragsvergaben für Maßnahmen im Außenbereich werden im zweiten Teil, Titel IV, Kapitel 3 der Haushaltsordnung gesondert geregelt.

28 S. oben § 3 I.1. (S. 62).

29 S. DurchführungsVO Nr. 2342/2002, Erwägungsgrund 25.

30 S. HaushaltsVO, Erwägungsgrund (24), Art. 105.

31 Verordnung (EWG) Nr. 17/62 des Rates: Erste Durchführungsverordnung zu den Artikeln 85 und 86 des Vertrages v. 6.2.1962 (ABl. 1962, S. 204).

Gemäß Art. 91 EG-HaushaltsVO werden Aufträge im offenen Verfahren, im nichtoffenen Verfahren, im Wettbewerbsverfahren und im Verhandlungsverfahren ausgeschrieben[32]. Bis auf das *Wettbewerbsverfahren* sind diese Vergabearten auch von § 298 erfasst, und insoweit kann auf die dort vorgenommenen Ausführungen verwiesen werden[33]. Nach Art. 122 Abs. 4 DurchführungsVO dienen Wettbewerbsverfahren hingegen dazu, dem öffentlichen Auftraggeber – insbesondere auf dem Gebiet der Architektur, des Ingenieurwesens oder der Datenverarbeitung – einen Plan oder ein Projekt zu verschaffen, der bzw. das von einem Preisgericht aufgrund vergleichender Beurteilung mit oder ohne Verteilung von Preisen vorgeschlagen wird[34]. Das Wettbewerbsverfahren ist vergleichbar mit dem so genannten „Wettbewerb" nach § 20 VOL/A[35], aber nicht zu verwechseln mit dem „Dialogverfahren", das in dem Vorschlag für eine Richtlinie[36] des Europäischen Parlaments und des Rates über die Koordinierung der Verfahren zur Vergabe öffentlicher Lieferaufträge, Dienstleistungsaufträge und Bauaufträge als neue Vergabeform vorgesehen ist. Ob ein Wettbewerbsverfahren, dessen Zweck es ist, einen Plan oder ein Projekt zu verschaffen, ein Verfahren über die Vergabe öffentlicher Aufträge darstellt, ist zweifelhaft. Zwar kann die Planungsleistung als solche einen „öffentlichen Auftrag" darstellen, doch dieser wird beim Wettbewerbsverfahren gerade nicht vergeben, sondern soll durch den Wettbewerb erst vorbereitet werden. Das Wettbewerbsverfahren ist kein „Verfahren über die Vergabe öffentlicher Aufträge", wie dies von Art. 2 CJF vorausgesetzt wird. Zudem unterliegt das Wettbewerbsverfahren keinen zwingenden Zuschlagskriterien. Das Preisgericht soll die Projekte zwar ausschließlich nach den in der Wettbewerbsbekanntmachung festgelegten Kriterien auswählen (Art. 125 Nr. 2 Abs. 2 DurchführungsVO), doch kann der öffentliche Auftraggeber auch von den Vorschlägen in der Stellungnahme des Preisgerichts abweichen (Art. 125 Nr. 4 DurchführungsVO) und somit andere Prioritäten setzen. Darüber hinaus führen solche Wettbewerbe nicht zwangsläufig zu wirtschaftlichen Vorteilen siegreicher Wettbewerber und entsprechenden Nachtei-

---

[32] Die nähere Ausgestaltung der Vergabeverfahren trifft Art. 122 ff. der Durchführungsbestimmungen.

[33] S. oben § 3 I.1. (S. 62).

[34] Vgl. auch Art. 1 g der Richtlinie 92/50/EWG des Rates v. 18.6.1992 über die Koordinierung der Verfahren zur Vergabe öffentlicher Dienstleistungsaufträge.

[35] § 20 Nr. 1 VOL/A lautet: „Wettbewerbe sind Auslobungsverfahren, die dazu dienen, dem Auftraggeber einen Plan oder eine Planung zu verschaffen, deren Auswahl durch ein Preisgericht aufgrund vergleichbarer Beurteilung mit oder ohne Verteilung von Preisen erfolgt".

[36] Vorschlag für eine Richtlinie des Europäischen Parlaments und des Rates über die Koordinierung der Verfahren zu Vergabe öffentlicher Lieferaufträge, Dienstleistungsaufträge und Bauaufträge, KOM(2000) 275 v. 10.5.2000 (ABl. C 29 v. 30.1.2001, S. 11). S. oben § 3 I.1. (S. 71).

len der Ausschreibenden[37]. Der „Zuschlag" kann mit oder ohne Verteilung von Preisen erfolgen und kann damit als rein immaterielle Anerkennung ausgelobt sein, obgleich der Sieger regelmäßig seine Rechte am Entwurf zugunsten des Ausschreibenden verliert.

IV. Täterkreis

Ebenso wie im *Ersten Teil* soll auch hier die Frage gestellt werden, ob ein Vertreter der Veranstalterseite unmittelbarer Täter sein kann. Der Tatbestand sieht vor, dass die Vereinbarung darauf gerichtet sein muss, die zuständige Stelle zur Annahme eines bestimmten Angebots zu bewegen. Der Einwand, dass bei einer Vertikalvereinbarung die zuständige Stelle sich dann selbst zur Annahme eines bestimmten Angebotes bewegen würde, wurde aber schon zu § 298 vorgebracht und von der h.M. mit dem Hinweis auf die Regeln der Mitkausalität zurückgewiesen[38]. Auf europäischer Ebene ist in dieser Hinsicht nichts vorentschieden, so dass sich daraus kein Grund ergibt, Vertikalabsprachen auszuschließen. Eine Eingrenzung des Täterkreises könnte sich allein durch kartellrechtsbedingte Vorgaben hinsichtlich der möglichen Absprachеteilnehmer ergeben. Sollten aus Art. 81 EGV keine Einschränkungen folgen, steht einer unmittelbaren Täterschaft des Veranstaltervertreters nichts entgegen.

V. Mittel der Einflussnahme

Während § 298 die Rechtswidrigkeit einer Absprache voraussetzt, besteht der Handlungsunwert des Art. 2 CJF in der Abgabe eines Angebotes, das auf einer Vereinbarung beruht, die darauf *gerichtet* ist, den Wettbewerb zu beschränken und die zuständige Stelle zur Annahme eines bestimmten Angebots zu bewegen. Das Ziel der Vereinbarung muss folglich darin liegen, den Wettbewerb zu beschränken, so dass für die Qualifikation der Wettbewerbsbeschränkung auf das Wettbewerbsrecht abzustellen ist. Die Umschreibung dieser Finalität („um zu") beruht auf der Übersetzung des englischen Textes „a tender on the basis of an agreement calculated to restrict competition". Ebenfalls maßgebend ist jedoch der Text der französi-

---

37 Vgl. *Tiedemann* in: Freiburg-Symposion, S. 292, der auch die Gruppe der Entwurfswettbewerbe in dem Tatbestandsentwurf Art. 37 „Wettbewerbsbeschränkende Manipulationen bei Ausschreibungen" einbezieht. Aus dem Wortlaut von Art. 2 CJF ist die Voraussetzung einer Finanzierung aus dem Gemeinschaftshaushalt nicht ersichtlich. Dort reicht es aus, wenn in einem Verfahren über die Vergabe öffentlicher Aufträge EG-Recht Anwendung findet.

38 Dazu oben § 6 III.4. (S. 171).

schen Fassung worin es heißt: « une offre basée sur an accord de nature à restreindre la concurrence ». Ausgehend von der französischen Textfassung nimmt *Braum*[39] an, dass es genügt, wenn die Absprache die *Natur* einer Wettbewerbsbeschränkung aufweist. Er schließt daraus, dass Art. 2 CJF den Bezug zu seinen kartellrechtlichen Grundlagen verlieren könnte, sein Anwendungsbereich unbestimmbar erweitert werde und damit die wettbewerbsrechtliche Akzessorietät des Delikts einer unpräzisen strafrechtseigenen Tatbestandsformulierung von unlauterer Wettbewerbsbeschränkung weichen würde. Diese Befürchtungen sind indes nicht gerechtfertigt, da die zugrunde liegende Annahme mit der englischen Fassung nicht vereinbar ist und die französische Fassung auch eine andere Deutung zulässt. So ist die Formulierung « de natur » ebenso wie « susceptible » in diesem Fall mit (objektiv) „geeignet“ zu übersetzen und der Vereinbarungsinhalt von Art. 2 CJF ist folglich unter strikter Bezugnahme auf kartellrechtliche Vorschriften zu beurteilen. Festzuhalten bleibt jedoch eine unterschiedliche Schwerpunktsetzung zwischen den beiden Fassungen. Während die französische Formulierung eine (objektive) Eignung erfordert, stellt die englische Fassung auf eine (subjektive) Absicht ab.

Je nachdem welchen Umfang das zu vergebende Projekt hat, kommt sowohl das nationale wie das europäische Kartellrecht in Betracht. Mit der oben ausgeführten Konkretisierung des Anwendungsbereichs beschränkt sich Art. 2 CJF auf Vergaben, die den Gemeinschaftshaushalt gefährden könnten. Nach Art. 105 HaushaltsVO sind in den Richtlinien der Europäischen Parlaments und des Rats über die Koordinierung der Verfahren zur Vergabe öffentlicher Lieferaufträge, Dienstleistungsaufträge und Bauaufträge die maßgeblichen Schwellenwerte für die Veröffentlichungsmodalitäten, Verfahren und Fristen festgelegt. Mit Erreichen der Schwellenwerte ist eine europaweite Publizität vorgeschrieben (Art. 118 DurchführungsVO), so dass bei Absprachen, die darauf gerichtet sind, den Wettbewerb bei einer Vergabe nach Gemeinschaftsrecht zu beschränken, von der Beeinträchtigung des zwischenstaatlichen Wettbewerbs auszugehen ist. Absprachen, die Ausschreibungen betreffen, deren Volumina die Schwellenwerte überschreiten, sind somit grundsätzlich nach Art. 81 EGV zu beurteilen. Für Ausschreibungen unterhalb der Schwellenwerte bleibt es bei dem nationalen Wettbewerbsrecht[40]; denn Absprachen bei Vergaben, die wegen des geringeren Umfangs nicht europaweit publiziert wurden, behindern den europäischen Wettbewerb in der Regel nicht. Hier könnte angedacht werden, ob mit dem Tatbestandsentwurf nur der zwischenstaatliche, euro-

---

[39] *Braum*, JZ 2000, 493 (496).

[40] Zur Anwendung von nationalem oder europäischem Wettbewerbsrecht bei Art. 37 der „Europa-Delikte“, *Tiedemann* in: Freiburg-Symposion, S. 279 (292).

päische Wettbewerb geschützt wird, so dass rein regionale[41] Wettbewerbsbeschränkungen nicht erfasst sind. Dagegen sprechen Strafbarkeitslücken[42], die in Mitgliedstaaten ohne Sondertatbestände wie z.B. in Dänemark, Finnland, Griechenland, Irland auftreten könnten, wenn dort Projekte unterhalb der Schwellenwerte mit Gemeinschaftsmitteln vergeben werden.

Die folgende kartellrechtliche Beurteilung soll sich auf die Regelungen des europäischen Kartellrechts beschränken. Nach Art. 81 Abs. 1 EGV sind mit dem Gemeinsamen Markt unvereinbar und verboten alle Vereinbarungen zwischen Unternehmen, Beschlüsse von Unternehmensvereinigungen und aufeinander abgestimmte Verhaltensweisen, welche den Handel zwischen den Mitgliedstaaten zu beeinträchtigen geeignet sind und eine Verhinderung, Einschränkung oder Verfälschung des Wettbewerbs innerhalb des Gemeinsamen Marktes bezwecken oder bewirken. Submissionsabsprachen können grundsätzlich von dieser Regelung erfasst werden. Die Bieter sind als Unternehmer Normadressaten, deren Vereinbarungen geeignet sind, den Wettbewerb zwischen den Bietern zu verfälschen. Soweit Vergaben europaweit ausgeschrieben sind, ist auch der Wettbewerb zwischen den Mitgliedstaaten betroffen. Als in Art. 81 Abs. 1 EGV ausdrücklich benannte Fallgruppen kommen für den Bereich der Submissionsabsprachen Vereinbarungen in Betracht, die gemäß *lit. a)* „die unmittelbare oder mittelbare Festsetzung der An- oder Verkaufspreise oder sonstiger Geschäftsbedingungen" oder gemäß *lit. c)* „die Aufteilung der Märkte oder Versorgungsquellen" zum Inhalt haben[43]. Als nennenswertes Beispiel für wettbewerbswidriges Verhalten auf europäischer Ebene ist der Fall des „Fernwärmetechnik"-Kartells[44] zu nennen, gegen dessen Mitglieder die Kommission Geldbußen in Höhe von insgesamt 92 Mio. ECU erlassen hat[45]. Der in der Entscheidung der Kommission dargestellte Sachverhalt stellt ein Paradebeispiel europäischer Wirtschaftskriminalität dar, der aufgrund der betroffenen Branche (Versorgung / Fernwärmetechnik) besonders die Beeinflussung von Submissionsabsprachen zum Gegenstand hatte[46]. Die dort getroffenen Absprachen bestanden in

41 Bereits die Abschottung nur eines nationalen Marktes kann als zwischenstaatliche Wettbewerbsbe-schränkung verstanden werden, welche die Anwendung von Art. 81 EGV rechtfertigt.

42 Vgl. *Delmas-Marty/Vervaele*, The implementation of the Corpus Juris in the Member States I, S. 110.

43 S. I/M-*Emmerich*, EG-Wettbewerbsrecht, Art. 85 Abs. 1 Rn. 14.

44 Entscheidung der Kommission 1999/60/EG v. 21. 10. 1998 (ABl. 1999 L 24, S. 1 ff.). S. dazu auch BKartA, TB 1997/98, S. 55; *Schultz/Wagemann*, Kartellrechtspraxis, Rn. 864.

45 Zu Submissionsabsprachen als Fallgruppe horizontaler Marktaufteilungsabsprachen, Schröter/Jakob/ Mederer-*Winterstein*, Europäisches Wettbewerbsrecht, Art. 81 – Fallgruppen, Marktabsprachen, Rn. 19.

46 ABl. 1999 L 24, S. 12-43 (Verstöße im Einzelnen).

dem Herausstellen eines „Favoriten", Abgeben von Schutzangeboten, Rückzug aus Projekten oder Nichtbeteiligung an der Ausschreibung, Einrichtung eines Marktinformationssystems und schließlich der Aufforderung an Unternehmen, die den „Favoriten" unterboten haben, ihr Angebot zurückzuziehen oder zu revidieren[47]. Da in dem konkreten Fall keine Freistellungen bei der Kommission beantragt waren und das europäische Wettbewerbsrecht keine Legalausnahmen vorsah, wurden in der „Fernwärmetechnik"-Entscheidung Freistellungsmöglichkeiten nicht angesprochen. Die in Art. 81 Abs. 3 EGV genannten Kriterien der angemessenen Beteiligung der Verbraucher, Verbesserung der Warenerzeugung oder Förderung des technischen Fortschritts, welche sich positiv auf die Verbraucherwohlfahrt auswirken, sind bei Submissionsabsprachen, die überwiegend der Markt- oder Preiskontrolle dienen, ohnehin nicht anzunehmen. Zwar stellen nunmehr die neuen Leitlinien über horizontale Zusammenarbeit[48] zusammen mit den aktuellen Gruppenfreistellungsverordnungen[49] die Politik der Kommission gegenüber Vereinbarungen über horizontale Zusammenarbeit auf eine neue Grundlage, die eine Legalausnahme vorsieht, jedoch ist auch von dort aus keine Legalisierung der Submissionsabsprachen zu erwarten. Bei der Behandlung von (Struktur-)Krisenkartellen ist auf europäischer Ebene ein strenger Maßstab anzulegen, der eine gesetzlich normierte Freistellung, vergleichbar mit § 6 GWB, nicht vorsieht[50]. Allein atypische Situationen mögen im Einzelfall eine Sonderfreistellung von wettbewerbsbeschränkenden Vereinbarungen rechtfertigen[51]. Der Fall zeigt, dass Submissionsabsprachen unter Art. 81 Abs. 1 EGV gefasst werden können.

Neben der Behandlung von wettbewerbsbeschränkenden Absprachen unter den Bietern stellt sich die Frage, ob auch Vertikalkooperationen vom Tatbestand erfasst sind. Der Vorentwurf zu Art. 2 CJ von 1998 sah ausdrücklich die Ahndung von Absprachen zwischen Bietern und Vertretern der Vergabeseite vor. Die Folgestudie des Corpus Juris kam allerdings zu dem Ergebnis, dass die gesonderte Erwähnung von kollusivem Verhalten überflüssig sei, da es mit den vorgeschlagenen Tatbe-

47 ABl. 1999 L 24, S. 54 f. (Rechtliche Würdigung).

48 Leitlinien zur Anwendbarkeit von Art. 81 EGV auf Vereinbarungen über horizontale Zusammenarbeit (ABl. v. 6.1.2001 C 3, S. 2).

49 VO 2658/2000 der Kommission v. 29.11.2000 über die Anwendung von Art. 81 Abs. 3 des Vertrages auf Gruppen von Spezialisierungsvereinbarungen (ABl. 2000 L 304, S. 3); Verordnung 2659/2000 der Kommission v. 29.11.2000 über die Anwendung von Art. 81 Abs. 3 des Vertrages auf Gruppen von Vereinbarungen über Forschung und Entwicklung (ABl. 2000 L 304, S. 7).

50 Vgl. Schröter/Jakob/Mederer-*Winterstein*, Europäisches Wettbewerbsrecht, Art. 81 – Fallgruppen, Marktabsprachen, Rn. 23 ff.: Exkurs Krisenkartelle.

51 Vgl. Schröter/Jakob/Mederer-*Winterstein*, a.a.O. Rn. 28.

ständen der Korruption (Art. 3 CJF) und Untreue (Art. 4 CJF) schon ausreichend erfasst werden könne[52]. Dementsprechend war für die Neufassung des Art. 2 CJ vorgesehen, dass kollusives Verhalten nicht berücksichtigt werden sollte[53]. Der Wortlaut des neu geschaffenen Tatbestandes steht dem jedoch nicht entgegen, da er allgemein auf die Wertungen des Kartellrechtes verweist. Das europäische Kartellrecht zeichnet sich dadurch aus, dass innerhalb von Art. 81 EGV nicht zwischen horizontalen und vertikalen Vereinbarungen unterschieden wird. Dem entsprechend nahe liegt die Überprüfung, ob eine Vereinbarung zwischen einem (An-)Bieter und einem Vertreter der Veranstalterseite geeignet ist, den Wettbewerb zu beschränken. Das Kartellverbot ist sowohl auf das Marktverhalten von Unternehmen der Privatwirtschaft als auch auf das der öffentlichen Unternehmen anwendbar. Öffentlicher Auftraggeber kann auch die Gemeinschaft selbst sein[54]. Die direkte Anwendung des Art. 81 EGV auf ein öffentliches Unternehmen ist möglich, wenn es unternehmerisch tätig wird[55]. Beschaffungsvorgänge der Gemeinschaft, die auf dem freien Markt befriedigt werden sollen, stehen einer unternehmerischen Tätigkeit gleich. Qualifiziert man die Beschaffungstätigkeit der Gemeinschaft als Tätigkeit eines Unternehmens der öffentlichen Hand, ist das Kartellverbot zweifellos anwendbar[56]. Die Vertikalabsprache zwischen einem Bieter und dem Vertreter der Gemeinschaft oder eines Gemeinschaftsunternehmens kann damit eine wettbewerbsbeschränkende Absprache darstellen. Ein solcher Fall lag dem EuGH bisher nicht vor, so dass nur auf die zu Art. 81 EGV bestehenden Fallgruppen abgestellt werden kann. Danach erfüllen Liefer- und Bezugsvereinbarungen insbesondere dann die Tatbestandsvoraussetzungen des Art. 81 EGV, wenn sie eine ausschließliche Verpflichtung zum Gegenstand haben[57]. Eine solche Bezugsbindung kann, wenn auch nur mittelbar durch einen Verfahrensverstoß bewirkt, die Absprache zwischen Bieter und Veranstalter bezwecken oder bewirken. Bei weniger intensiven Einflussnahmen, die keine Ausschließlichkeitsbindung verfolgen, bliebe die Annahme einer Wettbewerbsbeschränkung dem Einzelfall vorbehalten. Die Technik der Freistellung ist der von Horizontalvereinbarungen ähnlich. Anfang der 80er Jahre begann die Kommission, durch den Erlass von Gruppenfreistellungsverordnungen be-

---

52 S. *Delmas-Marty/Vervaele*, The implementation of the Corpus Juris in the Member States I, S. 64.

53 S. *Delmas-Marty/Vervaele*, The implementation of the Corpus Juris in the Member States I, S. 65, 229.

54 *Prieß*, Handbuch des europäischen Vergaberechts, S. 265.

55 EuGH v. 19.1.1994, Slg. I-1994, 43 (63 f.) „Euro-control".

56 Langen/*Bunte*, Art. 81 Rn. 7 m.w.N.

57 Vgl. Schröter/Jakob/Mederer-*Klotz*, Europäisches Wettbewerbsrecht, Art. 81 – Fallgruppen, Liefer- und Bezugsvereinbarungen, Rn. 6.

stimmte Kategorien von Vereinbarungen, insbesondere auch von vertikalen Vereinbarungen, mittels generell-abstrakter sekundärrechtlicher Rechtsakte freizustellen. Die derzeit gültige Gruppenfreistellungsverordnung[58] 2790/1999 enthält eine weit gefasste einheitliche Freistellungsregelung, die keine Unterscheidung zwischen verschiedenen Wirtschaftssektoren vorsieht. Eine Freistellung von Vertikalabsprachen bei öffentlichen Ausschreibungen ist jedoch nicht zu erwarten[59]. Somit ist es möglich, dass von Art. 2 CJF auch Vertikalabsprachen erfasst und sanktioniert werden könnten, wenngleich Art. 81 EGV von der Kommission bisher – soweit ersichtlich – auf Vertikalvereinbarungen bei Auftragsvergaben nicht angewendet wurde.

Im Gegensatz zu Art. 2 CJF, der auf weitere Begehungsformen verzichtet, nannte Art. 2 des Corpus Juris von 1998 neben der (geheimen) Absprache noch die Tatmittel der Drohung, des Versprechens von Vorteilen, der Täuschung oder des kollusiven Zusammenwirkens mit dem für die Auftragsvergabe zuständigen Amtsträgers. Dies wurde zum Teil kritisiert, da es sich dabei um typische Anstiftungshandlungen handele und darüber hinaus die Drohung als Nötigung und die Täuschung unter Umständen als Betrug erfasst werden könne[60]. In der Folgestudie wurde im Rahmen eines Neuentwurfes von Art. 2 CJ die einseitige Mittelbeschreibung des Einsatzes von Geschenken, Versprechen, Drohung und Gewalt gegen die Formulierung der Abgabe eines Angebotes, das auf einer rechtswidrigen Absprache beruht, ausgetauscht[61].

---

[58] Nr. 2790/1999 VO der Kommission über die Anwendung von Art. 81 Abs. 3 des Vertrages auf Gruppen von vertikalen Vereinbarungen und aufeinander abgestimmten Verhaltensweisen (ABl. 1999 L 336, S. 21).

[59] Dazu bereits oben § 8.

[60] Vgl. *Ruegenberg*, Tagungsbericht, ZStW 112 (2000), 269 (274); *Otto* in: Huber (Hrsg.), Das Corpus Juris, S. 141 (152 f.).

[61] Der Verzicht auf diese Tatmittel war durch die an das deutsche Recht angelehnte Initiative eines Rahmenbeschlusses (s. oben § 17) beeinflusst, vgl. *Tiedemann* in: Freiburg-Symposion, S. 293.

§ 23 Würdigung

Art. 2 CJF ist eine konsequente Umsetzung der Erkenntnisse aus der Folgestudie zum Corpus Juris 1998. Diese hatte offen gelegt, dass nur die wenigsten der in den Mitgliedstaaten geltenden Sondertatbestände gegen Submissionsabsprachen auf dem Schutz von Vermögenswerten beruhen. Der Entwurf knüpft deshalb für die nähere Bestimmung der Vereinbarung allein an das Wettbewerbsrecht an und verzichtet auf weitere Mittel der Einflussnahme. Das Bezugsobjekt ist in den Vorschriften des europäischen Kartellrechts, also in Art. 81 Abs. 1 EGV, und den primär- bzw. sekundärrechtlichen Freistellungsbestimmungen zu finden. Für Ausschreibungen, welche die entsprechenden Schwellenwerte nicht erreichen, müsste allerdings auf das nationale Kartellrecht zurückgegriffen werden, da dann keine zwischenstaatliche Beeinträchtigung angenommen werden kann. Durch die neue KartellVO 1/2003 ist der Anwendungsvorrang des europäischen Rechts indes derart ausgeweitet worden, dass nur noch rein regionale Wettbewerbsbeschränkungen nach nationalem Recht entschieden werden können[1]. Das Vorhaben der 7. GWB-Novelle zeigt, dass es insoweit auch zu einer weitgehenden Angleichung der nationalen Rechtstexte an das europäische Vorbild kommt, so dass größere Differenzen in der Rechtsanwendung nicht zu erwarten sind. Der Schutz der finanziellen Interessen der Gemeinschaften, zu dessen Ziel dieser Entwurf vorliegt, wird im Wortlaut des Tatbestandes selbst nicht erwähnt. Der Vermögensschutz begrenzt jedoch den Anwendungsbereich des Tatbestandes. Dies ist durch eine einschränkende Auslegung der Formulierung „EG-Recht" möglich. Der Umstand, dass nur Verfahren, in welchen EG-Recht Anwendung findet, tatbestandlich erfasst sind, zwingt zu einer Auslegung, die unter EG-Recht nicht nur die gemeinschaftsrechtlichen Vergaberichtlinien versteht, sondern auch das Haushaltsrecht der Gemeinschaft fasst. Nur bei zusätzlicher Erheblichkeit der EG-HaushaltsVO ist gewährleistet, dass Verfahren betroffen sind, die mit Mitteln der Gemeinschaft finanziert wurden. Die weitere Ausgestaltung ähnelt stark dem Vorbild des § 298, so dass insoweit auf die dort gemachten Ausführungen verwiesen werden kann.

---

1 Vgl. Bundesministerium für Wirtschaft und Arbeit, Entwurf von Eckwerten der 7. GWB-Novelle, S. 1.

3. Kapitel: Das Grünbuch

§ 24 Hintergrund und Ziel

Die Kommission hat zur Regierungskonferenz 2000 in Nizza einen Beitrag[1] eingereicht, der vorsah, einen Artikel in den EG-Vertrag einzufügen, der die Schaffung einer Europäischen Staatsanwaltschaft ermöglicht. Dieser Vorschlag wurde vom Rat nicht aufgegriffen, da er nicht über die notwendige Zeit verfügte, um ihn zu prüfen und seine praktischen Auswirkungen näher analysieren zu können. Darauf legte die Kommission, wie in ihrem Aktionsplan (2001-2003) zum Schutz der finanziellen Interessen der Gemeinschaft vorgesehen, unter der Federführung von OLAF am 11.12.2001 ein *Grünbuch*[2] zum strafrechtlichen Schutz der finanziellen Interessen der Europäischen Gemeinschaften und zur Schaffung einer Europäischen Staatsanwaltschaft vor. Ziel der Kommission war es, dass Konzept einer Europäischen Staatsanwaltschaft in den Diskussionsprozess des Verfassungskonvents (Beginn 28.2.2002) einzubringen und zum Gegenstand der Erörterungen zu machen. Zu diesem Zweck hat die Kommission das Grünbuch gewählt, welches in der Praxis der Gemeinschaft dazu dient, auf der Grundlage einer ausführlichen Beschreibung und Analyse der Probleme verschiedene denkbare Lösungswege aufzuzeigen und hierzu eine breit angelegte Konsultation der interessierten europäischen Öffentlichkeit, d.h. der europäischen Institutionen, der Mitgliedstaaten, der berufsständischen Organisationen sowie der Industrieverbände, Verbraucherorganisationen usw. durchzuführen[3].

Die Bemühungen zur Vereinheitlichung des Strafrechts sollen mit dem Grünbuch eine neue Grundlage erhalten. Der Schwerpunkt liegt auf einer Vertragsänderung zur Schaffung eines Europäischen Staatsanwaltes, wozu nach Ansicht der Kommission Art. 280 Abs. 4 EGV als Kompetenz nicht ausreicht[4]. Der vorgeschlagene

---

1 Ergänzender Beitrag der Kommission v. 29.9.2000 KOM(2000) 608 zur Regierungskonferenz über die institutionellen Reformen – Strafrechtlicher Schutz der finanziellen Interessen der Gemeinschaft: Das Amt eines europäischen Staatsanwalts.

2 Kommission der EG, Grünbuch zum strafrechtlichen Schutz der finanziellen Interessen der EG und zur Schaffung einer europäischen Staatsanwaltschaft KOM(2001) 715, nachfolgend zitiert als *Grünbuch*.

3 *Tournepiche*, Les communications: instruments privilégiés de l'action administrative de la Commission européenne, Revue du Marché commun et de l'Union européenne, 2002, 55, zit. nach *Brüner/Spitzer*, NStZ 2002, 393.

4 *Grünbuch*, S. 22.

Zusatzartikel 280 a EGV soll einerseits die Einsetzung und die Funktion eines Europäischen Staatsanwaltes regeln, andererseits aber auch der Harmonisierung des materiellen Strafrechts eine ausdrückliche Kompetenz verleihen[5]. In Art. 280 a EGV heißt es unter 3.: „Der Rat legt nach dem Verfahren des Artikels 251 die Bedingungen für die Ausübung des Amtes des Europäischen Staatsanwaltes fest und erlässt insbesondere (a) Vorschriften zur Festlegung der Tatbestandsmerkmale von Betrug und jeder anderen rechtswidrigen Handlung, die gegen die finanziellen Interessen der Gemeinschaft gerichtet ist, sowie der Strafen für alle Straftatbestände;[...]“[6]. Die Kommission schlägt für die Integration von Straftatbeständen zwei unterschiedliche Herangehensweisen vor[7]. Mit der ersten Methode ist eine vollständige Harmonisierung oder gar die Neuschöpfung eines europäischen Strafrechts angestrebt, soweit sie im Verhältnis zum strafrechtlichen Schutz der finanziellen Interessen der Gemeinschaft steht. Die andere Methode liegt in dem vollständigen oder teilweisen Verweis auf das einzelstaatliche Recht. Während der zuerst genannte Weg für die Bereiche gelten soll, für welche die Europäische Staatsanwaltschaft zuständig wäre, z.B. die Definition der Tatbestandsmerkmale von Vergehen, dürfte sich nach Ansicht der Kommission die zweite Methode am besten für die Festlegung allgemeiner Bestimmungen eignen, die über den Schutz der finanziellen Interessen der Gemeinschaft hinausgehen[8]. Bei der Definition der Straftatbestände neigt die Kommission dazu, einem hohen Harmonisierungsgrad den Vorzug zu geben, der ihrem Richtlinienvorschlag vom 23.5.2001 entspricht oder darüber hinausgeht. Da der europäische Staatsanwalt für das gesamte Gemeinschaftsgebiet zuständig ist, erscheint nach dem Grünbuch eine einheitliche Definition der Straftatbestände für die Ausübung seines Amts sogar unabdingbar[9]. Zu diesem Zweck nennt das Grünbuch „als Referenz“ für die Definition der Straftatbestände die materiellen Bestimmungen der PIF-Konvention und deren Zusatzprotokolle, die bereits vollständig in den Richtlinienvorschlag v. 23.5.2001 übernommen wurden[10]. Im Einzelnen sind die Straftatbestände Betrug, Bestechlichkeit und Be-

---

5 S. dazu auch *Jekewitz*, GA 2002, 424 f.; *Schünemann*, GA 2002, 501 (510).

6 Entwurf eines Art. 280 a EGV, abgedruckt in *Grünbuch*, S. 91 f.

7 *Grünbuch*, S. 37.

8 *Grünbuch*, S. 37.

9 *Grünbuch*, S. 38. S. aber auch 2411. Tagung des Rates – Justiz, Inneres und Katastrophenschutz – am 28.2.2002 (Dok. 6533/02, S. 9): „Ferner wurden Bedenken gegen den Vorschlag geäußert, dass der Zuständigkeitsbereich der Europäischen Staatsanwaltschaft – falls diese Stelle geschaffen würde – auf den engen Bereich des Schutzes der finanziellen Interessen der Gemeinschaft begrenzt werden sollte“.

10 Dazu bereits oben § 18 (S. 245).

stechung und die mit diesen Vergehen verbundene Geldwäsche aufgeführt[11]. Die Kommission ist aber auch daran interessiert, die Ergebnisse, die im Rahmen der „Dritten Säule“ des EG-Vertrages (Justiz und Inneres) erzielt worden sind, und die Vorschläge des Corpus Juris (Florenz[12]) heranzuziehen, um die in der Richtlinie enthaltenen Tatbestände weiter auszugestalten oder durch neue Bestimmungen zu ergänzen. Dazu soll auch ein Vorschlag für die Schaffung eines Tatbestandes gegen Ausschreibungsbetrug gehören. Die Aufnahme weiterer Straftatbestände in den Katalog der Finanzschutzdelikte trifft in Deutschland auf unterschiedliche Resonanz. Der Bundesrat beschloss am 31.5.2002 zum Grünbuch, dass die Zuständigkeit einer Europäischen Staatsanwaltschaft sich auf die von der PIF-Konvention und deren Zusatzprotokolle geregelten Straftaten zum Schutz des europäischen Finanzhaushaltes beschränken soll[13]. Weiterer Harmonisierungsbedarf bestehe weder bei den Straftatbeständen noch hinsichtlich der Strafen oder gar bei Regelungen des Allgemeinen Teils. In der Gemeinsamen Stellungnahme der Bundesregierung und der Länder der Bundesrepublik Deutschland zum Grünbuch heißt es dagegen zu Frage 2 des Grünbuchs (Für welche Straftatbestände sollte der Europäische Staatsanwalt zuständig sein?): „Es erscheint schlüssig, dass eine Europäische Staatsanwaltschaft zuständig wäre für die Verfolgung von[...] – Straftaten des Ausschreibungsbetrugs, sofern die Auftragsvergabe durch die Gemeinschaften erfolgt“[14].

---

11 *Grünbuch*, S. 38 ff.

12 Verweise auf das Corpus Juris im Grünbuch beziehen sich auf diese zweite Fassung (sog. Fassung von Florenz), vgl. *Grünbuch*, S. 8 Fn. 7.

13 Beschluss des Bundesrates im Rahmen einer Stellungnahme zum Grünbuch, BT-Drs. 51/02 Nr. 7.

14 Gemeinsamen Stellungnahme der Bundesregierung und der Länder der Bundesrepublik Deutschland zum Grünbuch, S. 5. Abrufbar unter: www.europa.eu.int./comm/anti_fraud/green_paper/index_en. html.

§ 25 Der Grünbuchentwurf eines Straftatbestandes gegen Ausschreibungsbetrug

Das Grünbuch sieht unter Punkt 5.2.2.1 den skizzierten Entwurf eines Tatbestandes „Ausschreibungsbetrug" vor. Die Aufnahme des Straftatbestandes erscheint nach Ansicht der Kommission angesichts der hohen Geldbeträge und der festgestellten Regelungslücken in mehreren Mitgliedstaaten zweckmäßig[1], zudem erweise sich der Betrugstatbestand bei Submissionsabsprachen als wenig hilfreich, da der materielle Schaden, der von solchen Vereinbarungen ausgeht, nur schwer nachzuweisen ist. Die Kommission schlägt gleichwohl eine betrugsnahe Lösung vor:

> „Als gemeinsamer Straftatbestand ausgestaltet werden könnte daher der Umstand, dass die Vergabestelle mit Mitteln, die gegen die gemeinschaftsrechtlichen Vergabevorschriften verstoßen (z.B. eine rechtswidrige Vereinbarung), zur Annahme eines bestimmten Angebots, das die finanziellen Interessen der Gemeinschaften schädigt oder schädigen könnte, bewegt wird, oder dass der entsprechende Versuch unternommen wird"[2].

Der Tatbestandsentwurf ist vom übrigen Text des Grünbuchs nicht abgesetzt, dennoch sollte eine gedankliche Umformulierung in eine geschlossene Tatbestandsumschreibung möglich sein. Entsprechend der in dieser Arbeit eingehaltenen Vorgehensweise, soll der Entwurf an den bewährten Kriterien gemessen werden.

I. Rechtsgut und Deliktstyp

Der Tatbestandsentwurf schützt die finanziellen Interessen der Gemeinschaften, die bei der Finanzierung von öffentlichen Vorhaben betroffen sind. Im Gegensatz zu dem Fall der Einnahmenverkürzung handelt es sich hier um Finanzmittel, die bereits als Aktiva dem Gemeinschaftshaushalt unterliegen. Entsprechend der deutschen Rechtsgutsterminologie kann somit von einem Schutz des „Vermögens" gesprochen werden. Ebenbürtig mit dem Gemeinschaftsvermögen dürfte auch das europäische Vergabewesen als Rechtsgut in Betracht kommen, da der Handlungsunwert allein in dem Verstoß gegen die gemeinschaftsrechtlichen Vergabevorschriften liegt und somit auch die ordnungsgemäße Durchsetzung des Verfahrens garantiert werden soll. Der bei der Vergabe generierte Wettbewerb ist nicht er-

---

1 *Grünbuch*, S. 40, mit Hinweis auf *Delmas-Marty/Vervaele*, The implementation of the Corpus Juris in the Member States I, S. 228 ff.

2 Grünbuch, S. 41.

wähnt und kann allenfalls mittelbar über die Vergabevorschriften berücksichtigt werden.

Die Einordnung des Delikts ergibt sich aus der im Entwurf vorgeschlagenen Formulierung des Taterfolgs: „die finanziellen Interessen schädigt oder schädigen könnte". Damit soll eine Vermögensgefährdung ausreichen. Das ist die Folge der im Grünbuch zuvor erklärten Erkenntnis, dass „der materielle Schaden nur schwer nachweisbar ist"[3]. Um dieses Beweisproblem zu vermeiden, wählt das Grünbuch den Deliktstyp des *Vermögensgefährdungsdeliktes*[4]. Durch die Möglichkeit der schlichten Vermögensgefährdung ist das Erfordernis eines „Schadens" nur noch deklaratorischer Natur, so dass der Schadensnachweis nicht mehr erbracht werden muss. Die noch zu § 298 (unberechtigterweise) vorgebrachte Kritik, dass es sich lediglich um eine Verdachtsstrafe[5] für nicht nachweisbaren Betrug handele, kann für den Grünbuchvorschlag nicht so deutlich wie dort zurückgewiesen werden. Auf diesem Wege wird der allgemein gegen europäische Kriminalisierungsvorhaben vorgebrachten Kritik Vorschub geleistet, dass nur eine „extensive" Harmonisierung, also Kriminalisierung, Schließung von Strafbarkeitslücken und die Verschärfung von Strafen und Strafrahmen beabsichtigt sei[6].

II. Anwendungsbereich

Der Anwendungsbereich des Tatbestandsentwurfs erhält eine Einschränkung durch den Umstand, dass durch die Tat eine Schädigung oder Gefährdung der finanziellen Interessen der Gemeinschaft erforderlich ist. Damit werden nur die öffentlichen Auftragsvergaben erfasst, die mit Mitteln der Gemeinschaften finanziert werden, da es nur bei solchen Vergaben auch zu Einwirkungen auf das Gemeinschaftsvermögen kommen kann. Eine ordentliche Bereitstellung der Finanzmittel nach EG-Haushaltsrecht ist nicht erforderlich, auch wenn in der Praxis davon auszugehen ist. Nach der gemeinsamen Stellungnahme der Bundesregierung und der Länder der

---

3 *Grünbuch*, S. 40.

4 Der Entwurf setzt zudem voraus, dass die Vergabestelle zur Annahme eines bestimmten Angebotes bewegt wird. Dies ist aber nur dann tatbestandsmäßig, wenn das Gemeinschaftsvermögen geschädigt oder gefährdet wird.

5 Vgl. *Möllering*, WRP 1997, 935.

6 S. dazu *Eser* in: BKA (Hrsg.), Verbrechensbekämpfung in europäischer Dimension, S. 25: „Breitbandkriminalisierung"; *Hassemer* in: Zieschang (Hrsg.), Strafrecht und Kriminalität in Europa, S. 5 (19): „Entgleisungen"; *Prittwitz*, ZStW 113(2001) 774 (796): „Expansives Feindstrafrecht"; *Vogel* in: Strafrecht in Europa, S. 29 (55): „Hohe Punitivität, geringe Strafrechtskritik".

Bundesrepublik Deutschland zum Grünbuch soll eine Europäische Staatsanwaltschaft nur dann für Straftaten des Ausschreibungsbetrugs zuständig sein, wenn die Auftragsvergabe durch die Gemeinschaften erfolgt[7]. Dies ist dem Wortlaut des Tatbestandsentwurfs so nicht zu entnehmen. Aus dem Haushaltsrecht der Gemeinschaft ergibt sich vielmehr, dass im Außenbereich auch andere Personen bzw. Einrichtungen als die Gemeinschaftsorgane Auftraggeber sein können[8]. Die Auftraggebereigenschaft für andere Einrichtungen ist von der HaushaltsVO indes nur für den Außenbereich vorgesehen, in welchem eine zukünftige europäische Staatsanwaltschaft ohnehin keine Befugnisse hätte[9]. Im Ergebnis führen das Kriterium der Betroffenheit von Gemeinschaftsvermögen oder die Eigenschaft der Gemeinschaft als Auftraggeber zu gleichen Ergebnissen. Als relevante Vergabearten kommen die in Art. 91 EG-HaushaltsVO genannten Verfahren (offenes, nichtoffenes, Wettbewerbs- und Verhandlungsverfahren) in Betracht. Aufgrund der für den Anwendungsbereich konstitutiven Vermögensrelevanz ist der Schutz von so genannten „Wettbewerbsverfahren“ jedoch abzulehnen, wenn dort kein finanzieller Transfer von Gemeinschaftsmitteln erfolgt[10].

III. Täterkreis

Der Wortlaut des Tatbestandsvorschlags gibt keine Begrenzung des Täterkreises vor, doch spricht die unpersönliche Formulierung („dass die Vergabestelle[...]bewegt wird), deutlicher als § 298 oder auch Art. 2 CJF dafür, dass vorwiegend Einflussnahmen durch Bieter erfasst werden sollen. Eine Erfassung der Personen auf Auftraggeberseite ist dennoch nicht ausgeschlossen, da Verstöße gegen die gemeinschaftsrechtlichen Vergabevorschriften auch durch Vertreter der Vergabestelle begangen werden können. Das Ziel, die Vergabestelle zur Annahme eines Angebots zu bewegen, das die finanziellen Interessen der Gemeinschaften

---

7 S. oben § 24 (S. 281).

8 Nach Art. 167 Abs. 1 S. 2 HaushaltsVO sind öffentliche Auftraggeber im Sinne dieses Kapitels: „[...]a) die Kommission im Namen eines oder mehrere Empfänger, b) der oder die Empfänger, c) eine nationale oder internationale Einrichtung oder eine natürliche oder juristische Person, die mit der Kommission eine Finanzierungs- oder Finanzhilfevereinbarung zur Durchführung einer Maßnahme im Außenbereich geschlossen hat“.

9 *Grünbuch*, S. 27: „Die Kommission schlägt vor, dass die Europäische Staatsanwaltschaft die Befugnisse, die ihr übertragen werden könnten, im gesamten Gebiet der Gemeinschaften, wie es in Artikel 299 EG-Vertrag definiert ist, ausübt“.

10 Nach Art. 122 Abs. 4 DurchführungsVO dienen Wettbewerbsverfahren dazu, dem öffentlichen Auftraggeber einen Plan zu verschaffen, der von einem Preisgericht aufgrund vergleichender Beurteilung mit oder ohne Verteilung von Preisen vorgeschlagen wird.

schädigt oder schädigen könnte, steht einer Täterschaft von Vergabemitarbeitern nicht entgegen.

IV. Mittel der Einflussnahme

Als Handlungsunwert sieht der Grünbuchentwurf die Anwendung von *Mitteln* vor, die gegen die *gemeinschaftsrechtlichen Vergabevorschriften* verstoßen. Die Aufführung von einzelnen Tatmitteln zur Umschreibung des Handlungsunwertes ist in dieser Untersuchung nicht neu und wurde bereits in den französischen und italienischen Straftatbeständen dargestellt. Dort waren im Wesentlichen Täuschung, Versprechen, Kollision, Absprachen, Drohung und Zwang genannt. Das Grünbuch gibt als Beispiel für ein Tatmittel, das gegen gemeinschaftsrechtliche Vergabevorschriften verstößt, allein die „rechtswidrige Vereinbarung" vor. Im Gegensatz zu anderen Handlungsvarianten stellt die *Vereinbarung* als solche nicht von sich aus einen Handlungsunwert dar. Deshalb bedarf sie einer näheren Umschreibung, sei es durch den Zusatz der Heimlichkeit, sei es durch die Nennung einer Bezugsrechtsordnung. Aus dem Verweis auf die gemeinschaftsrechtlichen Vergabevorschriften muss geschlossen werden, dass sich die Rechtswidrigkeit für die Vereinbarung allein und unmittelbar aus einem Verstoß gegen *Ge- oder Verbote* der Vergaberichtlinien oder der EG-HaushaltsVO ergeben soll. Die maßgeblichen gemeinschaftlichen Vergabevorschriften sind die Richtlinien 92/50/EWG, 93/36/EWG, 93/37/EWG, 93/38/EWG über die Koordinierung der Verfahren zur Vergabe öffentlicher Dienstleistungs-, Liefer-, Bauaufträge und Sektorenaufträge[11]. Adressaten dieser Vergaberichtlinien sind vor allem die Mitgliedstaaten, welche die Aufgabe haben, gleiche Bedingungen für den Wettbewerb um öffentliche Aufträge zu schaffen[12]. Darüber hinaus werden in den Richtlinien aber auch die öffentlichen Auftraggeber[13] angesprochen[14]. Wird eine Vereinbarung getroffen, die einen öffentlichen Auftraggeber zu einem Verstoß (z.B. gegen Verfahrenswahl, Teilneh-

---

11 Jeweils i.d.F. der Änderungsrichtlinien 97/52/EG v. 13 10.1997 (ABl. v. 28.11.1997 L 328, S. 1 ff.) und 98/4/EG v. 16.2.1998 (ABl. v. 1.4.1998 L 101, S. 1 ff.). Die Regelungen der sog. Überwachungsrichtlinien 89/665/EWG (ABl. 1989 L 395, 33 ff.) und 92/12/EWG (ABl. 1992 L 76, S. 14 ff.) können in diesem Zusammenhang unberücksichtigt bleiben.

12 Vgl. RL 97/52/EWG Erwägungsgrund 2.

13 Es handelt sich in erster Linie um die verschiedenen staatlichen Gebietskörperschaften und ihre Verbände, sowie andere Anstalten und Stiftungen des öffentlichen Rechts, vgl. Art. 1 b der Bau-, Liefer-, und Dienstleistungsrichtlinie.

14 Vgl. z.B. Art. 3 Abs. 3; Art. 6 Abs. 3 S. 2; Art. 7 Abs. 2, 3; Art. 10 Abs. 3; Art. 11 Abs. 12; Art. 12 Abs. 4; Art. 17 Baurichtlinie (93/37/EWG).

merauswahl, Veröffentlichung, Frist etc.[15]) verpflichtet, so ist diese rechtswidrig. In Art. 22 Abs. 4 der Baurichtlinie ist zudem ein *Diskriminierungsverbot* aufgestellt, das die Ungleichbehandlung von Unternehmen anderer Mitgliedstaaten untersagt. Der Grünbuchentwurf wird mit der gewählten Formulierung Absprachen zwischen Bietern und Vertretern der Vergabeseite erfassen können, die einen Vergabeverstoß zum Inhalt haben[16]. Mit der gewählten Anknüpfung an die Vergaberichtlinien kann jeder Verfahrensverstoß des Auftraggebers, der auf eine Vereinbarung mit einem Bieter zurückgeht, bestraft werden. Dabei ist die Bezugnahme nicht auf wesentliche Vergabevorschriften oder Vergabegrundsätze beschränkt, so dass zunächst auch Bagatellfälle erfasst sind, die erst bei der Prüfung der Vermögensgefährdung ausgeschieden werden könnten.

Wie verhält es sich jedoch mit Absprachen zwischen Bietern? Es ist anzunehmen, dass auch diese Konstellation von dem Entwurf erfasst werden sollte. Sucht man aber in den genannten Vergaberichtlinien nach konkreten Ge- oder Verboten, die sich an die Bieter richten, wird man feststellen, dass gegenüber den Bietern keine erkennbaren Pflichten aufgestellt wurden, gegen die verstoßen werden könnte[17]. Eine vergleichbare Regelung wie in § 2 Nr. 1 S. 2 und 3 oder § 25 Nr. 1 Abs. 1 c VOB/A[18], wonach Wettbewerbsbeschränkungen zu bekämpfen und Angebote, die auf wettbewerbsbeschränkenden Absprachen beruhen, auszuschließen sind, fehlt in den genannten Vergaberichtlinien. Die in Frage kommenden Vorschriften zur Geheimhaltung von Angeboten oder Umständen der Vergabe, verpflichten nur die Auftraggeber und verbieten nicht die Kooperation von Bietern. Das einzige kriminalpolitische Element der Richtlinien ist in den Eignungskriterien zu finden, die den Ausschluss von Unternehmern anordnen, die mit rechtskräftigem Urteil aus Gründen bestraft worden sind, die ihre berufliche Zuverlässigkeit in Frage stellen, da sie im Rahmen ihrer beruflichen Tätigkeit schwere Verfehlungen begangen haben oder sich bei der Erteilung von Auskünften in erheblichem Maße falscher Erklärungen schuldig gemacht haben[19]. Daraus ist indes kein Verbot gegen Horizontalkooperationen abzuleiten. Die geltenden Vergaberichtlinien beinhalten also für die Anbieterseite überwiegend *neutrale* Verfahrensablaufvorschriften.

---

15 Zu den Möglichkeiten vertikaler Kooperation s. oben § 5 II.

16 Ähnlich Überlegungen bei *Tiedemann* in: Freiburg-Symposion, S. 279 (288).

17 *Tiedemann* in: Freiburg-Symposion, S. 279 (288 f.).

18 S. ebenfalls § 2 Nr. 1 Abs. 1 und 2 VOL/A.

19 Art. 24 lit. c, d, g Baurichtlinie; Art. 29 lit. c, d, g Dienstleistungsrichtlinie; Art. 20 Abs. 1 lit. c, d, g Lieferrichtlinie. Vgl. Wabnitz/Janovsky-*Dannecker*, Kap. 8 Rn. 60.

Als weitere Bezugsnormen kommt für den Grünbuchentwurf die EG-HaushaltsVO in Betracht[20]. Die Verordnung stellt in ihren Bestimmungen über die öffentliche Vergabe indes auch keine ausdrücklichen Pflichten gegenüber den Bietern auf. Allein in Art. 89 Abs. 2 EG-HaushaltsVO wird darauf hingewiesen, dass Vergabeverfahren auf der Grundlage eines möglichst breiten Wettbewerbs durchgeführt werden sollen. Ob dies als Grundlage für einen Verstoß im Sinne des Grünbuchentwurfs ausreicht, ist zweifelhaft, da ein direktes Verbot der Vorschrift nicht zu entnehmen ist. Auch eine Bezugnahme auf das europäische Wettbewerbsrecht ist nicht möglich, da es über den eindeutigen Wortlaut des Entwurfs hinausgehen würde. Damit ist der Grünbuchentwurf mit dem Mittel Vereinbarung und dem Verweis auf geltende Vergabevorschriften untauglich, Horizontalkooperationen zu erfassen.

---

[20] S. dazu oben § 22 III. (S. 270).

§ 26 Würdigung

Der Grünbuchentwurf ist – mehr verspricht der Wortlaut auch nicht – ein Diskussionsvorschlag. Wichtiger als eine detaillierte Ausformung und die Rücksichtnahme auf dogmatische Vorbehalte war es der Kommission, die wesentlichen Aspekte in der Tatbestandsformulierung selbst wieder zu finden. So ist ersichtlich, dass nur der Schutz der finanziellen Interessen der Gemeinschaften bezweckt werden sollte. Anders als Art. 2 CJF nimmt der Grünbuchentwurf die Voraussetzung der Schädigung bzw. Gefährdung des Gemeinschaftsvermögens als Taterfolg in den Entwurftext auf und verdeutlicht damit den sektoriellen Ansatz. Eine Anwendung über den Finanzschutz hinaus auf Vergaben nach Gemeinschaftsrecht, wie es bei Art. 2 CJF grundsätzlich möglich wäre[1], sollte ausgeschlossen werden. Folge dieser deutlichen Einschränkung ist, dass der Entwurf den Charakter eines Vermögens(gefährdungs)deliktes hat. Dies geschieht im Grunde ohne Not, da der Tatbestand einen konkreten Taterfolg mit der Bezugnahme auf das Vergaberecht beschreiben könnte. Weiterhin knüpft der Entwurf nicht an wettbewerbliche Vorschriften an, sondern verlangt ein Tatmittel, das gegen die gemeinschaftsrechtlichen Vergabevorschriften verstößt. Die Regelungen der Vergabeverfahren stellen den sachnächsten Normenkomplex dar, der durch ein Fehlverhalten beeinträchtigt wird. Soll ein Straftatbestand gegen Verstöße bei Vergabeverfahren gebildet werden, ist es auch sachgerecht, an die dort aufgestellten Ge- oder Verbote anzuknüpfen. Die von der Kommission vorgeschlagene Anknüpfung zeugt von der Annahme, in den Vergabevorschriften eine mögliche Grundlage für das Bezugsobjekt eines Straftatbestands vorzufinden. Damit wurde ein Konzept gewählt, das in Deutschland bisher kaum diskutiert wurde[2], aber auch in Frankreich und Italien trotz ähnlicher Ansätze so deutlich nicht angesprochen wurde. Die von dem Grünbuchentwurf gewählte Bezugnahme auf die europäischen Vergabevorschriften bringt jedoch das Problem mit sich, dass konkrete Vorschriften, gegen welche die Bieter verstoßen könnten, den gemeinschaftlichen Regelungen nicht zu entnehmen sind. Damit ist es dem Entwurf in der vorliegenden Form nicht möglich, Absprachen zwischen Bietern zu erfassen. Allerdings eröffnet der von der Kommission gewählte Ansatz eine neue Perspektive, mit der unerwünschte Einflussnahmen auf Vergabeverfahren erkannt und bei einer entsprechenden tatbestandlichen Ausgestaltung auch bekämpft werden könnten.

---

1 S. aber die einschränkende Auslegung zum Anwendungsbereich von Art. 2 CJF oben § 22 III. (S. 269).

2 Überlegungen zu dem Schutzgut Vergabewesen bei *Franzen*, Strafbarkeit, S. 145; *Jaath* in: FS-Schäfer, S. 89 (113); *Oldigs*, Möglichkeiten, S. 133; *Satzger*, Submissionsbetrug, S. 54.

4. Kapitel: Die „Europa-Delikte“

§ 27 Das Forschungsprojekt

Der Entwurf der „Europa-Delikte“ geht zurück auf die Verleihung des Max-Planck-Forschungspreises für internationale Kooperation 1995 an *Tiedemann*. Ergebnis des darauf folgenden Forschungsprojektes war die Ausarbeitung des Modelstrafgesetzbuchs „Europa-Delikte“[1], das im Oktober 2000 in Freiburg auf dem zweitägigen Symposion „Wirtschaftsstrafrecht in der Europäischen Union“ nach abschließender Diskussion sowie der Kritik deutscher und ausländischer Forscher vorgestellt wurde. Der Sache nach ergänzen die „Europa-Delikte“ das Corpus Juris zum Schutz der finanziellen Interessen der EG[2]. Der Allgemeine Teil stimmt weitgehend mit dem des Corpus Juris überein und versucht lediglich genauere und detailliertere Regeln zu treffen. Die Vorschriften des Besonderen Teils betreffen aber im Gegensatz zum Corpus Juris und zum Grünbuch nicht den strafrechtlichen Schutz der EG-Finanzen, sondern den der Grundfreiheiten des EG-Vertrages und jener Materien, die der – zunächst außerstrafrechtlichen – Harmonisierungskompetenz der EG unterliegen. Das sind Arbeitsschutz, Verbraucherschutz und Umweltschutz sowie die Gemeinschaftsmarke, die EG-Embargos, die Europäische Aktiengesellschaft und die Europäische Privatgesellschaft. Die Entwicklung der Tatbestandsvorschläge wurde im Gegensatz zum Corpus Juris nicht durch einen amtlichen Auftrag initiiert. Die „Europa-Delikte“ wurden vielmehr in der Erwartung und Hoffnung entwickelt, dass entweder die EU-Kommission oder die Mitgliedstaaten die Vorschläge zum Anlass für eine Anpassung der mitgliedstaatlichen Rechtsordnungen und insbesondere für Initiativen zur Vereinheitlichung der Tatbestandsbeschreibungen nach dem dritten Pfeiler nehmen[3].

1 Bestehend aus 58 Artikel, abgedruckt in: Freiburg-Symposion, S. 449 ff.

2 S. oben § 21.

3 Die hier erfolgte Einführung zu den „Europa-Delikten“ stützt sich auf *Tiedemann* in: Freiburg-Symposion, S. IX ff.

§ 28 Art. 37 der „Europa-Delikte"

Der Besondere Teil der „Europa-Delikte" ist in sieben Abschnitte unterteilt, die durch unterschiedliche Experten formuliert wurden. Art. 37 der „Europa-Delikte" ist Teil des zweiten Abschnittes „Schutz der Verbraucher und des Wettbewerbs". Neben Delikten, die dem Verbraucherschutz dienen, sind dort die Tatbestände gegen „Allgemein irreführende Werbung (einschließlich für Kapitalanlage)" (Art. 35), „Bestechung und Bestechlichkeit im Wirtschaftsverkehr" (Art. 36) und „Wettbewerbsbeschränkende Manipulationen bei Ausschreibungen" (Art. 37) geregelt. Die Konstruktion dieser Tatbestandsvorschläge und deren Begründung oblag der Verantwortung von *Tiedemann*[1]. Art. 37 „Europa-Delikte" lautet:

> „1. Wer bei einer Ausschreibung über die Vergabe von Aufträgen zur Lieferung von Waren oder zur Erbringung von gewerblichen Leistungen oder bei einer öffentlichen Versteigerung
> a) ein Angebot abgibt, das auf einer rechtswidrigen Absprache beruht;
> b) Drohung, Täuschung oder Zwang gegenüber Mitbewerbern anwendet;
> c) Mitbewerbern Vorteile zuwendet oder verspricht, oder
> d) kollusiv mit Personen zusammenwirkt, die für die Auftragsvergabe zuständig oder in diese eingeschaltet sind,
> wird mit [...] bestraft. Der Ausschreibung nach Satz 1 stehen Verfahren freihändiger Vergabe und Entwurfswettbewerbe gleich.
> 2. Der Versuch ist strafbar.
> 3. Wettbewerber, die aus der Tat vorsätzlich wirtschaftlichen Gewinn gezogen haben, können bis zu [...] Jahren von öffentlichen Aufträgen und Versteigerungen ausgeschlossen werden.
> 4. Straflos bleibt, wer freiwillig verhindert, dass aufgrund der Ausschreibung oder Versteigerung ein Zuschlag erteilt, ein Vertrag abgeschlossen, ein Preis verliehen oder vom Veranstalter eine Leistung erbracht wird. Freiwillige und ernsthafte Bemühungen des Täters reichen für die Straflosigkeit aus, wenn Zuschlag, Vertragsschluss, Preisverleihung oder Leistung unabhängig von ihnen unterbleiben"[2].

I. Rechtsgut und Deliktstyp

Art. 37 „Europa-Delikte" schützt den *Wettbewerb* bei Ausschreibungen und Versteigerungen auf nationaler wie europäischer Ebene. Dies ergibt sich systematisch aus der Einordnung in den zweiten Abschnitt der „Europa-Delikte" sowie der Überschrift des Tatbestandes selbst. Das tatbestandsmäßige Verhalten lässt darüber hinaus eine weitere Konkretisierung zu. Die in litt. a und b aufgeführten Hand-

---

1 Begründung des Tatbestandes durch *Tiedemann* in: Freiburg-Symposion, S. 288 ff.

2 Text abgedruckt in: Freiburg-Symposion, S. 470 f.

lungsalternativen beschreiben Absprachen unter Bietern oder Zusammenwirken von Bietern und Mitarbeitern der Vergabestelle, die den gesetzlich vorgesehenen Ablauf des Vergabewettbewerbs verfälschen. Litt. b und d kriminalisieren hingegen Einflussnahmen auf die Entscheidungs- und Betätigungsfreiheit der Wettbewerber. Die Handlungsalternativen geben damit den parallelen Institutionen- und Individualschutz des Wettbewerbs wieder[3]. Zugleich enthält Art. 37 „Europa-Delikte" aber auch eine deutlich Parallele zum Betrug[4]. Der Entwurf sieht in seinem vierten Absatz eine Tätige-Reue-Regelung vor, nach der es für die Straflosigkeit unter anderem ausreicht, wenn freiwillig verhindert wird, dass aufgrund der Ausschreibung eine Leistung erbracht wird. Eine vorangegangene Wettbewerbsbeeinträchtigung braucht somit nicht abgewendet zu werden; ausreichend ist vielmehr die Verhinderung der Leistungserbringung. Auch der dritte Absatz des Tatbestandes enthält eine Bezugnahme auf Vermögenswerte. Er stellt für den Eintritt einer Nebenfolge darauf ab, ob aus der Tat vorsätzlich wirtschaftlicher Gewinn gezogen wurde. Diese Bezugnahmen an Vermögenswerte reichen indes nicht aus, um das Vermögen als mitgeschütztes Rechtsgut innerhalb von Art. 37 „Europa-Delikte" anzusehen, denn der Tatbestand ist gerade auch dann erfüllt, wenn keine Überhöhung der Angebote festgestellt werden konnte. Eine Gefährdung des Vermögens von Veranstalter oder Mitbewerber ist für die Vollendung des Tatbestandes irrelevant. Der Tatbestandsentwurf ist damit zugleich als *Verletzungsdelikt* einzuordnen. Den geschützten Wettbewerb verletzt z.B., wer bei einer Ausschreibung ein Angebot abgibt, das auf einer rechtswidrigen (wettbewerbswidrigen) Absprache beruht. Mit dem Zugang des rechtswidrig abgesprochenen Angebots wird der bei einer Ausschreibung oder Versteigerung erwartete konkrete Preisbildungsprozess (bei einem Entwurfswettbewerb der konkrete Verfahrensablauf[5]) gestört. Die für § 298 erforderliche Finalität der Absprache, den Veranstalter zur Annahme eines bestimmten Angebotes zu veranlassen, ist bei Art. 37 „Europa-Delikte" nicht erforderlich.

II. Anwendungsbereich

Der Anwendungsbereich ist bei einer *Ausschreibung* über die Vergabe von Aufträgen zur Lieferung von Waren und Lieferungen oder zur Erbringung von gewerblichen Leistungen oder bei einer öffentlichen *Versteigerung* eröffnet. Oberbegriff ist damit zum einen die „Ausschreibung". Darunter fallen neben der offenen und be-

3 S. oben § 2 II.

4 *Tiedemann* in: Freiburg-Symposion, S. 293.

5 Dazu sogleich unter § 28 II.

schränkten Ausschreibung deren gemeinschaftsrechtliche Gegenstücke des „offenen" und des „nichtoffenen Verfahrens". Anders als in § 298 soll dies aber unabhängig davon gelten, ob ein Teilnahmewettbewerb vorher durchgeführt worden ist oder nicht[6]. Nach Abs. 1 S. 2 stehen der Ausschreibung die „freihändige Vergabe" und „Entwurfswettbewerbe" gleich. Der freihändigen Vergabe entspricht bei Erreichen der jeweiligen Schwellenwerte auch das „Verhandlungsverfahren". Die von *Tiedemann*[7] gewählte begriffliche Neuschöpfung des *Entwurfswettbewerbs* soll zudem jegliche Formen der Teilnahmewettbewerbe und der auf Gemeinschaftsebene gleichbedeutenden „Wettbewerbe"[8] erfassen. Zusätzlich soll der Begriff alle Raum-, Stadtplanungs-, Architektur- und ähnliche Wettbewerbe um Planungen und Entwürfe beinhalten[9]. Allerdings führen Entwurfswettbewerbe nicht zwangsläufig zu wirtschaftlichen Vorteilen siegreicher Bewerber und entsprechenden Nachteilen bei den Ausschreibenden, da zum Teil der Preis als rein immaterielle Anerkennung ausgelobt ist und der Sieger seine Rechte am Entwurf zumeist an den Ausschreibenden überträgt[10]. Für einen grundsätzlichen Schutz dieser Verfahren spricht, dass auch reine Entwurfswettbewerbe finanzielle Folgewirkungen haben können, wenn z.B. auf den Erfolg im Wettbewerb der Auftrag über die Ausführung des Werkes oder zumindest deren Überwachung folgt. Zudem hat der Ausschreibende auch ein schützenswertes Interesse am freien Wettbewerb (nur) der Entwürfe[11]. Andererseits führt die Aufnahme der Entwurfswettbewerbe dazu, dass dadurch Verfahren gleichgesetzt werden, die keinen Preisbildungsprozess zwischen den teilnehmenden Anbietern bewirken. Entwurfswettbewerbe enthalten keine Kostendarstellung für ein zu fertigendes Werk, sondern verkörpern in der Regel ein Projekt oder einen Plan. Inwiefern dabei der Inhalt der Beiträge, also das „Wie", abgestimmt werden kann, ist fraglich. Dennoch können auch diese Verfahren wettbewerbswidrigen Verhaltensweisen ausgesetzt sein. Unabhängig von der inhaltlichen Ausgestaltung des Wettbewerbs kann jedenfalls das „Ob" einer Teilnahme Gegenstand einer Absprache sein. Das Abhalten eines Mitbewerbers von der Teilnahme durch Absprache, Drohung oder Versprechungen ist auch bei einem Entwurfswettbewerb möglich. Darüber hinaus ist die (vertikale) Einwirkung auf Preisrichter bei Entwurfswettbewerben besonders effektiv, da immaterielle Wertungskriterien nur eingeschränkt überprüfbar sind. Diese extensive Ausgestaltung des Anwendungs-

---

6 *Tiedemann* in: Freiburg-Symposion, S. 291.

7 *Tiedemann* in: Freiburg-Symposion, S. 292.

8 S. dazu oben § 3 (S. 79).

9 *Tiedemann* in: Freiburg-Symposion, S. 292.

10 *Tiedemann* in: Freiburg-Symposion, S. 292.

11 *Tiedemann* in: Freiburg-Symposion, S. 292.

bereichs übertrifft die bestehenden nationalen Standards. Allein Italien plant mit einem Gesetzentwurf[12] zu Art. 353 und Art. 354 codice penale, den Anwendungsbereich generell auf alle Wettbewerbe, die augenscheinlich öffentlich sind, zu erweitern. Diese Umschreibung trifft im Grunde auch für den Anwendungsbereich des Art. 37 „Europa-Delikte" zu. Eine solche Kurzdefinition unterstellt, wäre davon auszugehen, dass der Tatbestand auch den „Wettbewerbsdialog"[13] erfasst, der auf europäischer Ebene als neues Vergabeverfahren eingeführt werden soll.

Aus deutscher Sicht besonders interessant ist schließlich die Aufnahme der „öffentlichen Versteigerung" in den Tatbestand. Manipulationen bei Versteigerungen waren in Deutschland bisher nicht Gegenstand einer Strafnorm[14], allein der Regierungsentwurf[15] § 270 E 1962 enthielt eine Ausweitung der Strafbarkeit auf Versteigerungen. Im europäischen Vergleich der Rechtsordnungen ist indes festzustellen, dass in Belgien, Frankreich, Italien, Luxemburg und Spanien seit langem ein strafrechtlicher Schutz von Versteigerungen besteht. Art. 37 „Europa-Delikte" erfasst nun aber nicht alle Versteigerungsformen, sondern beschränkt sich auf Versteigerungen, die ein gesetzlich anerkanntes Interesse voraussetzen. Diese Konkretisierung des Anwendungsbereichs ist so, wie in § 383 Abs. 3 S. 1 BGB definiert, zu verstehen[16]. Die Versteigerungen müssen demnach durch einen für den Versteigerungsort bestellten Gerichtsvollzieher oder zur Versteigerung befugten anderen Beamten oder öffentlich angestellten Versteigerer öffentlich erfolgt sein. Damit beschränkt sich der Anwendungsbereich zwar nicht auf Zwangsversteigerungen, greift aber auch nicht alle gegenüber einer Öffentlichkeit durchgeführten Versteigerungen auf. Die Berücksichtigung der Versteigerung kann mit der vergleichbaren Interessenlage beider Verfahren begründet werden. Ein wesentlicher Unterschied zur Ausschreibung liegt lediglich darin, dass die Versteigerung mittels nacheinander abgegebener mündlicher Angebote durchgeführt wird, so dass jedes Gebot in Kenntnis des vorausgegangenen erfolgt. Der Schwerpunkt der Manipulation wird dementsprechend in dem Ausschluss weiterer Angebote liegen, um den Preis niedrig zu halten. Denkbar sind aber auch Absprachen zwischen Einlieferer und Ver-

---

12 S. oben § 15.

13 S. oben § 3 (S. 71).

14 Zur Strafbarkeit unlauterer Einflussnahmen auf öffentliche Versteigerungen nach § 263, s. *Otto*, NJW 1979, 681 ff. Bisher beging ein Versteigerer eine Ordnungswidrigkeit nach § 15 VerstV i.V.m. § 24 VerstV und § 144 Abs. 2 Nr. 1 GewO, wenn er durch Gebote von Personen, die nur zum Schein mitboten, andere Bieter zum Überbieten verleitete. Mit der VerstVO v. 24.4.2003 (BGBl. I-2003, S. 547) ist § 15 VerstV jedoch ersatzlos aufgehoben worden.

15 § 270 E 62 „Unlautere Einflußnahme auf Versteigerungen und Vergaben", s. oben § 1 II.

16 *Tiedemann* in: Freiburg-Symposion, S. 291.

steigerer hinsichtlich der Erzielung eines überhöhten Preises durch die Berücksichtigung von Scheingeboten[17].

III. Täterkreis

Der Tatbestand ist ebenso wie § 298 kein *Sonderdelikt*, so dass jedermann Täter sein kann. Die Täterschaft einer Person auf Veranstalterseite kann sich indes nur aus Abs. 1 lit. a ergeben, denn die Handlungsvarianten lit. b und c setzten ein Verhalten gegenüber einem Mitbewerber voraus. Die Handlungsalternative in Abs. 1 lit. d, welche die kollusive Zusammenarbeit mit einer Person beschreibt, die für die Auftragsvergabe zuständig ist, kann die Täterschaft eines Vertreters der Veranstalterseite allenfalls in dem atypischen Fall begründen, in dem dieser mit einer weiteren Person auf Veranstalterseite zusammenwirkt. Für die Annahme eines Verhaltens nach lit. a ist indes erforderlich, dass das in Bezug genommene nationale oder europäische Kartellrecht auch Vertikalabsprachen erfasst.

IV. Mittel der Einflussnahme

Als Mittel der Einflussnahme beschreibt der Tatbestand vier unterschiedliche Handlungsvarianten. Vergleichbar mit der Formulierung in § 298 bedarf es nach *lit. a* der Abgabe eines Angebotes, das auf einer rechtswidrigen Absprache beruht. Die Rechtswidrigkeit soll sich grundsätzlich nach dem nationalen Wettbewerbsrecht (z.B. nach § 1 GWB in Deutschland, Art. 420-1 C. com in Frankreich oder Art. 2 legge antitrust in Italien) beurteilen und wird damit die klassischen Bieterkartelle erfassen. Bei Anwendbarkeit des europäischen Rechts wird zusätzlich Art. 81 EGV relevant[18]. Diese erste Handlungsalternative wird weitgehend auch die Alternative *lit. c* erfassen, wonach der bestraft wird, der Mitbewerbern Vorteile zuwendet oder verspricht. Der Versprechungsempfänger kann sogar grundsätzlich nur von lit. a erfasst werden. Folgt der Zuwendung kein Verständigungsakt, bleibt es aber bei einer einseitigen Einflussnahme. Dadurch behält lit. c letztlich noch einen eigenen Anwendungsbereich. Versprechungen und Zuwendungen können zudem nach der Alternative *lit. d* beurteilt werden, die ein kollusives Zusammenwirken mit einer Person voraussetzt, welche für die Auftragsvergabe zuständig oder in diese eingeschaltet ist[19]. Auch dieses Verhalten kann bereits der ersten Alternative unterfallen,

---

[17] Vgl. *Otto*, NJW 1979, 681 ff.

[18] *Tiedemann* in: Freiburg-Symposion, S. 292.

[19] *Tiedemann* in: Freiburg-Symposion, S. 293.

wenn das Zusammenwirken in Form einer Übereinkunft erfolgt und neben horizontale auch vertikale Absprachen vom Kartellverbot erfasst werden. Auf europäischer Ebene ist dies schon jetzt der Fall, und die nationalen Wettbewerbsrechte werden, soweit dies nicht schon geschehen ist, voraussichtlich nach In-Kraft-Treten der KartellVO 1/2003 dieser einheitlichen Beurteilung folgen. Nach *lit. b* handelt ebenfalls tatbestandsmäßig, wer eine Drohung, Täuschung oder Zwang gegenüber Mitbewerbern anwendet. Diese Kombination ist im deutschen Rechtsraum bisher nur in § 175 des Alternativentwurfs[20] vorgeschlagen worden. Die Aufnahme von Drohung und Zwang in den Tatbestand soll die einseitige Druckausübung im Vergabewettbewerb aufgreifen. Das zielt auf ein tatbestandsmäßiges Verhalten, welches in der Regel durch den Nötigungstatbestand erfasst ist. Der deutsche § 240 setzt allerdings voraus, dass zu einer bestimmten Handlung gedroht oder gezwungen wird, denn eine unmittelbare Nachteilszufügung ist von § 240 nicht erfasst[21]. Diese Lücke schließt lit. b, indem er nur die Anwendung eines der genannten Mittel voraussetzt. Im Gegensatz zu dem Ordnungswidrigkeitentatbestand des § 21 Abs. 2 GWB, der sowohl die Nachteilsandrohung als auch die Nachteilszufügung ahndet, sieht lit. b keine finale Verpflichtung zu einem wettbewerbs- oder vergabewidrigen Verhalten vor. Die Alternative erfasst damit sogar die unmittelbare Zufügung eines empfindlichen Übels, losgelöst von der Verfolgung eines bestimmten Zwecks. Schließlich reicht nach der in lit. b getroffenen Formulierung eine einfache Täuschung gegenüber Mitbewerbern zur Tatbegehung aus. Das geht über die Tatbestände der hier verglichenen Rechtssysteme hinaus. So ist in Deutschland eine Täuschung nur unter den weiteren Voraussetzungen des Betrugstatbestandes relevant. In Frankreich bedarf es innerhalb des Sondertatbestandes (Art. 313-6 NCP) einer sonstigen arglistigen Weise, die einen Bieter ausschaltet oder die Gebote oder Angebote einschränkt. Der italienische Art. 353 codice penale setzt immerhin noch betrügerische Mittel voraus, die den Wettbewerb hindern oder stören. Wegen der darüber hinausgehenden Reichweite der Täuschungsalternative in lit. c scheint eine dem Zweck der Norm entsprechende einschränkende Auslegung angebracht. Diese könnte in der Weise erfolgen, dass im Hinblick auf das geschützte Rechtsgut die Täuschung zumindest zu Zwecken des Wettbewerbs erfolgen musste.

Für das Verhältnis der einzelnen Handlungsalternativen untereinander stellt sich schließlich die Frage, was geschieht, wenn nach Alternative lit. a, die eine Bezugnahme auf das Kartellrecht vorsieht, eine Ausnahme vom Kartellverbot (§§ 2 ff. GWB, Art. 81 Abs. 3 EGV) zu berücksichtigen ist. Da die erste Handlungsalternative eine Absprache voraussetzt, ist eine Konkurrenz zu lit. d möglich, wenn dem

---

20 S. oben § 1 II.

21 *Tiedemann*, Wettbewerb und Strafrecht, S. 20 f.

kollusiven Zusammenwirken eine Absprache zu Grunde liegt. Auch lit. c kann zugleich erfüllt sein, wenn dem Verständigungsakt eine Vorteilszuwendung oder ein Vorteilsversprechen vorausgegangen ist. In diesen Fällen ist davon auszugehen, dass eine kartellrechtliche Freistellung auch ein tatbestandsmäßiges Verhalten nach lit. c oder lit. d ausschließen würde.

§ 29 Würdigung

Mit Art. 37 „Europa-Delikte" liegt ein Tatbestandsentwurf vor, der auf den Schutz des freien Wettbewerbs abzielt und die finanziellen Interessen der Gemeinschaft nicht mehr ausdrücklich berücksichtigt. Das Forschungsprojekt löst sich damit von den Zielsetzungen des Corpus Juris und des Grünbuchs. Das geht mit einem Paradigmenwechsel konform, der sich bereits in den Vorschlägen des europäischen Verfassungskonvents niedergeschlagen hat[1]. Nach Art. III-172 Nr. 2 des Konvententwurfes soll eine Angleichung strafrechtlicher Normen möglich sein, wenn sie für die wirksame Politik der Union auf einem Gebiet, auf dem bereits Harmonisierungsmaßnahmen erfolgt sind, unerlässlich ist. Das ist mit dem Schutz des Wettbewerbs der Fall. Die verschiedenen Alternativen des tatbestandsmäßigen Verhaltens von Art. 37 „Europa-Delikte" bewirken neben einem wettbewerblichen Instituts- auch einen Individualschutz.

Der Entwurf weist zudem Ähnlichkeiten zu den bestehenden Regelungen in Frankreich und Italien auf, denn er erfasst neben der Ausschreibung auch die Versteigerung, und das tatbestandsmäßige Verhalten wird in mehreren Handlungsvarianten beschrieben. Daraus folgt auch die Einbeziehung von Drohung, Täuschung und Zwang, die über die Bieterabsprachen hinaus weitere denkbare Manipulationsformen erfassen. Eine Bezugnahme auf das Kartellrecht – wie in § 298 – bleibt dennoch erhalten, so dass etwaige kartellrechtliche Ausnahme- und Freistellungstatbestände berücksichtigt werden können. Die Tatbegehung nach lit. c behält einen eigenen Anwendungsbereich, wenn es nicht zu einem Verständigungsakt unter den Mitbewerbern kommt. Lit. d hingegen verliert bei Anwendungsbereich von lit. a i.V.m. Art. 81 EGV an Berechtigung. Das tatbestandsmäßige Verhalten lässt sich schließlich ausgehend von der Dogmatik des Kartellrechts in zwei Paare unterteilen. Litt. a und d sind eindeutige Vertreter der Wettbewerbsbeschränkung durch *Vereinbarung* (vgl. §§ 1, 14 GWB). Demgegenüber stellen litt. b und c Formen eines einseitigen wettbewerbsbeschränkenden *Verhaltens* dar (vgl. § 21 GWB).

[1] Dazu bereits oben § 20.

5. Kapitel: Zusammenfassung der Ergebnisse des Zweiten Teils

„Eine gemeinsame, allen einzelnen Rechten entnommene, aber über ihnen stehende Strafrechtswissenschaft: das wäre die zweite und höchste Aufgabe unserer Rechtsvergleichung". Damit formulierte *Franz v. Liszt*[1] das Ziel der rechtsvergleichenden Darstellung der europäischen Strafrechtssysteme, das heute anhand von PIF-Vereinbarung, Corpus Juris, Grünbuch und „Europa-Delikte" dabei ist, ein Stück weit Realität zu werden. Annäherungen im Strafrecht bedeuten ein wichtiges einigendes Band in einem europäischen Rechtsraum, dennoch sind dahin gehende Bestrebungen und Maßnahmen erheblichen Gegenstimmen aus den Mitgliedstaaten ausgesetzt. Dabei wird neben dem prinzipiellen Ob der Angleichung anlässlich immer konkreter werdender Umsetzungsvorschläge auch das Wie einer Harmonisierung kritisch betrachtet und befürchtet, dass, um in diesem Bild zu bleiben, das „einigende Band" überdehnt werden könnte. Der Finanzschutz der Europäischen Gemeinschaft war bereits Gegenstand von Verordnungen, Richtlinien und Übereinkommen, die entweder im nichtstrafrechtlichen Bereich oder im Rahmen des dritten Pfeilers begründet waren. Der *Zweite Teil* dieser Arbeit hatte dagegen drei Initiativen zum Gegenstand, welche die Angleichung von Strafnormen auf supranationaler Ebene vorsehen. Um diesem Novum gerecht zu werden, wurde zunächst *Art. 280 Abs. 4 EGV* als umstrittene Rechtsgrundlage innerhalb der Vorschriften des Haushaltsrechts dargestellt. Wie sich bei näherer Betrachtung herausstellte, konnte nach grammatikalischer, systematischer und teleologischer Auslegung eine Kompetenz zur Setzung von Kriminalstrafrecht angenommen werden, so dass die Initiativen auch eine Aussicht hätten, verwirklicht zu werden. Dem stehen allerdings die Stellungnahmen der Mitgliedstaaten entgegen, die eine Kompetenz aus der betreffenden Norm ablehnen, so dass zu den weiteren Entwicklungen die nächsten Regierungskonferenzen abgewartet werden müssen. Der vorliegende Entwurf des Verfassungskonvents zeigt sich für die Frage einer Kompetenz zum Schutz der finanziellen Interessen ambivalent. Einerseits ist für Bereiche schwerwiegender Kriminalität eine Strafsetzungskompetenz vorgesehen, so dass die extensive Auslegung von Art. 280 Abs. 4 EGV, die eine Strafrechtssetzungskompetenz annimmt, Unterstützung erhält. Andererseits soll der Schutz vor Betrügereien, die sich gegen die finanziellen Interessen der Gemeinschaft richten, nicht zu dem Bereich schwerwiegender Kriminalität gehören. Allenfalls durch einen erneuten Ministerratsbeschluss könnte eine dem entsprechende Kompetenz hinzugefügt werden.

---

[1] *Franz v. Liszt*, Die Strafgesetzgebung der Gegenwart in rechtsvergleichender Darstellung, Bd. I, Einführung, S. XXV.

(1) Die zuerst untersuchte „*Corpus Juris*"-Studie ist mehr als ein Modellstrafgesetzbuch, das mittels Vorbildwirkung zur einheitlichen Übernahme in den Mitgliedstaaten anregen soll. Der Vorschlag sieht vielmehr die Schaffung eines originären (Teil-)Strafgesetzbuches zum Schutz der gemeinschaftlichen Finanzinteressen vor. Dieser Geltungsanspruch rechtfertigte es, die Studie nicht nur nach den Grundlinien, sondern auch in den einzelnen Artikeln zu untersuchen. Art. 2 CJF hat in Struktur und Grammatik Ähnlichkeiten mit dem bereits ausführlich besprochenen § 298; insbesondere stellt er auf den Wettbewerb als primär geschütztes Rechtsgut ab. Die Besonderheit von Art. 2 CJF ist die Einschränkung der geschützten Verfahren auf diejenigen Vorhaben, die mit Mitteln der Gemeinschaft finanziert werden. Aus dem Wortlaut ist das zwar nicht ersichtlich, womit der Tatbestand im Grunde weiter reichen könnte, doch liegt im Hinblick auf das Schutzziel der finanziellen Interessen der Gemeinschaften eine einschränkende Auslegung nahe. Verfahren nach „EG-Recht" sind danach nur solche Vorhaben, die mit Haushaltsmitteln und damit nach HaushaltsVO vergeben werden. Wegen fehlender Vermögensrelevanz ist dementsprechend auch das „Wettbewerbsverfahren" nicht vom Anwendungsbereich erfasst. Eine Beschränkung des Tatbestandes auf den EG-Finanzschutz ist somit ohne Ausgestaltung als *Vermögensdelikt* möglich und nach den eingangs[2] getroffenen Ausführungen über das Verhältnis von Rechtsgut und einem aus Regeln bestehenden Angriffsgut kann Art. 2 CJF als Verletzungsdelikt bezeichnet werden. Die dafür relevante Formulierung „[...]auf einer Vereinbarung beruht, die darauf gerichtet ist, den Wettbewerb zu beschränken[...]" ist als direkter Bezug auf das jeweils anzuwendende Kartellrecht zu verstehen. In der Praxis wird eine mit Gemeinschaftsmitteln finanzierte Ausschreibung zu einer Anwendung europäischen Wettbewerbsrechts führen, wo für Submissionsabsprachen bereits Geldbußen verhängt werden. Vertikalkooperationen können zwar grundsätzlich, insbesondere wenn sie eine ausschließliche Verpflichtung enthalten, unter Art. 81 EGV fallen, doch ist bisher keine Konstellation bekannt, in der die Kommission eine Vertikalvereinbarung bei öffentlichen Ausschreibungen danach beurteilt hätte.

(2) Das *Grünbuch* der europäischen Kommission verfolgt ebenfalls das Ziel, die finanziellen Interessen der Gemeinschaften zu schützen. Anders als Art. 2 CJF stellt der Grünbuchtatbestand „Ausschreibungsbetrug" primär auf den Vermögensschutz ab und sieht den Taterfolg in der Gefährdung oder Schädigung des Gemeinschaftsvermögens. Damit ist ein Vermögensgefährdungsdelikt vorgeschlagen, das, wie schon aus der „Corpus Juris"-Folgestudie zu entnehmen war, bei mehreren Mitgliedstaaten auf Vorbehalte hinsichtlich der Vereinbarkeit mit dem Rechts-

[2] S. oben § 2 IV.

staatsprinzip stößt. Vorteil dieser Lösung ist freilich die deutliche Eingrenzung des Anwendungsbereichs auf Verfahren, bei denen die Vermögensinteressen der Gemeinschaft geschädigt oder gefährdet werden könnten. Die Besonderheit des Grünbuchvorschlags liegt darin, dass die Handlungsmittel auf einen Verstoß gegen gemeinschaftsrechtliche Vergabevorschriften abstellen. Damit wird auf das *Vergaberecht* zur Umschreibung eines Straftatbestandes Bezug genommen, das als unmittelbar betroffener Normenkomplex die jeweils sachnächsten Regelungen enthält. Die in Betracht kommenden Vergaberichtlinien und die Haushaltsverordnung sehen in erster Linie Ge- und Verbote für die öffentlichen Auftraggeber vor, nicht jedoch für die Bieter. Daraus folgt, dass mit dem Tatbestandsvorschlag zwar mögliche vergabewidrige Vertikalkooperationen erfasst werden könnten, aber die in der Praxis häufigeren Horizontalvereinbarungen unberücksichtigt blieben. Der von der Kommission skizzierte Entwurf ist damit, obwohl die Bezugnahme auf das Vergaberecht neu und vielversprechend erschien, als missglückt zu bewerten. Die in dem Entwurf vorgenommene Anknüpfung an das geltende Vergaberecht gibt die erforderliche Wertung zur Feststellung eines den Bieter treffenden Handlungsverstoßes nicht her.

(3) Die „Europa-Delikte" wurden im Gegensatz zu den vorgenannten Initiativen nicht zum Schutz der finanziellen Interessen der Gemeinschaften entwickelt. Die besondere Aktualität des entwickelten Regelwerkes ergibt sich aber aus der weit gehenden sachlichen Überlappung mit den in den Vorschlägen des Verfassungskonvents eingeräumten Strafrechtssetzungskompetenzen. Art. 37 „Europa-Delikte" ist ein Sondertatbestand gegen Manipulationen bei Ausschreibungen und Versteigerungen. Mit der Aufnahme von Entwurfswettbewerben und Versteigerungen in den Anwendungsbereich und der Beschreibung des tatbestandsmäßigen Verhaltens durch verschiedene Handlungsalternativen gewährt der Tatbestandsentwurf einen breiten Schutz vor Einflussnahmen bei Auftragsvergaben. Damit geht der Entwurf weit über Corpus Juris und Grünbuchvorschlag, aber auch über die konstruktiv ähnlich gestaltete deutsche Initiative zur Herbeiführung eines Rahmenbeschlusses[3] der EU hinaus.

Die hier untersuchten Tatbestandsentwürfe sind mit Ausnahme der „Europa-Delikte" Teil eines sektoriellen Ansatzes, der dem Schutz der finanziellen Interessen der Gemeinschaft dient und nicht der Freiheit des Einzelnen. Dennoch darf nicht übersehen werden, dass die finanziellen Mittel der Gemeinschaft Voraussetzung für die Fortentwicklung des Binnenmarktes und der Angleichung der Lebensverhältnisse sind und mittelbar die Voraussetzung für die Entfaltung von Freiheiten

---

3 S. dazu oben § 17 (S. 239).

schaffen. Zudem ist der strafrechtliche Schutz der finanziellen Interessen der Gemeinschaft ein Ziel, das gemessen am Maßstab des Subsidiaritätsprinzips (Art. 5 Abs. 2 EGV) im Hinblick auf Umfang und Wirkungen besser als andere (Freiheiten schützende) Vorhaben auf Gemeinschaftsebene erreicht werden kann. Die Selbstbeschränkung auf dieses konkrete Schutzziel hat den Vorteil, dass es in hinreichendem Maße abgrenzbar ist von Handlungen, die sich nicht gegen das Gemeinschaftsvermögen richten. Bei einer komplementären und subsidiären Geltung solcher Tatbestände bleiben die Rechtsetzungsbefugnisse der nationalen Strafgesetzgeber weitgehend unbeeinträchtigt. Auf diesen (beschränkten) Kompetenzanspruch abstellend, soll in dem folgenden Teil ein eigener Entwurf für einen Tatbestand gegen Vergabeabsprachen entwickelt werden.

Dritter Teil. Der Entwurf eines Straftatbestandes auf gesamteuropäischer Ebene

1. Kapitel: Vorüberlegungen zu einem Entwurf

§ 30 Ziel, Anspruch und Vorgehensweise

In dem *Dritten Teil* dieser Untersuchung soll der Versuch unternommen werden, einen Entwurf für einen europäischen Straftatbestand gegen die Manipulationen von Auftragsvergaben zu erarbeiten. Im europäischen Kontext kann die Formulierung eines Tatbestandsentwurfs verschiedene *Ziele* verfolgen, so dass eine nähere Eingrenzung erforderlich ist. Zum einen könnte der Entwurf an die übrigen Mitgliedstaaten gerichtet sein und als Modell eine Angleichung der einzelstaatlichen Strafgesetzbücher anregen[1]. Zum anderen bestände die Möglichkeit, den Tatbestandsentwurf als Teil eines originären europäischen Gesetzbuches zu sehen, das ein Strafrecht zum Schutz der Grundfreiheiten und der Materien, die der Harmonisierungskompetenz der EG unterliegen, begründet und damit Auftragsvergaben von nationalen wie europäischen Auftraggebern erfasst. Wesentlich bescheidener ist der seitens der Kommission unternommene Ansatz von einem Strafrecht zum Schutz der finanziellen Interessen der Gemeinschaft, wie es in Corpus Juris und Grünbuch angedacht wurde. Diese drei Möglichkeiten stehen zur Disposition, wenn die Grenzen des Geltungsbereichs des Strafgesetzbuches überschritten werden.

Die Formulierung eines Tatbestandes als Vorbild für andere Länder soll hier nicht verfolgt werden, da zweifelhaft ist, ob überhaupt eine gemeinsame Tatbestandsformulierung denkbar ist, die mit sechs oder sieben bestehenden nationalen Rechtssystemen kompatibel wäre, geschweige denn, dass ein solcher Entwurf dann ohne Abstriche von den nationalen Parlamenten in die Gesetzbücher übernommen würde. Erfolgversprechender in der Erstellung ist vielmehr der Vorschlag eines europäischen Straftatbestandes zum Schutz einer Grundfreiheit oder eines harmonisierten Bereichs. Der Entwurf eines Vertrages über eine Verfassung in Europa sieht dazu in Art. III-172 Abs. 2 auch eine dahin gehende Kompetenz vor[2]. Doch schon bevor

---

[1] So werden Submissionsabsprachen von nahezu der Hälfte der Mitgliedstaaten immer noch nicht mittels eines Sondertatbestandes kriminalisiert, s. oben § 22.

[2] S. dazu oben § 20 (S. 259).

die Vorschläge des Konvents veröffentlicht wurden, sind die Verfasser des Freiburg-Symposions dieser Zielsetzung bereits nahe gekommen, indem so genannte „Europa-Delikte" erstellt wurden, die in Art. 37 „Wettbewerbsbeschränkende Manipulationen bei Ausschreibungen" einen entsprechend weit gefassten Tatbestandsentwurf enthalten[3]. Der Verwirklichung am nächsten steht zurzeit die Richtlinie zum Schutz der finanziellen Interessen der Gemeinschaften[4]. Zu deren Ergänzung oder für eine neue Richtlinie soll hier ein eigner Tatbestandsentwurf erdacht werden, dessen Geltungsanspruch auf den Schutz der EG-Finanzinteressen begrenzt ist.

Die Entwürfe, die in Deutschland zu einem Tatbestand gegen Submissionsabsprachen erstellt wurden, sind zahlreich, und mit den Corpus Juris- und Grünbuchvorschlägen liegen aktuelle Entwürfe vor, die in amtlichem Auftrag vorgelegt wurden. Der *Anspruch*, dem hier nachgekommen werden soll, darf sich folglich nicht in einer geringfügigen Abweichung bereits beschrittener Wege erschöpfen. Vielmehr soll auf der Grundlage einer neuen Basis der Entwurf für einen Straftatbestand geformt werden, der die wesentlichen Angriffsformen auf öffentliche Auftragsvergaben erfasst. Als rechtswidrige Angriffsformen wurden für Absprachen unter Bietern die vereinbarungsbedingte Angebotsabstimmung, die Nichtteilnahme oder die Bildung einer rechtswidrigen Bietergemeinschaft vorgestellt. Im Vertikalbereich handelte es sich um die vereinbarungsbedingte Manipulation des Leistungsverzeichnisses, Konkurrentenauswahl und Wahl der falschen Vergabeart. Mit diesem Entwurf sollen nun sowohl die genannten Horizontal- wie Vertikalabsprachen in einem Tatbestand kriminalisiert werden als auch die absprachegemäße Nichtausschreibung trotz vorliegender Ausschreibungspflicht. Die vereinbarungsgemäß unterlassene Ausschreibung ist der stärkste Eingriff gegen Verfahren (Transparenzgrundsatz) und Wettbewerb (Freiheit des Marktzugangs). Diese strafrechtlich kaum[5] erkannte Angriffsvariante hat eine hohe kriminalpolitische Relevanz. Immer wieder kommt es vor, dass öffentliche Aufträge entgegen einer klaren Publikationspflicht gar nicht erst im Amtsblatt der EG ausgeschrieben werden, so dass Unternehmen in anderen Staaten überhaupt nicht erfahren, dass die Vergabe eines Auftrages beabsichtigt ist, und sich deswegen gar nicht erst bewerben können[6].

---

[3] S. dazu oben § 28.

[4] S. dazu oben § 21 (S. 262).

[5] S. *Greeve*, NStZ 2002, 505 (507): „Von § 298 StGB nicht erfasst sind Fälle, in denen unter Verstoß gegen eine vergaberechtlich bestehende Ausschreibungspflicht abgesprochene Aufträge ohne vorgeschaltetes Ausschreibungsverfahren an bestimmte Unternehmen vergeben werden".

[6] Vgl. EuGH (Rs. 199/85), Slg. 1987, 1039 „Abfallverwertungsanlage"; EuGH (Rs. C-326/92), Slg. 1994, I-1569 „Arzneimittel"; EuGH (Rs. C-79/94), Slg. 1995, I-1982 „Verbandsmaterial";

Begünstigt wird dieser Verstoß dadurch, dass bei unterbliebener Ausschreibung die Möglichkeiten der Vergabeüberwachung eingeschränkt sind und davon abhängen, ob die Ausschreibungspflichtigkeit gerügt wird. Geschieht dies nicht, kann nur noch durch die Kontrollorgane des Veranstalters der Verstoß aufgedeckt werden. Wird dieser elementare Verfahrensverstoß in Kooperation mit einem potentiellen Bieter durchgeführt, enthält dieses Verhalten noch größeres Unrecht als die bisher genannten Vertikalkooperationen, da Wettbewerb und anzuwendendes Vergabeverfahren von Anfang an gar nicht erst entstehen können.

Für die *Vorgehensweise* bietet es sich an, die Erkenntnisse der vorangegangenen Teile zu rekapitulieren, um daraus Vorgaben für den zu schaffenden Entwurf zu entnehmen. Darauf soll das für den Entwurf im Mittelpunkt stehende Rechtsgut dargestellt und näher analysiert werden. Schließlich werden Tatbestandsmerkmale formuliert, die das inkriminierte Verhalten bestimmen und zusammengesetzt einen kompletten Tatbestandsentwurf bilden.

EuGH (Rs. C-57/94), Slg. 1995, I-1249 „Ascoli-Mare"; EuGH (Rs. C-318/94), Slg. 1996, I-1949 „Ausbaggerung der Unterems"; EuGH (Rs. C-323/96), Slg. 1998, I-5063 „Flämisches Regionalparlament".

§ 31 Erkenntnisse aus den vorangegangenen Teilen

Die Ergebnisse der vorangegangenen Teile sind keine allgemein verbindlichen Erkenntnisse, sondern beschränken sich auf den Gegenstand der Untersuchung. Wenn diese Feststellungen dennoch hier angeführt werden, dann nur insoweit, dass sie Leitlinien für die Erarbeitung eines Entwurfes geben können. Aspekte, die im *Ersten Teil* in der Gegenüberstellung der verglichenen Rechtsordnungen identisch geregelt sind, haben einen höheren Integrationswert als nationale Einzellösungen, so dass sie bei der Erarbeitung des Entwurfes größere Beachtung finden sollen. Die Untersuchung der Tatbestandsentwürfe im *Zweiten Teil* hat Vorzüge und Nachteile der konkreten Initiativen offenbart, die im Folgenden ebenfalls Berücksichtigung finden. Die Ergebnisse sind bereits oben dargestellt und werden – soweit sie hier relevant sind – nochmals kurz zusammengefasst:

(1) Allen drei Sondertatbeständen ist gemeinsam, dass für ein tatbestandsmäßiges Verhalten *kein Vermögensschaden* festgestellt werden muss.

(2) Allen nationalen Gesetzgebern erschien eine in Sondertatbeständen vorgesehene Behandlung von *Horizontal- und Vertikalabsprachen* bei Ausschreibungen erforderlich.

(3) Alle verglichenen Tatbestände sehen als Tatmittel zur Beeinflussung der Vergabeentscheidung die *Absprache* vor.

(4) Die Beschränkung eines europäischen Tatbestandentwurfes auf den *EG-Finanzschutz* kann ohne Ausgestaltung als Vermögensdelikt erfolgen.

(5) Das *Vergaberecht* enthält als unmittelbar betroffener Normenkomplex die jeweils sachnächsten Regelungen zur Beurteilung der Rechtswidrigkeit einer (Vertikal-) Absprache.

Unberücksichtigt bleibt in dieser Aufstellung, dass die untersuchten Straftatbestände sowohl öffentliche wie private Ausschreibungen schützen und darüber hinaus sogar in Frankreich und Italien das Verfahren der *Versteigerung* erfassen. Die Aufnahme von Versteigerungen ist aus wettbewerblicher Sicht wohl verständlich, da hinreichende Parallelen in Verfahren und Einflussnahme erkannt werden können. Für eine sondertatbestandliche Erfassung von Versteigerungen ist hier jedoch kein gesteigertes kriminalpolitisches Bedürfnis ersichtlich. Der Gebrauch der Versteigerung als Plattform für Absatz oder Einkauf ist auf Gemeinschaftsebene eher selten[1]. Aber auch, wenn Zwangs- und andere Versteigerungen gegenüber der Öffentlichkeit hinzukommen, die in den Mitgliedstaaten abgehalten werden, ist das Strafbedürfnis einer solchen Kriminalisierung fraglich. Während bei Submissionsabsprachen immer wieder der volkswirtschaftliche Schaden als Grund für eine Kriminalisierung angeführt wurde, sind die Verfechter einer Kriminalisierung von Einflussnahmen auf Versteigerungen eine Bezifferung der Schäden schuldig geblieben[2].

Die hier zusammengefassten Ergebnisse der vorangegangenen Teile weisen auf die Neuausrichtung des Tatbestandsentwurfes hin. Eine Bezugnahme auf den Vermögensschutz ist danach ausgeschlossen, stattdessen soll der Schutz des Vergaberechts im Vordergrund stehen. Die vergaberechtlichen Regelungen wurden in dem *Ersten Teil* zur Bestimmung der Anwendungsbereiche der Tatbestände in Deutschland, Frankreich und Italien untersucht. Eine Bezugnahme im Rahmen des Handlungsunwertes erfolgte jedoch bisher nur ansatzweise bei dem Tatbestandsvorschlag des *Grünbuchs*. In dem folgenden Teil soll ausgehend von diesen Leitlinien der Entwurf eines Straftatbestandes zum Schutz der ordnungsgemäßen Auftragsvergabe erarbeitet werden.

---

1 Weder die EG-HaushaltsVO noch die DurchführungsVO sehen die Durchführung von Versteigerungen vor. Relevant könnten Versteigerungsverfahren aber auf europäischer Ebene werden, wenn europäische Lizenzen oder Konzessionen versteigert würden; also z.B. Fälle, die ähnlich sind mit der Versteigerung der UMTS-Lizenzen durch die Mitgliedstaaten.

2 Derartige Belege sucht man vergebens bei: *Otto*, NJW 1979, 681 ff.; *Tiedemann* in: Freiburg-Symposion, S. 291. Die mäßige kriminalpolitische Relevanz dieser Delinquenz zeigt sich – bei einem Blick über die Grenzen nach Frankreich – an der geringen praktischen Anwendung von Art. 353 NCP und dessen Vorgänger 412 CP.

2. Kapitel: Das „Vergabedelikt" – ein Tatbestandsentwurf

§ 32 Das Vergabewesen als strafrechtlich zu schützendes Rechtsgut

Wie schon in den vorangegangenen Teilen soll der Schutz eines Rechtsguts vorausgesetzt werden, aus dem sich die Legitimation des Delikts ableitet und das zudem als Maßstab für die Auslegung herangezogen werden kann. Zu Anfang dieser Untersuchung wurden die Rechtsgüter Vermögen und Wettbewerb ausführlich dargestellt[1]. Die Betroffenheit des Rechtsguts Vermögen wurde problematisiert, da nach § 298 weder die Feststellung einer Täuschung noch eines Vermögensschadens erforderlich war. Der Wettbewerb wurde wegen der direkten Bezugnahme des Tatbestandes ausführlich erörtert und als Rechtsgut anerkannt, das die Kriminalisierung von dagegen gerichteten (schweren) Verstößen legitimiert. Daneben ist es für einen Tatbestand zum Schutz der öffentlichen Auftragsvergabe denkbar, dass ein konkret betroffenes und neu zu definierendes überindividuelles Rechtsgut in Betracht gezogen wird[2], das in der Funktionsfähigkeit des öffentlichen Vergabeverfahrens gesehen werden könnte[3].

Die Bezugnahme auf das *Vergabewesen* als strafrechtlich zu schützendes Rechtsgut ist im deutschen Schrifttum bisher nicht ernsthaft diskutiert worden. Allerdings kann festgestellt werden, dass in Untersuchungen zur Strafbarkeit von Submissionsabsprachen immer wieder Überlegungen zu dem Schutzgut Vergabewesen angestellt wurden[4]. So führten *Jaath* und *Satzger*[5] für die Schutzwürdigkeit des Vergabewesens gleich mehrere Gründe an. Zunächst einmal sei die Ausschreibung zur Kontrolle der öffentlichen Hand unverzichtbar, um eine einseitige Bevorzugung und Bestechung zu verhindern. Persönliche Beziehungen zwischen den Beteiligten und den Mitarbeitern der Vergabestelle, Willkür und Korruption haben bei Einhaltung der Vergabevorschriften keinen Einfluss auf die Auftragsvergabe. Darüber hinaus verfolge die Ausschreibung auch allgemeine sozial- und wirtschaftspolitische Zielsetzungen. Zum einen sei dies die besondere Bedeutung der Ausschrei-

1 S. oben § 2 I. und II.

2 Zur Berücksichtigung überindividueller Rechtsgüter *Tiedemann*, JZ 1986, 868.

3 Vgl. *Oldigs*, Möglichkeiten, S. 133.

4 S. dazu bei *Franzen*, Strafbarkeit, S. 145; *Jaath* in: FS-Schäfer, S. 89 (113); *Oldigs*, Möglichkeiten, S. 133; *Satzger*, Submissionsbetrug, S. 54; *Schuler*, Bekämpfung von Submissionsabsprachen, S. 160 ff.

5 Beide a.a.O.

bung für die gesamtwirtschaftliche Preisbildung und Preisregulierung und zum anderen liege der Wert darin, dass dieses Verfahren der öffentlichen Hand zwingend vorgeschrieben sei, um die Grundsätze der Wirtschaftlichkeit und Sparsamkeit auch bei der Auftragsvergabe einzuhalten und die Objektivität bei Durchführung des Verfahrens zu bewahren[6]. Durch Submissionsabsprachen werde das Interesse des Staates und der Allgemeinheit an dem Funktionieren eines durch Rechtsatz geregelten oder geförderten Vergabeverfahrens, das einen geordneten und durchschaubaren Austausch von Gütern ermöglichen soll, verletzt. Dieser Ansatz einer Rechtsgutsbeschreibung wird von den genannten Autoren aber dahin gehend eingeschränkt, dass nicht schon jeder Verstoß gegen die Vergaberegeln zu inkriminieren ist, sondern das Strafrecht erst dann eingreifen darf, wenn das Verfahren in sein Gegenteil verkehrt wird. Dies sei aber nur bei einer hinzukommenden *Vermögensbetroffenheit* der Fall, da erst damit ein sozialschädliches und daher strafwürdiges Verhalten festzustellen sei[7].

Diese nun schon mehrere Jahre (wenn nicht Jahrzehnte) zurückliegenden Ausführungen sind jedoch aufgrund der fortentwickelten Rechtslage ergänzungsbedürftig. Durch den Erlass der europäischen Vergaberichtlinien ist die einseitige haushälterische Zielsetzung des Vergaberechts zurückgenommen und durch die Maximen der Gleichbehandlung bzw. Nichtdiskriminierung[8] und Transparenz[9] bereichert worden. Begleitet wird dies durch das Bestreben der Kommission, die Auftragsvergabe mit einem Maximum an Wettbewerb[10] durchzuführen, was nicht nur durch den angeordneten Vorrang des offenen Verfahrens zum Ausdruck kommt. Mit Einführung der Sektorenrichtlinie ist der Adressatenkreis derer, die zur Ausschreibung verpflichtet sind, über die öffentlichen Auftraggeber hinaus auf privatwirtschaftlich organisierte Versorgungsunternehmen erweitert worden. Mit dem Zugeständnis eines subjektiven Rechts an mitbietende Unternehmen auf Einhaltung der Vergabevorschriften und darauf angelegter Rechtschutzmöglichkeiten (Nachprüfungsverfahren) hat sich der Charakter des Vergaberechtes grundlegend gewandelt. Es handelt sich nicht mehr um reines Fiskal- bzw. Haushaltsrecht der öffentlichen Hand. Das Vergabewesen kann mittlerweile als Teil eines europäischen Ansatzes zur

---

6 *Jaath* in: FS-Schäfer, S. 111; *Satzger*, Submissionsbetrug, S. 54.

7 Vgl. *Jaath*, a.a.0.: „Jedenfalls dann, wenn die Erzielung besonderer Vermögensvorteile hinzutritt, erscheint somit der Missbrauch der Ausschreibung als Vergabeart strafwürdig".

8 Vgl. Art. 6 Abs. 6 BKR; Art. 3 Abs. 2 DKR; Art. 5 VII LKR; Art. 4 Abs. 2 SKR.

9 Vgl. Art. 11 ff. BKR; Art. 15 ff. DKR; Art. 9 ff. LKR; Art. 22 ff. SKR.

10 Die Präambeln der materiellen Vergaberichtlinien weisen das Entstehen von Wettbewerb um die Auftragsvergabe als eines der Richtlinienziele aus, vgl. 10. Begründungserwägung der BKR und 14. Begründungserwägung der LKR.

Verwirklichung der *Grundfreiheiten* bezeichnet werden[11]. Die Dienstleistungs- und Niederlassungsfreiheit wirken im Bereich des Vergaberechts zugunsten von Bietern aus anderen EG-Staaten als Verbot der Diskriminierung im Vergleich zu Bietern aus dem Vergabestaat und ergänzen so das allgemeine und übergreifende Diskriminierungsverbot aus Art. 12 EGV[12]. Sinn und Zweck des Vergaberechts ist es, in Umsetzung der EG-Richtlinien über die Koordinierung der Vergabevorschriften der Mitgliedstaaten sicherzustellen, dass alle staatlichen Institutionen einschließlich der häufig privatrechtlich organisierten Unternehmen der Daseinsfürsorge durch transparente wettbewerbliche Vergabeverfahren so wirtschaftlich und sparsam wie möglich einkaufen und dass ein diskriminierungsfreier, wettbewerblich strukturierter und offener – europaweiter – Vergabemarkt geschaffen wird[13], denn der gemeinsame Markt zielt seiner Natur nach auf eine möglichst markt- und wettbewerbskonforme Rolle der Mitgliedstaaten und ihrer Untergliederungen im gemeinschaftlichen Wirtschaftsleben[14].

Es zeigt sich, dass durch die neuere Rechtsentwicklung im Vergaberecht der Schutz der öffentlichen Haushalte durch das Prinzip der Wirtschaftlichkeit neben oder sogar hinter andere Grundsätze gestellt wurde[15]. Die Gedanken der Wirtschaftlichkeit und Sparsamkeit finden sich zwar nach wie vor in den Eignungs- und Zuschlagskriterien, doch sind die Einhaltung von Wettbewerb, Transparenz und Gleichbehandlung als originäre und gleichberechtigte Verfahrensgrundsätze hinzugekommen. Die Aufnahme dieser Prinzipien ist Folge der dem Vergabewesen zugekommenen bedeutenden Rolle für das Zusammenwachsen des Binnenmarktes. Auf Bau-, Liefer-, und Dienstleistungsaufträge, die von staatlichen Stellen und Unternehmen, die Versorgungsleistungen für die Allgemeinheit erbringen, vergeben werden, entfallen etwa 16 % des Bruttoinlandsproduktes der Europäischen Union[16]. Diese Größenordnung macht deutlich, dass es nicht nur um den Schutz der Veranstalter vor übersetzten Angeboten geht, sondern auch um das Vertrauen der möglichen Anbieter in ihre Chancengleichheit und die Nachvollziehbarkeit der Vergabeentscheidung. Dementsprechend ist die eingangs vorgestellte Schlussfolgerung,

---

11 S. *Roebling*, Jura 2000, 453 (457).

12 Vgl. *Trautwein*, Jura 1995, 191.

13 Vgl. *Karenfort*/v. *Koppenfels*/*Siebert*, BB 1999, 1825 (1826).

14 Vgl. *Weißbuch* der EG-Kommission zur Vollendung des Binnenmarkts v. 14.6.1985, KOM(85) 310 endg., S. 23.

15 Vgl. *Koenig*/*Haratsch*, NJW 2003, 2637 (2638), die die Prinzipien des Wettbewerbs, der Transparenz und der Nichtdiskriminierung neben den Grundsatz der Wirtschaftlichkeit stellen. Darüber hinausgehend sogar die Umsetzung im deutschen Recht, s. oben § 3 I.3.

16 Vgl. *Byok*, NJW 2004, 198 (199); dagegen noch 15 % des BIP bei *Rittner*, NVwZ 1995, 313.

dass Verstöße gegen das Vergaberecht erst oder nur dann erheblich sind, wenn sie unter dem Schleier der Ordnungsmäßigkeit einen Vermögensvorteil erzielen, nicht mehr aufrechtzuerhalten. Ebenso wie der beabsichtigte Vermögensvorteil sind der erzeugte Wettbewerbs- oder Transparenzvorteil oder die Besserstellung gegenüber einem Mitbewerber ausreichend, um das Verfahren in sein „Gegenteil" zu verwandeln. Der Verstoß gegen diese Grundsätze ist der Feststellung eines Vermögensschadens vorgelagert und kann damit unabhängig davon beurteilt werden.

Die Rechtsänderungen haben zu einem Bedeutungszuwachs geführt, der die Materie von einer rein vermögensbezogenen Zielsetzung löst. Der Schwerpunkt liegt nun in der Gewährung eines ordnungsgemäßen, nach den Vergabegrundsätzen ausgerichteten Verfahrens. Damit rückt das Vergabewesen als aus Regeln gebildetes Zwischenrechtsgut, morphologisch betrachtet, in die Nähe des Wettbewerbs. Die Anordnung der Beschaffung im Wettbewerb könnte also als Schnittstelle zwischen den beiden Rechtsmaterien bezeichnet werden. Das Verhältnis von Wettbewerbs- und Vergaberecht ist indes bisher wenig untersucht[17]. Deutlich wird dies im deutschen Recht bei der Reaktion auf eine Ungleichbehandlung eines Bieters, die sowohl an den §§ 19, 20 GWB (Marktmissbrauch) wie auch an § 97 Abs. 2 GWB (Diskriminierung) gemessen werden kann[18]. Wird dem Kartellrecht hier ein uneingeschränkter Vorrang eingeräumt, ist die Annahme des Vergabewesens als Rechtsgut kaum vorstellbar. Doch angesichts der marktordnungsrechtlichen Relevanz, die durch europarechtliche Richtlinien noch ausgeweitet wurde, ist dem Vergabewesen eine eigenständige Bedeutung neben dem Wettbewerb nicht abzustreiten.
Darüber hinaus wäre es de lege ferenda durchaus möglich, ein Verbot angebotskoordinierender Absprachen ohne Verweis auf das Wettbewerbsrecht im Vergaberecht festzuhalten[19]. Auch die im Grünbuch gewählte Bezugnahme auf das Vergaberecht spricht für den hohen Bedeutungsrang, der dem Vergabewesen zukommt. Folgt man dem, bestände die Möglichkeit, einen Tatbestand zu bilden, der zumindest teilweise seine Legitimation aus dem Schutz des Vergabewesens schöpft. Die moderne Ausgestaltung des Vergaberechtes offenbart sich als Verfahren, das auf

---

17 Konstruktiv lassen sich dazu drei Konkurrenzverhältnisse darstellen, die von einer abschließenden lex specialis, über eine parallele Anwendung beider Rechtsgebiete bis hin zu einer subsidiären Anwendung des Vergaberechts reichen, vgl. *Hopp*, DB 2000, 29 ff.; *Schimanek*, ZfBR 2002, 39;

18 Für § 20 GWB (§ 26 Abs. 2 a.F.): OLG Düsseldorf, WuW 1999, Verg 197 „Baumpflegearbeiten"; für § 97 Abs. 2 bzw. § 2 VOL/A: LG Hamburg, WRP 1999, 444 „Thermo-Mann-Test".

19 Vgl. *Jaath* in: FS-Schäfer, S. 89 (113): „Das in § 1 GWB geregelte Kartellverbot ist für die Bestimmung der Strafwürdigkeit ohne Bedeutung. Dieses Verhalten wäre auch dann strafwürdig, wenn es kein Kartellverbot nach § 1 GWB gäbe. Es soll nicht der Wettbewerb als Institution oder die Wettbewerbsfreiheit, sondern das Vermögen der Veranstalter von Ausschreibungen sowie die Institution der Ausschreibung gegen unlautere Angriffe geschützt werden".

einen Ausgleich zwischen Anbieter und Veranstalter abzielt. Das Vergabewesen ist damit ein überindividuelles, aus Regeln geformtes Wirtschaftsrechtsgut. Für die Möglichkeit der Verletzung solcher Zwischenrechtsgüter soll hier auf die Überlegungen im *Ersten Teil* (s. § 2 IV.) verwiesen werden.

Die Besonderheit des Entwurfes liegt darin, dass neben dem Wettbewerb das Vergabewesen als den Straftatbestand legitimierendes Rechtsgut angesehen werden soll. Die vorangegangenen Ausführungen haben die gewachsene Bedeutung des Vergaberechts im europäischen Binnenmarkt herausgestellt. Das Vergaberecht enthält als unmittelbar betroffener Normenkomplex für ein unzulässiges Zusammenwirken im Vertikalbereich die jeweils sachnächsten Regelungen. Allerdings ist bei Absprachen zwischen Bietern der bei einer Ausschreibung generierte Leistungswettbewerb betroffen, so dass der Tatbestand zwei Rechtsgüter nebeneinander schützt. Angriffsobjekt ist dabei entweder der Preisbildungsprozess oder das konkrete, durch die anzuwendenden Vergabevorschriften geregelte Ausschreibungsverfahren[1]. Demgemäß wird der Tatbestandsentwurf den Charakter eines Verletzungsdeliktes haben.

Der Anwendungsbereich wird durch die geschützten Vergabeverfahren und relevanten Veranstalter bestimmt. Für die Auftragsvergabe durch Organe der Europäischen Gemeinschaft werden die einschlägigen Vergaberichtlinien durch das EG-Haushaltsrecht ergänzt. Diese Vorschriften geben die Grundlage für die Entscheidung über die Pflicht zur Durchführung, die Wahl und die Ausgestaltung der konkreten Vergabeverfahren. Als geschützte Verfahren kommen alle in den anzuwendenden Vorschriften genannten Vergabearten in Betracht, also auch das Dialogverfahren und der Wettbewerb. Eine wesentliche Einschränkung für einen dementsprechend determinierten Anwendungsbereich ergibt sich wiederum aus der Bezugnahme auf das Vergaberecht. Die Durchführung einer Ausschreibung orientiert sich an den für die bestimmten Leistungen festgesetzten Schwellenwerten. Auf europäischer Ebene sind die hohen Schwellenwerte der Richtlinien und der (EG-Haushalts-)DurchführungsVO relevant. Unterhalb dieser Schwellenwerte ist eine europaweite Transparenz nicht vorgesehen und eine förmliche Anwendung der Vergaberegeln nicht zwingend vorgeschrieben, so dass solche Verfahren von der anvisierten Tatbestandskonzeption strafrechtlich nicht geschützt werden. Als Erklärungsversuch für diese strukturell bedingte Schwäche kann allenfalls auf die Begründung des Gesetzgebers zu § 298 verwiesen werden, mit der die Beschränkung auf bestimmte Vergabearten erklärt wurde. Danach wird dadurch „eine Beschrän-

[1] Zur Deduktion des Angriffsobjekts, s. oben § 2 IV. (S. 56).

kung des Tatbestandes auf Fälle einer gewissen Größenordnung und Bedeutung erreicht"[2].

Neben dieser verfahrensimmanenten Anwendungsschranke ergibt sich eine weitere Einschränkung aus dem sektoriellen Ansatz dieses Entwurfes. Hier soll ein Tatbestand allein zum Schutz der finanziellen Interessen der Gemeinschaft angestrebt werden, was voraussetzt, dass die vom Entwurf zu schützenden Auftragsvergaben mit Gemeinschaftsmitteln finanziert sein müssen. Technisch kann das durch eine Beschränkung des Anwendungsbereichs auf Auftragsvergaben erfolgen, die mit Gemeinschaftsmitteln finanziert werden[3]. Durch diese formelle Eingrenzung ist der Nachweis konkreter Vermögensschäden nicht erforderlich, und gleichwohl bleibt der Anwendungsbereich auf den Schutz der finanziellen Gemeinschaftsinteressen beschränkt.

Als Tatmittel wird der Entwurf die Kooperation durch „Absprache" und „abgestimmte Verhaltensweise" vorsehen. Als Absprachteilnehmer kommen neben den (An-)Bietern Personen auf Veranstalterseite in Betracht, so dass insbesondere auch Vertikalabsprachen beurteilt werden können. Der Entwurf sieht jedoch zwei unterschiedliche Handlungsvarianten vor. Die erste orientiert sich stark an § 1 GWB bzw. Art. 81 EGV und fordert eine wettbewerbsbeschränkende Absprache zwischen miteinander im Wettbewerb stehenden Unternehmen. Damit soll eine volle Bezugnahme auf die bisherige Behandlung von *Horizontalabsprachen* gewährleistet sein, so dass die Fälle der Angebotskoordinierung durch Herausstellen eines Bieters und der Abgabe von Schutzangeboten, der gezielten Nichtteilnahme an einer Vergabe und der Zusammenschluss zu einer unzulässigen Bietergemeinschaft erfasst werden[4]. Die bestehende kartellrechtlichen Freistellungen und in Zukunft auch die Legalausnahmentechnik finden damit ohne weiteres Berücksichtigung.

Die zweite Handlungsvariante setzt eine vergabewidrige Absprache mit einer oder mehreren Personen voraus, die für die Auftragsvergabe zuständig oder in diese eingeschaltet sind. Damit sollen die Fälle der unzulässigen *Vertikalabsprachen* erfasst werden. Die im europäischen Recht bereits mögliche und im deutschen Recht geplante Beurteilung von Vertikalabsprachen nach dem Kartellverbotstatbe-

---

2 BT-Drs. 13/5584, S. 14, linke Spalte, Abs. 2.

3 Wird ein darüber hinausgehender Anwendungsbereich angestrebt, kann dies durch Streichung dieser Formulierung erreicht werden. Dann werden alle Vergaben erfasst, welche die in den europäischen Bau-, Liefer-, Dienstleistungs- und Sektorenrichtlinien vorgegebenen Schwellenwerte erreichen.

4 S. dazu oben § 6 I.

stand wird hier nicht für ausreichend erachtet, um der besonderen Konstellation der Vertikalabsprache gerecht zu werden. So gibt es bisher keine einzige behördliche oder gerichtliche Entscheidung, die den Kartellverbotstatbestand auf eine Absprache zwischen einem Bieter und der Veranstalterseite angewendet hat. Dementsprechend steht nichts dagegen, diese Variante der Ausschreibungsabsprache am Maßstab des Vergaberechts zu messen. Unter diese Konstellation fallen die für den Absprachеteilnehmer absprachebedingt günstige, aber unausgewogene Konkurrentenauswahl, die Wahl einer falschen Vergabeart, die weniger Anbieter in den Wettbewerb aufnimmt, aber auch mehr verfahrensbezogene Abweichungen, wie z.B. die absprachekonforme Erstellung von Scheinpositionen, die zur Ausführung nicht erforderlich sind und dadurch ein günstigeres Angebot ermöglichen. Zudem soll der Entwurf einen bisher nicht inkriminierten Erfolgsunwert erfassen, nämlich die vereinbarungsbedingte Nichtausschreibung trotz Ausschreibungspflicht. Diese gerade in jüngster Zeit wieder auffällig gewordene Praxis verhindert, dass überhaupt wettbewerbsbezogene Angebote abgegeben werden können, und ist damit der schwerste Vergabeverstoß. Um diese Konstellation zu erfassen, ist es nötig, dass die thematische Einbindung gelockert wird und das Vorliegen einer Ausschreibung als situativer Anknüpfungspunkt nicht mehr erforderlich ist. Vielmehr soll es ausreichen, wenn im Zusammenhang mit einem Verfahren über die Vergabe öffentlicher Aufträge, in welchem EG-Recht Anwendung findet, eine vergabewidrige Absprache getroffen wird. Um nicht jeden koordinierten Vergabeverstoß mit Mitteln des Strafrechts zu erfassen, könnte die Annahme einer vergabewidrigen Absprache auf solche Verstöße begrenzt werden, deren Einhaltung zugleich dem Willkürverbot entgegenwirkt und im Ergebnis die Chancengleichheit der Bewerber bei der Beteiligung am Wettbewerb sowie die Gleichbehandlung bei der Angebotsprüfung und -wertung sowie beim Zuschlag bewirken soll[5].

Der Entwurf wird noch dahin gehend ergänzt, dass die Tatmittel der Drohung und des Zwangs, wenn sie zum Abschluss einer Vereinbarung eingesetzt werden, einen erhöhten Strafrahmen begründen. Als Nebenfolge ist für Unternehmen, deren Mitarbeiter wegen dieser Tat rechtskräftig verurteilt wurden, ein Ausschluss für die Teilnahme an Ausschreibungen, die durch Organe der Europäischen Gemeinschaft erfolgen und mit Mitteln der Gemeinschaft finanziert werden, vorgesehen. Der Tatbestand enthält eine Tätige-Reue-Regelung, die dem § 298 nachgebildet ist, jedoch die Abwendung der Leistungserbringung unberücksichtigt lässt. Unter Berücksichtigung dieser Erwägungen wurde ein Tatbestandsentwurf für ein Vergabedelikt auf gesamteuropäischer Ebene gebildet.

---

[5] Zu einer so im Rahmen von § 1 UWG getroffenen „Bagatell"-Grenze s. OLG Düsseldorf v. 29.7.1998, WuW/E 1999, Verg 197 „Baumpflegearbeiten".

„(1) Wer im Zusammenhang mit einem Verfahren über die Vergabe öffentlicher Aufträge, in welchem EG-Recht Anwendung findet und das mit Mitteln der Gemeinschaft finanziert wird, ein Angebot abgibt, das

a) auf einer wettbewerbsbeschränkenden Absprache oder abgestimmten Verhaltensweise zwischen miteinander im Wettbewerb stehenden Unternehmen beruht, oder
b) auf einer vergabewidrigen Absprache oder abgestimmten Verhaltensweise mit Personen, die für die Auftragsvergabe zuständig oder in diese eingeschaltet sind, beruht,

wird mit Freiheitsstrafe bis zu [...] Jahren oder Geldstrafe bestraft.
(2) Der Versuch ist strafbar.
(3) Wird zum Schluss der Absprache oder des abgestimmten Verhaltens Drohung oder Zwang angewendet, erhöht sich die Freiheitsstrafe auf [...] Jahre.
(4) Unternehmen, deren Mitarbeiter wegen einer Tat nach Abs. 1 rechtskräftig verurteilt wurden, werden für einen Zeitraum von bis zu [...] Jahren von öffentlichen Aufträgen der Europäischen Gemeinschaft ausgeschlossen und in ein öffentlich zugängliches Register aufgenommen.
(5) Straflos bleibt, wer freiwillig verhindert, dass der Veranstalter das Angebot annimmt. Wird ohne Zutun des Täters das Angebot nicht angenommen, so wird er straflos, wenn er sich freiwillig und ernsthaft bemüht, die Annahme des Angebots zu verhindern“.

Zusammenfassung und Schlussbetrachtung

I. Zusammenfassung in 15 Thesen

1. Der Wettbewerb ist für § 298 das legitimierende Rechtsgut, das im Rahmen der geschützten Vergabearten in der Form des *Leistungswettbewerbs* ausreichende Konturen findet. Aufgrund der Reichweite des Tatbestandes kann der Vermögensschutz, wenn überhaupt, nur nachrangige Bedeutung haben.

2. Das Angriffsobjekt von § 298 ist der bei Ausschreibungen entstehende Preisbildungsprozess, der hinreichend bestimmbar ist, um den Tatbestand als *Verletzungsdelikt* einordnen zu können. Die übliche Klassifizierung als abstraktes Gefährdungsdelikt ist nicht zwingend und stützt sich allein auf die vorherrschende Behandlung von Straftatbeständen, die auf überindividuelle Rechtsgüter rekurrieren.

3. Die *geschützten Vergabearten* sind neben den in § 298 genannten Verfahren diejenigen, die trotz anderer Bezeichnung bei Erreichen der Schwellenwerte an deren Stelle treten. Das gilt demgemäß für das offene, nichtoffene und das Verhandlungsverfahren; innovative Verfahren wie der Wettbewerbsdialog oder der (Planungs-)Wettbewerb werden von § 298 nicht erfasst.

4. Die Rechtswidrigkeit der Absprache ist *normatives Tatbestandsmerkmal*, dessen außerstrafrechtliche Wertung sich aus § 1 GWB ergibt. Anderweitige Einordnungen übersehen die dem Merkmal zukommende, aber auch erforderliche Selektionswirkung auf Tatbestandsebene. Eine Freistellung nach den §§ 2 ff. GWB ist grundsätzlich möglich, doch gerade im Rahmen von Submissionsabsprachen unwahrscheinlich.

5. Nach der Änderung des Wortlauts von § 1 GWB durch die 6. GWB-Novelle können Vertikalabsprachen zwischen (An-)Bietern und der Veranstalterseite nicht von § 298 erfasst werden, da es sich um Unternehmen handelt, die nicht *miteinander im Wettbewerb* stehen.

6. Die Anwendung der *Tätige-Reue-Regelung* nach § 298 Abs. 3 führt in der jetzigen Form weder im Hinblick auf nichtvermögensschädigende Absprachen noch in Bezug auf das Konkurrenzverhältnis zum Betrugstatbestand zu rechtsdogmatisch überzeugenden Ergebnissen. Die Anwendung der § 298 Abs. 3 S. 1, 2 jeweils Alt. 2 sollte auf die Behandlung von Preiskartellen beschränkt oder ganz gestrichen werden.

7. Der Vergleich mit den Auslandsrechtsordnungen in Frankreich und Italien offenbart als Gemeinsamkeit die in *Sondertatbeständen* vorgesehene Behandlung von Submissionsabsprachen, die *keinen Vermögensschaden* erfordern und zugleich nach dem Willen der Gesetzgeber *Vertikalkooperationen* bei Ausschreiben (neben Bestechlichkeit und Untreue) gesondert inkriminieren.

8. In Frankreich sieht Art. 313-6 NCP, der den Schutz des Instituts und der freien Durchführung von Versteigerungen betont, zudem aber auch die Ausschreibung schützt, mit sechs Monaten Freiheitsstrafe ein zu *geringes Strafmaß* vor, um gegenüber einem stärker kriminalisierten Kartelltatbestand (Art. 420-6 C. com.) einen nennenswerten Anwendungsbereich zu haben. Die Erfassung von *Vertikalkooperationen* ist durch den Wortlaut von Art. 313-6 NCP nicht ausgeschlossen, wird in Rechtsprechung und Schrifttum aber nicht erwähnt; für die Ahndung des Missbrauchs der Ausschreibung durch einen Vergabebeamten geht Art. 432-14 NCP in der Anwendung jedenfalls vor.

9. Die italienische Regelung deckt die möglichen Angriffe auf Versteigerungen und Ausschreibungen in umfassender Weise ab. In Art. 353 Abs. 2 c.p. werden *Vertikalkooperationen* ausdrücklich erfasst und für einen handelnden Amtsträger mit höheren Strafen geahndet. Die Strafbarkeit des *Nichtbieters* wird in Art. 354 c.p. sogar gesondert tatbestandlich geregelt. Nach einem aktuellen Reformentwurf soll der Anwendungsbereich ausgedehnt, der Tatbestand um zwei neue Handlungsvarianten erweitert und der Strafrahmen deutlich erhöht werden.

10. Auf europäischer Ebene ergibt sich der Schutz der *finanziellen Interessen* der Gemeinschaften auch (mittelbar) aus dem Schutz der ordnungsgemäßen Vergabe, der von den Europäischen Gemeinschaften oder von den, gemäß den Verträgen zur Gründung der Europäischen Gemeinschaften geschaffenen Einrichtungen, veranlassten Aufträgen.

11. Nach grammatikalischer und systematischer Auslegung kann eine Kompetenz zur Setzung von Kriminalstrafrecht zum Schutz der gemeinschaftlichen Finanzinteressen aus Art. 280 Abs. 4 S. 1 entnommen werden, da dessen S. 2 eine *Kollisionsregel* für die Anwendung von geschaffenem Recht ist und nicht die Rechtsangleichungskompetenz in S. 1 wieder einschränkt.

12. Wie in Art. 2 CJF „Marktbeeinflussung" deutlich wird, kann die Beschränkung eines europäischen Tatbestandsentwurfs auf den *EG-Finanzschutz* ohne Ausgestaltung als Vermögensdelikt erfolgen. Durch eine Begrenzung des Anwendungsbereichs auf Vergaben, die neben dem Vergaberecht auch dem Haushaltsrecht unterliegen, kann dem bereichsspezifischen Ansatz eines strafrechtlichen Schutzes der finanziellen Interessen der Europäischen Gemeinschaften nachgekommen werden.

13. Das *Vergaberecht* enthält als unmittelbar betroffener Normenkomplex die jeweils sachnächsten Regelungen zur Beurteilung der Rechtswidrigkeit einer (Vertikal-) Absprache. Eine direkte Bezugnahme auf europäische Vergabevorschriften zur Beschreibung vergabewidrigen Verhaltens unter den Anbietern, wie sie der Tatbestandsentwurf des Grünbuchs „Ausschreibungsbetrug" vorsah, scheitert allerdings daran, dass gegenüber den Anbietern unmittelbar keine vergaberechtlichen Pflichten aufgestellt sind.

14. Das *Vergabewesen* kann mittlerweile als Teil eines europäischen Ansatzes zur Verwirklichung der Grundfreiheiten bezeichnet werden und damit selbst als strafrechtlich zu schützendes Rechtsgut in Betracht kommen. Durch den Erlass der europäischen Vergaberichtlinien ist die einseitige haushälterische Zielsetzung des Vergaberechts zurückgenommen und durch die Maximen der Gleichbehandlung bzw. Nichtdiskriminierung, Transparenz und des Wettbewerbs bereichert worden.

15. Zur Bildung eines Tatbestandsentwurfs, der sowohl horizontale wie vertikale Absprachen erfasst, bietet es sich an, für Vertikalabsprachen auf das Vergabewesen als geschütztes Rechtsgut abzustellen und zur Umschreibung der tatbestandlichen Handlung eine vergabewidrige Absprache oder abgestimmte Verhaltensweise mit Personen, die für die Auftragsvergabe zuständig oder in diese eingeschaltet sind, zu fordern.

II. Schlussbetrachtung

Den untersuchten Sondertatbeständen gegen Submissionsabsprachen ist gemeinsam, dass sie in der Rechtsprechung bisher *wenig behandelt* wurden, in der Anwendung *rechtsgebietsübergreifend* sind und *europarechtliche* Bezugspunkte aufweisen[1]. Die Straftatbestände liegen in der Schnittmenge der Rechtsgebiete des Straf-, Vergabe- und Kartellrechts und setzen daher eine integrative Sichtweise voraus. Die Untersuchung des § 298 zeigt, dass die Anlehnung an außerstrafrechtliche Fachbegriffe und Wertungen einerseits eine große Bestimmtheit und Klarheit erzeugen, andererseits aber auch eine inhaltliche Abhängigkeit von den häufig reformierten, da zusätzlich einer europäischen Harmonisierung ausgesetzten, Bezugsgesetzen schafft. Zusätzliche Fragen treten auf, wenn sich die betroffenen Teilrechtsgebiete gegenseitig überlagern, wie das bei Vorschriften des Vergabe- und des Kartellrechts der Fall sein kann. Wird diese Gemengelage auf europäischer Ebene problematisiert, trifft sie zudem auf die bevorstehende Richtungsentscheidung, ob die Europäisierung des Strafrechts zum Interessenschutz oder Freiheitsschutz erfolgen soll. Corpus Juris und Grünbuchentwurf haben den Schutz der finanziellen Interessen der Europäischen Gemeinschaften zum Ziel. Währenddessen verfolgen die Entwürfe der „Europa-Delikte" und des Verfassungskonvents die Schaffung von Strafrecht zum Schutz der Grundfreiheiten und der harmonisierten Bereiche. Ob es in Zukunft zu einer Angleichung der nationalen Straftatbestände kommen wird oder zu einem europäischen Sondertatbestand und wie die angenommene Lösung aussehen wird, bleibt abzuwarten.

Für diese und weitere unbeantwortete Fragestellungen soll letztmals auf *Franz v. Liszt*[2] verwiesen werden, der über das Vorhaben einer europäischen Strafrechtswissenschaft feststellte: „Getrost können wir dem jungen Nachwuchs die Arbeit übertragen, mit der wir selbst nicht fertig zu werden vermochten: für unsere Wissenschaft ist das Zeitalter der Epigonen noch lange nicht angebrochen".

---

1 S. dagegen die Trias der Attribute bei *Hassemer*, JuS 1990, 669 (670), der zur Beurteilung von Submissionsabsprachen feststellte: „Die Konstellation des Ausschreibungs- oder Submissionsbetrugs ist praktisch wichtig, theoretisch schwierig und didaktisch fruchtbar".

2 *Franz v. Liszt*, Die Strafgesetzgebung der Gegenwart in rechtsvergleichender Darstellung, Bd. I Einführung, S. XXVII.

Literaturverzeichnis

I. SCHRIFTTUM

ACHENBACH, Hans, Pönalisierung von Ausschreibungsabsprachen und Verselbständigung der Unternehmensgeldbuße durch das Korruptionsbekämpfungs-gesetz 1999, WuW 1997, 958 ff.

ACHENBACH, Hans, Die Verselbständigung der Unternehmensgeldbuße bei Submissionsabsprachen – ein Papiertiger?, wistra 1998, 168 ff.

ACHENBACH, Hans, Das neue Recht der Kartellordnungswidrigkeiten, wistra 1999, 241 ff.

ACHENBACH, Hans, Aus der 2002/2003 veröffentlichen Rechtsprechung zum Wirtschaftsstrafrecht, NStZ 2003, 520 ff.

AHLF, Ernst Heinrich, Zum Korruptionsbegriff, Kriminalistik 1996, 154 ff.

ALIBRANDI, Luigi, Il codice penale: commentato con la giurisprudenza, Piacenza 2000 (zit.: Alibrandi).

AMELUNG, Knut, Buchbesprechung zu Hassemer, Winfried, Theorie und Soziologie des Verbrechens, ZStW 87 (1975), 132 ff.

ARZT, Gunther/WEBER, Ulrich, Strafrecht, Besonderer Teil, Lehrbuch, Bielefeld 2000 (zit.: Arzt/Weber, BT).

AX, Thomas/SCHNEIDER, Matthias, Verhütung und Bekämpfung von Korruption im Zusammenhang mit Vergabeverfahren in der öffentlichen Verwaltung, ZVgR 2000, 48 ff.

AX, Thomas/SCHNEIDER, Matthias/NETTE, Alexander, Handbuch Vergaberecht, VOB Teil A, VOL Teil A, VOF, Rechtsschutz, München 2002 (zit.: Ax/Schneider/Nette, Vergaberecht).

BALLERSTEDT, Kurt, Der gemeinsame Zweck als Grundbegriff des Rechts der Personengesellschaften, JuS 1963, 253 ff.

BALLERSTEDT, Kurt, Handlungsunwert oder Erfolgsunwert im Gesetz gegen Wettbewerbsbeschränkungen?, S. 179 ff., in: Festsschrift für Franz Böhm, Karlsruhe 1965 (zit.: Ballerstedt, FS-Böhm).

BANGARD, Anette, Aktuelle Probleme der Sanktionierung von Kartellabsprachen, WuW 1996, 980 ff.

BANGARD, Anette, Aktuelle Probleme der Sanktionierung von Kartellabsprachen, wistra 1997, 161 ff.

BARON, Michael, Das neue Kartellgesetz: Einführung in die 6. GWB-Novelle und das Vergaberecht; Materialien, Texte, Rechtsstand: 1. Januar 1999. – Köln: Bundesanzeiger, 1998 (zit.: Baron, Kartellgesetz).

BARTMANN, Gunnar, Der Submissionsbetrug, Berlin 1999 (zit.: Bartmann, Submissionsbetrug).

BAUDENBACHER, Carl, Gesamteuropäische Konvergenzentwicklung im Kartellrecht, WuW 1997, 681 ff.

BAUKNECHT, Gesine/LÜDICKE, Liselotte, Das französische Strafgesetzbuch, Code Pénal – Zweisprachige Ausgabe -, deutsche Übersetzung von Gesine Bauknecht und Liselotte Lüdicke, hrsg. v. Max-Planck-Institut für ausländisches und internationales Strafrecht, Freiburg i. Br. 1999 (Bauknecht/Lüdicke, Das französische Strafgesetzbuch).

BAUMANN, Jürgen/ARZT, Gunther, Kartellrecht und allgemeines Strafrecht, ZHR 134 (1970), 24 ff.

BAUMANN, Jürgen, Endlich strafrechtliche Bekämpfung des Submissionsbetruges, NJW 1992, 1661 ff.

BAUMANN, Jürgen/WEBER, Ulrich/MITSCH, Wolfgang, Strafrecht, Allgemeiner Teil, Lehrbuch, 10. Aufl., Bielefeld 1995 (zit.: Baumann/Weber/Mitsch, AT).

BAUMBACH, Adolf/HEFERMEHL, Wolfgang, Wettbewerbsrecht, 8. Aufl., München 1976 (Baumbach/Hefermehl[8]).

BAUMS, Theodor, GWB-Novelle und Kartellverbot, ZIP 1998, 233 ff.

BAUR, Jürgen/EHLERS, Henning, Der Tätigkeitsbericht des Bundeskartellamtes für das Jahr 1976, WUW 1977, 683 ff.

BECHTOLD, Rainer, Kartellgesetz, Gesetz gegen Wettbewerbsbeschränkungen, 1. Aufl., München 1993 (zit.: Bechtold[1]).

BECHTOLD, Rainer, Die Entwicklung des deutschen Kartellrechts 1999 bis 2001, NJW 2001, 3159 ff.

BECHTOLD, Rainer, Kartellgesetz, Gesetz gegen Wettbewerbsbeschränkungen, 3. Aufl., München 2002 (zit.: Bechtold).

BECHTOLD, Rainer/BUNTSCHECK, Martin, Die Entwicklung des deutschen Kartellrechts 2001 bis 2003, NJW 2003, 2866 ff.

BECHTOLD, Rainer, Grundlegende Umgestaltung des Kartellrechts: Zum Referentenentwurf der 7. GWB-Novelle, DB 2004, 235 ff.

BECK, Bernhard, Das italienische Kartellgesetz – Überblick und erste Erfahrungen, WuW 1991, 707 ff.

BELTRANI, Sergio/MARINO, Raffaele/PETRUCCI, Rossana, Codice Penale, Annotato con Giurisprudenza, Luglio 2001 (zit.: Beltrani/Marino/Petrucci).

BENISCH, Werner, Bestimmung der Marktstellung bei Nachfragern, WuW 1977, 619 (624 ff.).

BERG, Werner/KARPENSTEIN, Rolf, Änderungen der rechtlichen Grundlagen der EU durch den Vertrag von Amsterdam EWS 1998, 77 ff.

BEST, Dominik, Betrug durch Kartellabsprachen bei freihändiger Vergabe – Besprechung von BGH, Urteil vom 11.7.2001, GA 2003, 157 ff.

BEUTHIN, Volker, Kartellverbot und abgestimmtes Verhalten – Verhältnis der §§ 1 und 25 I GWB zueinander sowie Grenzen der kartellfreien Kooperation, S. 51 ff., in: Wettbewerbsordnung im Spannungsfeld von Wirtschafts- und Rechtswissenschaft, Festschrift für Gunther Hartmann, FIW – Schriftenreihe, Heft 75, Köln 1976 (zit.: Beuthin, FS-Hartmann).

BEUTLER, Bengt/BIEBER, Roland/PIPKORN, Jörn/STREIL, Jochen, Die Europäische Union. Rechtsordnung und Politik, 5. Aufl. Baden-Baden 2001 (zit.: BBPS-Bearbeiter).

BIEDENKOPF, Kurt H. Vertragliche Wettbewerbsbeschränkung und Wirtschaftverfassung – Die Ausschließlichkeitsbindung als Beispiel, Heidelberg 1958 (zit.: Biedenkopf, Wettbewerbsbeschränkung).

BLANKENBACH, Rudi/RICHTER, Hans, Bekämpfung der Wirtschaftskriminalität, wistra 1982, 222 ff.

BLECKMANN, Albert, Die Überlagerung des nationalen Strafrechts durch das Europäische Gemeinschaftsrecht, S. 107 ff., in: Wilfried, Küper/Jürgen Welp (Hrsg.), Beiträge zur Rechtswissenschaft, Festschrift für Walter Stree und Johannes Wessels, Heidelberg 1993 (zit.: Bleckmann, FS-Stree/Wessels).

BLEI, Hermann, Strafrecht Allgemeiner Teil, 18. Aufl., München 1983 (zit.: Blei, AT).

BOCKELMANN, Paul, Literaturbericht, Besonderer Teil, ZStW 69 (1957), 269 ff.

BÖHM, Franz, Ausschreibung und Verdingungskartelle, Kartellrundschau, Bd. 29 (1931), 311 ff.

BÖHM, Friedrich, Kartelle und Monopole im modernen Recht I, 1961 (zit.: Böhm, Kartelle).

BORNKAMM, Joachim, Das Kartellverbot in der neueren Rechtsprechung des Bundesgerichtshofs, S. 539 ff in: Festschrift für Karlmann Geiß: hrsg. v. Hans Erich Brandner u.a., Köln 2000 (zit.: Bornkamm, FS-Geiß).

BÖSE, Martin, Strafen und Sanktionen im Europäischen Gemeinschaftsrecht, Köln 1996 (zit.: Böse, Strafen und Sanktionen).

BOTTKE, Wilfried, Korruption und Kriminalrecht in der Bundesrepublik Deutschland, ZRP 1988, 215.

BRAUM, Stefan, Das „Corpus Juris" – Legitimität, Erforderlichkeit und Machbarkeit, JZ 2000, 493 ff.

BRUNNER, Walter, Der Täterkreis bei Kartellordnungswidrigkeiten, Pfaffenweiler 1986 (zit.: Brunner, Täterkreis).

BRUNS, Hans-Jürgen, Können ordnungswidrige Preisabsprachen bei öffentlichen Ausschreibungen nach geltendem Recht als Betrug mit Kriminalstrafe geahndet werden? NStZ 1983, 385 ff.

BRÜNER, Franz-Hermann/SPITZER, Hans, Der Europäische Staatsanwalt – ein Instrument zur Verbesserung des Schutzes der EU-Finanzen oder ein Beitrag zur Verwirklichung eines Europas der Freiheit, der Sicherheit und des Rechts?, NStZ 2002, 393 ff.

BROß, Siegfried/THODE, Reinhold, Untreue und Betrug am Bau – und deren Bewältigung durch Teile der Justiz?, NStZ 1993, 369.

BUNGENBERG, Marc, Neues französisches Vergaberecht, WuW 2001, 1206 ff.

BUNTE, Hermann-Josef, Abschied vom „gemeinsamen Zweck" und den „gleichgerichteten Interessen"?, WuW 1997, 857 ff.

BUNTE, Hermann-Josef, Die kartellrechtliche Beurteilung von Einkaufsgemeinschaften der öffentlichen Hand, WuW 1998, 1037 ff.

BUNTE, Hermann-Josef, Kartellrecht, Lehrbuch für Studium und Praxis, München 2003 (zit.: Bunte, Kartellrecht).

BÜRGER, Sebastian, § 299 StGB – eine Straftat gegen den Wettbewerb?, wistra 2003, 130 ff.

BÜLOW, Hans/ZUBEIL, Gotthold, Wettbewerbsordnung und Wettbewerbsrealität am Baumarkt, Forschungsreihe der Bauindustrie, Bd. 39, Bonn 1977 (zit.: Bülow/Zubeil, Wettbewerbsordnung).

BYOK, JAN, Das neue Vergaberecht, NJW 1998, 2774 ff.

BYOK, Jan/JAEGER, Wolfgang, Kommentar zum Vergaberecht – Erläuterungen zu den vergaberechtlichen Vorschriften des GWB, Heidelberg 2000 (zit.: Byok/Jaeger- Bearbeiter).

BYOK, Jan, Die Entwicklung des Vergaberechts seit 2002, NJW 2004, 198 ff.

CALLIESS, Christian/RUFFERT, Matthias (Hrsg.), Kommentar zu EU-Vertrag und EG-Vertrag, Neuwied 1999 (zit.: Calliess/Ruffert-Bearbeiter).

CALLMANN, Rudolf, Das deutsche Kartellrecht, Berlin 1934 (zit.: Callmann, Kartellrecht).

CAMPO, (ohne Nennung des Vornamens) Sul delitto di turbata liberta degli incanti, AP 1966, 276.

CARACIOLI, (ohne Nennung des Vornamens) Servizio di pubblica necessità turbata libertà degli incanti, RIDPP 1961, 1123.

CHRIS, Benedict, Die Submissionsabsprache, Freiburg, Schweiz, 1999 (zit.: Christ, Submissionsabsprache).

CLAUSSEN, Hans Rudolf, Korruption im öffentlichen Dienst. Mit Beiträgen von Gottfried Herbig, Udo Müller, Wolfgang Schaupensteiner, Köln u.a. 1995 (zit.: Claussen, Korruption).

CLAUSSEN, Hans Rudolf/OSTENDORF, Heribert, Korruption im öffentlichen Dienst: ein Überblick, 2. Aufl., Köln u.a. 2002 (zit.: Claussen/Ostendorf, Korruption).

CRAMER, Peter, Zur Strafbarkeit von Preisabsprachen in der Bauwirtschaft – Der Submissionsbetrug, Heidelberg 1995 (zit.: Cramer, Submissionsbetrug).

CRAMER, Peter/CRAMER Steffen (Hrsg.), Anwaltshandbuch Strafrecht, bearbeitet von Bebber u.a., Köln 2002 (zit.: Cramer/Cramer, Anwaltshandbuch).

CREIFELDS, Carl, Rechtswörterbuch, Weber Klaus (Hrsg.), bearb. v. Guntz, Dieter u.a., 16. Aufl., München 2000 (zit.: Creifelds, Rechtswörterbuch).

CRESPI, Alberto/STELLA, Frederico/ZUCCALÀ, Giuseppe, Commentario breve al Codice Penale, Mailand 1992 (zit.: Crespi/Stella/Zuccalà-Bearbeiter).

CZARNOWSKI, Jürgen von/GUTZLER, Helmut/HOFFMANN, Volker/STRAUCH, Volkmar, Kartelle in der Bauindustrie, in: Kartelle in der Marktwirtschaft. Technologie und Politik, aktuell Magazin Bd. 5, hrsg. v. Freimut Duve, Reinbek bei Hamburg 1976, 57 ff. (zit.: Czarnowski/Gutzler/Hoffmann/Strauch, Kartelle).

DAHS, Hans (Hrsg.), Kriminelle Kartelle? Zur Entstehungsgeschichte des neuen § 298 StGB, Baden-Baden 1998 (zit.: Dahs, Kriminelle Kartelle).

DANNECKER, Gerhard, Die Verfolgungsverjährung bei Submissionsabsprachen und Aufsichtspflichtverletzungen, NStZ 1985, 49 ff.

DANNECKER, Gerhard, Strafrecht der Europäischen Gemeinschaft, in: Eser, Albin/Huber, Barbara (Hrsg.), Strafrechtsentwicklung in Europa – 4, Teil 3, Freiburg 1995 (zit.: Dannecker, in Eser/Huber (Hrsg.), Strafrechtsentwicklung in Europa).

DANNECKER, Gerhard, Strafrecht in der EG, JZ 1996, 869 ff.

DANNECKER, Gerhard, Strafrechtlicher Schutz der Finanzinteressen der Europäischen Gemeinschaft gegen Täuschung, ZStW 108 (1996), 579 ff.

DANNECKER, Gerhard, Die Entwicklung des Strafrechts unter dem Einfluß des Gemeinschaftsrechts, Jura 1998, 79 ff.

DAUB, Walter/EBERSTEIN, Hans Herman, Kommentar zur VOL/A, Verdingungsordnung für Leistungen – ausgenommen Bauleistungen – Teil A Allgemeine Bestimmungen für die Vergabe von Leistungen, 4. Aufl. Düsseldorf 1998 (zit.: Daub/Eberstein).

DAUB, WALTER/PIEL, Rudolf/SOERGEL, Carl, Kommentar zur VOB: Teile A und B, München 1981 (zit.: Daub/Piel/Soergel).

DELMAS-MARTY, Mireille (Hrsg.), Corpus Juris der strafrechtlichen Regelungen zum Schutz der finanziellen Interessen der Europäischen Union, deutsche Übersetzung von Yvonne Kleinke und Marc Tully, Köln 1998 (zit.: Delmas-Marty (Hrsg.), Corpus Juris).

DELMAS-MARTY, Mireille/VERVAELE, J.A.E. (Hrsg.), The implementation of the Corpus Juris in the Member States, Penal Provisions of the protection of European Finances, Band I, Antwerpen, Groningen, Oxford 2000 (zit.: Delmas-Marty/Vervaele, The implementation of the Corpus Juris in the Member States I).

DETHLOFF, Hans, Der Kartellbeschluß, Göttingen 1966 (zit.: Dethloff, Kartellbeschluss).

DIEBLICH, Franz, Der strafrechtliche Schutz der Rechtsgüter der Europäischen Union, Köln 1985 (zit.: Dieblich, Der strafrechtliche Schutz).

DIEHL, Heinz, Die Strafbarkeit von Baupreisabsprachen im Vergabeverfahren, BauR 1993, 1.

DEUTSCHER, Jörg, Die Kompetenzen der Europäischen Gemeinschaften zur originären Strafgesetzgebung, Frankfurt 2000 (zit.: Deutscher, Kompetenzen).

DÖLLING, Dieter, Empfehlen sich Änderungen des Straf- und Strafprozessrechts, in: Gutachten C zu den Verhandlungen des 61. Deutscher Juristentag (1996) Bd. I (zit.: Dölling, 61. DJT).

DÖLLING, Dieter, Die Neuregelung der Strafvorschriften gegen Korruption, ZStW 112 (2000), 334 ff.

DREHER, Meinhard, Die Zukunft des untergesetzlichen Vergaberechts, NVwZ, 1999, 1265.

EBEL, Hans-Rudolf, Der gemeinsame Zweck in § 1 GWB und Austauschverträgen, WuW 1979, 792 ff.

EBISCH, Hellmuth/GOTTSCHALK, Joachim, Preise und Preisprüfungen bei öffentlichen Aufträgen einschließlich Bauaufträge: Kommentar / fortgeführt von Werner Knauss, Johann K. Schmidt, 6. Aufl., München 1994 (zit.: Ebisch/Gottschalk, Preise).

EICHLER, Helmut, Submissionsabsprachen auf dem Bausektor zwischen Verwaltungsunrecht und Strafrecht, BB 1972, 1347 ff.

EIDAM, Gerd, Unternehmen und Strafe – Vorsorge und Krisenmanagement, 2. Aufl. Köln u.a. 2001 (zit.: Eidam, Unternehmen und Strafe).

EMMERICH, Volker, Kartellrecht, 9. Aufl., München 2001.

ENDERLE, Bettina, Blankettstrafgesetze: verfassungs- und strafrechtliche Probleme von Wirtschaftsstrafbeständen, Frankfurt a.M. u.a. 2000 (zit. Enderle, Blankettstrafgesetze).

ESER, Albin, Verbrechensbekämpfung in europäischer Dimension, S. 21 ff., BKA (Hrsg.), Wiesbaden 1992.

ESER, Albin (Hrsg.), Korruptionsbekämpfung durch Strafrecht – ein rechtsvergleichendes Gutachten zu den Bestechungsdelikten, Freiburg 1997 (zit.: Eser (Hrsg.), Korruptionsbekämpfung).

FIEBIG, Helmut/JUNKER, Heinrich, Korruption und Untreue im öffentlichen Dienst, Erkennen – Bekämpfen – Vorbeugen, Berlin 2000 (zit.: Fiebig/Junker, Korruption).

FIKENTSCHER, Wolfgang, Zu Begriff und Funktion des „Gemeinsamen Zwecks" im Gesellschafts- und Kartellrecht, S. 87 ff., in: Wolfgang Hefermehl (Hrsg.) Festschrift für Harry Westermann, Karlsruhe 1974 (zit.: Fikentscher, FS-Westermann).

FIKENTSCHER, Wolfgang, „Sonstige Verträge" im Gesetz gegen Wettbewerbsbeschränkungen, S. 543 ff, in: Festschrift für Alfred Hueck, München 1959 (zit.: Fikentscher, FS-Hueck).

FIKENTSCHER, Wolfgang, Recht und wirtschaftliche Freiheit, Bd. 1: Die Freiheit des Wettbewerbs, Tübingen 1992.

FIANDACA, Giovanni/MUSCO, Enzo, Diritto penale: parte speziale, Bd. I, 2. Aufl. Bologna 1999 (zit.: Fiandaca-Musco, PS I).

FOREGGER, Egmont/FABRIZY, Ernst Eugen, Strafgesetzbuch (Österreich), StGB samt ausgewählten Nebengesetzen, Kurzkommentar, 8. Aufl. Wien 2002 (zit.: Foregger/Fabrizy).

FRANKFURTER Kommentar zum Gesetz gegen Wettbewerbsbeschränkungen, herausgegeben von Helmut Glassen, Helmuth von Hahn, Hans-Christian Kersten, Harald Rieger, Lfg. 37, Köln 1995 (zit.: FK-Bearbeiter, §§ a.F.).

FRANKFURTER Kommentar zum Kartellrecht, Mit Kommentierung des GWB, des EG-Kartellrechts und einer Darstellung ausländischer Kartellrechtsordnungen/ herausgegeben von Helmut Glassen, Helmuth von Hahn, Hans-Christian Kersten, Harald Rieger, Lfg. 49, Köln 2001 (zit.: FK-Bearbeiter, §§ n.F.).

FRANK, Kirsten Michaela, Die Koordinierung der öffentlichen Vergabe öffentlicher Aufträge in der Europäischen Union, Berlin 2000 (zit.: Frank, Koordinierung).

FRANZEN, Karlheinz, Die Strafbarkeit und Strafwürdigkeit von Submissionskartellen und Bietungsabkommen, Köln 1970 (zit.: Franzen, Strafbarkeit).

FLORMANN, Willi, Heimliche Unterwanderung: organisierte Kriminalität – Herausforderung für Staat und Gesellschaft, Lübeck 1996 (zit.: Flormann, Unterwanderung).

GANDENBERGER, Otto, Die Ausschreibung. Organisierte Konkurrenz um öffentliche Aufträge. Heidelberg 1961 (zit.: Gandenberger, Ausschreibung).

GARCON, E., Code pénal annoté, 1959 (zit.: Garçon, Code pénal annoté).

GEERDS, Friedrich, Über Änderungen der Bekämpfung krimineller Korruption, JR 1996, 309 ff.

GEIGER, Rudolf, EUV, EGV, Vertrag über die Europäische Union und Vertrag zur Gründung der Europäischen Gemeinschaft; Kommentar, 3. Aufl., München 2000.

GEMEINSCHAFTSKOMMENTAR, Gesetz gegen Wettbewerbsbeschränkungen, Europäisches Kartellrecht, begründet von Hans Müller-Henneberg und Gustav Schwartz, herausgegeben von Christian Hootz, 5. Aufl., 1. Lfg., § 1 GWB, Köln u.a. 1999 (zit.: GK-Bearbeiter).

GIRKENS, Hans-Peter/MOOSMAYER, Klaus, Die Bestrafung wettbewerbsbeschränkender Absprachen, ZfBR 1998, 223 ff.

GOLTDAMMER, Theodor, Die Materialien zum Straf-Gesetzbuche für die preußischen Staaten, Besonderer Teil, Berlin 1851 (zit.: Goltdammer, Materialien).

GORSKI, Fritz, Verdingung und Verdingungskartelle, 1929 (zit.: Gorski, Verdingung).

GÖTTING, Susanne/GÖTTING, Bert, Kriminalisierung des Kartellrechts? Eine Analyse von Gesetzgebung und Rechtsprechung – zugleich eine Anmerkung zu BGH, Urteil vom 11.7.2001 – 1 StR 576/00, ZfBR 2003, 341 ff.

GRABITZ, Eberhard/HILF, Meinhard (Hrsg.), Das Recht der Europäischen Union, Altband I EUV, Art. 1-136 a EGV (Maastrichter Fassung) München 1999 (zit.: Grabitz/Hilf-Bearbeiter).

GREEVE, Gina, Zur Strafbarkeit wettbewerbsbeschränkender Absprachen nach dem neuen § 298 und zu weiteren Änderungen nach dem Gesetz zur Bekämpfung der Korruption, ZVgR 1998, 463 ff.

GREEVE, Gina, Ausgewählte Fragen zu § 298 StGB seit Einführung durch das Gesetz zur Bekämpfung der Korruption vom 13.8.1997, NStZ 2002, 505 ff.

GREEVE, Gina, Anm. zu BGH, Beschluss v. 19.12.2002 – 1 StR 266/02 (LG Nürnberg-Fürth), NStZ 2003, 549 f.

GRIESE, Antonia, Die Finanzierung der Europäischen Union, EuR 1998, 462 ff.

GRÖNING, Jochem, Die Grundlagen des neuen Vergaberechtsschutzes, ZIP 1999, 52 ff.

GRÜTZNER, Thomas, Die Sanktionierung von Submissionsabsprachen – Eine Untersuchung der bestehenden Möglichkeiten einer Bekämpfung von Submissionsabsprachen unter besonderer Berücksichtigung des § 298 StGB, Frankfurt a. M. 2003 (zit.: Grützner, Sanktionierung).

GROEBEN von der, Hans/THIESING, Jochen/EHLERMANN, Claus-Dieter, Kommentar zum EU-/EG-Vertrag, 5. Aufl., Baden-Baden 1998 (zit.: GTE-Bearbeiter).

GRÖBLINGHOFF, Stefan, Die Verpflichtung des deutschen Strafgesetzgebers zum Schutz der Interessen der europäischen Gemeinschaften, Heidelberg 1996 (zit.: Gröblinghoff, Verpflichtung).

GRÜNER, Gerhard, Der praktische Fall. Strafrecht: Die fehlgeschlagene Ausschreibung, JuS 2001, 882 ff.

HAMM, Rainer, Grundprinzipien eines europäischen Strafrechts, abgerufen am 15.10. 2003 unter: www.hammpartner.de/ATHEN2000.htm.

HASSEMER, Winfried, Theorie und Soziologie des Verbrechens, Frankfurt/Main, 1973 (zit.: Hassemer, Theorie).

HASSEMER, Winfried, Symbolisches Strafrecht und Rechtsgüterschutz, NStZ 1989, 553 ff.

HASSEMER, Winfried, Anm. zu OLG Frankfurt, Beschl. v. 24.7.1989, JuS 1990, 669 ff.

HASSEMER, Winfried, Kennzeichen und Krisen des modernen Strafrechts, ZRP 1992, 378 ff.

HASSEMER, Winfried, „Corpus Juris“: Auf dem Weg zu einem europäischen Strafrecht?, KritV 1999, 129 ff.

HASSEMER, Winfried, Ein Strafrecht für Europa, S. 11 ff. in: Zieschang u.a. (Hrsg.), Strafrecht und Kriminalität in Europa, Baden-Baden 2003 (zit.: Hassemer in: Zieschang (Hrsg.), Strafrecht und Kriminalität in Europa).

HAU, Helmut, Die Beendigung der Straftat und ihre rechtlichen Wirkungen, Berlin 1974 (zit.: Hau, Beendigung).

HECKER, Bernd, Europäisches Strafrecht als Antwort auf transnationale Kriminalität?, JA 2002, 723 ff.

HEFENDEHL, Roland, Die Submissionsabsprache als Betrug: Ein Irrweg! – BGHSt. 38, 186, JuS 1993, 805 ff.

HEFENDEHL, Roland, Kollektive Rechtsgüter im Strafrecht, München 2002 (zit.: Hefendehl, Rechtsgüter).

HEFENDEHL, Roland, Die Materialisierung von Rechtsgut und Deliktsstruktur, GA 2002, 21 ff.

HEGHMANNS, Michael, Grundzüge einer Dogmatik der Straftatbestände zum Schutz von Verwaltungsrecht und Verwaltungshandeln, Berlin 2000 (zit.: Heghmanns, Grundzüge).

HEIERMANN, Wolfgang/RIEDL, Richard/RUSAM, Martin, Handkommentar zur VOB. Teile A und B, 6. Aufl., Wiesbaden 1992 (zit.: Heiermann/Riedl/Rusam^{6}-Bearbeiter).

HEIERMANN, Wolfgang/RIEDL, Richard/RUSAM, Martin, Handkommentar zur VOB. Teile A und B, 9. Aufl., Wiesbaden 2000 (zit.: Heiermann/Riedl/Rusam-Bearbeiter).

HEINDL, Peter, „Aktive Korruptionsbekämpfung", NZBau 2002, 487 ff.

HEITZER, Anne, Punitive Sanktionen im Europäischen Gemeinschaftsrecht, Heidelberg 1997 (zit.: Heitzer, Punitive Sanktionen).

HERBST, Hans-Jürgen, Wettbewerb und Wettbewerbsbeschränkungen bei Ausschreibungen. Der Markt für Tiefbauleistungen als Beispiel, Köln 1965 (zit.: Herbst, Wettbewerb).

HERBIG, Gottfried, Korruptionsfälle in der Stadtverwaltung Frankfurt, Situationsbericht und Gegenstrategie, VerwArch 80 (1989), 381 ff.

HERTWIG, Stefan, Praxis der öffentlichen Auftragsvergabe (VOB/VOL/VOF), München 2000 (zit.: Hertwig, Auftragsvergabe).

HERZBERG, Rolf Dietrich, Bewusste Selbstschädigung beim Betrug, MDR 72, 93 ff.

HETTINGER, Michael, Das Strafrecht als Büttel? Fragmentarische Bemerkungen zum Entwurf eines Korruptionsbekämpfungsgesetzes des Bundesrates vom 3.11.1995, NJW 1996, 2263 ff.

HOHMANN, Olaf, Die strafrechtliche Beurteilung von Submissionsabsprachen. Ein altes Thema und noch immer ein Problem? – Ein Überblick, NStZ 2001, 566 ff.

HOHMANN, Olaf, Das Rechtsgut der Umweltdelikte, Frankfurt a.M. 1991 (zit.: Hohmann, Rechtsgut).

HÖK, Götz-Sebastian, Zur Vergabe und Abwicklung öffentlicher Bauaufträge in Frankreich, ZfBR 2001, 220 ff.

HOPP, Torsten, Das Verhältnis des Vergaberechts zum Wettbewerbs- und Kartellrecht am Beispiel des Berliner Vergabegesetzes, DB 2000, 29 ff.

HOPPMANN; Erich, Zum Schutzobjekt des GWB, S. 63 ff, in: Ernst Joachim Mestmäcker (Hrsg.), Wettbewerb als Aufgabe – Nach zehn Jahren Gesetz gegen Wettbewerbsbeschränkungen, Band 7, Bad Homburg 1968 (zit.: Hoppmann, Wettbewerb als Aufgabe).

HOYER, Andreas, Die Eignungsdelikte, Berlin 1987 (zit.: Hoyer, Eignungsdelikte).

HUBER, Barbara (Hrsg.), Das Corpus Juris als Grundlage eines Europäischen Strafrechts – Europäisches Kolloquium, Trier, 4. – 6. März 1999, Freiburg 2000 (zit.: Verfasser in: Huber (Hrsg.), Corpus Juris)

HUBER, Franz Christian, Das Submissionswesen, Tübingen 1885 (zit.: Huber, Submissionswesen).

HUHN, Sascha, Die strafrechtliche Problematik des Submissionsbetruges unter besonderen Berücksichtigung der neueren Rechtsprechung, München 1996 (zit.: Huhn, Problematik).

HUGGER, Heiner, Strafrechtliche Anweisungen der Europäischen Gemeinschaft, Heidelberg 2000 (zit.: Hugger, Strafrechtliche Anweisungen).

IMMENGA, Ulrich, Bietergemeinschaften im Kartellrecht – ein Problem potentiellen Wettbewerbs, DB 1984, 385 ff.

IMMENGA, Ulrich/MESTMÄCKER, Ernst-Joachim, Gesetz gegen Wettbewerbsbeschränkungen: GWB, Kommentar, bearb. v. Volker Emmerich u.a., 2. Aufl., München 1992 (zit.: I/M^2-Bearbeiter).

IMMENGA, Ulrich/MESTMÄCKER, Ernst-Joachim, EG-Wettbewerbsrecht, Kommentar, Bd. I, München 1997 (zit.: I/M-Bearbeiter, EG-Wettbewerbsrecht).

IMMENGA, Ulrich/MESTMÄCKER, Ernst-Joachim, Gesetz gegen Wettbewerbsbeschränkungen: GWB; Kommentar, bearb. v. Volker Emmerich u.a., 3. Aufl., München 2001 (zit.: I/M-Bearbeiter).

INGENSTAU, Heinz/KORBION, Hermann, Verdingungsordnung für Bauleistungen, VOB; Teile A und B; Kommentar / begr. von Heinz Ingenstau; Hermann Korbion. Fortgef. u. neu hrsg. v. Horst Lochner u.a., 14. Aufl., Düsseldorf 2001 (zit.: Ingenstau/Korbion).

IORI, (ohne Nennung des Vornamens) Trattativa privata e turbata liberta degli incanti, CP 1976, 1105.

ISAY, Rudolf/TSCHIERSCHKY, Siegfried, Kartellverordnung, Mannheim u.a. 1925 (zit.: Isay/Tschierschky, Kartellverordnung).

JAATH, Karl-Ernst, Empfiehlt sich die Schaffung eines strafrechtlichen Sondertatbestandes zum Ausschreibungsbetrug? S. 89 ff., in: Festschrift für Karl Schäfer, Berlin 1979 (zit.: Jaath, FS-Schäfer).

JAESCHKE, Lars, Der Submissionsbetrug. Ein aktuelles Dauerphänomen, 1999, Marburg 1999 (zit.: Jaeschke, Submissionsbetrug).

JAKOBS, Günther, Strafrecht, Allgemeiner Teil. Die Grundlagen und die Zurechnungslehre, 2. Aufl., Berlin u.a. 1993 (zit.: Jakobs, AT).

JARASS, Hans/PIEROTH, Bodo, Grundgesetz für die Bundesrepublik Deutschland: Kommentar, 6. Aufl., München 2002 (zit.: Jarass/Pieroth).

JEANDIDIER, Wilfrid, Droit pénal des affaires, 3. Aufl., Paris 1998 (zit.: Jeandidier, Droit pénal des affaires).

JEKEWITZ, Jürgen, Schrifttum, Barbara Huber (Hrsg.), Das Corpus Juris als Grundlage eines Europäischen Strafrechts, GA 2002, 424 f.

JESCHECK, Hans Heinrich, Das deutsche Wirtschaftsstrafrecht, JZ 1959, 461 ff.

JESCHECK, Hans Heinrich, Möglichkeiten und Probleme eines europäischen Strafrechts, in: Festschrift für Jhong-Won Kim, S. 947 ff, Seoul 1991 (zit.: Jescheck, FS-Jhong-Won Kim).

JESCHECK, Hans-Heinrich/WEIGEND, Thomas, Lehrbuch des Strafrechts, Allgemeiner Teil, 5. Aufl., Berlin 1996 (zit.: Jescheck/Weigend, AT).

JESCHECK, Hans-Heinrich, Possibiltà e limiti di un diritto penale per la protezione dell'Unione europea, S. 13 ff., in: Picotti, Lorenzo (Hrsg.), Possibilità e limiti di un Diritto Penale dell' Unione Europea, Milano 1999 (zit.: Jescheck in: Picotti [Hrsg.], Possibilità).

JOECKS, Wolfgang, Zur Schadensfeststellung beim Submissionsbetrug, wistra 1992, 247 ff.

JOECKS, Wolfgang, Strafgesetzbuch, Studienkommentar, 4. Aufl. München 2003 (zit.: Joecks).

JOKISCH, Jens, Gemeinschaftsrecht und Strafverfahren: die Überlagerung des deutschen Strafprozeßrechts durch das europäische Gemeinschaftsrecht dargestellt anhand ausgewählter Problemfälle. Berlin 2000 (zit.: Jokisch, Gemeinschaftsrecht und Strafverfahren).

JUNG, Heike, Konturen und Perspektiven des europäischen Strafrechts, JuS 2000, 417 ff.

KAHLENBERG, Harald, Novelliertes deutsches Kartellrecht, BB 1998, 1593 ff.

KANSKI, Maria, Zur Strafbarkeit von Submissionsabsprachen Kiel 1996 (zit.: Kanski, Strafbarkeit).

KARENFORT, Jörg/KOPPENFELS, Ulrich v./SIEBERT, Stefan, „Tariftreueregelungen" bei der Vergabe öffentlicher Aufträge – vereinbar mit deutschem Kartellrecht und Europarecht? BB 1999, 1825 ff.

KAUFMANN, Armin, Lebendiges und Totes in Bindings Normentheorie: Normenlogik und moderne Strafrechtsdogmatik, erw. Nachdruck der 1 Aufl., Göttingen 1988 (zit.: Kaufmann, Normentheorie).

KERNER, Hans-Jürgen/RIXEN, Stephan, Ist Korruption ein Strafrechtsproblem? – Zur Tauglichkeit strafgesetzlicher Vorschriften gegen die Korruption –, GA 1996, 335 ff.

KINDHÄUSER, Urs, StGB, Lehr- und Praxiskommentar, Baden-Baden 2002 (zit.: Kindhäuser, §§).

KINDHÄUSER, Urs, Lehrbuch des Strafrechts, BT II, 3. Aufl., Baden-Baden 2003 (zit.: Kindhäuser, BT/2).

KINDLER, Peter, Italienisches Handels- und Wirtschaftsrecht, Heidelberg 2002.

KLAUE, Siegfried, Das Kartellrecht in der Praxis, Düsseldorf 1961 (zit.: Klaue, Kartellrecht).

KLEIN, Kerstin, Das Verhältnis von Eingehungs- und Erfüllungsbetrug, Herbolzheim 2003.

KLEINMANN, Werner/BERG, Werner, Änderungen des Kartellrechts durch das „Gesetz zur Bekämpfung der Korruption“ vom 13.8.1997, BB 1998, 277 ff.

KLENK, Alexander, Probleme bei der Vergabe von Versicherungsleistungen – insbesondere durch Auftrageber im Sinne der § 98 Nr. 1-3 GWB, Münster 2002 (zit.: Klenk, Vergabe von Versicherungsleistungen).

KOENIG, Christian/HARATSCH, Andreas, Grundzüge des deutschen und des europäischen Vergaberechts, NJW 2003, 2637 ff.

KÖHLER, Helmut, Wettbewerbsbeschränkung durch Nachfrager: eine Untersuchung zu den kartellrechtlichen Grenzen der Kooperation im Einkauf, München 1977 (zit.: Köhler, Wettbewerbsbeschränkung).

KÖHLER, Helmut, Wettbewerbs- und kartellrechtliche Kontrolle der Nachfragemacht, Heidelberg 1979 (zit.: Köhler, Nachfragemacht).

KÖHLER, Helmut, Nachfragewettbewerb und Marktbeherrschung, Tübingen 1986 (zit.: Köhler, Nachfragewettbewerb).

KÖNIG, Peter, Empfehlen sich Änderungen des Straf- und Strafprozeßrechts, um die Gefahr von Korruption in Staat, Wirtschaft und Gesellschaft wirksam zu begegnen?, DRiZ 1996, 357 ff.

KÖNIG, Peter, Neues Strafrecht gegen Korruption, JR 1997, 397 ff.

KOPPENSTEINER, Hans-Georg, Wettbewerbsrecht, Kartellrecht und unlauterer Wettbewerb, 1. Aufl., Wien 1981 (zit.: Koppensteiner, Wettbewerbsrecht).

KORTE, Matthias, Bekämpfung der Korruption und Schutz des freien Wettbewerbs, NStZ 1997, 513 ff.

KOSCHE, Till, Strafrechtliche Bekämpfung wettbewerbsbeschränkender Absprachen bei Ausschreibungen – § 298 StGB –, Berlin 2001 (zit.: Kosche, Bekämpfung).

KRACHT, Hans, Verstoßen Bietungsabkommen gegen das GWB? NJW 1998, 490 ff.

KRAMM, Dietrich, Anmerkung zu BGH JZ 1993, 420 ff., JZ 1993, 422 ff.

KREY, Volker/HELLMANN, Uwe, Strafrecht, Besonderer Teil, Band 2, Vermögensdelikte, 13. Aufl., Stuttgart 2002 (zit.: Krey/Hellmann, BT/2).

KRÜGER, Matthias, Die Entmaterialisierungstendenz beim Rechtsgutsbegriff, Berlin 2000 (zit.: Krüger, Entmaterialisierungstendenz).

KUHLEN, Lothar, Der Handlungserfolg der strafbaren Gewässerverunreinigung (§ 324 StGB), GA 1986, 389 ff.

KUHLEN, Lothar, Umweltstrafrecht – auf der Suche nach einer neuen Dogmatik, ZStW 105 (1993), 697 ff.

KÜHL, Christian, Europäisierung der Strafrechtswissenschaft, ZStW 109 (1997), 777 ff.

LACKNER, Karl/KÜHL, Christian, Strafgesetzbuch, 24. Aufl., München 2001 (zit.: Lackner/Kühl).

LAMPE, Ernst-Joachim, Der Kreditbetrug (§§ 263, 265 b StGB), Berlin 1980 (zit.: Lampe, Kreditbetrug).

LAMPE-HELBIG, Gudrun/WÖRMANN, Klaus, Handbuch der Bauvergabe: Verfahren, Überprüfung, Schadensersatz, München 1995 (zit.: Lampe-Helbig/Wörmann, Bauvergabe).

LANG, Klaus, Korruption – Pestilenz unserer Tage, Kriminalistik 1993, 363 ff.

LANGEN Eugen/BUNTE, Hermann-Josef, Kommentar zum deutschen und europäischen Kartellrecht, 8. Aufl., Neuwied u.a. 1998 (zit.: Langen/Bunte[8]-Bearbeiter).

LANGEN Eugen/BUNTE, Hermann-Josef, Kommentar zum deutschen und europäischen Kartellrecht, Band 1, 9. Aufl., Neuwied u.a. 2001 (zit.: Langen/Bunte-Bearbeiter).

LANGEN Eugen/BUNTE, Hermann-Josef, Kommentar zum deutschen und europäischen Kartellrecht, Band 2, 9. Aufl., Neuwied u.a. 2001 (zit.: Langen/Bunte-Bearbeiter).

LANGE, Knut Werner (Hrsg.), Handbuch zum deutschen und europäischen Kartellrecht, Heidelberg 2001 (zit.: Lange, Kartellrecht).

LANGEN, Eugen, Das Kartellgesetz, Gesetz gegen Wettbewerbsbeschränkungen mit Erläuterungen für die Praxis, Neuwied 1957 (zit.: Langen, Kartellgesetz).

LANGER, Winrich, Das Sonderverbrechen, Berlin 1972 (zit.: Langer, Sonderverbrechen).

LAUBENTHAL, Klaus/BAIER, Helmut, Durch die Ausländereigenschaft bedingte Verbotsirrtümer und die Perspektiven europäischer Rechtsvereinheitlichung, GA 2000, 205 ff.

LEINEMANN, Ralf, Die Vergabe öffentlicher Aufträge – VOB/A, VOL/A, VOF, Nachprüfung von Vergabeverfahren, Vergabestrafrecht, Ordnungswidrigkeiten, 2. Aufl., Köln 2001 (zit.: Leinemann, Vergabe).

LEIPZIGER KOMMENTAR, zum Strafgesetzbuch, Großkommentar. 11. Aufl. hrsg. v. Jähnke, Bernhard/Laufhütte, Heinrich W./Odersky, Walter, Lfg. 5, §§ 102-109 k, bearb. v. Laufhütte, Heinrich W./Schroeder, Friedrich-Christian, Berlin 1993 (zit.: LK-Bearbeiter).

LEIPZIGER KOMMENTAR, zum Strafgesetzbuch, Großkommentar. 11. Aufl. hrsg. v. Jähnke, Bernhard/Laufhütte, Heinrich W./Odersky, Walter, Lfg. 33, § 263; Nachtrag zu §§ 264, 265, 265 a, bearb. v. Tiedemann, Klaus, Berlin 2000 (zit.: LK-Tiedemann).

LEIPZIGER KOMMENTAR, zum Strafgesetzbuch, Großkommentar. 11. Aufl. hrsg. v. Jähnke, Bernhard/Laufhütte, Heinrich W./Odersky, Walter, Lfg. 41, §§ 288-302, bearb. v Schünemann, Bernd/Tiedemann, Klaus, Berlin 2002 (zit.: LK-Bearbeiter).

LEITZINGER, Helmut, Submission und Preisbildung, Mechanik und ökonomische Effekte der Preisbildung bei Bietverfahren, Köln u.a. 1988 (zit.: Leitzinger, Submission).

LEMKE, Michael, Ordnungsunrecht oder Kriminalunrecht?, NJ 1996, 632 ff.

LENZ, Carl Otto (Hrsg.), EG-Vertrag, Kommentar zu dem Vertrag zur Gründung der Europäischen Gemeinschaften in der durch den Amsterdamer Vertrag geänderten Fassung, unter der Mitarbeit von Bardenhewer, Angela, u.a., 2. Aufl., Köln 1999 (zit.: Lenz-Bearbeiter, EG-Vertrag).

LISZT, Franz von, Einführung, in: Die Strafgesetzgebung der Gegenwart in rechtsvergleichender Darstellung, hrsg. v. der Internationalen Kriminalistischen Vereinigung, I. Band: Das Strafrecht der Staaten Europas, Berlin 1894 (zit.: Franz v. Liszt, Die Strafgesetzgebung der Gegenwart in rechtsvergleichender Darstellung, Bd. I).

LITTWIN, Frank, Maßnahmen zur Bekämpfung der nationalen und internationalen Korruption, ZRP 1996, 308.

LOHBERGER, Ingram Karl, Blankettstrafgesetz und Grundgesetz, München 1968 (zit.: Lohberger, Blankettstrafgesetz).

LOOS, Fritz, Zum „Rechtsgut“ der Bestechungsdelikte, S. 879 ff., in: Günther Stratenwerth (Hrsg.), Festschrift für Welzel zum 70. Geburtstag, Berlin/New York 1974 (zit.: Loos, FS-Welzel).

LÜDERSSEN, Klaus, Erfahrung als Rechtsquelle, 1972 (zit.: Lüderssen, Erfahrung).

LÜDERSSEN, Klaus, Sollen Submissionsabsprachen zu strafrechtlichem Unrecht werden? BB 1996, Heft 25, Beilage 11, 1 ff.

LÜDERSSEN, Klaus, Ein Prokrustes Bett für ungleiche Zwillinge, BB 1996, 2525 ff.

LÜDERSSEN, Klaus, Die Symbiose von Markt und Staat – auseinanderdividiert durch das Strafrecht? StV 1997, 318 ff.

LUKES, Rudolf, Der Kartellvertrag, München 1959 (zit.: Lukes, Kartellvertrag).

LUND, Torsten, Mehraktige Delikte, München 1993 (zit.: Lund, Mehraktige Delikte).

MAASCH, Beate, Die Zulässigkeit von Bietergemeinschaften, ZHR 150 (1986), 657 ff.

MAINKA, Andreas, Die Nachfragemacht des Staates in der deutschen Bauwirtschaft: eine wettbewerbstheoretische und empirische Analyse anhand der deutschen Bauwirtschaft, Bayreuth 1994 (zit.: Mainka, Nachfragemacht).

MANZINI, Vincenzo, Dei delitti contro la pubblica amministrazione e l'amministrazione della giustizia, a cura del prof. Pietro Nuvolone, Bd. V, 5. Aufl., Turin 1982 (zit.: Manzini, V).

MAURACH, Reinhart/SCHROEDER, Friedrich-Christian/MAIWALD, Manfred, Strafrecht Besonderer Teil, Teilband 1, Straftaten gegen Gemeinschaftswerte, 8. Aufl. 1995 (zit.: Maurach/Schroeder/Maiwald, BT/1).

MAURACH, Reinhart/SCHROEDER, Friedrich-Christian/MAIWALD, Manfred, Strafrecht Besonderer Teil, Teilband 2, Straftaten gegen Persönlichkeits- und Vermögenswerte, 8. Aufl. 1999 (zit.: Maurach/Schroeder/Maiwald, BT/2).

MAURACH, Reinhart/ZIPF, Heinz, Strafrecht Allgemeiner Teil, Teilband 1: Grundlehren des Strafrechts und Aufbau der Straftat, 8. Aufl., Heidelberg 1992 (zit.: Maurach/Zipf, AT Tb 1)

MARX, Michael, Zur Definition des Begriffs „Rechtsgut“, Köln / Berlin 1972 (zit.: Marx, Definition).

MAYAUD, Yves, Code Pénal, Nouveau Code pénal, Ancien Code pénal, Annotations de jurisprudence et bibliographie, Dalloz, 99. Aufl. Paris 2002 (zit.: Mayaud).

MESTMÄCKER, Ernst-Joachim, Europäisches Wettbewerbsrecht, München 1974 (Mestmäcker, Europäisches Wettbewerbsrecht).

MESTMÄCKER, Ernst-Joachim/BREMER, Eckhard, Die koordinierte Sperre im deutschen und europäischen Recht der öffentlichen Aufträge, BB 1995, Beilage 19, 1 ff.

MESTMÄCKER, Ernst-Joachim, Über die normative Kraft privatrechtlicher Verträge, JZ 1964, 441 ff.

MIKSCH, Leonhard, Wettbewerb als Aufgabe: Grundsätze einer Wettbewerbsordnung, 2. erw. Aufl., Godesberg 1947.

MITSCH, Wolfgang, Strafrecht, Besonderer Teil 2, Vermögensdelikte (Randbereich) / Teilband 2, Berlin 2001 (zit.: Mitsch, BT/2).

MITSCH, Wolfgang, Rechtsprechung zum Wirtschaftsstrafrecht nach dem 2. WiKG, JZ 1994, 877.

MICHALKE, Regina, Kriminelle Kartelle? Fachtagung des Vereins der deutschen Strafverteidiger e.V. in Frankfurt a.M., NJW 1997, 380 f.

MOLL, Dietmar, Europäisches Strafrecht durch nationale Blankettstrafgesetzgebung, Göttingen 1998.

MOOSECKER, Karl-Heinz, Die Beurteilung von Submissionsabsprachen nach § 263 StGB, S. 417 ff., in: Festschrift für Karl Lieberknecht, Berlin 1997 (zit.: Moosecker, FS-Lieberknecht).

MÖHRENSCHLAGER, Manfred, Strafrechtliche Vorhaben zur Bekämpfung der Korruption auf nationaler und internationaler Ebene, JZ 1996, 822 ff.

MÖLLERING, Jürgen, Prävention oder Strafe – Eine kritische Würdigung aktueller Gesetzentwürfe zur Bekämpfung der Korruption, WRP 1997, 933 ff.

MÖSCHEL, Wernhard, Recht der Wettbewerbsbeschränkungen, Köln 1983 (zit.: Möschel, Wettbewerbsbeschränkungen).

MÖSCHEL, Wernhard, Zur Problematik einer Kriminalisierung von Submissionsabsprachen, FIW-Schriftenreihe, Heft 94, Köln 1980 (zit.: Möschel, Problematik).

MUSIL, Andreas, Umfang und Grenzen europäischer Rechtssetzungsbefugnisse im Bereich des Strafrechts nach dem Vertrag von Amsterdam, NStZ 2000, 68 ff.

MÜLLER, Heinz/GIESSLER, Peter/SCHOLZ, Ulrich, Wirtschaftskommentar – Kommentar zum Gesetz gegen Wettbewerbsbeschränkungen, Kartellgesetz, 4. Aufl., Frankfurt 1981 (zit.: Müller/Giessler/Scholz).

MÜLLER-HENNEBERG, Hans/SCHWARTZ, Gustav/BENISCH, Werner, Gesetz gegen Wettbewerbsbeschränkungen, 1. Aufl., Köln u.a. 1958 (zit.: Müller-Henneberg/Schwartz).

MÜLLER-GRAFF, Peter-Christian, Institutionelle und materielle Reformen in der Zusammenarbeit in den Bereichen Justiz und Inneres, S. 259 ff, in: Waldemar Hummer (Hrsg.), Die Europäische Union nach dem Vertrag von Amsterdam, Wien 1998 (zit.: Müller-Graff, Europäische Union).

MÜLLER-GUGENBERGER, Christian/BIENECK, Klaus, Wirtschaftsstrafrecht: Handbuch des Wirtschaftsstraf- und -ordnungswidrigkeitenrechtes, 3. Aufl., Köln 2000 (zit.: Müller-Gugenberger/Bieneck-Bearbeiter).

MÜLLER, Udo, Korruption in der öffentlichen Verwaltung –Typologie und Schaden im Baubereich, Kriminalistik 1993, 509 ff.

MOTZKE, Gerd/PIETZCKER, Jost/PRIEß, Hans-Joachim (Hrsg.), Verdingungsordnung für Bauleistungen Teil A, München 2001 (zit.: Motzke/Pietzcker/Prieß-Bearbeiter).

NAGLER, Johann, Die Teilnahme am Sonderverbrechen – ein Beitrag zur Lehre von der Teilnahme, Leipzig 1903 (zit.: Nagler, Sonderverbrechen).

NELIßEN, Bernd, Die Abgrenzung „horizontaler“ und „vertikaler“ Wettbewerbsbeschränkungen nach der 6. GWB-Novelle, Frankfurt a.M. 2001 (zit.: Nelißen, Abgrenzung).

NOCH, Rainer, Vergaberecht kompakt, Verfahrensablauf und Entscheidungspraxis, 2. Aufl. Düsseldorf 2002 (zit.: Noch, Vergaberecht).

NOMOS KOMMENTAR zum Strafgesetzbuch, Band 5, Gesamtredaktion: Neumann, Ulrich, Puppe, Ingeborg, Schild, Wolfgang, bearbeitet von Albrecht, Hans-Jörg u.a., 1. Aufl., Baden-Baden 2003 (zit.: NK-Bearbeiter).

OEHLER, Dietrich, Fragen zum Strafrecht der Europäischen Gemeinschaft, S. 1399 ff., in: Vogler, Theo u.a. (Hrsg.), Festschrift für Hans-Heinrich Jescheck, Bd. 2, Berlin 1985 (zit.: Oehler, FS-Jescheck).

OLDIGS, Dirk, Möglichkeiten und Grenzen der strafrechtlichen Bekämpfung von Submissionsabsprachen, Heidelberg 1998 (zit.: Oldigs, Möglichkeiten).

OLDIGS, Dirk, Die Strafbarkeit von Submissionsabsprachen nach dem neuen § 298 StGB. Notwendige Reform oder purer Aktionismus?, wistra 1998, 291 ff.

OPPENHOFF, Friedrich Christian, Das Strafgesetzbuch für die Preußischen Staaten nebst den Gesetzen und den Verordnungen über die Einführung desselben, 6. Aufl., Berlin 1869 (zit.: Oppenhoff, Strafgesetzbuch).

OPPERMANN, Thomas, Europarecht, 2. Aufl. München 1999 (zit.: Oppermann, Europarecht).

OTT, Alfred, Grundzüge der Preistheorie, Göttingen 1991 (zit.: Ott, Grundzüge).

OTTO, Harro, Die strafrechtliche Bekämpfung unlauterer Einflußnahmen auf öffentliche Versteigerungen durch Scheingebote, NJW 1979, 681 ff.

OTTO, Harro, Submissionsbetrug und Vermögensschaden, ZRP 1996, 300 ff.

OTTO, Harro, Wettbewerbsbeschränkende Absprachen bei Ausschreibungen, § 298 StGB, wistra 1999, 41 ff.

OTTO, Harro, Das Corpus Juris der strafrechtlichen Regelungen zum Schutz der finanziellen Interessen der Europäischen Union – Anmerkungen zum materiell-rechtlichen Teil –, Jura 2000, 98 ff.

OTTO, Harro, Grundkurs Strafrecht, BT, 6. Aufl., Berlin 2002 (zit.: Otto, GK BT).

OTTO, Harro, Die neue Rechtsprechung zum Betrugstatbestand, Jura 2002, 606 ff.

PACHE, Eckhard, Der Schutz der finanziellen Interessen der Europäischen Gemeinschaft, Berlin 1994 (zit.: Pache, Schutz der finanziellen Interessen).

PADOVANI, Tullio, Codice Penale, 2. Aufl., Mailand 2000.

PAGANO, (ohne Nennung des Vornamens) Le gare informali ed i limiti di applicabilità del reato di turbata libertà degli incanti, R PEN E 1993, 161.

PALANDT, Otto, Bürgerliches Gesetzbuch, bearb. v. Bassenge, Peter u.a., 62. Aufl., München 2003 (zit.: Palandt-Bearbeiter).

PELLETIER, Hervé/PERFETTI, Jean, Code Pénal 2002, Litec, 14. Aufl., Paris 2002 (zit.: Pelletier/Perfetti).

PERRON, Walter, Sind die nationalen Grenzen des Strafrechts unüberwindbar? Überlegungen zu den strukturellen Voraussetzungen der Angleichung und Vereinheitlichung unterschiedlicher Strafrechtssysteme, ZStW 109 (1997), 281 ff.

PERRON, Walter, Strafrechtsvereinheitlichung in Europa, S. 135 ff., in Dörr, Dieter/Dreher, Meinhard (Hrsg.), Europa als Rechtsgemeinschaft, Baden-Baden 1997 (zit.: Perron, in Dörr/Dreher (Hrsg.), Europa als Rechtsgemeinschaft).

PETERSEN, Alexander, Vertikalvereinbarungen nach 16 GWB im Lichte des Kartellverbotes, Die Abgrenzung zwischen den §§ 1 und 16 Nr. 2, 3 GWB und die Immanenztheorie nach der 6. GWB-Novelle, München, Berlin 2002 (zit.: Petersen, Vertikalvereinbarungen).

PETERSEN, Thomas, Die gewohnheitsrechtliche Fortgeltung der Grundgedanken der aufgehobenen Baupreisverordnung 1/72 im Rahmen der Pflicht zur wirtschaftlichen und sparsamen Haushaltsführung, NZBau 2000, 549 f.

PIETH, Mark, Internationale Harmonisierung von Strafrecht als Antwort auf transnationale Wirtschaftskriminalität, ZStW 109 (1997), 756 ff.

PIETH, Mark/EIGEN, Peter, Korruption im internationalen Geschäftsverkehr, Bestandsaufnahme, Bekämpfung, Prävention, Neuwied u.a. 1999.

POLLEY, Romina, Preisdämpfende Maßnahmen im Rahmen eines Gemeinschaftsunternehmens als Verstoß gegen § 1 GWB, WuW 1998, 939 ff.

PRIEß, Hans-Joachim, Handbuch des europäischen Vergaberechts – Gesamtdarstellung der EU/EWR-Vergaberegeln mit Textausgabe, 2. Aufl., Köln 2001 (zit.: Prieß, Vergaberecht).

PRITTWITZ, Cornelius, Nachgeholte Prolegomena zu einem künftigen Corpus Juris Criminalis für Europa, ZStW 113 (2001), 774 ff.

PUPPE, Ingeborg, Tatirrtum, Rechtsirrtum, Subsumtionsirrtum, GA 1990, 145 ff.

RAITH, Werner, Der Korruptionsschock: Demokratie zwischen Auflösung und Erneuerung: das Beispiel Italien, Hamburg 1994.

RANSIEK, Andreas, Strafrecht und Korruption, Zum Gutachten C für den 61. Deutschen Juristentag, StV 1996, 446 f.

RASCH, Harold, Wettbewerbsbeschränkungen – Kartell- und Monopolrecht, 2. Aufl., Berlin 1958 (zit.: Rasch, Wettbewerbsbeschränkungen).

RAUSCHENBACH, Gerhard, Die Entwicklung des deutschen Kartellrechts 1977, NJW 1978, 185 ff.

REIDT, Olaf/STICKLER, Thomas/GLAHS, Heike, Vergaberecht – Kommentar, 2. Aufl., Köln 2003 (zit.: Bearbeiter in: Reidt/Stickler/Glahs, Vergaberecht).

REIMANN, Carsten/KROHS, Christian, Strafbarkeit von Kartelldelikten nach dem UK Enterprise Act 2002, WuW 2003, 739 ff.

REIMANN, Thomas, Missbrauchsaufsicht und Diskriminierungsverbot bei Nachfragern, WuW 1976, 541 ff.

REINHART, Gert, Die vorsätzliche Zuwiderhandlung gegen das Kartellverbot, Köln 1963 (zit.: Reinhart, Zuwiderhandlung).

REGGE, Jürgen/ROSE, Gabriele/STEFFENS, Rainer, Der praktische Fall – Strafrecht: Ein teures Rathaus, JuS 1999, 159 ff.

RENGIER, Rudolf, Strafrecht Besonderer Teil, Band I, 5. Aufl. Heidelberg 2003 (zit.: Rengier, BT/1).

RICCIO, (ohne Nennung des Vornamens) Incanti e licitazioni (frode negli), Nss DI, VIII, 1975, 492 ff.

RIESE, Christoph, Vergaberecht: Grundlagen – Verfahren – Rechtsschutz, Berlin 1998 (zit.: Riese, Vergaberecht).

RITTNER, Fritz, Rechtsgrundlagen und Rechtsgrundsätze des öffentlichen Auftragswesens, Hamburg 1988 (zit.: Rittner, Rechtsgrundlagen).

RITTNER, Fritz, Die Kontrolle der Vergabe öffentlicher Aufträge als Aufgabe des Rechts, Europäisches Vergaberecht 1991, S. 41 ff.

RITTNER, Fritz, Das deutsche Öffentliche Auftragswesen im europäischen Kontext, NVwZ 1995, 313 ff.

RITTNER, Fritz, Das öffentliche Auftragwesen im Spannungsfeld zwischen Gemeinschaftsrecht und nationalem Recht, EuR 1996, Beiheft, 7 ff.

RITTNER, Fritz, Drei Grundfragen des Wettbewerbs, S. 519 ff., in: Festschrift für Alfons Kraft, Neuwied 1998 (zit.: Rittner, FS-Kraft).

RITTNER, Fritz, Wettbewerbs- und Kartellrecht: eine systematische Darstellung des deutschen und europäischen Rechts für Studium und Praxis, 6. Aufl., Heidelberg 1999 (zit.: Rittner, Wettbewerbs- und Kartellrecht).

RITTNER, Fritz, Keine Doppelkontrolle für Vertikalvereinbarungen!, WuW 2000, 696 ff.

RIZ, Roland, Diritto penale e diritto comunitario, Padova 1984 (zit.: Riz, Diritto penale).

RÖNNAU, Thomas, Täuschung, Irrtum und Vermögensverfügung beim Submissionsbetrug - BGH NJW 2001, 3718, JuS 2002, 545 ff.

ROSBAUD, Christian, Das Kartellstrafrecht ist tot! Lang lebe das „Kartellstrafrecht"! JBl 2003, 907 ff.

ROSE, Frank, Anmerkung zu Urt. d. BGH v. 11.7.2001 – 1 StR 576/00-BGHSt. 47, 83, NStZ 2002, 41 f.

ROSSI, (ohne Nennung des Vornamens) Considerazioni sul delitto di turbata libertà degli incanti, GP 1982, II, 435 ff.

RÖSSNER, Dieter/GUHRA, Emanuel, Übungsklausur Strafrecht: Eine Gemeinde geht baden: Der bestechliche Bürgermeister, Jura 2001, 403 ff.

ROXIN, Claus, Strafrecht, Allgemeiner Teil, Band 1, Grundlagen – Der Aufbau der Verbrechenslehre, 3. Aufl., München 1997 (zit.: Roxin, AT/1).

RUGGIERO, (ohne Nennung des Vornamens) Incanti (turbativa ed astensione), ED, XX, 901.

RUTKOWSKY, Stefan, Der Schadensnachweis bei unzulässigen Submissionsabsprachen, NJW 1995, 705 ff.

SANDROCK, Otto, Grundbegriffe des Gesetzes gegen Wettbewerbsbeschränkungen, München 1968 (zit.: Sandrock, Grundbegriffe).

SATZGER, Helmut, Der Submissionsbetrug. Eine Untersuchung zur Strafbarkeit von Manipulationen bei Ausschreibungsverfahren als Betrug, Berlin 1994 (zit.: Satzger, Submissionsbetrug).

SATZGER, Helmut, Die Europäisierung des Strafrechts – Eine Untersuchung zum Einfluß des Europäischen Gemeinschaftsrechts auf das deutsche Strafrecht, Köln 2001 (zit.: Satzger, Europäisierung).

SATZGER, Helmut, Auf dem Weg zu einem Europäischen Strafrecht, Kritische Anmerkungen zu dem Kommissionsvorschlag für eine Richtlinie über den strafrechtlichen Schutz der finanziellen Interessen der Gemeinschaft, ZRP 2001, 549 ff.

SATZGER, Helmut, Anmerkung zu Urt. d. BGH v. 11.7.2001 – 1 StR 576/00- BGHSt. 47, 83, JR 2002, 391 ff.

SAVELSBERG, Joachim Josef/BRÜHL, Peter, Politik und Wirtschaftstrafrecht. Eine soziologische Analyse. Opladen 1988 (zit.: Savelsberg/Brühl, Wirtschaftsstrafrecht).

SAX, Walter, Tatbestand und Rechtsgutsverletzung, JZ 1976, 9 ff., 80 ff., 429 ff.

SCHALLER, Hans, Neue Vorschriften zur Korruptionsbekämpfung, RiA 1998, 9 ff.

SCHAFFT, Thomas, Die Preisverordnung Nr. 30/53 auf dem Prüfstand, Anm. zu BVerwG, NVwZ 1999, 1112 = DVBl. 1999, 1364, ZVgR 2000, 245 ff.

SCHAUPENSTEINER, Wolfgang, Submissionsabsprachen und Korruption im öffentlichen Bauwesen, ZRP 1993, 250 ff.

SCHAUPENSTEINER, Wolfgang, Das Korruptionsbekämpfungsgesetz, Kriminalist 1996, 237 ff.

SCHAUPENSTEINER, Wolfgang, Korruption in Deutschland, Kriminalist 1996, 7 ff.

SCHAUPENSTEINER, Wolfgang, Das Korruptionsbekämpfungsgesetz, Kriminalist 1997, 699 ff.

SCHMIMANEK, Peter, Der Anspruch des potentiellen Bieters auf Durchführung eines Vergabeverfahrens, ZfBR 2002, 39 ff.

SCHMID, Reinhard, Der Submissionsbetrug als Problem der Strafgesetzgebung, Stuttgart 1982 (zit.: Schmid, Submissionsbetrug).

SCHMIDT, Jürgen, Untersuchung zu Dogmatik und zum Abstraktionsgrad abstrakter Gefährdungsdelikte, Marburg 1999 (zit.: Schmidt, Dogmatik).

SCHMIDT, Karsten, Kartellverfahrensrecht – Kartellverwaltungsrecht – Bürgerliches Recht, Köln 1977 (zit.: K. Schmidt, Kartellverfahrensrecht).

SCHMIDT, Karsten, Kartellverbot und „sonstige Wettbewerbsbeschränkungen", Köln 1978 (zit.: K. Schmidt, Kartellverbot).

SCHMIDT, Karsten, Vertragliche Wettbewerbsverbote im deutschen Kartellrecht, Gemeinsamer Zweck und Immanenztheorie in der Praxis und Theorie zu § 1 GWB, ZHR 149 (1985), 1 ff.

SCHMIDT, Karsten, Die kartellrechtliche „Schutzobjektdiskussion" als Problem interdisziplinärer Wissenschaft – Rückblick auf einen Grundlagenbeitrag nach 25 Jahren, S. 373 ff., in: Marktwirtschaft und Rechtsordnung, Festschrift für Erich Hoppmann, hrsg. v. Wernhard Möschel, Baden-Baden 1994 (zit.: K. Schmidt, FS-Hoppmann).

SCHMIDT, Karsten, Der kartellverbotswidrige Beschluss – Ungelöste Probleme „unwirksamer" Beschlüsse im Spannungsfeld zwischen Gesellschaftsrecht und Recht gegen Wettbewerbsbeschränkungen –, S. 693 ff., in: Festschrift für Robert Fischer, hrsg. v. Marcus Lutter u.a., Berlin 1979 (zit.: K. Schmidt, FS-Fischer).

SCHMIDT, Karsten, „Altes" und „neues" Kartellverbot. Kontinuität statt Umbruch durch die Neufassung des § 1 GWB, AG 1998, 551 ff.

SCHMIDT, Karsten, Ausschließlichkeitsbindung, Kartellverbot und Immanenztheorie – Zum Verhältnis zwischen § 16 GWB und § 1 GWB, S. 833 ff., in:

Festschrift für Otto Sandrock, Heidelberg 2000 (zit.: K. Schmidt, FS-Sandrock).

SCHMIDT, Karsten, Doppelkontrolle für Vertikalvereinbarungen nach dem GWB? – Thesen zu Rittner, WuW 2000, 696, WuW 2000, 1199 ff.

SCHÖNFELDER, Matthias, Schwarzarbeit und Schattenwirtschaft im Baugewerbe – Herausforderung für den Europäischen Markt oder Kampfansage an Gesetzgeber und Tarifsystem?, München 1999 (zit.: Schönfelder, Schwarzarbeit).

SCHÖNKE, Adolf/SCHRÖDER, Horst, Strafgesetzbuch, Kommentar, 26. Aufl., München 2001 (zit.: Schönke/Schröder-Heine).

SCHRÖDER, Christian, Europäische Richtlinien und deutsches Strafrecht – eine Untersuchung über den Einfluss europäischer Richtlinien gemäß Art. 249 Abs. 3 EGV auf das deutsche Strafrecht, Berlin u.a., 2002 (zit.: Schröder, Europäische Richtlinien und deutsches Strafrecht).

SCHROTH, Ulrich, Strafrecht, Besonderer Teil, 2. Aufl., Stuttgart 1998 (zit.: Schroth, BT).

SCHRÖTER, Helmuth/JAKOB, Thinam/MEDERER, Wolfgang (Hrsg.), Kommentar zum Europäischen Wettbewerbsrecht, 1. Aufl. 2003 (zit.: Schröter/Jakob/Mederer-Bearbeiter, Europäisches Wettbewerbsrecht).

SCHULER, Patrick, Strafrechtliche und ordnungswidrigkeitenrechtliche Probleme bei der Bekämpfung von Submissionsabsprachen. Unter besonderer Berücksichtigung der Änderung durch das Korruptionsbekämpfungsgesetz und die 6. GWB-Novelle, Konstanz 2002 (zit.: Schuler, Bekämpfung von Submissionsabsprachen).

SCHULTZ, Hans-Dieter/WAGEMANN, Markus, Kartellrechtspraxis und Kartellrechtsprechung 1999/2000, 15. Aufl., Köln 2000 (zit.: Schultz/Wagemann, Kartellrechtspraxis).

SCHÜNEMANN, Bernd, Unternehmenskriminalität und Strafrecht, Köln 1979 (zit.: Schünemann, Unternehmenskriminalität).

SCHÜNEMANN, Bernd/SUAREZ, Carlos, Gonzáles (Hrsg.), Bausteine des europäischen Wirtschaftsstrafrechts. Madrid Symposion für Klaus Tiedemann, Köln u.a. 1994 (zit.: Verfasser in: Schünemann/Suarez (Hrsg.), Madrid-Symposion).

SCHÜNEMANN, Bernd, Ein Gespenst geht um in Europa – Brüsseler „Strafrechtspflege“ intra muros –, GA 2002, 501 ff.

SCHWARZE, Jürgen (Hrsg.), Europäisches Wettbewerbsrecht im Wandel, Baden-Baden 2001 (zit.: Schwarze, Europäisches Wettbewerbsrecht im Wandel).

SCHWARZ, Günther Christian, Kartellvertrag und sonstige wettbewerbsbeschränkende Verträge. Das Merkmal „zu einem gemeinsamen Zweck“ in § 1 Abs. 1 GWB, Köln 1984 (zit.: Schwarz, Kartellvertrag).

SEUME, Manfred, Die Bedeutung unrechtsbezogener Ausdrücke wie „rechtswidrig“, „unbefugt“ und dergleichen in Strafgesetzen, Erlangen-Nürnberg 1968 (zit.: Seume, Bedeutung unrechtsbezogener Ausdrücke).

SIEBER, Ulrich, Europäische Einigung und Europäisches Strafrecht, ZStW 103 (1991), 957 ff.

SIEBER, Ulrich, Das strafrechtliche Sanktionssystem zum Schutz europäischer Gemeinschaftsinteressen, S. 71 ff. in: van Gerven/Zuleeg (Hrsg.), Sanktionen als Mittel zur Durchsetzung des Gemeinschaftsrechts, Köln 1996 (zit.: Sieber, Das strafrechtliche Sanktionensystem).

SIEBER, Ulrich, Bekämpfung des EG-Betrugs und Perspektiven der europäischen Amts- und Rechtshilfe, ZRP, 2000, 187.

SMITH, Adam, Der Wohlstand der Nationen. Eine Untersuchung seiner Natur und Ursachen. Aus dem Englischen übertragen und mit einer Würdigung von Horst Claus Recktenwald, München 1974.

SOMBART, Werner, Das Wirtschaftsleben im Zeitalter des Hochkapitalismus, München, Leipzig 1927.

STÄCHELIN, Gregor, Die Strafgesetzgebung im Verfassungsstaat, Berlin 1998 (zit.: Stächelin, Strafgesetzgebung).

STEIN, Peter-Georg, Submissionsabsprachen auf dem Bausektor zwischen Verwaltungsunrecht und Strafrecht, Bauwirtschaft 1973, 434 ff.

STREINZ, Rudolf, Europarecht, 5. Aufl., Heidelberg 2001.

SUHR, Christian, Rechtsgut und Tatobjekt im Strafrecht, JA 1990, 303 ff.

SYSTEMATISCHER KOMMENTAR zum Strafgesetzbuch, Bearbeiter: Hans-Joachim Rudolphi, Eckhard Horn, Erich Samson, Band 2: Besonderer Teil, 50. Lfg., 6. Aufl., April 2000 (zit.: SK-Bearbeiter).

TETZNER, Heinrich, Kartellrecht, 2. Aufl., München 1967 (zit.: Tetzner, Kartellrecht).

THOMAS, Didier, Entraves à la liberté des enchères, Art. 313-6, August 1996, Éditions du Juris-Classeur Pénal Code – 3, Paris 2003 (zit.: Thomas, J.-Cl. pén.).

THURNHER, Viktor, Kartellgesetznovelle in Österreich: Aufbruch zu neuen Märkten?, WuW 2002, 845 ff.

TIEDEMANN, Klaus, Verwaltungsstrafrecht und Rechtsstaat, ÖJZ 1972, 285 ff.

TIEDEMANN, Klaus, Sollen einzelne Kartellrechtsverstöße – einschließlich typisierungsfähiger Fälle aus dem Bereich der Mißbrauchsaufsicht – unter Strafdrohung gestellt werden? Referat in: Tagungsberichte der Sachverständigenkommission zur Bekämpfung der Wirtschaftskriminalität – Reform des Wirtschaftsstrafrechts, Bd. X Anl. 1, Bonn 1976 (zit.: Tiedemann, Gutachten).

TIEDEMANN, Klaus, Kartellrechtsverstöße und Strafrecht, Freiburg 1976 (zit.: Tiedemann, Kartellrechtsverstöße).

TIEDEMANN, Klaus, Wettbewerb und Strafrecht, Freiburg 1976 (zit.: Tiedemann, Wettbewerb).

TIEDEMANN, Klaus, Strafrechtliche Grundprobleme im deutschen und österreichischen Kartellrecht, ÖJZ 1979, 617 ff.

TIEDEMANN, Klaus, Literaturbericht Nebenstrafrecht und Ordnungswidrigkeitenrecht, ZStW 94 (1982), 299 ff.

TIEDEMANN, Klaus, Die Bekämpfung der Wirtschaftskriminalität durch den Gesetzgeber, JZ 1986, 865 ff.

TIEDEMANN, Klaus, Der Strafschutz der Finanzinteressen der Europäischen Gemeinschaft, NJW 1990, 2226 ff.

TIEDEMANN, Klaus, Submissionskartell als Betrug (Gespräch), ZRP 1992, 149 ff.

TIEDEMANN, Klaus, Europäisches Gemeinschaftsrecht und Strafrecht, NJW 1993, 23 ff.

TIEDEMANN, Klaus, Strafrecht in der Marktwirtschaft, S. 527 ff., in: Küper, Wilfried/Welp, Jürgen (Hrsg.), Beiträge zur Rechtswissenschaft, Festschrift für Walter Stree und Johannes Wessels, Heidelberg 1993 (zit.: Tiedemann, FS-Stree/Wessels).

TIEDEMANN, Klaus/HARRO, Otto, Literaturbericht, Wirtschaftsstrafrecht, Teil III, 1, ZStW 107 (1995), 597 ff.

TIEDEMANN, Klaus, Kommentar zum GmbH-Strafrecht (§§ 82-85 GmbHG und ergänzende Vorschriften) 3. Aufl. der Sonderausgabe Köln 1995 (zit.: Scholz-Tiedemann, GmbHG).

TIEDEMANN, Klaus, Die Europäisierung des Strafrechts, S. 133 ff., in: Die Europäisierung der mitgliedstaatlichen Rechtsordnungen in der Europäischen Union, Karl F. Kreuzer (Hrsg.), 1. Aufl., Baden-Baden 1997 (zit.: Kreuzer/Scheuing/Sieber, Europäisierung).

TIEDEMANN, Klaus, Pour un espace juridique commun après Amsterdam, AGON 1997, Nr. 17, 12 f.

TIEDEMANN, Klaus, Die Regelung von Täterschaft und Teilnahme im europäischen Strafrecht, Stand, Harmonisierungstendenzen und Modellvorschläge, S. 496 ff., in: Festschrift für Haruo Nishihara, Albin Eser (Hrsg.), Baden-Baden 1998 (zit.: Tiedemann, FS-Nishihara).

TIEDEMANN, Klaus, Rezension zu: Lüderssen, Klaus, Entkriminalisierung des Wirtschaftsstrafrechts, Baden-Baden 1998, JZ 1999, 782 f.

TIEDEMANN, Klaus, Réflexions sur la base juridique du Corpus Juris, AGON 1999, Nr. 23, 7 ff.

TIEDEMANN, Klaus, Der Wettbewerb als Rechtsgut des Strafrechts, in Festschrift für Müller-Dietz 2000 (zit.: Tiedemann, FS-Müller-Dietz).

TIEDEMANN, Klaus, EG und EU als Rechtsquellen des Strafrechts, S. 1401 ff., in: Festschrift für Claus Roxin zum 70. Geburtstag, hrsg. v. Bernd Schünemann und Claus Roxin, Berlin 2001 (zit.: Tiedemann, FS-Roxin).

TIEDEMANN, Klaus (Hrsg.), Wirtschaftsstrafrecht in der europäischen Union, Rechtsdogmatik, Rechtsvergleich, Rechtspolitik, Freiburg – Symposion, Köln u.a. 2002 (zit.: Verfasser in: Freiburg-Symposion).

TONKE, Christian, Das neue französische Wettbewerbsrecht im ersten Jahr seiner Anwendung, WuW 1988, 952 f.

TRAUTWEIN, Thomas, Dienstleistungsfreiheit und Diskriminierungsverbot im Europäischen Gemeinschaftsrecht, Jura 1995, 191.

TRÖNDLE, Herbert/FISCHER, Thomas, Strafgesetzbuch und Nebengesetze, 50. Aufl., München 2001 (zit.: Tröndle/Fischer[50]).

TRÖNDLE, Herbert/FISCHER, Thomas, Strafgesetzbuch und Nebengesetze, 51. Aufl., München 2003 (zit.: Tröndle/Fischer).

ULMER, Peter, Sollen einzelne Kartellrechtsverstöße – einschließlich typisierungsfähiger Fälle aus dem Bereich der Mißbrauchsaufsicht – unter Strafandrohung gestellt werden? Korreferat, in: Tagungsberichte der Sachverständigenkommission zur Bekämpfung der Wirtschaftskriminalität – Reform des Wirtschaftsstrafrechts – Bd. X, Anlage 2, Bonn 1976 (zit.: Ulmer, Gutachten).

VAHLENKAMP, Werner/KNAUß, Ina, Korruption – ein unscharfes Phänomen als Gegenstand zielgerichteter Prävention, in: BKA – Forschungsreihe, Bd. 33, Wiesbaden 1995 (zit.: Vahlenkamp/Knauß, Korruption).

VENTURATI, (ohne Nennung des Vornamens) Incanti (frodi negli), D pen., VI 1992, 302.

VÉRON, Michel, Droit pénal spécial, (Masson /Armand Colin) 5. Aufl., Paris 1996 (zit.: Véron, Droit pénal spécial).

VIOLINI, Lorenza, Die Umsetzung der Richtlinien über öffentliche Aufträge in Italien, EuR 1996, Beiheft, 47 ff.

VOGEL, Joachim, Europäische Kriminalpolitik – europäische Strafrechtsdogmatik, GA 2002, 517 ff.

VOGEL, Joachim, Stand und Tendenzen der Harmonisierung des materiellen Strafrechts in der Europäischen Union, S. 29 ff. in: Zieschang, Frank u.a. (Hrsg.), Strafrecht und Kriminalität in Europa, Baden-Baden 2003 (zit.: Vogel in Strafrecht und Kriminalität in Europa).

VOGEL, Joachim, Harmonisierung des Strafrechts in der Europäischen Union, GA 2003, 314 ff.

VOLK, Klaus, Täuschung durch Unterlassen beim Betrug, OLG Köln – NJW 1980, 2336, JuS 1981, 880 ff.

VOLK, Klaus, Die Merkmale der Korruption und die Fehler bei ihrer Bekämpfung, S. 419 ff. in: Zipf-Gedenkschrift, Baden-Baden, 1999 (zit.: Volk, GS-Zipf).

WABNITZ, Heinz-Bernd/JANOVSKY, Thomas (Hrsg.), Handbuch des Wirtschafts- und Steuerstrafrechts, München 2000 (zit.: Wabnitz/Janovsky-Bearbeiter).

WALTER, Tonio, Betrugsstrafrecht in Frankreich und Deutschland, Heidelberg 1999 (zit.: Walter, Betrugsstrafrecht).

WALTER, Tonio, § 298 StGB und die Lehre von den Deliktstypen, GA 2001, 131 ff.

WALTER, Tonio, Anmerkung zu BGH, Urteil v. 7.11.2001 – 1 StR 576/00 (LG München I), JZ 2002, 254 ff.

WALZ, Karl, Systemfragen im europäischen Kartellrecht: zur Behandlung der vertikalen und individuellen Verträge im Recht der Mitgliedstaaten der Europäischen Wirtschaftsgemeinschaft, Heidelberg 1972.

WARDA, Heinz-Günter, Die Abgrenzung von Tatbestands- und Verbotsirrtum bei Blankettstrafgesetzen, Berlin 1955 (zit.: Warda, Abgrenzung).

WAßMER, Paul, Tagungsbericht, JZ 1999, 1099 ff.

WAßMER, Paul, Tratamiento jurídicio-penal de la corrupcíon politica y administrativa – Alemania, Revista Penal 3 (1999), 23 ff.

WEDLICH, Alexander Christian, Die Strafrechtliche Würdigung von Submissionsabsprachen unter dem Gesichtspunkt des § 298, Weiden in der Oberpfalz, 2004 (zit.: Wedlich, Strafrechtliche Würdigung).

WEIDENBACH, Peter, Die verfassungsrechtliche Problematik der Blankettstrafgesetze, Tübingen 1965 (zit.: Weidenbach, Blankettstrafgesetze).

WEIGEND, Thomas, Strafrecht durch internationale Vereinbarungen – Verlust an nationaler Strafrechtskultur?, ZStW 105 (1993), 774 ff.

WEITBRECHT, Andreas, Europäisches Kartellrecht 2002, EuZW 2003, 357 ff.

WELLENHOFER-KLEIN, Marina, Das neue Kartellverbot und seine Abgrenzung zu den Vertikalvereinbarungen, WuW 1999, 557 ff.

WERNER, Michael, FREITAG, Martin, „Wettbewerblicher Dialog“ – Vorschlag für eine neue Form des Verhandlungsverfahrens, NZBau 2000, 551 f.

WESSELS, Johannes, BEULKE, Werner, Strafrecht Allgemeiner Teil, 33. Aufl., Heidelberg 2003 (zit.: Wessels/Beulke, AT).

WESSELS, Johannes/HILLENKAMP, Thomas, Strafrecht Besonderer Teil/2: Straftaten gegen Vermögenswerte, 26. Aufl., Heidelberg 2003 (zit.: Wessels/Hillenkamp, BT/2).

WIEDEMANN, Gerhard, Handbuch des Kartellrechts, München 1999 (zit.: Wiedemann-Bearbeiter).

WIEDEMANN, Jörg, Die Bietergemeinschaft im Vergaberecht, ZfBR 2003, 240 ff.

WINKLER, Walter/FRÖHLICH, Peter, VOB Gesamtkommentar – Zur VOB Ausgabe 1992 mit Ergänzungsband 1998, 11. Aufl., Braunschweig 1998 (zit.: Winkler/Fröhlich).

WITTIG, Petra, § 299 StGB durch Einschaltung von Vermittlerfirmen bei Schmiergeldzahlungen, wistra 1998. 7 ff.

WOHLERS, Wolfgang, Rechtsgutstheorie und Deliktsstruktur, GA 2002, 15 ff.

WOLTERS, Gereon, Die Änderungen des StGB durch das Gesetz zur Bekämpfung der Korruption, JuS 1998, 1100 ff.

ZIESCHANG, Frank, Die Gefährdungsdelikte, Berlin 1998 (zit.: Zieschang, Gefährdungsdelikte).

ZIESCHANG, Frank, Chancen und Risiken der Europäisierung des Strafrechts, ZStW 113 (2001), 255 ff.

ZOLA, Émil, Germinal, Nummer 13 in dem Zyklus Les Rougon-Macquart, in der Ausgabe Colette Becker (Hrsg.), Paris 1979.

II. MATERIALIEN

BUNDESKARTELLAMT, Bericht über seine Tätigkeit in den Jahren 1981/82 sowie über die Lage und Entwicklung auf seinem Aufgabengebiet, BT-Drs. 10/243 (zit.: TB 1981/1982).

BUNDESKARTELLAMT, Bericht über seine Tätigkeit in den Jahren 1997/98 sowie über die Lage und Entwicklung auf seinem Aufgabengebiet, BT-Drs. 14/1139 (zit.: TB 1997/1998).

BUNDESKARTELLAMT, Bericht über seine Tätigkeit in den Jahren 1999/00 sowie über die Lage und Entwicklung auf seinem Aufgabengebiet, BT-Drs. 14/6300 (zit.: TB 1999/2000).

BUNDESKARELLAMT, Merkblatt über die Kooperationsmöglichkeiten für kleinere und mittlere Unternehmen nach dem Kartellgesetz, v. 16.12.1998 (abgerufen am 15.02.2004: www.bundeskartellamt.de/ Kooperationsmöglichkeiten.pdf).

BUNDESKARTELLAMT, Kartellrechtliche Beurteilung von Bietergemeinschaften bei Ausschreibungen von Nahverkehrsleistungen, Positionspapier der Kartellbehörde des Bundes und der Länder, v. 8. November 2001 (abgerufen am 15.02.2004: www.bundekartellamt.de/Bietergemeinschaften-PosPapier.pdf).

BUNDESKRIMINALAMT, Lagebild Korruption, Bundesrepublik Deutschland, 2001 (zit.: Lagebild Korruption).

BUNDESKRIMINALAMT, Polizeiliche Kriminalstatistik Bundesrepublik Deutschland 2001, Berlin 2002 (zit.: PKS 2001).

BUNDESMINISTERIUM für Wirtschaft und Arbeit, Entwurf von Eckwerten einer 7. GWB-Novelle v. 24.2.2003 (abgerufen am 15.02.2004: www.bmwi.de/ Redaktion/Inhalte/Downloads/Homepage_2Fdownload_2Fwirtschaftspolitik_2FGWB__Eckpunkte.pdf,property=pdf.pdf).

BUNDESMINISTERIUM für Wirtschaft und Arbeit, Referentenentwurf zur 7. GWB-Novelle v. 17.12.2003 (abgerufen am 15.2.2004: www.fiw-online.de/ index.html?/aktuelles/_aktuelles.html).

DEUTSCHER JURISTENTAG, Empfehlen sich Änderungen des Straf- und Strafprozessrechtes, um die Gefahr von Korruption in Staat und Wirtschaft und Gesellschaft wirksam zu begegnen? Bände I und II/1 und II/2, München 1996 (zit.: 61. DJT).

DISEGNO DI LEGGE RECANTE: "Disposizioni in materia di turbata liberta'degli incanti e astensione dagli incanti e modifica dell'articolo 32 ter del codice penale". (abgerufen am 15.02.2004: www.igitalia.it/documenti%20PDF/ddl%20-%20Turbativa%20d'asta%20-%20bozza.pdf).

OECD, Recommendation of the Council concerning effective action against Hard Core Cartels, C(98)23/Final, Genf 1998.

STATISTISCHES BUNDESAMT, Strafverfolgungsstatistik 2001, VII C – Rechtspflegestatistik.

WIRTSCHAFTSMINISTERKONFERENZ, Abschlußbericht des ad-hoc-Arbeitskreises „Baupreisverordnung" am 21./22. November 1996.

Martens, Jürgen
Subventionskriminalität zum Nachteil der Europäischen Gemeinschaften
Eine Untersuchung zu Straftaten nach § 264 StGB als einer Form von Unregelmäßigkeiten bei Ausgaben aus Gemeinschaftsmitteln
Band 13, 2001, 340 S., br., ISBN 978-3-8255-0319-2, 30,58 €

Stein, Henrike
Die Regelung von Täterschaft und Teilnahme im europäischen Strafrecht am Beispiel Deutschlands, Frankreichs, Spaniens, Österreichs und Englands
Zugleich eine Untersuchung zur strafrechtlichen Verantwortung des Unternehmensleiters für deliktisches Verhalten seiner Untergebenen
Band 14, 2002, 450 S., ISBN 978-3-8255-0327-7, 39,80 €

Papakiriakou, Theodoros
Das griechische Verwaltungsrecht in Kartellsachen.
Zugleich ein Beitrag zur Lehre vom Verwaltungs- und Uternehmensstrafrecht
Band 15, 2002, 380 S., br., ISBN 978-3-8255-0339-0, 38,80 €

Ludwig, Martin
Betrug und betrugsähnliche Delike im spanischen und deutschen Strafrecht
Band 16, 2002, 500 S., br., ISBN 978-3-8255-0352-9, 45,90 €

Papakiriakou, Theodoros
Das europäischen Unternehmensstrafrecht in Kartellsachen. Beitrag zur materiellrechtlichen Ausgestaltung eines rechtsstaatlichen und effektiven Verwaltungs- bzw. Unternehmensstrafrechts am Beispiel ausgewählter Grundprobleme des europäischen Kartellbußgeldrechts
Band 17, 2002, 380 S., br., ISBN 978-3-8255-0359-8, 38,20 €

Peter M. Röhm
Zur Abhängigkeit des Insolvenzstrafrechts von der Insolvenzordnung
Band 18, 2002, 388 Seiten, br., ISBN 978-3-8255-0373-4, € 31,70

Klein, Kerstin
Das Verhältnis von Eingehungs- und Erfüllungsbetrug
Band 19, 2003, 288 S., br., ISBN 978-3-8255-0390-1, 31,90 €

Maiazza, Robert
Das Opportunitätsprinzip im Bußgeldverfahren unter besonderer Berücksichtigung des Kartellordnungswidrigkeitesrechts
Band 20, 2003, 318 S., br., ISBN 978-3-8255-0394-9, 33,90 €

Niewerth, Carsten
Die strafrechtliche Verantwortung des Wirtschaftsprüfers
Band 21, 2004, 322 S., br., ISBN 978- 3-8255-0452-6, 29,50 €

Knaut, Silke
Die Europäisierung des Umweltstrafrechts. Von uneinheitlichen nationalen Regelungen über einheitliche europäische Mindeststandards hin zur Optimierung der Umweltstrafrechtsordnung
Band 23, 2005, ca. 400 S., br., ISBN 978-3-8255-0532-5, ca. 30,– €

Christian Wagemann
Die Geschichte des Betrugsstrafrechts in England und den amerikanischen Bundesstaaten
Band 21, 2005, 582 S., br., ISBN 978-3-8255-0517-2, 34,50 €

Thorsten Alexander
Die strafrechtliche Verantwortlichkeit für die Wahrung der Verkehrssicherungspflichten in Unternehmen
Band 25, 2005, ca. 380 S., br., ISBN 978-3-8255-0541-7, ca. 30,– €

FSC
www.fsc.org
MIX
Papier | Fördert gute Waldnutzung
FSC® C083411

Kolibri 360 GmbH
Ferdinand-Jühlke-Straße 7
99095 Erfurt, Deutschland
produktsicherheit@kolibri360.de